KB006049

유머학 개론

유머학 개론

초판 인쇄 2019년 1월 17일
초판 발행 2019년 1월 25일

지은이 구현정 · 전정미 ▮ **펴낸이** 박찬익 ▮ **편집장** 황인옥 ▮ **책임편집** 강지영
펴낸곳 ㈜ 박이정 ▮ **주소** 서울시 동대문구 천호대로 16가길 4
전화 02) 922-1192~3 ▮ **팩스** 02) 928-4683 ▮ **홈페이지** www.pjbook.com
이메일 pijbook@naver.com ▮ **등록** 2014년 8월 22일 제305-2014-000028호

ISBN 979-11-5848-413-2 (03710)

* 책값은 뒤표지에 있습니다.

유머학 개론

구현정 · 전정미 지음

(주)박이정

　세상이 바쁘고 각박해질수록 사람들은 정신의 여유를 원한다. 정신의 여유를 즐길 수 있는 가장 확실한 수단은 유머이다. 빅토르 위고의 말처럼 웃는 재주를 가지고 태어난 유일한 생물은 인간이다. 그래서인지 사회의 변화가 빠를수록 유머에 대한 관심도 높아지는 것 같다. 사람들은 유머감각이 있는 친구나 배우자를 원하고, 연예인뿐 아니라 정치인, 교육자에게도 유머감각은 필수 덕목이 되었다. 재미있는 광고를 활용하면 상품 판매가 늘어나고, 유머를 활용하면 기업의 생산성도 높아지고, 환자의 치료 효과도 높아진다. 그러다 보니 입사 면접에서도 유머감각을 측정할 정도로 우리는 유머가 경쟁력인 세상에 살고 있다.

　유머감각이 높은 사람을 좋아하는 것은 그들에게서 긍정적 힘을 느끼기 때문이다. 유머감각이 높은 사람은 어떤 일에서도 즐거운 면을 찾을 줄 알고, 스스로 즐거워할 뿐만 아니라, 다른 사람도 웃을 수 있게 만드는 힘을 가지고 있다. 우리 사회에서 필요로 하고, 인간관계에 활력을 주는 것은 긍정적인 유머를 구사할 수 있는 유머감각이다. 긍정적 유머는 다른 사람을 배려해서 함께 즐거워하는 유머이지만, 부정적 유머는 다른 사람을 배제시키거나 비난하며 농담이라는 말을 무책임하게 던져버린다. 유머는 상대방을 공격하기 위한 수단도, 단순한 말장난도, 자신의 재치나 능력을 뽐내기 위한 도구도 아니다. 유머감각은 고정관념을 벗어나 세상을 조금은 여유롭게 바라볼 수 있는 정서적 여유와 자존감으로부터 나오는 것이다.

　유머학 개론은 유머에 관심이 있는 독자들에게 유머의 실제 예들을 분석하면서 이론에 쉽게 다가갈 수 있도록 돕기 위해 만들었다. 유머에 관한 많은 논의들을 바탕으로 하면서도 유머를 만드는 가장 중요한 수단이 되는 언어적 생성 기제에 초점을 맞추고자 하였다. 이 책에서는 의사소통이라는 관점에서 유머란 무엇인지를 생각해 보고, 유머에 관한 불일치 이론, 우월성 이론, 정신적 해방 이론을 소개하면서 우리의 삶에서 유머의 기능과 본질이 무엇인지를 살펴보았다. 또한 유머를 사용하는데 관여하는 언어적, 인지적 기제는 어떤 것인지 분석해 보고, 어떤 소재가 유머를 만드는지 유머의 예들을 통해 유형화해 보았다. 또한 대인관계에서 유머를 사용하는 예절을 어떻게 규정할 수 있을지 고민하고, 광고와 경영, 치료 등 우리의 삶속에서 유머가 실제적으로 사용되는 양상도 살펴보았다. 그러다 보니 한 권의 책속에 이론과 실제를 함께 담으면서 신문의 스포츠 연예면을 읽으려던 독자에게 정치 경제면을 강요하는 것은 아닌지, 가벼운 마음으로 펼쳐든 책을 인상 쓰며 읽게 만드는 것은 아닌지 염려가 된다.

두 사람이 함께 작업하는 것이 쉽지 않은 일이지만, 다양한 유머들을 분석하면서 같은 시각으로 바라보고 있음을 확인하는 즐거움도 얻을 수 있었다. 이 책의 출판을 흔쾌히 허락해 주신 도서출판 박이정의 박찬익 사장님과 표지 디자인, 본문 편집 등을 세밀하게 다듬어 주신 편집부 선생님들께도 감사드린다. 행복하기 때문에 웃는 것이 아니라 웃기 때문에 행복하다는 말처럼 이 책이 우리 속에 감추어진 유머 본능을 일깨우고, 더 많은 웃음을 통해 더 큰 행복으로 가는 길을 열어주기를 바라는 엄청난 기대를 마음에 담는다.

2018년 8월
구현정 · 전정미

| 차례 |

/1/

의사소통과 유머

　현대인들은 본의 아니게 심각한 상황 속에서 생활을 하게 되는 경우가 많이 있고, 이 때문에 스트레스를 받는다. 진지한 마음으로 대화를 나누는 것은 대화를 위한 기본적인 요소가 되지만, 진지하기 때문에 항상 심각한 대화를 나누는 것은 아니다. 베르그송은 인간을 웃을 줄 알며 웃길 줄 아는 동물이라고 정의한다. 우리는 함께 웃으며 이야기를 나눌 수 있는 사람을 좋아한다. 또한 무엇인가 재미있는 이야기에 따라 일단 함께 웃고 나면 그 사이가 더욱 돈독해진다.

　그러나 유머나 웃음이라고 하면 아주 단편적으로 대화의 한 부분을 차지하는 것으로 생각하는 경향이 있다. 유머란 어떤 말이나 행동이 우스운 것으로 지각되어 쌍방으로부터 기쁨과 웃음을 유발시키는 모든 것을 지칭하는 용어

(Martin, 2006; 신현정 역, 2008)로 의사소통의 한 형태다. 그리고 같은 내용이라도 말하는 사람과 듣는 사람이 즐겁게, 웃으면서 이야기할 수 있는 대화 방법이 유머 화법이다. 유머 화법을 구사하기 위해서는 무엇보다도 유머 감각이 있어야 하고, 유머감각을 갖기 위해서는 세상을 조금은 여유롭게 바라볼 수 있는 자존감이 필요하다.

이 장에서는 의사소통이란 무엇이며, 의사소통의 요소들과 관련해서 유머 화법을 구사하기 위해서는 어떤 전제들이 필요한지, 의사소통에서 유머감각은 어떤 기능을 하며 그것은 대인관계에 어떠한 영향을 주는지에 관해 살펴보기로 한다.

1.1. 의사소통의 요소

의사소통은 언어적으로나 비언어적 메시지로 표현된 느낌이나 생각을 주고받고 이해하는 과정을 말한다. 우리는 의사소통에서 어떤 말로 표현하느냐가 중요하다고 생각하지만, 비언어적 의사소통을 연구한 메라비안(Mehrabian, 1972)에 의하면 언어적 표현은 단지 7%만을 전달할 뿐이고, 다른 몸동작이 55%, 목소리가 38%를 전달한다고 한다. 유머를 구사하는 것도 이른바 '몸개그'나 '슬랩스틱'처럼 예상 밖의 몸동작만으로 하는 것도 있고, '성대모사'와 같이 목소리만을 활용하는 것도 있지만, 대부분은 몸동작과 목소리, 전달 내용이 합해져서 유머를 만들어낸다. 그러나 유머라고 하면 말로 전달되는 언어적 내용을 일차적으로 떠올리게 된다.

우리가 항상 사용하는 언어적 의사소통의 과정을 생각해 보자. 말하는 사람(발신자)은 듣는 사람(수신자)에게 전하고자 하는 내용을 언어기호라는 일종의 코드로 바꾸는데, 이것을 코드화(encode)라고 한다. 한편 듣는 사람은 코드를 해독함으로 전달된 내용을 이해한다. 이것을 코드해독(decode)이라고 한다. 그러므로 코드화는 개념을 말소리로 바꾸는 것이고, 코드해독은 말소리를 개념으로 바꾸는 것이다. 이때 전달되는 언어기호의 연속체를 메시지(message)라고 하고, 말하는 사람이 코드화한 메시지가 전달되어 듣는 사람이 코드를 해독하는 과정을 언어적 의사소통이라고 한다.

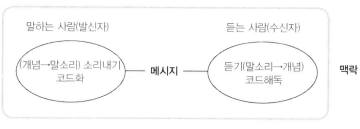

〈그림 1. 의사소통의 과정〉

1.1.1. 말하는 사람과 듣는 사람

의사소통을 수행하는 주체는 말하는 사람과 듣는 사람이다. 말하는 사람은 의사소통의 필요를 느끼고 의사소통을 위한 경로를 선택하고 기억이나 과거의 경험을 이용하여 메시지를 구성한다. 듣는 사람은 전달된 기호를 해독하기 위하여 기억이나 과거의 경험을 사용하고, 정보를 저장하며, 적절한 피드백을 보낸다.

기본적으로 말하는 사람은 메시지를 보내는 사람이고 듣는 사람은 메시지를 받는 사람이지만, 의사소통에 참여하는 사람은 말하는 사람과 듣는 사람의 두 역할을 모두 수행한다. 유머가 성립하기 위해서는 말하는 사람이 자신이 말하는 행위를 주도적으로 인식하고 있어야 하고, 듣는 사람은 배경지식이나 문화를 공유하면서 주어진 메시지를 해석해 내어야 한다. 유머는 의사소통의 두 주체가 어떤 상황에서 동시에 인식하고 이해하는 정신 상태의 한 유형이다(Franck 2005: 175). 말하는 사람은 어떤 사건이나 대상에 대한 어떤 메시지를 코드화하여 발화하는 동시에 메시지에 대한 상대방의 반응을 즉각적으로 살피게 된다. 그래서 어떤 사람에게 유머를 구사하다가도 말하는 도중에 상대방의 얼굴 표정이 시큰둥한 것을 보면 말의 내용을 바꾸거나 중단하게 된다. 이것은 메시지를 전하면서 동시에 상대방의 반응을 받아들이고 있다는 것을 의미한다. 듣는 사람은 전달된 유머 메시지를 말하는 사람과 같은 방식으로 해독할 수 있어야 한다. 그렇기 때문에 유머를 통한 의사소통의 성공 여부는 유머를 구사하는 발신자의 영향력에 달린 것이 아니라, 수신자가 유머를 어떻게 받아들일 것인가에 달려 있다.

> (1) 갑: 저 친구 직업이 뭐야?
> 을: 저 친구는 남의 아픈 상처만 건드리는 사람이야.
> 병: 뭐라고? 직업이 뭐냐고?
> 갑: 응, 의사로구나.

(1)의 대화에서 수신자 '병'은 '을'이 사용한 유머 메시지를 해독하지 못했지만, 수신자 '갑'은 발신자 '을'이 전제하고 있는 것과 같이 '아픈 상처를 건드

리는 사람 = 의사'라는 해독을 해서 대화가 이어지게 한다. 말하는 사람의 차원에서 메시지는 '원래 표현하고자 했던 의도'이고, 전달 과정에서 메시지는 '표현 자체'이지만, 수신자 차원에서 메시지는 '말을 전달받은 사람이 나름대로 이해한 내용'이다. 의사소통에 오해가 생기는 것은 이와 같이 차원에 따라 메시지가 달라지기 때문이다. 이 가운데 가장 결정적인 것은 수신자가 부여하는 의미이고, 발신자가 의도한 의미를 수신자가 제대로 해독해 냈는지의 여부가 유머의 성공적인 전달을 좌우한다. 따라서 유머에 포함된 일상적이지 않은 의외성을 말하는 사람이 예상하는 방식으로 해독해야 하기 때문에 유머에서 듣는 사람의 역할은 다른 어떤 소통의 경우보다 중요하다.

1.1.2. 메시지

메시지는 언어나 기호에 의해 전달되는 정보 내용을 말한다. 일반적으로 메시지를 전달한다고 할 때는 누군가에게 어떤 정보를 전한다는 표현으로 사용하는 것이다. 또한 메시지는 언어적 기호나 비언어적 기호와 같은 상징들의 집합으로 이루어진다. 유머를 구사하는 경우도 그 유머를 통해서 전달하고자 하는 내용이 있고, 거기에 따르는 표정이나 몸짓과 같은 비언어적 요소들이 있다. 유머를 통한 의사소통은 이와 같이 언어적 기호나 비언어적 기호를 통해 전달되는 상징에서 의미를 찾고 반응하는 과정이라고 할 수 있다.

메시지는 한 사람에게서 다른 사람에게로 어떤 경로를 통해 전달되는 대상체이지만, 실제로 사람들이 메시지에서 찾아내는 의미는 과거 경험과 그 정보를 어떻게 통합시키느냐에 달려 있다. 정보는 고정되어서 그 형태대로 인식되는 것이 아니고, 말하는 사람과 듣는 사람의 필요와 욕구에 따라 모양이 쉽게 바뀔 수 있는 것이다. 따라서 같은 메시지라도 말하는 사람과 듣는 사람의 관계나 과거의 경험 등에 따라 달리 전달되기 때문에 같은 내용이라도 유머를 사용해 유쾌하게 전달할 수도 있지만, 무미건조하게 전달할 수도 있다. 그리고 똑같은 유머를 구사해도 듣는 사람에 따라 웃는 속도나 정도가 다를 수 있을 뿐 아니라 받아들이는 관점도 달라진다.

따라서 다른 사람과 유쾌하게 의사소통하기 위해서는 대화를 어떻게 배열하는 것이 효과적인지에 대한 지식이 필요하다. 여기에는 문법적 지식, 상대방에 대한 지식, 상황에 대한 지식 같은 것들이 필요하다(Reardon, 1987).

문법적 지식이란 언어 사용에 관한 규칙을 아는 것이며, 들려진 말에 일차적으로 의미를 부여하는 것이다. 기본적으로 문법에 어긋난 말이나, 언어규범을 무시한 말들은 의미를 정확하게 전달할 수 없다. 큰 사고로 머리를 다친 사람들 가운데 문법을 담당하는 영역으로 알려진 브로카 영역(Broca area: 좌반구 하측 전두엽)이 손상된 사람들은 정상적인 의사소통에 큰 어려움을 겪는데, 그 이유는 문법적 지식이 의사소통에 기본이 되기 때문이다. 그러나 유머를 위해서는 고정된 문법적 지식을 의도적으로 벗어나기도 한다. 심지어는 외국어와 섞어서 그 어떤 문법으로도 해석할 수 없지만, 이러한 불일치를 이용해서 유머를 만들기도 한다.

> (2) '이것이 코다'를 영어로 하면?　　　　　　　 - 디스코
> 　　 '이것이 코가 아니다'를 영어로 하면?　　　 - 이코노
> 　　 '다시 보니 코더라'를 영어로 하면?　　　　 - 도루코
> 　　 '또다시 보니 코가 아니다'를 영어로 하면?　 - 코코낫
> 　　 '이 코는 길다를 영어로 하면?'　　　　　　 - 코오롱

상대방에 대한 지식이란 메시지를 수신하는 상대방에 대해 아는 것을 말한다. 유쾌하게 대화를 나누기 위해서는 같은 메시지라도 상대방이 어른인지, 어린아이인지에 따라 다르게 구성하여야 한다. 아무리 재미있는 유머라 할지라도 상대방이 그 내용을 이해할 수 있는 지식이나 경험이 없다면 무의미한 말이 되고, 즐거움을 위해 이야기를 시작했더라도 상대방의 관심을 끌지 못하거나, 상대방의 체면을 손상시키는 경우에는 오히려 대화 분위기를 해치는 것이 되고 만다.

상황에 대한 지식도 메시지 구성에 영향을 끼친다. 가장 말을 잘하는 사람은 상황에 맞는 말을 하는 사람이다. 주어진 상황을 정확하게 판단하고, 거기에 맞추어 메시지를 구성해야 한다. 분위기가 가라앉아 있거나, 긴장하고 경직되어 있을 때 적절한 유머로 긴장을 풀어줄 수 있다면 값진 유머가 되는 것이다. 상황에 대한 지식을 결정하는 요소는 다음에서 살펴볼 맥락이다.

1.1.3. 맥락

실제로 의사소통의 과정을 자세히 살펴보면 의사소통을 구성하는 요소는 매우 다양하게 나타난다. 의사소통은 고립된 상태에서 일어나는 것이 아니다. 따라서 어떤 시간에, 어떤 장소에서 누구와 함께 했는가와 같은 맥락이 중요한 요소가 된다. 그뿐 아니라 이런 것들과 관련된 전반적인 태도도 맥락과 관련되어 있다. 맥락에는 다음과 같은 유형들이 있다.

① 장소적 맥락

의사소통이 일어나는 공간과 관련된 것이다. 방에서 이야기를 할 수도 있지만, 복도나 운동장에서 이야기를 할 수도 있다. 유머를 구사하기에 적절한 장소도 있지만, 적당하지 않은 장소도 있다. 장례식장에서 유머를 구사하며 호탕하게 웃는 것은 어울리지 않지만, 소개팅을 하면서 유머를 구사하는 사람은 좋은 인상을 주게 된다.

② 문화적 맥락

의사소통하는 사람들이 속한 세대에 전승된 의사소통의 규범이나 기준 등과 같은 것이다. 문화적 맥락은 메시지의 전달에 영향을 준다. 유쾌한 분위기를 만드는 말을 불경스럽게 생각하는 문화도 있고, 유머가 없는 대화는 고문이라고 생각하는 문화도 있다.

③ 시간적 맥락

의사소통이 어떤 시기나 어떤 시간에 이루어졌느냐와 관련된 것이다. 시간적 맥락도 메시지의 전달에 영향을 주어서 종교나 성, 인종과 관련된 이야기들은 어떤 시기에 했느냐에 따라서 많은 차이가 있다.

④ 사회심리적인 맥락

어떤 관계에 있는 사람과 의사소통하느냐와 관련된 것이다. 친근한 대화일수도 있지만, 적대적일 수도 있고, 진지한 대화일 수도 있지만 농담일 수도있다. 관계에 따라 유머가 공격이 될 수도 있고, 공격조차 유머가 될 수도있다.

맥락적 요소는 유머를 사용하여 의사소통하는 방법과 해석하는 방법에 영향을 미칠 수 있다. 어떤 장소에서는 적절한 유머가 다른 장소에서는 부적절할 수도 있고, 어떤 문화권에서는 적절한 유머가 다른 문화권에서는 부적절할 수 있다. 어떤 관계에서는 적절한 유머가 다른 관계에서는 부적절할 수 있고, 어떤 시간에는 적절한 유머가 다른 시간에는 부적절할 수 있다. 유머에 참여한 사람들이 너무 다른 세계에 속해 있다면 말하는 사람이 시도한 유머가 듣는 사람에게 받아들여지지 않게 되고, 어색하고 무의미한 말이 되어버리고 만다(Franck 2005: 175). 이러한 맥락은 고정되어 있는 것이 아니고, 의사소통이 진행됨에 따라 함께 변해 가는 요소이기도 하다. 처음에는 서먹한 관계로 대화를 시작하지만, 대화가 진행됨에 따라 적대감이나 친근감을 느끼게 되면서 사회심리적인 맥락이 달라질 수 있는데, 여기서 유머는 중요한 기능을 한다.

1.1.4. 피드백

메시지는 말하는 사람이 보내는 신호이고, 이 신호에 대해 반응을 보이는 것이 피드백이다. 다시 말해 말하는 사람이 한 말에 대해 듣는 사람이 어떤 영향을 받았는지를 말하는 것이다. 이와 같은 피드백에 따라 말하는 사람은 메시지의 내용을 더 강조하거나, 바꾸거나, 약화시키는 쪽으로 조정해 간다. 피드백은 즉각적인 것과 지연되는 것, 자연스러운 것과 의도적인 것, 비평적인 것과 지지적인 것의 세 가지 차원이 있다. 일반적으로 피드백은 즉각적일 때 효과적이다. 유머에 대한 피드백은 대체로 발화 장면에 즉각적으로 나타나지만, 취업 면접과 같은 상황에서 피드백은 지연되어서, 몇 주 후에 통보되기도 한다. 비평적인 피드백은 다른 사람을 평가하고 교육하는 기능을 수행하지만, 지지하는 피드백은 상대방을 격려하고 생각을 더 확고하게 만들어 준다.

> (3) 갑: '엄마가 길을 잃었어요'를 네 글자로 줄이면?
> 을: 글쎄, 마도로스?
> 갑: 우와~ 대단해. 마더(mother) 로스(loss).
> 을: 내가 생각한 건 맘마(momma) 미아(迷兒)인데...
> 갑: 그거 정말 그럴 듯하다. 난 생각도 못했어.
> 병: 우~ 썰렁. 난 이딴 거 진짜 별로야.

대화 상황에서 '갑'과 '을'이 서로 지지적인 평가를 하면서 좋은 분위기로 이야기하던 상황은 '병'의 비평적 피드백으로 깨어지게 된다. 유머에 대한 피드백이 즉각적이고, 자연스러우며, 지지적인 것일수록 유쾌한 대화가 지속될 수 있게 하는 요소가 된다.

1.2. 유머감각

유머감각이란 즐거움, 웃음, 익살 등과 관계된 능력으로 스스로 즐거워하고 남을 즐겁게 하는 개인의 능력이다(Martin, 2001). 유머감각은 기본적으로 웃음을 인식하거나 표현하는 능력과 관련이 있다. 또한 어떤 일의 즐거운 면을 보는 능력이고, 스스로 즐거워하고, 남을 즐겁게 하는 능력이다. 따라서 유머감각은 다른 사람을 웃기는 소질 정도를 의미하는 것이 아니고, 유머를 감지하고, 즐기며, 창조하는 능력을 말하는 것이다.

유머감각은 세계를 유연성 있게 바라보는 방식이며, 어려운 상황에서 자신을 보호하고 다른 사람이나 주위 환경과 조화롭게 지낼 수 있게 하는 요소이다. 유머감각은 구체적으로 다음과 같은 기능을 가진다.

1.2.1. 유머감각의 기능

첫째, 유머감각은 성숙한 인격의 특징이다. 알포트(Allport, 1927)는 유머감각이 성숙한 인격의 핵심이며, 통찰력과 유머감각 사이에는 깊은 연관성이 있다고 주장했다. 감정적, 정서적 성숙이 유머감각을 만들어낸다는 것이다. 유머감각은 인성이나 자아 개념과 유의미한 상관관계를 가지거나 직접적인 영향을 갖고 있다. 프랙널(Frecknall, 1994)에서는 유머가 자존감을 높여준다는 것을 보여주었고, 쿠이퍼 등(Kuiper et al., 1995)에서는 유머감각이 높은 사람들은 자신의 역할을 더 긍정적으로 평가하며, 이상적인 자아와 실제 자아 사이에 있어서도 더 일치감이 높아서 긍정적인 자아관을 가지고 있다고 하였다. 유머감각은 인생의 문제점이나 어려운 상황들을 대처해 나가는 데 유용한 기제(Kuiper et al., 1995)이기 때문에 유머감각이 있는 가정이 행복한 가정이며, 유머와 풍자의 표현이 발달된 나라가 개방적이고 건전한 사회를 이루게 된다.

둘째, 유머감각은 인간의 긍정적 인지 기능이다. 유머는 억압된 에너지를 긍정적인 방법으로 표현시켜 주어서 삶에서 부딪히는 어려움과 맞서 싸울 수 있게 해 줄 뿐 아니라, 삶을 더 즐겁게 해준다. 유머는 정해진 해석을 고수하지 않고, 다양한 가능성을 통해 상황을 보도록 하여서 판단이 건전하도록 유도하는 기능을 하기 때문에 인간의 인지 기능 가운데 가장 가치 있는 기능 가운데 하나이다(Mindess, 1971). 유머는 일상적인 패턴에서 벗어난 아이디어나 상황을 표현하는 것이며, 이러한 인지과정은 창의적 사고의 바탕이 된다. 유머의 가치를 인정하는 것이 새로운 사고나 문제 해결 방식을 빨리 받아들일 수 있는 능력과 연관이 있고, 유머감각이 높은 사람은 정보를 처리하면서 일상성에서 벗어나기 때문에 유머감각이 없는 사람보다 더 창의적인 성과를 달성하게 된다.

셋째, 유머감각은 다양성에 대한 수용성을 넓히는 기능을 한다. 유머에 대한 생각은 문화에 따라 달라서 문화적 다양성이 높은 나라 사람들은 웃음과 미소를 '당신과 친구가 되고 싶다는 뜻'으로 해석하지만, 문화적 다양성이 낮은 나라 사람들은 '내가 너보다 우월하다'는 생각을 드러낸다고 해석한다[1]. 다양성이나 유연성이 클수록 유머를 긍정적으로 이해하고, 유머감각을 다양성을 인정할 수 있는 유연성으로 해석한다. 이러한 다양성과 유연성은 개인들이 직무를 수행하는 가운데 부딪치는 문제들을 해결하는데 있어서 필요한 인지적인 혜택을 주기 때문에(Lyttle, 2007), 유머감각이 높은 사람들이 조

---

[1] 카잔(Olga Khazan)은 애틀란틱 지에서 "왜 미국인들은 많이 웃는가"라는 글을 통해 이러한 주장을 했으며, 미국이 인종적 다양성이 가장 큰 나라이기 때문에 미국인들은 많이 웃는다고 하였다(https://www.theatlantic.com/science/archive/2017/05/why-americans-smile-so-much/524967/).

직 내에서 혁신이나 문제 해결에 있어서 새로운 방식을 더 많이 고안해 낸다 (Isen et al., 1987).

넷째, 유머감각은 정서지능을 반영하는 기능을 한다. 유머감각이 정서지능 (emotional intelligence)과 관련이 있고, 정서지능이 사회적 능력(social competence)과 관련이 있다는 것은 많은 연구들에서 밝히고 있다(Yip & Martin, 2006). 유머감각은 학습 능력이나 조직 내 리더십과도 관련되어 기업 경영의 중요한 요소로 등장하고 있다. 이것은 유머감각이 적대감을 해소하고, 비판 수준을 줄이며, 긴장을 완화시키고, 사기를 증진시키는 데 기여할 수 있을 뿐 아니라 복잡한 상황에서 부드럽게 의사소통하는 데에도 기여하기 때문이다[2].

1.2.2. 유머감각의 구성 요소

유머감각이 어느 정도인지를 파악하기 위해 다음과 같은 네 가지 측면에서의 접근이 필요하다(Thorson & Powell, 1993)[3].

첫째, 유머의 생산: 유머감각이 있는 사람은 상황에 적절한 유머를 잘 사용한다. 따라서 그 사람이 적절한 유머를 자주 사용한다면 유머감각이 높은

---

2 이러한 기능을 수행하는 것이 긍정적 유머이다. 이에 반해 냉소적이고 비평적인 부정적 유머를 즐기거나 자주 구사하는 사람들은 정서지능이 낮을 뿐 아니라 사회적 능력도 낮은 것으로 나타난다.
3 Thorson & Powell(1993)에서는 다차원적 유머감각 척도(Multidimensional Sense of Humor Scale, MSHS)를 개발하였다.

사람이다.

- 나는 주변 사람들과 농담이나 유머를 주고받으며 자주 웃는다.
- 나는 다른 사람을 웃게 만드는 것이 즐겁다.
- 나는 주변 사람들을 편안하게 하고 웃기기 위해서 나 자신의 실수를 드러내거나, 자신을 낮추기도 한다.

둘째, 유머에 대한 적절한 평가: 유머감각이 있는 사람은 유머 인지 능력이 있어서 유머를 금방 이해할 뿐 아니라 그 유머가 어떠한 유머인지를 판별하고, 유머를 사용하는 사람의 진가를 알아보며 인정하는 능력이 있다.

- 다른 사람이 갑자기 유머를 사용하면 즐겁게 웃으면서 호응한다.
- 아무리 웃기고 재미있어도 다른 사람을 공격하는 것일 때는 호응하지 않는다.
- 재미있는 말이나 유머가 떠오르더라도 그 상황에 적절하지 않다고 생각하면 말하지 않는다.

셋째, 유머에 대한 태도: 유머감각이 있는 사람은 유머를 즐기고, 유머를 구사하는 사람에 대해 긍정적인 태도를 갖는다.

- 나는 같은 상황이라도 재미있게 표현하는 사람이 좋다.
- 나는 심각한 분위기보다는 즐거운 분위기가 좋다.
- 나는 남을 웃게 만드는 사람이 좋다.

넷째, 유머의 사용: 유머감각이 있는 사람은 스트레스에 대처하기 위하여 유머를 사용할 줄 아는 능력이 있다. 정서적 관용을 가지고 다른 사람들이

스트레스를 받고 심각해질 때 유머를 구사해서 자신뿐 아니라 다른 사람도 그 상황을 보는 유연성을 갖도록 하는 사람이 유머감각이 높은 사람이다.

- 내가 불행하거나 슬프다는 생각이 들 때 재미있는 상황이나 웃기는 일을 생각하면 마음이 좀 편안해진다.
- 삶에 대해서 유머러스하게 보기 때문에 어떤 일에 대해서 지나치게 실망하거나 낙담하지 않는다.
- 내 경험상, 문제를 해결하기 위해서 그 상황의 재미있는 면을 생각하는 것이 도움이 된다고 생각한다.

1.2.3. 유머감각이 높은 사람의 특징

유머감각이 높은 사람은 유머 인지능력이 있어서 유머러스한 말이나 행동을 보이는 사람을 재치 있는 사람으로 인식하고, 유머를 잘 구사하는 사람들을 좋아할 뿐 아니라, 자신의 문제를 해결하기 위해 유머를 잘 사용할 줄 아는 사람이다. 유머감각이 높은 사람은 다음과 같은 특징을 갖는다.

첫째, 유머감각이 높은 사람은 스트레스를 받는 사건들에 대해 더 긍정적으로 반응한다(Kuiper & Martin, 1993). 정서적 관용의 정도가 높아서 스트레스가 더 낮고, 우울증이 생기는 빈도도 더 낮다. 유머에 의해 파생된 긍정적이고 유쾌한 분위기가 긴장감과 근심을 줄여주고, 유연성을 증대시켜 주기 때문이다.

둘째, 유머감각은 창의성과 깊은 관계가 있어서 유머감각이 높은 사람들이 조직 내에서 혁신이나 문제해결에 있어서 새로운 방식을 더 많이 고안해 낸다(Lyttle, 2007). 유머는 일상적인 패턴에서 벗어난 아이디어나 상황을 표현하는 것이며, 이러한 인지과정은 창의적 사고의 바탕이 된다. 유머를 해독하는 것은 불일치를 해소하기 위해 한 방향으로 가던 생각의 흐름을 다른 논리나 규칙에 의해서 급작스럽게 바꾸는 것(Suls, 1972: 95)이다. 유머에 나타나는 불일치를 처리하는 데 수반된 유연한 사고과정과 다중 스키마를 활성화하는 것은 창의성이 요구하는 유연하고도 확산적인 사고를 촉진할 수 있다. 유머는 이와 같이 창의적 사고를 바탕으로 하는 문제 해결(problem-solving) 형태이기 때문에 유머감각이 없는 사람보다 더 창의적인 성과를 달성하게 된다. 위와 같은 논리적 측면과 함께 유머와 연합된 긍정적 정서가 긴장과 불안을 감소시킴으로써 경직되지 않은 사고와 일치하지 않는 것들을 관련짓고 통합시키는 능력의 증진을 가져와서 유머감각은 창의성 역량을 강화시킨다(Martin, 2006: 신현정 옮김 2008: 127).

셋째, 유머감각이 높으면 도전적 상황을 견뎌낼 수 있는 능력이 높기 때문에(Kuiper et. al., 1995) 심리적 안정성이 높고, 인지능력에 여유를 가져서 상황에 대한 유연성을 갖게 된다.

넷째, 유머감각이 높은 사람은 다른 사람들이 유머러스하다고 느낄 때 동의하는 유머에 대한 순응적 감각이 높아서 조직에 더 쉽게 융화하며, 자주 웃고 즐거워하는 양적인 감각이 높아서 분위기를 긍정적으로 만든다. 또한 다른 사람들에게 유머를 구사하는 생산적 감각이 높아서 대인관계를 부드럽게 하며, 집단 내 수용도가 높아서 필요한 지원을 더 쉽게 받을 수 있고, 직무를 성공적으로 수행할 수 있다.

1.3. 유머와 자존감

자존감은 자기 자신의 가치에 대해 느끼는 감정이다. 나는 나 스스로를 얼마나 좋아하는가? 사람들은 나를 얼마나 가치 있어 한다고 생각하는가? 나는 어느 정도 유능하다고 생각하는가? 등에 대한 대답은 내가 스스로에게 갖는 가치를 반영한다. 자존감이 중요한 이유는 성공이 성공을 낳는다는 데에 있다. 내가 나 자신을 중요하게 느낀다면, 자기에게 주어진 모든 일들을 더 효율적으로 진행할 수 있다. 이것은 그리스 신화에서 유래한 피그말리온 효과, 즉 다른 사람의 기대나 관심으로 인하여 능률이 오르거나 결과가 좋아지는 현상과 관련이 있다. 심리학에서는 다른 사람이 나를 존중하고 나에게 기대하는 것이 있으면 기대에 부응하는 쪽으로 변하려고 노력하여 그렇게 된다는 것을 의미한다. 다른 사람의 긍정적인 평가가 좋은 결과를 가져오듯이, 자신의 가치에 대한 긍정적인 평가가 좋은 결과를 만드는 것이다.

유머는 근원적으로 개인의 건강한 삶, 긍정적 심리작용, 긍정적 사회 변화, 스트레스 해소, 긴장완화, 유연한 사고, 창조적 사고와 관련된 것(정석환, 2014: 734)이어서 자기성찰, 개발과는 직접적으로 연결되어 있다.

1.3.1. 유머의 종류와 자존감

모든 유머가 이러한 기능을 수행하는 것은 아니다. 공격적으로 놀리거나 비웃는 것과 같은 부정적인 유머는 오히려 사회적 관계에 있어서 부정적인 영향을 준다. 마틴 외(Martin et al., 2003)에서는 첫째, 유머의 목적이 자신을 고양시키는 것인지 아니면 다른 사람과의 관계를 고양하는 것인지의 관점과, 둘째, 유머를 사용하는 방식이 우호적인 것인지 그렇지 않으면 악의적인 것인지를 기준으로 유머의 유형을 네 가지로 분류하였다.

첫째, 관계적(affiliative) 유머는 다른 사람과의 관계를 고양하기 위한 우호적인 유머이다. 유머는 집단의 사기, 동질성, 성장에 대한 관심을 높이고, 대립을 감소시켜 결합력을 높이기 위해 사용된다. 상호간의 긴장감을 감소시키고, 관계를 보다 친밀하게 해주는 유머이며, 외향성, 쾌활함, 자존감, 친밀감, 관계 만족, 긍정적 감정 등의 요소를 갖고 있다.

둘째, 자기-고양적(self-enhancing) 유머는 자신을 고양하기 위한 우호적인 유머이다. 자기-고양적 유머가 뛰어난 사람들은 유머를 통해 우울이나 근심과 같은 부정적인 정서를 줄이고, 일상생활에 즐겁고 긍정적인 관점을 갖는 조절 장치로서 유머를 사용한다. 자기-고양적 유머가 뛰어난 사람들은 일상생활에서 유머러스하게 앞으로 내다보며, 잠재적으로 스트레스를 주는 사건이나 상황에서도 유머러스한 관점을 가지고 있다. 이들은 현실적인 전망은 계속 유지하면서도 유머를 통해 부정적인 정서를 줄이고, 일상생활에 즐겁고 긍정적인 관점을 갖는다. 자신을 방어하며 충격을 완화시킬 수 있는 요

26

소이며 자존감, 개방성, 긍정적인 삶 등의 요소를 갖고 있다.

셋째, 공격적(aggressive) 유머는 자기 자신이 고양되기 위해 다른 사람에게 악의적인 유머이다. 다른 사람을 표적으로 삼아 비꼬거나, 조롱하거나, 냉소적이거나, 경멸하거나, 헐뜯는 등의 다양한 부정적인 방법을 구사한다. 보통 성차별이나 인종차별 등 다른 사람에게 잠재적으로 부정적인 영향을 주는 유머를 구사하는데, 분노, 적대감, 공격성, 공감력 부족, 관계 불만족 등의 요소를 갖고 있어서 결과적으로는 사회적 관계나 상호 관계가 심각하게 손상되게 된다.

넷째, 자기-패배적(self-defeating) 유머는 다른 사람과의 관계를 고양하기 위해 자신에게 악의적인 유머이다. 다른 사람의 인정을 받고 상호관계를 고양시키기 위해 자기를 비하하거나 표적으로 삼아 다른 사람의 비위를 맞추려는 유머이다. 유머는 스스로를 공격하는 스타일로 표현되며, 우울감, 염려, 관계 불만족, 낮은 자존감 등의 부정적인 감정의 요소를 숨기거나 문제를 건설적으로 다루는 것을 회피하기 위하여 사용한다.

많은 연구에서 관계적 유머와 자기-고양적 유머는 심리적인 웰빙과 크게 관련되어 있지만, 자기-패배적 유머는 심리적 웰빙에 큰 영향을 주지 못하고, 공격적 유머는 심리적 웰빙과 무관한 것으로 나타났다(Kuiper, 2010; Fritz, Russek, & Dillon, 2017). 또한 공감성이나 양심, 정서적 안정성이나 개방성과 같은 긍정적 자존감을 가지고 있는 사람들은 사회적 유머와 자기-고양적 유머를 선호하는데 반해, 부정적 자존감을 가지고 있는 사람들은 자기-패배적인 유머나 공격적인 유머를 선호하는 것으로 나타났다. 따라서 관계적 유머와 자기-고양적 유머는 긍정적인 사회화 기능을 하는 긍정적 유머이지만, 공격적 유머와 자기-패배적 유머는 부정적인 사회화 기능을 하는 부정적 유머이다. 건강한 자아관을 가진 사람들은 긍정적 유머를 사용하고, 긍정적 유머가 사용되는 분위기를 선호한다. 이에 반해 부정적 유머를 즐기거나 자주 구사하는 사람들은 정서지능이 낮을 뿐 아니라 사회적 능력도 낮은 것으로 나타났다.

우리 사회에서 필요로 하고, 인간관계에 활력을 주는 것은 긍정적 유머를 구사할 수 있는 유머감각이다. 같은 유머라 하더라도 긍정적 유머는 정서지능과 사회적 능력이 높은데 부정적 유머는 그 반대인 이유는 무엇일까? 그 차이의 핵심은 다른 사람에 대한 배려이다. 긍정적 유머는 다른 사람을 배려해서 함께 즐거워하는 유머이지만, 부정적 유머는 다른 사람을 배제시키거나 비난하며 배려하지 않는다. 유머의 소재로 등장하는 여러 요소 가운데는 상대방에게 공격이 될 수 있는 것들이 많이 포함되어 있다. 인터넷에서 유통되는 유머의 소재는 대부분 다른 사람들에게 불쾌감을 줄 수 있는 것이나 공격적인 것들로 되어 있다. 이러한 요소들은 다른 사람을 배려할 수 있는 여유가 없다. 유머라는 이름으로 상대방을 공격하고, 그 유머에 대해 '썰렁하다', '소름 돋는다' 등과 같은 반응을 보이며 서로 공격하는 것은 유머감각이 없기 때문이다.

스스로 유머감각이 있다고 생각하지만, 유머감각이 없는 사람들은 다른 사람을 배려하지 않는 사람들이다. 다른 사람을 배려하지 않는 부정적 유머를 즐기는 사람들은 다음과 같은 특징을 보인다.

- 인종이나 성별, 지방색을 들어 다른 사람을 경멸하는 유머를 즐긴다.
- 사회를 비판하거나 비꼬는 유머를 즐긴다.
- 폭력성을 포함한 유머를 즐긴다.
- 다른 사람을 비웃거나 다른 사람의 실수를 과장하는 것을 즐긴다.
- 다른 사람이 유머를 구사했을 때 조롱하거나 비난한다.

1.3.2. 유머와 자기효능감

자존감이 높은 사람이 자신에게 주어지는 역할이나 일에 대해 가지는 마음을 자기효능감(self-efficacy)이라고 한다. 자신이 다양한 상황에서 주어진 일을 성공적으로 수행할 수 있는 능력이 있다고 스스로의 능력에 대해 갖고 있는 믿음을 말하는 것이다(Bandura, 1994). 긍정적인 자기효능감을 갖게 되면, 수행하는 업무에 대한 태도가 달라지고, 조직 내 압력들을 효과적으로 대처할 수 있게 된다는 점에서 자기효능감은 미래 사회의 핵심 역량으로 꼽히고 있다.

자기효능감을 높이는 요인으로 주목받고 있는 것은 유머감각이다. 유머감각이 높은 사람들은 자신들의 역할을 보다 긍정적으로 평가하며, 이상적인 자아와 실제 자아 사이에 있어서도 더 일치감이 높은 긍정적인 자아관을 가지고 있으며(Kuiper et. al., 1993), 유머감각이 자존감도 높여준다(Frecknall, 1994). 또한 유머감각이 높은 사람들은 부정적인 상황에 대해서도 덜 부정적으로 인식하며, 긍정적인 감정을 유지할 수 있다(Kuiper et. al., 1993).

유머감각과 자존감은 순환적 관계가 있다. 자존감이 높은 사람은 유머감각이 높지만, 또 한편으로는 유머가 개인의 자존감을 높여주기 때문이다

(Frecknall, 1994). 유머는 근원적으로 개인의 건강한 삶, 긍정적 심리작용, 긍정적 사회 변화, 스트레스 해소, 긴장완화, 유연한 사고, 창조적 사고와 관련된 것이어서 자기효능감을 높이는 요인이 되며, 긍정적 자아관을 갖게 하고, 자존감을 높이며, 상황에 대해서도 긍정적으로 인식하게 한다. 더 나아가 선천적으로 유머감각을 가지고 태어나지 않았다 하더라도 유머를 사용함으로써 자존감이 높아진다는 점에서 유머와 자존감은 나눌 수 없는 관계에 있다. 따라서 유머 화법을 구사하려면 어떻게 사람을 웃길 것인가를 생각하기보다 먼저 어떻게 스스로를 긍정적으로 바라볼 수 있을까에 관심을 기울여야 한다.

칼라일(Carlyle)의 말처럼 유머는 긍정적 감정, 따뜻함, 친절, 기쁨, 친밀감을 드러내는 사랑이다. 누군가를 사랑하면 상대를 즐겁게 하려는 마음이 저절로 생기는데, 유머는 사람의 마음을 이끌어내는 힘을 가지고 있으며, 사랑을 표현하는 최고의 방법이라는 것이다. 다른 사람을 사랑하기 때문에 그를 즐겁고 행복하게 하기 위해 유머를 사용하면, 그 결과 누구보다도 자신을 사랑하게 만드는 도구가 바로 유머라고 말한다. 긍정적 유머는 높은 자존감을 바탕으로 하는 것이고, 높은 자존감은 항상 상대방에 대한 배려를 동반한다. 따라서 진정으로 가치 있는 유머는 한 명을 바보로 만들고 나머지 사람들이 즐거워하는 유머가 아니라, 백 명이 모두 즐거울 수 있는 유머이다.

위에서 살펴본 것처럼 자기효능감이 높은 사람은 자신의 삶을 바꿀 수 있고, 어떤 삶이라도 더욱 성공적으로 만들 수 있다. 따라서 자기효능감이 낮은 사람은 이를 높이기 위해 노력해야 한다.

자기효능감을 키우기 위해서는 다음과 같은 방법을 활용할 수 있다.

첫째, 자신에 대해 긍정적이어야 한다. 자신이 이룬 일, 훌륭한 행동, 강한 힘, 좋은 인간관계에 초점을 두고, 자신의 한계를 생각하기보다는 자신이 가지고 있는 잠재력에 초점을 맞추어야 한다.

둘째, 자신을 풍성하게 해주는 사람들을 구하는 것이 좋다. 만나면 잘못한 점을 이야기하고 나를 비판하는 사람보다는 내 편이 되어 주고, 편안한 기분을 느끼게 해주는 낙관적인 사람들을 만나는 것이 좋다.

셋째, 잘 할 수 있는 일들을 통해 성취감을 느끼는 계기를 만드는 것이 좋다. 성공은 자기효능감을 확인할 수 있는 최선의 방법이다. 한번 성공한 경험은 다른 일에 대해서도 성공할 수 있도록 힘을 주는 요소가 된다.

넷째, 모든 사람에게 사랑받아야 한다는 생각에서 벗어나야 한다. 이 세상의 모든 사람에게 사랑받을 수 있는 사람은 없다. 따라서 자신을 싫어하는 사람도 있다는 것을 인정할 필요가 있다.

1.4. 유머와 대인관계

유머는 메시지를 생성하는 사람과 메시지를 해독하는 사람이 한 쌍이 되어 문제를 해결하는 상호주관화된 의사소통 유형이다. 따라서 다른 유형보다 대화만족도가 높고, 대화를 통한 심리적 유대감도 크게 느낄 수 있다. 유머 구사를 통해 대인관계를 부드럽게 하며, 조직에 더 쉽게 융화된다. 집단 내 수용도가 높아서 필요한 지원을 더 쉽게 받을 수 있고, 직무를 성공적으로 수행할 수 있어서 매우 효과적인 의사소통의 수단이 된다. 유머가 스트레스와 감정을 조절하여서 인간관계에서 관계 갈등이나 충돌을 피하게 해주고, 체면 손상과 자기 노출을 막아주며, 긍정적인 상호작용의 도구로 사용된다는 것은 많은 연구들에서 밝힌 바 있다(Long & Graesser, 1988; Lefcourt, 2001 등).

사회생활에서 중요한 역할을 하는 대인관계 역량은 공동체의 가치와 공동체 구성원의 다양성을 존중하고 상호 협력하며 관계를 맺고 갈등을 조정하는 능력을 말한다. 구성원의 다양성을 존중하고 상호 협력을 통해 관계를 유지하는 데 있어서 적절한 유머는 불쾌한 정보를 순화시켜 전달할 수 있도록 해주기 때문에 서로의 체면을 지켜줄 수 있고, 다른 사람들과 보다 쉽게 융화되게 하여서(Lyttle, 2007), 사람들은 유머감각이 높은 사람들을 좋아하게 되며, 관계를 맺고 싶어 한다. 유머가 함께 웃는 효과와 정서적 이완, 공감성 등을 바탕으로 동료들 사이의 대인관계를 원활하게 하는 요소로 작용하고 협력을 증진시키는 요소로도 작용한다(Korobkin, 1988)[4].

대인관계와 유머를 다룬 연구들에 의하면, 학생들 사이에서도 동성 친구관계를 시작하고 유지하기 위해 관계적 유머를 더 많이 사용하며, 이를 통해 관계만족도에도 도움을 주는 것으로 나타났다(Ward, 2004; Martin, 2006). 또한 유머는 결혼만족도에도 영향을 미치는 것으로 나타났다. 배우자가 더 유머를 많이 사용할수록 친밀감과 결혼만족도가 높아진다는 것이다(De Koning & Weiss, 2002). 그러나 긍정적인 유머는 관계만족도를 향

---

4 이덕로 · 김태열(2009)에서는 경영의 관점에서 유머감각이 자기효능감과 관련되며, 이것이 창의성 성과뿐 아니라 직무 성과, 경력 성과, 팀 성과 등과 같은 조직성과를 유의미하게 매개하는 변인이라는 것을 실험을 통해 입증하였다.

상시키는 것과 달리 부정적, 부적절한 유머는 갈등을 심화시키고 관계에 도움이 되지 않는 것으로 나타났다(Bippus, 2003; Cann, et. al., 2011).

사람들은 기본적으로 대인관계, 특히 친밀하고 원만한 대인관계를 형성하고자 하는 내적 동기를 가지고 있다. 인간은 사회적 존재이기 때문에 일생 동안 다른 사람과 관계를 형성, 유지, 발전시키면서 살아간다. 특히 대학생활은 가족이나 또래 중심의 제한적 관계에서 벗어나 확장된 대인관계를 경험하게 되면서 다른 어느 시기보다 건강한 대인관계를 형성하는 것이 중요한 발달 과제다(이수진, 2009: 231). 원만한 대인관계를 통해 자신과 타인을 이해할 줄 알게 되고 지적, 사회적 발달을 이루기 때문에 이 시기에 어떠한 대인관계를 맺고 유지하느냐에 따라 개인 삶의 방향과 질이 달라지게 된다. 이 시기에 친하고 효율적인 대인관계를 형성하는 능력을 개발하지 못하고 그러한 관계를 형성하지 못하면 고립감과 공허감 등의 심리적 혼란을 경험하게 된다(황혜자·윤선림, 2005).

대인관계를 잘 형성하기 위해서는 무엇보다도 의사소통 능력이 필요하다. 사람들과의 모든 관계는 의사소통을 통하지 않고는 형성이 될 수 없으며, 의사소통을 어떻게 했느냐에 따라 관계의 질이 달라진다. 특히 유머감각은 관계발전에 유용하며 성공적인 사회적 상호작용을 촉진하는 하나의 효과적인 사회기술이다. 유머감각을 발휘해서 대인관계에서 발생하는 다양한 갈등과 문제 상황에서 적절한 유머구사를 통해 대인관계를 부드럽게 하고, 다른 사람들과 보다 더 쉽게 융화하기 위해서는 자신에 대한 사랑과 다른 사람에 대한 배려를 바탕으로 하는 유머 연습이 필요하다.

/ 2 /

유머 이론

유머(humor)라는 단어는 몸의 액체 성분을 의미하는 라틴어 단어 후모렘 (humorem)에서 유래하였다. 어원적으로 유머는 사람의 건강과 감정을 조절하는 혈액, 점액, 담즙, 흑담즙 등 4종류의 체액을 의미하였다. 당시에는 이들 체액의 배합 정도가 사람의 체질이나 성질을 결정한다고 생각하였으나, 점차 기질이나 기분, 성격 등을 뜻하는 것으로 변형되어 사회규범에서 벗어난 행동을 지칭하는데 사용되었다(McGhee, 1979). 괴상하거나 엉뚱하거나 유별난 사람은 웃음과 조롱의 대상이 되지만 결국은 이런 사람을 흉내 내어 다른 사람을 웃기는 능력을 포함한 재능으로 간주되었다. 19세기말에 와서야 비로소 유머리스트(humorist)라는 말이 다른 사람을 즐겁게 해주기 위해 유머를 만들어 내는 사람이라는 현대적 의미를 갖게 되었다.

유머는 기록으로 남아있는 역사 속에 언제나 등장하는 요소이고 인간 경험의 일부인데, 아리스토텔레스는 유머가 즉흥시와 노래 가사에 그 기원이 있다고 하였다. 특히 기록으로 남아있는 희극에는 유머적인 요소가 포함되어 있는데 이와 같은 요소가 서양 문명의 거의 모든 시대에서 발견될 정도로 유머는 인간의 역사와 관계가 깊다. 이 장에서는 유머의 정의와 유머의 역사, 그리고 유머 생성과 관련된 주요한 이론에 대해 살펴보기로 한다.

2.1. 유머의 범위

2.1.1. 유머의 개념

유머는 표준국어대사전에 "남을 웃기는 말이나 행동"이라고 풀이하고, '우스개', '익살', '해학'으로 순화하였다. 순화어인 '우스개'는 "남을 웃기려고 익살을 부리면서 하는 말이나 짓"으로, '익살'은 "남을 웃기려고 일부러 하는 말이나 몸짓"으로, '해학'은 "익살스럽고도 품위가 있는 말이나 행동"이라고 풀이하고 있다. 이러한 풀이에 공통되는 것은 '남을 웃기는 말이나 행동'이라는 공통점이 있지만, 순환적인 정의를 하고 있어서 유머에 대응하는 순화어를 구별하여 사용하기는 어렵다.

웹스터(Webster) 사전에서는 유머를 어리석고 부적절한 감각에 호소하는 것이며, 우습고 어리석은 것을 발견하고 표현하거나 감지하는 정신적 능력이며, 코믹하고 즐거운 것 또는 그렇게 고안된 것이라고 정의하였다. 로스(Ross, 1998)는 〈유머의 언어(The Language of Humour)〉에서 유머를

'사람을 웃거나 미소 짓게 만드는 어떤 것'이라고 정의하였고, 위키피디아에서는 웃음이나 즐거움을 불러일으키는 특별한 인지적 경험들의 경향성[1]이라고 정의하는데, 이러한 정의들은 유머와 웃음이 서로 밀접한 관계에 있다는 것을 나타낸다. 유머는 우리가 웃을 때 주어진 어떤 메시지에 반응하는 것이며, 이런 관계는 사람, 장소, 사물과의 사이에서 만들어지기 때문에 언어적인 것, 실제적인 것, 행동적인 것을 모두 포괄한다. 유머는 참신함, 인지적인 복잡성, 표현 내용의 불일치 등의 특성을 가지고 있으며, 웃음과 관련되어 있는 만큼 긴장을 완화시키고 각성적인 요소를 가지고 있는 자극을 포함하고 있다(Berlyne, 1972).

유머는 인간이 지닌 다면적 현상 가운데 하나로 단일한 행동이 아니고, 여러 다른 행동들이 혼합된 현상이어서 유머를 명확히 설명하는 데는 어려움이 있다. 마틴과 레프코트(Martin & Lefcourt, 1983)에서도 유머가 지닌 모호성과 복잡성 때문에 유머와 웃음의 기능을 긍정적이고 협조적으로 보기도 하고, 부정적이고 파괴적으로 보기도 하는 등 관점에 따라 정의가 달라진다고 하였다.

'유머'와 '우스개', '익살', '해학'은 비슷한 말처럼 사용되고, 영어에서는 조크와 위트도 유사하게 사용된다. 롱과 글래서(Long & Graesser, 1988)에서는 유머는 의도적으로든 실수에 의해서든 관계없이 결과적으로 남을 웃기거나 즐겁게 해 준 것이라고 정의하였고, 조크(jokes)는 일부러 남을 즐겁게 하기 위하여 고안된 말이나 짓을 말하며, 앞뒤 문맥으로부터 독립적(context-free)이며, 그 자체만으로 의미가 들어 있어서 많은 대화에서 자

---

1 Humor is the tendency of particular cognitive experiences to provoke laughter and provide amusement. (https://en.wikipedia.org/wiki/Humour)

유롭게 이야기될 수 있는 것이고, 위트(wit)는 일부러 남을 즐겁게 하기 위하여 고안된 말이나 짓이라는 점에서는 조크와 같지만, 특수한 대화 상황에서만 나타나는 문맥의존성(context-bound)을 가진다는 점에서 구별된다고 하였다.

(1) 유머(humour)
남을 웃기거나 즐겁게 해주는 말의 통칭
a. 조크(jokes): 남을 즐겁게 하려고 고안된 말 가운데 독립적 구조를 가지고 있는 말
b. 위트(wit): 남을 즐겁게 하려고 고안된 말 가운데 특정한 대화 상황과 문맥에서만 나타나는 말

2.1.2. 유머의 유의어 범주

유머는 조크와 위트로 나누는 것뿐 아니라 풍자, 아이러니, 패러디 등등의 용어로 풀이되기도 한다. 그 의미에 있어서는 어느 정도 차이가 있지만 모두 웃음이라는 공통적인 요소를 바탕으로 한다.

풍자(Satire)는 인간이나 사회의 모순, 부조리 등을 비유적인 수법으로 조소하거나 비판하는 것을 말한다. 풍자도 유머러스하지만, 유머 자체보다는 재치 있게 사회의 특정한 문제에 관심을 갖도록 하는 건설적인 사회 비평에 더 큰 목적이 있으며, 아이러니나 패러디 같은 기법을 사용한다.

아이러니(Irony)는 비꼬는 말, 또는 반어로 번역되며, 겉으로 드러난 표층 의미와 말하고자 하는 기저 의미가 서로 다른 수사 장치나 문학적 기교를 말한다. 비난하기 위해서 칭찬하고, 칭찬하기 위해서 비난하는 것이므로 겉보기에는 속임수 같기도 하고, 시치미를 떼는 것처럼 보일 수도 있다. 그러나 겉으로 드러난 의미와 진정으로 의도하고 있는 의미가 무엇인가를 드러난 의미를 통하여 충분히 이해할 수 있는 상황과 조건 아래에서 사용하는 것이므로 속임수가 아니고, 뜻하고자 하는 것의 반대 표현을 사용함으로써 더욱 강조하는 효과를 거둔다. 아이러니를 이해하기 위해서는 함축, 생략, 암시적인 내용을 이해해야만 하며, 그 독특한 의미를 파악하기 위해서는 민감하고 유능하게 해독해야 한다. 그래서 아이러니를 알아듣는 사람과 듣기만 하고 이해하지 못하는 사람으로 양분된다.

패러디(Parody)란 문학, 음악 등의 작품에 다른 사람이 먼저 만들어 놓은 어떤 특징적인 부분을 모방해서 자신의 작품에 집어넣는 기법을 의미한다. 패러디는 주로 익살이나 풍자를 목적으로 하는데, 일반적으로 패러디 요소가 들어간 작품들은 패러디했음을 감추지 않고 드러냄으로써 보는 사람들에게 웃음을 이끌어내는 경우가 많다. 따라서 패러디 기법은 비단 예술작품 뿐 아니라 효과적인 유머의 소재로도 빈번히 사용된다.

> **(2) 한국인이 사랑하는 클래식 5**
> 한 방송에서 한국인이 사랑하는 클래식 다섯 곡을 선정했다.
> 1위: 바하의 G선 상의 아리랑
> 2위: 슈베르트의 붕어

3위: 브람스의 대학주점 서곡
4위: 베토벤의 아들나야돼
그리고 5위는 폴 드 세느비유의 아들난녀를 위한 발라드가 선정되었다.

이와 같은 유머를 듣고 즐기려면 배경이 되는 지식이 필요하다. 곧 'G선 상의 아리아, 숭어, 대학축전 서곡, 아델라이데, 아들란느를 위한 발라드'와 같은 작품을 알고 있어야 (2)의 내용이 변형된 패러디임을 인지하고 웃음을 터뜨리게 되는 것이다.

(3) 언론사가 뽑은 큰제목

a. 예수: 죄 없는 자 저 여인에게 돌을 던지라
   언론: 잔인한 예수, 연약한 여인에게 돌 던지라고 사주
b. 석가: 천상천하유아독존
   언론: 오만과 독선의 극치, 국민이 끝장내야
c. 소크라테스: 악법도 법이다.
   언론: 소크라테스, 악법 옹호 파장
d. 이순신: 내 죽음을 아무에게도 알리지 말라.
   언론: 이순신, 부하에게 거짓말 지시, 도덕성 논란 일파만파

앞의 유머는 먼저 주어진 성인들의 말이 가지고 있는 의미를 알고 있고, 그것을 패러디하여 기사화한 것을 보며, 본래 의미와 미묘하게 다른 불일치 를 인지하고 웃게 된다. 그런데 이 유머는 단순한 패러디가 아니라 언론의 보도 자세에 대한 풍자와 아이러니를 기본적으로 가지고 있음도 인지하게 될 때 이 유머가 의도한 의미를 제대로 해독하게 되는 것이다.

코미디(Comedy)는 그리스어의 '코모이디아(κωμῳδία, kōmōidía)'에서 기원한 말로 그리스와 로마에서 행복한 결말(happy ending) 구조를 가지고 있는 무대 공연을 나타내는 말이었으나 중세에는 행복한 결말 구조를 가진 시에까지 확대되었다[2]. 그러다가 점차 웃음을 유발하기 위한 유형의 공연들을 모두 포괄하는 의미로 확대되다가 점차 유머와 같은 의미로 사용되었다. 코미디는 일반적으로 유머러스하거나 웃음을 유발하는 담화나 공연, 슬랩스틱 코미디나 스탠딩 코미디 등을 모두 포괄하는 말이다.

슬랩스틱(slapstick) 코미디는 16세기 이탈리아에서 광대가 연극할 때 쓰던 막대기에서 유래된 것으로 두 코미디언이 서로 상대를 시끄러운 소리가 나는 슬랩스틱으로 철썩 때리면서 하던 코미디로, 어수선하고 소란스러운 분위기에서 과장되고 우스꽝스러운 행동으로 웃음을 유발하는 익살극을 뜻하게 되었다. 내용은 주로 사회적인 풍자로 이루어지는데, 우리나라에서는 인과관계가 불분명하지만, 갑자기 넘어지거나 부딪히는 등 예상외의 행동으로 웃음을 유발하는 '몸개그'와 유사한 말로 사용된다.

스탠딩 코미디(stand-up comedy)는 18~19세기 영국의 음악당에서 시작되었으며, 코미디언이 관중들 앞에서 직접 말장난, 풍자, 패러디 등을 포함한 재미있는 이야기나 모노로그, 때로는 음악이나 마술 등을 사용해서 분위기를 이끌어 가면서 관객과 상호작용하는 형태이다. 과거에는 전용극장 등에서 공연하던 것이 요즘은 텔레비전이나 유튜브 등을 통해 공연되기도

---

2   단테(Dante)는 이런 의미에서 그의 시의 제목을 'La Commedia'라고 붙였다.

한다. 슬랩스틱 코미디가 몸개그라면, 스탠딩 코미디는 말로 늘어놓는 재담에 가깝다.

개그(Gag)는 국어사전에 연극이나 영화, 텔레비전 프로그램 따위에서 관객을 웃게 하기 위하여 하는 대사나 몸짓이라고 풀이하고 '재담'으로 순화하였다. 개그는 짜여있는 각본보다는 희극 배우에 의한 임기응변의 기술을 말하는 것인데, 한국에서는 희극 배우를 '개그맨', '개그우먼' 등으로 부르고, '개그 코너', '개그콘서트', '개그야', '개그투나잇' 등 프로그램 이름 등에 널리 통용하면서 웃음을 유발하는 동작이나 말을 포괄하는 가장 일반적인 뜻으로 사용되고 있다.

위에서 살펴본 용어들은 웃음이라는 요소들을 공통적으로 가지고 있다. 유머와 웃음은 긴밀하게 연결되어 있다. 그러나 웃음과 유머가 동의어인 것은 아니다. 웃음은 유머가 없이도 나타나지만, 유머는 웃음을 동반한다. 일반적으로 유머는 보편적으로 웃음을 불러일으키는 기저의 지각적, 인지적, 정서적 과정이고, 웃음은 유머러스한 인지적 자극을 경험하거나 간지럼 같은 자극이 왔을 때 밖으로 드러나는 생리적이고 행동적인 부속물로 정의한다. 그렇기 때문에 유머러스한 자극이 없다면 웃을 수 없고, 웃음 없이는 유머를 경험할 수 없다(Polimeni & Reiss, 2006: 347).

2.2. 유머의 역사

현생 인류가 유머를 처음 구사한 것은 35,000년 이전으로 추정된다[3]는 연구도 있지만, 아무리 단순한 유머라 하더라도 언어적 기술을 활용하고, 상징을 사용하고, 추상적으로 사고하며, 사회적 인식이 뒤따라야 해석된다는 점을 생각할 때, 유머는 인류가 소유하고 있는 가장 복잡한 인지적 속성을 가지고 있다. 이러한 유머가 긍정적인 것인지, 아니면 부정적이고 파괴적인 것인지에 대해서는 견해가 일치되지 않는다. 웃음은 인간의 비겁하고 나쁜 공격적인 측면을 반영하는 것으로도 볼 수 있지만, 순수하고 즐거운 측면을 반영하는 것으로도 볼 수 있다.

18세기 이전까지 웃음은 부정적으로 인식되었다. '함께 웃는 것'과 '조롱하는 것'의 구분이 분명하지 않아 모든 웃음은 누군가를 놀리는 것이라는 인식이 많았다. 웃음은 주로 카니발에서 시끌벅적하게 노는 것이나 슬랩스틱 코미디처럼 비논리적인 행동이나 조소와 관련되어 있었기 때문에 플라톤, 아리스토텔레스, 홉즈, 루소 등은 모두 유머가 인간의 바람직하지 않은 자질을 반영한다고 보았다. 웃음을 본질적으로 공격성의 형태로 간주한 것은 아리스토텔레스까지 거슬러 올라간다. 그는 웃음은 항상 다른 사람의 못생김이나 비정상적인 것에 대한 반응이라고 여겼다. 홉즈(Hobbes, 1651/1981)에서는 웃음이 우월감이나 갑작스러운 승리감(sudden glory)에 근거하여 다른 사람의 열등성을 지각하게 하는 것이라 하였으며, 이 시기의 성직자들은 웃음을

---

3 유머러스한 대화의 예로 생각되는 것이 원조 인류학자가 호주 원주민을 만난 장면에서 보이는데, 이 호주 원주민이 최소한 35,000년 동안 유전학적으로 고립된 것으로 입증되었기 때문이다(Polimeni & Reiss, 2006: 348).

경건하지 않다고 보아 금하기도 하였다.

18세기에는 조롱(ridicule)이라는 단어가 오늘날의 유머라는 단어와 거의 동일하게 사용되었으며 여전히 부정적이고 공격적인 성향이 남아있었다. 그러나 이 시기에 조롱을 사회적으로 용인할 수 있었던 것은 이것을 일정한 언어기술로 인식했기 때문이다. 그러던 것이 점차 유머가 멸시나 경멸의 표현이 아니라 지적이고 자신의 현명함을 드러내는 방식이라는 생각이 커지면서 공격성보다는 공감에 근거한 위트(wit)라는 단어를 유머의 의미로 사용하게 되었다. 물론 위트와 유머에도 미묘한 차이가 있었지만 20세기를 거치면서 유머가 우스꽝스러운 모든 것을 지칭하는 보편적인 용어로 자리 잡게 되고 위트는 유머의 한 유형으로 표현되었다.

웃음에 포함된 공감의 요소와 더불어 유머의 긍정적인 부분에 대한 연구가 이루어진 것도 20세기에 와서이다(Armstrong, 1920; McComas, 1923; Eastman, 1936; Mindess, 1971; Bliss, 1985 등). 여기서는 유머를 인간에 대한 관용, 수용, 공감을 표현하는 가장 숭고한 속성이라고 보고, 숨막히는 사회적 전통과 환경적 압력의 구속으로부터 개인을 해방시켜주는 힘을 가진 것으로 보았다(박희량 2001: 40).

유머가 가진 긍정적인 면에 관한 연구와 더불어, 사람들은 점점 웃음의 힘에 관하여 관심을 가지게 되었고 웃음이 지닌 효용성도 주목을 받게 되었다. 코즌스(Cousins, 1979)는 〈질병의 해부학(Anatomy of an Illness)〉이라는 책에서 질병을 극복하는 데에 필요한 것은 유머와 많은 양의 비타민 C면 충분하다는 주장을 통해 모든 인간은 고통을 극복할 수 있는 능력이 있는데, 특히 웃음은 자신의 내면 깊숙이 존재하는 고통을 풀어줄 수 있는 것이라고 보고 웃음의 중요성을 강조하였다.

다른 학문과 비교할 때, 유머의 유용성에 대한 연구는 미약하지만, 1980년대 이후부터 꾸준한 연구가 이루어지고 있다(McGhee, 1999). 특히, 유머가 가진 긍정적인 면에 관한 연구와 더불어, 사람들은 점점 웃음의 힘에 관하여 관심을 가지게 되었고 웃음이 지닌 효용성도 주목을 받게 되었다. 19세기에는 유머가 사업을 하려는 사람에게는 불필요한 것으로 생각되었지만 20세기 중반에는 유머감각이 정치가, 특히 대통령을 꿈꾸는 사람에게는 필수적인 특성이 되었다. 상대방 후보자를 폄하하기 위해 사용하는 말로 '유머감각이 없다'고 주장하는 정도까지 되었다. 유머감각이 있는 사람은 본질적으로 긍정적이며 박애주의적인 성향을 갖고 있고 지적이라고 생각하며, 그렇지 않은 경우 공격적이고 고루하다는 인상을 갖게 되었다. 이와 같이 유머와 웃음에 대한 긍정적인 견해는 오늘날에도 계속해서 우리 문화를 주도해가고 있다.

유머는 다양한 기능을 가지고 있다. 유머를 통해 다른 사람을 놀리고, 흉내 내고, 지배하는 데 사용할 수도 있고, 대인관계의 긴장감을 줄이고, 스트레스를 이완시키며, 다른 사람과의 관용과 공감을 표현하는 방법이 되기도 한다. 유머가 가진 다양한 기능은 유머 발생 이론을 통해 더 상세히 살펴볼 수 있다.

2.3. 유머 발생 이론

고대 그리스 시대 이후로 여러 연구자들이 유머와 웃음에 관해 주목해 왔지만, 유머가 가지는 복잡성과 모호성 때문에 합의된 결론에 이르지 못하고 있다. 유머나 위트와 같은 용어가 사용된 것은 근대의 일이고, 해학성이나 희극성이 겉으로 드러나는 것은 웃음을 통해서이기 때문에 유머에 관한 연구의 중심은 웃음의 이유나, 웃음을 유발하는 요인에 대한 답을 인식론적 관점이나 심리학적 관점에서 찾으려는 것이었다. 그러나 유머가 인지와 정서의 과정이라면 웃음은 생리와 행동이기 때문에 유머가 웃음보다 더 복잡하고 상위에 있는 과정이고, 웃음은 일종의 반사작용과 같은 생리적-행동적 반응이다(Lefcourt & Martin, 1986). 따라서 유머에 관한 이론은 유머를 인지적, 정서적, 생리적 측면 가운데 어디에 초점을 두는지에 따라서 달라지기도 한다(Holland, 1982).

마틴과 레프코트(Martin & Lefcourt, 1984)는 80가지 이상의 유머 이론이 있다고 주장하는데, 이렇게 많은 이론이 제시되는 이유는 유머가 다차원적인 속성을 가지고 있어서 어떤 관점으로 접근하더라고 매우 주관적이고, 부분적이기 때문이다. 유머에 관한 이론은 인지적 측면에서 보면 칸트(Kant)나 쇼펜하우어(Schopenhauer)로 대표되는 불일치 이론(incongruity theories)으로, 정서적 측면에서 보면 홉즈(Hobbes)나 베르그송(Bergson)으로 대표되는 우월성 이론(superiority theories)으로, 생리적 측면에서 보면 아리스토텔레스(Aristotle)나 프로이드(Freud)로 대표되는 정신적인 해방 이론(release theories)으로 설명할 수 있다.

이런 관점에서 유머는 불일치를 인식하거나, 정서적으로 우월감을 느낄 때, 정신적으로 이완이 되면서 발생하는 것이라고 말할 수 있다. 이 세 가지 관점은 모두 관련될 수도 있지만, 이 가운데 몇 가지 요소들을 통해서도 발생할 수 있다. 유머에 관한 여러 이론 중에서도 가장 영향력 있는 이론은 불일치 이론이다. 불일치라는 요소는 유머가 성립하는 데에 있어서 매우 중요한 부분이다. 그런데 불일치가 유머를 만드는 데에 필요한 조건이기는 하지만 필요충분조건은 아니다. 그러면 유머에 대한 여러 이론 중에서 특히 중요하게 다루어지고 있는 세 가지 이론에 대해 살펴보기로 한다.

〈유머 발생 이론의 유형〉

관점	이론	대표학자
인지적 측면	불일치 이론	칸트, 쇼펜하우어
정서적 측면	우월성 이론	홉즈, 베르그송
생리적 측면	정신적 해방 이론	아리스토텔레스, 프로이드

2.3.1. 불일치 이론

유머를 인지적 관점에서 바라보는 것이 불일치(incongruity) 이론이다. 불일치 이론은 유머의 본질이 일반적인 상황에서는 전혀 다른 개념이나 상황이 예기치 않은 방식으로 함께 일어나는 것에 있다고 본다. 유머가 불일치를 포함하고 있다는 것은 임마누엘 칸트(LaFollette and Shanks, 1993), 쇼펜하우어(Provine, 2000) 등의 저서에서 나타난다. 칸트는 무엇인가 중대한 것을 기대하고 긴장해 있을 때 예상 밖의 결과가 나타나서 긴장이 풀리며 우스꽝스럽게 느껴지는 감정의 표현이 웃음이라고 하였고(Morreall 1983: 16), 쇼펜하우어는 웃음의 원인이 어떤 관계를 통해서 생각해 온 개념과 실제 대상 사이에 갑작스럽게 일어나는 불일치를 인식하는 것이며, 웃음은 이런 불일치를 표현하는 것이라고 하였다. 비에츠(Veatch, 1998)에서는 불일치라는 것은 두 가지 요소가 있다는 것인데, 한 요소는 사회적으로 정상적인 것이라면 또 다른 한 요소는 '주관적인 도덕적 질서'를 위배하는 요소라고 하였다. 이처럼 불일치는 대개 기대했던 것과 실제 일어났던 것 사이의 차이를 의미하며, 이러한 불일치를 해결하기 위해서 다른 대안적 해석을 모색하게 하는 것이 유머의 기본이 된다는 것이다.

이러한 개념을 더 정교화 한 코에스틀러(Koestler, 1964)는 정상적으로 일치하지 않는 두 가지 참조 체제를 나란히 배치하거나, 정상적으로 서로 다르게 생각되는 개념에서 함축하고 있는 다양한 유사성과 유추를 탐색하는 것을 언급하는 용어인 이중연상 이론(bisociation theory)을 만들었다. 이중연상 현상(bisociation)은 서로 관련이 없는 두 가지 사실이나 아이디어를 하나로 통합하는 과정에서 창의적 생각이 폭발적으로 일어나는 현상을 말한다. 이중연상이란 섬광과 같이 떠오르는 통찰력, 곧 관계들에 대한 즉각적인 인식을 말하는 것인데, 이전에 연결되지 않던 기준틀[4]들을 연결하여 줌으로써 우리가 다양한 층위에서 즉각적으로 현실을 경험하게 해주는 것이다 (Koestler, 1964: 45).

(4)에서 보는 것과 같이, 관습적으로는 파장(wavelength)이 다른 기준틀 M_1과 M_2로 이루어진 상황에서 이중연상을 할 때 상황이나 생각을 지각하는 L은 서로 다른 두 파장을 동시에 진동시켜서 교차한다는 것이다(Koestler, 1964: 35). 이와 같이 일상적이지 않은 상황이 지속되는 동안 L은 연상되는 하나의 맥락에만 연결되는 것이 아니고, 두 가지 맥락을 동시에 연상하는 것이다.

---

4   여기서 '틀(frame)'은 물리적 환경이나 상투적인 행동에 대한 상식이나 지식과 관련된 특정 유형의 스키마를 의미한다.

(4) 이중연상의 구조

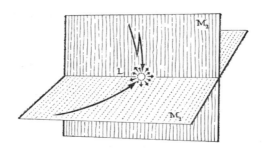

유머에서 작용하는 맥락은 현실-비현실, 정상-비정상, 가능-불가능 등이 논리적으로 흑백 대립을 하는 것이 아니라 예측하지 못했지만, 예측가능성이 있는 맥락의 범주 안에서 의외성이 나타나서 서로 불일치하는 상황이다. 이러한 관계들을 함께 즉각적으로 인식하는 창의적 단계에 이르게 되면, 유머 담화에 나타나는 최소한 두 개 이상의 기준틀에 참여하여 유머를 해독하게 되는 것이다.

코에스틀러(Koestler, 1964)에 따르면, 이중연상 과정은 유머뿐 아니라 과학적 탐구와 예술적 창조성에서도 작용한다. 2017년 제일기획의 대학생 아이디어 공모전에서 금상을 받은 부산대 팀의 작품을 살펴보자.

(5) 2017년 대학생 아이디어 공모전 금상 작품

(5)의 작품은 가로 읽기와 세로 읽기에 따라 내용이 달라지는 구조적 중의성을 가지고 있다. 독자들은 이 불일치를 해결하기 위해 다른 것에 유추나 구조를 재분석 하면서 의미를 파악하고자 하게 된다. 두 개의 다른 구조로부터 광고하고자 하는 제품인 '카스'는 탑이고, 이와 함께 이 제품을 마셨다면 '카(자동차)는 스탑', 다시 말해 음주운전을 하지 말라는 공익성을 포함하고 있는 이중연상을 유도하는 것이다. 의도하는 의미를 찾아가기 위해서 구조를 재분석하고, 의미를 찾아가면서 인지 작용이 활성화되어서, 그만큼 오래 기억되며 광고로서의 효과도 커지는 것이다. 유머는 이와 같은 창조적 활동의 일부이다. 예술과 과학에서 불일치는 웃음을 일으키지 않는 반면에, 유머에서의 불일치가 웃음을 일으키는 이유는 이들 활동이 일어나는 정서적 맥락이 다르기 때문이다.

어릿광대의 모습을 보고 웃는 것은 얼굴과 어울리지 않는 큰 코나 작은 눈, 나이에 맞지 않는 옷차림과 큰 신발 따위가 머릿속에서 생각하는 그 나이 또래 사람의 일반적인 모습과 조화되지 않기 때문이다. 겉모습은 역기처럼 생겼지만, 속이 비어 있어서 아주 가벼운 물건을 역도 선수에게 들게 했을 때 사람들이 웃는 이유는 예상 무게와 실제 무게 사이의 명확한 불일치 때문이다.

유머에 대한 인지적 접근에서는 불일치만으로 유머가 되는지, 그렇지 않으면 불일치가 해소되는 과정까지 포함되는지에 대해 서로 다른 관점을 가지고 있다.

널하르트(Nerhardt, 1976)에서는 불일치만으로도 유머가 성립된다는 것을 입증하는 실험을 했는데, 실험대상자에게 서로 다른 물건을 들어 올리게 해서 그 무게를 알아맞히는 실험에서 어떤 물건의 예상 무게와 실제 무게가 불일치한다는 것만으로도 실험대상자들을 충분히 웃는다는 것을 보여주었다.

이와는 달리 설즈(Suls, 1983)에서는 유머는 불일치를 해소하는 과정이 있어야 한다고 주장하였다. 유머는 인지적 정보처리가 갑자기 변화할 때 일어난다. 오커널(O'Connell, 1976)에서는 유머감각이 있는 사람은 참조체계에서 지각적 인지의 이동이 빠르다고 하였다. 유머는 문제-해결(problem-solving) 형태이며, 불일치를 해소하지 않으면 유머를 이해하지 못하기 때문에 혼란스럽거나 욕구불만을 야기할 수 있다. 그렇기 때문에 설즈(Suls, 1983)에서의 주장처럼 불일치 해소가 더 본질적이라고 하는 것이다. 라스킨(Raskin, 1985)에서는 실제-비실제, 정상-비정상, 가능-불가능 등의 불일치하는 상황이 조성되고, 펀치라인(punch line; 급소찌르기)에 의해 급속한 전환이 이루어져 불일치 상황이 해소되면 긴장이 급속히 감소되어 즐거움을 느낀다고 하였다.

유머는 화자와 청자가 상식에서 합의한 것을 서로 깨뜨리고 다른 맥락에서 서로 다시 공감하는 과정에서 웃음이 동반되는 것으로, 뭔가 재미있게 되기 위해서는 반드시 기대 밖의 요소를 지니고 있어야 한다. 그러나 유머에서 '의외성'이라는 요소가 중요하지만, 불일치되었다고 해서 저절로 유머가 되는 것은 아니고, 뭔가 부조화롭다는 것이 유머러스하다고 인식되기 위해서는 반드시 불일치에 대한 설명을 통해 부조화가 해소되어야 한다는 것이다. 이런 관점에서 로스(Ross, 1998: 8)에서는 불일치 이론의 세 가지 요소를 다음과 같이 제시하였다.

(5) 불일치의 요소

    a. 청자가 기대하는 발화와 화자가 실제로 발화한 것 사이에 차이가 있다.

    b. 이러한 차이는 언어의 모호성에 의해 발생한다.

    c. 유머의 단서가 되는 결정적인 발화는 청자가 기대한 해석이 아니라는 점에서 놀라움을 주지만, 궁극적으로는 기대한 것과 발화한 것 사이의 불일치를 해소하는 것이어야 한다.

사람들은 보통 불일치를 일으키는 기존 구조(set up)와 반격(punch line)의 간격을 메꾸기 위해서 원래 가지고 있던 기존 구조의 틀을 깨고서 반격을 이끌어 낼 수 있도록 기존 구조의 의미를 비틀어서 화자가 생각한 의미에 접근한다. 그럼으로써 서로 유머의 맥락으로 소통하게 되어 친근감을 느끼게 되고, 여기에 금기적인 요소가 있을 경우 스트레스를 해소하는 기능도 기대하게 되어 즐거운 감정을 갖게 되는 것이다.

다음 예를 살펴보자.

(6) 선생님: 너 왜 늦었니?

    학   생: 어떤 사람이 오만 원짜리를 땅에 떨어뜨렸어요.

    선생님: 그래서 돈 찾는 거를 도와드렸니?

    학   생: 아니요. 그 돈을 밟고 서 있었어요.

유머는 대부분 이야기의 끝부분이 청자가 예상하던 것과 달라서 불일치로 연결된다. 위의 예에서 선생님이 기대한 것은 학생이 그 돈 찾는 것을 도와드리다가 학교에 늦었다는 것이다. 그래서 아주 친절한 학생의 맥락을 예상하다가 갑자기 도덕성 없는 학생이라는 반전을 경험하게 되는데, 마지막의 반전적인 요소가 없다면, 이야기는 별 재미가 없거나 무슨 말인지 전혀 이해할 수 없는 엉뚱한 말이 되고 만다.

> (7) 아내: 여보, 당신은 나의 어떤 점이 제일 좋아요?
>   지성미? 예쁜 얼굴? 근사한 몸매?
>   남편: 아니, 당신의 그 유머감각
>
> 〈광수생각〉

위의 예에서도 아내가 생각하는 맥락과 대답하는 남편의 불일치가 유머를 만들어낸다. 주어진 맥락에서 아내의 말이 만들어 내는 틀은 자신이 제안한 세 가지 중 어떤 요소가 남편의 답으로 나올 것이라고 상정한다. 그러나 남편의 답은 세 가지 요소와 관련이 없다는 점에서 불일치가 생겨난다. 독자는 통찰력을 가지고 이 불일치의 문제를 해결하기 위해 남편의 대답을 유의미하게 재통합한다. 다시 말해 남편은 아내가 제안한 세 가지 요소는 모두 현실성이 없기 때문에 아내가 하는 말을 진실성 없이 웃자고 해보는 말이라는 틀로 바꾸고, 그러한 유머감각을 좋아한다고 대답하는 것이다. 이러한 반전 요소가 없이 남편이 아내가 제안한 셋 중에서 하나를 골라 대답하거나, '당신 나 웃기려고 하는 말이야?' 등과 같이 되물었다면 일상적인 대화가 될 뿐 유머가 될 수 없다.

사람의 사고 체계는 언어를 사용하는 한 집단 내에서 범주별로 체계화된다. 체계화라는 의미는 한 사회 안에서 통용되는 인습적인 분류를 의미한다. 그래서 어떤 생각이 체계화되었다는 말의 의미는 개념과 사고와의 관계가 일관성을 갖고 있다는 말이다. 개념은 범주별로 분류되기 때문에 일단 분류가 되고 나면 잘못 분류된 범주 따위는 의식하지 못하게 된다.

> (8) 약사가 된 최불암에게 "아저씨 쥐약 주세요."라고 했다. 그때 최불암이 한 말은?
> "너희 집 쥐는 어디가 아프니?"

쥐약은 이미 쥐를 잡기 위해 사용하는 말이라는 개념으로 범주화되어 있다. 따라서 이것이 아기가 아프면 아기 약을 사고, 강아지가 아프면 강아지 약을 사는 것과 같은 범주에 속할 수도 있다는 개연성을 생각하기 쉽지 않다.

> (9) 조개국수에는 뭐가 들었어요? 조개.
> 튀김국수에는 뭐가 들었어요? 튀김.
> 그럼 칼국수에는 뭐가 들었어요?

그래서 유머를 만드는 언어적 표현은 각기 다른 두 체계로 분류된 것을 동시에 지각하는 융합지각(fused perception)의 표현이라고도 말한다. 사람이 분류해 놓은 체계는 완전히 분리되는 것이 아니고, 부분적으로 중복될 수 있는데, 이러한 두 체계의 융합이 유머의 형식이고 내용이라는 것이다. 이런 이유 때문에 유머는 언어권에 따라 달라지고, 번역이 어려운 경우가 많다.

유머감각이 있는 사람들은 조화되지 않는 두 개념 사이에서 인지 작용이 빠르게 나타나서 빨리 알아차리고 웃을 수 있다. 그러나 이런 문제 해결의 과정이 이루어지지 않고 불일치를 해소하지 못하면 스스로는 혼란스럽거나 욕구불만이 생길 수 있고, 다른 사람들로부터는 형광등이라는 놀림을 받을 수 있다. 유머를 구사하기 위해서는 불일치가 재빨리 해소될 수 있도록 관련성이 있는 맥락, 또 장난스러운 맥락, 상대방과 함께 호흡할 수 있는 적절한 분위기를 선택해서 유머를 사용해야 한다.

불일치 이론은 유머의 인지적 요소를 중요하게 생각한다. 불일치만으로도 유머가 발생한다고 보는 관점에서는 중단, 지각적 대비, 장난스러운 혼동 등이 강조되지만, 불일치 해소로부터 유머가 발생한다고 보는 관점에서는 통찰력, 재통합, 의미의 발견 등이 강조된다. 레빈(Levin, 1961)에서는 유머를 이해하는 것은 복잡한 퍼즐 맞추기나 문제 해결을 하는 것과 같아서 사물의 일상적인 의미를 완전히 새로운 관계로 재구성함으로써 얻게 되는 갑작스러운 발견이 즐거움과 만족의 원인이 된다고 하였다. 그렇기 때문에 유머감각이 높은 사람들은 불일치를 재빨리 해소하고, 장난스러운(playful) 맥락을 만들고, 적절한 분위기(mood)를 만들 수 있도록 인지 작용이 활발하고, 문제해결 능력을 갖춘 사람이다.

2.3.2. 우월성 이론

우월성 이론은 다른 집단이나 사람과 비교해서 상대적으로 자신이 우월하다고 느끼는 것이 유머의 요인이라는 것인데, 상당수 초기 유머 이론은 우월성 이론이라고 할 수 있다. 우월성 이론은 다른 사람을 얕보거나 평가 절하해서 우월감을 갖게 한다는 점에서 경멸 이론이라고도 하며, 그 역사는 아리스토텔레스, 플라톤까지 올라간다. 아리스토텔레스의 '시학'에서는 희극은 '평균 이하의 우스꽝스러운 사람'을 모방하는 것이며, 웃음은 사회적으로 부적합한 행위나 부도덕한 행위에 대한 비난을 담고 있는 것으로 보았다. 자신에 대한 자긍심을 높이기 위해 못생기고 부족한 것을 비웃으면서 유머감이 생기고, 다른 사람에 비해 자신이 우월하다고 생각하는 사람이 상대에 대해 비꼬는 표현이 웃음이라는 것이다(McGuire, Boyd, & James, 1992). 플라톤은 웃음을 죄악이라고 생각했는데, 그 이유는 어떤 사람을 웃게 만드는 것은 자신이 다른 사람보다 더 부유하고, 잘 생기고, 인간성이 좋고, 현명하다고 생각하기 때문이라는 것이다. 따라서 '웃음이란 질투의 감정에 쾌감이 가미된 것'이라고 하였는데(Morreall 1983: 4), 풍자나 조소, 야유, 적대감, 인종 차별, 지방색 등은 모두 이런 요소를 가지고 있다.

우월감에 대해 가장 잘 나타낸 것은 홉즈(Hobbes)의 정치철학서인 '리바이어던(Leviathan 1651)'이다. 그는 인간의 삶은 죽을 때까지 보다 더 큰 힘을 추구하려는 투쟁으로 연속되는데, 웃음은 기본적으로 투쟁에서 승리했을 때 나타나는 것이라고 했다. 따라서 유머에서 나타나는 웃음은 갑작스러운 영광(sudden glory)의 표현인데, 이것은 자신이 무능력하다는 자각으로부터 순간적으로 벗어날 수 있기 때문에 얻게 되는 영광이라고 하였다. 이런 점에서 유머는 다른 사람을 공격하는 한 방법이며, 같이 웃어주는 사람들을 지지 세력으로 해서 자신의 힘과 지위를 유지하려는 방법이라는 것이다.

현대의 우월성 이론들은 아리스토텔레스의 생각과 유사하다. 폴리오(Pollio, 1983)에서는 유머와 우월한 느낌은 동시에 일어나는 감정이라고 보았고, 의기양양한 느낌은 다른 사람보다 지적이거나 강하다는 느낌과 연결하였다. 알렉산더(Alexander, 1986)에서는 유머가 자기 자신의 지위를 올리고, 어떤 다른 사람의 지위를 낮추며, 정해진 청자의 지위를 올리는 것을 통해 그 사람과 친근감을 증진시키고 사회적 결속감을 높이는 것이라고 하였다.

우월성 이론에 따르면, 웃음과 다른 사람을 재미있게 하는 것은 유머에 있어 가장 중요한 부분이다(Keith-Spiegel, 1972). 우월성 이론을 지지하는 사람들은 사람들이 유머를 통해 다른 사람들을 어리둥절하게 만들고 그들보다 자신이 우월한 입장을 확보하게 된다고 생각했다(Fry, 1963). 또한 유머를 통해 우월성을 표현하는 것은 열등한 감정에 대한 보상을 시도한 것이라고 보기도 하였는데(Simon, 1988), 경멸의 요소가 즐거움을 유발하는 동기가 되는 것이다.

자신이 우월해지기 위해서는 상대적으로 열등하다고 생각되는 집단을 표적으로 삼아야 한다. 실제로 유머에는 바보, 정신병자, 식인종, 사오정 등을 소재로 한 것이 많고, 국회의원, 교수, 대통령, 판사, 변호사, 의사 등을 소재로 희화하는 것도 많이 있다. 이러한 점들은 우월성 이론을 뒷받침하는 것이 된다.

(10) 교수와 거지의 일곱 가지 공통점
  - 출퇴근이 일정하지 않다.
  - 수입이 일정하지 않다.
  - 항상 뭔가를 들고 다닌다.
  - 다양한 사람들을 만나며 살아간다.
  - 되기는 어렵지만, 일단 되고 나면 밥은 먹고 산다.
  - 남에게 받기만 하고 대접할 줄 모른다.
  - 작년에 한 말 또 한다.

(11) 국회의원과 남편의 일곱 가지 공통점
  - 내가 선택했지만 후회막심이다.

- 뒤통수를 친다.
- 약속을 지키지 않는다.
- 안에서는 싸우고 밖에서는 착한 척 한다.
- 내 말은 죽어라 안 듣는다.
- 한 번 정하면 쉽게 바꿀 수 없다.
- 자신을 좋아해서 선택했다고 착각한다.

이러한 유머는 교수도 아니고 정치인도 아니고 거지도 아닌 사람들끼리 이야기하면서 즐겁게 이야기할 수 있는데, 그 웃음의 근거가 되는 것은 우월감이라는 것이다. 특히 사회적으로 우월한 집단을 비웃는다는 점에서 유머에 참여한 사람들의 우월감을 높이는 것이 되고, 그런 점에서 함께 웃음에 참여한 사람들에게 친화력과 유대감도 높이는 긍정적 기능을 할 수 있다.

우월성 이론의 관점을 잘 드러내는 것은 비웃음이나 풍자 등이다. 그런데 비웃음은 다른 사람들에게 재미를 가져다 줄 수는 있겠지만 비웃음 당하는 사람의 입장에서는 자존감에 커다란 손상을 입을 수도 있어서 부정적인 유머의 기제로 작용할 수 있다. (자세한 내용은 제8장 우월감에 의한 유머 참조)

2.3.3. 정신적인 해방 이론

정신적인 해방 이론은 유머의 정의적, 인지적 측면에 초점을 둔다. 스트레스는 긴장과 각성상태를 일으키고, 유머는 이런 긴장감을 저하시켜서 정신적인 해방을 가져온다는 것이다. 이 이론은 정신분석학에 기원이 있는데, 프로이트(Freud, 1905/1963)의 〈농담과 무의식과의 관계〉에서 유머의 생성과

꿈을 꾸게 되는 과정을 비교했다. 그는 유머가 무의식적인 성적 충동이나 공격적 충동으로 생성된다고 가정하고, 꿈과 유머는 불합리함과 간접적 표상과 같은 공통된 특징을 갖고 있다고 설명했다. 프로이트는 사람들이 갈등에 대한 정신적인 방어기제로 활용하는 유머는 고도의 지적인 기능으로 성적 긴장이나 공격적인 긴장을 사회적으로 수용되는 방식으로 방출하는 정신적 기능이 있다고 하였다.

이것은 슬픔이나 공포와 같은 부정적인 정서를 경험하는 상황에서도 작용하는데, 그 상황 속에서도 관점을 변화시켜서 부정적인 정서를 경험하는 상황을 피하게 한다. 예상했던 것이 일어나지 않았을 때 내부적으로 준비된 정신적 에너지가 필요 없게 되고, 이것이 웃음의 형태로 방출되기 때문에 웃음은 긴장을 감소시키고, 즐겁게 하며, 건강하게 해준다는 것이다.

베이커(Baker, 1993)는 유머란 사람들이 일반적으로 고통을 유발할 가능성이 있는 쾌락을 갖기 위해 정신적인 에너지를 활용하는 과정이라고 했다. 그러므로 정신적인 해방 이론에 의하면, 사람이 유머를 경험하게 되면 우선적으로 자신이 힘들어 하고 있었던 긴장감에서 벗어나 평안하고 안락한 느낌을 갖게 된다는 것이다.

일반적으로 유머는 개인의 육체적·정신적 건강에 긍정적인 영향을 미친다. 프라이(Fry, 1995)에 의하면 유머감각이 높은 여성들이 스트레스가 많은 일상생활을 좀 더 긍정적으로 수용한다. 유머가 스트레스 수준을 낮추는 데에 기여하고 그 결과로 개인의 육체적·심리적 건강에 영향을 미치기 때문이다. 다음 예를 살펴보자.

(12) 세상에서 가장 야한 채소는?　　　　　　　　－ 버섯

(13) 심각한 증상이 있다면서 한 여자가 의사를 찾아 왔다. "선생님, 저에게 이상한 병이 있어요. 방귀를 자주 뀌는 버릇이 있는데 제 방귀는 아무 소리도 나지 않고 전혀 냄새도 나지 않아요. 선생님도 전혀 모르시겠지만 진료실에 들어온 이후로 열 번도 더 뀌었을 거예요." 심각하게 듣고 있던 의사가 대답했다. "알겠습니다. 우선 이 약을 먹고 일주일 후에 다시 오십시오. 틀림없이 큰 변화가 있을 것입니다." 일주일 후에 찾아온 여자는 의사에게 따지기 시작했다. "선생님, 도대체 무슨 약을 준 거죠? 심한 냄새가 나는 방귀로 바뀌었잖아요. 뭔가 잘못 된 것 같아요." 그 말을 듣고 의사가 말했다. "자, 코는 고쳤으니 이번에는 귀를 고쳐봅시다."

(12)와 같이 성적인 요소나 (13)과 같이 배설과 관련된 요소들은 정신적 해방 이론을 뒷받침하기에 적절하다. 이와 같은 내용의 유머가 사람들로 하여금 성적 긴장에서 벗어나게 하고, 억압된 정서를 표출하게 한다고 보기 때문이다. 성적 유머의 가장 두드러진 예들은 '음란한' 유머이다. 성에 관한 이야기는 평상시에는 말하기 어려운 주제이지만 유머로 포장하여 이야기할 때에는 한결 수월하게 말할 수 있다. 이런 과정에서 그동안 억압되었던 성적인 긴장이 해소될 수도 있다. 또한 배설에 관한 것도 인간의 당연한 신체 작용이지만 일상생활에서는 드러내 놓고 말하기 어려운 요소이다. 그런 내용에 대해 말하고 웃는 것만으로도 뭔가 쌓였던 것들이 좀 풀어지는 것과 같은 정신적 해방을 경험할 수 있다. 그런데 음란한 얘깃거리는 어느 정도 재미있기도 하지만 매우 공격적인 성향도 가지고 있다. 성이나 배설과 같이 금기적인 내용을 유머로 포장해서 이야기하면서 다른 사람이 당황하거나 난처해하는 모습을 보며 이중적인 해방감을 느끼기도 한다. 유머 속에 담긴 이와 같은 주제는 긴장이나 억압에서 벗어날 수 있다는 긍정적인 측면을 가지고 있지만 이

와 더불어 공격성이라는 부정적인 측면이 동시에 나타난다는 점을 간과할 수
없다.

/3/

유머 생성과 의외성

사람들이 대화를 나눌 때는 자신의 정보나 감정을 교류하려는 목적을 가지고, 이를 전달하기에 가장 적합한 방식을 선택한다. 그래서 화자가 어떤 발화를 하면 청자는 화자의 발화 속에 숨어 있는 의미가 무엇인지를 추측하고 이 과정에서 화자와 청자는 서로 협력하면서 대화의 목적이나 방향에 적절하게 대화가 이어져 나갈 수 있도록 한다. 그러나 유머는 대화 안에서 이루어지지만 일반적인 대화의 원리를 따르지 않는다. 오히려 유머는 대화 상황에서 화자의 발화에 대해 청자가 기대하거나 예측하는 것을 깨뜨릴 때 나타난다. 다시 말해서 일반적으로 대화가 진행되는 과정에서 이루어지는 원리가 위배되어 청자의 예측하던 것이 빗나가서 추론에 오류가 생겼을 때 웃음이 일어날 수 있다는 것이다. 유머에서 작용하는 맥락은 논리적으로 흑백 대립을 하는 것이 아니라 예측하지 못했지만, 예측가능성이 있는 맥락의 범주 안에서 서로 불일치하는 상황이다. 이러한 관계들을 함께 즉각적으로 인식하는 창의적 단계에 이르게 되면, 유머를 해독하게 되는 것이다.

따라서 유머를 생성하기 위해서는 예측가능성과 의외성이라는 두 가지 요소가 함께 작용하여야 한다. 예측가능성을 벗어나는 것은 대화가 이루어지는 기본적인 방식과 원리, 대화의 기본적인 전제들을 의도적으로 위배하거나 비껴가는 것을 통해 의외성을 만드는 것이다.

이 장에서는 예측가능성과 의외성이 한 맥락 안에서 나타나도록 하는 기제로 대화를 하면서 사람들이 전제로 삼는 대화의 원리를 비껴가는 것, 대화의 전제를 비껴가는 것에 관해 살펴보기로 한다.

3.1. 대화의 원리 비껴가기

대화의 원리를 객관적으로 규명하고자 한 학자는 그라이스(Paul Grice)이다[1]. 그는 근본적이고 합리적인 사고에서 출발하여 상호 협력을 목적으로 하는 대화에서 효과적이고도 효율적으로 언어를 사용하기 위해서는 대화를 하는데 있어서 어떤 묵시적인 지침들이 필요하다고 하고, 이것을 격률(maxims)이라는 용어로 설명하였다(Grice 1975, 1978). 그라이스는 먼저 가장 일반적인 것으로 협동의 원리와 네 가지 기본 대화 격률을 제시하였는데, 이것들은 대화의 결속성을 유지시키는데 있어서 중요한 요소가 된다.

---

1   구현정(2009: 91-116)에서는 Grice(1975)를 토대로 원만하고 효율적인 대화를 위한 대화의 원리에 관해 설명하고 있으며, 이 장은 그 내용을 참조 하였다.

3.1.1. 협동의 원리 위배

협동의 원리(The co-operative principle)는 대화의 가장 기본적인 전제인 상호성에서 기인되는 것으로, 사람들이 대화를 할 때는 반드시 지금 하는 말이 지금 이루어지고 있는 상태에서 지향한다고 생각되는 목적이나 방향의 요구에 합치되도록 말을 한다는 것이다.

> (1) 갑: 그 가수 아저씨 말예요.
> 을: 네.
> 갑: 학교 다닐 때 핸드볼 선수였대요.
> 을: 네에.
> 갑: 청소년 국가대표두 하구.
> 을: 네에.
> 갑: 참 특이하죠.
> 을: 네. …… 그만 가죠.
>
> 〈내 이름은 김삼순〉

(1)의 대화에서 A는 계속 대화를 이어가고 싶어하지만, B는 건성으로 대답만 하고 결국은 대화를 회피함으로써 협동의 원리를 위배하고 있다. 대화자 가운데 누군가가 협동의 원리를 위배하면 대화는 더 이상 이루어지지 못한다. 다음 (2)의 예들은 이러한 예에 속한다.

> (2) 협동의 원리를 표면적으로 위배하는 표현들
> a. 너랑 더 이상 말 하고 싶지 않아.

b. 누가 너한테 말해 준다고 그랬어?

c. 아무 일도 아니에요.

d. 지금은 누구하고도 말하고 싶지 않아요.

e. 저 좀 그냥 내버려 두세요.

f. 나가주세요.

대화가 이루어지는 상황에서 표면적으로 (2)와 같은 말을 사용하는 것은 인간관계에 장애를 가져오는 요소가 된다. 또한 습관적으로 협동의 원리를 위반하는 사람은 원만한 인간관계를 유지하기가 어려워진다.

직접적인 표현으로 협동의 원리를 깨뜨리는 표현도 있지만, 대화에 직접 나타나지는 않았지만 대화 속에 숨어 있는 의도를 '대화상의 함축(conversational implicatures)'이라고 한다. 대화상의 함축은 말해진 것과는 구별되는 것으로 사람들이 어떤 의도를 암시하거나 함의할 때 전달되는 지식이다.

(3) 아버지: 난 너한테 기회를 준 거야. 어디 최고가 될 수 있는지 입증해 봐.

아 들: 아버지, 그럼 형은요?

아버지: …….

아 들: 형 걱정은 안 하시는 거예요?

아버지: ……. (자리를 피한다.)

아 들: 아버지!

아버지: 미스 김, 이것 좀 봐라.

〈식객〉

(3)의 대화에서 아버지는 아들의 질문에 대해 정확하게 대답하기를 피하고, 또 다른 사람을 부름으로써 더 이상 이야기 하고 싶지 않다는 의도를 나타내고 있다. 큰 아들에 대해 생각하고 있는 내용이 있지만, 작은 아들의 질문에 대해 굳이 말하고 싶지 않음을 위와 같은 방법으로 표시하고 있는 것이다.

위에서 살펴 본 바와 같이 협동의 원리는 화자와 청자 사이에 묵시적으로 약속이 되어 있는 것이기 때문에, 일방적으로 협동의 원리를 깨는 것은 대화의 장애 요소가 된다. 그런데 의도적으로 협동의 원리를 위배하면서 청자의 예상을 깨뜨리는 데서 발생하는 의외성은 유머를 생성하는 요소가 된다.

> **(4)** 갑: 이봐요, 나잇값 좀 하세요.
> 을: 나이 한 살에 얼마지요?

(4)의 대화에서 갑은 상대방을 꾸짖거나 질책하기 위해 '나잇값 좀 하라'는 관용어구를 사용한다. 그러나 을은 협동의 원리를 의도적으로 위배하면서 문자적인 해석으로 받아서 유머를 만든다. 물론 을의 인지 능력이 부족해서 관용어구의 뜻을 모른다거나, 갑이 이와 같은 을의 반응에 대해 화를 낸다면 유머는 성립되지 않는다. 따라서 유머를 유머로 만드는 것은 청자의 몫이다. 화자가 말한 의미를 해독하고 그것을 받아들여서 공유할 수 있을 때 유머가 발생한다.

3.1.2. 양의 격률 위배

양의 격률(The maxim of quantity)은 필요한 양만큼의 정보성만을 제공하라는 것, 다시 말해서 필요 이상으로 많은 정보성을 가지게 하지 말라는 것이다. 정보를 전달한다고 하여 필요로 하는 것 이상의 정보를 발설하거나 최소한의 정보도 주지 않는 경우 양의 격률을 위배하게 되며, 이것은 바람직한 대화를 가로막는 것이 된다.

> (5) 갑: 이거 안 시켰는데요?
>
> 을: 예, 압니다. 원래 디저트로 나온 건데 손도 안 대셨더라구요. 근데 이건 좀 다른 크레페라서요. 왜 우리 두부도 그냥 두부가 있고 손두부가 있듯이 크레페도 만드는 방법이 여러 가진데 오늘은 모처럼 시골식으로 만들어봤습니다. 이런 크레페, 서울서 맛보기는 힘들걸요? 길거리에서 대충 만드는 하라주꾸 크레페는 발톱의 때에 붙은 박테리아랄까요? 맛이라도 한번 보시라구 새로 만들어 왔습니다.
>
> 갑: 쉐프예요?
>
> 을: 이런 실례! 이 레스토랑의 모든 요리를 책임지고 있는 총주방장 이현무입니다. 음식이 반 이상 남으면 항상 체크를 하죠.
>
> 〈내 이름은 김삼순〉

(5)의 대화에서 을은 필요로 하는 정보보다 많은 말을 해서 갑에게 의아한 느낌을 주게 된다. 이와 같이 정보의 양이 기대보다 많아지는 것은 대화의 장애 요소가 된다. 특히 싸움을 할 때와 같은 감정적인 대화에서 양의 격률을 위배하는 경우가 많은데, 오래 전부터 쌓아두었던 이야기를 한꺼번에 말하려고 하는 것은 너무 많은 양을 말해서 양의 격률을 위배하는 것이고, 아무 말

도 안 하고 자리를 피하는 것은 최소한의 정보도 주지 않아서 양의 격률을 위배하는 것이다. 따라서 적당한 정보를 담음으로 양의 격률을 지키는 것이 바람직한 대화를 구성하게 하는 요소가 된다. 바람직한 대화를 하기 위해서는 질의 격률을 지키는 것이 일반적인 사회적 의무로 간주된다. 질의 격률을 위배하는 것은 기본적으로 자신의 행위를 은폐하려는 의도에서 오는 것으로 인간관계에 부정적인 영향을 주게 된다.

그런데 대화를 하면서는 일반적으로 양의 격률을 지킬 것이라고 예상하기 때문에 양의 격률을 의도적으로 위배하는 것은 의외성의 요소가 된다. 일상 대화에서 지켜지는 양의 격률을 위배하고 과장하거나 동의중복(tautology)을 사용하는 데서 나타나는 의외성, 반대로 정보를 전혀 주지 않음으로써 나타나는 의외성에서 유머가 생겨난다.

> (6) 아내: 여보. 큰일 났어요. 아기가 십 원짜리 동전을 먹었어요.
> 남편: 뭐 그까짓 게 다 큰일이요? 어떤 정치인은 정치자금 수천억 원을 송두리째 받아먹고도 아무 탈 없고, 어떤 공무원은 공금 수십억 원을 침도 안 바르고 꿀꺽 삼키고도 그냥 넘어가고, 어떤 사람은 남의 땅 수십만 평을 눈도 깜빡 안하고 집어 처넣었는데도 뒤탈이 없는데, 그까짓 십 원짜리 동전 하나 삼켰다고 무슨 일이야 있겠소?

(6)의 상황은 위급상황이다. 이런 상황에서 남편이 양의 격률을 위배하면서 풍자, 아이러니의 기법으로 유머를 만든다. 아이가 동전을 삼킨 상황에서 부적절하게 많은 말들을 늘어놓으며 양의 격률을 비껴가는 것은 의외성의 요소가 된다.

3.1.3. 질의 격률 위배

질의 격률(The maxim of quality)은 진실성과 관련이 있다. 다시 말해서 말하는 사람이 거짓이라고 생각하는 것이나, 타당한 증거를 갖고 있지 않은 것은 말하지 말라는 것이다.

> **(7)** 갑: 내가 말이야, 며칠 전 낚시대회에서 이~따만한 고기를 낚았다고.
> 을: 그래? 나는 고기는 못 낚고 녹슨 등잔을 하나 낚았는데 거기 불이 켜져 있더라고.
> 갑: 뭐라고? 말도 안 되는 거짓말 하지마!
> 을: 하하, 네가 고기의 크기를 줄이면 나도 등잔의 불을 끌게.
>
> 〈광수생각〉

이 기준은 대화에서는 잘 지켜지지 않는 경우도 많다. 거짓말을 하는 사람, 사실보다 훨씬 더 과장하여 황당한 이야기를 하는 사람들도 많지만 이것들도 역시 대화를 구성하는 요소가 된다. 바람직한 대화를 하기 위해서는 질의 격률을 지키는 것이 일반적인 사회적 의무로 간주된다. 질의 격률을 위배하는 것은 기본적으로 자신의 행위를 은폐하려는 의도에서 오는 것으로 인간관계에 있어서 부정적인 영향을 주게 됨으로 주의해야 된다.

그런데 대화를 하면서는 일반적으로 질의 격률을 지킬 것이라고 예상하기 때문에 질의 격률을 의도적으로 위배하는 것은 상대방의 기대와 불일치하여 의외성의 요소가 된다. 일상 대화에서는 지켜지는 질의 격률을 위배하는 데서 발생하는 의외성은 유머를 생성하는 요소가 된다.

> (8) 조그만 카페가 있었습니다. 카페의 이름은 조금 희한한 "카페라고 하기엔
> 좀 쑥스럽지만"이었습니다. 어느 날 그 카페에서 불이 났습니다. 그래서
> 카페 주인은 불이 난 원인을 조사 받으러 경찰서를 가야 했습니다.
> 경찰: 이름? 나이? 카페명?
> 주인: 이태권, 43세, 카페라고 하기엔 쑥스럽지만.
> 경찰: 규모가 작아서 창피하더라도 이름을 말해야죠. 카페명…!
> 주인: 카페라고 하기엔 좀 쑥스럽지만.
> 경찰: 이 자식이 경찰을 우습게 알어!!
>
> 〈광수생각〉

(8)에서 카페 주인은 질의 격률을 지켜서 경찰이 묻는 말에 대해 사실대로
카페 이름을 말하고 있지만, 경찰은 뜻을 기준으로 판단하여 주저하는 말로
받아들이고 오히려 질의 격률을 지켜 말하라고 추궁하면서 의외성에 의한 유
머가 생겨난다.

3.1.4. 관련성의 격률 위배

관련성의 격률(The maxim of relevance)은 적합성이 있는 말을 하라는
것이다. 적합성이 있다고 판단되는 경우는 최소한 주어진 주제와 관련이 있
거나, 목적을 달성하기 위하여 적당하다고 생각되는 경우이다. 사실상 대화
를 이루는 원리 가운데 가장 중요한 것은 관련성의 격률을 지키는 것이다.
겉으로 보기에는 협동의 원리나 양의 격률, 질의 격률 따위를 어기고 있는
것도 관련성만 있다면 허용되기 때문이다. 그러나 다른 모든 격률을 지키고
있어도 관련성이 없다면 허용될 수 없다.

(9) (감독이 선수들에게 이야기하는 도중 한 선수가 뒤늦게 들어온다.)

감독: 넌 뭐야?

보람: 보람인데요…. 장보람.

감독: 내가 지금 이름 물어봤어?
첫날부터 지각이나 하고. 그따위 정신 상태로 뭐할래?

〈우리 생애 최고의 순간〉

관련성의 격률은 대화를 유지하는데 기본이 되는 것이어서, 관련성이 없는 대화를 계속 나누는 것은 정신의 이상이 있는 경우가 아니라면 불가능하다. 따라서 대화를 나누며 무엇보다 중요한 것은 현재 대화하고 있는 화제나 방법과 관련이 있는가를 파악하고, 주어진 상황 속에서 가장 적합한 맥락을 선택하여 대화에 참여하는 것이다. 그러나 일상 대화에서 지켜지는 관련성의 격률을 위배하거나 변형할 때에도 유머가 발생한다.

(10) 의사인 신뽀리씨가 수술을 마치고 식당으로 식사를 하러갔다.

의 사: 웨이러!

종업원: 옙! (종업원이 긁적긁적 엉덩이를 긁는 것을 보고 직업정신이 발동해서)

의 사: 혹시 치질 있습니까?

종업원: 죄송합니다. 메뉴판에 적힌 것만 주문해 주십시오.

〈광수생각〉

의사는 주문을 받으러 온 종업원에게 상황과 관련 없는 말을 하고, 종업원도 의사의 발화에 대해 전혀 관련 없는 말을 하고 있다. 상황에 대한 고려나

70

상대방의 발화에 대해 적절한 반응을 보이는 것이 아니라 자기 말만 하고 있어서 대화는 더 이상 이어져 나가기가 어렵다. 이와 같이 관련성의 격률을 벗어나서 관련성이 없는 말을 하는 것이 의외성을 만드는 요소가 된다.

> **(11)** 어떤 환자가 수술대에 올랐다. 처음 받는 수술이라 너무 무섭고 긴장하여 하소연이라도 하려고 의사에게 말했다.
> 환자: 선생님, 제가 수술이 처음이라 너무 무서워요.
> 의사: 그러세요? 사실은 저도 처음이에요.

수술을 앞 둔 환자는 의사가 수술의 경험이 많을 것이라고 생각하고 수술 전에 안심할 수 있는 대답을 기대하였으나 의사의 말은 환자가 기대하거나 예측한 답변은 전혀 아니다. 상황에 적합하고 적절한 발화는 일상의 대화를 이어가는 매우 중요한 규칙이지만 유머에서는 이와 같은 격률을 위배함으로써 의외성을 만들고, 결과적으로 웃음을 일으키는 요소가 된다.

3.1.5. 방법의 격률 위배

방법의 격률(The maxim of manner)은 한 마디로 간단 명료하게 말하라는 것이다. 말할 때는 말하고자 하는 화자 자신의 의도가 분명히 드러나도록 하며 상대방이 그 뜻을 해석하는 데에 무리가 없도록 명확하고 조리 있게 말하는 것이다. 방법의 격률은 다음 (12)와 같은 네 가지의 항목으로 구성되어 있다.

(12) 방법의 격률
    a. 모호성을 피하라
    b. 중의성을 피하라.
    c. 간결하라.
    d. 조리 있게 순서대로 말하라.

이것은 대화가 가지는 정보전달의 기능과 연결된 것인데, 유머 자체가 정보성을 추구하는 것이 아니고, 오히려 정보를 가지고 유희적인 기능을 하는 것이기 때문에 유머에서는 의도적으로 위배하는 것이 일반적이다. 방법의 격률을 위배함으로 이루어지는 유머는 세부적으로 다음과 같이 구분될 수 있다.

첫째, 표현의 모호성을 피하라는 것이다. 그러나 일부러 모호한 표현들을 사용하다가 반격을 가함으로써 나타나는 의외성에서 유머가 생겨난다.

(13) 갑: 이 과장님 어제 여자하고 밥 먹는 것 봤다.
    을: 어머, 정말이야? 그런데 사모님이 그 사실을 아실까?
    갑: 그럼, 당연하지. 그 여자가 사모님이었거든.

둘째, 중의성을 피하라는 것이다. 중의성이란 한 가지 표현이 하나 이상의 뜻으로 해석되는 경우이다. 유머를 생성하는 데에 있어서 가장 중요한 언어적 기제는 중의성이다. 소리의 유사성을 바탕으로 하나 이상의 뜻으로 해석될 수 있기 때문에 언제나 예상 밖의 또 다른 의미를 가지고 의외성을 만들어 낼 수 있기 때문이다.

(14) 아버지: 뽀리야, H 다음이 뭐야?

    아 들: 아이.

    아버지: 우와! 그럼 '나'는 영어로 뭐지?

    아 들: 아이.

    아버지: 그럼 '눈'은 영어로 뭐야?

    아 들: 아이.

    아버지: 우와. 우리 아들은 정말 천잰가 봐.

    아 들: 아이.

    뽀리는 아직 어려서 '아이'라는 말밖에 못합니다.

〈광수생각〉

이와 같이 소리의 유사성을 갖고 있지만 뜻이 다른 중의적인 말들은 의외성을 만들어낼 수 있다.

셋째, 간결하라는 것이다. 될 수 있는 대로 같은 말을 반복하지 말고, 간결하게 표현하라는 것이다. 그러나 이 격률을 깨뜨리는 데서 오는 의외성에서도 유머가 생겨난다.

(15) (판사인 아버지가 어린 딸에게 귤 한 개를 주며) 나 아버지는 사랑하는 딸 유미에게 이 귤에 귀속된 재산권, 이득권, 자격 및 청구권 일체와, 이 귤의 껍질, 액즙, 과육, 알갱이와 함께 이 귤을 깨물거나 자르거나 기타 어떤 방법으로든지 먹을 수 있는 권리와 자격, 또한 이 귤을 타인에게 양도할 수 있는 권리를 준다.

넷째, 조리 있게 순서대로 말하라는 것이다. 즉 말하고자 하는 자료들을 상황에 맞게 순서에 따라 제시하라는 것이다. 그러나 의도적으로 순서를 뒤집어 하는 말이 유머를 불러일으킬 수 있다.

> (16) 갑: 어저께 종로에서 영미 만나서 영화 보다가 숙제도 안 해 가지고 학교에 가서 졸다가 선생님한테 혼났어.
>
> 을: 어저께 학교에 가서 숙제도 안하고, 종로에서 졸면서 영화 보다가, 영미가 선생님한테 혼났다고?

사람들은 일반적으로 대화 전제나 대화의 원리가 지켜질 것이라고 생각하는 하나의 인식 영역을 가지고 있는데, 유머 담화에서는 이것들을 지키기보다는 의도적으로 위배한다. 이와 같은 의외성이 유머 생성의 원인이 되는 것이다. 유머 담화에서 청자는 의외성이 나타나서 불일치를 느끼는 두 인식 영역 사이의 연결 관계를 파악해야 하며, 이것이 유머 해석의 과정이 된다. 대화에서 꼭 지켜질 것으로 화자와 청자가 묵시적으로 약속하고 있는 대화의 격률들, 그러나 그것을 깨뜨리는 데서 발생하는 것이 유머이기 때문에 유머란 고도의 대화일 수밖에 없다. 아무렇게나 격률을 어기는 것은 유머가 아니라 잘못 말하는 것이 되기 때문이다. 따라서 어떤 유머를 어떤 상황에서 어떻게 구사하는 것이 좋을지에 대한 판단이 적절하지 않으면 유머의 효과는 기대하기 어렵게 된다.

3.2. 대화의 전제 비껴가기

대화의 전제(conversational presupposition)는 대화에서 당연하다고 여기는 사실들을 말한다. 대화 전제를 구성하는 것은 배경 지식이나 세상사에 대한 지식, 문법이나 표현의 특징으로부터 분명하게 드러나는 고정 전제(conventional presupposition), 동일한 민족이나 문화 공동체에서 공유되는 문화적 전제(cultural presupposition) 등이 포함된다(Dirven & Verspoor, 1998: 172). 유머에서는 이와 같이 당연하다고 생각하는 전제를 위배함으로써 의외성을 만들고, 이것이 결과적으로 유머를 발생시키는 원인이 된다.

3.2.1. 배경 지식의 부정

배경 지식은 일반적으로 상호공유지식을 의미한다. 따라서 화자와 청자가 당연히 공유하고 있을 것이라고 생각하는 것을 벗어남으로써 불일치를 일으키고, 이것이 유머를 생성하는 기제로 작용하는 경우를 배경 지식의 부정이라고 한다.

> (17) 남 자: 아버님 희정 씨를 제게 주십시오. 열심히 살겠습니다.
> 아버지: 내 집사람은 만나봤나?
> 남 자: 예!
> 아버지: 그래, 어떻던가?
> 남 자: 예쁘시긴 하지만 저는 역시 희정 씨와 결혼하고 싶습니다.
> 〈광수생각〉

(17)은 아버지의 '어떻던가?'라는 중의적인 표현에 대한 해석의 차이 때문에 발생한 유머이다. 아버지는 남자도 자신과 같은 배경지식을 갖고, 자신의 의도를 찾아낼 것으로 전제하며 아내의 의견을 확인하는 질문을 하였다. 그러나 '어떻던가?'를 외모에 대한 평가적 질문이라는 배경 속에서 해석한 남자의 대답은 아버지의 기대와는 다르게 나타날 수밖에 없다. 곧 (17)의 유머는 화자와 청자의 역할을 담당하고 있는 아버지와 남자의 배경 지식의 차이가 유머를 만든다.

> **(18)** 어느 집안에 '아빠는 왕'이라고 아들에게 가르치는 아버지가 있었다. 이 아버지는 심심하면 아들에게 "아빠는?"이라고 말하면 아들은 "왕"이라고 말하곤 했다. 어느 날 모임에 아들을 데리고 간 아버지는 친구들 앞에서 '왕'이라는 소리를 듣고 싶어서 아들의 귀에 대고 '아빠는 왕, 왕, 왕!'이라고 말하라고 속삭였다. 아들이 알았다고 고개를 끄덕이고 아버지가 마침내, "아들아, 아빠는?"이라고 물었다. 그러자 아들이 이렇게 말했다. "개!"

(18)에서 아버지는 아들에게는 '왕(王)'이라고 대답하도록 가르쳤기 때문에 어떤 상황에서든지 자신이 원하는 답을 들을 수 있을 것이라고 믿고 있다. 그러나 아버지의 기대와 달리 아들이 '왕(王)'을 개가 짖을 때 내는 소리로 생각한 것은 어휘가 가진 중의적 의미가 아버지와 아들이 서로 다른 배경지식을 갖도록 하였고, 여기에서 유머가 만들어진다.

일반적으로 사람들은 대화를 나눌 때 서로 알고 있는 정보를 전제로 하여 이야기한다. 우리가 나누는 대화가 의미 있는 것이 되기 위해서는 상대방의 의도를 추정해 낼 수 있는 맥락적인 요소를 이해해야 한다. 화자는 자신의 말이 어떤 특정한 방식으로 해석되기를 바라고 있으며, 청자가 그런 해석을 가능하게 하는 배경이 되는 요소를 찾아낼 능력이 있다고 기대하는 것이다. 화자가 가정한 맥락과 청자가 실제로 사용한 맥락이 일치되지 않으면 오해가 생길 수 있기 때문이다. 그래서 (19)와 같이 양자택일의 문항에서 배경 지식을 비껴가면서 제3의 답을 제안하는 의외성은 오히려 웃음을 유발하는 장치로 활용될 수 있다.

> **(19)** 네이버 지식인의 답변
> 질문: 라면을 맛있게 끓이려면 라면 먼저 넣어요? 스프 먼저 넣어요?
> 답변: 물부터 넣으세요.

3.2.2. 세상사에 대한 지식의 부정

세상사에 대한 지식은 일반적으로 모든 사람이 공유한다고 생각하는 상식적인 지식을 의미한다. 따라서 대화에 참여하고 있는 화자와 청자를 포함하는 것은 물론이고 거의 모든 사람이 공유하고 있을 것이라고 생각하는 것을 벗어남으로써 의외성을 만들고, 이것이 유머를 생성하는 기제로 작용하는 경우를 말한다.

(20) 선생님: 뽀리군
뽀 리: 옙!
선생님: 5개 사과 중 3개를 먹으면 몇 개가 남죠?
뽀 리: 3개요.
선생님: 뽀리군. 어떻게 3개가 남죠?
뽀 리: 울 엄마가 먹는 게 남는 거라 했거든요.

〈광수생각〉

(20)에서는 학교에서 산수 문제를 푸는 것이라는 누구나 알 수 있는 세상사에 대한 일이 전제되어 있다. 그러나 이 질문에 '먹는 게 남는 거'라는 식의 생활과 관련된 다른 방식이 도입되는 의외성에서 불일치에 의한 유머가 생성된다.

(21) 뽀리: 나이가 들어서 그런지 요즘은 굉장히 피곤해.
친구: 그래? 그럼 우리 마사지 받으러 갈까?
뽀리: 마사지?
친구: 응, 요즘 마사지가 유행이잖아. 발마사지 어때?
뽀리: 우와. 굉장히 시원하겠는 걸. 가자!
(뽀리와 친구가 간 마사지 숍에서는 발을 마사지하는 게 아니라 발로 마사지를 하는 곳이었다.)

〈광수생각〉

(21)에서는 '발마사지'라는 단어의 모호성이 유머를 만들고 있다. '발마사지'라는 단어만으로는 발이 대상이 되는 것인지, 도구로 사용되는 것인지 확인할 수 없기 때문이다. 그러나 세상사에 대한 지식이 있는 사람이라면 발마

사지에서 발이 도구가 아닌 대상이라는 것을 전제로 하고 있다. 이와 같이 세상사에 대한 지식을 비껴가면서 나타나는 의외성을 통해 유머가 생성된다.

3.2.3. 고정 전제의 부정

고정 전제는 사용된 담화의 문법이나 표현으로부터 추론되는 전제를 의미한다. 따라서 그러한 담화의 문법이나 표현으로부터 당연히 전제하고 있는 사실을 부정함으로써 불일치를 일으키고, 이것이 유머를 생성하는 기제로 작용되는 경우를 말한다.

> (22) (수유초등학교로 뽀리가 전학을 왔다.)
> 뽀리: 야, 나보다 싸움 잘 하는 놈 있어?
> (한 아이가 일어났다.)
> 뽀리: 어쭈–. 더 없어?
> (또 한 아이가 일어났다.)
> 뽀리: 어쭈구리–. 또 없어?
> 또 없냐구? 그럼 내가 세 번째네.
>
> 〈광수생각〉

고정 전제는 언어적 표현 속에 내재된 의미들을 연상하면서 생기는 요소이다. 예를 들어 (22)에 나타난 '–보다', '더', ' 또' 등의 표현은 비교와 더함의 의미를 담고 있는 언어적 표현이다. 이와 같은 언어적 표현은 뽀리가 자리에서 일어난 아이들을 대상으로 무엇인가 특별한 행동을 할 것이라고 추측하게 만든다. 그러나 예측했던 일은 일어나지 않고 오히려 기대와 달리 나타난 결과가 수용자들에게 웃음을 주는 요인이 된다. 이와 같이 함축적인 의미를 내포한 표현이 점진적으로 활용되다가 이를 벗어나는 의외성에 의해 유머가 만들어진다.

3.2.4. 문화적 전제의 부정

문화적 전제는 동일한 민족이나 문화 공동체에서 공유되는 전제를 의미한다. 따라서 동일한 문화나 민족 공동체 안에서 당연히 전제하고 있는 사실을 부정함으로써 불일치를 일으키고, 이것이 유머를 생성하는 기제로 작용하는 경우를 말한다.

> (23) 어떤 경상도 할머니가 기차를 탔다. 승무원이 친절히 물었다.
> 승무원: 할머니, 어디 가시나요?
> 할머니: 그래. 나는 경상도 가시내다. 그라문 니는 어데 가시나꼬?

방언을 사용하는 할머니와 표준어를 사용하는 승무원 사이의 불일치는 서로 다른 언어문화적 배경을 가지고 있어서 발생하는 요인이다. 승무원의 공손한 언어 표현을 할머니가 여자아이를 낮잡아 이르는 경상도 방언으로 받아들이면서 의외성에 의한 불일치적인 요소가 웃음을 유발하는 장치가 된다.

/4/

유머 생성과 모호성

앞서 살핀 바와 같이 유머에서 작용하는 맥락은 논리적으로 흑백 대립을 하는 것이 아니라 예측하지 못했지만, 예측가능성이 있는 맥락의 범주 안에서 의외성이 나타나서 서로 불일치하는 상황이다. 따라서 유머를 생성하기 위해서는 예측가능성과 의외성이라는 두 가지 요소가 함께 작용하여야 한다. 이와 같이 예측가능성의 범주 안에 있지만, 청자가 기대하거나 예측한 것과는 다른 맥락을 만드는 것, 다시 말해서 예측가능성과 의외성을 같은 맥락 속에 담을 수 있는 가장 좋은 틀은 언어적 모호성을 활용하는 것이다. 비슷한 소리나 단어들과 같이 유사성을 가진 범주의 말들을 예측하지 못한 방향으로 모호하게 제시하는 것으로 의외성을 만들 수 있다. 같은 소리가 나지만 다른 뜻을 가질 수 있는 말, 이렇게도 해석될 수 있고 저렇게도 해석될 수 있는 말, 개념적으로 서로 연결되어 있어서 같이 떠올릴 수 있는 말들을 통해 살짝 비껴나가는 것이 유머를 만드는 요소로 작용할 수 있다.

그러나 유머 화자가 알고 있는 배경 지식을 청자가 함께 알지 못한다면 유머는 무의미해진다. 비록 예측가능성의 범주 안에 있다 하더라도 청자가 못 알아듣는 상황에서 유머는 해독 불가능한 소리의 범주에 머물 뿐이다. 따라서 예측가능성은 함께 알고 있는 상호공유지식의 범위 안에 있어야 한다. 이 장에서는 예측가능성과 의외성의 실마리로 모호성을 활용하는 것과 화자와 청자의 상호공유지식에 관해 살펴보기로 한다.

모호성은 문제 해결을 하는데 현재의 관점이나 사고방식이 잘 맞을지에 대한 불확실성이나 가변성의 정도와 관련되어 있다. 모호성은 흔히 언어에서 회피하려는 현상으로 생각하며, 사피어(Sapir, 1921)에서도 모호성을 피하려는 원칙(principle of ambiguity avoidance)[1]을 제안하였고, 그라이스(Grice, 1975)에서 제안한 대화의 원리에서도 모호성을 피하라는 것이 방법의 격률로 제시되어 있다. 그런데 유머는 이러한 모호성을 생성 기제로 활용한다. 모호성은 주어진 문제 공간에 다양한 가능성과 불일치하는 해석이 함께 있는 것으로 인식되는 것(McLain, 1993: 184)인데, 유머는 어떤 상황(사람, 사건, 생각 등)을 해석하기 위해 다양한 가능성 가운데 하나로 보통은 잘 어울리지 않고 동떨어진 기준틀을 동시에 인식해야 한다(Martin, 2006: 85)는 점에서 모호성과 밀접하게 연결되어 있다.

모호성에 대해 관대한 정도(tolerance for ambiguity: TFA)는 대인관계나 복잡하고 변화하는 세계에서 성공적으로 살아가는 데 있어서 중요한 개인

---

1 Sapir(1921)에서는 전달되는 표현에는 본질적이고 피할 수 없는 뜻과 대치 가능하고 부수적인 뜻의 두 유형이 있다고 하였다.

능력의 한 부분이다. 모호성을 잘 극복하는 사람들은 자기실현 능력이 높고, 경영능력도 탁월하며, 기술적 변화도 잘 수용하는 것으로 나타난 반면, 잘 극복하지 못하는 사람들은 불안이나 정서 장애, 권위주의, 회피, 완벽주의 등의 기질을 갖는 것으로 연구되었으며, 이러한 개인차는 치료나 갈등 해소 등의 차원에서 중요한 주제로 다루어지고 있다(Mistler, 2009: 8-9). 모호성을 수용하기 위해서는 흑백논리를 극복해야 하므로 정서적 유연성이 전제되어야 하는데[2], 이런 점에서 유머는 정서적 유연성과 연결되어 있다. 모리얼(Morreall, 1991: 359)에서는 유머가 참신함과 모호성, 변화를 모두 포함하는 정신적 유연성에서 나오는 것이라고 하였다.

언어적으로 발견되는 불일치는 언어의 모호성에 의해 발생하며, 언어적 모호성은 경계가 불투명할 때 나타나는 것이다. 따라서 의미가 다른 개념 구조와 유사한 표현 구조로 나타나서 여러 가지 뜻으로 해석되는 동음어나 다의성, 한 표현 구조가 서로 다른 개념 구조와 연결되는 중의성, 개념 구조 사이의 충돌인 모순과 밀접한 관계가 있다. 이러한 모호성을 어휘 층위와 구조 층위, 담화 층위로 나누어서 살펴보기로 한다.

---

2 이러한 관점에서 Raskin(1985: 99)의 스크립트 이론에서 두 번째 스크립트가 첫 번째 것과 대립적이어야 하며, 대립적일 수 있는 방법이 현실:비현실, 정상:비정상, 가능:불가능의 방법이며, 보다 구체적인 수준에서 스크립트의 대립은 선:악, 삶:죽음, 외설:비외설 등과 같은 쌍으로 발현될 수 있다는 주장에는 무리가 있다고 생각한다. 이와 같이 극단적인 흑백논리보다는 정서적 유연성이 유머의 특성에 가깝기 때문이다.

4.1. 어휘 층위의 모호성

언어는 기호의 한 종류인데, 기호는 반드시 형식과 내용이라는 두 가지 기본 속성을 가지고 있다. 언어가 가진 고유한 두 가지 속성을 활용하여 유사성을 만드는 장치는 언어 기호의 형식적인 측면에 해당하는 음성, 음성과 의미가 연결되어 이루어진 어휘, 구절, 문장 차원에서 모두 나타날 수 있다. 어휘 층위의 모호성은 음성적 유사성에 의한 모호성과 어휘적 모호성, 그리고 구조적 중의성으로 구분할 수 있다.

4.1.1. 음성적 유사성에 의한 모호성

언어 기호의 음성을 활용한 유머는 주로 등장인물이 한국어나 외국어 단어의 발음을 잘못하여 발생하는 유형과 음운의 유사성을 활용한 유형 등이 주를 이룬다. 대부분의 언어유희(말장난, pun)는 이와 같이 소리의 유사성을 활용한 것이다.

> (1) a. 문민정부가 들어섰다. 김영삼 대통령이 지방 순시 도중 연설을 했다. 그는 '경제위기'를 설명하고 그 도시를 '관광지'로 개발하겠노라고 역설했다. "우리 갱재는 이깁니다(우리 경제는 위기입니다)." 우리 경제가 "이길 거"라는 말에 사람들은 대박이라며 손이 떨어져 나가도록 박수를 보냈다. 그는 국민들이 자신에게 용기를 준다는 생각에 기분이 좋아졌다. 힘을 내어 다음 말을 이었다. "이 지역을 '간통'(관통)하는 고속도로를 놓아 이곳을 '강간' 도시(관광도시)로 만들 것입니다." 청중들 모

> 두가 험악한 표정이 되었다. 환호를 기대했던 김영삼은 의아해하며 혼
> 자 중얼거렸다. "…우라까이라운드(우루과이 라운드) 때문에 사람들이
> 뒤집어진기라…"
>
> <YS는 못말려>
>
> b. YS가 미국 대통령 클린턴을 만나러 갔다. YS가 'Danger!'라는 표시
> 를 보고 "오우, 저 단거를 먹고 싶어요."라 말했다. 수행원이 얼굴이
> 벌게지며 설명하길 'G'가 우리말 'ㅈ'으로 발음되어 '데인저'라고 하자,
> 그는 많은 사람들 앞에서 외쳤다. "Oh, my god."
>
> <YS는 못말려>

(1)의 유머는 대통령의 사투리 발음 때문에 생긴 에피소드로, 실제 대통령
의 실명까지 등장하였다. (1a)에서는 음성적 유사성이 있는 말이지만, 뜻은
전혀 다른 말들을 활용하여 유머를 만들었다. 더구나 일상적인 대화에서는
금기시 되는 요소를 등장인물인 대통령이 사용하였기 때문에 앞서 살핀 의외
성의 요소까지 갖춘 유머가 되었다. (1b)에서는 유사성을 갖는 'ㄱ'과 'ㅈ' 소
리를 활용하여 유머를 생성하였다.

(2)는 한자에서 글자 모양이 비슷하게 생기거나 하나의 글자가 여러 개의
소리 값을 가져서 유사성이 있는 한자어를 대상으로 한 유머이다.

> **(2)** 실력이 썩 좋지는 않으나 한자 공부를 열심히 하는 아들 셋을 둔 아버지가
> 있었다. 어느 날 아버지가 세 아들을 불러 달력에 있는 요일을 읽어 보게
> 했다. 먼저 셋째 아들이 "월 화 수 목 김(金) 토 일"이라고 읽었다. 이때
> 둘째 아들이 나서서 동생에게 "그게 아니야, 다시 잘 들어 봐." 라고 하더
> 니 "월 화 수 목 금 사(士) 일"이라고 했다. 그러자 큰 아들이 "너희들 왜
> 그래? 다 공부한 거잖아. 잘 들어." 하더니 "월 화 수 목 금 토 왈(日)"이
> 라고 읽었다. 이 모습을 본 아버지가 딱하다는 듯이 "이 녀석들, 한자공부
> 다시 해야겠네."하면서 소리쳤다. "여보, 거기 왕편(玉篇) 좀 가져와요."

한 글자가 경우에 따라 '김'과 '금'으로 읽히고, 흙 토(土)와 선비 사(士) 모양의 유사성, 날 일(日)과 가로 왈(曰) 모양의 유사성 때문에 일어나는 이야기를 담고 있다. 이와 같이 음성적 유사성뿐만 아니라 기호적 유사성도 유머를 생성하는 요소가 됨을 확인할 수 있다.

4.1.2. 어휘적 모호성

중의성이란 하나의 표현이 하나 이상의 개념과 연결되는 것을 말한다. 이것은 언어생활에 혼란을 줄 수 있는 요소로 보통의 경우 맥락에서 중의성을 해소할 수 있는데, 이러한 모호성을 이용해서 유머가 만들어진다. 유머를 만들어 내기 위한 언어적 장치 중에서 어휘적 모호성은 동음이의어 이외에도 방언이나 외국어, 중의적인 단어를 사용하기도 한다.

(3) 여학생: 선생님, 절 좋아하세요?
선생님: 그럼. 난 모든 학생을 다 똑같이 좋아하지.
여학생: 아니요. 부처님 모신 절 좋아하시냐고요.

(4) 사오정이 회사에 취직하려고 입사원서를 썼습니다.
성명: 남성
본적: 누굴?
호주: 가 본 적 없음
입사동기: 아직 아무도 없음
가족관계: 가족과는 절대로 관계를 갖지 않음
자기소개: 우리 자기는 무척 이쁘다.

위의 (3)과 (4)는 동음이의어가 가지는 모호성에 의해 유머가 생성되었다. 소리는 같지만 뜻이 다른 말들을 사용하면서 예측가능성의 범위를 만든다. 그러나 예측가능성의 범위에는 있지만, 그 거리가 원형적인 쓰임과 멀어질수록 모호성이 커지며 유머의 정도도 더 강해진다. (3)의 예는 여학생들이 남자 선생님을 당황하게 만드는 질문을 활용한 유머로, '절'이 불교의 사찰이라는 뜻과 '저+를'의 줄임말이라는 두 가지 뜻을 가지고 있기 때문에 이러한 모호성에 의해 유머를 생성한다. 그러나 (3)과 같이 맥락이 주어지지 않은 상황에서 '불교의 사찰'인 절과 '저를'의 줄임말인 절의 서로 다른 뜻을 호출해 내는 인지적 거리에 비하여 (4)와 같이 입사원서라는 형식이 주어진 맥락에서 사용된 '호주'에서 '가족을 대표하는 사람'이라는 뜻과 '오스트레일리아'라는 나라 이름을 호출해 내는 인지적 거리는 훨씬 더 멀다. 모든 항목이 유사성에 의해 예측가능성의 범위 안에 있지만, 맥락의 제한이 없는 (3)보다는 제한적 맥락의 (4)가 더 의외성이 크고, 정도가 강한 유머, 재미있는 유머가 된다. 제한된 맥락 속으로 생각의 틀을 한정하게 하는 것이 예측가능성의 범위도 같이 한정하여 생각을 한 방향으로만 유도하기 때문이다.

(5) a. 서울에 살고 있던 참새가 하루는 경상도에 살고 있는 친구 참새의 초청을 받았다. 참새 친구들과 전깃줄에 앉아 신나게 놀고 있는데 갑자기 포수가 나타났다. 포수가 총을 쏘려 하자 친구 참새가 소리쳤다. "야!! 마카 수구리(모두 숙여)!!" 경상도 참새들을 모두 고개를 숙였지만 서울 참새만 무슨 말인지 몰라 고개를 들고 있다가 그만 포수가 쏜 총에 맞았다. 병원에서 치료를 받고 간신히 살아난 서울 참새는 다음에는 절대로 총에 맞지 않겠다고 '마카 수구리!'라는 경상도 말을 외웠다. 퇴원을 하고 다시 친구 참새들과 전깃줄에 앉아 또 재잘거리며 놀고 있다

가 이번에도 서울 참새만 포수가 쏜 총에 맞았다. 경상도 참새가 이번
에 외친 말은 "아까멘치로(아까처럼)."
b. 한 여성이 클럽에 갔다. 그 때 멋진 청년이 다가왔다. 설레는 마음으로
쳐다보는 여성에게 청년이 손을 내밀며 나직이 말한다. "출껴?" 어이
가 없는 여성이 멍하니 청년을 바라보자 "싫은감?" 이 여성은 결국 고
개를 흔들었고 청년은 다른 곳으로 떠난다. 그러다가 문득 뒤돌아보며
원망스러운 듯이 다시 한 마디 한다. "섭혀!"

  지역어는 표준어와 유사한 소리와 뜻의 구조를 갖는다. 이러한 지역어를
활용한 유머는 지역어도 역시 예측가능성의 범위 안에 있기는 하지만, (5a)
와 같이 상대방이 지역어를 이해하지 못해서 문제가 생기는 경우와, (5b)와
같이 예측가능성의 범위 안에 있기는 하지만 거의 이 맥락에서 사용되지 않
기 때문에 상황과 어울리지 않는 지역어 사용이 모호성의 효과를 만들고 이
를 통해 유머가 생성된다.

  (6) 헬스클럽에서 운동을 끝내고 나가는 회원에게
      종업원: (사물함) 키는요?
      손님: 키가......... 160입니다.

  모호성은 (6)에서와 같이 다른 외국어와의 유사성이 유머를 생성하기도 한
다. 열쇠를 뜻하는 영어의 '키(key)'는 한국어 '키(신장)'와 유사한 소리이다.
이러한 소리의 유사성이 모호성의 범주를 만들어준다. 이처럼 외국어 단어와
의 유사성을 활용하여 (7)과 같은 유형의 유머를 만들 수도 있다.

> (7) '누룽지'를 영어로 말하면?　　　　　　 - 바비 브라운
> 　　'한 입 베어문 사과'를 영어로 말하면?　　 - 파인애플
> 　　'왕이 넘어질 때 나는 소리는?　　　　　 - 킹콩

단어에 새로운 동음이의어를 만드는 방식도 있다. 본래는 긴 문장으로 되어 있는 말들을 단축해서 주로 문장을 구성하는 어절 중에서 첫 음절만 따서 기존의 단어와 짝이 되는 동음이의어를 만들어서 본래의 뜻과는 다르게 재해석하는 방식이다.

> (8) a. 유부남: 유난히 부드러운 남자
> 　　　전과자: 전직 과대표였던 자
> 　　b. 말단사원: 말 잘 듣는 단계의 사원
> 　　　부가가치세: 부자와 가난한 사람이 같이 내는 세금
> 　　c. 약속: 약간 속이는 것
> 　　　정의: 정치가 개입하면 의심스러워지는 것

(8)에서와 같이, 단축어를 만드는 유형은 기존 단어의 의미와는 전혀 상관없이 소리의 유사성을 활용해서 새로운 동음이의어로 만들어 내는 것인데, 원래 뜻과의 거리가 멀어서 반대되는 뜻을 가질수록 더 모호성이 크고, 정도가 강한 유머, 재미있는 유머가 된다.

어휘적 유사성을 활용한 말장난은 동음이의어에 해당하는 단어의 발음을 활용한 것이다. 일반 명사뿐 아니라 잘 알려진 연예인이나 운동선수의 이름과 같은 고유명사를 활용하기도 하는데 생산성이 매우 높아서 유사한 형태의 말장난 형식을 연속적으로 생산해 낼 수 있다.

(9) a. 사우나에서 누가 사(싸)우나?

　　　차이나에 가서 고백하면 차이나?

　　　오렌지를 먹어본지 얼마나 오렌지(오랜지).

　　　장보고가 장 보고 오네요.

　　b. 써니가 양파 써니?

　　　이동해는 저리로 이동해.

　　　장미란에게 장미란?

　　　허재가 농구 허재.

　　　구하라를 구하라.

이와 같이 동음이의어나 지역어, 외국어 등에서 나타나는 어휘의 유사성
은 모호성을 만들어 주는 기제가 된다.

4.1.3. 구조적 중의성

외형상으로는 동일한 언어 구조가 다양한 내부 구조를 가지는 경우를 구조
적 중의성이라고 한다. 언어 사용자들은 언어 형태의 구조를 다른 구조로 파
악하려는 심리적인 경향을 갖는다. 그래서 기존의 구조와는 다른 구조적인
경계를 설정하고, 일시적으로 새로운 구조로 해석한다는 점에서 신선한 표현
이 주는 유희적 기능을 수행한다. 유머에서 구조적 중의성은 그 맥락에서만
기존의 구조와 견주어서 모호성을 만들어 주는 기제이다.

(10) 목욕탕에서 스님이 목욕을 하다말고 옆에 있는 까까머리 학생을 불렀다.

　　　스　님: 야, 이리 와서 내 등 좀 밀어.

학　생: 누구신데 초면에 반말을 하세요?

스　님: 나? 나야 중이지.

학　생: 뭐? 중이라고? 난 중삼이야, 인마.

(10)에서 스님이 말한 구조는 [중+이지]이지만, 학생은 [중+이+이지 〉 중이지]의 구조로 재분석하여 듣는다. 이와 같은 구조적 중의성도 예측가능성의 범주를 만들어 주는 기제가 된다. 이와 함께 문장 전체의 구조가 가지는 중의성도 모호성을 만드는 기제가 된다.

(11) 충청도 한적한 마을 외딴집에서 바보가 집을 보고 있는데 강도가 들었다.

강　도: <u>흐흐흐.</u> 난 널 죽일 수도 있어. 하지만 내가 말하는 문제를 10초 안에 맞추면 목숨만은 살려주겠다. 삼국시대에 있던 세 나라 이름이 뭐지? 10! 9! 8! 7!

(강도는 10초를 세고 칼을 뽑아 들었다.)

바　보: 헉!... 배째실라고그려?

그래서 바보는 살았다.

(11)의 맥락상 구조는 [배(를) + 째실라고 + 그려]라는 구조이다. 그러나 일시적, 우연적으로 [배째(백제)+실라(신라) + 고그려(고구려)]의 구조로 분석될 수 있다는 점에서 나타나는 모호성을 이용해서 유머가 만들어진다. (제5장의 재분석 참조)

(12) 은행원: 어떻게 오셨어요?

유학생: 버스 타고 왔어요.

(12)는 외국에서 온 유학생이 계좌를 마련하기 위해 은행에 가서 실제로 나눈 대화이다. 은행원이 사용한 '어떻게'는 '어떤 용무로'라는 뜻으로, 은행에서는 관용적으로 사용하는 표현이지만, 유학생이 한국어 학습에서 배운 '어떻게 오다'는 '어떤 교통수단을 이용해서'라는 뜻으로 '버스로, 기차로, 배로, 걸어서' 등과 같은 예들을 통해 배운 구조이다. 같은 표현을 사용해도 관용어로 굳어져서 관용어화 된 구조에서는 '어떻게'와 '오다' 사이의 경계가 거의 없어져서 [어떻게 오다]의 구조이지만, 유학생은 이것을 [[어떻게] [오다]]와 같이 동사 '오다'에 방편을 나타내는 부사 '어떻게'로 이해해서 한국어 사용자들이 보면 유머를 구사하고 있는 것과 같이 받아들이는 상황이 만들어진 것이다.

(13) 학교에서 국회에 대해서 배운 꼬마가 집에 와서 아빠에게 물었다.
"아빠, 국회에서 몇 명이나 일해요?"
그러자 아빠가 머뭇거림도 없이 대답했다.
"글쎄, 반이나 일할까?

(13)에서는 '국회에서 몇 명이나 일해요?'라는 표현에서 국회는 환유적으로 국회 건물과 국회를 구성하는 사람들을 모두 지칭할 수 있다. 환유는 부분을 통해 전체를 지칭하는 비유의 한 방법이다. 이와 같은 환유에서 아들은 건물을 지칭하고, 아빠는 사람을 지칭하는 해석을 하여 유머를 만들어 낸다.

유머가 생성되기 위해서 화자와 청자는 서로 다른 인지적 거리에서 출발하지만 모호성이라는 장치를 사용하여서 예측가능성이 있는 범주에서 의외성을 만든다. 그러기 위해 음성 차원에서 서로 유사성이 있는 소리를 사용하거나, 어휘 차원에서는 한 표현이 여러 뜻을 가지는 동음이의어나 중의적인 단어, 지역어나 외국어를 사용한다. 또한 구절이나 문장 차원에서도 구조의 중의성으로 나타나는 모호성을 활용하여 예측가능성을 갖는 맥락 속에서 의외성을 만들어 낸다.

4.2. 상호공유지식의 인지

유머는 청자가 기대하는 발화와 화자가 실제로 발화한 것 사이에 차이가 있으며, 유머의 단서가 되는 결정적인 발화는 청자가 기대한 해석이 아니라는 점에서 의외성이 있지만, 궁극적으로는 기대한 것과 발화한 것 사이의 불일치를 해소하는 것이어야 한다. 그렇기 때문에 유머를 생성하는 맥락에서는 예측가능성이 있는 범주를 선택해서 언어적인 유사성을 이용하여 모호하게 포장을 하고, 청자의 인지 체계 속에서 문제해결의 과정을 거쳐 유머를 해독하게 되는 것이다.

4.2.1. 의외성의 정도와 유머

일반적인 이야기와 유머가 다른 점은 의외성이 있다는 것이다. 대개 사람들은 어떤 말이나 이야기를 들으면 어떻게 될 것이라고 예상한다. 그러나 유머에서는 이러한 당연하다고 생각하는 것을 파괴함으로써 예상한 것과의 불일치로 놀라움을 일으키고 그 놀라움이 웃음을 발생시키는 원인이 된다. 누구나 다 아는 뻔한 것을 얘기한다면 그것은 유머가 아니다. 유머는 전혀 기대치 못한 뜻밖의 것임을 파악했을 때 생겨나는 유머인 것이다. 이런 예상외의 반전으로 빚어지는 웃음은 놀람이나 기대의 어긋남, 긴장과 그 이완의 해석에서 나온다. 그래서 의외성이 크면 클수록 재미있는 유머가 된다.

> (14) a. '나보다 조금 높은 곳에 네가 있을 뿐'을 6글자로 줄이면?
> – 너 거기 왜 있니?
>
> b. 가장 지루한 중학교 이름은? – 로딩중
> c. 나무 네 그루를 영어로 하면? – 포트리스

청자가 전제하고 있는 것이나 화자의 이야기를 들으면서 청자가 예상하게 되는 것과 실제 화자가 한 말 사이의 의외성이 크면 클수록 유머의 강도는 커진다. 이와 같은 요소는 물론 음성언어로 이루어질 수 있지만 시각적인 요소에 의해서도 나타날 수 있다.

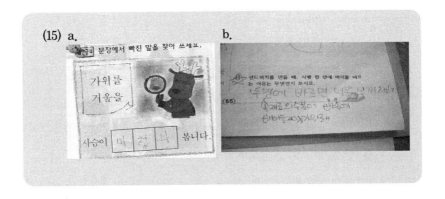

(15)는 인터넷에서 엽기 답안지라고 불리는 유형 중의 일부이다. (15a)에서 답안을 쓴 학생은 양자택일의 문제에서 제시된 어휘 중 하나를 고르는 것이 아니라, 제시된 어휘들을 무시한 채 시각적인 요소를 반영하여 아주 '창의적'인 답을 적어 놓음으로써 전제를 비껴가며 의외성을 만들고 있다. (15b)에서도 수업 시간에 배운 내용과는 달리 경험을 통해 예측가능하지만 개인적인 견해를 제시하여 의외성을 만들고 있다. 또한 (15)는 시험 답안 작성이라는 특정한 맥락을 전제로 하기 때문에 의외성의 강도는 더욱 높아진다. 이것이 유머가 될 수 있는 것은 학생들이 적은 답이 비록 정답은 아니지만 일반적인 상황에서는 충분히 공감할 수 있다는 점, 다시 말해 의외성이 있지만 예측가능성의 범위 안에 있다는 것 때문이다.

4.2.2. 예측가능성과 상호공유지식

예측가능성이 있으면서도 의외성을 갖추어야 하기 때문에 청자가 너무 쉽게 그 답을 찾을 수 있으면 재미없는 유머가 되고 만다. 그러나 너무 어려워서 그 답을 찾을 수 없어도 유머로서의 매력은 없지만, 그보다 더 심각한 것은 유머로 이야기한 것의 답을 상대방의 지식이나 경험의 세계에서는 찾아낼 수 없는 경우이다. 상대방이 예측하거나 기대하는 다양한 맥락들, 예측가능성이 있는 맥락을 가정하고 의외성을 갖추어야 하지만, 그렇다고 해서 청자가 알거나 생각할 수 있는 범주보다 벗어나 있으면 해독 불가능하기 때문에 유머가 성립할 수 없다.

따라서 유머가 적절하게 이해되기 위해서는 상대방과 서로 공유하고 있는 지식이 있어야만 한다. 상호공유지식은 배경지식이라고도 하며 대화가 이루어지는 상황에서 상대방의 암시적인 발화의 내용을 이해하는 데에 필수적인 요소가 된다. 유머는 예측가능성과 의외성을 가지고 있지만 그 예측가능성과 의외성이 상호공유지식의 범위 안에 있어야 해독 가능한 유머를 생성한다.

사이버 공간에서 만들어지는 유머 중의 대표적인 유형은 웹툰이다. 이 가운데 흥미 있게 평가되는 내용들은 단편적인 에피소드인데, 소재가 되는 일상적인 이야기들은 충분히 공감이 되는 내용들이지만 상호공유지식이 없으면 이해하기 어려운 부분들이 포함되어 있다. 천은숙(2010)에서는 네이버 웹툰 〈마음의 소리〉 중에서 온라인 게임을 소재로 한 장면을 제시하고 있는데, 이를 통해 유머를 이해하는 데에 필요한 상호공유지식의 중요성을 확인할 수 있다.

(16a)는 온라인 게임의 한 장면을 패러디한 것으로 온라인 게임 속에서의 용어를 일상생활 속에 패러디하고 있다. 주인공이 아파서 누워 있는데 주인공의 형이 그의 주머니를 뒤져서 돈을 꺼내어 가다가 주인공에게 들키는 장면이다. 주인공은 자신의 돈을 몰래 가져가지 말라는 의미로, 장면 속에서

온라인 게임 용어를 차용하여 "루팅(looting; 게임 머니나 전리품의 습득을 가리키는 게임 용어) 하지마."라는 표현을 사용하고 있다. 이 용어를 모르는 사람도 그림을 통해 웹툰의 내용을 부분적으로 추측할 수 있겠지만, 작가의 의도를 정확하게 해독하지 못하면 그만큼의 재미를 느낄 수는 없다. (16b)에서는 명절에 친척들이 많이 모인 장면을 마치 게임의 한 장면처럼 패러디하고 있다. 웹툰의 장면 자체는 그냥 사람들이 많이 모여 있는 모습이지만 등장인물들의 머리 위엔 그 사람에 대해 설명이 글자로 표현되어 있다. 이 설명은 단지 그 인물의 이름을 보여주기 위한 것이 아니라 온라인 게임 속에서 각각의 캐릭터 머리 위에 캐릭터명이 표시되는 모습을 패러디한 것이다. 또한 '대장군 큰아빠'라는 표현을 사용하여 게임 속 지위를 나타내는 칭호를 사용하거나 '얼굴붙여넣기'를 통해 만화 속 등장인물들이 모두 한 가족이라는 것을 암시하고 있다. 그러나 온라인 게임을 해보지 않은 사람들은 작가와 상호공유지식이 없기 때문에 만화의 내용을 이해하지 못하게 되고, 작가가 의도한 유머를 해독할 수 없으며, 이런 경우 유머는 무의미해진다.

(17) a. 6 × 5는?   – girl
b. 통키가 갑자기 죽었다. 왜 죽었을까?   – 금 밟아서

(17)의 수수께끼 형식으로 만들어진 유머에 대한 정답이 되는 말에 대해 이해하려면, 질문과 대답으로 이루어진 대응쌍의 바탕이 되는 전제를 알아야만 한다. 곧 (17a)의 'girl'이 정답이 되는 이유는 구구단 6 곱하기 5의 결과인 30이 답이 아니라 한국 대중가요에 대한 지식이 있어야 한다. 원래 You go girl.은 여성에게 잘했다, 힘내라 등과 같이 격려하면서 쓰는 말이지만,

유머로 사용되는 배경에는 이효리라는 가수가 부른 노래 제목이 'You go girl'이라는 것이다. 'You go'와 구구단의 '6x5'의 소리가 음성적 유사성을 갖고 있다는 점을 이해해야 (17a)가 성립한다는 것을 알 수 있다. 또한 (17b)의 유머를 이해하기 위해서도 주어 자리에 있는 '통키'가 피구 만화영화의 주인공이라는 것과 피구라는 경기의 규칙 중에 선을 밟으면 아웃이 된다는 것을 함께 알고 있어야 유머의 답으로 제시된 내용을 수용할 수 있다.

이처럼 우리의 경험이 유머를 이해하는 데에 필요한 상호공유지식이 되기도 한다. 간혹 카카오톡의 문자를 다른 사람에게 잘못 보내어 곤란했던 경험이 있다면 다음의 (18)과 같은 유머에 더 많이 공감할 수 있다.

(18) a.   b.

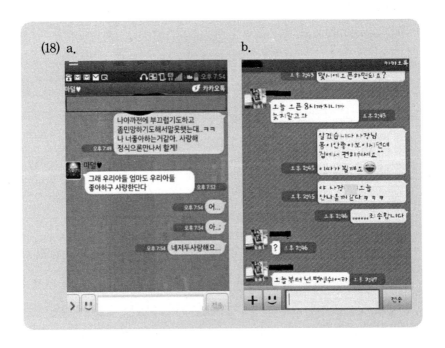

(18a)에서는 여자 친구에게 보내야 할 문자를 엄마에게 잘못 보내고, (18b)에서는 친구에게 보낼 문자를 직장 상사에게 보내어 곤란해진 상황을 확인할 수 있다. (18)과 같은 장면을 보고 사람들이 웃을 수 있는 이유는 카카오톡으로 문자 메시지 보내기가 일상화 되어 있고, 누구라도 실수할 수 있는 여지가 있으며, 이와 유사한 과거의 경험이 상호공유지식으로 활용되기 때문이다.

> (19) 여자 친구와 스마트폰의 공통점
> a. 처음에는 좋기만 한데 시간이 지날수록 무덤덤해진다.
> b. 액세서리를 달면 예뻐 보인다.
> c. 짧고 두꺼운 것보다는 길고 얇은 것이 좋다.
> d. 새로운 것이 더 좋다.

(19)에 제시한 유머의 소재는 사람과 기계라는 전혀 다른 요소이지만 그 둘 사이의 유사한 점을 찾아 유머가 만들어진 것이다. 여자 친구와 스마트폰의 특성에 대해 알고 있는 사람은 이 유머의 화자와 상호공유지식을 바탕으로 (19)의 비교 내용에 대해 공감하고 유머를 해독할 수 있게 된다.

> (20) 프랑스를 여행 중인 한 외국인이 성당에서 결혼식을 구경하다가 옆에 있던 사람에게 물었다.
> "신랑이 누구입니까?"
> "쥬느세빠."
> 다음 날 다시 그 성당에 왔는데, 이번에는 장례식이 열리고 있었다. 그는 옆에 있는 여성에게 또 물어보았다.
> "죽은 사람이 누구입니까?"

"쥬느쎄빠."
대답을 들은 외국인이 혀를 끌끌 차며 가엽다는 듯이 말했다.
"쯧쯧, 결혼한 지 하루만에 죽다니."

이 유머를 말하기 위해서는 상대방이 '쥬느쎄빠('Je ne sais pas)'가 프랑스 어로 '나는 모른다'라는 말이라는 것을 알고 있다는 것을 인지하는 것, 다시 말해 프랑스 어에 대한 상호공유지식이 있다는 것이 전제되어야 한다. 프랑스 어를 모르는 청자는 혀를 차며 동정하는 외국인의 말이 왜 유머가 되는지 이해할 수 없기 때문이다.

유머 화자는 청자에게 웃음을 주려는 의도를 가지고 여러 요소들을 활용한다. 유머는 예측가능성이 있는 맥락에서 언어의 모호성을 사용하여 상대방의 기대나 예측을 깨뜨리는 의외성을 통해 상대방을 웃게 만드는 것이다. 그러나 화자의 관점에서는 예측가능성의 범주 안에 있다고 보일지라도 청자의 인지 체계 속에서 전혀 예측할 수 없는 내용일 경우 화자가 유머를 이해하는 데에 필요한 정보를 일일이 설명할 수는 없고, 결과적으로 유머로서 기능하기는 어렵고 무의미해진다. 유머에 있어서 의외성을 이해할 수 있는 전제가 참여자 사이에 공유되지 않으면 유머는 유머로 이해될 수가 없다. 따라서 예측가능성의 기준은 함께 알고 있는 상호공유지식의 범위 안에 있어야 하며, 전제가 되는 지식을 공유하고 있을 때 유머는 더 쉽게, 더 빨리 이해될 수 있다.

100

/ 5 /

유머 생성의 인지적 기제

유머를 생성하는 데에는 여러 요소가 있다. 그 중에서 불일치란 어떤 기준이나 기본이 되는 것과 이와 다른 것과의 대비에서 나타나는 현상이다. 칸트는 무엇인가 중대한 것을 기대하고 긴장해 있을 때 예상 밖의 결과가 나타나서 긴장이 풀리며 우스꽝스럽게 느껴지는 감정의 표현을 웃음이라고 하였는데, 이것은 불일치에 의한 유머를 잘 설명해 주는 정의이다.

유머를 해독하는 것은 불일치를 해소하기 위해 한 방향으로 가던 생각의 흐름을 다른 논리나 규칙에 의해서 급작스럽게 바꾸는 것(Suls, 1972: 95)이다. 따라서 유머를 해독하는 인지적 개념 구조에는 원래 가던 기준틀, 처음 생각하던 기준틀 M_1과 급작스럽게 바꾸며 새롭게 등장하는 기준틀 M_2라는 두 개의 요소가 관여한다. 앞서 살핀 이중연상 이론에 의하면 서로 파장이 다른 기준틀 M_1과 M_2가 동시에 진동되다가 한 순간에 교차하는 것이 유머 해독 단계이고, 유머를 해독하기 위해서는 두 개의 기준틀이 동시에 활성화되어야 한다. 이 기준틀은 유머를 처리하는 과정에서 활성화되는 서로 다른 기준틀들이 상황을 전체적으로 다르게 해석하도록 만들지만, 두 번째 기준틀인 M_2가 첫 번째 기준틀 M_1과 전혀 무관한 것이 아니기 때문에 유머의 해독 과정에 두 개의 기준틀이 동시에 활성화된다고 본다[1].

불일치하는 모든 것이 유머를 유발하는 것은 아니다. 기준틀을 바꾸어 보면 해독이 될 수 있을 만큼의 예측가능성이 있어야 하며, 언어적 모호성으로 만든 의외성에 의한 두 번째 기준틀을 찾아내는 것이 너무 어렵거나 너무 쉬우면 유머의 재미가 절감된다. 이러한 점에서 기준틀을 전환할 때 어떤 기제들이 사용되는지를 밝히는 것은 유머의 해독에 관한 매우 근본적인 과제가 된다.

유머도 사람이 사용하는 언어의 한 부분이기 때문에 일반적으로 언어사용자들이 언어 변화를 유도하기 위해 사용하는 인지적 기제인 유추, 재분석, 환유, 개념적 혼합 등의 기제들이 유머의 생성과 해독에도 작용할 것으로 예측할 수 있다. 이러한 인지적 기제들이 유머와 어떻게 연결되는지 구체적으로 살펴보기로 한다.

---

1   이러한 견해는 Koestler(1964) 이외에도 Raskin(1985), Attardo(1994) 등에서 주장하였다. 그러나 이와는 달리 하나의 기준틀이 활성화되면 다른 기준틀은 억제되기 때문에 선택적으로 활성화된다는 견해도 있다. 두 견해에 관해서는 최영건·신현정(2015)에서 깊이 있게 논의하고 있다.

5.1. 유추

유추(analogy)란 어떤 언어 형태가 의미나 기능, 음성적으로 비슷한 언어 형태에 동화하여 변하거나 또는 그런 형태가 새로 생겨나도록 하는 심리적인 과정을 가리킨다. 유추라는 단어의 어원이 되는 그리스어의 아나로기아(analogia)는 원래 변칙성을 뜻하는 말인 아노말리아(anomalia)와 맞서서 규칙성을 뜻하는 단어이었다. 규칙성이란 유사성에 기초한 일관성을 가리키는 것으로, 이러한 유사성은 형태상의 유사성이 될 수도 있고, 기능상의 유사성이 될 수도 있다. 유추의 가장 기본적인 형태는 [A:B=C:x]의 형식을 통해 x의 값을 찾는 추론의 한 방식이다. 기준이 되는 형식을 선택해서, 그 형식에 맞추어서 답을 찾아내는 추론 방식이다. 유추는 같은 언어 안에 있는 유사한 다른 형식에서 규칙을 빌려오는 것이기 때문에 내적차용(internal borrowing)이라고도 한다. 대개의 경우 많이 쓰이지 않는 형태가 많이 쓰이는 형태로부터 규칙을 가져오는데, 기능상의 특징이 같은 문장 성분을 문장 구조상의 위치가 같은 곳에 배치하는데 사용하는 심리적인 언어 전략으로서, 문법에서는 유추에 의해 어순(word order)이 변화하기도 할 정도로 유추에 의한 변화가 강력한 힘을 가지고 있다고 보고 있다.

> **(1)** 약사가 된 최불암에게 "아저씨 쥐약 주세요."라고 했다.
> 그때 최불암이 한 말은?
> "너희 집 쥐는 어디가 아프니?"

(1)에는 서로 다른 두 개의 기준틀 M_1과 M_2가 설정될 수 있다. 하나의 기

준틀 M_1은 'x약 = x를 죽이는 약'이라는 것이고, 쥐약, 바퀴약, 좀약 등이 여기에 속한다. 또 다른 기준틀 M_2는 'x약 = x가 아플 때 먹는 약'이고, 아기약, 엄마약, 할머니약 등이 여기에 속한다. 따라서 유머 (1)은 다음과 같은 구조를 가지고 있다.

(2) 유머 (1)의 이중연상 구조[2]
구조만들기: 쥐약 주세요
M_1 'x약 =쥐를 죽이는 약
급소찌르기: 너희 집 쥐는 어디가 아프니?
M_2 'x약 =쥐가 아플 때 먹는 약

따라서 이 유머는 구조만들기에서는 M_1의 기준틀이 사용되다가 갑자기 M_2의 기준틀에 유추하여 [아기약(M_2) : '아기가 아플 때 먹는 약' = 쥐약(M_1) : '쥐가 아플 때 먹는 약']이라는 유추를 적용하여 만들어지는 것이다. 여기서 두 개의 기준틀이 교차되었음을 인식하는 것이 유머를 해독하게 하는 근거가 된다.

(3) 조개국수에는 뭐가 들었어요? 조개.
튀김국수에는 뭐가 들었어요? 튀김.
그럼 칼국수에는 뭐가 들었어요?

(3)에서도 서로 다른 두 개의 기준틀 M_1과 M_2가 설정될 수 있다. 하나의

---

2 구조만들기와 급소찌르기에 대해서는 제6장 유머 텍스트의 구조와 형식에서 상세히 다루고 있다.

기준틀 M_1은 'x국수 = x가 들어있는 국수'이라는 것이고, 조개국수, 튀김국수, 쇠고기국수... 등이 여기에 속한다. 또 다른 기준틀 M_2는 'x국수 = x로 만든 국수'이고, 칼국수, 손국수, 손칼국수, 할머니손칼국수 등이 여기에 속한다. 따라서 유머 (3)은 다음과 같은 구조를 가지고 있다.

(4) 유머 (3)의 이중연상 구조
　　구조만들기: 조개국수에 뭐가 들었어요?
　　　　　　　[M_1 'x국수 =x가 들어있는 국수']
　　　　　　튀김국수에 뭐가 들었어요?
　　　　　　　[M_1 'x국수 =x가 들어있는 국수']
　　급소찌르기: 그럼 칼국수에는 뭐가 들었어요?
　　　　　　　[M_2 'x국수 =x로 만든 국수']

따라서 이 유머는 구조만들기에서는 M_1의 기준틀이 사용되다가 갑자기 [조개국수(M_1) : '조개가 들어있는 국수' = 칼국수(M_2) : x?]라는 유추 공식을 적용하여 질문하는 것에 의해 유머가 만들어진다. 유추는 기능과 위치의 상관관계를 설명하는 데에 사용되는 것으로, 원래 유추에서는 한 영역에서 다른 영역으로 옮겨가는 영역의 변화가 일어나지 않지만, 유머에서는 다른 영역으로 옮겨가도록 하여서 의외성을 만드는 것이다. 여기서 이중연상에 의해 두 개의 서로 다른 방식의 기준틀 M_1과 M_2가 유추에 의해 교차되었음을 인식하는 것이 유머를 해독하게 하는 근거가 된다.

유머는 변칙적인 언어 사용의 한 부분이다. 문법화론에 의하면 변칙적인 언어 사용이 굳어져서 문법이 되는 것이고, 이러한 언어 변화에서 중요한 역할을 하는 기제가 유추이다. 유추는 언어 사용의 순간적이고 맥락제한적인 변화인 유머의 사용에서도 중요한 기제가 되는 것을 알 수 있다.

5.2 재분석

  재분석(reanalysis)이란 언어 사용자들이 언어 형태의 구조적인 경계를 다시 설정하는 것으로, 외형의 변화가 아닌 인식하는 방법의 변화를 말하는 것이다(이성하, 2016: 253). Langacker(1977)에서는 재분석이 어떤 표현 형식의 변화에 있어서 외형상으로는 어떤 직접적이거나 근본적인 변화가 나타나지 않는 변화라고 정의하였다. 다시 말해 언어 사용자들이 언어 형태의 구조를 인식하는 방법의 변화를 가리키는 것으로 외형상의 변화는 없고, 언어 형태의 구조적인 경계를 다시 설정하는 것이다.

> (5) 충청도 한적한 마을 외딴집에서 바보가 집을 보고 있는데 강도가 들었다.
>   강도: <u>ㅎㅎㅎ</u>. 난 널 죽일 수도 있어. 하지만 내가 말하는 문제를 10초 안에 맞추면 목숨만은 살려주겠다. 삼국시대에 있던 세 나라 이름이 뭐지? 10! 9! 8! 7!..
>   (강도는 10초를 세고 칼을 뽑아 들었다.)
>   바보: 헉!... 배째실라고그려?
>   그래서 바보는 살았다.

  (5)에는 서로 다른 두 개의 기준틀 M_1과 M_2가 설정될 수 있다. 하나의 기준틀 M_1은 [배+째실라고+그려?]의 구조이고, 또 다른 기준틀 M_2는 [배째

(백제)+실라(신라)+고그려(고구려)]의 구조이다.

> **(6) 유머 (5)의 이중연상 구조**
> M_1 배째실라고그려? = 배+째실라고+그려?'
> M_2 배째실라고그려? = 배째(백제)+실라(신라)+고그려(고구려)'

따라서 이 유머는 음성적 유사성에 의해 M_1의 구조를 사용한 바보의 말을 강도가 M_2의 구조로 들었다는 재분석에 의해 유머가 만들어지는 것이다. 여기서 두 개의 기준틀이 서로 다른 방식의 재분석에 의해 교차되었음을 인식하는 것이 유머를 해독하게 하는 근거가 된다.

> **(7)** 손 님: 아저씨 이발하러 왔는데요.
> 이발사: 어떻게 깎아 드릴까요?
> 손 님: 음... 최선을 다해주세요.

(7)에도 서로 다른 두 개의 기준틀 M_1과 M_2가 설정될 수 있다. 하나의 기준틀 M_1은 이발사가 손님의 머리를 어떤 모양으로 깎을까를 기준으로, 생략된 목적어 '머리를'이 초점이고, 여기에 '어떻게'가 연결되는 구조이다. 또 다른 기준틀 M_2는 손님이 이발사의 태도가 어떠하기를 바라는가를 기준으로 생략된 주어 '내가'가 초점이면서 '어떻게'는 '깎아 드릴까요'에 연결되는 구조이다.

(8) 유머 (7)의 이중연상 구조

M_1 (내가) (머리를) 어떻게 깎아 드릴까요?

(내가) [[**머리를**] [어떻게]] 깎아 드릴까요?

M_2 (내가) (머리를) 어떻게 깎아 드릴까요?

(**내가**) (머리를) [[어떻게] [깎아 드릴까요]]?

따라서 이 유머는 문장에 생략된 성분들을 가지고 있어서 모호성을 갖는 상황에서 생략된 목적어에 초점이 있는 M_1의 구조를 사용한 이발사의 말을 손님은 생략된 주어에 초점이 있는 M_2의 구조로 들었다는 재분석에 의해 유머가 해독되는 것이다. 여기서 이중연상에 의해 두 개의 기준틀이 교차되어 기존 구조를 서로 다른 방식으로 재분석한 것을 인식하는 것이 유머를 해독하게 하는 근거가 된다.

(9) 어떤 경상도 할머니가 기차를 탔다. 승무원이 친절히 물었다.

승무원: 할머니, 어디 가시나요?

할머니: 그래. 나는 경상도 가시내다. 그라믄 니는 어데 가시나꼬?

(9)에도 서로 다른 두 개의 기준틀 M_1과 M_2가 설정될 수 있다. 하나의 기준틀 M_1은 서울말을 기준으로 하여 [가+시+나+요?]의 구조이고, 또 다른 기준틀 M_2는 경상도 말을 기준으로 [가시나+요?]의 구조이다.

(10) 유머 (9)의 이중연상 구조

M_1 어디가시나요? = 어디 + 가 + 시 + 나 + 요?

M_2 어디가시나요? = 어디 + 가시나 + 요?

따라서 이 유머는 음성적 유사성에 의해 모호성을 갖는 상황에서 M_1의 구조를 사용한 승무원의 말을 할머니가 M_2의 구조로 들었다는 재분석에 의해 유머가 해독되는 것이다.

5.3. 환유와 은유

환유(metonymy)란 어떤 개념을 그와 관련이 있는 다른 개념을 통해서 지시하는 것을 말한다. 일반적으로 환유는 은유와 비교되는데, 은유에는 두 개의 개념영역이 있고 한 개념을 유사성(similarity)에 의해 다른 개념으로 이해하는 것이라면 환유는 하나의 개념영역 안에서 한 개체가 다른 개체를 인접성(contiguity)에 의해 지시하는 것이다. 은유와 환유는 인간의 언어뿐 아니라 사고와 개념 체계를 구조화하는 체계적인 인지적 기제이다. 환유에서 나타나는 인접성은 두 실체 사이의 거리가 가깝거나 직접적이다. 공간적으로나 시간적으로 인접해 있는 것뿐 아니라 원인과 결과, 즉 논리적으로 두 요소가 인접해 있는 것, 사회 문화적 경험상의 연속성이나 부분–전체 관계의 연속성인 제유, 발화상의 연속성인 병치 관계를 모두 말하는 것이다. 인접성을 바탕으로 부분이 전체를, 생산자가 생산품을, 통치자가 국가를 나타내는 것이 모두 환유적인 쓰임이다.

(11) 한 방송에서 한국인이 사랑하는 클래식 다섯 곡을 선정했다.
  1위: 바하의 G선 상의 아리랑
  2위: 슈베르트의 붕어
  3위: 브람스의 대학주점 서곡
  4위: 베토벤의 아들나야돼
  5위: 폴 드 세느비유의 아들난녀를 위한 발라드

(11)에도 서로 다른 두 개의 기준틀 M_1과 M_2가 설정될 수 있다. 기준틀 M_1과 M_2는 발화상의 연속성을 가지고 있으며, 두 기준틀이 서로 섞여 있어서 다음에서 살펴볼 개념적 혼합과도 연결되어 있다. 기준틀 M_1은 클래식 곡명이고, M_2는 연속되는 발화와 유사한 음성적 구조를 가지고 있어서 M_1의 전체 구조 속에 부분으로 도입되었을 때 거의 유사한 구조를 만들어 내면서도 한국적이라는 특성을 담고 있어야 한다.

(12) 유머 (11)의 이중연상 구조
  1위: M_1 바하의 G선상의 아리(아)
      M_2 아리(랑)
  2위: M_1 슈베르트의 (숭)어
      M_2 (붕)어
  3위: M_1 브람스의 대학(축전) 서곡
      M_2 대학(주점)
  4위: M_1 베토벤의 아(델라이데)
      M_2 아(들나야돼) 〉 아들 나야 돼
  5위: M_1 폴 드 세느비유의 아들(란느)를 위한 발라드
      M_2 아들(난녀) 〉 아들 난 녀

따라서 이 유머는 서로 연속성과 음성적 유사성을 가지고 있는 특성을 활용해서 M₁의 구조 속에 부분적으로 M₂의 구조를 연결한 환유에 의해 유머가 해독되는 것이다. 여기서 이중연상에 의해 두 개의 기준틀이 교차되어 환유를 인식하는 것이 유머를 해독하게 하는 근거가 된다. 이 유머에는 한국의 대표적인 전통민요, 생선 이름, 대학 문화, 남아선호사상 등의 문화적 전제가 포함되어 있다. 또한 '아델라이데'가 [아들+낳+아야+되+어]와 같이 재분석하는 요소도 포함되어 있다. 이런 관점에서 유머의 해독은 이중연상보다 복잡한 다중연상(multi-sociation)에 의한 것이라는 점에서 고도의 인지적 작용임을 알 수 있다.

은유는 어떤 대상을 다른 종류의 대상으로 경험하는 것으로, 추상적인 것을 구체적인 것을 통해 이해하는 것이다. 우리가 표현하려고 하는 새롭고 추상적인 경험 세계를 목표영역(target domain)이라고 하며, 목표영역은 기존의 구체적 경험 세계인 근원영역(source domain)에 의해서 표현하는 것이다. 예를 들어 '인생은 나그네길'이라는 은유에서 '인생'은 목표영역이고 '나그네길'은 근원영역인데, 추상적이며 설명하기 어려운 '인생'의 개념을 일상 경험에서 쉽게 접근 가능한 '나그네길'을 통하여 표현하고 이해하게 되는 것이다. 근원영역은 우리의 일상 경험에서부터 나온 것이므로 구체적이고 물리적이며 명확하고 구조화된 경험인 반면, 목표영역은 추상적이고 비물리적이며 불명확하고 구조화되지 않은 경험이다. 당연히 '근원영역'은 우리에게 익숙하고 상상하기 쉬우며, 우리가 놓여 있는 환경과 문화 속에서 작용하는 직접적 경험으로부터 유래하는 반면, '목표영역'은 우리가 보고, 듣고, 맛보고, 냄새 맡을 수 없는 것이며 사회 문화적으로 조작된 현상이다(임지룡, 1997: 174).

(13) 갑: 어젯밤 폭풍 불기 전에 집에 들어가셨나요?

을: 우리 집 폭풍은 언제나 내가 집에 들어간 다음부터 시작되지요.

갑: 참 안됐군요. 우리 집사람은 천사예요.

을: 참 좋으시겠어요. 우리 집사람은 아직도 살아있답니다.

(13)에서 갑이 사용한 폭풍은 구체적이고 물리적인 폭풍, 곧 '매우 세차게 부는 바람'이며 근원영역을 이루는 것이다. 이와 같은 근원영역을 바탕으로 을이 사용한 폭풍은 '집안에서 파괴적이고 좋지 않은 일, 가정불화' 등의 목표영역으로 전이되어 사용된 것이다. 또한 갑이 사용한 '천사'는 목표영역에 있는 것으로 '천사처럼 마음이 착한 사람'을 비유하는 것이지만, 을은 그 '천사'의 개념을 문자적 의미로 근원영역에 있는 천사, 곧 이 세상의 사람이 아니고, 신과 인간의 중간에서 신의 뜻을 전하는 존재'라는 뜻으로 받으면서 유머를 생성한다.

(14) 유머 (13)의 이중연상 구조

폭풍: M_1 근원영역: 매우 세차게 부는 바람

　　　M_2 목표영역: 파괴적이고 좋지 않은 일, 가정불화

천사: M_1 근원영역: 이 세상의 사람이 아니고, 신의 뜻을 전하는 존재

　　　M_2 목표영역: 마음이 착한 사람

5.4. 개념적 혼합

개념적 혼합(conceptual blending) 이론은 두 개의 입력공간과, 이 공간들

이 공유하는 추상적인 구조와 조직을 포괄하는 총칭공간, 그리고 두 개의 입력 공간이 선택적으로 투사(mapping)된 혼합공간(blended space)으로 이루어져 있다. 이 공간들은 밀접하게 연결되어 하나의 개념적 통합망을 형성하고 있다. 여기서 두 입력공간은 코에스틀러가 제안한 서로 다른 기준틀 M_1과 M_2로 이루어진 상황, 사건 L은 혼합공간과 대응시킬 수 있다는 점에서 유머와 개념적 혼합은 이 이론의 제안자인 터너와 포코니에(Turner & Fauconnier, 1995)에서부터 관심을 가지고 연구되었다[3]. (Coulson(2001, 2005), 김동환 (2002), Dynel(2011) 등에서는 개념적 혼합을 통해 많은 예들을 분석하고 있다.) 그러나 개념적 혼합 이론은 문법의 중심적 부분이고, 인지적으로 복잡한 모든 구조를 설명할 수 있는 설명력을 가지고 있을 만큼 강력하기 때문에 (Fauconnier & Turner 1996, 2002), 유추(Fauconnier, 2001), 환유 (Fauconnier & Turner, 1999), 은유(구현정, 1996), 다의성(Fauconnier & Turner, 2003) 등과 같은 기제들이 모두 개념적 혼합으로 설명된다는 점에서 개념적 혼합은 여러 기제들과 함께 작용하는 기제임을 확인할 수 있다.

> (13) 선생님: 뿌리 군.
> 뿌 리: 옙!
> 선생님: 5개 사과 중 3개를 먹으면 몇 개가 남죠?
> 뿌 리: 3개요.
> 선생님: 뿌리 군. 어떻게 3개가 남죠?
> 뿌 리: 울 엄마가 먹는 게 남는 거라 했거든요.

---

[3] Turner & Fauconnier(1995: 3)에서는 혼성공간이란 숙어나 수학의 창의적 생각들, 광고, 유머와 같은 일상 언어의 언어적이고 비언어적인 양상 속에 일반적으로 작동하는 인지 기제라고 하여, 유머에 혼성공간이 작용하고 있음을 지적하였다.

(13)에는 네 개의 공간이 만들어진다. 두 개의 입력공간과 총칭공간, 그리고 두 입력공간에서 선택적으로 사상되는 혼합공간이다. 이것은 다음 (14)와 같은 그림으로 나타낼 수 있다.

(14) 유머 (13)의 이중연상 구조

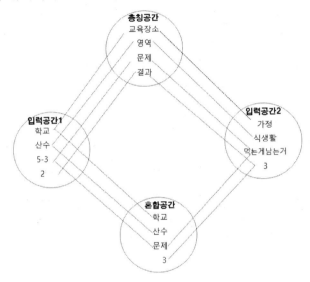

이 유머의 모든 정신공간은 "5개의 사과 중 3개를 먹으면 몇 개가 남죠?"라는 문제를 공유하고 있다. 개념적 혼합이라는 인지 작용의 결과인 혼합공간에는 [교육 장소]로서 입력공간 1의 학교, [영역]으로는 입력공간 1의 산수가 사상되고, 총칭공간의 [문제]와 함께 [결과]는 입력공간 2가 사상되어 구성되어 있다.

앞에서 살핀 바와 같이 유머의 해독에 관여하는 인지적 기제는 유추, 재분석, 환유와 은유, 개념적 혼합 등과 같이 언어변화를 유도하는 인지적 기제들이 함께 사용되고 있다. 이러한 인지적 기제들은 언어뿐 아니라 일반적인 지각에도 적용되는 것들이다. 따라서 유머를 해독하는 것은 언어변화를 지각하는 것과 같은 인지적 작용을 통한다는 것을 알 수 있다.

유머는 언어의 사용에 변칙성을 만든다는 점에서 보면 언어변화의 한 유형이다. 일반적으로 언어변화라고 하면 한 시기에 변화가 일어나기 시작하더라도 긴 시간을 두고 변화가 지속되어 언어사용자들에게 수용되었을 때에 변화가 일어났다고 말하는 것과는 달리, 유머에 의한 언어변화는 창의적이고 순간적이며 대개는 그 순간에 한정되고 지속성을 갖지 않는 비지속적인 변화이다. 그러나 다른 변화를 촉발하는 요인과 마찬가지로 유머도 오래 통용되면 언어변화의 요인이 될 수도 있다. 유머가 언어의 변화를 일으켜 지속되는 경우도 간혹 있다. '사오정'이 원래는 중국 소설 '서유기'에서 삼장법사의 세 번째 제자가 된 괴물이지만, 유머의 '사오정' 시리즈는 사오정을 말귀를 못 알아듣고 엉뚱한 말을 하는 사람으로 희화하였다. 지금은 '사오정'의 뜻을 원래 뜻으로 이해하는 사람보다는 유머에 의해 번져나간 뜻으로 받아들이는 사람들이 더 많다. 영어에서도 'for'는 '앞'이라는 뜻을 가진 고대 튜톤어의 'fora'에서 유래되어서 '—을 위하여'라는 의미를 가진 전치사로 발달하였는데, 18세기부터는 좋은 것뿐만 아니라 나쁜 것에도 쓰이게 되었다. 좋은 의미를 가진 for를 아이러니 효과를 위해 사용하게 된 것인데, "Smoking is bad for you.(흡연은 당신을 위하여 나빠요)"와 같은 현대 영어의 문장은 이런 아이러니로부터 시작된 용법이다(이성하, 2007).

/ 6 /

유머 텍스트의 구조와 형식

유머 텍스트는 '재미있는 이야기'이다. 곧 일상의 대화와는 달리 다른 사람을 웃기거나 즐겁게 하기 위한 '의도적' 웃음 유발 장치를 포함하고 있는 이야기다. 유머 텍스트를 '예측하지 못한, 엉뚱한, 바보스런, 기발한' 특성을 가진 이야기이며 길이가 짧고, 일탈과 상징과 대비가 포함된 텍스트(이정식, 1998: 130-133), 남을 웃기기 위해 의도적으로 만든 일정한 구조를 갖춘 이야기(이재원, 2003: 155), 이미 문자로 정착되어 문자성(literacy)을 강하게 가지고 있는 이야기(한성일, 2001: 147) 등으로 정의한다.

그렇다면 어떤 텍스트가 유머러스한 것이 되기 위해서는 어떤 구조를 이루고 있는가? 2장에서 롱과 글래서(Long & Graesser, 1988)의 분류에 따라 유머의 유형을 크게 조크(jokes)와 위트(wit)로 구분하였다. 조크와 위트는 일부러 남을 즐겁게 하기 위하여 고안된 말이나 짓이지만, 앞뒤 문맥으로부터 독립적(context-free)인 조크와 달리, 위트는 특수한 대화 상황에서만 나타나는 문맥의존성(context-bound)을 가진다는 점에서 차이가 있다.

이 장에서는 일반적인 이야기와 비교했을 때, 유머 텍스트는 어떤 구조를 이루고 있는지 살펴보고자 한다. 유머 텍스트의 구조를 살펴보기 위해서는 조크의 구조와 위트의 구조를 확인해 볼 수 있다. 그러나 조크가 독립적인 구조를 가지고 있는 것과는 달리, 위트는 별도의 구조를 가지고 있지 않기 때문에 유머의 구조를 살펴보기 위해서는 독립적인 구조를 가진 유머를 중심으로 파악하는 것이 적절하다.

6.1. 유머 텍스트의 구조

6.1.1. 유머의 구조

유머는 일반적으로 두 구성 요소, 곧 '구조만들기(set up)'와 '급소찌르기(punch line)'로 이루어져 있다(Joel, 1985: 216). 구조만들기는 유머의 전반부로 다른 담화와 유사하게 앞으로 전개될 상황이 설정되면서 수용자에게 어떤 기대나 흥미를 갖게 하는 부분이다. 급소찌르기는 유머의 마지막 부분으로 수용자의 기대나 생각을 파기하거나 전혀 다른 상황을 제시하여 웃음을 유발하는 부분이다. 급소찌르기라는 말에서도 추측할 수 있듯이 구조만들기 부분에서 흥미를 유발하며 전개된 이야기는 마지막에 마치 펀치를 날리듯 놀라움과 의외성을 만들어내는데, 여기에서 웃음이 발생한다.

(1) 한 남자가 식당에 가서 피자를 주문했다.

종업원이 물었다. "몇 조각 드릴까요? 8조각? 10조각?"

그러자 남자가 대답했다. "제가 지금 다이어트 중이에요."

"그럼 몇 조각을 드릴까요?"

"한 판을 두 조각으로 잘라주세요."

⟨매일신문. 2015. 5.20⟩

(1)의 유머는 식당에서 있음직한 사건으로 전개가 된다. 그런데 이 이야기가 유머가 되는 것은 마지막 급소찌르기 부분의 '한 판을 두 조각으로 잘라 달라'는 의외성 때문이다. 다이어트 중이라는 말과 피자 한 판을 둘로 잘라 모두 다 먹겠다는 말 사이의 불일치는 수용자들의 예측을 깨뜨리는 요소가 된다. Raskin(1985)에서는 어떤 텍스트가 유머러스한 것이 되기 위한 필요충분조건으로 스크립트(script)의 개념을 활용하고 있다. 마치 동일한 스크립트처럼 보이는 두 개의 이야기이지만 결국은 두 스크립트가 대립적이어야 유머로 작용할 수 있다는 것이다[1]. 예를 들어 식당 스크립트는 입장, 주문, 식사, 퇴장 등의 장면으로 사건이 진행되는데, (1)에서도 일반적인 식당의 모습에서 유머가 전개되지만 결국 급소찌르기 부분에서 일반적인 사건의 진행과는 다른 의외의 대립이 일어난다[2].

유머의 구조는 다른 텍스트에 비해 그 구조가 단순하다. 소설과 같은 서사

---

1   Raskin(1985: 99)에서는 '스크립트 기반의 유머 의미론(Semantic Scrip Theory of Humor: SSTH)을 표방하고, 어떤 텍스트가 우스갯소리가 되려면 다음 두 가지 조건을 필요충분조건으로 충족해야 한다고 보았다. 이 가설은 다음과 같다: (1) 이 텍스트는 서로 다른 두 스크립트와 완전히 또는 부분적으로 양립할 수 있어야 한다. (2) 이 텍스트와 양립할 수 있는 두 스크립트는 일정하게 규정된 의미에서 대립적이어야 한다(강병창, 2016: 60~61).

2   스크립트의 이분법적인 대립에 관해서는 논란이 있으나, 일반적으로 구조만들기의 도입 부분은 어떤 스크립트 안에서 유머가 전개될 것인가를 보여주는 단서가 된다.

텍스트가 '발단-전개-위기-절정-결말'의 5단계를 이루는데 비해, 대체로 도입-전개-결말의 구조를 이루고, 도입과 전개가 구조만들기에 속하며, 결말이 급소찌르기에 해당하는 것이다.

> (2) 어느 날 미국에 간 최불암. 영어 회화 능력이 조금 떨어지긴 했지만 어떻게든 되겠지 하며 고급 레스토랑을 들어갔다. 메뉴판의 음식을 대충 아무거나 손가락으로 콕콕 집어서 겨우 식사를 해결한 최불암에게 종업원이 다가와 물었다.
> "Coffee or tea?"
> 그러자 최불암은 그 정도는 알아들었다는 표정으로 자신 있게 대답했다.
> "or"

(2)는 문어 텍스트로 구성되어 있지만, 실제 유머 담화는 구어 텍스트로 이루어져 있다[3]. 문어 텍스트는 더 안정적이고 이해하기 쉬운 구조로 되어 있다. 그러나 문어 텍스트로 된 유머를 읽고 나서도, 전달할 때는 구어 텍스트로 바뀌게 되는데, 일반적으로 구어 텍스트에서는 많은 수식과 확장이 일어나게 된다(Nash 1984: 20). (2)는 다음의 (3)과 같은 구조를 가지고 있다.

---

3 자료 (2)는 최불암 시리즈라고 불리는 유머 중의 하나이다. 최불암 시리즈가 유행한 이유에 대해 김종엽(1994)에서는 주인공이 가진 인간적인 모습에 친근함과 연민을 느끼고, 미디어 속 탤런트가 농담의 대상이 된다는 사실 등이 일반인들에게 쉽게 다가 설 수 있는 요인이라고 하였다(장보은, 2003: 30–31).

(3) 유머의 구조

구조 만들기	도입	어느 날 미국에 간 최불암. 영어 회화 능력이 조금 떨어지긴 했지만 바디 랭귀지면 어떻게든 되겠지 하며 고급 레스토랑을 들어갔다.
	전개	메뉴판의 음식을 대충 아무거나 손가락으로 콕콕 집어서 겨우 식사를 해결한 최불암에게 종업원이 다가와 물었다. "Coffee or tea?" 그러자 최불암은 그 정도는 알아들었다는 표정으로 자신 있게 대답했다.
급소 찌르기	결말	"or"

구조만들기 부분에서는 일반적인 텍스트와 다르지 않은 전개 방식으로 이야기가 구성된다. 그러나 급소찌르기 부분에서는 사람들이 예측하는 것과는 다른 대답이 나타나 의외성이 추가되며, 일반적인 텍스트의 구조와는 다르게 전개된다.

(4) 활쏘기 대회를 하는 날이었다. 어떤 사람이 먼 거리에서 머리 위에 사과를 얹고 서 있었다. 아무도 그에게 활을 쏘지 못하는데 어떤 사람이 나타나서는 과감하게 활을 쏘았다. 그리고는 화살로 그 사과를 맞추었다. 그러자 그 활을 쏜 사람이 웃으면서 말했다. "I am William Tell." 그러자 다른 사람이 나타나더니 역시 같은 목표를 향해서 활을 쏘았다. 그러자 이번에는 두 번째 화살이 첫 번째 화살을 쪼개면서 역시 사과를 맞혔다. 그러자 두 번째 사람이 웃으면서 말했다. "I am Robin Hood." 다시 세 번째 사람이 나타났다. 그 사람도 활을 쏘았는데 화살은 사과를 머리에 얹고 있던 사람의 가슴을 맞혔다. 그러자 그 세 번째 사람이 씩 웃으면서 말했다. "I am sorry."

(4)에서는 이야기의 전개 과정을 통해 활을 쏜 사람의 이름을 알려준다. 윌리엄 텔, 로빈후드 등 자신의 이름을 말하면서 이야기는 결말로 나아간다. 마지막 활을 쏜 사람도 앞의 사람들과 동일하게 자신이 누구라고 밝힐 것이라는 기대는 의외의 대답에서 깨지며, 웃음을 유발하는 급소찌르기로서의 기능을 하게 된다.

유머의 구조는 대화체로 된 텍스트에도 동일하게 적용할 수 있다.

> **(5)** 수업시간에 한 학생이 손을 들더니 말했다.
>
> 학　생: 선생님, 칠판 글씨가 안 보이는 데요.
>
> 선생님: 이게 안 보여? 너, 눈이 몇이냐?
>
> 학　생: 제 눈은 둘인데요.
>
> 선생님: 그게 아니고 눈이 얼마냐고?
>
> 학　생: 예? 제 눈은 안 파는데요.

(5)의 이야기를 구조만들기와 급소찌르기로 나누어 보면, 구조만들기의 첫 시작은 수업시간에 한 학생이 손을 드는 것이다. 이와 같은 도입을 시작으로 학생의 마지막 발화를 제외한 전체는 구조만들기 중 전개 부분에 해당하고 마지막 대답이 급소찌르기가 된다. 구조만들기에서는 수용자들이 선생님과 학생 사이의 갈등이 어떻게 진행될 것인지에 대해 추측하게 만들고, 마지막 급소찌르기에서는 학생의 의외의 대답이 반전을 일으켜 웃음을 유발하는 것이다.

구조만들기에서 도입에 해당하는 부분은 (5)와 같이 매우 짧게 나타나거나 (6)과 같은 수수께끼형의 유머 텍스트에서는 나타나지 않을 수도 있다. 다음의 (6)과 같이 흔히 '아재 개그'라고 불리는 유머의 유형에 적용하면, 아재 개그의 '구조만들기'는 도입 없이 문법적으로는 아무런 문제가 없는, 매우 일상적인 문장으로 전개된다. 아재 개그의 구조만들기는 대개 혼자 읊조리는 것처럼 나타나거나 청자에게 무언가를 질문하는 의문형으로 나타난다. 이때 청자는 이것이 아재 개그의 시작인 줄 모르는 데에 핵심이 있다. 청자가 무방비 상태로 있거나 상식적으로 반응할 때 아재 개그의 펀치, 즉 '급소찌르기'가 이루어진다. 아재 개그의 '구조만들기'와 '급소찌르기'는 '상식'과 '비상식'의 경계로 나누어지며, 바로 이 경계에서 아재 개그의 단순하면서도 파격적인 '반전' 효과가 창출된다(김윤경, 2017: 265).

(6) 아재 개그의 구조만들기와 급소찌르기

구조만들기	급소찌르기
a. 인도가 몇 시게?	a'. 인도네시아~
b. 바나나 줄까?	b'. 바나나 주면 나한테 바나나(반하나)?
c. 쓰리 디 안경이네~	c'. (뒤집으며) 이러면 쓰리 앞
d. 나초가 왜 이리 비싸?	d'. 가격 좀 나초(낮춰)!

유머 텍스트에 나타나는 급소찌르기의 수는 한 개인 경우가 가장 일반적이다. 여러 개의 급소찌르기가 나타날 경우 대화의 결속성을 깨뜨릴 수 있기 때문이다. 그러나 텍스트에 따라 여러 개의 급소찌르기가 나타나는 경우도 있다. 그런데 여러 개의 급속찌르기가 나타나더라도 이들은 서로 별개의 엉뚱한 요소가 아니라 담화 전체를 이어주는 결속성이 있어야 한다. 또한 여러 개의 급소찌르기가 점점 강화되는 점층성을 가지고 있을 때 의외성은 더욱

커지게 된다.

> **(7)** 사오정 친구들이 카페에 갔다.
>
> 사오정1: 난 우유.
>
> 사오정2: 그럼 난 우유.
>
> 사오정3: 그럼 나도 콜라.
>
> 사오정4: 그래. 아저씨 사이다 네 잔 주세요.
>
> 사오정 웨이터: 손님, 죄송하지만 저희 가게엔 율무차가 없는데요.

(7)은 유머의 일반적 구조에 따라 살펴보면, 사오정 1, 2, 3, 4의 발화는 구조만들기가 되고 사오정 웨이터의 발화가 단일한 급소찌르기 부분이다. 그런데 이를 좀 더 구체적으로 살펴보면 구조만들기 안에 여러 개의 급소찌르기가 있음을 확인할 수 있다. 위의 예는 다음의 (7)'과 같은 구조로 분석할 수 있다.

> **(7)'** 구조만들기: 사오정 친구들이 카페에 갔다.
>
>   사오정1: 난 우유.
>
> 급소찌르기1: 사오정2: 그럼 난 우유.
>
> 급소찌르기2: 사오정3: 그럼 나도 콜라.
>
> 급소찌르기3: 사오정4: 그래. 아저씨 사이다 네 잔 주세요.
>
> 급소찌르기4: 사오정 웨이터: 손님, 죄송하지만 저희 가게엔 율무차가
>
>   없는데요.

(7)'과 같이 다수의 급소찌르기가 나타나는 경우, 급소찌르기 사이에는 전체 담화로서의 결속성을 유지하는 것이 가능한 범위에서 점층적으로 배열될 수 있고, 이 경우도 계층적으로는 구조만들기와 단일한 급소찌르기로 단순화될 수 있음을 알 수 있다.

이와 같은 유머 담화는 전달하는 사람에 따라 많은 변형이 가능해진다. 그러나 전달자에 따라 나타나는 개별성과 함께 어떤 사람이 말을 하더라도 나타나는 보편성이 있는데, 유머는 우선권 갖기/협상과 도입부, 유머 말하기, 상호작용, 유사한 유머 말하기, 평가의 여섯 단계로 나타난다.

첫째, 우선권 갖기/협상은 청자에게 유머를 말할 수 있는 계기를 준비하는 단계이다. 많은 사람들이 유머감각이 있는 사람을 좋아하고, 유머를 들으면 즐거워 하지만, 그렇다고 유머가 언제 어디서나 환영받을 수 있는 대화 양식은 아니기 때문에, 상대방이 유머라는 대화의 틀 속으로 들어오기를 원하는지 확인하는 단계이다. 바로 유머를 말했을 때 겪을 수도 있는 문제를 미리 피해가는 것으로, 체면세우기의 방법이 된다.

둘째, 도입부는 상대방이 이 유머를 들은 적이 있는지를 확인하는 단계로 역시 체면세우기와 관련이 있다. 이 단계에서는 말하고자 하는 유머가 어떤 범주에 속하는지를 밝히는 과정이 포함된다.

셋째, 본격적으로 유머의 내용을 전달하는 단계이다.

넷째, 상호작용은 수의적인 요소이다. 질문형의 유머에서는 나타나는 것이 일반적이지만, 이야기식에서는 유머의 의미 재해석이 제대로 되지 않은 경우에 확인하는 단계에서 나타날 수도 있고, 나타나지 않을 수도 있다.

다섯째, 유사한 유머 말하기는 주제가 같거나, 유머의 유형의 같은 것들이 여러 개가 반복되어 나타나는 단계로, 순서교대가 활발하게 진행되는 특징이 있다.

여섯째, 평가는 웃음이나 야유, 언어적 평가 등으로 나타나는데, 유사한 유머 말하기가 끝날 때마다 적용된다.

이러한 단계를 (7)의 유머와 연결시키면 다음 (8)과 같이 구조화할 수 있다[4].

> (8) 유머 담화의 전달 단계
>   a. 우선권 갖기/협상
>   예) 갑: 음, 내가 웃기는 얘기 하나 할까?
>   을: 뭔데? / 웃기는 얘기? / 그래, 해 봐.
>   b. 도입부
>   예) 갑: 너 사오정이 카페에 간 이야기 알아?
>   을: 아니, 몰라. 사오정이 카페에 가?
>   c. 유머 말하기

---

[4] 김윤경(2017: 265–270)에서는 (8)의 전달단계에 따라 요즘 유행하는 아재 개그의 담화 구조를 분석하였다. 기존의 유머 전달 단계와 가장 다른 점으로는 생산자와 수용자 역할의 전환을 꼽고 있다. 유사한 유머 말하기의 단계가 필수적으로 나타나서 수용자가 유사한 패턴의 아재 개그를 모방하려는 시도가 나타난다고 보았다. 그리고 이 전환이 세대 간 소통의 매개가 되어 간다고 하였다.

예) 갑: 사오정이 친구랑 카페에 갔대.

    (……)

d. 상호작용

예) 을: 난 거기서 왜 사이다 시켰는데 율무차 없다고 그러는지 잘 모르겠는데.

갑: 그러니까 그건 (……)

e. 유사한 유머 말하기

예) 을: 너 그럼 사오정이 병원 간 이야기 알아?

    (……)

f. 평가

예) 와, 정말 재미있다. / 어휴, 썰렁해. / 그건 좀 상식적이지 않니?

유머를 전달할 때에는 화자와 청자의 상호작용이 어떻게 이루어지는가에 따라 문답식, 이야기식, 복합식 등으로 나눌 수 있다. 문답식은 화자와 청자가 서로 묻고 답하는 형식으로, 일종의 퀴즈처럼 유머를 말하는 방식이다. 일반적으로 수수께끼형 유머를 전달할 때 활용된다.

(9) a. 갑: 오락실을 수호해 주는 두 용의 이름이 뭐게?

을: 그게 뭔데?

갑: 일인용과 이인용.

b. 갑: 눈 코 뜰 새 없이 바쁠 때가 언제게?

을: 언젠데?

갑: 머리 감을 때.

(9)에서처럼 문답식은 화자가 먼저 질문을 하고 청자의 상호작용이 연결되

어 이루어진다. 청자의 상호작용은 (9a)와 같이 '그게 뭔데?' 또는 '아니, 몰라'와 같은 표현이 사용되거나 (9b)와 같이 주로 앞의 말을 반복하는 형식의 메아리-질문 형식이 사용된다는 것이 특징적이다. 문답식에서 화자의 질문과 청자의 상호작용은 유머를 생성해 내기 위한 준비 과정에 속하고, 마지막에 화자가 다시 질문에 대한 답을 말하는 부분이 급소찌르기로서 기능한다.

이야기식은 (10)과 같이 독립적인 구조를 가지고 있는 유머의 내용을 화자가 혼자서 전달하는 방식이다. 이야기식으로 전달할 수 있는 유머 텍스트는 보통 인물, 사건, 배경의 구조를 갖춘 줄거리가 있는 텍스트이다. (8a)의 "내가 재미있는 이야기 해줄까?"라는 발화에 이어 화자가 발언권을 얻게 되면 텍스트의 내용을 말하며 계속 진행해 나가는 유형이다.

(10) a. 대통령 집무실에 컴퓨터가 들어왔대. 대통령은 시간만 나면 독학을 하며 흔글 프로그램을 공부하고 작업을 했다는 거야. 그런데 그 모습이 너무 궁금한 보좌관이 어느 날 컴퓨터를 한번 열어 보았더니 거기에는 종달새.hwp, 꾀꼬리.hwp, 참새.hwp 등과 같은 이름의 파일들이 들어 있는 거야. 그래서 보좌관이 '대통령님은 파일 이름에 모두 새이름을 넣으신 걸 보니, 새를 참 좋아하시나 봅니다'라고 말했대. 그랬더니 대통령이 화를 벌컥 내더니, "뭐라카노. 다 새 이름으로 저장하라 안 카나." 그러더래.

b. 아버지와 아들이 뉴스를 보는데, 뉴스에서 '헤드라인'이라고 나오는 거야. 그랬더니 아들이 아버지한테 헤드가 뭐냐고 물어봤어. 그랬더니 아버지가 "헤드는 머리지." 하고 가르쳐줬어. 그랬더니 아들이 이번에는 그럼 라인은 뭐냐고 또 물어보는 거야. 그래서 이 아버지가 "라인은 선이지"하고 또 알려줬어. 그런데 이 아들이 곰곰히 생각하더니 그러면 "헤드라인은 뭐냐고 또 물어보는 거야. 그랬더니 아버지

가 버럭 소리를 지르면서 "이 녀석아, 똑똑한 애들은 하나를 가르쳐 주면 열을 안다는데, 너는 헤드, 라인, 다 가르쳐줬는데 그것도 몰라?" 그러더니 "가르마잖아. 가르마. 머리에 선이 그것 말고 뭐가 더 있어?" 그러더래.

이야기식은 구조를 만든 후 마지막에 급소찌르기에 해당하는 부분이 나오는 구조로 이루어져 있다. 이야기식으로 유머 텍스트를 전달할 때에는 화자가 구조만들기 부분에서 청자의 긴장을 얼마나 고조시킬 수 있느냐에 따라 재미의 정도가 달라진다. 이야기식은 화자 혼자서 유머를 말하는 방식이기 때문에 화자의 유머감각이나 전달력이 유머러스함의 성패를 좌우하기 때문이다. 따라서 화자가 성대모사나 방언을 사용하거나 우스꽝스러운 표정이나 몸짓 등 비언어적인 요소를 활용하여 이야기의 극적인 효과를 높이면 더 재미있게 전달할 수 있다. 또한 급소찌르기에 해당하는 내용도 청자가 예측하기 어려울수록 효과가 극대화 된다.

유머를 전달하는 방식은 문답식과 이야기식이 복합적으로 활용되기도 하는데, 그 이유는 유머를 이야기하는 상황 자체가 참여자 사이의 상호작용이 이루어지는 경우에 나타나기 때문이다. 복합식은 먼저 이야기식으로 유머를 시작하고 다음에 문답식이 이어질 수도 있고, 문답식으로 시작하고 생산자의 이야기 안에 이야기식 유머 텍스트가 포함되는 경우도 있다.

(11) 갑: 어떤 할머니가 은행에 통장을 개설하러 갔대. 그랬더니 창구에 있던 직원이 할머니한테 비밀번호를 정하라고 하더래. 그래서 할머니가 '호랭이'라고 말하니까 직원이 그건 안 된다고 하면서 네 자로 정하라고 하더래. 그랬더니 할머니가 뭐라고 그랬는지 알아?

을: 뭐라 그랬는데?

갑: 그 할머니가 직원을 째려보더니, '암. 호. 랭. 이.' 그랬대.

(12) 갑: 너 이 세상에서 가장 차갑고 외로운 바다가 뭔지 알아?

을: 그게 뭔데?

갑: 썰렁해. 그럼 이 세상에서 가장 따뜻하고 열이 나는 바다는 뭔지 알아?

을: 아니, 몰라.

갑: 그건 사랑해야. 그런데 이 이야기를 들은 경상도 아내가 남편한테 물었대. "자기야, 이 세상에서 가장 차갑고 외로운 바다가 뭐꼬?" 그러자 남편이 "썰렁해" 하고 맞추더라는 거야. 그래서 "그럼 이 세상에서 가장 따뜻하고 열이 나는 바다는?" 그러자 남편이 뭐라고 했게?

을: 사랑해?

갑: 아니, "열바다"

　　(11)과 (12)의 유머는 전체적으로 문답식으로 구성되어 있다. 그런데 (11)의 경우 먼저 이야기식으로 구조만들기를 하면서 전달되는 방식이고, (12)는 문답식으로 화자와 청자가 상호작용을 하는 중간에 또 다른 이야기가 포함되어 있는 형식이다. 유머가 어떠한 형태로 전달되든지 기본적으로 갖추어야 할 요소는 구조만들기와 급소찌르기이다. 특히 여러 개의 급소찌르기가 있는 유머인 경우에는 그 사이에 결속성이 반드시 갖추어져야 웃음을 유발하는 장치로서 기능할 수 있다.

6.1.2. 위트의 구조

위트(wit)는 독일어 wissen(앎)이라는 단어에서 나와 서로 이질적인 것이
나 비교할 수 없는 것에서 유사성과 동일성을 찾아내는 인간의 사고능력을
가리키는 말로, 재치나 순간적인 기지 등을 나타내는 의미로 사용되는 말이
다. 위트는 남을 즐겁게 하기 위하여 고안된 말이나 짓이라는 점에서는 조크
와 같지만, 특수한 대화 상황에서만 나타나는 문맥의존성을 가진다는 점에서
조크와 구별된다.

(13) 갑: 여보세요. 수도설비집이죠? 목욕탕 수도관이 터져서 집안이 물난리
거든요. 빨리 좀 와 주세요.
을: 지금 많이 밀렸거든요. 순서가 있으니까 좀 기다리셔야겠는데요.
갑: 기다리란 말이죠? 아무튼 최대한 빨리 와주세요. 그동안 애들 수영
이나 가르치고 있죠, 뭐.

〈광수생각〉

(13)에서는 빠르게 수리가 필요한 상황인데도 상대방을 더 재촉하지 않고
'아이들 수영이나 가르치고 있겠다'며 집안의 급박한 상황을 재치 있게 전달
한다. 화를 내거나 사정을 해도 순서가 안 되어서 수리를 받을 수 없다면 오
히려 유머러스하게 이야기함으로써 상황을 덜 심각하게 인식하고 넘길 수 있
을 것이다.

특정 문맥에서만 나타난다는 것은 앞에서 말해오던 내용이나 주제, 화자와
청자가 함께 알고 있는 지식, 사회적 환경 등에 의존해야 한다는 것으로, 위
트는 다음의 (14)에서와 같이 주어진 상황에서 순발력 있게 기지를 발휘하는

것이다.

> **(14)** 완벽한 여성을 찾아 나이 40이 넘도록 아직 결혼을 못한 이가 있었다.
> 갑: 세상에 완벽한 여자가 어디 있나? 더 늦기 전에 결혼하게.
> 을: 완벽한 여자가 없긴 왜 없겠나. 내 인생에 있어 완벽한 여자가 한 명 있었네.
> 갑: 한 명 있었어? 그런데 왜 그녀와 결혼하지 않았나?
> 을: 그녀도 완벽한 남성을 찾고 있더군.
>
> 〈광수생각〉

(14)에서와 같이 위트 있는 대답은 결혼하지 않은 이유를 묻는 곤란한 질문에 대해 구구절절이 설명하지 않고도 간단히 넘길 수 있다. 위트는 특별한 단서가 없이, 때로는 미소를 짓는 것과 같이 두드러지지 않는 방법으로 시작되어서, 조크보다는 알아차릴 수 있는 단서가 미묘하고, 특정한 구조로 형식화하기도 어렵다. 또한 조크는 일정 기간 동안만 통용되는 유행성을 가지는 것이 대부분이지만, 위트는 유행성의 영향을 비교적 덜 갖는다는 점에서도 구별된다.

조크가 감정이나 느낌과 관련되어 있는 것과는 달리, 위트는 지적인 능력과 관련되어 있는 경우가 많다. 따라서 대화 상황에서 유머감각과 관련이 있는 것은 조크보다는 위트이다.

6.2. 유머 텍스트의 형식

유머를 텍스트로 제시하는 방식에는 몇 가지 유형이 있다. 유머는 보통 이야기의 형식을 띠고 있지만 그 외에도 수수께끼의 형식, 삼행시의 형식, 재분석형 등이 있다.

6.2.1. 수수께끼형

수수께끼형은 전통적인 수수께끼의 형식을 빌려서 웃음을 주는 유형이다. 수수께끼는 묻는 사람이 있고 대답하는 사람이 있는 일종의 '말놀이'라고 할 수 있다. 이때 묻는 사람의 물음은 드러난 뜻으로만 이루어져 있고, 대답하는 사람이 숨어 있는 뜻을 발견하도록 되어 있다. 이때 묻는 사람은 동음이의어나 다의어를 활용한 어휘적 중의성을 활용하여 대답하는 사람이 풀 수 없도록 모호성의 요소를 만들어 놓는다(한성일, 2008: 352).

> (15) a. 병균들 중에서 최고 우두머리는 누구게?　　　　　－ 대장균
> 　　　 b. 모자는 모자인데 쓸 수 없는 모자는 뭐게?　　　 － 母子[어머니와 아들]
> 　　　 c. 깨뜨리고도 칭찬받는 사람은 누구게?　　　　 － 신기록을 세운 사람

(15a)에서는 '우두머리'라는 물음을 통해, '대장(大將)'과 관련된 답을 유도하고 있는데, 실제 답은 '대장(大腸)'과 관련되며, (15b)에서도 '모자(帽子)'와 관련된 답을 유도하고 있지만, 실제 대답은 동음이의어인 '모자(母子)'가 된

132

다. (15c)에서는 부주의하여 어떤 물건을 조각나게 한 사람과 관련된 답을 유도하고 있지만 실제 답은 기록을 경신한다는 것과 관련된 것이다. 이처럼 수수께끼형 유머에서는 의도적으로 잘못된 답을 유도해 내는 언어적인 장치가 문제 안에 포함되어 있다.

동음이의어를 활용한 수수께끼 방식은 단어 전체가 아니라 전체 단어의 부분에 속하는 한 음절만 같은 소리로 발음되는 것을 이용하기도 한다.

> (16) a. 세계에서 가장 빠른 개는?　　　　　　– 번개
> 　　　 b. 콩은 콩인데 못 먹는 콩은?　　　　　　– 베트콩
> 　　　 c. 먹으면 먹을수록 떨리는 탕은?　　　　– 추어탕

(16)에서는 '개'와 '콩', '탕'이라는 한 음절 단어를 활용하여 물음으로써 이와 관련된 답을 유도하고 있는데, 대답은 단어를 구성하는 두 음절 중에서 '번개'의 '–개'와 '베트콩'의 '–콩', '추어탕'의 '–탕'과 같이 전체 단어의 한 부분이 동일한 음으로 소리 나는 단어가 제시된다. 답으로 제시되는 단어들은 수수께끼 질문에서 지시하는 단어와 의미적으로는 전혀 관련되지 않지만 같은 소리라는 점이 답으로 받아들일 수 있도록 한다(이석규 외, 2008: 352).

수수께끼형 유머 텍스트의 답은 화자와 청자가 모두 알고 있는 것이어야 함을 전제로 한다. 또한 그 답이 단일해야 하고 두 사람 모두 답으로 인정할 수 있는 것이어야 한다. 수수께끼의 질문에는 대답을 쉽게 찾을 수 없도록 방해하는 요소가 포함되어 있는데, 이 방해요소는 답으로 제시된 말의 의외성을 인정하게 만드는 바탕이 된다.

> (17) a. '운전 잘 하세요'를 3개 국어를 섞어서 말하면?   – 핸들 이빠이 꺾어
>   b. '엄마가 길을 잃었어요'를 네 글자로 줄이면?   – 맘마미아
>   c. 슈퍼맨 옷에 있는 'S'자는 무엇의 약자일까?   – 스판

(17a)에서는 '3개 국어'라는 표현 때문에 외국어를 알아야만 답을 할 수 있는 것처럼 유도하지만 실제 답은 사람들이 일상생활에서 습관적으로 사용하고 있는 외국어이다. 또한 (17b)와 (17c)에서도 '전국경제인연합회'를 '전경련', '문화상품권'을 '문상', 생일선물을 '생선' 등으로 줄여 사용하는 방식과 같이 문장을 간단하게 줄여서 네 글자(음절)의 단어, 또는 약자를 찾으라고 유도하지만 답은 의외의 단어이다. 그러나 질문 속에 포함되어 있는 '3개 국어', '네 글자', 'S자'라는 단서들은 의외의 답을 용인할 수 있게 하는 요소가 된다.

6.2.2. 삼행시형

삼행시형은 상대방이 운을 띄우고 그 소리에 적합한 내용을 연결하는 방식이다. 전통적인 삼행시는 재치 있는 삼단논법의 구조를 갖추고 있다. 유머 텍스트의 형식도 이와 같은 구조를 갖추고 있으며, 완전한 삼단 논법을 이루지는 못하더라도 전체적으로 내용상의 결속성은 반드시 갖추고 있어야 한다.

삼행시형 유머 텍스트는 하나의 단어에 포함된 세 개의 음절을 활용하여 구성된다. 이 세 음절에 연결되는 텍스트 내용은 기본적으로 '구조만들기-급소찌르기'의 구조를 만들고 있으며, 마지막 음절에 연결되는 내용이 의외성을 확보해야 한다.

> (18) a. 콩: 콩나물아
>
>　　　나: 나를
>
>　　　물: 물로 보지 마.
>
>　　b. 해: 해파리야
>
>　　　파: 파리가 너 좋아한대
>
>　　　리: 리얼리?

그런데 요즘 유행하는 삼행시형은 좀 더 자극적인 효과를 위해 의외성에만 초점을 맞추어 만들어지는 경향이 있다. 비속어를 사용하거나 음운 규칙을 지키지 않은 표현을 사용하는 경우에 의외성은 극대화할 수 있지만 올바른 언어생활에는 부정적인 영향을 끼칠 수도 있다. 또한 이와 같은 표현이 포함된 유머 텍스트의 경우 활용할 수 있는 환경이 다소 제한적이다.

> (19) a. 만: 만두 사왔습니다, 형님.
>
>　　　우: 우째, 단무지는 없냐~, 아그야.
>
>　　　절: 절 죽이십쇼, 형님.
>
>　　b. 어: 어머니께 성적표를 보여드렸다.
>
>　　　머: 머리를 쓰다듬으시면서 말씀하셨다.
>
>　　　니: 니놈에게는 폭력이 답이다.

(19)에 나타나는 언어 파괴적인 요소는 운율을 맞추려는 의도와 경제성을 지키려는 의도에서 비롯된 것으로 인터넷이나 휴대전화의 문자 메시지를 이용할 때 나타나는 습관이 반영된 것으로 볼 수도 있다.

(20) a. 푸: 푸우는 변태인가 봐.

　　 우: 우또리만 입고 다녀.

　 b. 군: 군대 가면 제일 먼저 뭐해?

　　 대: 대가리 박아.

　 c. 엄: 엄마는

　　 마: 마덜

　　 아: 아빠는

　　 빠: 빠덜

　삼행시형 유머의 형식을 취하기는 하지만 단어가 항상 세 음절로 이루어지는 것은 아니다. (20a, b)와 같이 2개의 음절로만 이루어지는 경우도 있으며, 경우에 따라 (20c)와 같이 네 개 이상의 음절로 이루어지는 텍스트도 있다. 삼행시형은 단순히 동일한 소리를 연결해야 한다는 규칙만 지키고 있어서 첫 음절 소리에 맞추어 영어 단어를 소리 나는 대로 활용하거나 비속어, 비표준어 등 언어파괴적인 요소가 드러나기도 한다.

　삼행시형 유머 중에는 하나의 소재를 기본으로 삼고, 이를 활용하여 연속된 형태의 텍스트로 확장되는 예도 있다. 다음의 (21)은 '바밤바'라는 아이스바 이름을 소재로 만들어진 시리즈형 유머이다.

(21) **바밤바 삼행시 시리즈**

바: 바밤바 밤: 밤이 들어있는 바: 바밤바	죠: 죠스바 스: 스윽 꺼내보니 바: 바밤바	누: 누가바 가: 가만 보니 바: 바밤바
별: 별난바 난: 난 사실 바: 바밤바	돼: 돼지바 지: 지금 보니 바: 바밤바	스: 스크류바 크: 크고 아름다운 류: 류(유)형의 바: 바밤바

(21)의 삼행시형 유머 텍스트에서는 모두 아이스 바 이름이라는 공통성과 마지막 음절의 '바'가 모두 '바밤바'라는 말로 마무리 된다. 말장난과 같은 언어 유희적인 요소를 가지고 있으며, 어떤 아이스 바 이름을 말하든지 마지막 음절을 '바밤바'로 끝내면 되어 어떤 아이스 바의 이름이 나와도 모두 연결할 수 있다. 이와 같은 유형은 처음에는 사람들의 예측에서 벗어나는 의외성 때문에 재미있다고 느끼지만 시리즈가 점차 진행될수록 마지막에 '바밤바'라는 단어가 하나의 결속 장치로 작용한다. 그래서 오히려 예측과 일치하는 것이 웃음을 유발하는 요인이 되기도 한다.

6.2.3. 재분석형

재분석형은 단어, 구절, 문장의 의미를 새롭게 구성하고 분석함으로써 웃음을 일으키는 형태를 말한다. 재분석이란 언어 사용자들이 기존의 언어 형태나 의미 구조를 다른 구조로 파악하려는 심리적인 경향을 가리킨다. 재분석이 적용되면 언어 형태의 구조적인 경계가 다시 설정되어 새로운 의미를 만들어 낸다[5].

> **(22)** 사오정과 공주님이 레스토랑에서 스테이크를 먹고 있었다. 그때 멋진 클래식 음악이 흘러나왔다. 공주가 사오정에게 물었다. "이게 무슨 곡이예요?" 그러자 사오정이 대답했다. "돼지고기요."

---

5   재분석형은 외형적으로 드러나는 유머 전체의 형식이라기보다 급소찌르기 부분에 주로 나타난다.

(22)에서는 공주가 질문한 내용과 귀가 잘 들리지 않는 사오정의 대답이 서로 불일치함을 확인할 수 있다. 불일치의 이유는 공주의 질문을 사오정은 '이게 무슨 고기예요?'로 잘못 들었기 때문이다. 곧, 공주의 [곡+이에요?]의 구조를 사오정은 [고기+예요?]의 구조 인식했기 때문이다.

언어 형식의 구조적인 재분석은 소리의 유사성을 전제로 하여 어떤 구조로 해석해야 하는지를 혼란스럽게 한다. 특히 말장난 유머는 소리의 유사성을 바탕으로 언어 형식의 재분석을 가능하게 한다.

(23) 아이스크림이 길을 가다가 교통사고를 당했다. 왜 그랬을까?

　　　　　　　　　　　　　　　　　　　　　　　　– 차가워(와)서.

비슷한 소리가 있으면 의미도 유사할 것이라고 예측한다. 그러나 (23)에서와 같이 길에 '차(車)가 와서'와 아이스크림의 온도가 '차가워서'는 소리는 비슷하지만 구조적 차이에 의해 전혀 다른 의미를 내포한다. 이와 같이 서로 다른 구조에 의해 사람들의 예측이나 기대를 깨뜨리는 것이 재분석형 유머이다.

(24) a. 대학생이 강한 이유는?　　　　　　　　– 개강해서

　　　b. 가수 비의 매니저가 하는 일은?　　　 – 비만관리

　　　c. 비가 자신을 소개할 때 하는 말은?　　– 나비야

　　　d. 신사가 자기소개 할 때 하는 말은?　　– 신사임당

(24a)에서는 [개강(을)+해서]의 구조를 [개+강해서]로 재분석한 것이다. '개강'이라는 하나의 단어가 아니라 '개예뻐', '개감사' 등과 같이, 명사 앞에

'개'를 마치 접두사처럼 붙여 강조의 의미를 더한 구조로 구성하였다. (24b)에서도 [비만]이라는 한 단어를 [비+만]으로 재분석하고 (24c)에서는 [나비+야]를 [나(는)+비+야]의 새로운 구조로 분석한 것이다. 그리고 (24d)에서는 고유명사인 [신사임당]을 [신사+임당(입니다)]의 구조로 분석하여 답을 예측하기도 어렵게 만들고 있다. 문제를 들으며 기대하고 있던 답과 의도된 답 사이의 차이를 일으키는 것은 단어나 구절, 문장의 내부 구조를 어떻게 나누고 있는가에 따라 달라진 요소로 의외성이 크게 나타난다.

유머는 구조만들기와 급소찌르기의 두 요소로 구성된다. 유머 텍스트가 다른 텍스트와 구별되는 부분은 예측이 어려운 급소찌르기 때문이다. 급소찌르기는 일반적으로 하나의 유머에 한 번만 나타나지만 만약 여러 개가 나타날 경우에는 결속성이 있어야 한다. 독립적인 구조를 가진 유머는 우선권 갖기/협상, 도입부, 유머 말하기, 상호작용, 유사한 유머 말하기, 평가의 여섯 단계로 나타나고, 독립적인 구조가 없는 위트는 문맥에 의존하는 경향이 크다. 유머 텍스트는 기본적으로 이야기이기 때문에 이야기의 형식으로 나타나지만, 그 외에도 수수께끼형, 삼행시형, 재분석형으로도 나타난다. 유머를 분류하는 기준은 다양하게 적용될 수 있어서 하나의 유머는 관점이나 기준에 따라 여러 유형에 속할 수도 있다.

/ 7 /

유머의 중심 소재

유머는 의도적으로든 실수에 의해서든 관계없이 결과적으로 남을 웃기거나 즐겁게 하는 것이다. 이는 사건, 사물, 생각, 현상 등이 기대한 것과 일치하지 않을 때 발생하는 것으로서, 점차 사회규범에서 벗어난 행동을 지각하여 즐거움, 또는 웃음을 자극하는 것이라고 할 수 있다. 마틴과 레프코트 (Martin & Lefcourt, 1983)에서도 유머가 지닌 모호성과 복잡성 때문에 유머와 웃음의 기능을 긍정적이고 협조적으로 보기도 하고, 부정적이고 파괴적으로 보기도 하는 등 관점에 따라 정의가 달라진다고 하였는데, 이는 유머가 단일한 행동이 아니고 여러 다른 행동들이 혼합된 현상으로 발생하는 것이기 때문이다.

유머는 웃음 유발 장치의 표현 방법을 기준으로 언어적인 것과 비언어적인 것으로 나눌 수도 있고, 구조를 기준으로는 조크와 위트로 구분되며, 형식에 따라서는 수수께끼형, 삼행시형, 재분석형 등으로 나눌 수 있다. 또한 유머를 구성하는 소재를 통해 유머가 '무엇에 대해 전달하고 있는가'를 살펴볼 수 있다. 지금까지 알고 있었던 개념으로는 예측하지 못했지만 충분히 예측 가능한 맥락 안에서 불일치를 인식하고 웃음을 유발해 내는 것이 유머라고 할 때, 정치, 경제, 문화, 사회, 시사적인 요소 등 내용을 구성하는 소재는 다양하게 나타날 수 있다. 그러면 이 장에서는 유머의 소재가 되는 요소에 대해 구체적으로 살펴보기로 한다.

7.1. 허튼말(nonsense)

허튼말은 어떤 것에 대한 평가적인 태도도 포함되어 있지 않고, 단지 가벼운 마음으로 놀며 즐기려는 생각으로 주고받는 일종의 말장난이다. 허튼말은 경직된 분위기를 부드럽게 하거나 서먹서먹한 사이에서 분위기를 편안하게 만들기 위해 사용할 수 있는 유머이다.

> (1) a. 총을 쏘면서 한 쪽 눈을 감는 이유는?
>
>   　　　　　　　　　　　　　　　　　　　　　　　　 - 두 눈 다 감으면 안 보이니까
>
>   b. 하늘과 땅 사이에 뭐가 있을까?　　　　- 과

허튼말은 (1)에서와 같이 굳이 말하지 않아도 알고 있는 당연한 사실을 이야기하거나 의도적으로 다른 상황 안에서 해석하게 함으로써 뭔가 특별한 이유가 있을 것이라고 기대하는 사람들의 예측을 깨뜨려 버리는 유형이다.

허튼말 유형에 속하는 유머는 특히 언어가 가진 중의성과 모호성을 의도적으로 활용하기도 한다.

> (2) a. 조금만 나와도 쑥 나왔다고 하는 것은?   – 쑥
> b. 아무리 편식이 심한 사람도 꼭 먹는 것은?   – 나이

(2a)는 동음어를 활용하여, 부사 '쑥'과 식물인 '쑥'의 음이 동일한 것을 활용한 유머이다. 또한 (2b)는 다의어 '먹다'를 활용한 것으로 '편식'이라는 말이 '먹는 것'을 연상하게 만드는 장치로 사용되어 언어적 내용을 해석하기 어렵게 만든다. 수수께끼의 형태로 이루어지는 허튼말은 질문의 지시적인 의미를 생각하면 더 쉽게 답을 찾을 수 있지만, 오히려 일반적이고 익숙한 것을 낯설게 하여 숨어 있는 의미를 찾아내게 하는 유형이다[1].

> (3) a. 손가락을 영어로 하면?   – 핑거
> 그러면 주먹은 무엇일까?   – 오므린거
> b. 허구헌날 미안한 동물은?   – 오소리

---

1   한성일(2008: 352-360)에서는 수수께끼와 유머 텍스트, 광고 텍스트를 대상으로 '어휘적 중의성, 관용적 중의성, 화용론적 중의성'의 활용 양상을 살피면서 중의성이 의미를 명확히 전달을 위하여 해소되어야 하는 요소가 아니라 언어 전략으로 활용되는 요소라는 것을 설명하고 있다.

허튼말을 해석하고 이해하기 위해서는 의미와 맥락의 공유가 필요하다. 특히 (3)과 같이 한국어만이 아니라 영어, 한자어 등이 복합적으로 이루어져 문법적인 모호성도 더해진다.

허튼말은 특별한 말재주를 필요로 하지 않기 때문에 누구나 쉽게 활용할 수 있고, 무한 반복하여 재생할 수 있다[2]. 그래서 동일한 어휘를 활용하여 연속적인 변이형의 유머로 만들어질 수도 있다.

7.2. 풍자(satire)

풍자는 평가적인 태도를 기본으로 하며, 사회의 현상들이나 정치를 비판적으로 보는 시각을 포함하고 있다. 어떤 대상이나 사회에 대한 불만을 웃음을 통하여 해소할 수 있는 구실을 하지만 풍자의 주된 속성은 공격성이다[3]. 공격의 대상은 개인이나 특정 집단, 국가, 또는 한 민족 등이 될 수도 있다. 그런데 풍자의 목적은 대상을 파괴하거나 없애기 위한 것이 아니라 규범에 어긋나는 것을 다시 규범에 맞게 교정하고 개량하기 위해 비판하는 것이다.

부정적이고 유쾌하지 않은 대상이나 상황에 대한 풍자가 웃음을 유발하는 이유는 진지하고 무거운 내용을 '간접적이고 가볍게' 만들기 때문이다. 국가적 위기의 상황인 IMF나 탄핵, 그리고 대통령이나 정치인을 대상으로

---

2   최진숙(2016: 70)에서는 허튼말 유형의 유머를 '아재 개그'로 정의하고 예전의 수수께끼, 넌센스 퀴즈, 허무 개그, 썰렁 개그 등의 언어 형식과 크게 다르지 않은 유형으로 보았다.

3   맹명관(1998: 32)에서는 유머를 프로이드식 분류로는 목적성이 있는 것과 목적성이 없는 것으로 나누었는데, 이때 목적성이 있는 것은 공격적 유머와 성적인 유머가 포함된다고 보았다. 프로이드식 분류로 풍자는 목적성이 있는 유머에 속한다고 할 수 있다.

한 〈IMF 시리즈〉나 〈왕따 시리즈〉, 〈대통령 시리즈〉 등은 대부분 이러한 유형에 속한다.

(4) 대통령: 나라꼴이 이게 뭐꼬?
 비서실장: 예, 다 IMF 때문입니다.
 대통령: 으잉? IMF가 뭐꼬?
 비서실장: 국제통화기금을 말하는 것입니다.
 대통령: 국제통화기금이라꼬?
  그라면 국제전화를 안 걸면 되는 거 아이가?

(4)에서는 대통령이 국제통화기금이 무엇인지도 모르는 존재로 나타난다. 대통령으로서 국가 부도 위기라는 상황 자체에 대한 인식의 부족, 임무를 충실히 수행하지 못하는 특정인에 대해 비판하고 있다.

또한 풍자는 특정 집단의 부정적인 특징을 지적하는 방식으로도 활용된다. 다음의 (5)는 군대 사회 내부에서 하급자의 사고가 경직화되어 가는 세태를 풍자적으로 지적하고 있는 군대 유머이다.

(5) 군인다운 생각
 어느 날 소대장이 신병에게 국기 게양대의 높이를 재라고 했다.
 신병이 줄자를 가지고 국기 게양대 위에 올라가려고 끙끙거렸다.
 그때 지나가던 병장이 궁금해 물었다.
 "야! 위험하게 거기는 왜 올라 가냐?"
 "네! 소대장님이 게양대 높이를 재오라고 하셨습니다."
 그러자 병장이 한심하다는 듯이 말했다.

"야! 힘들게 왜 올라가!
계양대 밑에 너트를 풀어서 눕혀놓고 길이를 재면 되잖아?"
그러자 신병이 인상 쓰면서 하는 말.
"소대장님이 원하는 건 높이지 길이가 아닙니다."

상명하복의 규범을 철저하게 지키는 군대 내의 계급 지상주의, 격식주의, 사고의 경직화 등은 사회의 일반적 기준에서는 매우 경직되고 불합리하게 보인다. 따라서 (5)와 같은 유머를 통해 부정적 측면을 간접적으로 고발하고 억제된 욕구를 분출하며, 좀 더 융통성 있게 사고해야 한다는 것을 지적하는 것이다[4].

(6) 텔레토비와 국회의원의 공통점
  - 자기네끼리 떼로 몰려 다니며 궁시렁댄다.
  - 했던 말을 또 한다.
  - 하는 짓이 유치하다.
  - 누가 박수만 치면 따라한다.
  - 자기 하고 싶은 말만 한다.

(6)에서는 자기중심적이고 소통과 배려가 미흡한 정치인의 모습을 '텔레토비'라는 가상의 인물이 하는 행동에 대입하여 재분석하고 있다. 위의 유머에 담긴 정치인의 모습은 과거의 모습을 그대로 답습하는 부정적인 모습이지만

---

[4] 박용한(2015: 138-139)에서는 군대유머 텍스트를 대상으로 하여 군대유머 텍스트는 조직 사회의 부정적 측면을 풍자하여 간접적으로 고발하고 개인의 자존감을 심리적으로 보호하며 억제된 욕구를 분출 및 해소하는 한편 단순히 웃음과 재미를 누리기 위한 동기 등으로 인해 생산 및 향유된다고 설명하고 있다.

대상에 대한 풍자는 오히려 이상적인 모습을 염두에 두고 있다. 떼로 몰려다니며 정쟁만 일삼지 말고, 해야 할 말이라면 중언부언하지 말고 분명하게 하며, 유치하지 않게 주체적인 행동을 하며, 국민의 말에 귀 기울이며 협력하는 모습, 곧 정치인에게 바라는 모습이 무엇인지를 알려준다.

7.3. 철학적 유머

철학적 유머는 인간의 상황이나, 신앙, 운명, 인생과 같은 심각한 문제들을 다루는 것이다. 그러나 심각한 문제들을 가볍게 희화화하고 가치판단을 배제함으로써, 모든 사람이 이러한 문제들의 주체이면서도 외부인인 것처럼 느끼고 웃고 넘어가는 데에서 심리적 이완의 효과를 가져 온다.

(7) 어떤 사람이 "인생이란 무엇인가?" 하는 회의에 빠졌다. 며칠을 생각한 끝에 그는 "인생이란 삶이다."라는 결론을 얻어내었다. 그러나 곧 "그럼 삶은 무엇일까?" 하는 회의에 빠지게 되었다. 그는 다니던 회사도 그만두고 삶은 무엇인가를 생각하기 위해 입산수도를 하기로 결심을 하였다. 기차를 타고 가던 중 어떤 간이역을 지나게 되었다. 이때 한 사람이 들어와서 가운데 서더니 이렇게 외쳤다. "오징어 있어요, 땅콩, 삶은 달걀." 그 사람은 비로소 그가 찾던 해답을 발견하고, 기쁘게 집으로 돌아왔다.

인생이 무엇인지에 대한 답은 누구도 명확하게 말하기 어렵고 무엇이 정답인지도 알 수 없다. 대부분의 사람들이 고민하는 문제이지만 명확하게 대답

할 수 없을 때 유머를 통해 다양한 면을 바라볼 수 있게 된다. 다음의 (8)도 동일한 문제에 대한 답을 다각도에서 살펴볼 수 있게 하는 계기가 된다.

(8) 철학자와 문학가, 기업가, 그리고 정치인에게 '인생의 의미'에 대해 물어보았다. 그러자 다음과 같이 대답했다.
철학자: 나는 생각한다. 고로 존재한다.
문학가: 죽느냐 사느냐 그것이 문제로다.
기업가: 순이익을 알고 인생을 논하라.
정치인: 우리는 이권을 위해 이 땅에 태어났다.

유머에서 호기심을 풀어내는 재료는 결국 인간의 삶의 지향과 가치의 반영이라고 할 수 있으며, 인간의 보편적 가치 추구로 모든 관심사를 대변하는 것이다. 이와 같은 본질적인 물음은 우리의 삶의 문제와 지향하고자 하는 가치를 반영한 이야기가 된다.

7.4. 성적 유머

성적인 것을 소재로 하는 유머로, 실제로 인터넷이나 유머 모음집 속에서 가장 많이 발견되는 유형이다. 성과 관련된 이야기는 전통적으로는 고전 설화에서부터 오락적 차원과 교훈적 차원에서 경계의 대상으로 삼는 소재로 활용되었는데[5], 현대에 와서는 주로 부부 사이의 성적인 불만, 사회의 자유분

---

5   한성일(2002: 353)에서는 고전설화를 예로 들어, 설화를 기록한 유교적 사대부의 입장에서 성에

방한 성 풍속도 등을 드러내는 소재로 활용되고 있다. 현대에 와서는 성을 억압의 대상으로 보고 이에 관한 경계를 위한 도구로 활용하는 것이 아니라 이야기 자체가 주는 재미의 차원으로 일탈의 과정에서 나타나는 다양한 에피소드가 중심이다.

> (9) 딸: 엄마! 아빠가 부끄러움을 많이 타세요?
> 엄마: 그럼, 그렇지 않다면 네가 6년 전에 태어났을 걸.

(9)에서와 같이 딸의 질문에 대한 엄마의 대답은 부부 사이에 대한 상황을 상상하게 만들면서 자유분방한 사회의 모습을 드러낸다. 유교적 전통사회에서는 여성이 성에 관한 것을 말하는 것 자체가 금기시 되어 있으나 이에 관해 자연스럽게 말한다는 것 자체가 사회의 변화를 보여주는 요소가 된다.

또한 직접적으로 성에 관한 내용을 언급하기 어려운 경우 말장난을 통해 금기시되어 있는 표현을 사용하기도 한다.

> (10) 세상에서 가장 야한 것 시리즈
> 가장 야한 노인: 야하노
> 가장 야한 왕비: 야하지비
> 가장 야한 농담: 야하지롱
> 가장 야한 거지: 야한거지
> 가장 야한 러시아 여성: 야할소냐
> 가장 야한 주소: 야해도 야하다군 야하면 야하리
> 가장 야한 섬: 야할지라도

관한 이야기를 삭제하지 않고 남긴 이유에 대해 오락적 차원과 더불어 결코 용납할 수 없는 행위라는 것을 경계하기 위해서라고 해석하고 있다.

일반적인 대화 상황에서 성과 관련된 이야기는 '야하다'고 하여 드러내어 말하기 어려운 것으로 다루어지고 있다. 심지어 인터넷 검색에서도 이 단어와 관련하여 청소년에게 노출하기 부적절한 검색 결과는 제외할 정도이다. 그럼에도 불구하고 말하기 꺼려지는 단어를 적극적으로 활용한 (10)과 같은 말장난 유머는 사람들의 본능적인 욕구를 만족시키고 금기에서부터 벗어나 보는 언어적 일탈행위를 경험할 수 있게 한다.

일반적으로 성적 유머는 주로 동성의 또래 집단에서 사용되는 것으로 보아, 사용할 수 있는 환경이 아주 제약적임을 알 수 있다. 또한 아무데서나 성적 유머를 사용하는 것은 언어폭력이 될 수 있고 인격을 의심받을 뿐 아니라 오히려 분위기를 깨는 것이 될 수 있다. 또한 성적인 유머가 이성 간에 사용될 때에는 또 다른 심각한 문제를 야기할 수도 있어서 특별한 주의가 필요하다.

7.5. 적대감을 드러내는 유머

이것은 사회나 정치보다는 사람들을 공격하는 특징을 가지고 있어서 비웃음이나 모욕적인 내용을 담고 있기도 하다. 여기에는 한 개인에 대한 것에서부터, 특정 집단에 속하는 사람들, 그리고 남성 경멸이나 여성 경멸과 같이 큰 범위의 집단도 포함될 수 있다. 공격성을 가진 유머이지만, 함께 다른 사람에 대해 흉을 보고 나면 인간관계가 더 돈독해진다는 말처럼, 다른 사람에 대한 적대감을 나타내면서도 함께 웃을 수 있다는 점에서 친화작용에는 도움을 줄 수 있다[6].

(11) a. 어떤 사람이 애견 코너에 와서 항의를 하고 있었다. "이 개를 어떻게 영리하다고 팔아먹을 수 있어요? 어제 도둑이 들어서 삼백만원이나 훔쳐 갔는데도 한 번 짖지도 않았단 말이요." 이 말을 들은 주인이 하는 말, "이 개는 국회의원집 개였어요. 그 정도 돈쯤으론 눈도 깜빡 안 해요."

b. 국회의원을 태운 차가 과속으로 달리다가 갓길의 난간을 들이 받고 도랑으로 떨어졌다. 한참 후에 경찰이 출동하여 근처에서 일하고 있는 농부에게 물었다. "이 부근에서 국회의원 차가 사고가 났다는데 보셨습니까?" "봤지요." "어디 있습니까?" "저기 있어요." 농부는 흙으로 덮여 있는 도랑을 가리켰다. 경찰이 물었다. "살아 있지 않았습니까?" "그렇게 소리치긴 합디다만, 그 사람들이 얼마나 거짓말을 잘 하우. 믿을 수가 있어야지."

적대감의 표출은 국회의원과 같은 정치인을 대상으로 한 것이 다수를 차지한다. (11)과 같이 국회의원의 부정부패에 대한 신랄한 비판은 그 집단의 부정적인 면을 폭로하고 경멸함으로써 대부분의 수용자에게 쾌감을 줄 수 있다.

남성 혐오, 여성 혐오와 같이 이성에 대한 멸시나 성차별적이 요소가 유머의 소재로 활용되기도 한다. 또한 할아버지나 할머니 등 과거에는 공경의 대상이었던 집단이 적대감의 대상으로 나타나기도 한다.

---

6 이해완(2014: 131)에서는 전직 대통령과 같이 특정인에 대한 모욕적인 유머를 사용하는 것이 그에 대한 반감을 공유하는 사람에게 웃음을 불러일으키는 경우, 웃음이라는 단순한 반응 이외의 심리적 만족감을 표명하는 방식이 된다고 하였다.

> (12) 어느 노인이 아들네 집에 가느라 차를 몰고 고속도로를 달리고 있는데, 아들에게서 전화가 왔다.
>
> 아　들: 아버지, 지금 고속도로죠?
>
> 아버지: 그래, 그런데 왜?
>
> 아　들: 지금 뉴스에 나왔는데, 어떤 차 한 대가 고속도로에서 역주행하고 있대요. 그러니까 조심하세요.
>
> 그러자 노인이 대답했다.
>
> 아버지: 차 한 대가 아니라 온통 미친 놈 천지다. 지금 수백 대가 역주행하고 있어!

　안전운전은커녕 고속도로를 역주행하고 있는 노인은 상식과 규칙을 깨는 사람이고 다른 사람에게 피해를 주면서도 전혀 인식조차 하지 못하는 사람으로 젊은 세대가 보기에는 답답한 존재이다. 요즘 노인 운전에 대한 문제가 대두되고 있는데, (12)와 같은 유머는 노인에 대한 경시풍조, 무지에 대한 비아냥이 표출된 것이다.

　누군가를 공격하기 위한 방법으로 적대감에 의한 유머를 사용하더라도 적대감 자체에 긴장이 포함되어 있기 때문에 말하는 사람에게 이완작용이 충분히 이루어지지는 않는다. 또한 (12)와 같은 유머를 말하고 들으면서 함께 웃을 수는 있지만 누구나 나이가 들면 경험할 수 있는 일이 되기도 하며, 상황에 따라서는 상대방에게는 상처를 줄 수 있어서 이때의 웃음은 긍정적인 기능만을 가지지는 않는다. 따라서 적대감을 소재로 하는 유머도 사용하는 데에 제약이 따른다.

7.6. 인종이나 지방색과 관련한 유머

인종이나 지방색과 관련된 유머는 특정한 인종이나 특정 지역에 속하는 사람들을 놀림의 대상으로 삼고 있는 유머이다. 이와 같은 유머도 사용할 수 있는 환경이 매우 제약적이다.

> (13) a. 식인종 나라에 여객기가 한 대 추락했다. 그러자 그 다음 날 식인종 나라 정육점에 이런 광고판이 붙었다.
> "최신 고기 다량 입하"
> b. 식인종 부부가 아들을 데리고 길을 가고 있는데 흑인이 나타났다.
> 아버지: 얘야, 저것 먹어라
> 아 들: 저렇게 탄 음식은 먹기 싫어요.
> 아버지: 너 편식하지 말라고 그랬지?

(13)의 식인종에 관한 유머는 완전히 다른 문화적 배경을 가진 사람들을 대상으로 한다. 인간이 가장 금기시 하는 행위인 식인의 풍습을 가진 사람을 대상으로 했다는 점은 가장 혐오스럽고 적대적인 대상으로 그들을 인식하고 있음을 나타낸다[7].

지방색과 관련된 유머에 나타나는 가장 두드러진 특징은 방언을 사용하는 인물이 등장한다는 것이다.

---

7 '식인종 시리즈'라는 유머가 유행한 이유에 대해 개인주의가 심한 시대여서 다른 사람에게 관심을 두지 않지만 그럼에도 불구하고 '난 네가 싫다'가 아니라 '너나 내가 서로를 해쳐서 누군가가 없어지면 우린 매우 쓸쓸해질 것이다'라는 역설적인 함의를 담고 있다고 보았다.(아시아엔, 2015.2.26.)

(14) 맞벌이 부부가 형편이 되지 않아 시골에 있는 할머니집에 아이를 맡기고 한 달에 한 번씩 아이를 보러 갔다. 하루는 엄마가 그림책을 사가지고 아이에게 책에 그려진 토끼를 가리키며 물었다. "아가 이게 뭐지?" "토깽이!" 엄마는 다시 염소를 가리키며 물었다. "아가 이건 뭐지?" "얌생이!" 아기의 말투에 기가 막힌 엄마가 벌컥 화를 냈다. "도대체 누구한테 그렇게 배웠어?" 그러자 아이가 하는 말. "할마이."

특정 지역의 방언을 사용하는 것은 언어적 습관을 그대로 보여주는 특징이 되어 표준어 화자에게는 그 자체로 재미있는 요소로 인식된다. 그런데 유머에 따라서는 지방색을 나타내는 것에 부정적인 지역감정을 담기도 한다.

(15) a. 흉악범을 취조하던 형사가 험악한 얼굴로 취조를 한다.
    "머시여, 이거 겁나게 나쁜 놈이다요, 잉. 무릎 꿇어. 니 고향이 으디여? 아니 이거 뭐여. 고향이 광주라고라고라~~. 아그야, 편히 앙거. 자네가 뭔 잘못이 있겠능가? 상대가 잘못이것제. 근디 광주 어디 당가?"
    "저 경기도 광주인데요."
    b. 부산에 놀러 간 학생이 버스에서 휴대 전화를 떨어뜨렸다. 휴대전화가 미끄러져서 한 아저씨 발 앞에 떨어졌는데, 아저씨가 휴대전화를 주워서 주위를 둘러보고 있었다. 학생이 아저씨를 쳐다보자
    아저씨: 니끼가? 가 가라. (네 것이니? 가지고 가라.)
    그런데 방언을 모르는 학생은 그 아저씨가 일본 사람인 줄 알고 이렇게 대답했다. "아리가또."

이밖에도 백인이나 흑인과 같이 다른 인종에 대한 인식이 공격적인 요소로

드러나기도 한다. 어떤 차이에 대한 인식이 부정적인 편견으로 작용하게 되면 대상 자체를 무시하거나 비하하는 현상으로 나타나기도 한다. 특정 인종이나 지역에 속하는 사람들이 있는 곳에서 이런 유머를 사용하는 것도 언어폭력이다. 또한 재미있고 즐겁게 하기 위해 사용한 유머가 오히려 분위기를 깨는 것이 될 수 있다는 점에 유의해야 한다.

7.7. 질병과 관련한 유머

이것은 죽음이나 질병, 육체적 장애나 정신적 장애를 대상으로 하는 유머이다. 큰 귀를 가지고 있지만 청각 장애를 가지고 있는 주인공을 내세운 〈사오정 시리즈〉나 죽음 이후 귀신이 된 주인공을 내세우는 〈만득이 시리즈〉 등이 여기에 속한다. 특히 〈정신병자 시리즈〉 또는 〈바보 시리즈〉 등과 같이 정신적인 장애를 대상으로 하는 경우와 질병이라고 하기엔 가벼운 '대머리'를 대상으로 하는 유머들이 많이 발견된다.

(16) a. 충청도 한적한 마을 외딴집에서 바보가 집을 보고 있는데 강도가 들었다.
강도: 흐흐흐. 난 널 죽일 수도 있어. 하지만 내가 말하는 문제를 10초 안에 맞추면 목숨만은 살려주겠다. 삼국시대에 있던 세 나라 이름이 뭐지? 10! 9! 8! 7!
(강도는 10초를 세고 칼을 뽑아 들었다.)
바보: 헉!... 배째실라고그려?
그래서 바보는 살았다.

b. 바보가 항아리를 사러 옹기점에 갔다.

바보는 항아리를 엎어놓고 파는 줄을 모르고 위를 만져보더니 "무슨 항아리가 모두 주둥이가 없어? 어느 바보가 이렇게 만든 거야?"라고 하더니 항아리를 하나씩 번쩍 뒤집어 보았다. 그리고는 다시 투덜거리더니,

"어라? 밑도 빠졌네...."

(16)에 등장하는 인물은 모두 지적능력이 떨어지는 인물이다. 그래서 지능이나 상황에 대한 인식이 부족한 대상을 통해 나는 그들보다는 좀 나은 부분이 있음을 확인할 수 있게 하는 유머이다. 그러나 한편으로는 경쟁적인 사회 속에서 너무 약삭빠르게 자신의 이익만을 추구하려는 사람들 틈에서는 오히려 나사가 빠진 것 같은, 조금은 모자라 보이는 바보를 통해 조금이라도 여유를 느끼고 싶어하는 현대인의 답답함으로 표현된 것이기도 하다.

(17) 텔레비전을 보는 사오정에게 동생이 칭얼댄다.

"형, 냉장고에 있는 우유 마셔도 돼?" 텔레비전에 정신이 팔려 대답이 없는 사오정. 동생은 사오정을 흔들며 우유를 마셔도 되느냐고 재차 묻는다. 이에 화를 버럭 내며 사오정이 하는 말.

"조용히 하고 냉장고에 있는 우유나 꺼내 먹어."

(17)에서는 귀가 잘 들리지 않는 사오정이 중심인물이다. 동생의 이야기를 제대로 들어주지 않는 사오정은 다른 사람의 고민은 진지하게 들어 주지 않고 듣는 척만 하거나 무시해 버리는 의사소통 부재의 상황을 풍자하는 것이기도 하다.

> (18) a. 머리카락이 한 올도 없는 대머리가 오토바이를 몰며 시내를 질주하다
>   가 그만 신호 위반을 했다. 갑자기 나타난 경찰은 사이렌을 울리며 오
>   토바이를 뒤쫓았다. 그러고는 경찰차에 달린 마이크로 외쳤다. "살색
>   헬멧! 살색 헬멧! 오토바이 세워요."
>   b. 대머리인 손님이 이발소에 갔다.
>   이발사: 어떻게 해드릴까요?
>   손 님: 응. 오늘은 가르마를 가운데로 타 줘.
>   이발사: 손님은 머리카락이 홀수라서 좀 어렵겠는데요.

남성의 대머리는 당사자에게는 큰 고민이어서 심리적으로 위축되거나 사회적으로 불평등을 야기하는 문제가 되지만 유머의 대표적인 소재가 된다. 대머리를 유머의 소재로 삼는 것은 일상적이고 흔하기 때문이다. 당사자에게는 매우 무례하고 상처가 되는 것이지만 생활 속에서 흔하게 보이는 요소이고 익숙한 것이다. 이 익숙함이 오히려 친밀함으로 느껴져 함부로 하거나 과장하여 드러내는 것을 수용하게 되는 것이다.

7.8. 배설과 관련된 유머

이것은 금기어의 영역에 속하는 배설과 관련된 말들을 유머로 희화하는 것이다. '화장실, 코딱지', '가래침', '방귀', '똥' 등과 같은 말들을 금기의 틀을 깨고 사용한다는 것만으로도 사람들에게 이완과 해방감을 느끼게 해줄 수 있다. 그러나 아주 가까운 사이가 아닐 경우, 배설과 관련된 유머를 사용하는 것, 특히 식사를 나누는 자리에서 이런 유머를 사용하는 것은 교양이나 인격

을 의심받을 수 있게 한다.

> **(19)** 환자: 선생님, 제 귀에 이상이 있나 봐요. 요즘 들어서는 제 방귀 소리도
> 제대로 안 들립니다.
> 의사: 그럼, 식후에 이 약을 두 알씩 복용하십시오. 금방 효과가 있을
> 겁니다.
> 환자: 와! 그럼 이게 귀가 좋아지는 약인가요?
> 의사: 아닙니다. 방귀 소리를 크게 하는 약입니다.
>
> 〈광수생각〉

(19)에서는 귀가 들리지 않는다고 호소하는 환자에 대한 의사의 처방이 적
절하지는 않지만 의외의 처방이 배설과 관련된 단어이다. 일상 대화에서는
사용하기 꺼려하는 표현을 유머의 소재로 활용하여 직접적으로 언급하는 것
만으로도 일종의 일탈을 느낄 수 있게 한다.

> **(20)** 데이트 하는 남녀가 있었다. 갑자기 방귀가 나오려고 해서 여자가 큰 소
> 리로 "자기야, 사랑해."라고 하면서 방귀를 뀌었다. 그러자 남자 친구가
> 갑자기 소리쳤다.
> "뭐라고? 방귀 소리 때문에 못 들었어."

실제 현실에서라면 상대방의 생리적 실수에 대해 못 들은 척해 주는 것이
예의지만 (19)에서는 무례한 남자 친구를 통해 본능을 참으려는 여성과 이를
드러내는 남성을 대비하여 나타내고 있다. 가장 원초적이고 생리적인 욕구는
교육을 받고 나이가 들면서 점차 드러내면 안 되는 것, 또는 세련되게 다른

방법으로 표현해야 하는 것으로 인식되었기 때문이다.

어린아이들이 가장 재미있어 하는 유머의 대표적인 소재는 배설과 관련된 것이다. 그 이유는 인간의 본능적인 부분과 관련 있는 생리적인 현상이고 매일매일 경험하는 것인데, 이를 드러내지 못하게 하기 때문이다. 이와 같은 유머를 들으며 감추어 두었던 것을 꺼내놓는 것만으로도 더 재미있게 느끼고 억눌러왔던 본능적인 것까지도 해방되는 쾌감을 느끼게 되는 것이다.

7.9. 자기 비하

자기 비하는 유머 화자가 자기 스스로나 자신과 깊이 관련된 것들을 비하하는 말을 사용하거나 자신을 우스운 대상으로 만들어서 상대방의 우월감을 충족시켜 줌으로써 유머를 유도하는 것이다[8]. 이것은 주로 위트에서 나타나는 방법으로 대화 상황에서 자신을 낮추는 것이 필요하다고 생각될 때 적절히 사용하면 친밀한 대화를 이끌 수 있다.

> (21) 의회에서 링컨에게 이런 비난을 했다. "당신은 두 얼굴을 가진 이중인격자요!" 그러자 링컨이 웃으며 이렇게 반문했다. "만일 나에게 두 얼굴이 있다면 왜 이런 중요한 자리에 하필 이 얼굴을 가지고 나왔겠습니까?" 회의장에는 폭소가 터졌다.
>
> 〈한국경제, 2016. 9.28.〉

---

8 Kubie(1970)에서는 자기 비하적인 유머를 사용하는 사람은 다른 사람에 대한 수용을 대가로 자신의 감정을 억누르는 데 익숙할 수 있다고 보았다.

(21)에서 링컨은 의회에서 비난을 받는 상황이지만, 자신의 외모를 스스로 비하하는 유머를 통해 자기를 낮춤으로써 적의를 가지고 비난하는 사람들의 우월감을 충족시켜, 오히려 회의장의 분위기를 바꿀 수 있게 되었다. 한때 유명했던 우리나라의 한 코미디언은 "못 생겨서 죄송합니다."라는 말로 유머를 시작하여 오랫동안 인기를 누릴 수 있었다. 자기 비하에 의한 유머는 표면적으로는 비굴하게 보일 수 있지만, 높은 자존감을 바탕으로 사용할 수 있다면 분위기를 바꿀 수 있는 효과적인 방법이다.

> (22) 갑: 뚱땡이라고 놀리지 마. 이래 봬도 나는 너희들보다 세 배는 좋은 일
> 을 더 할 수 있단 말야.
> 을: 거짓말!
> 갑: 아냐. 내가 지하철에서 자리를 양보하면 세 명은 앉을 수 있어.

자기 비하는 자신의 단점이나 결점을 바라보는 타인의 시선을 차단하고 상대방으로부터의 비난을 사전에 예방하는 효과도 있다. 그러나 이와 같은 유형의 유머를 과도하게 사용하게 되면 오히려 자존감에 손상을 입을 수도 있다. 파브리지와 폴리오(Fabrizi & Pollio, 1987)에서는 자기 비하적 유머를 많이 사용하는 사람은 재치 있고 재미있는 사람이지만 그들이 사용하는 유머에는 상황에 대한 회피, 낮은 자존감이 내재되어 있다고 하였다.

> (23) 한국이 쇼트트랙을 잘하는 이유는?　　　　　　　　　－ 새치기를 잘해서

자기 비하는 개인을 대상으로 한 것뿐만이 아니라 (23)과 같이 자신이 속

한 집단 자체에 대한 비하도 가능하다. 특히 자신을 포함한 집단에 대한 비하는 폭로나 반성 등의 효과가 있지만 유머의 수용자들도 동시에 비난의 대상이 되어 상대방에 대한 공격으로 비춰질 수 있으므로 주의가 필요하다.

유머를 만드는 소재의 유형은 위에서 살펴본 것처럼 '허튼말, 풍자, 철학적인 것, 성적인 것, 적대감을 드러내는 것, 인종이나 지방색, 질병, 배설 등과 관련된 것'이 대부분이다. 그런데 이것들의 대부분은 금기어와 관련되어 있는 것들이다. 금기어를 대화의 소재로 삼는 것은 서로가 꺼리는 일인데, 이것이 유머의 소재가 된다는 것은 매우 특이한 일이다. 금기어를 말하면서도 서로 불쾌하지 않고, 오히려 상대방을 즐겁게 할 수 있다는 것을 통해 유머가 대화에서 갖는 힘을 파악할 수 있으며, 심각한 이야기, 꺼리는 이야기들이 오히려 유머의 소재가 된다는 것은 유머 담화가 갖는 특성을 발견할 수 있는 단서가 된다.

/8/

우월감에 의한 유머

대화의 활력소가 되어 주고, 인간관계를 부드럽고 원활하게 해 주는 유머, 그러나 상대방은 유머라고 생각하고 말했음에도 불구하고 그 말 때문에 누군가의 기분이 나빠지기도 하고, 말하는 사람은 분위기를 재미있게 만들기 위해서 이야기했음에도 불구하고 상대방이 '썰렁하다'는 말로 받아서 오히려 마음이 상하기도 한다. 이러한 일들은 우월감에 의한 유머에 의해 발생되는 것이다.

우월감 때문에 유머가 생긴다는 견해는 플라톤에서부터 그 기원을 찾을 수 있다. 그는 웃음을 죄악이라고 생각했는데, 그 이유는 어떤 사람을 웃게 만드는 것은 자신이 다른 사람보다 더 부유하고, 잘생기고, 인간성이 좋고, 현명하다는 생각 때문이라는 것이다. 따라서 웃음을 '질투의 감정에 쾌감이 가미된 것'이라고 정의하였다[1].

우월감에 의한 유머는 다른 사람과의 비교를 전제로 하기 때문에 반드시 대상으로 삼는 표적(butt)이 있다. 표적은 자신이 우월감을 느낄 수 있도록 해주는 대상이다. 이렇게 보면 표적은 항상 자기보다 상대적으로 열등한 집단일 것이라고 생각할 수 있다. 그러나 실제로 표적은 매우 다양하게 나타난다.

8.1. 표적의 유형

특정 부류에 속하는 사람들을 표적으로 삼는 유머는 세계 어디에서나 쉽게 발견된다. 이 가운데는 남성 중심의 세계에서 상대적으로 약자인 여성에 관한 유머와 같이 표적 집단이 큰 유머로부터 백인, 흑인, 유색인종들에 관한 유머와 같이 인종적인 것, 유태인, 스코틀랜드인, 일본 사람이나 중국 사람에 관한 유머와 같이 민족적인 것, 특정 방언권의 사람들에 관한 유머와 같이 지역적인 것 등 매우 다양하게 나타난다.

사람들이 유머의 표적으로 선택하는 집단은 자기보다 열등한 집단과 자기보다 우월한 집단으로 나누어 생각할 수 있다. 열등한 집단을 선택하면 표적 자체가 열등하다는 이유로 쉽게 우월감을 느낄 수 있지만, 우월한 집단도 선택되는 것은 언어라는 추상적이고 반사실적인 세계를 통해서 순간적으로 우월감을 맛볼 수 있기 때문이다.

---

1 플라톤은 필레보스(Philebos)에서 웃음을 자신보다 못나고 약한 친구의 무기력함을 보고 조소하는 것으로 간주한다. 그래서 대부분 웃음은 몰인정하고 잔인함을 포함하고 있다고 지적한다. 이런 웃음은 자기가 쓰러뜨린 적의 시체 앞에서 승리자가 느끼는 기쁨의 웃음과도 연관된다(정현경, 2009: 2, 재인용).

8.1.1. 열등집단을 표적으로 삼는 유머

열등한 집단을 표적으로 선택하면, 소재 선택만으로도 말하는 사람과 듣는 사람들의 우월감을 만족시켜 줄 수 있다. 그러나 열등집단이라는 개념을 어떤 기준으로 정의할 수 있느냐 하는 것은 판단하기 어려운 문제이다. 우리말의 유머에서 주로 표적으로 선택되는 집단은 성별과 (민족이나 지역을 포함하는) 인종적인 기준, 정신적인 기준, 육체적인 기준과 사회적인 기준이 반영되어 나타난다.

① 여성을 표적으로 한 유머

남성 중심의 세계관을 가진 오랜 역사와 많은 나라들에서 상대적으로 열등한 집단이 될 수밖에 없었던 여성을 표적으로 삼는 유머는 매우 일반적으로 나타난다. 오랜 가부장적 역사의 영향을 받은 우리말에서도 여성을 표적으로 하는 유머가 많이 나타난다. 이것은 주로 여성의 외모와 관련된 비하나 수다스러움, 질투심, 사치스러움, 무지 등과 관련된 비하, 그리고 여성 중에서도 노처녀나 과부, 할머니 등의 특정 집단을 대상으로 하는 유머 등으로 나타난다.

> (1) 미팅을 나갔다. 애석하게도 모두 폭탄이었다.
> 그때였다. 갑자기 신뽀리가 한 여자의 머리로 손을 가져갔다.
> 여자는 자신이 선택당한 것에 매우 기분이 좋았다.
> 그런데 신뽀리는 그녀의 머리카락 한 올을 뽑았다.
> 그리고 커피숍을 뛰쳐나가며 외쳤다.
> "야, 폭탄 터진다! 다들 피해."
>
> 〈광수생각〉

　(1)에서는 여성의 외모를 비하해서 여성을 표적으로 삼았고, (2)에서는 여성의 나이를 비하하면서 '긴 머리 소녀'에 대한 패러디로 할머니를 표적으로 삼고 있다.

② 인종적 열등집단에 관한 유머

　인종적 열등집단에 관한 유머란 말하는 사람이 주관적으로 열등하다고 생각하는 인종이나 민족, 특정 지역의 사람들을 표적으로 삼고 있는 유머를 말한다. 이때 표적으로 삼는 것은 단지 자기와는 다르다는 것이다. 사람들이 가지고 있는 자기중심적 특성 때문에 자기와 다른 인종, 민족, 지역에 속하는 사람들을 열등집단으로 보는 것이다. 우리말 유머에서는 인종적인 기준으로는 흑인과 백인, 식인종, 민족적인 기준으로는 미국 사람, 일본 사람, 중국 사람 등, 그리고 지역적 기준으로는 경상도 사람, 충청도 사람, 전라도 사람, 서울 사람 등을 표적으로 삼은 것들이 나타난다.

(3) 어떤 선교사가 정글 깊숙이 찾아 들어가 식인종 마을의 추장을 만났다.
　"당신들은 종교에 관해서 무엇인가 알고 있습니까?"
　"글쎄요. 요전 번 선교사가 왔을 때 조금 맛을 봤던가?"

　식인종을 표적으로 삼고 있는 (3)의 유머는 그들의 행위가 미개하며, 문화적으로 금기시 되어 있는 것임을 나타낸다. 식인종을 직접적으로 대면할 기회는 드물지만 이와 같은 유머를 통해 문명사회에서는 용인되기 어려운 행위

164

에 대해 조롱함으로써 상대적인 우월감을 느낄 수 있게 된다.

> **(4)** 스코틀랜드 사람의 눈과 귀를 멀게 하는 방법은?
> – 자선사업에 기부하도록 요청한다.

(4)의 유머는 영국의 넌센스 유머인데(Raskin, 1985: 189), 이 유머는 스코틀랜드 사람은 인색하다는 편견을 바탕으로 한 것으로 스코틀랜드 사람에 대해 영국 사람들이 어떤 고정관념을 가지고 있는지 알 수 있게 한다(Martin, 2006: 172, 재인용).

③ 정신적 열등집단에 관한 유머

정신적 열등집단에 관한 유머란 일반인보다 사고 능력이 열등하다고 생각되는 바보, 정신병자, 아이 등을 표적으로 삼고 있는 유머를 말한다. 주로 예기치 못한 사건이 진행되는 의외성을 바탕으로 한 유머가 나타나며, 표적 집단에 대해 부정적 감정은 반영되지 않는다.

> **(5)** 간밤에 도둑을 맞은 상점 주인이 형사에게 말했다.
> "그래도 그저께 밤에 도둑이 들어오지 않아서 정말 다행입니다."
> "왜요?"
> "어제 아침에 세일을 시작하려고 물건 값을 모조리 40퍼센트씩 깎아 놓았거든요."

(5)에서는 손해를 본 것은 차이가 없는데도 불구하고 상황 판단이 모자라

는 인물을 통해 상대적인 우월감을 느끼게 한다. 최소한 유머 속의 인물보다
는 우월한 측면을 찾을 수 있다고 생각하기 때문이다.

④ 육체적 열등집단에 관한 유머

육체적 열등집단에 관한 유머란 육체적인 기준으로 보아 정상인과 다르다고
생각되는 사람들을 표적으로 삼고 있는 유머를 말한다. 이 경우는 실제적인
대상과 가상적인 대상이 표적으로 나타나는데, 실제적인 대상일 경우는 대머리
나 비만, 변비와 같이 생명과는 직접 관계가 없고, 심각하지 않은 증상을 가지
고 있는 대상을 표적으로 삼아서 장난스러움을 기초로 하고, 그렇지 않은 경우
는 청각 능력이 열등한 사오정과 같이 가상적인 인물을 표적으로 한다.

(6) 머리칼이 세 개만 남은 손님이 이발소에 갔다.
이발사: 어떻게 해 드릴까요?
노신사: 앞으로 넘기고 나머지는 옆으로 넘겨주세요.
이발사의 실수로 가운데 머리카락이 뽑혔다.
노신사가 노발대발하며 말했다.
노신사: 할 수 없군. 그럼 쌍가르마로 해 주시오.
그런데 또 하나를 실수로 뽑았다. 그러자 노신사가 탄식하며 말했다.
노신사: 아니, 당신 날 대머리로 만들 작정이요?

(7) 사오정이 헬스장에 갔다. 그런데 덩치 좋은 사람이 사오정에게 "너 운동
하나?"고 물었다. 그러자 사오정이 자기 신발을 보며,
"아니, 실내환데요....."

육체적으로 열등 집단은 (6)과 같이 실제적 인물이 표적으로 등장하기도 하고 (7)의 사오정처럼 가상의 인물이 등장할 수도 있다. 대머리는 주변에서 흔하게 볼 수 있는 대상이지만 누구도 닮고 싶어 하지 않는 모습이며, 청각 능력이 떨어지는 사오정은 의사소통이 잘 되지 않는 답답한 사람들의 모습인데, 이들의 부정적인 모습을 표적으로 삼고 있는 것이다.

⑤ 사회적 열등집단에 관한 유머

사회적 열등집단에 관한 유머란 보통 사람보다 사회적인 지위가 낮다고 생각되는 거지, 실직자, 노숙자, 왕따 등을 표적으로 삼고 있는 유머를 말한다. 특히 최근에 들어 실직자 문제, 노숙자 문제, 집단 따돌림 문제 등이 사회의 문제가 되고 있는 것과 함께, 이것들을 대상으로 삼고 있는 유머도 늘어가고 있다.

---

(8) 정리해고 시대의 신인류
  명태족: 명예퇴직자.
  동태족: 꽁꽁 얼어붙은 엄동설한에 짤린 사람
  생태족: 하루아침에 생매장 당한 사람
  황태족: 설마 하고 있다가 황당하게 잘린 사람
  북어족: 끝까지 매달리다가 북어처럼 얻어맞고 쫓겨난 사람
  조기족: 30 대에 일찌감치 잘린 조기 명퇴자
  미꾸라지족: 능력은 없으면서 요리조리 피해 다니는 사람
  낙지족: 끝까지 버티고 살아남은 사람

열등집단을 표적으로 삼은 유머는 사람들이 임의적으로 정해 놓은 기준을

중심으로 그것보다 낮은 위치에 속한다고 여겨지는 대상을 표적으로 삼는 유머이다. 유머의 수용자는 표적 집단과 비교하여 자신의 우월함을 확인하고 쾌감을 느낄 수 있기는 하지만, 집단의 특성이 '나와 다르다'는 것 때문에 열등하게 여겨지는 부분도 간과할 수 없다. 따라서 유머로 포장하여 차별과 편견을 고정화시키는 도구로 사용되어서는 안 될 것이다.

8.1.2. 우월집단을 표적으로 삼는 유머

우월한 집단은 실제 세계에서는 자기보다 힘을 더 많이 가지고 있는 사람들이다. 따라서 사회적으로나 심리적으로 억압이나 분노를 느끼기도 하고, 선망의 대상이 되기도 하는 집단이다. 그러나 이러한 집단을 웃음거리로 만드는 것을 통해 순간적으로 느끼게 되는 우월감이 심리적인 긴장을 풀어줄 뿐만 아니라, 화자와 청자가 공통적으로 느끼고 있던 우월집단에 대한 유머일 경우, 두 사람 사이의 유대관계를 증진시켜 주는 구실을 한다. 유머의 표적이 되는 우월집단은 정치적 지도자 집단인 대통령, 국회의원 등과 사회적인 지위가 높은 집단인 판사, 변호사, 의사, 교수 그리고 목사나 장로, 승려 등과 같은 종교적 지도자 집단과, 대중의 인기도가 높은 연예인이나 운동선수 집단 등이 있다. 유머에서는 우월집단의 인물들이 전형적인 역할에서 벗어나며, 오히려 역행하고 있는 인물로 묘사된다. 우월집단에 대한 유머는 표적 집단에 대한 부정적 감정과 태도를 사회적으로 용인된 방식으로 표현할 수 있는 방법이 되기도 한다[2].

---

2 Tomas & Esses(2004)에서는 성차별이나 인종 차별 농담과 같은 멸시성 유머는 편견이나 고정관념 때문이 아니라 집단에 대한 적대적 태도의 표현이라고 보았는데(Martin, 2006: 173, 재인용), 표적

① 정치적 우월집단에 관한 유머

정치는 그 제도에 속한 모든 사람들이 공통적으로 영향을 받는 것이기 때문에, 정치적 우월집단은 보통 많은 사람들에게 공동의 가해자로 받아들여지는 경우가 대부분이다. 따라서 정치적 우월집단을 희화함으로써 순간적으로라도 자신들이 우월감을 느껴서 심리적인 피해를 보상받으려 하는 풍자의 유형이다. 대통령에 대한 유머의 표적은 전직 대통령부터 현직 대통령까지 모두 포함될 뿐만 아니라 클린턴과 같은 외국의 대통령까지 포함이 된다. 유머에서는 이들의 실수담을 중심으로 무능하고, 무지하고, 무기력하며, 부정한 모습으로 희화되고 있다. 이것은 국회의원에 관한 유머에서도 동일하게 나타난다.

> (9) 후보자: 제가 당선되면 도로와 다리를 놓겠습니다.
> 유권자: 우리 지역에는 강이 없는데 무슨 다리요?
> 후보자: 걱정 마세요. 강도 만들어 드릴 테니까요.
>
> 〈우스개별곡 15〉

국회의원을 포함한 정치인에 대해서는 국민들의 기대가 큰 만큼, 기대가 충족되지 않은 부분에 대한 불신과 실망감이 이들을 표적집단으로 만들어서 풍자의 대상이 되게 한다. 유머의 생산자와 수용자는 이들이 우월한 지위를 가지고 있음에도 불구하고 부정적인 행동을 현실성 없게 과장함으로써 잠시라도 쾌감을 느낄 수 있다.

집단을 대상으로 한 대부분의 유머에는 부정적인 감정이 내포되어 있다.

② 사회적 우월집단에 관한 유머

사회적 우월집단은 사회적으로 존경을 받고 있는 직업을 가진 집단을 말하며, 전형적으로 의사, 판사, 변호사, 교수 등이 소재가 된다. 이 경우 의사는 생명의 존엄성을 유희하는 사람으로, 판사나 변호사는 법의 존엄성을 무시하고 권력과 돈만 추구하는 사람으로, 교수는 지식도 없고 하는 일도 없어서, 사회적 열등집단인 거지와 비교하면서 웃음거리로 만드는 것들이 등장한다.

> (10) 밤중에 의사한테로 다급한 전화가 걸려왔다. "선생님, 빨리 좀 와 주십시오. 안사람이 주스로 착각하고 가솔린을 마셔버렸습니다. 그리고 온 정원을 뱅글뱅글 돌아다니고 있어요." "그렇다면 밖으로 나가지 못하도록 문을 꼭 잠가 두십시오. 연료가 떨어지면 자연히 멎을 테니까요."
>
> 〈우스개별곡. 37〉

(10)에서 의사는 응급 상황에서도 사람을 살리기 위한 노력보다는 마치 기계를 대하는 듯한 태도로 묘사되어, 사회적 존경의 대상으로서의 의사의 모습을 비인간적인 모습으로 희화하고 있다.

> (11) a. 어떤 사람이 변호사에게 전화를 걸었다.
>
> 고 객: ○○○ 변호사 사무실이죠?
> 변호사: 네, 접니다.
> 고 객: 법률 상담을 받고 싶은데 요금이 어떻게 되죠?
> 변호사: 질문 3개당 50불입니다.
> 고 객: 너무 비싸지 않나요?
> 변호사: 네, 50불 청구되었습니다.

b. 변호사, 공학자, 수학자가 테스트를 받게 되었다.
   시험관: 2+2는 몇인가요?
   수학자: 4입니다.
   공학자: 4.0입니다.
   변호사: 얼마를 원하시는데요?

(11)은 변호사가 표적 집단으로 나타난 유머이다. 실제로 법률 상담을 하기 위해서는 서로 간에 의사의 합치가 이루어진 계약이 성립되어야 하지만 (11a)의 유머 텍스트에서는 자신의 금전적인 이익만을 추구하는 변호사의 모습을 과장하여 드러내고 있다. 또한 (11b)에서도 원리나 원칙보다는 고객의 요구에 맞추려는 태도를 희화화하여 우월집단인 변호사를 표적으로 삼고 있다.

③ 종교적 우월집단에 관한 유머

종교적 우월집단이란 목사나 장로, 승려, 등과 같은 종교지도자 들을 말한다. 이 경우 종교지도자들은 거룩함이나 영적인 능력, 인간 구원과는 전혀 무관하게 희화되어, 위선적이고 우스꽝스러운 존재로 표현된다.

(12) 스님이 냉면집에 갔다. 종업원이 불교에서는 고기를 금해야 하는 것을 걱정하여 조심스럽게 물어보았다.
    종업원: 스님, 고기는 어떻게 할까요?
    스 님: 면 밑에 깔아주시오.

(13) 총알택시 운전자와 목사가 같은 날 죽었다.
"음… 총알택시 기사라… 자넨 천당으로!"
("그렇다면 목사인 나는 당연히 천당에 가겠군.")
"음… 목사라… 자넨 지옥으로 가야겠는걸!"
"아니, 총알택시 기사도 천당에 갔는데, 목사인 제가 왜…?
"자네가 설교할 때 신도들은 모두 졸고 있었지만, 총알택시 기사가 운전을 할 때는 모든 사람이 기도를 하고 있었단 말이야…!"

〈광수생각〉

성직자에게 사람들이 기대하는 것은 일반인들과는 구별된 경건함과 엄숙함을 가지고 있다는 점이다. 그러나 유머 속의 성직자들은 일반인과 크게 다르지 않다. 따라서 이와 같은 유형의 유머는 종교적 규율을 벗어나는 종교인의 모습을 비현실적으로 과장하거나 희화하여서 종교인들도 일반인과 같은 사람이라는 면을 동시에 보여주어 그들이 가진 우월한 집단으로서의 자격을 상실하게 만든다.

④ 문화적 우월집단에 관한 유머

문화적 우월집단은 연예인이나 운동선수 등이 가장 전형적인 대상이 된다. 인기 연예인들과 유명 운동선수들이 표적이 되는데, 당시 유행하고 있는 연예인들의 말이나 행동, 극중 배역을 패러디한 것들과 말실수나 특징들을 희화한 것 등이 있다. 그러나 최불암 시리즈처럼 연기인을 대상으로 해서 그 인물 자체를 가상적인 존재로 만든 독특한 유머가 있다. 이 경우, 실명이면서도 가상화된 연예인 시리즈는 거의 독자적으로 모든 유머의 소재들과 연결되어 있다는 점에서 독특한 유형을 형성하고 있다.

(14) a. 최불암이 밭에서 타임지를 읽고 있었다. 그런데 그때 일용엄니가 그 광경을 보고 존경스러운 눈빛으로 다가와 물었다.
"회장님, 뭘 읽고 계시유?"
"티메."

〈우스개별곡. 223〉

b. 최불암이 63 빌딩 옥상에서 탁구를 쳤다. 그런데 상대방이 스매싱을 강하게 하는 바람에 탁구공이 밖으로 날아가 버렸다. 최불암은 공을 주우러 아래로 내려갔다. 최불암이 숨을 헐떡거리며 올라와 하는 말.
"1 대 0"

최불암 시리즈로 불리는 (14)의 유머 텍스트는 특정 연예인이 주인공이 되어 겪는 여러 에피소드가 주된 내용이다. 텔레비전 장수 프로그램의 주인공이기도 한 이 인물은 국민 아버지로 불리는 등 인자한 이미지를 가진 배우이다. 그런데 유머 텍스트 속에서는 닮고 싶은 이상적인 인물이 아니라 무식하고, 비상식적이며, 허술한 모습으로 희화하고 있다.

또한 특정 연예인들을 표적으로 삼아 수수께끼형의 유머를 만들기도 한다. 이 유머들은 대부분 이름을 활용하여 언어 유희적인 측면을 보인다.

(15) a. 우리나라에서 제일 잠이 많은 연예인은?　－ 이미자
b. 어부들이 제일 싫어하는 가수는?　－ 배철수
c. 스캔들 없이 사생활이 깨끗한 가수는?　－ 노사연
d. 청바지를 가지고 있는 배우는?　－ 소유진
e. 투수들이 싫어하는 가수는?　－ 강타

열등집단의 선정에는 자기와 다르다는 것이 가장 중요한 기준이 된다. 또한 거지나 정신병자와 같이 집단 내부의 행태가 일반의 예상이나 기대와 불일치하는 경우를 제외하고는 사오정처럼 가상적인 집단을 상정하거나 대머리, 변비 등과 같이 생명 유지에는 관계가 없고, 심각하지 않은 상태만을 대상으로 삼아서 현실적인 대상과 거리를 유지하려는 배려도 반영되어 있다.

이에 비해 우월집단은 선망의 대상이 되는 집단이다. 그럼에도 불구하고 존경의 대상이 아니라 과장을 통해 조롱과 비난의 대상으로 희화한다. 특히 무능력한 정치지도자나 존경받을 수 없는 사회지도자, 영적인 힘을 상실한 종교적 지도자 등은 현실적인 상황과도 일치되는 면이 있어서 유머라는 이름으로 세태 풍자나 고발, 야유 등의 성격도 포함한다.

8.2. 우월감에 의한 유머의 기능

8.2.1. 긍정적 기능

우월감에 의한 유머가 가지는 긍정적 기능으로 첫째, 이완 기능을 생각할 수 있다. 이것은 웃음을 통하여 긴장이 풀리고, 눈물을 흘리는 것과 같은 카타르시스를 경험하게 되는 것을 말한다. 우월감에 의한 유머는 열등집단을 표적으로 삼아서 순간적으로라도 자신감을 회복하고, 자기만족에 빠질 수 있다는 점에서 경쟁적인 생활 속에서의 긴장을 이완할 수 있고, 상대적으로 열등감을 느끼게 하던 우월집단을 표적으로 삼아서 심리적인 긴장으로부터 벗어날 수 있다.

174

둘째, 우월감에 의한 유머는 친화 기능을 해서 협동의 도구가 될 수 있다. 유머를 하는 사람과 듣는 사람이 한 편이 되어, 화자와 청자에게 공동의 적이 되는 개인이나, 화자와 청자가 속하지 않은 특정 집단이나 대상을 웃음거리로 만드는 것을 통해 화자와 청자는 인간적으로 매우 가까워졌다고 느끼게 된다.

셋째, 우월감에 의한 유머는 유연한 사고를 가능하게 해 준다. 인간관계에서 부딪히게 되는 여러 대상들, 특히 심리적인 갈등이나 부담이 되는 우월집단의 사람들을 고정된 시각이 아니라 새로운 시각으로 바라볼 수 있는 관점을 가질 수 있게 해 준다. 웃음이 가지고 있는 최대의 가치는 어떤 대상에 대해 지나치게 심각한 태도를 가짐으로써 생기는 조바심과 경직된 사고로부터 벗어나서 융통성이 있고 열린 마음과 사고를 가능하게 해주는 것이다.

8.2.2. 부정적 기능

우월감에 의한 유머가 특정한 표적 집단을 공격하는 것이라는 관점에서 보면, 우월감에 의한 유머는 기본적으로 자기중심적이고, 원만한 인간관계를 파괴하는 것이며, 조지 오웰의 말처럼 인간의 등급을 떨어뜨리는 것이 되어서, 대화에서 부정적으로 작용할 수 있는 요소를 강하게 가지고 있다.

부정적 기능으로 들 수 있는 첫째 요소는 공격성이다. 우월감에 의한 유머가 반드시 표적을 필요로 하며, 표적이 되는 집단에 대해 공격을 하는 것이라는 점에서 공격성을 갖는다. 유머가 갖는 과장성이 있기는 하지만, 말하는 사람의 의도와는 관계없이 열등집단에 속하는 사람들에게 자신들을 표적으로 한 유머는 공격으로 생각될 수 있고, 우월집단에 속하는 사람들에게도 역시 자신들을 표적으로 한 유머는 공격으로 받아들여 질 수 있다.

둘째, 편가르기의 성격이 강하다는 것이다. 표적집단에 속하는 사람 앞에서 그런 말을 하는 것은 직접적인 공격이 될 수도 있고, 체면을 무시하는 것이 될 수도 있기 때문에 언쟁을 유발할 가능성이 높다. 따라서 이러한 유머는 표적집단에 속하는 사람과 유머를 말하고 듣는 사람으로 편을 가르는 역할을 하게 되는데, 표적집단이 개인으로부터 가까운 거리에 있을수록 편가르기는 더 강하게 작용하게 된다. 특히 인종적 편견이나 국가적 편견, 지역적 감정, 집단 이기주의와 관련하여 편가르기는 더욱 쉽게 이루어질 수 있는데, 이것이 가지고 있는 사회적인 역기능을 생각할 때 심각한 요소가 될 수 있다.

셋째, 유머에 반영된 논리가 지나치게 단순하다는 것이다. 듣는 사람들의 기대 밖의 요소에서 선정되는 극단적인 표현과 과장은 필연적으로 논리의 비약을 포함하게 된다. 따라서 표적 집단과 관련하여 거의 흑백논리가 나타나서, 표적 집단은 나쁘고, 현명하지 못하고, 정의롭지 못하다는 논리를 가지고 있다. 이와 같은 단순 논리는 약자는 모자라는 사람이고, 강자는 나쁜 사람이라는 논리로 세상을 판단하게 하는데, 이것이 편가르기와 연결되면 표적집단은 모자라는 사람이거나 나쁜 사람이고, 이것을 말하고 듣는 사람은 유능하고 착한 사람이라는 논리로 비약이 된다.

유머를 효과적으로 사용하기 위해서는 첫째, 대화 상황에 대한 판단 능력이 필요하다. 지금 대화의 장면이나 분위기에서 유머를 사용하는 것이 효율적인지를 살피는 것이다. 대화가 끊어져서 분위기가 어색하거나, 사람들이 불필요하게 긴장하고 있을 때, 또는 다른 사람들이 이미 유머를 사용해서 유머가 오고갈 수 있는 분위기가 조성되었을 때 유머를 사용하는 것은 환영받을 수 있다.

둘째, 대화 구성원들에 대한 판단 능력이 필요하다. 대화 구성원들 가운데 표적 집단이 포함되어 있지는 않은지, 그리고 대화 구성원들이 유머를 소화할 수 있을 만큼 여유를 가지고 있는지, 대화 구성원 가운데 심각한 상황을 깨뜨리는 것에 대해 거부하는 사람은 없는지를 판단하고 유머를 사용해야 한다.

셋째, 유머를 사용하는 동기, 곧 마음의 자세가 가장 중요하다. 지금 이 유머를 사용하는 동기가 전체 대화 상황을 부드럽게 하고, 인간관계를 원만하게 하는데 기여하고자 하는 것인지, 유머를 빙자해서 특정인을 비판하거나 공격하고자 하는 불순한 동기는 없는지를 판단하여야 한다.

기본적으로 상호작용을 전제로 하는 대화에서 지금 말하고자 하는 유머가 상대방에게 어떻게 받아들여질 것인가를 생각하는 마음, 다시 말해 상대방에 대한 배려는 유머의 사용에 있어서도 중요한 기준이다.

/9/

유머와 인간관계

　다른 사람과 사회적인 관계를 형성하고 유지하기 위한 의사소통에 필요한 능력을 포괄적으로 대인의사소통 능력(interpersonal communication competence)이라고 한다. 대인의사소통 능력은 어떤 사람과 만나는 동안 서로 간에 놓인 상황적인 제약 안에서 상대의 체면과 입장을 세워주면서 자신의 목적을 성공적으로 달성하기 위해 선택적으로 활용하는 의사소통 행위이다(Wiemann, 1977: 198). 대인의사소통 능력은 의사소통의 성패를 좌우하는 중요한 요소이기 때문에 의사소통을 할 때에는 메시지 전달 자체의 중요성뿐만 아니라 참여자에 대한 이해와 배려도 동시에 이루어져야 한다.

　유머는 사회적 상호작용이다. 유머는 개인의 인지적, 정서적 반응과 관련되지만 사회적 상호작용이라는 맥락 안에서 일어난다. 혼자 책이나 텔레비전을 보면서 웃는 경우도 있지만 일반적으로 사람들은 혼자 있을 때보다 다른 사람과 같이 있을 때 더 많이 웃고 농담을 한다. 특히 유머는 다양한 방식으로 사람들이 서로에게 영향을 주고자 할 때 활용되기 때문에 상대방에 대한 배려가 중요하다. 의사소통 상황에서 다른 사람의 생각과 감정을 상대방의 입장에서 느끼는 '공감'능력은 대인의사소통 능력의 중요한 요소가 되는데, 유머를 사용할 때에도 상대방의 감정과 반응에 대해 이해하고, 배려를 바탕으로 한 체면 존중이 필요하다. 자신이 사용한 유머에 상대방이 정서적으로 '공감'할 수 있게 하는 것, 또는 상대방이 전달하는 유머를 들으며 상대방과 같은 관점으로 공감해 주는 것은 대인의사소통 능력을 기르는 방법이며, 더 나아가 인간관계를 형성하고 유지하는 데에 필수적인 요소이다.

이 장에서는 먼저 유머 사용의 예절적 측면에 대해 체면 세우기의 측면과 대화 관리의 측면으로 나누어 살펴보고자 한다. 또한 유머의 대인관계 기능을 사회적 탐색과 사회 규범의 위반 및 강화라는 측면에서 살펴보고, 유머를 사용함으로써 생길 수 있는 지위와 위계, 대인 매력 등에 관해 확인하고자 한다.

9.1. 유머 사용과 예절

의사소통에서 유머를 사용하는 것은 다양한 목적을 바탕으로 한다. 유머는 상대방과의 인간관계를 유지하는 데에 활용되기도 하고, 대화를 이어나가는 데에도 활용된다. 그렇다면 유머를 활용하여 의사소통의 목적을 달성하기 위해서는 어떤 점이 고려되어야 할까? 이 장에서는 유머 사용의 목적에 따라 지켜져야 할 인간관계의 예절적 내용에 대해 살펴보기로 한다.

9.1.1. 체면 세우기

인터넷과 방송 매체에서 날마다 수없이 많은 유머들이 만들어지고 이야기되고 있지만, 유머가 만들어지는 만큼 세상이 밝아지지는 않는다. 사람들의 대화를 살펴보면 유머라고 이야기를 하면서도 실제 그 내용을 분석해 보면 다른 사람이나 세상에 대한 야유, 조롱, 냉소인 경우가 더 많이 발견된다. 한 일간지의 조사에 따르면 하루 동안 특정 인터넷포털 게시판에 오른 유머가 39개인데, 이 가운데 26개가 냉소적인 유머라고 한다. 이와 같은 현상은 우리 문화 전반에 걸쳐 나타나는 모습이기도 하다.

상대방을 조롱하거나 비난하는 유형의 유머에는 보통 표적이 존재하고 이 표적에 대한 우월감을 유머를 통해 표현함으로써 긍정적인 기능을 경험할 수 있다. 우월감에 의한 유머는 자기중심적인 세계관에서 출발되는 것이기 때문에 현대인과 같이 개인이 상처를 받게 되는 경우가 많을 때에는 자기 소외나 심리적 피해의식으로부터 순간적으로 벗어날 수 있다는 점에서 유용하다. 더구나 심각하지 않게 웃음을 통해 자신들이 가지고 있는 불만이나 스트레스를 서로 나눌 수 있다는 점에서도 매우 유용하다. 함께 이야기하는 사람들과 자연스럽게 같은 편이 될 수 있다는 유대감도 확인할 수 있고, 공통성을 확보할 수 있다는 것도 이러한 유머가 대화에서 수행하는 중요한 기능이다. 무엇보다도 유머를 사용할 때에는 심리적인 유대감을 기반으로 하여, 즐거운 기분으로 서로 이야기를 나누면서 대화의 순서교대도 활발해지고, 인간관계도 증진될 수 있는 장점이 있다.

그러나 이와 같은 유머는 표적 집단이나 표적이 되는 개인이 있다는 점에서 상당히 제한적인 환경에서 적용되어야 한다. 특히 유머를 주고받는 상황에 표적 집단의 구성원이 있을 경우에는 더욱 조심스럽게 사용되어야 한다[1]. 예를 들어, 대머리인 사람 앞에서 대머리인 사람을 표적으로 하는 유머를 말하기는 어려우며, 그럼에도 불구하고 이야기할 수 있으려면 대머리인 사람과의 관계가 이 유머를 말해도 서로 웃고 넘길 수 있을 만큼 매우 가까워야 한다. 서로의 관계가 어떤 말이라도 받아주고 이해할 수 있을 만큼 가깝지 않으면 유머가 아니라 상대방에 대한 공격이나 욕설이 되기 때문이다.

> (1) 경인: 유도는 아무나 배우나! 형처럼 배 나오고 다리 짧은 사람은 백 날 해도 소용없어.
> 해효: 뭐야!! 너도 만만치 않아, 인마.
>
> 〈남자셋 여자셋〉

위의 내용은 문장의 의미로 보면 상호비난이고, 언쟁을 하고 있는 장면이다. 그러나 그 상황에서 모두가 웃고 넘어가는 유머로 작용할 수 있는 것은 극중에서 두 사람의 관계가 허물없는 선후배 사이로 설정되어 있기 때문이다. 그러나 이런 경우라 하더라도 상대방의 기분을 상하게 할 가능성이 있기 때문에, 상당히 조심하지 않으면 안 된다. 말을 한 사람은 유머였다고 생각하지만, 상대방은 그 말을 마음에 담고 불쾌하게 생각하고 있는 경우들을 주위에서 흔히 볼 수 있기 때문이다.

유머가 가지고 있는 모호성은 다양한 해석을 가능하게 하고, 철회 가능성도 있기 때문에 자신과 상대방의 체면을 보호하는 유용한 책략이 될 수 있다.

---

1 Goffman(1967)에서는 사람들이 체면을 손상시킬 가능성이 있으며 자신이나 상대방을 어색하고 당황스러운 상황에 빠뜨릴 수 있는 의사소통을 피하려는 강한 동기를 가지고 있다고 하였다.

또한 메시지의 의미를 간접적이고 모호하게 약화시킴으로써 덜 공격적인 것으로 인식할 수 있게 할 수도 있다. 실제로 사람들은 유머의 모호성을 인정하기 때문에 사실이 아닌 이야기를 하고서도 자신이 한 말에 대해 적극적으로 부인하지도 않는다. 그러나 유머의 이와 같은 특징을 부정적으로 활용할 때에는 오히려 상대방의 체면을 더 크게 손상시키게 된다. 특히 개인의 인격이나 사생활에 해당되는 사적 영역을 대상으로 삼아 직접적인 비판을 유머러스하게 표현하는 방식으로 사용되는 경우는 관계 자체에 부정적인 영향을 줄 수 있다[2]. 예를 들어 상대방에 대한 비난의 말을 하고서도 마지막에 "농담이었어."라고 말하면 그 말은 진심이 아니라 단지 웃기 위해서 한 가벼운 말이라는 뜻이 되고 상대방으로부터 돌아오는 부정적인 반응에 대하여 자신을 방어할 수 있는 기제로 활용할 수 있다. 그러나 청자의 입장에서는 '농담'이라는 말 이전에 이미 말해진 비난의 내용 때문에 체면이 상할 수밖에 없다.

(2) 니콜라: 모모, 저 사람이 어떤 말을 했는지 아니? 글쎄, 내가 밤낮 취해 있어서 담을 똑바로 쌓을 수 없다는 구나. 우리 증조할아버지도 그랬다는 거야. 우리 증조할아버지가 피사의 사탑 공사에 참여했을 거라나.
니 노: 하지만 니콜라, 그건 농담이었어.

〈모모〉

(2)에서와 같이 "농담이었어."라며 자신의 말이 단지 유머였다고 이야기하는 것은 청자의 부정적인 반응에 대한 화자 자신의 체면 손상을 방지하는

---

2 강수정(2015: 33-36)에서는 통계적으로 타인을 비난하거나 조소하는 공격적인 스타일의 유머를 사용하는 경우 대인관계 기술에 부적응성을 보이고 있음을 밝히고 있다.

방법이 될 수 있다. 이러한 상황이 비계획적으로 이루어지는 경우에는 어느 정도 용납이 될 수 있지만 의도적으로 사용되는 경우에는 오히려 상대방의 체면을 손상시키는 부정적인 요소가 될 수 있다. 또한 조롱이나 비난의 유머를 말하고 나서 '농담'이라고 하고 나면 그 말을 들은 사람은 해당 유머에 대해 화를 내거나 더 이상 언급하지 못하도록 제제할 수 없기 때문에 청자의 체면은 회복되기가 어렵다. 따라서 지금 사용하고 있는 유머가 서로의 관계를 긍정적으로 만드는 데에 활용될 수 있는 것인지에 대해 깊이 고민해 보아야 한다.

9.1.2. 대화 관리

대화가 진행되는 동안 참여자들은 대화 내용에 주의를 기울일 뿐만 아니라 대화 흐름을 놓치지 않고 효율적으로 맡은 역할에 충실해야 한다. 말을 하는 사람은 지금 이루어지고 있는 대화의 목적을 파악하고, 그 목적에 맞는 대화, 대화의 흐름에 일치되는 대화를 통하여 결속성을 유지해야 하고, 듣는 사람은 지금 이루어지고 있는 대화의 목적이나 상황에 맞는 말로써 받아들이고 해석해야 한다[3]. 참여자들이 대화의 순서를 지키고, 대화의 수준이나 스타일을 정하며, 주제를 바꾸거나 대화를 종결하는 등과 같은 행위에는 서로의 협력이 필요하다.

멀케이(Mulkay, 1988)에서는 의사소통의 상황에서 사람들이 메시지를 전

---

[3] 대화를 할 때에는 반드시 지금 이루어지고 있는 상태에서 지향한다고 생각하는 목적이나 방향에 합치되도록 이야기해야 하는데, Grice(1975/1978)에서는 이를 협동의 원리(The Co-operative principle)라고 하였다(구현정, 2009: 103 참조).

달하는 상황을 두 유형으로 나누고, 이를 엄숙모드(solemn mode)와 유머모드(humor mode)라고 하였다. 그리고 상황에 따라 이 두 가지 요소를 얼마나 적절하게 활용하는가가 의사소통의 성패를 좌우한다고 보았다.

엄숙모드는 주로 언어적 메시지 자체에 초점이 놓이는 상황, 예를 들면 토론이나 설득, 설명이 이루어지는 상황에서 우세하게 나타나는 유형이다. 이때는 메시지를 논리정연하게 전달하는 것이 중요하기 때문에 언어적인 모호성이나 모순은 피해야 하는 요소이며, 메시지를 전달하는 과정에서 다른 선택의 여지나 의외성과 같은 예외적인 해석이 일어나도록 해서는 안 된다. 그러나 유머모드에서는 의사소통의 과정에서 생기는 불일치에 대처하거나 또는 문제를 해결하는 방법으로 유머를 유용하게 활용할 수 있다. 예를 들어 의사소통에 참여하고 있는 두 사람이 어떤 주제에 대해 갈등을 일으키고 있는 상황에서 어떤 유형의 모드를 선택하여 대화를 이어나가는가 하는 것은 앞으로의 대화와 인간관계를 유지해 나가는 데에 매우 중요한 요소가 된다. 엄숙모드만을 사용하면 논쟁으로 빠지게 할 위험이 있으며, 결국은 의견에 대한 충돌이 상대방에 대한 분노와 냉소로 이어져 관계에 부정적인 영향을 끼치게 될 것이다. 그러나 엄숙모드 중에도 유머모드를 활용하게 되면 의견의 차이를 놀이적 관계로 이해할 수 있도록 하는 긍정적인 감정, 서로 다른 차이 속에서도 공유할 수 있는 웃음 등을 생성할 수 있게 한다. 서로에게 껄끄러운 주제가 도입되었을 때 엄숙모드에서는 주제를 변경하는 것이 어렵지만 유머모드 안에서는 자연스럽게 분위기를 전환 할 수 있기 때문이다.

(3) 의회에서 링컨에게 이런 비난을 했다. " 당신은 두 얼굴을 가진 이중인격자요!" 그러자 링컨이 웃으며 이렇게 반문했다. " 만일 나에게 두 얼굴이 있

다면 왜 이런 중요한 자리에 하필 이 얼굴을 가지고 나왔겠습니까?" 회의장에는 폭소가 터졌다.

〈한국경제, 2016. 9. 28.〉

(3)에서 제시한 링컨에 관한 유명한 예화는 갈등을 해소하는 방법으로 유머를 어떻게 활용할 수 있는지를 잘 보여준다. 이와 같이 유머모드 안에서는 불편하고 부정적인 상황을 긍정적이고 새로운 상황으로 전환할 수 있게 한다.

(4) 부장: 좋은 아침, 일찍 출근했네?
　　사원: 일찍 잤습니다. 제가 나이에 맞지 않게 '이미자' 노래를 좋아해 9시에 이미 자고 있었습니다.
　　부장: (당황했지만 의연하게) 나는 노'사연'을 좋아하는데, 스캔들이 없어 깨끗한 이미지잖아.
　　사원: 저에게 이미지 좋은 가수는 배'철수'입니다. 그래서 어부로 일하셨던 아버지랑 많이 싸웠습니다.
　　부장: … 일 합시다.

그러나 진지한 주제에 대해 이야기를 하거나 의견 교환이 필요한 경우에는 대화의 흐름을 깨뜨리는 행위가 되기도 한다(김윤경, 2017: 268). (4)에서와 같이 직장 내에서 아침 인사를 하는 편안한 상황에서는 언어적 유희를 활용한 유머를 사용하는 것도 무리가 없지만 업무 지시나 회의가 이루어지는 상황에서 (4)와 같은 유머를 지속적으로 사용하는 것은 부적절하다. 상황에 대한 고려 없이 사용되는 말장난에 해당하는 유머는 오히려 대화를 방해하거나 공격하는 행위로 인식될 수 있기 때문에 주의가 필요하다. 대화 참여자들이 동일한 목표를 공유하고 있는지에 따라서 대화 관리를 위한 유머 사용은 대화의 촉진제로서의 역할을 할 수도 있지만 대화를 훼방하는 요인이 되기도 한다.

유머는 사물을 보는 유연성, 열린 마음의 반영일 때 더욱 가치가 있다. 이와는 반대로 상습적으로 야유, 조롱, 냉소에 젖어 있으면서 자신이 유머감각이 있다고 생각하는 것은 옳지 않다. 대화의 기본은 상대방을 대접해 주는 것이고, 예절을 갖추는 것이다. "우리 사이에 무슨 예절?"이라고 생각하는 사람들이 가장 상처받기 쉬운 관계에 있는 사람들이다. 친구가 그렇고, 연인이 그렇고, 가족이 그렇다. 언제나 냉소적인 말을 담고 있는 사람은 유머를 빙자해 우월감에 빠져 있는 사람일 뿐이다. 우리에게 유용하다고 생각되는 것들이 모두 양면성을 가지고 있다. 잘 사용하면 좋은 것이지만, 잘못 사용하면 나쁜 것이 되고 만다. 대화에 있어서 유용한 유머도 마찬가지이다. 잘 사용하면 자기감정의 이완뿐만 아니라 다른 사람과의 관계까지 증진시켜 주고, 분위기를 밝게 해 주는 활력소가 되지만, 잘못 사용하면 자신은 근거 없는 영웅주의자로 전락하거나 부정적인 사람이 되고, 다른 사람들의 마음속에도 상처를 주게 된다.

9.2. 유머와 대인관계 기능

사람의 첫인상을 결정할 때 관여하는 요소 중의 하나는 유머감각이다. 유머를 잘 사용하는 사람은 유머감각을 가지고 있는데, 이 감각은 어떤 일의 긍정적인 면을 볼 수 있는 능력이며, 유머러스한 일이 무엇인지 깨닫고 이를 즐기며 창조하는 하나의 능력이다. 첫 만남에서 '유머'를 말하는 사람은 친밀감을 조성하는 데에 탁월한 능력을 가진 사람이고 상대방을 편안하게 해 줄 수 있다.

유머감각을 가진 사람에 대한 호감은 상대방과의 대인관계를 만들어 가는 데에 긍정적으로 작용한다. 유머감각을 가진 사람들은 부정적인 스트레스를 잘 극복하고 다른 사람과의 인간관계를 긍정적으로 구축하며, 이를 유지하는 데에 도움이 될 수 있도록 한다. 곧 유머감각을 키우는 것은 다른 사람과의 관계를 구축 하거나 유지하는데 도움이 될 수 있다(Martin and Lefcourt, 1983; Lefcourt and Thomas, 1998). 유머를 사용하는 과정에서 얻을 수 있는 대인 관계 기능은 사회적 탐색, 사회 규범의 위반과 통제라는 측면에서 확인할 수 있다.

9.2.1. 사회적 탐색

우리는 어떤 사람을 처음 만나면 첫인상을 통해 그 사람의 친절함이나 신뢰도, 성격 등을 파악하고 지속적으로 인간관계를 형성해 나갈 것인가에 대한 선택을 하게 된다. 사람들은 다른 사람들과 관계를 유지할 것인지를 결정하기 위해 상대방의 가치관, 태도, 지식, 정서 상태, 동기, 의도 등을 알아내기 위해 끊임없이 탐색한다. 그런데 이러한 유형의 정보를 상대방에게 직접적으로 물어보는 것은 체면 손상의 위험이 잠재되어 있기 때문에 예절에 어긋나는 행위이다. 그러나 유머는 이러한 내용의 정보를 얻는 데에 도움이 된다.

유머는 직접적으로 언급하기 어려운 성적인 주제, 정치적 견해, 인종, 국적, 직업, 성별 등에 대한 태도 등을 스스로 노출하거나 탐색하는 데에 사용할 수 있다. 예를 들면 특정 정치인에 대한 지지 여부나 정치색을 드러내는 표현과 유머를 사용하여 자신의 정치적 성향을 간접적으로 드러낼 수도 있고, 이에 대해 상대방이 웃음으로 반응하거나 유사한 유머로 응수할 때에는 서로 유사한 견해를 공유하고 있다는 것도 확인할 수 있게 된다.

(5) 대통령과 관련된 표현
　　a. 문슬람: 문재인은 슬기로운 사람
　　b. 문죄인: 문재인 정부는 죄다 인물이 좋아
　　c. 문일성: 문재인 일 잘하고 성실한 대통령
　　d. 문대행: 문재인이 대통령이라서 행복해

(5)가 처음 사용되었을 때에는 부정적인 의미였으나 대통령의 지지자들에 의해 긍정정인 의미로 재해석 되었다. 의사소통 상황에서 (5)를 활용하면 직접적으로 대통령에 대해 평가하거나 지지하는 정당에 대한 의견을 밝히는 것보다 부담스럽지 않게 상대방에 대한 다양한 정보를 수집할 수 있다. 특히 상대방이 어떤 태도를 가지고 있는지 알지 못하는 상황에서는 해석하는 방향에 따라 상대방의 정치적 성향도 확인할 수도 있다.

사람들은 사회 규범 안에서는 금기로 여겨지는 성이나 인종 차별, 종교 등에 관한 이야기도 유머로 포장이 되면 심각하고 진지하게 받아들이지 않는다. 따라서 탐색이 필요한 상황에서 유머를 활용하는 것은 상대방의 관심 수준에 대하여 유연하게 접근할 수 있는 방법이 된다.

> **(6)** 흑인이 시험 치는 것을 네 자로 뭐라고 하는지 아세요?
>
> '검정고시'라고 한대요.

(6)과 같이 인종차별적이거나 성차별적인 유머(표적 집단이 있는 유머)는 상대방에 대한 심각한 공격이 되지만 상대방이 그러한 태도를 용인하거나 공유하는 정도를 보면 통해 상대방의 성향이나 관심 정도를 확인할 수 있다. 그리고 경우에 따라 상대방이 (6)과 같은 유머를 용인하지 않는다면 유머가 가진 모호성이나 철회 가능성을 활용하여 자신을 방어할 수도 있다.

9.2.2. 사회 규범의 위반과 통제

사람들은 유머를 통해 상대방을 탐색할 뿐만 아니라 사회 규범을 위반하거나 강화시키기도 하고 상대방의 행동을 간접적으로 통제하는 데에도 사용한다. 사회적 탐색의 방법으로 활용되는 유머 중에서 표적 집단을 향한 유머는 대상에 대한 일종의 '폭로'로 사용되기도 한다.

> **(7)** 한국사람 말 잘 듣게 하는 법
> - 고등학생: 내신 성적에 반영한다고 한다.
> - 여대생: 확실하게 다이어트 시켜준다고 한다.
> - 정치지망생: 공천해준다고 한다.
> - 국회의원: 다음에 또 찍어 준다고 한다.
> - 아줌마: 자리 비켜준다고 한다.

(7)에서는 대상에 대한 조롱이나 비난이 유머라는 방식으로 약화되기는 했지만 대상이 가지고 있는 약점을 그대로 드러내고 있다. 이와 같은 유형의 유머는 다른 사람을 조롱함으로써 그 사람에 대한 적대적 의도를 드러내거나 깔보는 방식이 된다. 그런데 표적 집단에 속한 사람도 유쾌하지는 않지만 어느 정도 현실을 반영하고 있는 부분이기 때문에 이와 같은 유형의 유머에 대해 보복이나 해명을 요구하기보다는 함께 웃어버림으로써 그 내용을 심각하지 않은 것으로 취급하게 된다.

표적 집단이 사회적으로 우월한 집단에 속하는 경우에는 폭로의 정도가 더 강화된다. 예를 들면 표적 집단에 속한 대상이 자신이 해야 마땅한 일에 대해서도 수행하지 않는 직무 유기, 자신의 목적을 위해서라면 부정한 일도 저지르거나 무조건 약속하는 거짓말 등에 대해 폭로하기도 한다.

> (8) a. 의사: 때맞춰 잘 오셨습니다. 정말 큰일 날 수 있는 상황이었습니다.
>   환자: (깜짝 놀라며) 지금 그렇게 위급한가요?
>   의사: 네. 며칠만 지나면 병이 깨끗하게 나을 뻔했거든요.
> b. 질문: 전구 하나를 갈아 끼우는데 국회의원이 몇 명 필요할까?
>   대답: 세 명. (이유: 한 명은 전구 갈아 끼우고, 한 명은 기자 불러서 홍보하고 한 명은 전기세와 관련해서 다른 당을 비난해야 하기 때문이다.)

(8)에서와 같이, 유머라는 말로 전달되는 내용들이지만 그 안에는 표적 집단이 하고 있는 일이 실제로는 해서는 안 되는 일이라는 점을 드러내어 현재의 상태나 그들의 직무에 대한 경계와 통제를 포함한다. 이와 같은 유형의 유머는 복잡한 사회구조에 내재하는 모순과 모호함을 극복하고 사회구조를

유지하는 데에 도움을 주는 요소가 되기도 한다.

9.2.3. 대인 매력

일반적으로 사람들은 어떤 사람을 만나면, 그 사람이 하는 말이나 행동을 통해 인상을 형성하고 친절성, 신뢰성, 동기 등을 파악하며, 상호작용의 상황을 종합하여 첫인상을 만들게 된다. 사람들의 첫인상을 결정할 때 관여하는 중요한 요소 중의 하나가 바로 유머감각이다. 유머감각은 사람들이 가진 여러 성격 중에서 긍정적인 요소로 평가되는 특성이다. 유머감각이 출중한 사람은 재미있고 쾌활하며, 친절하고 상상력이 풍부하고 지적이며, 다른 사람을 잘 살피고, 정서적으로 안정된 면을 지니고 있다고 평가받는다(Cann & Calhoun, 2001). 특히 사람들은 첫 만남에서 유머러스한 상호작용이 이루어지는 사람이 있다면 그 사람에게 호감을 갖게 된다. 낯선 사람들 간의 첫 만남에서 유머 담화를 서로 나누는 것은 친밀감을 조성하는 데에 활용된다(Fraley & Aron, 2004). 사람들은 특히 자신의 농담에 웃어주는 사람에게 매력을 느끼는데, 그 이유는 서로 유머감각을 공유한다는 사실을 나타내주기 때문이다. 비록 상대방이 낯설기는 하지만 그래도 자신의 유머에 대해 웃어준다면 그 부분에 대한 정서적 공감을 확인하게 되고, 이 공감이 상대방을 매력적으로 느끼는 데에 긍정적인 요소로 작용한다는 것이다.

이런 이유로 사람들은 유머감각을 친구나 연인을 선택하는 기준으로 삼기도 한다. 결혼한 사람을 대상으로 조사한 연구에 따르면, 스스로 행복한 결혼 생활을 하고 있다고 말하는 사람들은 자신의 결혼 생활에 대한 만족도를 부분적으로 배우자와 공유하는 유머 때문이라고 여기는 경향이 있다. 50년 넘게 결혼생활을 유지하고 있는 사람들에게 결혼의 안정성과 지속성에 대한 이유를 물었을 때, '함께 자주 웃는 것'이 가장 중요한 이유로 제시되었다(Lauer, Lauer & Kerr, 1990). 결혼생활에 만족하는 사람들은 유머감각을 포함하여 배우자가 가진 많은 것을 인정하는 경향을 가지고 있음을 알 수 있다.

사람들은 유머감각을 가진 사람들에게 긍정적인 태도를 보이는 경향이 있다. 유머감각이 있는 사람들은 이 외에도 다른 좋은 점을 더 많이 가지고 있을 것이라고 받아들여지고 있으며 이런 생각이 친구나 애인, 배우자를 선택할 때에도 긍정적인 영향을 끼친다. 유머감각을 가지고 있는 사람과 공유하는 웃음은 긍정적인 정서, 긍정적인 태도를 강화하고 신뢰감을 느끼게 하며 친밀한 관계로 발전하도록 도와 서로의 매력을 높이는 기능을 하는 것이다[4].

9.3. 조직의 위계 유지

유머가 조직 내에서 사용되는 경우, 상사나 동료, 자신 등 유머를 사용하는 사람이 누구인지, 의도적인지 아닌지에 따라 그 영향력에 있어서는 차이가 있겠지만 조직 구성원의 관계나 성과에 영향을 미친다(임창희, 2009). 기업의 경영환경이 급변하는 현대에 와서는 진보된 생산기술이나 새로운 시대에 적응하기 위해서 유연한 조직구조를 필요로 하는데, 사람들의 행동을 통제하

---

4   이덕로 외(2009: 655-658)에서도 유머감각이 높은 사람들은 유머를 적절히 사용하여 팀원 간에 서로 협력하는 분위기를 증대시켜줄 수 있으며, 자신들이 조직 내에서 발전하는 데에 필요한 기술을 습득에 있어서도 효과적이며, 경력 성과에도 유의미한 영향을 미친다는 것을 통계적으로 밝히고 있다. 이와 같은 결과를 통해 유머감각이 높은 사람이 가진 조직 적응력 및 인간관계 대처 능력이 그들을 긍정적으로 평가하게 하는 바탕이 됨을 알 수 있다.

고 사회규범을 강화시키는 유머는 조직의 유연성을 확보하는 데에 관여한다. 동료나 부하 직원의 실수에 대해 적절한 유머를 활용하여 메시지를 전달하면 상대방의 체면을 세워줄 수 있는 방법이 된다. 뿐만 아니라 유머는 조직의 위계와 조직 내에서 개인의 지위를 강화하는 데에도 활용될 수 있다.

9.3.1. 리더의 유머 사용

좋은 유머감각은 지능, 창의성, 설득력, 화법, 그리고 사회적 기술과 함께 유능한 리더에게 필요한 주요 덕목이다. 작업할 과제를 전달하고 동기를 부여하여 행동을 변화시키는 데에 도움을 주고 창의성을 조장하고 스트레스에 대처하며 관리자와 부하 직원 사이의 상호작용을 더 긍정적이고 편안하게 만든다는 점에서 유머 사용은 매우 유용하다.

조직의 리더가 평소에 유머를 사용하는지, 어떤 종류의 유머를 얼마나 사용하는지에 따라 조직 분위기와 부하 직원들의 업무 능력이 좌우된다. 조직의 리더는 유머를 이용해 더 열린 환경을 조성하고 모든 조직 멤버가 자신의 의견을 표명할 수 있도록 북돋을 수 있기 때문이다. 실제로 외국의 여러 기업 ─ 사우스웨스트항공, 벤 앤 제리(Ben & Jerry) 아이스크림회사, 썬마이크로시스템즈에서는 리더의 유머를 바탕으로 이루어진 유머 경영을 통해 직원의 강한 헌신, 화합, 높은 업무 수행능력 등을 만들어 내기도 하였다.

부하 직원들에게 자신의 상사를 유머감각과 리더십 스타일과 관련하여 평가하게 했더니, 자신의 상사가 유머감각이 높은 것으로 평가한 직원들이 그렇지 않은 직원들에 비해 높은 직무 만족도를 나타내었으며, 상사가 긍정적인 유머를 사용한다고 자각하는 경우, 부정적인 유머를 사용하는 상사에 대한 평가보다 더 높은 리더십 능력을 가지고 있다[5]고 평가하였다(Decker, 1987). 또한 유능한 리더십을 평가하는 데에 유머감각의 중요성이 성별에 따라서 차이가 있는지에 대한 연구에서는 남성 관리자가 여성 관리자보다 긍정적인 유머와 부정적인 유머를 모두 더 많이 사용하는 것으로 평가되었으며, 유머와 리더십 능력 간의 관계는 남성 관리자보다 여성 관리자에게 더 큰 영향을 끼치는 것으로 나타났다(Decker & Rotondo, 2001). 따라서 관리자가 긍정적인 유머를 사용한다고 지각할 때, 더 유능한 리더로 간주되며, 부적절한 유머를 사용하는 상사는 리더십에서 부정적인 평가를 받는 경향이 있다.

프리스트와 스웨인(Priest & Swain, 2002)에서는 미국의 육군 사관후보생을 대상으로 리더의 유형에 따라 각각 사용하는 유머에 차이가 있는지 조사하였다. 이 조사에서 응답자들은 자신이 생각하기에 좋은 리더는 따뜻하고 유능하며 자애로운 유머스타일을 더 많이 가졌다고 평가하였으며, 나쁜 리더는 냉담하고 서투르며 천박한 유머스타일을 가지고 있다고 평가하였다. 곧 긍정적인 유머를 사용하는 상사가 유능한 리더로 평가받는다는 것을 확인할 수 있고, 유머를 부적절하게 사용하는 경우에는 리더십 능력에도 부정적인 평가를 받는 경향이 있음을 알 수 있다.

이처럼 조직의 리더가 어떤 리더십을 보이고 얼마나 유머를 구사하느냐는 조직원들의 업무 능력에도 영향을 끼친다. 안지현 외(2016)에서도 직장 상사의 유머감각이 조직원의 직무 만족, 조직 몰입, 이직 의도 등 조직유효성 변

---

5 긍정적인 유머는 관리자가 의사소통을 하기 위해서 유머를 사용하는 것, 재미있는 농담, 공격적이지 않은 유머를 가리키며, 부적절한 유머는 성적인 유머와 모욕적인 유머 사용을 가리킨다(Martin, 2006; 신현정, 2008: 449)

수와 유의적인 상관관계를 맺고 있는 것으로 나타났다. 특히 상사의 유머 활용 정도와 유머 사용에 대한 긍정적인 평가는 구성원의 직무 만족과 조직 몰입에 직접적인 영향을 미치는 것으로 나타났다. 또한 상사의 유머 활용은 조직원의 이직 의도에는 부(-)의 영향을 미치는 것으로 나타나 리더의 유머감각이 조직의 성과에 기여할 수 있음을 확인하였다. 특히 Lyttle(2007)에서는 서비스 기업에서 리더가 활용하는 유머는 사회적 거리감을 줄이고 친밀감을 향상시켜 즐거운 기분과 행복감을 고취시키는데 기여하는 것으로 나타났다. 리더의 적절한 유머 사용은 조직 내의 공동체 의식과 친밀감을 향상시키는 데에 영향을 미치기 때문이다.

상사의 유머가 부하 직원의 창의성에 긍정적인 영향을 미치는 것은 자기 강화적 유머이지만 공격적인 유머는 오히려 창의성을 떨어뜨리는 것으로 나타났다. 상사가 자기 강화적 유머를 사용할 경우, 즉, 부정적이거나 스트레스를 받는 상황을 유머를 통해 긍정적으로 변화시키려고 노력하는 경우, 부하들이 더욱 창의적인 결과를 달성하게 된다. 상사의 자기 강화적 유머가 부하의 창의성에 긍정적인 영향을 미치는 이유는 상사의 유머가 부하들로 하여금 자신들의 직무를 즐겁게 수행할 수 있도록 내재적인 동기유발을 향상시켜 주기 때문이다[6].

유머는 21세기 리더가 갖추어야 할 필수덕목이면서 조직을 긍정적으로 이

---

6   이덕로 외(2013: 47-52)에서는 상사의 유머를 측정하기 위해 Martin et al.(2003)이 개발한 Humor Styles Questionnaire (HSQ) 8개 항목을 토대로 상사의 유머에 대해 조사하였다. 그 중에서 상사의 '자기강화적 유머' 사용과 부하 직원의 내적 동기 부여와의 상관관계를 살피기 위해 '인생을 낙천적으로 바라보기 때문에 일들로 인해 지나치게 기분이 상하거나 우울해지지 않는다.'와 '우울할 때, 유머로 자기 자신을 유쾌하게 할 수 있다.'는 문항에 대해 7점 척도로 응답하게 하였다. 그 결과 상사의 자기강화적 유머는 부하의 내재적 동기 부여와 유의미한 상관관계를 가지고 있는 것으로 나타났다(β =.44, p 〈 .01).

끄는 큰 힘이 된다. 미국인들은 유머감각을 대통령의 가장 중요한 자질로 평가한다. 지난 2016년 미국의 대통령 선거 전에 ABC 뉴스와 여론조사업체 SSRS가 실시한 여론조사 결과에 따르면, 응답자의 74%는 대통령이 유머감각을 갖추는 것이 중요하다고 평가했으며, 아니라고 응답한 사람은 7%에 불과했다(뉴시스, 2016.10.24). 미국의 대통령 – 링컨, 포드, 레이건 등은 모두 탁월한 유머감각을 가지고 있었으며, 특히 미국 최초의 흑인 대통령인 오바마는 특유의 유머감각으로 미국인들에게 매우 인기가 있었다.

(8) a. 레이건이 1981년 존 헝클리에게 총을 맞았을 때다. 레이건은 걱정하는 아내 낸시에게 이런 유머를 날렸다. "여보! (배우처럼) 총알 피하는 것을 깜빡했어". 병원에 가서는 수술 의사들에게 "여러분이 공화당 지지자였으면 좋겠는데…"라고 조크를 던졌다. 이를 들은 의사는 "지금만은 모두가 공화당원입니다"라고 답했다.

〈경인일보: 이영재 칼럼, 2017, 1.17.〉

b. "당신이 미국 사상 최후의 흑인 대통령이 될 것 같다" 인터넷 막장 토크쇼 진행자가 '막말'에 가까운 질문을 했을 때도, 재치 있게 맞받아쳤습니다. "그래서 의료보험만큼은 확실히 만들어두려고요" 자신이 강력히 추진한 의료보험 정책을 홍보하는 데 역이용한 겁니다. 이 유머를 담은 영상은 조회수 1,100만 건을 넘어섰고, 젊은 세대의 의료보험 가입률은 크게 늘었습니다.

〈엠빅뉴스, 2016.06.01.〉

중요한 의사소통 능력의 하나인 유머는 리더나 관리자에게 필수적이다. 성공한 리더의 공통점은 유머감각이다. 유머는 사람을 모이게 하고 신뢰를 심어주는 요소이다. 상대방에 대한 전반적인 호감은 그 사람이 가진 유능한 리더십 능력뿐만 아니라 어떤 유머감각을 가지고 있는가에 의해 결정될 수 있다. 리더는 앞서서 즐거움을 만들어야 한다. 리더의 웃는 표정, 유머 하나하나는 조직을 부드럽게 만드는 윤활유가 될 수 있기 때문이다.

9.3.2. 지위의 강화

일반적으로 사람들은 자신이 낮은 위치에 있으며 자신의 권한이 적은 조직에 있을 때보다 자신이 주도적인 위치에 있는 조직 안에 있을 때 유머를 사용하는 빈도가 더 높다. 또한 이때 사용된 유머의 내용은 비판적이거나 상대방의 행동을 교정시키기 위한 내용으로 메시지를 구성한다(Martin, 2006). 코저(Coser, 1960: 95)에서는 어느 병원의 직원회의 중에 유머를 사용하는 양상을 관찰하였는데, 높은 지위의 의사가 낮은 지위의 레지던트나 간호사보다 유머를 사용하는 정도가 훨씬 높았으며, 그 내용은 비판적이거나 행동을 교정시키는 메시지를 전달하는 방식으로 활용되었다. 이에 비해 하급자는 상급자를 직접 향한 유머를 억제하고 대신 자기 비하적이거나 외부 집단을 표적으로 삼는 유머를 사용하는 경향을 보였다. 이와 같은 연구 결과를 통해 유머가 복잡한 사회 구조에 내재하는 모순과 모호함을 극복하며, 사회구조를 유지하는 데에 도움을 준다는 것을 확인할 수 있다.

집단 토의가 이루어지는 상황에서도 대체로 다른 사람의 말에 끼어드는 사람은 유머를 사용하고 다른 사람들을 웃게 만들 가능성도 높으며, 반대로 다른 사람에 의해 자신의 발언기회를 자주 빼앗기는 사람은 유머를 표현할 가능성이 매우 낮다(Robins & Smith-Lovin, 2001). 집단 토의에서 초기에 유머를 사용하는 것은 그 토의에 참여한 사람들 사이의 질서와 지위를 결정하는 수단이 되기도 한다. 특히 남녀가 같이 있는 집단에서 남성이 여성보다 유머를 사용하는 빈도가 더 높고, 여성은 남성의 유머에 더 많이 웃는 경향이 있다는 것도 유머가 여성이나 차별받는 소수 집단의 위치를 통제하는 수단으로 사용되었다는 반증이 된다. 특히 남성의 유머가 불쾌하고 갈등을 일으키는 요소가 되어도 표적이 된 여성의 입장에서는 반박하기가 쉽지 않다. 남성이 '그저 농담일 뿐이다'라고 말해 버리면 유머도 이해하지 못하는 사람으로 비춰지게 되기 때문이다. 오늘날에도 여전히 이와 같은 유형의 유머가 사용되기는 하지만 더 이상 여성을 통제하는 수단으로 유머가 사용되기는 어렵다.

그런데 이와 달리 지위가 낮은 사람도 상대방으로부터 주의를 끌고 인정받기 위한 방법으로 유머를 사용하기도 한다. 이때 사용되는 유머는 자기 비하적인 경향이 있으며 다른 사람의 농담에 웃음을 보태거나 스스로 놀림의 표적이 되어 함께 웃는 방식을 취하기도 한다. 자신이 낮은 위치에 있을 때에는 자신을 희생하여 다른 사람을 즐겁게 하려는 노력이 수반된다. 장해순 외 (2014: 325-327)에서는 설문조사 결과를 통해, 자신을 웃음거리로 만들면서 다른 사람과의 관계를 유지하고 구축하려는 자기 비하적인 유머를 많이 사용하는 대학생일수록 대인관계에서 친밀감을 많이 형성하고 있다는 점도 보여주었다[7].

유머 있는 사람은 듣는 사람이 만든다. 유머에 호응해 주고 웃어주는 사람에 의해서 유머감각은 키워지는 것이다. 아무리 재미있는 유머를 즐겁게 말

---

7   그러나 자신을 비하하면서 다른 사람과의 관계를 고양시키고자 하는 자멸적 유머는 대인관계 만족감에는 부정적인 영향($\beta=-.11$, $p<.01$)을 미치고 있음을 함께 밝히고 있다(장해순 외, 2014: 326).

해도 들어주는 사람의 반응이 없으면 아무 것도 아닌 것이 되어 버린다. 유머를 들을 때는 다음과 같은 방법으로 들어보면 더 재미있게 느껴질 것이다.

첫째, 모른 척하자. 용기를 내어 애써 유머를 말하자마자, "나 그거 아는데", "어 그거 들은 적 있어"라면서 아는 척하는 사람을 대하면 더 이상 유머를 말하기가 어려워진다. 유머를 즐기는 가장 좋은 태도는 경청하는 것이다. 대화가 이루어지는 상황에서는 상대방이 하고 싶은 이야기를 다할 수 있도록 기다려 주는 배려가 필요하다. 아는 이야기라고 하더라도 모르는 척하고 끝까지 들어줄 때 다른 사람도 내 이야기를 들어준다.

둘째, 재미있게 들어주자. 시시하고 재미없게 여겨지는 유머라도 즐거운 표정으로 웃어주자. 아무리 재미있는 유머라도 내가 알고 있는 이야기라면 재미가 반감된다. 그러나 우리의 뇌는 재미있는 척만 해도 실제로 재미있게 느끼고 긍정적인 기분을 느끼게 하는 호르몬을 분비한다. 웃는 표정으로 상대방의 유머를 들어주면 즐거움의 정서를 공유하게 되어 서로 즐겁게 웃을 수 있게 된다.

세 번째 호탕하게 웃어주자. 유머를 말했는데 상대방이 전혀 반응을 보여주지 않으면 말한 사람은 머쓱하고, 상처를 받을 수도 있다. 누군가 웃기기 위해 노력할 때 조금만 더 과장해서 반응을 해주면 상대방은 큰 용기를 얻을 수 있다. 특히 아이들과 이야기를 나눌 때는 아이의 이야기에 어른들이 큰 소리로 웃어주어야 한다. 자신이 하는 이야기에 상대방의 반응이 긍정적이면 아이는 자신감을 얻게 되고 자신의 능력을 믿게 된다. 그러나 아이의 유머에 대해 상대방이 비난하거나 무시하는 태도를 취하면 아이는 상처를 받고 결국 자존감에도 부정적인 영향을 미칠 수 있다. 유머는 들어주는 사람이 있어야 의미가 있다. 재미가 없어도 웃어주고 유머의 싹이 자랄 수 있도록 도와주어야 한다.

인간관계는 서로 얼마나 잘 웃느냐에 의해 결정된다. 잘 웃을 때 즐거움을 공유하게 되고 감정적인 친밀감이 발전하게 되는 것이다. 즐거움은 전염되고 즐거움을 전하는 사람은 모두에게 환영받는 사람이다. 즐거움을 나누고 공유하기 위해서는 내가 먼저 즐거워야 한다. 즐거운 인간관계를 만들고 싶다면 스스로 먼저 즐거워지도록 노력하자. "재미있는 유머 있으세요?" 이런 질문 한마디면 곧바로 사람들은 즐거운 생각을 하게 된다. 이제 이렇게도 말해보자. "재미있는 이야기 들려줄까?" 상대방은 이미 즐거운 마음으로 이야기를 기다릴 것이다.

/ 10 /

유머와 사회

어떤 사회 구성원들의 의식이나 문화에 대해 살펴보기 위해서는 그들이 사용하는 언어의 모습을 확인하면 된다. 그래서 특정한 사회에서 유행하는 말을 보면 현재 그 사회에서 가장 이슈가 되고 있는 주제가 무엇인지 알 수 있다.

사람들은 사회에 대한 불만이나 부조리한 상황에 대해 표현하고 싶어 한다. 그러나 이와 같은 사회 현상에 대하여 직접적이고 노골적으로 표현하기 어려울 때가 있다. 이때 사람들이 선택하는 방식 중의 하나가 유머이다. 그래서 어느 한 시대에 유행하고 있는 말이나 유머에는 그 시대의 사회상이나 사회 구성원들의 현실에 대한 인식이 잘 드러난다. 사람들의 공감과 호응을 얻은 유머는 일시적이기는 하지만 재미와 쾌감을 주고 동시에 사회의 다양한 모습을 우회적으로 풍자하는 기능을 한다. 요즘 유행하고 있는 다양한 형태의 인터넷 정치 패러디는 바로 이러한 비판적인 메시지가 담긴 유머로서 우리 사회의 주요 의제를 설정하고, 여론을 형성하는 데에 기여한다. 더불어 사회적으로 의미 있는 중요한 정보와 가치를 함축적으로 담고 있기도 하다.

그러므로 특정한 시기에 사람들이 어떤 유머를 사용하고 있는가를 살펴보는 것은 그 시대의 사회상이나 사람들의 의식을 가늠해 볼 수 있는 방법이 되며, 사회의 흐름에 따라 생성 소멸되는 유머는 그 당시의 사회상을 확인할 수 있는 간접적인 척도가 되기도 한다.

이 장에서는 유머와 사회와의 관계에 대해 살펴보고 특히 한국 사회의 권위에 대한 부정과 사회현상에 대한 비판의 기능을 하는 유머에 대해 살펴보고자 한다.

10.1. 유머와 사회와의 관계

유머는 사회적 상호작용 속에서 공유되는 요소이다. 특정한 장소와 시기에 이루어지는 유머는 실용적인 정보를 교환하는 소통은 아니지만 사회 일반, 또는 특정 사회 집단에서 사회, 문화, 도덕적 질서와 관련하여 중요한 태도나 가치, 정서를 나누는 소통이라고 할 수 있다. 유머는 단순히 개인적 차원의 체험으로만 볼 수 없는, 사회적 관계 속에서 이루어지는 소통이다(강병창, 2016: 24). 다음의 만평 내용은 사회적 소통의 도구로서 활용될 수 있는 자료이다.

(1) 울화통 터지는 BMW 아재 개그

– BMW를 집에 두고 오면?	– 車두리
– BMW 두 대가 불이 나면?	– 쌍화車
– BMW 세 대가 불이 나면?	– 타타타
– 한국에서 판 BMW는?	– 우롱車
– BMW 회사가 차주들에게 한 말은?	– 火내지 마
– BMW 회사의 슬로건은?	– 인명재車
– BMW 타고 여름 휴가 가면?	– 불바다

〈서울신문: 조기영 세상터치, 2018. 8. 10.〉

(1)은 2018년 여름 연이어 화재 사고가 발생한 차량에 대한 문제점을 아재 개그로 풀어낸 신문의 만평이다. 차량 자체의 결함, 제조사의 무성의한 대책, 정부의 뒤늦은 대응 등에 대한 비난 여론이 포함되어 있다. 특히 비웃음이나 조롱이 담긴 유머가 사회적 질서에 대한 위반을 비웃거나 교정을 기대하는 일종의 폭로로서 기능을 한다고 보면, (1)에는 문제 해결을 원하는 사회 구성원의 소망이 포함되어 있기도 하다.

사회상이 반영된 유머는 시대를 반영하는 측면이 있기 때문에 유행하던 시기에는 '시리즈'로 양산되기도 하지만 시간이 지나고 나면 사라지기도 한다. 예를 들어 최초의 시리즈 유머인 〈참새 시리즈〉는 유신 체제 아래 있는 소시민의 모습을 반영하며[1], 1980년대에 유행했던 〈입 큰 개구리 시리즈〉 유머는 자신을 과장되게 이야기 하며 잘난 척하는 사람들을 표적으로 삼고 있다. 그래서 해외여행이 자유롭지 않았던 시절, 외국에 다녀온 것만으로도 자랑이

---

[1] 흔히 '참새'는 작고 보잘 것 없는 것의 대명사이며, 힘없고 빽 없는 민초를 상징한다. 한때 크게 유행했던 '참새 시리즈'는 이런 복합적인 이미지를 통해 당시의 사회상을 절묘하게 풍자하였다(매일신문 칼럼, 2008. 12. 8.)

되는 시절에는 다음과 같은 유머가 유행하기도 했다.

(2) 해외파 입 큰 개구리 이야기

미국에 다녀온 개구리가 거만하게 어깨를 흔들며 다니다 황소를 만났다.

개구리: (혀 꼬부라진 소리로) 오우, 쏘야, 쏘야, 넌 뭘 먹고 사니?

황 소: 나는 풀 먹고 살지.

개구리: (혀 꼬부라진 소리로) 샐러드? 오케이, 바이바이!

신나서 길을 가던 개구리가 이번에는 호랑이를 만났다.

개구리: (혀 꼬부라진 소리로) 오우, 타이거~, 넌 뭘 먹고 사니?

호랑이: 나는 고기 먹고 산다. 왜?

개구리: (혀 꼬부라진 소리로) 오우, 리얼리? 오케이, 바이바이!

또 신나서 길을 가던 개구리가 이번에는 뱀을 만났다.

개구리: (혀 꼬부라진 소리로) 오우, 뱀아, 뱀아~, 넌 뭘 먹고 사니?

뱀: 나는 너 같이 혀 꼬부라진 개구리 먹고 산다.

그러자 개구리는 두 손을 싹싹 비비며 말했다.

개구리: 아따, 성님, 무슨 말을 그렇게 섭하게 하신다요?

그러나 해외여행이 자유로운 현재에는 (2)와 같은 유머는 더 이상 시대를 반영하는 유머로서의 기능을 하기는 어렵다. 외국에 다녀온 것만으로 허세를 부릴 수 있는 사회가 아니기 때문이다.

유머에 반영된 사회는 보통 구조적 갈등과 모순이 내재된 모습으로 그려진다. 예를 들어 참새 시리즈나 입 큰 개구리 시리즈, 만득이 시리즈 등의 내용을 살펴보면, 포수와 참새, 개구리와 뱀, 만득이와 귀신 등의 대립되는 관계속에서 나타나는 갈등을 보여준다. 또한 윤택해진 경제 상황을 반영하거나외모 지상주의에 대한 비판, 세대 간의 단절 등의 내용을 통해 당시 사회의 모습이 어떠했는가를 짐작할 수 있게 한다.

　사회의 모습을 반영한 유머에는 특정 집단을 대신하는 인물, 비난 받을 수밖에 없는 행위 등이 다소 극단적이고 과장된 모습으로 나타나지만 침묵하기보다는 현재 우리 사회에서 가장 중요한 문제가 무엇인지 인식할 수 있게 한다. 또한 직설적이지 않고 에둘러 다소 모호하게 표현함으로써 자신의 입장을 드러낼 수도 있고, 문제에 대한 소극적인 저항도 할 수 있게 한다.

10.2. 권위에 대한 부정

　유머는 수수께끼와 같은 단순한 말장난에서부터 사회 풍자적인 것까지 다양한 소재를 바탕으로 만들어진다. 특히 풍자 유머에는 사회적으로 권위 있는 대상을 소재로 하여 직설적이고 공격하기 어려운 내용에 대해 우회적으로 비판하려는 경향을 담고 있다. 권력과 지위를 가진 대상을 희화화함으로써 그들의 모순된 모습을 지적하고, 나아가 일반 대중들의 좌절감이나 무력감을 해소하기도 한다.

10.2.1. 기존 지위에 대한 부정

　유머에 나타난 기존 지위에 대한 부정은 권위의 하락을 가리키며 가장 대표적인 대상이 남성이다. 특히 중년 남성을 표적으로 삼은 '아재 개그'도 달라진 남성의 지위를 나타낸다. '아재 개그'란 40–50대 중년 남자인 화자가 발화하는 재미없고 단순한 말장난이나 언어유희'를 뜻한다. 이때 '아재'는 아저씨의 낮춤말로서 중년 남성을 비하하는 표현으로 사용된다.

(3) 아재 개그
  a. 오리가 얼면?   – 언덕
  b. 맥주가 죽기 전에 한 말은?   – 유언비어
  c. 전화로 세운 건물은?   – 콜로세움
  d. 반성문을 영어로 하면?   – 글로벌

아재 개그는 (3)과 같이 주로 동음이의어나 중의성에 입각한 단순한 말장난이나 언어유희에 해당하는 유머를 가리킨다. 이 유머의 생산자인 '아재'는 유머감각도 없으면서 자신보다 젊은 세대인 청자에게 억지 유머를 말하고 자기 혼자 즐거워하는 사람이며, 권위적이고 소통과 배려에 미흡하며 무례하고 유치한 인간형으로 묘사된다. 이를 통해 한국 사회에서 중년 남성이 어떻게 전형화 되고 있는지를 보여준다[2].

또한 남성 중심의 사회에서 가장으로서, 아버지로서, 남편으로서 대접을 받던 남성의 모습이 유머 안에서는 정 반대로 나타나 아내의 눈치를 보는 소심한 남편이나 가정 안에서 존재의 가치조차 확인하기 어려운 아버지의 모습 등으로 나타난다. 요즘 텔레비전에서는 기존의 권위적이고 엄격한 아버지와 달리 탈권위적이고 감정 표현에 익숙한 아버지를 이상적으로 묘사함으로써

---

[2] 김윤경(2017: 259)에서는 '아재'는 처음에는 비하하는 말로 사용되었지만 최근에는 기존의 권위적이고 보수적인 아저씨(일명 꼰대, 개저씨)들과 달리 젊은 세대와 소통하려고 노력하는 친근한 아저씨를 뜻하는 긍정적인 애칭으로 보았다. 그리고 그 근거로 재미는 없지만 그래도 '소통'하기 위해 노력하는 아저씨들의 모습을 수용자인 젊은 세대가 긍정적으로 바라보기 때문이라고 보았다. 시대에 따라 구성원의 인식이 어떻게 달라지는가 하는 것을 보여주는 변화라고 할 수 있겠다.

새로운 남성상을 제시하고 있다. 이와 같은 남성의 모습은 사회 변화에 따라 이루어진 여성의 지위 상승과 밀접한 관련이 있다.

(4) 강아지와 남편의 공통점
　　a. 끼니를 챙겨줘야 한다.
　　b. 가끔씩 데리고 놀아줘야 한다.
　　c. 복잡한 말은 못 알아듣는다.
　　d. 처음에 버릇을 잘못 들이면 내내 고생한다.

(5) 애처가와 공처가의 차이는?
　　- 애처가는 집안일을 취미로 하고 공처가는 집안일을 의무로 한다.

자료 (4)에서는 남편을 강아지와 비교하여 늘 챙겨주어야 하는 답답하고 모자라는 대상으로 인식하고 있음을 볼 수 있다. 또한 (5)에서는 여성의 사회 활동으로 인해 집안일을 담당하는 남성의 모습에 대한 인식의 정도를 알 수 있는데, 집안일은 남성이 어쩔 수 없이 해야 하는 일이 아니라 즐겁게 당연히 해야 하는 일로 인식하고 있으며, 그 역할을 분담하고 싶어 하지 않는 경우에는 비정상적인 사람으로 취급해 버리는 것을 알 수 있다.

(6) 간 큰 남자 시리즈[3]
    a. 아침에 밥 달라고 식탁에 앉는 남자
    b. 반찬 투정 하는 남자
    c. 아내 눈 똑바로 보고 말대꾸하는 남자
    d. 귀가한 아내에게 행선지 물어보는 남자
    e. 아내에게 전화 건 남자 누구냐고 물어보는 남자

(6)에서와 같이 남편은 아내가 불편해 할 만한 일을 하는 것은 해서는 안 되는 일로 표현하고 있으며, 심지어 다음의 (7)에서와 같이 존재하는 것 자체가 불만인 것으로 묘사될 정도로 남성의 지위는 과거와는 매우 다른 모습을 나타내고 있다.

(7) 동창회에 다녀온 할머니가 시무룩해 있었다. 남편이 이상하게 여겨 아내에게 그 이유를 물었다. "왜? 당신만 밍크코트 없었어?" 할머니는 힘없이 고개를 가로저었다. "그럼, 당신만 다이아 반지 없었나?" 할머니는 고개를 또 가로저었다. "그럼 왜 그러는데?" 그러자 할머니는 크게 한숨을 쉬면서 "나만 남편이 살아있더라."

이와 같은 유머는 과거와는 달라진 남성의 권위를 반영한 것이라는 견해도 있지만 한편으로는 우리 사회가 아직도 여성이 정당하게 대접받지 못하는 사회라는 것을 보여주는 것이라는 견해도 있다. 유머에서조차 남성의 기죽은

---

3   간 큰 남자 시리즈가 유행하던 시기에는 직장과 대학가로 급속히 확산되어 간 큰 상사, 간 큰 선배, 간 큰 아내 등 무수히 많은 아류 유머를 만들어 냈다. 이 '간 큰 시리즈'의 유행은 권위주의 정치문화가 퇴색하고 신세대들이 사회 각 분야에 본격적으로 진출하면서 우리 사회 전반에 팽배해 있는 권위의 부재를 풍자했다는 평가를 받았다(김웅래·오진근, 1996).

모습을 문제로 삼는 것은 여전히 남성 존중의 사회이기 때문이라고 해석하는 것이다.

유머를 폭로의 기능과 더불어 사회적 규범의 통제라는 측면에서 생각해 보면 이 두 견해 모두 받아들여질 수 있는 여지가 있다. 그러나 가정 안에서 아들과 딸의 차별이 없어지고 오히려 '딸바보'라는 말이 생길 정도로 딸에 대한 선호도와 기대가 높아지고 양성 평등을 존중하는 사회로 변해가는 것이 지금의 현실이다. 남성 중심의 사회에서는 여성이라는 것 자체가 표적이 되어버리는 유머가 만들어졌듯이 이제 그 대상이 달라져서 남성이 표적으로 등장하는 유머가 생성되는 것을 보면 우리 사회가 과거와는 많이 달라졌다는 것을 확인할 수 있다.

10.2.2. 우월한 집단에 대한 부정

우월감에 의한 유머에는 특정 집단에 대한 거부감이나 적대감, 능력에 대한 비하 등이 유머의 소재가 되면서 우리 사회의 인식이 표출되기도 한다. 대표적으로 정치인, 전문인, 종교인과 같은 집단이 그 대상이 되며 정치인 중에서도 대통령이 유머의 대상이 되기도 한다.

> (8) a. 한 남자가 짜증이 잔뜩 난 채 술 집에 들어왔다. 그는 맥주를 한 잔 주문하면서 말했다. "정치인은 다 거지 같은 놈들이야." 그러자 옆에 앉아있던 사내가 말했다. "좋게 얘기할 때 그 말 취소하슈!" 사내의 말에 당황한 남자는 약간 수그러진 말투로 말했다. "정치가세요?" 그러자 사내가 당당하게 말했다. "나? 나는 거지요."

b. 중국집에 전화가 왔다. "여기 **당인데 짜장면 하나 갖다 줘요." 급하게 짜장면 배달을 가고 있는 중 휴대전화 벨이 울렸다. "아까 전화한 사람인데 나 ○○당으로 옮겼어요." 배달원은 다시 ○○당으로 가는데 다시 전화가 왔다 "난데, 아까 그 짜장면! 그런데 나 검찰청에 와 있어요." 배달원은 다시 검찰청으로 발을 돌렸다. 그때, "난데, 아까 그 짜장면. 나 유치장이야!"

(8)에서는 권력을 가진 정치인이지만 누구도 비교의 대상이 되기를 거부할 만큼 부정적인 인물로 묘사되고, 이익을 위해 여기 저기 당적을 옮기거나 비리 때문에 검찰 조사를 받는 정치인의 모습을 드러내고 있다. 도덕적 타락과 같은 정치인의 부정적인 면에 대한 유머는 그 집단에 대한 불만의 토로이다[4].

(9) a. 정치인들에게 가장 많은 날은?
 - 3위 일요일
 - 2위 명절
 - 1위 만우절
b. 정치인과 양아치의 공통점
 - 자기들끼리 몰려다닌다.
 - 다른 사람들이 자기들을 우러러 보는 줄 착각한다.
 - 다른 사람들의 돈을 착취한다.

---

4 유머는 차별 당하거나 부당한 대우를 당하는 약자의 입장에서는 하나의 무기가 되기도 한다. 특히 서구 유럽에서는 유머를 통해 정치가 공개적으로 비판될 수 있는 공간으로서 활용되기도 하여, 통일 독일 이후에는 구전되던 동독 시기의 체제 모순과 억압에 관한 정치 유머가 여러 권의 책으로 발간되기도 하였다(최승완, 2000: 192). 흔히 사회가 자유롭고 민주적일수록 정치 유머는 줄어든다고 하는데, 이는 정치 유머와 사회와의 관련성을 보여주는 것이라 할 수 있다.

- 자기들끼리도 싸운다.
- 정말 자주 싸운다.
- 사람들에게 별로 인정을 못 받는다.
- 항상 권력을 얻기 위해 안간힘을 쓴다.

짧은 문장이나 구를 통해 정치 현실의 부정적인 부분과 실제로 정치인을 보면서 생각하게 되는 부분을 유머의 소재로 삼고 있다. 이와 같은 유머는 현실 사회와 관련하여 이해되는 것으로 대중들이 정치권을 바라보는 시각을 단적으로 드러낸다. 특히 (10)과 같이 지역적 특성을 확인하게 하는 방언을 사용하는 풍자 유머가 생성되기도 한다.

(10) 사투리가 심한 지방의원후보가 시골 선거구에서 공약을 하고 있었다. "여러븐~. 이곳을 강간(관광)단지로 개발하겠습니다. 그러기 위해서는 우선, 구석구석에 도로를 간통(관통)하겠습니다. 여러븐!" 이에 다른 후보가 나섰다. 그는 전직 외무부장관이었다. "친애하는 유권자 여러분. 강간이 뭡니까? 관광이지... 또 간통은 뭡니까? 관통이지." 듣고 있던 사투리 후보가 화를 냈다. "이보시오. 전 애무부장관! 당신은 애무나 잘하지 선거엔 왜 나와요?"

정치적 집단에 속한 인물 중에 풍자의 대상이 (11)과 같이 대통령이 되면 직설적으로 불만이나 적대감을 드러내지 않고 우회적으로 표현하여 사람들이 거부감 없이 받아들이게 하는 경우도 있다.[5]

---

5 손세모돌(1999: 240)에서는 반어적 방법으로 실책을 드러내어 국민들의 분노를 더욱 강하게 느끼게 한다고 보았다.

(11) 김영삼 전 대통령의 훌륭한 업적

    a. 교통문제 해결: 기름 값을 몇 배로 올려 차가 안다니게 해주었다.

    b. 남북간 소득격차 해소: 이제 북한과 다를 바가 없다.

    c. 빈익빈부익부 현상 해소: 수많은 대기업이 망했다.

    d. 국위선양: IMF에서 많은 돈을 빌려 이제 세계에서 아주 유명해졌다.

우리 사회에서 전문직에 대한 인식은 극단적이다. 한편으로는 동경의 대상이 되는 집단이면서도 또 다른 한편으로는 부도덕한 집단으로 생각하기 때문에 유머 속에서는 물질만능주의자나 고소득자이면서도 세금을 적게 내려고 하는 비양심적인 집단으로 표출된다.

(12) a. 의대생이 학교에서 제일 먼저 배우는 것은?

    – 처방전을 휘갈겨 쓰고 청구서는 또박또박 쓰는 것

    b. 한 손님이 약국에서 약을 사서 나오는데 약사가 헐레벌떡 뛰어 달려 나왔다. "손님, 약이 바뀌었어요." " 하마터면 큰일 날 뻔했어요. 간장약을 드린다는 독약을 드렸어요." 손님이 기겁을 하고 소리쳤다. "정말 큰일 날 뻔했네요." "그러게요. 독약이 간장약보다 두 배나 값이 더 비싸거든요."

또한 권력층의 비리와 관련된 유머는 주로 인연을 동원하여 부정부패의 고리가 되는 현실을 풍자한다. 당연히 해야 할 일에 대해서도 사적인 관계를 부당하게 이용하려는 태도 등을 비판하는 유형의 유머가 이에 속한다.

(13) 한 은행에 은행장 부인이 찾아왔다. 부인은 자기가 가지고 있던 수표를 내밀면서 바꿔 달라고 했다.

직원: 수표 뒷면에 이서를 좀 해주세요.

부인: 호호호, 여기 은행장이 제 남편이에요.

직원: 사모님 잘 알고 있습니다.

　　　 하지만 수표 이서는 꼭 해주셔야 합니다.

부인: 그럼 그러죠, 뭐.

그리고는 부인이 수표 뒷면에 이렇게 썼다. "여보, 저예요."

(13)에서는 공과 사를 구별하지 않고, 객관적인 판단보다는 혈연이나 학연, 지연 등 온갖 인연을 동원하여 이익을 구하는 사회에 대해 풍자하고 있다. 현실 사회에서는 주관적 판단에 의해 문제가 해결되는 경우도 보게 된다. 이런 현실과 사회에 대한 불신은 유머를 통해 표출되기도 한다.

또한 복지부동, 탁상공론을 일삼으며 융통성 없는 공무원에 대해서도 비아냥거리는 내용이 유머로 변형되기도 한다.

(14) 나무 심는 공무원

어느 행인이 도시의 보도를 따라가며 일하고 있는 두 명의 시청 공무원을 보았다. 그는 둘이서 열심히 일하는 것에 상당히 감동을 받았지만 도대체 무슨 일을 하고 있는지를 이해할 수가 없었다. 결국 그는 공무원들에게 다가가서 물었다. "두 분이 매우 열심히 일하고 있다는 것은 알겠습니다. 그런데 도대체 뭘 하고 있는 겁니까? 한 사람이 구멍을 파면 다른 사람이 바로 다시 구멍을 메우는 것 같은데요." 그러자 공무원 중 한 명이 설명했다. "우리는 세 사람이 한 조인데 중간에 나무를 심는 일을 맡은 사람이 오늘 결근을 했거든요."

계급에 의해 서열이 정해지고 가장 권위적이라고 할 수 있는 집단을 표적으로 삼은 군대 유머에서도 장교로서의 능력은 부족하면서도 허세만 부리는 불합리함에 대해 폭로하고 있다.

(15) 고장난 전화
새로 부임한 중대장은 통솔의 기본은 권위와 위엄이라고 생각하고 있었다. 하지만 그는 평소 만화 보는 습관을 부임 후에도 버리지 못했다. 어느 날 중대장실에서 한참 만화를 보고 있는데, 노크소리가 났다. 그는 재빨리 만화책을 서랍에 넣고는 수화기에 귀를 대고 들어오라고 소리쳤다. 이윽고 통신병이 들어오자 덧붙였다.
"지금 대대장님과 중요한 통화를 하고 있으니 잠시 후 들어와라."
"중대장님, 저는 지금 전화기를 수리하러 왔습니다."

(15)에서는 헛된 권위의식에 사로 잡혀서 부하들 앞에서 근엄한 척, 바쁜 척하며 무게를 잡는 일부 장교들의 허세를 비웃으며 폭로하는 유머이다. 부패한 정치인이나 성직자와 같은 우월집단의 비리나 무능함을 폭로하는 일반 유머들과 마찬가지로, 지나치게 권위적인 장교의 허세를 폭로하는 군대 유머는 폭로 및 풍자의 기능을 하여 상대적 약자인 일반 병사들에게 군 생활에 대한 긴장감을 일시적으로 해소시키는 한편, 일종이 통쾌함도 느낄 수 있도록 한다(박용한, 2015: 131-132).

10.3. 유머에 반영된 사회 현상

유머에는 대화 참여자 사이의 심리적 긴장감을 이완시키고 즐거운 분위기를 조성하기 위한 것도 있지만 특정한 사회적 이슈에 대해 간접적으로 비꼬거나 대화 상대자의 허점을 찌르는 등 오히려 갈등을 유발하기 위해 만들어지는 유머도 있다. 풍자적인 유머가 사회 모습을 풍자해 대중의 의식을 표출하는 데 비해 단순 웃음을 유발하는 유머는 우리 사회에 만연한 현상을 주로 제시한다. 다음의 (16)은 흔히 '아재 개그'라고 치부해 버리는 유형이기도 하지만 심각하고 진지한 것보다는 세상사에 대해 가볍게 지나치려는 사람들의 태도도 볼 수 있다.

> (16) a. 진짜 문제투성이인 것은?　　　　　– 시험지
> 　　　b. 세상에서 길이가 제일 긴 음식은?　– 김
> 　　　c. 딸기가 직장을 잃으면?　　　　　　– 딸기 시럽(실업)

단순한 말장난에 해당하는 (16)은 기존 권위에 대한 폭로나 표적 집단 등은 나타나지 않고 가볍게 웃을 수 있는 유형의 유머이다. 그런데 이와는 달리 허무주의에서 비롯된 강박증, 언어 파괴 현상과 대화 단절 등과 같은 사회 현상이 그대로 반영되어 있는 유머도 있다.

10.3.1. 허무주의와 강박증

태어날 때부터 이미 삶이 정해져 있다는 의미로 '금수저, 흙수저'라는 단어
가 나오고 한국은 지옥에 가까울 정도로 전혀 희망이 없는 사회라는 의미의
'헬조선'과 같은 단어는 청년실업, 경제적 불평등, 빈익빈 부익부 등 우리 사
회의 단점을 비판하는 데 사용된 신조어로 불안한 현실에 대한 청년들의 조
롱 섞인 표현이다.

한때 텔레비전 코미디 프로그램에서는 '~하면 뭐 하겠노, 소고기 사묵겠
제.'라는 표현이 유행하였다. 문제가 발생했을 때 해결책을 찾기 위해 고민하
거나 노력하지도 않고, 노력을 해봤자 별 소득이 없을 것이라고 미리 포기해
버릴 때 주로 나타내는 표현이다. '사는 게 다 거기서 거기일 것이다'라는 우
리 사회의 허무주의적인 경향을 단적으로 보여주는 표현이다. 누가 대통령이
되든지, 누가 국회의원이 되든지 일반 국민의 삶은 특별히 달라질 것이 없다
는 태도가 이와 같은 유행어에 담겨 있다. 허무 개그라고도 불리는 이런 유형
의 유머는 냉소와 자기 비하를 바탕으로 하지만 정작 문제를 해결하려는 구
체적인 노력이나 대안을 제시하는 모습은 나타나지 않는다.

> (17) a. 가: 아버지의 원수! 복수를 위해 10년 동안 칼을 갈았다.
> 　　　 나: 더 갈아.
> 　　　 가: 어 그래.
> 　　 b. 가: 심 봤다!!!!
> 　　　 나: 도라지야.
> 　　　 가: 어, 그래.

허무 개그는 이야기가 전개될 듯하다가 허무하게 마무리되는 상황 때문에 붙여진 이름이다. (17)에서는 10년을 복수하기 위해 노력했다가도 상대방의 말에 그대로 포기해 버리고, 산삼을 발견한 줄 알았다가도 '도라지'라고 하는 상대의 말에 대해 반론조차 없이 수긍해 버리는 모습을 볼 수 있다. 바쁘고 힘들게 살고 있지만 문제가 생기면 이를 해결하거나 적절한 대안을 찾지 못하게 되는 경우 그냥 포기해버리는 태도가 유머에 그대로 반영되는 것이다.

이와 같은 허무주의는 한편으로 무엇인가에 쫓기는 것 같은 강박증을 해결하려는 극단적인 방식이 될 수도 있다. 바쁘고 힘들게 지내는 삶을 단적으로 보여주는 유머는 만득이라는 주인공이 등장하는 시리즈형의 유머이다. 주인공 만득이는 늘 귀신에게 쫓기는 인물이다. 이 유머가 유행한 이유 중의 하나는 귀신에게 쫓기는 만득이가 늘 뭔가에 쫓기듯 각박하게 살아가는 현대인의 모습을 풍자했기 때문이다.

(18) a. 만득이는 매일밤 자전거를 타고 집에 다닌다. 그런데 어느 날부턴가 자꾸 누가 뒤에서 자전거로 따라오면서 "만득이~~만득아~~"라고 자꾸 부르는 것이었다. 만득이는 너무 무서워 빨리 달렸다. 그런데 그 귀신이 더 빨라서 옆까지 바짝 따라왔다. 만득이는 용기를 내어 발로 그 귀신이 탄 자전거를 옆으로 걷어찼다. 그러자 귀신은 "만득! 어~~어~~어~~..."

b. 만득이가 귀신을 피해 도망을 다니기 시작했다. 지하철로 뛰어든 만득이를 "만득아, 만득아." 하면서 따라오는 귀신. 마침 전철 문이 닫히고 귀신은 지하철 옆에 붙어서 "만득아~~~(위이이이~)"

c. 만득이를 따라다니던 귀신이 이번에는 만득이를 따라 지하철 탔는데 문이 닫히기 전에 갑자기 내리는 만득이. 결국 귀신만 전철을 타고 가게 되었다. 그러자 귀신은 "만득아, 만득아. 다음 역에서 기다릴게."

이 유머는 2000년대 초반에 유행했던 것인데 요즘 청소년들 사이에서 다시 떠오르는 유머로 인기를 얻고 있다. 주인공인 만득이를 끊임없이 부르며 따라다니는 귀신은 만득이가 화장실을 가도 나타나고 극장에 가도 쫓아오며 심지어 전자렌지 속에 넣어 버려도 만득이의 이름을 부른다. 그리고 만득이는 늘 귀신을 따돌리려 하고 귀신을 곤경에 빠트린다. 이 유머가 청소년에게 인기를 얻는 이유를 청소년과 엄마와의 관계로 보는 관점도 있다. 유머 속에서 시도 때도 없이 나타나는 귀신이 아이들을 늘 따라다니며 감시하고 잔소리를 늘어놓는 요즘 엄마들의 모습과도 비슷하고, 귀신에게 쫓기면서도 떼어 놓기 위해 애를 쓰는 만득이의 모습에 자신을 투영하여 대리적인 즐거움을 얻는다는 것이다.

10.3.2. 언어 파괴와 대화단절의 사회

한 통신회사 직원과 할머니 사이의 대화가 많은 사람을 웃게 만든 사건이 있었다. 두 사람 모두 우리말로 이야기를 하면서도 서로 의사소통이 되지 않아 답답하면서도 웃음이 나는 상황을 확인할 수 있었다. 어디냐고 물어보는 할머니와 계속해서 자신의 회사 이름인 '엘지유플러스'를 말하는 이동통신회사 직원, 다시 그 말을 "**에 불났다고"로 알아들은 할머니 사이의 동문서답은 현재 우리 사회에 나타나는 청소년들의 외국어 사용과 언어 파괴로 인해 다른 세대들은 무슨 말을 하는지 알아듣지 못하는 현실의 한 단면을 보여 준다.

(19) a. 창문 100개 중에 2개가 깨진 것을 5글자로 줄이면?　　-윈도우 98

　　　b. '부처님이 잘생겼다'를 네 글자로 줄이면?

　　　　　　　　　　　　　　　　　　　-부처핸섬(put your hand up)

　　　c. 쥐가 네 마리 모이면?　　　　　　　　　　　　-쥐포

　　　d. '당신은 시골에 삽니다'를 세 글자로 줄이면?　　-유인촌

　　　e. 소가죽을 입고 사는 황금벌레를 여섯 글자로 줄이면? -우피 골드버그

(19)는 한자어와 영어, 한글 등이 뒤섞여 만들어진 언어유희로 수수께끼 형식을 띠고 있다. 질문과 대답 사이에 의미적인 관련성은 전혀 없이 질문과 관련된 단어들 중의 일부를 영어나 한자어로 바꾸어 놓은 유형이다.

(20)의 사오정 시리즈도 남의 말을 잘 알아듣지 못하거나 상대방의 말을 자의적으로 해석하는 사람들을 표적으로 삼고 있는데, 이와 같은 유머를 통해서도 듣고 싶은 대로 듣고, 말하고 싶은 대로 말하는 대화 단절의 사회를 확인할 수 있다.

(20) 선생님: 지금이 몇 시야? 한두 번도 아니고.

　　　사오정: 죄송합니다, 선생님. 다시 지각 안 할게요.

　　　선생님: 다른 말 필요없다. 당장 어머니 오시라고 해!

　　　사오정: …………

　　　선생님: 못 들었어? 당장 어머니 오시라고 하라구!

　　　사오정: 어머니옷!

뿐만 아니라 서로 자기말만 하기 때문에 상대방의 말에 귀 기울이지 않고 무슨 말을 하는지 알아보려고도 하지 않는 상황도 다음과 같이 서로 다른 언

어로 말하는 유머로 표현된다.

> (21) 외국인과 할머니가 버스정류장에서 차를 기다리고 있었다.
> 그때 할머니가 기다리던 버스가 왔다.
> 할머니: (버스가 왔네.) 왔데이.
> 외국인: ?? 먼데이.
> 할머니: (뭐라고?) 버스데이
> 외국인: 오, 해피 벌쓰데이.

(21)에 등장한 외국인과 할머니의 대화가 묘하게 서로 이어지고는 있지만 각자 상대방의 말을 자신의 관점에서 해석하여 대답하고 있다. 다른 사람의 말을 제대로 이해하려고 하면서 듣는 것이 아니라 듣고 싶은 대로 듣고, 또 자신의 말도 상대방이 잘 알아들을 수 있게 하는 것이 아니라 말하고 싶은 대로 말하는 것이다. 이런 현상을 통해 우리 사회가 남의 말에 얼마나 귀 기울이지 않으며, 대화를 하면서 다른 사람에 대한 배려가 얼마나 부족한 사회인가 하는 것도 확인할 수 있다.

유머는 우리 사회의 현상과 대중의 인식을 살피기에 적합한 자료이다. 유머가 퍼진다는 것은 대중의 공감을 얻고 있다는 의미가 된다. 2010년 영국 허트퍼셔드 대학에서는 '래프 랩(laugh lab)'이라는 인터넷 사이트를 통해 세계 4만 개 이상의 유머를 수집하여 그 가운데 가장 재미있는 유머를 선정하였다.

(22)의 유머는 사냥꾼 유머라고 이름이 붙여졌으며 국적, 성별, 연령과 상

관없이 가장 많은 사람들이 재미있다고 평가한 유머이다.

> **(22)** 두 명의 사냥꾼이 숲에 갔다가 한 사람이 쓰러졌다. 쓰러진 사람은 숨을 쉬는 것 같지도 않았고 눈빛도 흐릿했다. 다른 한 사냥꾼은 얼른 전화를 꺼내 구급대로 전화를 걸었다.
> 사냥꾼: (숨을 헐떡거리며) 내 친구가 죽었어요. 어떻게 해야 하죠?
> 교환수: 진정하세요. 도와드리겠습니다. 우선 친구 분이 죽었는지 확실히 해주세요.
> 잠시 침묵이 흐르더니 총소리가 들렸다.
> 사냥꾼: (다시 전화를 들어) 예. 이제 어떻게 해야 하죠?

그런데 이 실험을 통해 전 세계적으로 보편성을 지닌 유머도 있지만 대부분 각 나라마다 선호하는 유형의 유머가 다르다는 것을 확인하였다. 아일랜드, 영국, 오스트레일리아, 뉴질랜드 사람들은 말장난으로 된 유머를 좋아했으며, 프랑스, 덴마크, 벨기에 등 다수의 유럽 국가 사람들은 죽음, 병, 결혼 등 사람들을 두렵게 하는 주제를 가볍게 취급하는 유머를 선호했다. 또한 미국과 캐나다 사람들은 어리석어 보이거나 다른 사람에 의해 곤란을 당하는 것 등 우월감에 의한 유머를 좋아하는 것으로 드러났다. 이와 같이 사는 곳에 따라 사람들이 근본적으로 각기 다른 유머감각을 지니고 있다는 의미가 된다.

유머는 의사소통을 토대로 이루어진다. 상대방이 속한 사회와 그의 배경이 되는 문화와 역사적 배경이 그 사람이 사용하는 유머감각에 영향을 미친다는 것을 이해한다면 이들과의 의사소통이 한결 원활해질 수 있을 것이다. 또한 유머는 사회의 흐름을 민감하게 반영한다. 새로운 유머가 계속해서 생기는 것도 사회의 흐름이 점점 바뀌고 사회 구성원의 관심도 따라서 바뀌어 가기 때문이다. 한 시대에 유행했던 유머를 살피는 것은 그 시기의 사회 현상과 구성원의 인식을 알아내는 데에 유용하다. 심각한 사회 현상을 유머로 표현하는 것은 정색을 하기보다는 한 번 비틀어 웃음을 유발하는 요소로 희화화할 수 있다는 점에서 열린 사고가 가능한 사회로 변모하고 있음으로 해석할 수 있다. 그러나 중요한 일임에도 불구하고 가벼운 웃음거리 정도로만 여길 뿐 문제 자체를 해결하지 않고 지나치게 경시해 버리고 우리 사회가 진지하고 무거운 것보다는 가벼운 것을 선호하고 있음도 알 수 있다.

/11/

유머와 비언어적 요소

사람들이 사용하는 의사소통의 수단에는 언어적인 것과 비언어적인 적인 것이 있는데, 인간행동학을 연구하는 학자들은 언어적인 것보다 비언어적인 것이 의사소통에 더 많은 영향을 준다고 하였다. 버드휘스텔(Birdwhistell, 1952)에서는 사람의 의사소통 과정에서 65% 이상이 비언어적 요소로 전달되며, 35%만이 언어적 요소에 의해 전달된다고 하였고, 메러비안(Mehrabian, 1972)에서도 언어적인 요소가 7%, 목소리가 38%, 몸동작이 55%를 담당하여, 언어적 요소에 해당하는 메시지보다 비언어적 요소에 해당하는 메타-메시지가 의사소통의 내용을 결정한다고 보았다. 이러한 연구 결과를 보면 의사소통의 과정에서 비언어적인 요소가 차지하는 비중을 쉽게 알 수 있다.

유머에는 언어적 요소뿐만 아니라 비언어적 요소도 포함되어 있다. 언어적인 요소를 다양하게 활용하여 유머를 만들어내기도 하지만 우스꽝스러운 표정이나 누군가를 흉내 내는 목소리, 넘어지는 동작 등은 웃음을 유발하는 요소로 사용될 수 있다. 또한 대화 상황에서 다른 사람의 유머에 대한 반응도 언어적인 요소뿐만 아니라 비언어적인 요소로도 나타난다.

유머에 대한 반응으로 나타나는 비언어적인 요소의 대표적인 유형은 사람들의 웃는 표정과 웃음이다. 웃음은 시각과 청각을 통해 전달되는 비언어적인 요소로서 웃는 사람의 표정과 웃음소리, 또 웃음기가 섞인 발화는 상대방에게 보내는 긍정적인 신호가 되며, 신호로서의 기능을 가진 웃음은 현재 이루어지고 있는 의사소통을 지속해 나갈 수 있게 하는 중요한 기능을 한다. 물론 사람들이 웃는 표정을 짓는다고 해서 항상 즐겁거나 재미있는 것은 아니다. 모든 웃음이 유머와 관계된 것은 아니어서 부끄럽거나 미안할 때, 또는 허탈하거나 어이없을 때도 웃음을 보이기는 한다. 그러나 재미있어서 웃는 웃음은 사람의 내적 반응의 표출로서, 재미와 기쁨과 같은 긍정적인 감정을 웃음이라는 반응으로 나타내는 것이다.

이 장에서는 유머와 관련된 비언어적인 요소로 웃음의 본질, 웃음소리와 웃을 때의 표정, 웃음의 사회적 기능에 대해 살펴보기로 한다.

11.1. 웃음

11.1.1. 웃음의 본질

웃음은 전 세계에 걸쳐 모든 문화에 존재하며 거의 모든 사람에게 나타나는 보편적인 경험이며(Apte, 1985; Lefcourt, 2001), 다른 사람들에게 쉽게 인식되고 잘못 판단될 가능성이 거의 없는 특징적이고 정형화된 발성 패턴이다(Provine & Young, 1991). 문화마다 유머에 적절한 주제, 그리고 웃음이 적절한 상황에 대한 자체적인 규범이 다르기는 하지만 웃음소리는 문화와는 무관한 보편성을 지닌다.

그렇다면 사람들은 왜 웃을까? 웃음의 본질에 대해 살펴보기 위해서 사람들이 웃는 이유에 대해 알아보기로 한다[1].

첫째, 웃음은 하나의 신체 반응이라는 견해이다. 웃음은 자신도 모르게 저절로 나오는 생리적인 현상이다. 웃음을 생리학적인 관점에서 연구하는 이른바 웃음 생리학(gelotology)에서는 웃음을 유머나 간지럼, 혹은 재미있는 상황이나 행동에 대해 인간이 보이는 즉각적이고 생리적인 반응으로 본다. 코에스틀러(Koestler, 1964)에서는 웃음을 생리적 반사 행위로 보고, 유머와 같이 매우 복합적인 심리적인 자극이 왔을 때 이에 대한 반사행위라고 보았다. 곧 사람들이 웃을 때 얼굴 근육이 경련을 일으키며 수축되고 횡격막의 긴장이 풀리면서 후두와 후두개의 수축을 동반하는 신체적 현상(Holland, 1982)이 웃음의 본질적인 모습이라는 것이다. 사람들이 웃을 때의 모습을 살펴보면 얼굴 근육은 일그러지고 정도가 심한 경우에는 배가 아플 정도까지 흔들리며 몸 전체가 움직이는 변화가 일어나는데, 특히 간지러울 때 나오는

---

[1] 웃음이 인간과 동물을 구분해 주는 중요한 특징 중의 하나로 보는 입장이 지배적이다. 그러나 동물 중에도 기쁠 때 킥킥거리는 독특한 웃음소리를 내기도 한다는 연구 결과도 있어서 웃음이 인간만의 전유물은 아닐 수도 있다. 예를 들어 원숭이나 침팬지 같은 고등 포유동물들 중에서 몇 가지 종은 간지럼을 느낄 때 킥킥거리거나 인간의 웃음과 유사한 웃음소리를 내고, '입 언저리를 뒤로 당기며, 이마에 약간 주름이 생기는 표정'을 짓기도 하여 동물도 웃는다는 견해를 뒷받침하기도 한다(Darwin, 1972; 류종영, 2006: 21).

웃음은 대표적인 생리적 현상에 속한다. 또한 웃는 사람이 의도하지 않거나 웃는 사람의 의지와는 상관없이 무의식적으로 나오는 충동적인 웃음(das impulsive Lachen)도 특정 감정에 대한 신체적인 반응으로 나타나는 현상으로 볼 수 있다(Müller, 1995; 정현경 2009). 충격적이거나 슬픈 소식을 들었을 때, 울음 대신 웃음이 나오는 경우도 고통을 억누르고 있는 인간이 자신의 내면에 고인 울분과 같은 감정을 울음 대신 정반대의 웃음이라는 다른 방식으로 표현하여 진정시키기 위한 신체적인 반응이기 때문이다.

둘째, 웃음의 본질에 대한 또 다른 입장은 웃음은 인간의 인지적인 정신 활동이라는 것이다. 기본적으로 웃음은 생리적인 현상의 하나이지만 유머가 자극이 되어 나타나는 경우에는 단순하게 일어나는 신체적인 반응과는 전혀 다른 '인지적인 정신 활동'이다. 특히 특정한 상황에서 순간적인 기지로 나타나는 위트는 인간의 이성적인 인지 작용을 전제로 한다. 사람의 두뇌를 촬영하는 신경 영상 기법을 활용하면, 유머를 듣고 웃을 때 두뇌의 특정한 부분에서 반응이 나타나는 것을 확인할 수 있다. 이와 같은 현상을 통해 웃음은 인간의 생리적인 현상이기는 하지만 동시에 웃음이 가진 인지적인 면을 확인할 수 있다. 웃음이 육체와 정신에 모두 연관된다는 사실은 정신적 존재이면서 동시에 육체적 존재인 인간의 특성을 그대로 보여주는 것이다. 따라서 유머를 즐길 수 있는 능력과 웃음을 통해서 표현할 수 있는 능력은 사람들이 선천적으로 가지는 필수적인 능력이다(Martin, 2006; 신현정, 2008: 3).

웃음의 본질을 살펴보기 위해 세 번째로 고려해야 할 부분은 사회적인 측면이다. 웃음은 어떠한 자극에 대해 나타나는 단순한 반사(reflex)와 달리, 동기, 정서상태, 사회적 맥락 등에 대해 반응하는 고정적인 행동 패턴(fixed action pattern), 곧 의사소통의 신호로 작동하는 의례적이고 일상적인 행동 패턴이다(Martin, 2006; 신현정, 2008: 191). 유아의 발달 과정에서도 아기가 부모를 향해 웃는 것은 사회적 관계를 맺기 시작하는 행동이다. 또한 사람들이 혼자 있을 때보다 다른 사람들과 함께 있을 때 더 자주 웃고 유머를 말하는 것, 특히 대화 상대자가 말하고 있는 동안 듣는 사람들은 계속 웃고 있는 것도 웃음을 하나의 사회적 신호로 활용하고 있는 증거이다. 이러한 결과는 웃음의 의사소통적 특성을 강조하는 것이며, 웃음이 비언어적 의사전달의 방법이라는 사실을 나타낸다(Provine & Fischer, 1989; Martin & Kuiper, 1999: Vettin & Todt, 2004; Martin, 2006; 신현정, 2008: 160-161).

인간은 몸과 정신 사이의 균형을 유지하며 살아가는 존재이며 정신과 육체, 그리고 영혼의 통일체이기 때문에, 웃음을 제대로 설명하기 위해서는 인간의 이 세 가지 측면을 종합적으로 다루어야 한다(Plessner, 1970; 정현정 2009). 웃음의 본질에 대해 설명할 때, 감정적인 측면만 부각시켜 인간의 내면에서부터 분출되는 감정에 대한 신체적인 반응이라고 정의하면 인간만이 웃을 수 있다고 할 수 없다. 왜냐하면 감정은 인간뿐 아니라 동물도 느낄 수 있기 때문이다. 또 인간의 이성적인 면으로만 웃음을 파악하려 든다면 웃음이 인간의 신체적인 면과 어떤 관계에 있는지에 대해 설명하기 어려워진다. 웃음은 생리적인 현상이지만 유머를 기반으로 하는 웃음은 정신적 인지작용을 바탕으로 한다. 또한 웃음은 다른 사람과 의사소통을 시작하게 만드는 강력한 사회적 신호로도 작용하기 때문에 그 어느 것 하나만으로는 웃음에 대해 충분히 설명해 줄 수 없다. 따라서 웃음의 본질에 관해 이해하기 위해서는 앞에서 살펴본 세 가지 측면을 모두 고려해야 한다.

11.1.2. 응답형 웃음

웃음은 자신의 방어적이고 공격적인 요소를 감추어 상대를 편안하게 하고 서로 상대방에게 지나친 경계를 하지 말자는 의미를 전달한다. 또한 웃는 얼굴은 모든 사람에게 호감을 주는 데에 활용되기도 하며, 자기 자신에게는 스트레스에서 벗어나게 하며 상대방에게는 긴장 상태를 벗어나게 하는 긍정적인 기능을 한다. 이와 같은 웃음은 유인원의 얼굴 표정에서도 확인할 수 있는 부분으로, 상대방에게 적대적인 의도가 없으며 지금의 상황이 안전하고 즐거운

〈유인원의 미소〉

상태임을 알리는 것으로 이를 드러내어 웃는 것 같은 모양이다. 사람들의 웃음도 일차적으로는 현재의 상태가 심각한 상황이 아니라는 것을 알리는 하나의 신호이며, 동질감과 친밀함을 표현하는 방법이 된다.

인간관계의 상호작용이라는 측면에서 필수적인 '응답형 웃음'이 있다. 다른 사람의 발화에 대해 반응하는 응답형 웃음은 상호작용을 하는 사람들 사이에서는 항상 나타나는 요소로, 인간관계를 맺고, 지속적으로 유지하는 데에 중요한 기능을 한다. 또한 서로 협동하고 긍정적인 행동을 촉진하며, 유쾌한 감정을 유도하는 방법이 된다. 이와 같은 응답형 웃음은 사람들의 일상생활에서 쉽게 찾아볼 수 있다. 가족이나 친구, 직장 동료, 판매원과 고객, 교사와 학생, 심지어는 공연장에서 줄을 서서 입장을 기다리는 사람들 사이에서

도 찾아볼 수 있다. 힌츠와 톰해브(Hinsz & Tomhave, 1991)에서는 쇼핑센터에서 응답형 웃음에 대해 확인하기 위하여 사람들의 반응을 알아보는 실험을 하였다. 실험자 중 한 사람이 임의로 선택한 사람에게 미소를 지으며 인사를 할 때, 상대방도 웃음으로 화답하는지를 관찰하였다. 그 결과 절반 가량의 사람들이 실험자의 웃음에 대하여 역시 웃음으로 응답해주는 것을 확인할 수 있었다. 이와 같은 실험을 통해 사람들이 주변 사람들의 표정을 무의식적으로 따라함으로써 다른 사람의 감정 상태를 확인하고, 이는 서로의 사회적 상황을 공유하는 관계를 만들어 의사소통이 원활하게 이루어질 수 있는 바탕을 마련한다는 것이다. 상대방과 동일한 감정의 상태가 되는 것은 관계 생성 및 유지에 결정적인 역할을 하기 때문에 특별한 유머적 자극이 없는 상태에서도 응답형 웃음은 나타날 수 있다. 곧 나의 얼굴 표정에 따라 상대방의 표정이 결정될 수 있으며, 웃는 표정은 서로의 관계를 이어 줄 수 있는 실마리가 될 수 있다.

11.2. 웃음소리와 표정

11.2.1. 웃음소리

웃음은 즐거움이라는 특정한 정서를 전달하는 유쾌한 감정으로 의사소통 신호로 작동하는 의례적이고 광범위한 행동 패턴 중의 하나이다. 웃음은 시각과 청각에 동시에 자극을 주는 요소인데, 즐거움이나 유쾌함이라는 정서가 강력할수록 표출도 강력하게 나타난다. 정서적 강도가 낮을 때에는 희미한 표정의 미소로 나타나지만 정서적 강도가 증가함에 따라서 얼굴 전체에 넓게 퍼지는 미소가 되고, 이와 동시에 청각적인 소리도 낄낄거림에서 큰 소리의 너털웃음으로 표출된다. 강도가 더욱 증가하면 고개를 뒤로 젖히고 몸을 흔들며, 허벅지를 때리는 등의 신체동작 뿐만 아니라 얼굴에 홍조와 눈가에 눈물까지 생기는 경우가 있다. 폴리오 외(Pollio, Mers & Lucchesi, 1972)에서는 미소와 웃음은 매우 밀접한 관련성을 맺고 있는데, 웃음은 미소로 시작하며, 웃음이 끝난 다음에는 점차적으로 다시 미소로 되돌아가는 것이 이를 증명하는 요소라고 하였다.

웃음을 인간의 다른 행위와 가장 현저하게 구분해주는 특징은 크고 독특한 소리이다. 대부분 남성의 웃음소리는 평균 276Hz 정도이고 여성의 웃음소리는 502Hz 정도의 주파수를 나타내어, 여성과 남성 목소리의 차이와 유사한 경향을 보인다. 남성의 웃음소리가 갖는 특징은 소리 중간에 들어있는 [ㅎ] 소리를 중심으로 지속되는 시간이 여성의 웃음소리에 비해 매우 일정하게 나타난다는 것이다. 또한 흥미로운 사실은 일반적으로 녹음한 말소리를 거꾸로 들을 때와는 달리 녹음한 웃음소리는 거꾸로 돌려 들으면 소리가 점점 커지기는 하지만 지극히 정상적인 웃음소리로 들린다는 점이다(Provine & Yong, 1991).

웃음소리는 자신의 즐겁고 놀이적인 정서 상태를 다른 사람에게 전달하는 기능뿐만 아니라 다른 사람도 동일한 정서 상태가 되도록 유도하는 기능을 한다. 프로빈과 용(Provine & Yong, 1991)에서는 공공장소에 있는 사람들에게 '마음에서 우러나오는 웃음을 흉내 내도록' 요구하여 그 결과를 분석하였다. 그 결과 대부분의 사람들은 의도적으로 어떤 요구에 맞도록 웃음을 만들어 내는데 큰 어려움을 느끼고 매우 긴장되고 어색하게 만들어진 웃음을 표출하였다. 그런데 시간이 지날수록 점차 참가자들이 재미를 느끼고 점점 자발적이고 자연스럽게 웃기 시작했고 나중에는 어색함이나 억지로 시작했다는 것을 잊어버릴 정도로 무엇인가 재미있는 일이 있어서 웃었던 것처럼 자연스러운 웃음으로 바뀌게 되었다. 뿐만 아니라 주변에 있는 사람들도 옆 사람이 웃는 소리를 듣고 처음에는 의아해 하다가도 이내 그 웃음소리를 따라 함께 웃고 있는 모습을 확인할 수 있었다. 이와 같이 웃음소리는 현재 자신의 정서 상태를 다른 사람에게 전달하는 기능을 한다.

11.2.2. 얼굴 표정

웃음은 크고 특징적인 [하-하-해]와 같은 소리 이외에도 또 하나의 특징을 갖는데, 그것은 바로 독특한 얼굴 표정이다. 얼굴은 자기표현(self-presentation)의 도구가 된다. 언어적인 방법이 아니어도 얼굴 표정을 통해 메시지를 드러낼 수 있기 때문에 사람들은 다른 사람의 표정에 담긴 메시지를 읽기 위해 노력한다. 일반적으로 사람들의 감정 정보가 얼굴 표정에 그대로 드러나지는 않지만 대개 사람들은 다른 사람의 얼굴 표정을 보면서 상대방의 상태를 확인하게 된다. 심지어 첫 만남에서 따뜻한 미소를 짓는 사람에 대해서는 친절한 사람이라고 평가하기도 한다[2].

사람들은 고의적으로 자신의 감정과는 다른 표정을 지을 수 있다. 감정을 억제하여 무표정으로 있거나 가식적으로 웃는 표정만 지을 수도 있다. 그러

---

2 Knutson(1996)에서는 다른 사람의 얼굴 표정을 보고 성격을 판단하는 것에 대해 성격 귀인(personality attribution)이라고 하였는데, 험상궂은 표정을 가진 사람에 대해 무섭고 이기적인 성격을 가지고 있고, 얼굴 표정이 풍부한 사람은 자신감이 있는 성격으로 생각하는 고정관념을 가리킨다.

〈뒤센 표정〉

나 실제로 매우 즐겁고 재미있을 때나 웃을 때에는 얼굴 표정에 특징적인 모습이 나타난다. 가식 없이 즐거움이나 재미를 표현할 때 나타나는 미소를 뒤센의 미소(Duchenne Smile)라고 한다[3]. '뒤센'은 사람이 웃을 때에 광대뼈와 눈꼬리 주변에 표정을 만드는 근육이 있다는 것을 발견한 프랑스의 신경학자의 이름인데, 그는 1862년 〈표정의 문법〉이라는 책에서 마음에서 우러나오는 진짜 미소와 가식적인 미소를 비교하였다. 이후 폴 에크만은 사람의 얼굴 표정을 연구하면서 웃음 중에서 특히 눈 주변에 주름살이 생길 정도로 환한 표정으로 활짝 웃는 모습을 뒤센 표정이라고 명명했다. 표정을 만들어 내는 얼굴 근육은 모두 42개가 있는데 이 근육을 이용하여 만들어내는 표정, 즉 웃음에는 19가지의 웃음이 있다. 그 중에서 단 한 가지만이 진짜 미소이고 나머지 18가지는 인위적인 것이다. 뒤센 표정은 입 꼬리가 올라가고 눈 바깥쪽에 마치 까마귀 발자국 모양과 같은 주름이 생기는 형태이다. 특히 눈가의 '까마귀 발자국' 주름은 순수한 즐거움인지 아닌지를 판단하는 지표가 된다.

---

3   Ekman, Davidson & Friesen(1990)에서는 18개의 서로 다른 미소를 비교하여 그 중 단 하나만이 순수한 즐거움이나 재미와 연결된다는 사실을 발견하고 이를 최초로 발견한 학자의 이름을 따서 '뒤센 표정'이라고 명명하였다. 그리고 다른 유형의 미소들은 강요되거나 거짓의 웃음, 또는 당혹감이나 불안감과 같은 부정적인 정서와 연결되어 있음을 밝혔다(Martin, 2006; 신현정, 2008:198).

뒤센의 미소는 지속시간이 일정하고 부드러워서 생후 10개월 정도가 되면 유아는 이미 뒤센 미소와 가짜 웃음을 구분해서 만들고, 만 9세 정도가 되면 이 두 가지 미소를 구분해서 지각할 수 있다(Knapp, Hall & Horgan, 2014; 최양호 외 옮김, 2017: 369). 하커와 켈트너(Harker & Keltner, 2001)에서는 1958년과 1960년에 미국 캘리포니아 오클랜드의 밀즈여자대학 졸업생 141명의 졸업사진을 정밀 분석하여 그들이 각각 27세, 43세, 52세가 되는 해에 인터뷰를 통해 그들의 삶에 대하여 다양하게 자료를 수집하였다. 졸업사진 분석 결과 눈꼬리가 휘어질 정도의 활짝 웃으며 사진을 찍은 졸업 생은 141명 중의 50명에 불과했다. 이후 시간적인 간격을 두고 확인한 결과 활짝 웃는 뒤센 표정을 지은 50명의 졸업생은 그렇지 못했던 졸업생에 비해 훨씬 더 건강하였고 병원에 간 횟수도 적었을 뿐만 아니라 생존율도 높았다. 또한 결혼생활에도 높은 만족도를 나타냈고 이혼율도 낮았으며 평균소득도 높았다. 활짝 웃지 않은 졸업생에 비해 성공적인 생활을 하고 있음이 발견되었다. 눈가의 주름을 담은 미소는 단순히 현재의 감정적인 기분만을 나타내는 것이 아니라 미래의 행복을 예측하는 척도가 될 수도 있음을 보여주는 실험이다.

얼굴 표정이 특정한 메시지를 나타낼 수 있다는 것을 보여주는 또 다른 연구가 있다. 에크먼과 프리센(Ekman & Friesen, 1978)에 따르면, 사람들의 얼굴 표정은 손동작처럼 일관된 언어적 의미를 가지고 있다. 그들은 사람의 얼굴에 나타나는 감정 표현을 해석하기 위해 '안면 행위 부호화 시스템(Facial Action Coding System: FACS)'을 개발했는데, 표정을 통해 특정한 감정 정보를 전달할 수 있음을 확인하였다.

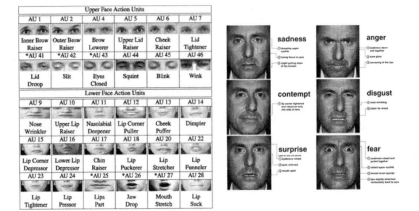

〈안면 행위 부호화 시스템〉

에크먼과 프리센(Ekman & Friesen, 1982)에서는 FACS 체계를 사용하여 신생아들의 안면 근육 움직임에서도 어른들의 감정 표현 양식과 비슷한 몇 가지 얼굴 표정도 확인하였다. 예를 들면 신맛에 대한 반응에서 어른들이 혐오감을 표현하는 방식, 곧 입술을 오므리고 눈과 얼굴을 찌푸리는 것과 비슷한 얼굴 표정이 나타난다는 것을 알 수 있었다. 또한 에크먼은 서구인들과 접촉한 경험이 거의 없는 뉴기니의 한 고립된 원시 부족을 대상으로도 연구를 진행하였다. 그들에게 사람들이 일반적으로 표현하는 여섯 가지 감정(기쁨, 슬픔, 분노, 혐오, 두려움, 놀라움)이 담긴 사진을 보여주고 그것을 분류하게 하였다. 감정을 표현하는 얼굴 표정이 담긴 사진들을 보여주었을 때, 이 뉴기니 부족 집단 구성원들도 이러한 감정들을 공통적으로 구별해 낼 수 있었다.

얼굴 표정은 상대방의 반응을 이끌어낼 수 있는 요소가 된다. 예를 들어 유머가 이루어진 상황에서 상대방의 표정은 자신이 말한 유머가 상황에 적절한 유머인지, 또는 재미있는 유머인지를 판단하는 기준으로 작용하여, 나아가 대화의 지속 여부를 결정하게도 된다.

11.3. 웃음의 사회적인 기능

웃음은 즐거움이라는 정서를 표현하는 행동이다. 웃음은 소리가 매우 크고 독특한 발성과 얼굴 표정으로 구성된다. 웃음은 언어가 의사소통의 방법으로 발달하기 훨씬 더 이전부터 사람들 사이의 유대관계를 촉진시키는 기능으로 활용되었는데[4], 그 이유는 웃음이 상대방의 주의를 끌고, 중요한 정서적 정보를 전달하고 상대방이 자신과 유사한 정서를 느끼도록 활성화시키려는 의사소통의 방법이기 때문이다. 따라서 웃음은 개인적인 것이 아니라 본질적으로 사회적인 것이다.

사람들은 혼자 있을 때보다 다른 사람과 함께 있을 때 더 많이 웃는다 (Provine & Fischer, 1989). 재미있는 텔레비전 프로그램이나 코미디 영화를 혼자 볼 때와 여럿이서 함께 볼 때 웃음의 빈도가 어떻게 달라지는지를 조사한 연구에서, 사람들은 혼자 있을 때보다 여럿이 함께 영화를 볼 때 무려 30배나 더 많이 소리 내어 웃는다. 혼자 있을 때는 재미있는 장면에서 그저 미소를 짓는 경우가 많았으며, 무의식중에 크게 웃다가도 이 웃음을 들어줄 사람이 주변에 없다는 것을 인식하고 나면 이내 웃음이 입가에서 사라진다. 사회적인 관계를 바탕으로 하는 웃음은 언어 이전의 고대 사회에는 독특한 청각 의사소통의 양식이었으며, 오늘날에는 언어적인 표현과 함께 수행되는 것이다.

---

4 Provine(1992: 1)에서는 웃음은 언어 이전의 고대 사회에 독특한 청각 의사소통 양식이었으며, 오늘날에는 언어와 함께 수행되는 것으로 보았다((Martin, 2006; 신현정, 2008: 158)

11.3.1. 대인관계 유지의 기능

웃음의 대인 관계 기능 중 첫 번째는 사회적 상호작용으로서의 기능이다. 이 웃음은 현재의 의사소통 상황을 '놀이'로 인식하라는 메시지를 전달하는 것이다.

마틴과 쿠이퍼(Martin & Kuiper, 1999)의 연구 결과에 따르면 일상의 웃음에서 고정되어 있는 유머 담화를 듣고 웃는 경우는 11%만을 차지하며 70% 이상이 대인관계 중에 자발적으로 일어나는 유머라고 하였다. 특히 대학생의 자연적인 웃음 전 발화 중 80% 이상이 문맥을 떠나서는 우습지 않은 발화들(How are you? See you later! 와 같은 발화)이었다. 이는 일상생활에서의 웃음은 유머를 들었을 때의 반응으로 사용되기보다 해학적인 요소, 또는 비의도적 유머에 의해 일어난다는 것을 보여준다. 사회적 상호작용으로서의 웃음은 참여자 사이의 관계가 더 친할수록 높은 빈도로 나타나며 여성이 남성보다 더 많이 사용한다. 웃음은 비언어적인 방법이지만 언어적인 방법과 동일하게 사회적 상호작용을 일으키고 사람들 사이의 유대관계를 활성화시키는 중요한 요소로 기능한다.

프로빈(Provine, 1993)에서는 웃음은 단순히 유머에 대한 생리적인 반응이 아니라 인간관계를 돈독하게 해주는 사회적 신호 중 하나라고 주장하였다. 그 근거를 뒷받침 하는 실험은 다음과 같다. 그는 메릴랜드 주립대학교 학교 광장과 근처 거리에서 웃고 떠드는 사람들 1,200명의 대화 내용을 분석했는데 사람들이 대화 도중 웃는 상황 중에서 농담이나 재미있는 이야기 때문에 웃는 경우는 10~20%에 불과하며, 대부분 '그동안 어디 있었니?' 혹은 '만나서 반가워요' 같은 일상적인 대화를 나눌 때 가장 많이 웃는다고 하였다. 또 가장 큰 웃음이 터진 대화들을 분석해 봐도 그다지 포복절도할 내용은 아니었다고 한다. 게다가 농담을 듣는 사람보다 농담을 하는 사람이 1.5배 이상 더 많이 웃는다는 것도 발견했다. 결국 대화 상대에게 친밀감이나 호감을 느끼기 때문에 대화를 나누는 것 자체가 즐거워 웃는 것이지, 농담을 주고받아야만 웃음이 넘치는 것은 아니라는 것이다. 이와 같은 현상은 다른 사람이 웃고 있을 때 사람들이 따라 웃는 현상을 가리키는 것인데, 이는 우리의 두뇌 구조에 거울(mirror)과 같은 작용을 하는 현상이 있어서이다(Gervais & Willson, 2005). 다른 사람이 어떤 행동을 할 때, 그 행위와 정서를 경험하고 판단함으로써 그 모습과 똑같은 행동을 하는 것은 사람들의 사회관계를 유지시켜 주는 중요한 바탕이 될 수 있다. 이렇게 보면 웃음은 관계와 관련된 것이다(Provine, 2012; 57).

감정보다는 사회적 상황이 얼굴 표정을 결정짓는 중요한 요인이 될 수 있다. 아이들도 엄마가 옆에 있으면 많이 웃지만 주변에 엄마가 없으면 잘 웃지 않는다거나 볼링을 치고 나서 볼링 핀보다는 함께 참여한 동료를 바라본 사람이 더 많이 웃는다거나 축구경기 시청을 할 때, 옆 사람과 상호작용을 한 경우 더 많이 웃는다는 연구 결과들은 웃음이 단지 현재의 감정만을 나타내는 것이 아니라 사회적 목적과 관련 있음을 확인시켜주는 요소이다. 이와 같이 누군가 옆에 있을 때 더 많이 웃고, 웃으며 발화를 이어나가는 것은 상대방과의 인간관계를 확인하는 방법이 되기 때문이다.

11.3.2. 감정 유도의 기능

웃음의 두 번째 기능은 감정을 유도하는 것이다. 특히 웃음의 독특한 소리는 상대방의 긍정적인 정서를 유도하고 더 나아가 강화시키는 기능을 담당한다. 또한 동시에 상대방의 행동에 영향을 미치어 웃고 있는 사람을 향한 호의적인 태도를 촉진하는 기능도 한다. 웃음은 전염이 된다고 한다. 이 말의 의미는 다른 사람이 웃고 있을 때 사람들이 따라 웃는 현상을 가리키는 표현인데, 다른 사람을 따라서 웃게 되는 것은 그 사람의 웃음소리가 긍정적인 정서를 유발하여 우리를 다시 웃게 만드는 힘이 있기 때문이다. 또한 함께 웃는다는 것은 같은 집단 안에 속해 있다는 소속감과 친밀감을 형성해 줄 수 있으며 집단 내의 응집성을 강화하는 기능도 수행한다.

이와 같은 웃음의 힘을 잘 이용한 것이 일명 '박수부대(claquing)'이다. 19세기 연극 제작자들은 관객의 웃음을 유발하기 위해 박수부대를 고용하였는데 박수부대의 웃음과 소리를 들은 사람들은 자신도 모르게 공연이 훨씬 더 활력 있고 재미있게 느껴져 환호를 보냈다고 한다. 박수부대는 킥킥거리는 웃음, 껄껄대는 웃음, 배꼽을 잡는 웃음 등 점차 다양한 전문 영역을 갖추게 되고, 심지어 런던의 〈뮤지컬 타임즈〉에는 박수 가격표라는 것이 실릴 정도로 공연의 한 부분으로 자리 잡았을 정도로 감정을 유도하는 요소가 활용되었다. 현대에 와서도 텔레비전 토크쇼나 코미디 프로그램에서 방청객의 웃음소리를 사용하는 것도 시청자들이 그 웃음소리를 듣고 방송에 대해 더 재미있게 느끼거나 프로그램 내용에 대해 공감할 수 있게 하기 위해서이다.

치알디니(Cialdini, 1985/2001; 이현우 역, 2002: 183-185)에서는 다른 사람들이 하는 행동을 따라하는 것을 사회적 증거(social proof)라는 설득의

238

법칙으로 설명하고 있다. 일반적으로 사람들은 다른 사람과 다른 행동을 하는 것보다 많은 사람들이 하는 대로 일명 '사회적 증거'에 따라 행동하는 경향이 있는데, 그 이유는 실수할 확률이 줄어들기 때문이라고 한다. '박수부대'를 따라서 웃는 것도 유머 자체에 반응해서 웃는 것이 아니라 인위적인 웃음소리에 반응해서 웃는 현상이라고 보았다.

가짜 웃음에 대한 부정적인 견해에도 불구하고 여전히 방청객의 웃음소리가 텔레비전에서 활용되는 이유는 사람들이 여기에 반응하기 때문이다. 처음에는 억지스러운 가짜 웃음이라는 것을 알았으면서도 결국에는 따라 웃을 수밖에 없는 것은 웃음이 가진 힘 때문이라는 것도 부인할 수 없는 사실이다.

11.3.3. 사회적 규범의 강화

웃음의 세 번째 기능은 사회적 규범에 불일치하는 행동을 교정하기 위한 도구이다. 해서는 안 되는 행동을 하는 것에 대한 경계를 유머를 활용하여 통제하는 방식이 이 유형에 속한다.

베르그송(Bergson, 1988: 23; 류종영, 2006: 365)에서는 웃음을 사회적인 제스처로 보고, 고립되고 방심시킬 위험이 있는 그 어떤 행동 방법들을 지속적으로 의식하게 하고 서로 조정하는 기능을 한다고 보았다. 그리고 웃음은 '교정'이며, 웃음으로써 사회에 대해 잘못된 행동을 한 것에 대한 복수를 하는 것이라고 보았다. 그리고 그로 인해 웃은 것은 그런 행동을 더 이상 유발하지 않도록 하며, 동시에, 웃음거리가 된 누군가를 보며, 지금 웃고 있는 자기 자신도 저런 우스운 말이나 행동을 하고 있는 것은 아닌지 살펴보게 하는 것이 '웃음'이라는 것이다[5].

우월감에 의한 유머에는 표적이 존재한다. 표적에 대한 조롱이나 비난이 유머라는 방식으로 약화되기는 했지만 이와 같은 유형의 유머는 다른 사람을 조롱함으로써 그와 같은 행동이 사회적으로 용납될 수 없다는 것을 알려준다. 특히 표적 집단이 사회적으로 우월한 집단에 속하는 유머의 경우에는 폭로의 정도가 더 강화된다. 예를 들면 표적 집단에 속한 대상이 자신이 해야 마땅한 일에 대해서도 수행하지 않는 직무 유기, 자신의 목적을 위해서라면 부정한 일도 저지르거나 목적으로 위해 무조건 약속부터 하는 거짓말 등을 폭로하고 더불어 자신의 직무에 대해 성실할 것과 사회적 책임을 수행하도록 하는 간접적인 메시지를 전달한다. 사람들이 표적을 향해 웃을 수 있는 이유는 자기 자신은 표적과는 다르다고 생각하기 때문이다. 또한 동시에 자신이 웃음거리가 되지 않으려면 표적이 되는 대상이 했던 말이나 행동은 절대로 하지 않겠다는 생각도 하게 된다. 이와 같은 사고가 행동을 교정할 수 있게 하는 요인이 된다.

유머에 대한 반응으로 나타나는 비언어적인 요소는 전 세계적으로 일반화된 형태를 띠고 있다. 감정을 얼굴 표정으로 나타내는 것, 즐거움이나 긍정적인 정서를 특정의 소리로 표현하는 것 등은 인류 보편적인 측면을 가지고 있다. 또한 유머에 대해 비언어적인 요소로 반응하는 것은 단순한 반응에서 끝나는 것이 아니라 사회적인 관계를 유지해 나가는 하나의 신호로서 기능한다는 것을 확인할 수 있다.

---

5 류종영(2006: 379-380)에서는 베르그송의 주장을 웃음 이론의 측면에서 해석한다면, 웃음의 불일
   치이론과 격하이론으로써 설명될 수 있다고 보았다. 사회적 규범과 일치하지 못하고 경직된 것이
   웃음을 유발한다는 의미에서 불일치이론이며, 인간적인 특성이 기계적인 것으로 격하되었을 때 웃음
   이 생긴다는 측면에서 웃음의 격하이론이라고 하였다.

/12/

유머의 활용

유머는 인간관계에서 발생하는 갈등과 긴장을 해소하며 주의를 집중시키고, 긍정적인 분위기를 조성한다. 토론을 하면서 자연스러운 유머의 사용하는 것은 상대방의 관심을 끌어내어 집중하게 만들고 유머를 말하는 사람에 대한 친근감을 갖게도 한다. 뿐만 아니라 유머는 사회 구성원이 어떤 의식을 가지고 있는지에 대해 이해하고 사회현상을 파악할 수 있는 수단으로도 활용될 수 있다. 이와 같이 유머가 가진 긍정적인 힘은 개인적인 차원에서뿐만 아니라 다양한 분야에서 활용될 수 있다. 유머는 교육을 하거나 상대방을 설득하는 데에도 유용한 기제로 활용될 수 있다. 특히 유머와 함께 수반되는 웃음은 인간의 건강에 직접적인 영향을 미치고, 함께 웃음으로써 사람들은 연대의식을 느끼며, 서로 협력하여 일의 완성도도 높일 수 있다.

이 장에서는 유머가 활용되는 분야 중에서 특히 광고, 경영, 치료에 대해 살펴보고 각 영역에서 유머가 어떻게 적용되는지 알아보고자 한다.

12.1. 유머와 광고

광고의 주된 목적은 소비자에게 상품에 대한 정보를 알리고 이에 대해 호의적인 태도를 형성하여 구매를 유도하도록 설득하는 것이다(리대용, 1992). 따라서 기업의 입장에서는 소비자를 설득하는 유용한 방법을 고려할 수밖에 없다. 기업과 소비자 사이의 의사소통 과정에서 유머는 매우 안정적인 설득의 방법이다. 왜냐하면 유머를 통한 웃음은 상대방에게 위안을 주고 즐거운 감정을 유발해 상대방에게 호감을 불러일으키고 이를 통해 생긴 긍정적인 감정은 상대방을 믿는 믿음으로까지 연결되기 때문이다. 호감, 신뢰도, 설득력을 높이는 유머 광고는 기업이 상품을 판매하고 장기적으로는 기업의 인지도나 이미지를 우호적으로 관리하는 데에 매우 유용한 방식이 되기 때문이다(김원태, 2011).

그러면 유머 광고의 특징과 광고에 나타나는 유머적인 요소, 동서양 유머의 특징에 대해 살펴보기로 한다.

12.1.1. 유머 광고의 특징

유머는 광고에서 메시지를 전달하는 여러 방법 중의 하나로 인쇄매체보다는 방송매체에 많이 사용되고 있으며 광고의 여러 유형 중에서 가장 높은 선호도를 보이고 있다. 미국에서는 매체 광고의 약 30%가 유머 광고이고, 한국 텔레비전 광고의 24.3%를 차지할 만큼 유머는 중요한 광고 기법으로 활용된다. 이와 같은 현상은 유머가 소비자들의 주목을 끌고, 광고에 대한 선호도 및 기억을 증가시킴으로서 상품에 대한 긍정적인 반응에 영향을 미치기 때문이다. 실제로 한 조사에서는 소비자들에게 광고 유형별 선호도를 조사한 결과 '유머가 있어서 재미있는 광고'가 83.1%로 가장 높은 비율을 나타내었으며 '성적인 느낌을 강조하는 광고(42.8%)', '타사 제품과 자사 제품을 비교하는 광고(51.4%)'보다 월등히 높은 수준으로 호감을 표시하였다(김원태, 2011). 유머 광고가 가진 가장 큰 장점은 사람들의 흥미를 유발시키고 궁극적으로 제품이나 브랜드에 긍정적인 태도 혹은 구매를 증가시키데 있다.

유머는 상업광고는 물론 공익광고에도 활용되는 방법이다. 공익광고는 사회적 목적 달성을 위한 하나의 의사소통 수단으로 공공의 이익을 획득할 수 있는 방법이나 사회적으로 문제가 되는 것을 지적하고 이를 해결할 수 있는 방안을 제시하기 위한 목적으로 만들어진다(전정미, 2012). 단순히 무엇이 문제이고 어떤 해결책이 있는가를 제시하는 것에서 더 나아가 사회 구성원의 적극적인 참여와 실천을 필요로 하기 때문이다. 따라서 너무 강압적인 메시지 전달보다는 유머를 활용한 우회적인 방법이 설득력을 더 높일 수 있다.

(1) a. 상업광고　　　　　　　b. 공익광고

(1a)는 영화 '스타워즈'를 패러디한 광고인데 등장인물이 가지고 있는 것이 영화 속 전자검이 아니라 형광등으로 설정된 것이 웃음을 유발하는 요소가 된다. 전자검과 형광등 사이의 불일치적인 상황이 이 광고를 오랫동안 기억할 수 있게 한다. (1b)는 안전운전을 하는 제안하는 공익광고이다. 아빠가 운전하는 차에 타고 있는 어린 아이의 팔이 건장한 남성의 근육형 팔 모양으로 바뀌어 있는 상황이 역시 웃음을 유발하는 요소가 된다.

공익광고에 나타난 유머적인 요소는 광고에서 제시하고 있는 메시지의 강제성을 약화시킨다. 안전운전을 하지 않았을 때 생기는 부정적인 결과를 강력한 언어적 메시지로 제시하는 것보다 어린 아이의 팔 모양이 어울리지 않는 모습으로 변한 엉뚱한 상황을 보여주어 감정적으로 광고 자체에 흥미를 느끼게 하고, 사고력을 촉진시켜 설득력을 높일 수 있는 것이다.

고영진(2012)에서는 로만 야콥슨의 의사소통 모델을 기준으로 텔레비전 유머 광고 중에서 음료 광고 시리즈를 분석하였다. 유머 광고는 수신자에게 웃음과 즐거움을 주는 동시에 제품이나 브랜드의 이미지 제고를 위한 의사소통의 메시지이다.

"바쁘니까 청춘이다."라는 카피로 연결되는 4편의 광고는 우리 주변의 일상적인 모습으로 시작되지만 어이없는 실수에 의한 반전으로 전혀 예상하지 못한 엉뚱한 상황을 표현함으로써 유머를 자아낸 사례이다. 광고의 이미지를 간단히 보이면 다음과 같다.

(2) a. '핫 식스' '버스'편   b. '핫 식스' 'ATM'편

c. '핫 식스' '딱풀'편   d. '핫 식스' '전원코드'편

(2)에 제시한 4편의 유머 광고 메시지를 감정 표현적 기능(emotive function), 행동 촉구적 기능(conative function), 지시적 기능(referential function), 심미적 기능(phatic function), 교감적 기능(phatic function), 메타 언어적 기능(metalingual function)의 6가지 기능으로 나누어 살펴보면 다음과 같이 해석될 수 있다.

첫째, '감정 표현적 기능'에서는 에너지 음료가 가진 고유의 기능적 장점을 수신자에게 전달하고 있다.

둘째, '행동 촉구적 기능'에서는 바쁜 일상 속에서 정신집중이 필요할 때 에너지 충전음료 '핫 식스'라는 메시지를 전달하고 있다.

셋째, '지시적 기능'에서는 "청춘차렷! HOT6"라는 슬로건과 함께 바쁘게 생활하며 자신의 실수로 어이없어 하는 동시대 청춘들에게 청량감 있는 위로의 메시지를 전달하고 있다.

넷째, '심미적 기능'에서는 문화적 측면에서 유머 광고의 부조화 유형과 결합하여 소비자들이 처음에 기대한 것과는 달리 광고 내용이 갑자기 우스꽝스럽게 뒤바뀌는 코믹(Comic)한 상황을 다양하게 재현하고 있다.

다섯 째, '교감적 기능'에서는 김난도 교수의 베스트셀러인 "아프니까 청춘이다"를 패러디한 "바쁘니까 청춘이다"라는 카피와 바쁜 일상생활 속에서 자신의 실수를 통한 상황을 유머러스하게 표현하여 소비자의 교감을 유도하고 있다.

여섯째, '메타 언어적 기능'에서는 '핫 식스'를 마시고 여유를 찾고 에너지를 충전하라는 메시지를 시청자가 공감할 수 있는 소재로 전달하고 있다. 한국인이라면 누구나 공감할 수 있는 행동규범과 행동양식에 따른 어이없는 실수의 상황을 각각의 에피소드로 전달하여 현실감 있는 해학적 유머를 생산하고 있다. 혹시 시청자 중의 누군가는 한 번쯤 경험해 봤음직한 결과로 해학과 웃음, 즐거움을 주고, 제품의 기능적 특성을 더욱 강조해서 시청자들과 효과적으로 의사소통하는 것이다.

12.1.2. 유머 광고의 유머적 요소

유머 광고는 즐거움이라는 정서를 바탕으로 소비자에게 호의적으로 정보를 수용하게 하는 설득력을 지니고 있다. 곧, 유머는 특정 정보에 대해 직설적으로 선택을 강요하는 광고에 비해 '보는 즐거움'을 제공함으로써 소비자들이 정보에 대해 친밀함을 갖게 한다. 따라서 광고에 유머를 사용하는 것은 광고 내용에 관한 기억력과 설득력을 향상시키는 요소가 된다. 이 글에서는 유머 광고에 나타난 유머적 요소를 크게 세 가지 요소로 나누어 살피고자 한다.

유머 광고에 나타난 유머적 요소는 언어적 의미의 불일치, 원본 텍스트와의 불일치, 상황의 비약 등으로 나눌 수 있다. 맥락의 불일치는 동음이의어 등의 사용으로 인해 나타나는 것이고 원본 텍스트와의 불일치는 주로 패러디 광고나 시리즈 광고에 나타나는 요소이다. 그리고 상황의 비약은 유머의 언어적 요소의 범주에서는 벗어나는 것으로 과장이나 상황의 반전 등이 웃음을 유발하는 장치로 사용되는 유형이다.

① 언어적 의미의 불일치

이 유형의 광고는 일종의 언어적 유희로 하나의 언어 표현이 중의성을 가져 두 가지 또는 그 이상의 의미를 내포함으로써 웃음을 유발시키는 것을 가리킨다.

(4) 공익광고 '에너지절약'

(4)는 에너지 절약을 독려하는 공익광고이다. '밟다, 올리다'와 같은 어휘의 중의적인 의미를 활용하여 서로 상반되는 환경을 설정함으로써 의미 전달의 효과를 높이고 있다. 이와 같은 활용은 상업광고에서도 빈번하게 나타난다.

(5) a. 친구라면,
삼양라면–삼양라면

b. SK이노베이션

(5a)에서는 상품명과 조건을 나타내는 문법적 어미 '~라면'이 가진 소리의 유사성을 이용하고 있으며, (5b)에서는 '바다에서 에너지를 찾아낸 건 이노베이션입니다. 하지만 전 세계의 바다에서 대한민국 에너지를 찾아낸 건 SK이노베이션입니다.'라는 메시지를 통해 이노베이션이라는 단어에 대한 재해석를 하는 동시에 회사명을 그대로 활용하였다.

또한 같은 음의 단어를 반복적으로 사용할 때 나타나는 리듬감이나 말장난으로도 즐거움을 줄 수 있다.

(6) a. 건설회사로 남을 것인가 건설적인 회사로 남을 것인가   -호반건설
    b. 일만 받으면 끌어안고 묵히는 그대는 국장인가 청국장인가   -잡코리아

(6)의 광고 카피에도 모두 유머적인 요소가 활용되었다. (6a)에서는 '건설회사'와 '건설적인'이라는 비슷한 어휘를 이용하고 (6b)에서는 '국장'과 '청국장'이라는 단어를 활용한 말장난으로 웃음을 준다.

'바나나 우유 먹으면 나한테 반하나 안 반하나'라는 카피가 유명한 광고가

있다. 한때 이 광고의 카피에서 파생된 '자가용이 왜 이렇게 작아용?', '건담이 어떻게 전화를 건담?', '마그마는 내가 마그마', '차이나 가면 나한테 차이나'와 같은 말장난 유머가 유행하기도 하였다. 이와 같은 어휘의 사용은 언어유희를 즐길 수 있는 장점과 더불어 소비자가 반복적으로 중요한 단어에 접할 수 있기 때문에 기억하게 하거나 설득하기에도 용이하다는 특징을 갖는다.

② 원본 텍스트와의 불일치

패러디란 유머 또는 풍자를 목적으로 다른 사람이 먼저 만들어 놓은 어떤 특징적인 부분을 모방하여 자신의 작품에 집어넣는 기법이다. 패러디의 대상은 문학, 음악, 영화뿐만 아니라 기존의 광고도 가능하다. 일반적으로 패러디 광고는 원본 텍스트를 바탕으로 역설이나 인용 등의 기법을 활용하여 재창조한 광고로, 특히 텔레비전 패러디 광고는 15초의 시간 안에 소비자의 기억 속에 저장된 내용과 이미지의 회상, 그리고 시각적인 반복 등을 활용하여 소비자를 설득하는 것이다(백주연 외, 2011). 패러디 광고는 원본 텍스트를 알아야지만 이해할 수 있다는 단점이 있지만, 원본에 대한 이해가 이미 소비자에게 감정적으로 친근하게 다가갈 수 있게 하는 효과가 있다.

(7) a. 팬택 베가 아이언   b. 왕뚜껑

(7a)는 원본 텍스트가 되는 휴대전화 광고이고 (7b)는 패러디 광고이며, 두 광고 사이에 비교가 되는 가장 중심 요소는 등장인물이다. (7a)는 이성적이면서도 외형적으로 멋진 한류 스타가 주인공이고 (7b)는 뚱뚱한 개그맨이 주인공이다. 원본 텍스트에서는 유머적인 요소를 찾기 어려웠으나 패러디 광고에서는 주인공의 외모 광고의 대상이 된 제품 등이 관련되어 웃음을 유발하는 장치로 작용하였다. 두 사람의 외모적인 차이는 '단언컨대, 메탈은 가장 완벽한 물질입니다'라는 카피를 '단언컨대, 뚜껑은 가장 완벽한 물체입니다.'라는 카피의 비교로까지 연결되고, 뚱뚱한 주인공의 외모가 다시 웃음 유발 장치로 작용하게 된다. 유머 광고는 패러디 광고가 가진 장점과 더불어 소비자에게 즐거움의 정서를 더욱 부각시킨다.

고전 동화인 별주부전이나 백설공주 이야기 등 잘 알고 있는 원본 텍스트를 대상으로 만든 패러디 광고는 원본 텍스트에서는 찾아볼 수 없는 참신함이 유머적인 요소로 사용된다. 예를 들면 용왕의 병을 걱정하는 신하의 모습이 아니라 한 영화의 유명한 대사를 따라하는 모습이라든가 또는 백마를 탄 왕자가 아니라 하얀색 승용차를 타고 온 왕자의 출현 등은 소비자에게 신선한 즐거움을 주는 요소이다. 원본 텍스트에 대한 호의적인 태도가 패러디 광고에 그대로 전달되어 긍정적인 영향을 주는 것이다.

③ **상황의 비약**

상황의 비약은 예측할 수 있는 상황에서 벗어남으로 인해 웃음 짓게 하는 장치이다. 사실보다 지나치게 부풀려진 요소나 상황의 반전 등이 웃음을 만들어 내는 요소가 된다.

(8) a.   b.

　(8)은 모두 투명 접착테이프의 접착력이 뛰어남을 과장한 유머 광고이다. 못을 벽에 박지 않아도 되고 스파이더맨이 거미줄 대신에 사용할 만큼 접착력이 뛰어남을 유머러스하게 표현한 것이다.

　유머 광고 안에 포함된 유머적 요소는 사람들이 예상하고 있는 요소와는 다르게 과장되고 비약적인 상황의 전개로 인해 웃음을 유발한다. 그리고 이와 같은 웃음은 즐거움과 연결되어 호의적인 태도로 광고를 받아들일 수 있게 하는 역할도 한다.

12.1.3. 동서양 유머 광고의 비교

　유머 광고에는 동·서양의 문화적 차이에 관계없이 공통적으로 적용될 수 있는 유머 광고의 원리가 있고 또 한편으로는 동·서양의 문화적 차이, 즉 개인주의와 집단주의라는 문화적 차이에 따라 달라지는 부분이 있다. 그러면 유머 광고의 문화적 배경이 되는 요소의 보편적 원리와 차이점들을 살펴보기로 하자.

문화적 차이를 뛰어넘어 유머 광고의 보편적 원리로 작용하는 원리는 불일치 이론이다. 유머 광고에는 대조된 상황이 동시에 나타나는 불일치 상황이 조성되며 이 같은 불일치 상황이 해소되는 과정에서 청중들은 유머러스하게 느끼게 된다. 곧, 처음 자신이 예측하고 기대했던 것과 어긋나는 불일치 상황이 발생하면, 사람들은 불일치를 해결하려 하고, 이 과정에서 재미있다는 생각을 하게 되고, 그 결과 광고에 대한 호의적인 반응을 이끌어내게 된다는 것이다.

(9) 조지아 커피 광고 **(10) 클리어 샴푸 광고**

(9)는 우리나라의 커피광고이다. 광고 속 주인공은 친구들과 커피를 마시다가 커피 원두가 콜롬비아산이라는 것을 보고 콜롬비아에는 미인이 많다는 대화를 나눈다. 젊고 날씬한 미인들이 커피 원두 따는 모습을 상상하던 주인공과 친구들은 콜롬비아로 날아가 직접 그 상황을 보기로 한다. 그리고 콜롬비아 커피 농장으로 찾아가지만 농장에서 일하고 있는 사람들은 상상과는 많이 다른 뚱뚱한 중년의 여성들이었다. 이 광고에서는 젊고 날씬한 여성을 상상하는 상황과 뚱뚱한 중년의 여성을 만난 상반되는 두 개의 상황, 즉 불일치

상황이 광고에서 조성되며, 뚱뚱한 중년의 여성을 만나는 급소찌르기에 의해서 급속한 전환이 이루어져 불일치 상황이 해결된다.

(10)은 비듬방지 샴푸 광고로 광고 속 주인공은 체조선수이다. 체조 선수는 경기에 나가기 직전 손에 난 땀을 없애기 위하여 하얀 송진가루를 바르는 것이 보편적이다. 그런데 광고의 주인공인 이 선수는 코치의 머리를 문질러 송진가루를 대신한다. 광고의 첫 시작부터 시청자가 지켜보며 기대하고 있던 장면은, 송진가루 대신에 비듬을 손에 바르는 장면에서 바로 불일치가 나타난다. 불일치 상황을 확인하면서 시청자는 기대했던 것이 전혀 다른 상황으로 전개되는 것을 확인하고 즐거움을 느끼게 되는 것이다.

이와 같은 유머 광고의 원리는 동·서양의 문화적 배경에 상관없이 범세계적으로 동일하게 적용될 수 있을 것이다. 유머가 세계적으로 공통된 현상이고 불일치 이론이 유머의 원칙 중에 가장 영향력 있는 이론이라는 것을 확인할 수 있다.

② 동서양의 유머 광고 비교

광고의 내용은 그 사회를 반영하므로 텔레비전 광고의 유머 내용도 일반적으로 그 사회의 문화권에서 찾아볼 수 있는 유머 구조를 반영하리라는 것을 추측할 수 있다. 불일치가 유머의 보편적인 원리여서 문화적 환경에 관계없이 동·서양 어느 나라의 유머 광고에서도 찾아볼 수 있지만 각국의 문화적 배경에 따라 강조되는 구체적인 불일치 상황, 즉 대조적 상황은 그 사회의 문화적 배경에 따라 달라질 수 있다. 따라서 유머 광고의 보편적인 원리는 전 세계적으로 유사하지만 구체적인 유머 광고의 내용은 문화권에 따라 상당히 달라진다. 광고는 그 사회의 문화적 배경이 표방하는 의미를 제품에 옮겨

주는 하나의 수단이므로 광고의 내용은 일반적으로 그 사회의 문화적 특성을 반영하며, 나라에 따라서 광고의 내용이 달라진다.

한국 · 태국 · 미국 · 독일의 텔레비전 유머 광고의 내용을 중심으로 들 4개국 텔레비전 유머 광고의 차이점, 즉 동 · 서양의 문화적 차이인 개인주의와 집단주의에 따라 유머 광고의 내용이 구체적으로 어떻게 달라지는지를 살펴본 결과(이철, 1992), 일반적으로 미국과 독일은 개인주의적 문화를 가지고 있으며, 동양의 한국과 태국은 집단주의적 문화를 가지고 있는데, 미국과 독일은 사람들 사이의 사회적인 관계가 평등한 입장에서 이루어지며 한국과 태국은 위계질서에 의한 인간관계가 이루어지기 때문에 이와 같은 인간관계의 차이가 유머 광고 안에도 반영된다. 집단주의 문화인 한국과 태국의 유머 광고에서는 미국과 독일의 유머 광고에 비해 등장인물이 주로 3명 이상의 집단으로 나타나는 경향이 더 크다. 구체적으로 4개국의 텔레비전 유머 광고에 나오는 주요 등장인물의 숫자를 비교해보면, 주요 인물이 3명 이상인 경우의 비율이 한국은 69%, 태국은 80%에 달하나, 개인주의적 문화를 가진 미국과 독일은 각각 21%, 25%에 불과한 것으로 나타났다. 뿐만 아니라 한국과 태국의 경우에는 주요 인물 사이의 신분이 다른 경우가 많으며(한국 65%, 태국 61%), 반면 미국과 독일의 경우에는 등장인물 사이의 신분이 비슷한 광고가 58%와 85%로 그렇지 않은 광고보다 월등히 많은 비중을 차지하고 있었다. 즉 텔레비전 유머 광고의 주요 등장인물의 신분 차이가 동 · 서양 유머 광고의 또 다른 차이점이라는 것도 비교 연구를 통해 확인할 수 있다.

또한 한국과 미국의 텔레비전 유머 광고에 나타난 문화적 차이에서는 한국과 같은 유교문화권에서는 직접적인 언어적 표현을 바람직하지 않은 것으로 느끼기 때문에 유머 광고에 광대극이나 시각적 우스갯거리와 같은 비언어적 형태를 선호하고 미국의 유머 광고는 말장난, 농담, 익살, 풍자, 역설 등과 같은 언어적 형태를 선호하였다(윤각 외, 2003). 집단주의적 문화 성향을 보이는 한국, 일본, 대만과 같은 고맥락 문화권에서는 대부분의 언어가 구체적이지 않은 모호한 형태로 제시되는 반면, 미국과 같은 저맥락 문화권의 사람들은 직접적이고 명확하게 메시지를 전달하는 경향을 나타내는데, 이와 같은 차이가 광고에도 영향을 끼치기 때문이다.

같은 동양문화권에 속하는 한국과 중국의 텔레비전 유머 광고의 내용적 유형을 기준으로 비교하면, 대상에 대한 공격적 성향의 유머는 한국과 중국 문화에 관계없이 모두 나타났지만, 중국에서는 6.7%정도로 사용되었고 한국에서는 30% 정도의 빈도를 보였다. 또한 성적인 유머 광고의 유형도 한국과 중국에서 모두 사용되는 방법이지만 한국에서는 여성의 전통적인 성 역할이 강조되면서 성적인 비유의 대상이 여성의 신체나 외모를 통해 나타났다. 반면 중국에서는 여성도 적극적인 모습이 표현되고 남성과 여성 모두 성적인 고려의 대상이 됨을 나타내고 있다. 특히 중국의 텔레비전 광고에서는 무의미한 말장난이나 농담의 형태로 나타나는 유머가 76.7%의 높은 빈도로 나타났다(왕해연, 2011).

이상에서 살펴본 바와 같이 동·서양의 유머 광고에는 유사점도 존재하지만 문화적 차이에 따른 차이점이 반드시 존재한다. 각기 대비되는 상황이 설정되고 이와 같은 불일치를 해소하는 과정에서 유머러스한 반응이 나온다는 유머 광고의 기본 원리는 동·서양의 문화적 환경의 차이에 상관없이 보편적으로 나타나고, 이와 같은 불일치적인 상황이 구체적으로 유머 광고에 표현될 때에는 동·서양의 문화적 환경에 따라 달라진다. 따라서 유머 광고를 통해 서로 다른 문화를 이해하고 사람을 이해하는 요소로 활용될 수 있음을 확인할 수 있다.

12.2. 유머와 경영

최근 직장에서 사용하는 유머와 업무의 효율성에 관한 상관관계가 연구되면서 유머를 권장하는 놀이적 작업 환경의 중요성이 강조되고 있는 추세이다. 실없는 이야기, 재미있는 말로만 여겼던 유머가 어느덧 개인의 경쟁력을 확인하는 핵심요소로 인정받는 사회가 되었다. 이와 더불어 직장을 딱딱하고 어려운 곳이 아니라 신나고 재미있는 일터로 만들자는 유머 경영이 요즘 기업체에서 새로운 패러다임으로 떠오르고 있다. 사람들은 유머가 있는 작업 환경에서 생산성이 높아지며 더 행복하고 건강하며 스트레스가 적기 때문이다(Morreall, 1991). 또한 유머를 통해 상사와 직원 간의 사회적 상호작용이 더 원활하게 이루어지며, 창의적 사고와 문제해결 능력이 증가한다는 것은 유머가 직장 생활에서 필수적인 요소임을 보여주는 결과이다.

다음에서는 유머 경영의 개념과 구체적인 유머 경영의 사례, 직장 내에서 유머의 기능과 유의사항 등에 대해 살펴보고자 한다.

12.2.1. 유머 경영의 개념과 사례

① 유머 경영의 개념

유머 경영(management by fun)이란 회사를 신나는 일터로 만들어 임직원들의 사기를 높이고 이를 바탕으로 고객 서비스를 한층 향상한다는 이론이다. 업무 환경과 유머는 다소 상관이 없어 보이기도 하지만 유머 경영의 핵심은 유머러스한 상호작용을 통해 친밀함을 조성하고 구성원 사이의 유대관계와 창의성이 증진되는 것은 작업 환경을 더 즐거운 곳으로 만들어줄 뿐만 아니라 생산성을 증진시키고 회사의 근간을 튼튼하게 만들어주는 요소가 된다는 것이다. 현재 유머 경영은 기업과 구성원, 고객 모두가 즐겁고 신뢰할 만한 일터를 만들어 생산성을 향상시키고 감성적인 가치를 창출해 나가는 기업 경영의 핵심 전략으로 자리 잡고 있다.

1990년대 초 미국 기업에서 유머 경영이 유행처럼 시작된 이후 이 방식은 유럽지역까지 확산되어 새로운 경영 전략의 하나로 각광을 받게 되었다. 미국의 경제전문 잡지 〈포춘(Fortune)〉은 매년 4만 명의 근로자를 대상으로 미국에서 일하기 좋은 직장 100대 기업을 선정하는데 여기에 선정된 기업은 모두 종업원에게 일하는 즐거움과 재미를 주며 사람을 존중하는 가족 같은 기업이라는 공통점을 가지고 있다. 직원들이 유머 훈련을 받고 직장 분위기를 긍정적으로 활성화하여 창의성과 생산성을 향상시킨 결과이다.

유머 경영의 조건에는 다양한 놀이도 포함되어 있지만, 가장 핵심적인 요소는 유머감각이다. 특히 리더가 가진 유머감각은 관료적이고 딱딱한 조직이라고 하더라도 활력을 불어넣어 생산을 높이는 데에 기여할 수 있다. 똑같은 일을 하더라도 즐겁게 일을 하게 만들어 결과에 차이를 드러내는 것이 바로 유머감각이기 때문이다. 상사의 유머나 유머감각은 조직의 유효성을 판단하는 핵심적인 요소가 되며 직원의 이직 의도에도 영향을 미친다(구병주, 2009). 요즘과 같은 어려운 기업 환경에서 리더들이 유머 경영에 대한 이해와 더불어 재미있고 보람된 일터 구현을 위하여 노력해야 함을 보여 주고 있다.

유머 경영은 사원의 입장에서는 불필요한 긴장을 해소하고 재미를 즐기며 사기를 증진시키는 방법이며 경영자의 입장에서도 긍정적인 요소를 지닌다. 유머를 통해 사원들의 생산성을 향상시키고 회사가 도전하고 변화시키고자 하는 방법을 있는 그대로 받아들일 수 있게 하기 때문이다. 삼성경제연구소가 국내 CEO를 대상으로 한 조사(2006)에 따르면, 유머 경영이 기업 활동의 여러 분야에서 반드시 필요한 것으로 생각하며 특히 유머가 기업의 생산성 향상에 도움이 된다고 생각하는 경영자가 81%나 되었다. 또한 이러한 인식은 직원을 채용하는 데에도 반영되어 '유머가 없는 사람보다 유머가 풍부한 사람을 우선적으로 채용하고 싶다'라는 항목에 77.4%('그렇다' 50.9%, '매우 그렇다' 26.5%)의 경영자가 긍정적으로 응답하였다(파이낸셜 뉴스, 2016. 6. 21.). 이와 같은 응답은 유머감각이 있는 직원이 업무 능력이 뛰어날 뿐 아니라 조직문화 향상에도 도움이 된다고 믿는 경영자들이 그만큼 많다는 것을 뜻한다.

② 유머 경영의 사례[1]

유머 경영의 대명사로 거론되는 회사는 미국의 사우스웨스트 항공이다. "담당자와 30초 이상 연결되지 못한 고객은 8번을 눌러주십시오. 그렇다고 빨리 연결되는 것은 아니지만 적어도 기분은 좋아질 겁니다." 항공사에 전화를 걸

---

1   유머 경영 사례는 〈매경이코노미〉 및 http://weekly.hankooki.com/lpage/business/200512/wk200
5122814282337060.htm 등 참조

면 고객이 듣게 되는 메시지다. 아마 전화를 끊으려다가도 미소를 머금고 기다리게 할 것 같은 안내이다. '웃다보면 어느 샌가 도착합니다. (Time flies when you're having fun!)'라는 회사 홈페이지의 문구는 이 회사에서 경영 방침을 구체적으로 보여주는 예이다. "담배를 피우고 싶은 손님은 비행기 밖 테라스로 나가십시오. 만일 어린아이를 데리고 여행하시다가 산소마스크가 떨어졌는데, 그게 마음에 드신다면 아이에게 씌우세요. 처음 1분간은 2달러, 그 이후부터는 1달러씩입니다." 등 심각한 얼굴로 전달하게 되는 안전수칙을 이 회사에서는 랩으로 전하기도 하고 비행 중 갑자기 기내 화장실에 최대 몇 명이 들어갈 수 있는지 콘테스트가 열리기도 한다. 사우스웨스트항공 자체적으로 설문조사를 해보니, 많은 고객들이 기내승무원들이 재미있고 상냥해 디즈니랜드 가는 것만큼 즐겁게 생각하는 것으로 나타났다. 이 회사의 공동 창업자인 허브 켈러는 1981년 최고경영자에 취임한 이후 자신의 독특한 개성이 반영된 경영 철학으로 회사의 성장을 이끌었는데, 그 바탕이 바로 유머 경영이었다. 사우스웨스트 항공이 유머 경영의 대명사로 평가되는 이유는 단순히 재미와 즐거움을 임직원에게 심어준 데만 있는 것이 아니다. 더 중요한 부분은 유머 경영을 통해 높은 생산성과 끈끈한 결속력을 얻었다는 점이다. 곧 유머를 이용하여 사람과 사람 사이의 관계를 중요하게 다루는 인재중시 경영이자 신뢰 경영이 이루어진 것이다. 30년 이상 연속 흑자, 매년 10% 이상의 성장, 가장 존경 받는 미국 기업 2위의 성과를 내고 9 · 11테러 이후 다른 대형 항공사들의 도산 위기에도 단 한 명의 인원 감축 없이 기업을 운영한 것도 유머 경영 전략의 성공적인 모습을 보여주는 증거로 거론된다.

컨테이너 스토어는 각종 선반과 정리용 박스, 의류정리용 백, 서랍, 트렁크 등 12,000여 종의 수납용품을 판매하는 회사다. 이 회사 현관 로비를 들어서는 순간 이곳은 일반 회사와는 다른 곳이라는 느낌이 든다. 로비는 물론 복도의 벽면에 구성원들의 웃는 사진들이 가득 차 있다. 일터를 재미있게 만들기 위해 환경부터 재미있게 변화시켜야 한다는 생각에서 계절이 바뀔 때마다 계절감각을 살릴 수 있는 작은 화분이나 꽃병으로 구성원들 개인의 책상과 회의실을 장식한다. 또한 같은 말이라도 상대방에게 재미있게 전달하기 위하여 노력하는데 회의를 할 때는 물론이고, 일상 업무를 주고받을 때도 항상 재미있는 표현을 사용한다. 특히 서로를 배려하는 모습이 두드러지게 나타나는데, 팀원이 힘든 일을 하고 돌아오면 작은 격려의 메시지를 책상 위에 올려놓거나 음료수병에 '정말 수고 했습니다'라는 글귀가 적힌 종이 띠를 둘러 얹어 놓기도 한다. 재미있는 일터는 단지 웃음과 유머를 강조한다고 되는 것이 아니라 구성원들이 서로 배려하는 마음을 생활화 할 때 자연스럽게 만들어진다는 것을 보여주는 사례이다.

이밖에도 미국의 뱅크 오브 아메리카의 경우에는 입사시험 때 응시자로 하여금 면접관을 웃겨보라고 요청하거나, 최근에 남을 웃긴 게 언제였는지 등을 물어 점수에 반영한다. 이 은행은 입사 후에도 직원들이 동료를 웃기거나 즐겁게 했을 때에는 티셔츠나 책을 선물하는 제도를 실시하고 있다.

국내에 유머 경영이 도입되기 시작한 것은 2000년대 초부터다. 국내 유머 경영의 시초는 구자홍 LS그룹 회장이 2001년 LG전자 부회장 시절에 시도한 기업 문화의 변화이다. 구자홍 회장은 일등 LG의 디지털 기업문화를 '일등답게, 재미있게'로 요약했고, 이를 묶어 'LG다움'으로 표현하였다. 재미있는 조직은 저절로 만들어지지 않으며 변화를 위해서는 끊임없는 노력이 필요하고 여기에는 '엔터테인먼트' 요소와 신뢰가 반드시 필요하다고 강조하였다. 이에 따라 부회장 시절 자신의 주재로 열린 신임임원 환영만찬을 과거와 달리 부부동반으로 오페라를 관람하고 편안한 분위기에서 대화를 나누며 저녁식사를 하는 방식으로 바뀌었는데 이날 모임에 참석한 사람들은 진심으로 환영하고 환영 받는 분위기였다고 평가하였다. 또한 정보통신 부문 구미사업장의 '미션 임파서블'이라는 프로그램은 직장에서의 재미를 한껏 높여준 대표적인 프로그램이라고 할 수 있다. 신바람 나는 일터를 만든다는 취지로 무작위로 선정한 임직원에게 이메일로 매우 특이한 미션을 부여하고 이를 해결하도록 하는데, 이러한 과정에서 구성원들이 자연스럽게 서로를 알 수 있게 하였다. 이와 더불어 DA사업본부가 '가정이 화목해야 회사도 신바람이 난다'는 차원에서 회사와 가정의 거리를 좁히고 부부간의 이해를 높이기 위해 실시하고 있는 'Great Family' 프로그램도 사원들에게 큰 인기를 얻고 있다.

삼성 그룹에서는 재미있는 일터 만들기 프로젝트인 GWP(Good Work Place)는 Pride(자부심), Trust(신뢰), Fun(즐거움)이라는 3가지 핵심적인 개념으로 진행되고 있는데 이 방법 역시 국내 유머 경영의 모범으로 많은 기업들이 활용하고 있다. 홈플러스를 운영하는 삼성 테스코는 유머 경영을 응용한 'CPS 문화'를 주창하고 있다. CPS는 Customer(고객), Profession(프로), Shinbaram(신바람)의 이니셜이 조합된 것으로 여기에 포함된 신바람은 한국식 유머 경영을 일컫는다. 또한 삼성 에버랜드는 '활기 최강! 미소 만발! 친절 전파!'라는 구호를 내걸고 고객에게 즐거운 경험을 주려고 힘쓰고 있다. 다양한 시나리오를 마련해 춤, 노래, 익살스런 개그를 개발하는 것은 직원들의 몫이다. 특히 빌딩 매니지먼트 사업을 맡고 있는 엔지니어링 사업부의 경우, 인사팀, 관리팀, 품질안전팀 등 3개 팀이 매주 월, 수, 금요일 아침마다 팀원 전체가 모여 시끌벅적하게 서로 웃기기 대회를 펼친다. 팀원들이 돌아가며 진행한다. 시중의 재미있는 이야기나 유머를 들려주는 것은 물론 다양한 동작까지 섞어가며 폭소를 유도한다.

제과회사에서 시작해 엔터테인먼트 그룹으로 도약한 오리온은 유머 경영의 효과를 잘 보여주는 사례다. 창업 당시부터 고객들에게 '먹는 즐거움'을 선사하겠다는 경영 철학으로 출발한 이 회사는 즐거움의 범위를 '보는 즐거움', '느끼는 즐거움'까지 확대하면서 현재에 이르게 됐다. 특히 일주일 중 가장 일하기 싫은 수요일을 '맵시 데이'로 지정해 직원들이 요란한 복장으로 한껏 멋을 내고 출근하도록 유도하고 있다. 저마다 각양각색의 옷차림으로 출근하는 동료들을 보며 아침부터 웃음으로 하루를 시작하고 있다. 고객에게 즐거움을 주기 위해서는 직원들부터 즐거운 마음으로 일할 수 있는 여건을 조성한 것이다. 오리온의 최고 경영자가 밝힌 것처럼 직원들에게 많은 권한과 책임을 이양하고 업무 자체를 게임처럼 즐길 수 있도록 유도하고 행복한 사원이 많은 행복한 회사, 일하고 싶어 빨리 출근하고 싶은 회사로 만들기 위해서는 최고 경영자의 역할이 중요하다. 임직원들에게는 웃으라고 해놓고 자신은 엄숙한 표정만 짓고 있으면 유머 경영은 실패할 수밖에 없기 때문이다.

유머 경영의 실천은 한때의 유행이 아닌 시대의 흐름을 반영하는 것이다. 현재 각 기업에서 실천하고 있는 부분이 단순한 이벤트에 머무는 경우가 있기도 하지만 장기적으로 유머 경영은 기업 경영 전략의 필수적인 요소가 될 것이다. 유머를 통해 사람이 즐거워지게 되고 그 즐거움이 사람을 움직이게 하는 원동력이 되어 기업의 궁극적인 목적인 생산성을 높일 수 있기 때문이다.

12.2.2 직장생활과 유머

직장에서의 유머는 재미있는 일화를 말하거나, 친근하고 재치 있게 농담을 건네는 것 등의 형태로 나타난다. 직장에서 사용하는 이와 같은 형태의 유머는 스트레스를 완화시키고 즐거움을 증가시키며 직원들 간의 단결성을 촉진시키는 잠재적 효과를 지니며, 특히 즐거운 작업환경을 만들어 주는 데 크게 기여한다. 유머 경영은 직장 생활 속에서 이루어지는 요소이므로 다양한 측면에서 그 기능을 살펴볼 수 있다.

첫째, 구성원 사이의 문화를 공유하는 방법으로 유머를 활용한다. 신입사원에게 직장의 문화를 공적으로 교육하는 방법도 있지만 유머는 좀 더 유연한 방법으로 사원을 교육할 수 있는 수단이 된다. 신입사원을 조직 내의 일원으로 끌어들이기 위한 사회화의 방법으로 활용하고, 직급에 따른 격차를 완화함으로써 신입사원이 작업하기 쉬운 환경으로 만드는 수단, 그리고 자신에게 부여된 과제를 완수하도록 환기시키는 방법으로 유머가 사용된다.

둘째, 유머는 업무에서 발생하는 긴장을 해소하고 의사소통을 촉진시키는 방법으로 활용된다. 콘살보(Consalvo, 1989)에서는 과제 지향적인 간부사원의 회의에서 이루어지는 유머를 대상으로 진행한 연구에서, 집단구성원들이 토의 중에 문제의 확인단계에서 해결단계로 넘어가는 전환점이 되는 자리에서 유머가 가장 빈번하게 나타난다고 하였다. 이 시점에서의 유머는 기꺼이 토의에 참여할 의사가 있으며 문제를 해결하기 위한 준비가 되어 있다는 하나의 신호가 된다. 곧 구성원 사이의 개방적이고 수용적이며 협조할 준비가 되어 있다는 태도를 전달하는 도구로 활용되는 것이다.

셋째, 유머는 구성원과의 의견 대립을 나타내는 방법으로 사용된다. 유머는 사원들이 상사의 부당함에 대하여 표현하거나 열악한 작업 환경에 대하여 불만을 말하는 방법으로 활용될 수 있다. 상사가 결정한 내용에 대해 동의하지 않는 직원은 상사의 의견에 대하여 직접적이고 공개적으로 대립적인 입장을 취하기보다는 상황을 살펴보기 위하여 자신의 생각을 우회적으로 돌려서 언급할 수 있다. 만일 상사가 부정적인 반응을 보인다면 즉각적으로 농담이었음을 밝히고 상황을 전환시킬 수 있다. 이와 같은 형태의 유머는 다른 사람의 의견에 대하여 이의를 제기하거나 사원이 상사의 의견에 비판을 가하고 집단의 결정에 대해 의문을 제기하는 방법으로 활용할 수 있는 기제가 된다.

넷째, 집단의 정체성을 구축하고 보호하는 도구일 뿐만 아니라 조직 내의 관계를 분명히 하는 수단으로 활용된다. 유머를 이용하여 현재의 상태를 유지하고 강화하거나 또는 특정한 개인의 권위를 깎아내리고 힘의 균형을 변화시키기도 한다. 유머를 말하는 사람, 유머의 표적이 되는 사람, 그것을 보거나 듣고 웃는 사람 등의 역할은 조직 내의 서열이나 관계를 반영하기도 한다. 직원들 사이에서 이루어지는 농담이 경우에 따라 집단과 집단 사이, 집단에 속한 구성원들 사이의 서열을 강화하며 다른 집단과의 관계에서 특정 집단의 위상을 분명하게 만들기도 한다. 유머는 한 집단 안에 속한 사람들을 단결하게 만들기도 하지만 다른 사람들을 따돌리는 적대감이나 저항을 표현하는 수단이 되기도 하기 때문이다.

유머는 직장에서의 긴장을 완화하고 즐거운 업무 환경을 조성하는 방법이 될 수도 있지만 반대 의사를 표명하고 상대방의 권한과 위상을 훼손하거나 집단 간의 분열을 조장하는 방법이 되기도 한다. 따라서 유머가 가진 여러 측면의 기능을 고려하여 직장 내에서 활용하는 데에 더욱 신중해야 할 것이다.

12.2.3. 직장 내 유머 규칙

유머가 직장 생활에서 생기는 긴장감을 해소하고 업무에 만족감을 느끼며 사기를 올릴 수 있게 하는 방법이지만 한 편으로는 심각한 사회적 기능도 담당한다. 따라서 직장에서 유머를 사용할 때에는 특히 주의하고 다음과 같은 점을 고려해야 한다.

첫째, 유대감을 돈독하게 하는 유머를 사용한다. 재미있는 이야기로 전체 분위기를 밝게 하는 유머를 말하는데 함께 웃음을 나누며 분위기에 동참할 수 있는 유머를 사용해야 한다. 특히 자기 자신이나 타인을 놀림감으로 삼는 유머는 긴장된 상황을 이완할 때 많이 쓰이지만 다른 사람을 불편하게 하거나 누군가는 표적이 되기 때문에 삼가야 할 것이다. 특히 생활 속에서 사물을 다양하고 밝게 바라보면서 찾을 수 있는 창조적인 유머를 사용한다.

둘째, 유머가 필요한 상황에서 사용한다. 분위기 파악을 잘 해야 하듯이 유머도 적절한 상황이 있다. 진지한 상황에서 사용한 유머가 경우에 따라 사람을 가볍게 보이게 할 수도 있으니 유머가 허용될 수 있는 상황인지 살펴보아야 한다.

셋째, 구성원의 성향을 고려한 유머를 사용한다. 풍자적인 유머를 사용할 때에는 구성원의 성향에 대한 인식이 필수적이다. 정치가나 배우 등을 대상으로 비꼬거나 풍자하는 유머는 견해가 같은 사람들끼리는 연대감을 높일 수도 있고 친밀함을 확인할 수 있는 방법이 될 수 있다. 그러나 견해가 다른 사람의 경우에는 따돌림을 당하는 느낌이 들거나 소외시키려는 의도의 표현으로 오해될 수도 있어 최악의 유머로 인식될 수 있다.

즐거운 직장생활을 위해 다음과 같은 유머는 자제하는 것이 좋다.

(11) 직장 내 유머 사용 규칙
    a. 동료나 상사를 웃음거리로 만들지 않는다.
    b. 민족이나 인종에 관한 유머는 말하지 않는다.
    c. 유머는 말장난이나 복수가 아니다.
    d. 성적인 농담은 하지 않는다.
    e. 다른 사람을 기만하지 않는다.
    f. 다른 사람을 빈정대거나 비꼬지 않는다.
    g. 자신의 직장을 웃음거리로 삼지 않는다.
    〈employer—employee.com〉

동료나 상사를 비꼬거나 놀리는 것, 인종적 편견이나 성적인 농담을 무분별하게 사용하는 것 등은 경우에 따라 언어폭력이 될 수도 있다. 직장생활에서 사용되는 유머는 운동경기처럼 자신의 능력을 발휘하여 기쁨을 얻을 수 있는 명랑하고 쾌활한 이야기가 되어야 한다. 상대방을 배려하는 유머는 직장 생활에서 긍정적인 효과를 얻게 한다. 팀별로 수행해야 하는 과제가 있거나 경쟁적인 프로젝트를 수행할 때 우리가 사용하는 유머는 상대방에 대한 경쟁심은 줄이고 협동심을 끌어 올리는 원동력이 될 것이다.

12.3. 유머와 치료

유머를 활용한 치료[2]는 웃음이 가진 힘을 이용하는 것이다. 웃음은 상대방이 보내는 특정한 정보에 대한 반응으로 나타나는 일시적인 감정의 변화로 여겨지기도 하지만 사람의 신체적, 정신적 변화에 직접적인 영향을 끼치는 요소이다. 15초 동안 큰소리로 웃으면 100m를 전력 질주한 것과 같은 효과가 있다는 연구 결과나 유머를 통해 수술 환자의 회복속도가 달라진다는 것 등은 유머가 가진 치료적인 효과에 대한 구체적인 사례이다[3]. 이와 같이 웃음을 활용하는 치료는 인간의 신체적, 정서적, 인지적 측면에서 치유와 대처 능력의 증진을 유도하기 위한 방법이다[4].

이 절에서는 유머를 활용한 치료적 효과에 대해 정신적 측면과 신체적 측

---

2   여기서 이야기하는 치료는 질병을 근본적으로 치료하는 수술이나 약물 투여가 아닌 보완대체의학, 또는 자연치유의학으로서의 의미이다(이임선, 2008).

3   1998년 스위스 바젤에서 웃음에 관한 국제학술대회가 열렸다. 이 회의에서 독일의 정신분석학자인 미하엘 티체(Michael Titze) 박사는 웃음은 스트레스를 해소하고 혈압을 낮추며, 혈액순환을 개선하여 면역 체계와 소화기관을 안정시키는데, 그 이유는 웃을 때 통증을 진정시키는 호르몬이 분비되기 때문이라고 하였다. 웃음을 유발하는 긍정적인 유머는 다른 사람들과 함께 웃고, 긴장을 풀어주며, 의외의 요소에 대한 만족감을 얻을 수 있게 한다는 것이다(Titze & Patsch, 2004; 한광일, 2007: 28).

4   미국웃음치료협회(AATH: American Association for Therapeutic Humor)에서는 일상속의 재미있는 경험, 표현들을 이용해 대상자의 건강과 안위를 증진시키는 활동을 웃음 치료라고 정의하였다(이광재, 2010).

면으로 나누어 살펴보기로 한다.

12.3.1 유머와 정신건강

유머는 긍정적인 정서를 증가시키고 우울함이나 불안함과 같은 부정적 기분을 상쇄하는 기능 이외에도 우리 생활 속에서 일어나는 여러 스트레스의 요인에 대처하는 중요한 요소이다. 뿐만 아니라 인간관계를 이루어나가고 만족할 만한 상태로 유지하는 데에도 중요한 요건으로 간주된다. 특히 정신건강의 측면에서 유머가 어떤 기능을 하고 있는지에 대해서는 세 가지 측면에서 살펴볼 수 있다.

① 유머와 정서의 관계

사람들이 유머에 몰입되어 있을 때는 더 즐겁고 더 활기차며, 덜 우울하고 덜 불안하며 덜 짜증스러운 느낌을 갖는다. 유머가 긍정적인 기분을 확장하고 부정적 정서를 감소시키기 때문이다. 풍자만화를 보여주고 펜을 입에 물고 미소 지을 때와 같은 방식으로 얼굴 근육을 움직이게 하였을 때, 사람들은 이 만화를 더 재미있다고 평가하였으며 긍정적인 기분도 더 증가한 것으로 나타났다. 또한 특별히 재미있거나 즐거운 상태가 아니어도 강제적으로 웃음을 웃게 하면 긍정적인 기분이 증가하는 것으로 나타났다(Ruch, 1997). 미소를 짓거나 소리를 내어 웃는 행동을 억지로 하더라도 잠시나마 즐거움과 환희의 감정을 유도함을 알 수 있다.

유머는 부정적인 기분을 긍정적으로 변화시킬 뿐만 아니라 삶에 대한 기대도 희망적으로 바꿀 수 있는 힘이 있다. 예를 들어 재미있는 코미디 비디오를 시청하는 것만으로도 자신의 삶에 대해 희망적으로 생각하게 되고, 지겨운 과제를 하고 있을 때도 유머가 있으면 그 지루함을 반감시킨다. 디엔스트바이어(Dienstbier, 1995)의 실험에서는 유머가 재미없는 과제도 즐거운 것으로 지각하도록 바꿀 수 있다는 사실을 보여 주었다. 실험에 참가한 사람은 비록 과제에서는 우수한 성과를 내지는 못하였지만 유머 덕분에 과제 자체가 신나고 도전적인 것이라고 생각했으며 과제를 하는 내내 즐거운 마음으로 수행했다고 평가하였다. 이와 같은 실험은 유머와 연결된 긍정적 정서는 사람들을 보다 희망적이고 활력적으로 만들며 지루함에 대해 덜 민감하게 만든다는 증거가 된다. 따라서 유머가 효과적인 정서 조절에 도움이 되기 위해서는 일상생활 속에서 늘 유머러스한 태도를 취하고 다른 사람과의 상호작용 속에서 유머를 더 많이 생성하려는 노력이 필요하다.

② 스트레스에 대처하고 변화에 적응하는 능력

스트레스는 신체적, 정신적 건강에 부정적인 영향을 주어 불안정한 정신 상태나 인지적 무능력, 부정적 행동 등의 결과를 가져오기도 한다. 그런데 스트레스 자체가 이와 같은 부정적 결과를 가져오는 것이라기보다는 스트레스에 대처하는 자세가 어떤가에 따라 다른 결과를 가져오는 것이다. 딕슨(Dixon, 1980)은 유머가 스트레스 상황에서 생각을 바꾸고, 긍정적인 입장에서 상황을 재평가할 수 있는 방법을 제공한다고 하였다. 사건에 대해 이루어지는 유머러스한 재평가는 문제 상황을 재평가하여 스트레스로 인한 영향을 덜 받게 하며, 불안과 무력감을 완화하고 스스로 관리할 수 있게 한다. 메이(May, 1953)는 유머가 자신을 유지시키는 기능을 하며, 자신과 문제 간에 '거리'를 느끼게 하여 멀리 떨어져서 문제를 객관적으로 바라볼 수 있는 건강한 방법이라고 하였다.

웃음과 유머는 최고의 스트레스 해소책이다. 레프코트와 마틴(Lefcourt & Martin, 1986)에서는 스트레스를 해소하는 많은 방법 중에 웃음과 유머가 가장 훌륭한 결과를 가져다준다고 하였다. 일상적인 상황에서도 유머를 만들어 낼 수 있는 능력이 있는 사람이 스트레스의 부정적인 결과에도 더 잘 적응한다는 사실을 밝혀내 유머가 스트레스뿐만 아니라 작업능률도 향상시키는 효과가 있다는 것을 입증했다.

유머와 연결된 긍정적인 정서의 상승은 우울함이나 분노의 감정을 저하시킬 수 있다. 따라서 스트레스 상황에서도 문제 자체에 초점을 맞추어 해결방안을 마련하기 위해 노력할 수 있고 스트레스 자체에 대해서는 강도도 약화하고 지속기간도 짧게 이어갈 수 있는 것이다.

③ 다른 사람들과 의미 있고 지속적인 관계를 형성하는 능력

사회적 관계는 개인의 행복감 수준과 심리적 안정에 직접적인 영향을 미친다. 사회적 관계를 맺고 사는 사람은 고립된 사람들보다 행복하고 건강하며 더 오래 산다. 바람직한 인간관계를 유지할 수 있는 기술을 가지고 있어서 친밀하고 만족스러운 관계를 형성할 수 있는 사람들이 우울과 불안장애 또는 심리적 동요를 경험하는 비율은 매우 낮다. 그 이유는 다른 사람과의 관계가 정신적 스트레스를 차단하기 때문이다.

유머의 사회적 기능이라는 관점에서 볼 때, 유머는 친밀한 친구, 배우자, 직장동료 등과의 관계를 시작하고 만족스러운 관계를 지속적으로 유지하는데에 중요한 역할을 한다. 사회적으로 숙련된 유머의 사용은 놀이적 상호작용을 통하여 상대방의 즐거움을 증진시킬 뿐만 아니라 어려움에 당하였을 때 그것을 해결하는 데에 도움을 주며 모든 관계에서 필연적으로 발생하는 갈등을 해소하는 데에도 기여한다.

특히 스트레스 상황에서도 관계를 맺고 있는 사람들과 공유하는 유머는 서로가 처한 어려움에 대처하는 중요한 방법이 된다. 따라서 주변의 가까운 사람들과의 유머러스한 상호작용은 정서를 조절하고 긍정적 즐거움을 배가시키며 관계 내에서뿐만 아니라 관계 외에서도 발생하는 고통을 감소시키는 방법이 된다. 그러나 상대방을 공격하는 것과 같은 유머나 자기 비하적 유머와 같이 유머를 부정적으로 사용하는 것은 관계에 해로운 효과를 초래할 수 있어 주의가 필요하다. 유머를 부정적인 방식으로 사용하는 사람은 친밀한 관계를 시작하고 유지하는 데에 어려움을 겪어 오히려 정신건강에 해로운 결과를 초래할 수 있다.

12.3.2. 유머와 신체건강

웃음의 건강 효과는 수세기 전부터 적극 권장되어 왔다. 아리스토텔레스 시대 이래로, 수많은 의사와 철학자들은 웃음이 혈액순환을 개선하고, 소화를 촉진하며, 기력을 회복시켜 주고, 우울함을 감소시키고, 신체 여러 기관의 기능을 증진시키는 등의 중요한 건강효과를 갖는다고 하였다. 현대 의학에 와서도 엔도르핀, 사이토카인, 자연살해세포, 면역 글로블린 등의 신체 물질이 유머와 웃음에 도움을 받는다는 결과(Fry & Savin, 1988; Fry, 1992)가 발표되면서 웃음 치료로까지 연결되고 있다[5].

유머와 웃음의 의학적 이점에 대한 생각이 인기를 끌게 된 시작은 노만 커 즈즈(Norman Cousins)의 〈질병의 해부학(1979)〉이다. 노만 커즈즈는 자신의 병을 치료할 방법을 스스로 찾던 중에 매일 다량의 비타민 C와 자주 웃는 것을 포함한 자기처방적 치료를 시작하였고 그 결과 완치판정을 받게 되었다. 커즈즈는 이 치료를 시행하는 동안 10분 동안의 적극적인 웃음은 진통 효과를 보이고, 2시간 이상 숙면할 수 있게 해주며 염증을 가라앉혀 통증을 완화시키는데, 웃음은 면역시스템의 기능을 증진시킬 뿐만 아니라 두뇌에서 생성하는 모르핀과 유사한 물질인 엔도르핀의 생성을 자극하는 것으로 보았다.

질병 치료에 대한 웃음의 실효를 입증하는 연구 사례들은 매우 다양하다. 미국 메릴랜드 대학의 연구팀은 가벼운 코미디 영화와 심각한 전쟁 영화를 실험 참가자 20명에게 보여주었다. 48시간의 간격을 두고 각각의 영화를 관람한 실험 참가자들은 관람 직후 팔 위쪽 동맥의 혈액 흐름에 알아보기 위한 초음파 검사를 받았다. 그 결과, 전쟁영화를 본 뒤에는 20명 가운데 14명이 혈관이 좁아지고 혈액 흐름이 나빠지는 결과가 나타났다. 그러나 코미디 영화를 본 뒤에는 20명 가운데 19명이 혈관이 확장되고 혈류 흐름이 개선되는 결과가 나타났으며, 이런 상태는 45분 동안 지속됐다고 한다.

암 치료와 관련한 웃음의 실질적 효능도 주목받고 있다. 이와세 일본 오사카 의대 박사팀은 웃음치료가 암세포를 잡아먹는 자연살해세포(NK)를 14%

5　웃음의 초기효과로서 심박동수, 혈압, 호흡수가 증가하나 웃음이 사라진 후 상대적으로 짧은 이완기가 이어지면서 혈압은 하강하고 전신순환, 소화촉진, 체내 포화산소가 증가되어 스트레스와 연관된 각종 신체증상을 감소시킨다(Fry & Savin, 1988). 소리내어 웃는 것은 훌륭한 유산소 운동이 되어 윗몸, 폐, 심장, 어깨, 팔, 복부, 횡격막, 다리 등 우리 몸의 모든 근육이 움직이게 되며 동맥이 이완되고 혈액순환을 촉진하며 혈압이 낮아지게 된다(Fry & Savin, 1988; Cousins, 2007). 웃으면 엔도르핀이나 엔케팔린 같은 자연 진통제를 생성하고 부신에서통증과 신경통의 염증을 치유하는 신비의 화학물질이 나온다(Fry, 1992).

증가시킨다는 사실을 발표했으며, 미국 하버드 의대 연구팀은 1~5분 정도 웃으면 NK 세포가 5~6시간 동안 지속적으로 증가한다는 연구결과를 발표하기도 했다[6].

　서양 속담에 '웃음은 내면의 조깅이다'라는 말이 있다. 동서양을 막론하고 사람들은 웃음이 가진 효능을 이미 알고 있었던 것이다. 프라이(Fry, 1992)에서는 사람이 마음의 기쁨을 가지고 한번 크게 웃을 때면 평상시 움직이지 않던 근육 중 230개 이상이 움직이는데, 이로 인해 혈액순환이 활발해지고 산소와 영양분이 피부 곳곳에 전달돼 피부 노화 방지에 효과가 있다고 하였다. 특히 사람이 1분 동안 마음껏 웃으면 10분 동안 에어로빅, 조깅, 자전거를 탈 때 일어나는 물리적, 화학적인 긍정적 변화를 몸 안에서 일으키게 된다고 하였다.

　웃음 치료는 한바탕 크게 웃고 끝나는 것이 아니라 웃었던 즐거움의 긍정적 정서 경험이 개인의 강점과 덕성을 찾을 수 있는 힘을 배양하고 우리 안에 있는 무한한 가능성을 만날 수 있는 도화선 역할을 한다. 그리하여 자신이 지닌 조건을 회피하지 않고 직면하여 더 나은 방향으로 발전할 수 가능성을 열어 놓는 계기를 마련하는 것이 치료를 위한 유머이다(이선우, 2016: 15).

　인류가 발견한 최고의 명약이라 불리는 것이 웃음이다. 웃음이 가진 효능을 질병 치료에 접목시킨 웃음치료법은 의학계에서도 활용이 되고 있다. 즐거운 마음이 건강한 몸을 만든다는 단순하고 추상적인 명제를 넘어서서, 의학적으로 입증된 실질적인 효능들이 이 치료법을 더욱 확장시키고 있다. 어

6　http://www.chungnamilbo.com/news/articleView.html?idxno=412368 (충남일보, 2018.8.15.)

린 아이들이 하루 400번 웃는데 반해, 어른이 되면 15번 정도로 웃음의 양이 급격히 줄어든다고 한다. 또한 여성이 남성보다 평균적으로 7.1년을 더 오래 사는 이유도 자주 웃기 때문이라는 분석도 있다. 이와 같이 웃음과 건강의 긴밀한 상관관계는 예부터 강조되어 온 부분이다.

참고문헌

강병창 2016. 언어와 유머, 한국외국어대학교 지식출판원.

강수정 2015. 대학생의 정서지능이 대인관계 문제에 미치는 영향: 유머스타일의 매개효과를 중심으로, 카톨릭대학교 석사학위논문.

고영진 2012. 광고커뮤니케이션에 표현된 한국적 유머에 관한 연구 - 로만 야콥슨(Roman Jakobson)의 커뮤니케이션 기능 모델 중심으로-, 커뮤니케이션 디자인학연구 41권, 커뮤니케이션디자인협회, 154-164.

구병주 2009. 상사의 유머감각 특성이 구성원들의 조직유효성에 미치는 영향, 경원대학교 박사학위논문.

구현정 1996. 은유 해석에 있어서의 혼합공간의 역할: Turner와 Fauconnier의 이론을 중심으로, 자하어문논집 11, 상명어문학회, 83-112.

구현정 2000. 유머 담화의 구조와 생성 기제, 한글 248, 한글학회, 159-184.

구현정 2009. (개정) 대화의 기법: 이론과 실제, 도서출판 경진.

구현정 2017. 국어과 교육 내용으로서 유머 교육을 위한 시론, 한말연구 46, 한말연구학회, 5-31.

김동환 2002. 개념적 혼성과 컴퓨터 유머의 의미구성, 담화와인지 9-2, 담화인지언어학회, 1-28.

김웅래·오진근 1996. 한국을 웃긴 250가지 이야기, 삶과 함께.

김원태 2011. 유머 광고의 커뮤니케이션 효과에 관한 연구―인쇄매체를 중심으로-, 정보디자인연구 19, 한국정보디자인학회, 47-56.

김윤경 2017. 아재 개그의 유머 기제와 담화 구조 연구, 국어교육학연구 52-1, 국어교육학회, 248-277.

김종엽 1994. 최불암 시리즈와 농담의 사회학, 웃음의 해석학, 행복의 정치학, 한나래.

류종영 2006. 웃음의 미학, 유로서적.

리대용 1992. 현대 사회와 광고, 나남.

맹명관 1998. 광고의 신(新)병기 유머를 분석한다, 연세 커뮤니케이션즈 8,

연세대학교 언론홍보대학원, 32-38.

박용한 2015. 군대유머 텍스트의 발생 동기와 사회문화적 함의 연구, 사회언어학 23-3, 한국사회언어학회, 109-141.

박종현 역 2004. 플라톤의 필레보스, 서광사.

박희량 2001. 유머형성 기제에 따른 유머소구 광고의 심리적 경험 구조, 광고학연구 12-4, 한국광고학회, 37-72.

백주연·김종덕·김현석 2011. 국내 TV 패러디광고 경향 연구: 2000년~2010년까지의 국내 TV-CF를 중심으로, 기초조형학연구 12-1, 한국기초조형학회, 299-310.

손세모돌 1999. 유머로 보는 한국 사회, 한민족문화연구 5권, 한민족문화학회, 235-249.

안지현·권주형 2016. 리더의 유머감각이 조직구성원의 감성 지능, 조직 몰입 및 기업 성과에 미치는 영향, 상업교육연구 30-3, 한국상업교육학회, 281-306.

왕해연 2011. 유머광고 표현과 유형에 관한 문화간 비교 연구 : 한국과 중국의 TV 유머광고 표현 유형을 중심으로, 서강대학교 석사학위논문.

윤각·정미광·고영주 2004. 한국과 미국의 TV 광고에 나타난 유머 광고의 유형에 관한 연구, 커뮤니케이션학 연구 11-1, 커뮤니케이션학회, 160-179.

윤민철 2010. 유머의 유형 분류에 관한 고찰; 유머의 원리와 구조를 중심으로, 우리말연구 27, 우리말연구학회.

이광재 2010. 웃음치료 레크리에이션 프로그램이 스트레스 대처방식 및 건강에 미치는 효과, 목포대학교 박사학위논문.

이덕로·김태열 2009. 유머감각이 조직 내 성과에 미치는 영향 – 자기권능감의 매개효과를 중심으로, 경영학연구 38-3, 한국경영학회, 643-667.

이덕로·김태열 2013. 상사의 유머가 부하의 창의성에 미치는 영향 : 내재적 동기부여의 매개효과와 팀인적자본의 조절효과를 중심으로, 인사조직연구 21-3, 한국인사조직학회, 29-63.

이석규·한성일 2008. 웃으면서 성공하기, 글두림.

이선우 2016. 웃음교육 태도가 교육만족도, 교육 충성도, 긍정심리자본에 미치는 영향, 고려대학교 박사학위논문.

이성하 2007. What is it for if it's before me?: Subjectification and grammaticalization of English 'for' and 'before', 영미어문학 84, 영미어문학회, 209-231.

이성하 2016[1998]. 문법화의 이해: 개정판, 한국문화사.

이수진 2009. 대학생이 지각하는 사회유대감과 자율성이 학교생활적응과 주관적 안녕감에 미치는 영향, 한국심리학회지: 학교 6-2, 한국심리학회, 229-248.

이임선 2008. 웃음-나를 치유하는 힘, 랜덤하우스코리아.

이재원 2003. 유머 텍스트와 대화 함축, 텍스트언어학 15, 텍스트언어학회, 509-531.

이정식 1998. 유우머 분석, 제17차 한국어학회 전국학술대회 자료집, 한국어학회, 129-139.

이철 1992. TV 유머광고에 대한 비교문화적 연구, 광고연구 27, 한국방송광고공사, 227-237.

이해완 2014. 농담, 유머, 웃음: "유머의 윤리"를 중심으로, 미학 77, 한국미학회, 105-140.

임지룡 1997. 인지의미론, 탑출판사.

임창희 2009. 감정노동자의 이직의도에 미치는 유머와 유머선호도의 조절효과, 인사조직연구, 17-1, 한국인사 · 조직학회.

장덕균 1993. YS는 못말려, 미래사.

장보은 2003. 유행어와 유머의 시대적 변천 연구, 건국대학교 석사학위논문.

장해순 · 이만제 2014. 유머감각과 유머스타일이 대인관계에 미치는 영향, 한국소통학보 25, 한국소통학회, 308-334.

전정미 2012. 공익광고에 나타난 설득전략 연구, 한말연구 31, 한말연구학회, 261-282.

정석환 2014. 상사 유머가 공무원의 혁신적 업무행동에 미치는 영향, 한국콘텐츠학회논문지 14-12, 한국콘텐츠학회, 733-743.

정현경 2009. 웃음에 관한 미학적 성찰, 한국외국어대학교 박사논문

천은숙 2010. 유머 텍스트의 반응 양상에 따른 웃음 유발 기제 연구, 수원대학교 국어국문학과 박사학위논문.

최승완 2000. 유머로 본 동독 사회주의, 역사와 문화 1, 문화사학회, 191-207.

최영건·신현정 2015. 유머텍스트 처리에서 스키마의 활성화 과정, 한국콘텐츠학회논문지 15-9, 한국콘텐츠학회, 425-435

최진숙 2016. 한국 사회 중년 남성의 전형화에 대한 언어인류학적 고찰: '아재개그' 사례를 중심으로, 한국문화인류학 49-3, 한국문화인류학회, 57-3.

한광일 2007. 웃음 치료법, 삼호미디어.

한성일 2001. 유머 텍스트의 구조와 원리, 화법연구 3, 한국화법학회, 147-171.

한성일 2002. 유머 텍스트의 사회언어학적 연구, 사회언어학 10-1, 한국사회언어학회, 339-362.

한성일 2002, 유머 텍스트의 원리와 언어학적 분석, 가천대학교 박사학위논문.

한성일 2008. 언어 전략으로서의 중의성 연구, 한국어의미학 27, 한국어의미학회, 341-364.

황혜자·유선림 2005. 대인관계증진 프로그램이 대인관계 및 자존감에 미치는 효과, 대학원논문집 30, 동아대학교대학원, 75-93.

Alexander, R. D. 1986. Ostracism and indirect reciprocity: the reproductive significance of humor, *Ethology and Sociobiology* 7, 253-270.

Allport, G. W. 1927. Concepts of trait and personality, *Psychological Bulletin* 24, 284-293. (http://psychclassics.yorku.ca/Allport/concepts.htm).

Apte, M. L. 1985. *Humor and Laughter: an Anthropological Approach*, Ithaca & London: Cornell University Press.

Armstrong, M. 1920. *Laughing: An Essay*, New York: Harper.

Attardo, S. 1994. *Linguistic Theories of Humor*, Berlin: Mouton de Gruyter.

Baker, R. 1993. *Russell Baker's Book of American Humor*, New York: W. W. Norton.

Bandura, A. 1994. Self-efficacy, In Ramachandran, V. S. (Ed.) *Encyclopedia of Human Behaviour* Vol.4, 71-81, New York: Academic Press.

Bergson, H. 1889, *Le Rire : Essai sur la significance du comique.* 정연복(역) 1992. 웃음: 희극성의 의미에 관한 시론, 세계사.

Berlyne, D. 1972. Humor and its kin, In Goldstein, J. & McGhee, P. (Eds.) *The Psychology of Humor*, 43-60, New York: Academic Press.

Bippus, A. M. 2003. Humor motives, qualities, and reactions in recalled conflict episodes, *Western Journal of Communication* 67, 413-426.

Birdwhistel, R. L. 1952. *Introduction to Kinesics: an Annotation System for Analysis of Body Motion and Gesture*, Washington; Foreign Service Institute.

Bliss. S. H. 1985. The origin of laughter, *American Journal of Psychology* 26, 236-246.

Cann, A. & Calhoun, L. 2001. Perceived personality associations with differences in sense of humor: Stereotypes of hypothetical others with high or low senses of humor, *Humor: International Journal of Humor Research* 14-2, 117-130.

Cann, A., Dimitriou, K. & Hooley, T. 2011. *Social Media: A Guide for Researchers*, London: Research Information Network.

Cialdini, R. B. 1985/2001. *Influence: Science and Practice.* 이현우(역) 2002. 설득의 심리학, 21세기북스.

Consalvo, C. M. 1989. Humor in management: no laughing matter, *Humor* 2-3, 285-297.

Coser, R. 1960. Laughter among colleagues, A study of the social functions of humor among the staff of a mental hospital, *Psychiatry* 23, 81−95.

Coulson, S. 2001. "What so funny?", Conceptual blending in humorous examples. Downloadable at http://www.cogsci.ucsd.edu/~coulson/funstuff/funny.html

Coulson, S. 2005. "What so funny?", Cognitive semantics and jokes, *Cognitive Psychopathology* 2, 67−78.

Cousins, N. 1979. *An Anatomy of an Illness as Perceived by the Patient*, New York: W. W. Norton.

Darwin, C. 1972. *Der Ausdruck der Gemütsbewegungen bei dem Menschen und den Tieren*, Halle/Saale.

De Koning & Weiss, R. L. 2002. The relational humor inventory: functions of humor in close relationships, *The American Journal of Family Therapy* 30−1, 1−18.

Decker, W. 1987. Managerial humor and subordinate satisfaction, *Social Behavior and Personality: An International Journal* 15, 225−232.

Decker, W. H. & Rotondo, D. M. 2001. Relationships among gender, type of humor, and perceived leader effectiveness, *Journal of Managerial Issues* 13, 450−465.

Dienstbier, R. A. 1995. The impact of humor on energy, tension, task choices, and attributions: exploring hypotheses from toughness theory, *Motivation and Emotion* 19, 255−267.

Dirven, R. & Verspoor, M. 1998. *Cognitive Exploration of Language and Linguistics*, Amsterdam: John Benjamins.

Dixon, N. F. 1980. Humor: A cognitive alternative to stress, In Sarason, I. G. & Spielberger, C. D. (Eds.) *Stress and Anxiety* Vol. 7, 281−289, Washington, DC: Hemisphere.

Dynel, M. 2011. Blending the incongruity−resolution model and the conceptual integration theory: the case of blends in pictorial advertising, *International Review of Pragmatics* 3, 59–83.

Eastman, M. 1936. *Enjoyment of Laughter*, New York: Simon & Schuster.

Ekman, P. & Friesen, W. V. 1978. *Facial Action Coding System*, Palo Alto, CA; Consulting Psychologists Press.

Ekman, P. & Friesen, W. V. 1982. Felt, false, and miserable smiles, *Journal of Nonverbal Behavior* 6–4, 238–252.

Ekman, P., Davidson, R. & Friesen, W. V. 1990. The Duchenne smile: emotional expression and brain physiology, *Journal of Personality and Social Psychology* 58–2, 342–353.

Fabrizi, M. S. & Pollio, H. R. 1987. A naturalistic study of humorous activity in a third, seventh, and eleventh grade classroom, *Merrill–Palmer Quarterly* 33–1, 107–128.

Fauconnier, G. 2001. Conceptual blending and analogy, In Gentner, D., Holyoak, K. J., & Kokonov, B. N. (Eds.) *The Analogical Mind: Perspectives from Cognitive Science*, 255–286, Cambridge: MIT Press.

Fauconnier, G. & Turner, M. 1996. Blending as a central process of grammar, In Goldberg, A. (Ed.) *Conceptual Structure and Discourse*, 113–130, Stanford: CSLI.

Fauconnier, G. & Turner, M. 1999. Metonymy and conceptual integration. *In* Panther, K. and Radden, G. (Eds) *Metonymy in Language and Thought*, 77–90, Amsterdam: John Benjamins.

Fauconnier, G. & Turner, M. 2002. *The Way We Think: Conceptual Blending and the Mind's Hidden Complexities*, New York: Basic Books.

Fauconnier, G. & Turner, M. 2003. Polysemy and conceptual blending. In Nerlich, B., Herman, V., Todd, Z. & Clarke, D. (Eds.)

Polysemy: Flexible Patterns of Meaning in Mind and Language, 79-94, New York: Mouton de Gruyter.

Fraley, B. & Aron, A. 2004. The effect of a shared humorous experience on closeness in initial encounters, *Personal Relationships* 11, 61-78.

Franck, M. 2005. L'humour et ses "mécanismes", 한국프랑스학논집 52, 한국프랑스학회, 159-176.

Frecknall, P. 1994. Good humor: A qualitative study of the uses of humor in everyday life, *Psychology: A Journal of Human Behavior* 31-1, 12-21.

Freud, S. 1905/1963. *Jokes and their Relation to the Unconscious,* New York: W. W. Norton.

Fritz, H., Russek, L. & Dillon, M. 2017. Humor use moderates the relation of stressful life events with psychological distress, *Personality and Social Psychology Bulletin* 43-6, 845-859.

Fry, P. S. 1995. Perfectionism, humor, and optimism as moderators of health outcomes and determinants of coping styles of women executives. *Genetic, Social, and General Psychology Monographs* 121, 213-245.

Fry, W. F. 1963/2011. *Sweet Madness: A Study of Humor,* Palo Alto: Pacific Books.

Fry, W. F. 1992. The physiologic effects of humor, mirth, and laughter, *Journal of the American Medical Association* 267-13, 1857-1858.

Fry, W. F. & Savin, W. M. 1988. Mirthful laughter and blood pressure, *Humor* 1-1, 49-62.

Gervais, M. & Wilson, D. 2005. The evolution and functions of laughter and humor: A synthetic approach, *Quarterly Review of Biology* 80, 395-420.

Goffman, E. 1967. *Interaction Ritual: Essays in Face-to-Face Behavior,* Chicago: Aldine.

Grice, H. P. 1975. Logic and conversation, In Cole, P. and Morgan, J. L. (Eds.) *Syntax and Semantics 3, Speech Acts,* 41-58, New York, Academic Press.

Grice, H. P. 1978. Further notes on logic and conversation. In Cole, P. (Ed.) *Syntax and Semantics 9, Pragmatics,* 113-127, New York: Academic Press.

Harker, L. & Keltner, D. 2001. Expressions of positive emotion in women's college yearbook pictures and their relationship to personality and life outcomes across adulthood, *Journal of Personality and Social Psychology* 80-1, 112-124.

Hinsz, V. & Tomhave, J. 1991. Smile and (half) the world smiles with you, frown and you frown alone, *Personality and Social Psychology Bulletin* 17-5, 586-592.

Hobbes, T. 1651/1981. *Leviathan,* London: Penguin Books.

Holland, N. 1982. *Laughing: A Psychology of Humor,* Ithaca & London: Cornell University Press.

Isen, A., Daubman, K. & Nowicki, G. P. 1987. Positive affect facilitates creative problem solving, *Journal of Personality and Social Psychology* 52, 1122-1131.

Joel, S. 1985. *Handbook of Discourse Analysis 3,* London: Academic Press.

Keith-Spiegel, P. 1972. Early conceptions of humor: Varieties and issues, In Goldstein, J. H. & McGhee, P. E. (Eds.) *The Psychology of Humor: Theoretical Perspectives and Empirical Issues,* 4-39, New York: Academic Press.

Knapp. M., Hall, J. & Horgan, T. 2014. *Nonverbal Communication in Human Interaction,* 최양호 · 김영기(역) 2017. 비언어커뮤니케이

션. 커뮤니케이션북스.

Knutson, B. 1996. Facial expressions of emotion influence interpersonal trait inferences. *Journal of Nonverbal Behavior* 20-3, 165-182.

Koestler, A. 1964. *The Act of Creation.* London: Hutchinson.

Korobkin, D. 1988. Humor in the classroom: Considerations and strategies. *College Teaching* 36-4, 154-158.

Kubie, L. S. 1970. The destructive potential of humor in psychotherapy. *The American Journal of Psychiatry* 127-7, 861-866.

Kuiper, N. A. 2010. Introductory comments: Special issue of EJOP on humor research in personality and social psychology(editorial). *Europe's Journal of Psychology* 6, 1-8.

Kuiper, N. A. & Martin, R. A. 1993. Humor and self-concept. *International Journal of Humor Research* 6-3, 251-270.

Kuiper, N. A., McKenzie, S. D. & Belanger, K. A. 1995. Cognitive appraisals and individual differences in sense of humor: Motivational and affective implications. *Personality and Individual Differences* 19, 359-372.

LaFollette, H. & Shanks, N. 1993. Belief and the basis of humor. *American Philosophical Quarterly* 30, 329-339.

Langacker, R. 1977. Syntactic reanalysis. In Li, C. N. (Ed.) *Mechanisms of Syntactic Change.* Austin: University of Texas Press.

Lauer, R., Lauer, J. & Kerr, S. 1990. The long-term marriage: Perceptions of stability and satisfaction. *International Journal of Aging and Human Development* 30, 189-195.

Lefcourt, H. M. 2001. *Humor: the Psychology of Living Buoyantly.* New York: Kluwer Academic.

Lefcourt, H. M. & Martin, R. A. 1986. *Humor and Life Stress: Antidote to Adversity,* New York: Springer—Verlag.

Lefcourt, H. M. & Thomas, S. 1998. Humor and stress revisited, In Ruch, W. (Ed.) *The Sense of Humor: Explorations of a Personality Characteristic,* 179–202, Berlin and New York: Mouton de Gruyter.

Long D. L. & Graesser, A. C. 1988. Wit and humor in discourse processing, *Discourse Processes* 20–2, 151–166.

Lyttle, J. 2007. The judicious use and management of humor in the workplace, *Business Horizons* 50, 239–245.

Martin, R. A. 2001. Humor, laughter, and physical health: methodological issues and research findings, *Psychol Bull* 127–4, 504–519.

Martin, R. A. 2006. *The psychology of Humor: an Integrative Approach,* Amsterdam: Elsevier. 신현정(역) 2008. 유머심리학: 통합적 접근, 박학사.

Martin, R. A. & Kuiper, N. A. 1999. Daily occurrence of laughter: Relationships with age, gender, and Type A personality, *Humor: International Journal of Humor Research* 12–4, 355–384.

Martin, R. A. & Lefcourt, H. M. 1983. Sense of humor as a moderator of the relation between stressors and moods, *Journal of Personality and Social Psychology* 45–6, 1313–1324.

Martin, R. A. & Lefcourt, H. M. 1984. Situational humor response questionnaire: Quantitative measure of sense of humor, *Journal of Personality and Social Psychology* 47–1, 145–155.

Martin, R. A, Puhlik—Doris, P., Larsen, G., Gray, J. & Weir, K. 2003. Individual differences in uses of humor and their relation to psychological well—being: Development of the Humor Styles Questionnaire, *Journal of Research in Personality* 37, 48–75.

May, R. 1953. *Man's Search for Himself,* Oxford, England: Norton.

McComas, H. C. 1923. The origin of laughter, *Psychological Review* 30, 45–55.

McGhee, P. 1979. *Humor, its Origin and Development,* San Francisco: W. H. Freeman and Company.

McGhee, P. E. 1999. *Health, Healing and the Amuse System,* Dubuque, IA: Kendall/ Hunt.

McGuire, F. A., Boyd, R. & James, A. 1992, *Therapeutic Humor with the Elderly,* New York: Haworth Press.

McLain, D. L. 1993. The Mstat–I: A new measure of an individual's tolerance for ambiguity, *Educational and Psychological Measurement* 53–1, 183–189.

Mehrabian A. 1972. *Nonverbal Communication,* Chicago, Illinois: Aldine–Atherton.

Mindess, H. 1971. *Laughter and Liberation,* Los Angeles: Nash Publishing.

Mistler, B. J. 2009. *Bisociation and Second–Order Change: Relationships among Tolerance for Ambiguity, Sense of Humor, and Humor Styles,* Ph.D. dissertation, The University of Florida.

Morreall, J. 1983. *Talking Laughter Seriously,* Albany: State University of New York.

Morreall, J. 1991. Humor and work, *Humor* 4–3/4, 359–373.

Mulkay, M. 1988. *On Humour: its Nature and its Place in Modern Society,* New York: Blackwell.

Müller, M. 1995. *Die Ironie. Kulturgeschichte und Textgestalt,* Würzburg: Königshausen u. Neumann.

Nash, W. 1985. *The Language of Humour: Style And Technique in Comic Discourse,* London: Longman.

Nerhardt. G. 1976. Incongruity and funniness: Towards a new descriptive model, In Chapman, A. J. & Foot, H. C. (Eds.)

Humor and Laughter Theory, Research and Application, 55–62, London: Wiley.

O'Connel, W. E. 1976. Freudian humour: The eupsychia of every day life, In Chapman, A. J. & Foot, H. C. (Eds.) *Humor and Laughter Theory, Research and Application,* 313–329, London: Wiley.

Plessner, H. 1970. Lachen und Weinen. Eine Untersuchung der Grenzen menschlichen Verhaltens, In: *Philosophische Anthropologie,* Hrsg. v. Günther Dux, Frankfurt am Main.

Polimeni, J. & Reiss, J. P. 2006. The first joke: Exploring the evolutionary origins of humor, *Evolutionary Psychology,* 4, 347–366.

Pollio, H. R. 1983. Notes toward a field theory of humor, In McGhee, P. E. & Goldstein, J. H. (Eds.) *Handbook of Humor Research* 1, 213–250, New York: Springer–Verlag.

Pollio, H. R., Mers, R. & Lucchesi, W. 1972. Humor, laughter, and smiling: Some preliminary observations of funny behaviors, In Goldstein, J. H. & McGhee, P. E. (Eds.), *The Psychology of Humor,* 211–239, New York: Academic Press.

Priest, R. F. & Swain, J. E. 2002. Humor and its implications for leadership effectiveness, *Humor: International Journal of Humor Research* 15–2, 169–18

Provine, R. R. 1992. Contagious laughter: Laughter is a sufficient stimulus for laughs and smiles, *Bulletin of the Psychonomic Society* 30, 1-4.

Provine, R. R. 1993. Laughter punctuates speech: Linguistic, social, and gender contexts of laughter, *Ethology* 95–4, 291–298.

Provine, R. R. 2000. *Laughter: A Scientific Investigation,* London: Faber and Faber.

Provine, R. R. 2012. *Curious Behavior: Yawning, Laughing, Hiccupping, and Beyond.* Cambridge, MA: Belknap/Harvard University Press.

Provine, R. R. & Fischer, K. R. 1989. Laughing, smiling, and talking: Relation to sleeping and social context in humans. *Ethology* 83, 295-305.

Provine, R. R. & Yong, Y. 1991. Laughter: A stereotyped human vocalization. *Ethology* 89, 115-124.

Raskin, V. 1985. *Semantic Mechanisms of Humor.* Dordrecht: D. Reidel Publishing Company.

Reardon, K. 1987. *Interpersonal Communication — Where Minds Meet.* Belmont, CA: Wadsworth Publishing Company. 임칠성(역) 1997. 대인의사소통. 한국문화사.

Robins, D. & Smith-Lovin, L. 2001. Getting a laugh: Gender, status, and humor in task discussions. *Social Forces* 80, 123-158.

Ross, A. 1998. *The Language of Humour.* London & New York: Routledge.

Ruch, W. 1997. State and trait cheerfulness and the induction of exhilaration: A FACS study. *European Psychologist* 2, 328-341.

Sapir, E. 1921. *Language.* New York: Harcourt, Brace.

Simon, J. M. 1988. Therapeutic humor. Who's fooling who?. *Journal of Psychosocial Nursing and Mental Health Services* 26-4, 8-12.

Suls, J. M. 1972. A two-stage model for the appreciation of jokes and cartoons: An information processing analysis. In Goldstein, J. H. & McGhee, P. E. (Eds.) *The psychology of Humor: Theoretical Perspectives and Empirical Issues*, 81-100. New York: Academic Press.

Suls, J. M. 1983. Cognitive processes in humor appreciation. In McGee, P. E. & Goldstein, J. H. (Eds.) *Handbook of Humor Research*

1 Basic issues, 39–57, New York: Academic Press.

Thomas, C. & Esses, V. 2004. Individual differences in reactions to sexist humor, *Group Processes & Intergroup Relations* 7–1, 89–100.

Thorson, J. A. & Powell, F. C. 1993. Development and validation of a multidimensional sense of humor scale, *Journal of Clinical Psychology* 49–1, 13–23.

Titze, M. & Patsch. I. 2004. *Die Humorstrategie: Auf verblüffende Art Konflikte lösen*. Kösel. 곽병휴(역) 2007. 유머전략: 치료적 유머에 관한 이론, 학지사.

Turner, M. & Fauconnier, G. 1995. Conceptual integration and formal expression, *Metaphor and Symbolic Activity* 10, 183–203.

Veatch, T. C. 1998. A theory of humor, *Humor: International Journal of Humor Research* 11–2, 161–215.

Vettin, J. & Todt, D. 2004. Laughter in conversation; Features of occurrence and acoustic structure, *Journal of Nonverbal Behavior* 28–2, 93–115.

Ward, J. R. 2004. *Humor and its Association with Friendship Quality*, Unpublished masters thesis, University of Western Ontario, London, Ontario.

Wiemann, J. M. 1977. Explication and test of a model of communicative competence, *Human Communication Research* 3, 195–213.

Yip, J. A. & Martin, R. A. 2006. Sense of humor, emotional intelligence, and social competence, *Journal of Research in Personality* 40–6, 1202–1208.

한국 문화론

황 병 순

경북 울진 출생
영남대학교 문리대 국어국문학과 졸업
영남대학교 대학원 문학석사, 문학박사
인디아나대학교 방문교수
경상대학교 인문대학 학장, 배달말학회 회장 역임
현재 경상대학교 국어국문학과 교수

〈저서〉
상 표시 복합동사 연구(1987), 말로 본 우리 문화론(2002), 한국어 문장 문법(2004),
경남지역의 상례 문화(2016) 등

한국 문화론

초판 1쇄 발행 2018년 12월 20일
초판 2쇄 발행 2019년 5월 10일

지은이 황병순 ▌ **펴낸이** 박찬익 ▌ **편집장** 황인옥 ▌ **책임편집** 강지영
펴낸곳 ㈜ **박이정** ▌ **주소** 서울시 동대문구 천호대로 16가길 4
전화 02) 922-1192~3 ▌ **팩스** 02) 928-4683 ▌ **홈페이지** www.pjbook.com
이메일 pijbook@naver.com **등록** 2014년 8월 22일 제305-2014-000028호

ISBN 979-11-5848-409-5 (93380)

* 책값은 뒤표지에 있습니다.

한국 문화론

황병순 지음

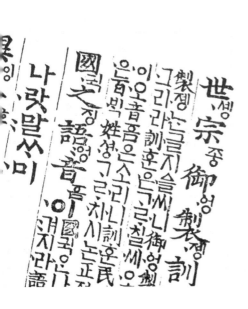

(주)박이정

우리는 문화라는 말을 자주 쓴다. 문화 국가라는 말도 쓰고 문화 민족이란 말도 쓴다. 그런가 하면 문화가 우수하다느니 문화가 없다느니 하며 문화를 평가하기도 한다. 그런데 정작 한국 문화의 특성을 말하라고 하면 입을 다물거나 단편적인 것을 말하는 정도로 그친다.

말은 문화라고 한다. 이는 문화를 알아보려면 말을 들여다보아야 함을 가리키는 것이라고 할 수 있다. 그렇다. 이 책은 말이 문화를 보여 주는 가장 대표적인 상징기호라고 보고 한국어를 통해 한국 문화를 기술한 것이다. 말이 아닌 형체나 색, 선, 소리 등으로 만들어 낸 문화도 말로 풀이될 수 있으니 모든 문화는 말로 형상화되는 것이라 할 수 있다.

말은 문화이다. 한국어는 한국 문화이다. 우리는 이 말을 얼마나 이해했던가? 필자는 30여 년간 국어국문학과 학생들에게 국어학을 가르쳤다. 가르치면서 해를 거듭할수록 학생들이 한국어를 모른다는 생각이 들었다. 학생들이 한국어를 이해하거나 어려움이 없이 사용하고 있다고 해도 한국어 속에 어떤 문화가 담겨 있는지 제대로 알지 못하였다. 필자는 학생들의 이러한 한국어 인지도를 중시해 2016년부터 국어국문학과에 '국어 문화론'이라는 강좌를 개설하고, 이 강좌에서 학생들에게 국어국문학을 가르치기 전에 먼저 한국어에 담긴 한국인의 삶과 한국 문화의 특성을 가르쳐 왔다. 한국어를 전공으로 하는 국어국문학과 학생들의 한국어 인지도가 이러한데 일반인은 어떨까? 아니, 한국인이 아닌 외국인에게 한국 문화를 어떠한 문화라고 알려 주어야 할까?

오늘날 우리 주변에서는 말과 말의 교류(문화의 교류)가 아무런 간섭 없이 이루어지고 있다. 국제화니 세계화니 하는 말이 자주 입에 오르내린다. 초등학교에서 영어 교육을 실시하면서도 한국 문화가 어떻게 변해 갈지에 대해서는 무관심하다. 이 시점에서 앞으로 우리가 만들어 가야 할 문화의 방향을 모색하기 위해서라도 지금 우리가 쓰는 일상의 한국어에 어떤 문화가 담겨 있는지 알아보는 일은 매우 의미 있는 일이 아닐 수 없다.

그럼 한국 문화론에는 어떠한 내용을 담아야 할까? 오늘날 한국 문화는 많은 부문이 서구화되었다. 의식주 문화뿐만 아니라 사회 문화나 놀이 문화도 서구화되었다. 젊은이일수록 더 서구화된 문화를 누린다. 한국의 젊은이는 서구화되기 전의 한국의 전통문화에 관심도 없고 전통문화를 알 필요도 없다고 생각하며 살아가는 듯하다. 한마디로 한국의 젊은 세대에는 지난날의 한국 전통문화가 단절되어 가고 있다.

한국의 전통문화가 현대 사회에서 버려야 할 만큼 낙후된, 보잘것없는 문화일까? 젊은이들이 생각하는 것처럼 오늘날 한국 문화가 서구 문화와 다를 것이 없다고 한다면 굳이 한국 문화라고 하여 달리 기술해야 할 것이 있 겠는가? 현대 한국 문화가 서구화된 것은 분명하지만, 한국 문화의 바탕에 는 전통문화가 잠재되어 있고 기성세대는 아직 전통문화를 누리며 산다. 즉, 서구화된 현대 한국 문화의 바탕에는 전통문화가 있다. 그래서 한국 문 화를 논하면서 한국 전통문화를 중요하게 다루지 않을 수 없었다. 이는 한 국 문화에 대한 필자의 집필 태도이자 집필 동기이기도 하다.

이 책을 쓰기 전에 그간의 연구들을 검토해 보니 한국 문화에 관한 단편 적인 논문이나 외국인에게 가르쳐야 할 한국 문화에 관한 저술은 적지 않았 다. 그런데 한국 문화의 정체성을 이해할 수 있게 한국 문화를 종합적으로 체계를 지어 논술한 저술은 찾기 어려웠다. 이는 이 책을 집필하게 된 또 다른 이유이다.

필자는 한국 문화에 대해 위와 같이 인식하고 독자들이 일상 쓰는 한국어 로 한국인이 누리는 삶의 양식을 알 수 있게 하고자 애썼다. 이 책에 이러한 내용을 담기 위해 한국의 현대 문화를 기술하되 현대 문화에 대한 온전한 이해를 돕기 위해 현대 문화의 바탕에 깔린 전통문화에 대해서도 기술하여 야 했다. 다행히 필자가 스무 살까지 농촌에서 자라면서 겪은 전통문화 체 험이 이러한 내용을 기술하는 데 밑거름이 되었다.

이 책은 필자가 한국 문화 특히, 한국 전통문화에 대한 애정을 갖고 집필하였다. 이 책을 읽은 독자들이 한국 문화에 대해 잘 이해하게 되는 것은 물론, 이제부터라도 한국의 전통문화에 대해 애정을 갖게 되길 기대해 본다. 역사를 과거와 현재와 미래의 대화라고 하듯이 문화도 과거와 현재와 미래의 대화라고 생각하고 읽어 주면 좋겠다.

　이 책을 쓰면서 많은 사람들이 떠올랐다. 지금까지 묵묵히 우리 가정을 꾸리면서 고생해 온 아내 홍재숙, 고지식한 아버지 밑에서 무미하게 어린 시절을 보낸 인경이, 인혜, 재웅이, 돌이켜 보니 참 미안하고 고맙다. 동료 교수와 제자, 그리고 벗들, 모두 고마운 분들이었다. 이 책이 이분들에게 드리는 선물이 될 수 있으면 좋겠다. 끝으로 이 책을 기꺼이 출판해 주신 박이정에 감사드린다.

2018년 유난히도 무더웠던 여름을 보내며
황 병 순

II. 한국 문화

Ⅳ. 마무리

I

....

말과 문화

제1장

문화란 무엇인가?

1. 문화의 개념

문화란 무엇인가? 표준국어대사전(1999)에서는 문화를 아래와 같이 정의하고 있다.

자연 상태에서 벗어나 일정한 목적 또는 생활 이상을 실현하고자 사회 구성원에 의하여 습득, 공유, 전달되는 행동 양식이나 생활양식의 과정 및 그 과정에서 이룩하여 낸 물질적·정신적 소득을 통틀어 이르는 말. 의식주를 비롯하여 언어, 풍습, 종교, 학문, 예술, 제도 따위를 모두 포함한다.

사전의 개념 정의에 따르면 문화는 인간이 살아가면서 만든 모든 것을 가리키는 것이다.[1] 이러한 개념의 '문화(文化)'라는 말은 서양 사람들이 사용하는 'culture'라는 말을 번역한 것이다. 서양 사람들이 문화를 'culture'라고 하는 것은 'culture'라는 말의 뜻과 같이 '인간이 만들어 가꾼 것'을 가리키기 위한 것이 아닌가 싶다.

'文化'라는 말은 일본 한자어이다. 우리가 '문화(文化)'라는 말을 사용하게 된 것도 일본에서 사용하는 말을 그대로 수용해 써 왔기 때문이다. 일본 사람들이 '문화(文化)'라는 말을 사용한 것은 'culture'라는 말을 번역하면서부터이다. 그럼 일본인들은 왜 인간이 만들어 가꾼 것을 가리키는 'culture'를 '문화(文化)'라고 번역했을까?

문화에 대한 사전 풀이에서와 같이 문화는 인간이 필요에 의해(일정한 목적 또는 생활 이상을 실현하고자) 만들어 낸 것으로 의식주를 비롯하여 언어, 풍습, 종교, 학문, 예술, 제도 따위를 가리키는데, 인간이 이들 문화를 만들어 내는 방식은 여러 가지 상징 형식들이다. 즉, 인간은 선이나 색을 통해 형체를 가진 유형 문화를 만들어 내기도 하고 말이나 소리, 행위 등을 통해 형체가 없는 무형 문화를 만들어 내기도 한다. 그런데 인간이 다양한 형식들로 문화를 만들어 내지만 문화를 만드는 다양한 상징 형식들 가운데 가장 고차원적이고[2] 대표적인 상징 형식은 말이다. 형체를 가진 문화나 형체가 없는 문화들도 말로 그 문화 특성이 재해석될 수 있다. 일본인들이 말의 이러한 특성을 생각해 'culture'를 '문화(文化)' 즉, '말[文]로 형상화된[化] 것'으로 번역한 것이 아닐까 싶다.

---

1 문화를 좁게 해석해 '사상을 바탕으로 한 이념을 실천하기 위해 인간이 만들어 온 것'이라고 정의하기도 한다.
2 말이 가장 고차원적인 상징 형식임은 어떤 상징 형식으로 된 것이든, 모든 상징 형식들은 다시 말로 재해석될 수 있음을 가리킨다.

우리는 다양한 문화를 제대로 이해하기 위해 다방면에서 문화를 알아보고자 하였다. 역사적 기념물로 문화 특성을 알아보기도 하였고, 예술 작품으로 문화 특성을 알아보기도 하였다. 문화는 유형의 산물로 형상화되기도 하고 무형의 말로 형상화되기도 한다. 어떤 방식으로 형상화되든 문화는 말로 다시 형상화될 수 있다. 유형의 건물 문화나 색과 선으로 된 미술 문화, 소리와 리듬으로 형상화된 음악 문화도 그 특성을 말로 풀이해 다시 형상화될 수 있기 때문이다. 이를 받아들이면 문화는 '말로 형상화될 수 있는, 인간에게 유용한 삶을 마련하기 위해 만들어 낸 유형·무형의 양식'이라고 할 수 있다.

2. 문화와 사상, 이념

인간은 끊임없이 문화를 만들어 왔다. 인간이 역사를 거치면서 끊임없이 만들어 온 문화에는 그 시대의 사상과 이념이 반영되어 있다. 인간이 만들어 온 문화에 담긴 사상과 이념은 어떻게 형성되는가?

문화에 담긴 사상이나 이념은 인간의 사고로 형성된 것이고 새로운 사상과 이념도 인간의 창조적 사고로 형성된 것이다. 그렇다면 인간의 창의적 사고 능력은 어디에서 오는가? 인간이 창조적으로 사고할 수 있게 된 것은 인간이 말을 사용하기 때문이라고 한다. 그래서 일찍부터 많은 학자들이 말과 사고의 밀접한 관계에 대해 연구하였다.[3]

칸트(Kant)는 인간이 인식하는 것은 단순히 외부 사물을 묘사하는 것이 아

---

3   이규호(1974) 13-19쪽 참조.

니고 새로이 창조하는 것이라고 하면서, 인간이 창조적으로 인식할 수 있는 것은 인간의 인식 기능이 갖고 있는 선험적인 감성의 형식과 오성의 형식 때문이라고 하였다. 선험적인 감성의 형식과 오성의 형식은 인간이 경험 없이 대상을 인식할 수 있게 해 주는 천부 능력(天賦 能力)과 관련된 것일진대, 이도 말이 없으면 천부적 인식 능력을 발휘하기 어렵다. 그래서 칸트의 이러한 사상을 이어받은 카시러(E. Cassirer, 1874–1945)는 인간이 창조적으로 인식할 수 있는 것은 선험적인 감성과 오성의 형식뿐만 아니라 상징적 형식들 때문이라고 하면서, 상징적 형식들 가운데 가장 기본적인 것이 말이고 인간은 이 말을 통해 세계를 창조한다고 했다. 나아가 그는 말로 표현한 것은 현실 자체가 아니고 현실을 말로 만든 것이라고 하고, 인간은 말이 만들어 주는 현실만을 알고 있다고 했다.

칸트의 사상을 이어받은 카시러가 인간이 새로이 인식할 수 있는 것은 상징적 형식들이 있기 때문이라 하고, 상징적 형식 가운데 기본적인 것이 말이라고 한 것은 주목할 만하다. 이 말은 인간이 선험적인 감성과 오성만으로 인식할 수 없음을 지적한 것이기 때문이다. 카시러가 "말이 현실을 만들고 인간은 말이 만들어 주는 현실만을 알고 있다."라고 한 것은 인간의 선험적 감성과 오성도 말로 만들어질 때 인식이 가능하게 됨을 말한 것이나 다름없다.

말을 떠올리지 않고 생각할 수 있는가? 서구학자들은 말과 사고의 밀접성에 관해 다음과 같이 말하였다. 하만(J.G. Hamann, 1730–1788)은 말이 없으면 이성도 없고 세계도 존재하지 않는다고 하였고, 소쉬르(F. De. Saussure, 1857–1913)는 생각이 말로 표현되지 않으면 형체가 없고 불분명한 덩어리에 지나지 않는다고 하였다.

말을 떠올리지 않고 의식적으로 생각할 수 없다는 것은 "특정 부류 낱말에 대해 실어(失語) 증세를 보이는 환자는 특정 부류를 파악하지 못한다."라고 하는 실험 결과에서도 알 수 있다. 이뿐만 아니라, 말이 우리의 생각을 지배한다는 것은 우리의 일상 경험에서도 확인할 수 있다.[4] 우리는 무지개가 일곱 색으로 되어 있다는 것을 배운 뒤, 무지개만 보면 일곱 색으로 나누어 보려고 했던 기억이 있다. 이는 곧 말이 우리의 생각을 지배함을 뜻한다.

말은 인간의 사고를 가능해 주는 것일 뿐만 아니라 달리 사고할 수 있게 해 주는 것이기도 하다.[5] 훔볼트(H. W. Humboldt, 1767-1835)는 말의 이러한 기능을 중시해 말을 산물(産物, Ergon)이 아니고 활동(活動, Energeia)이라고 하였다. 말로 존재하는 것은 영구히 변하지 않는 것이 아니라 살아 움직인다는 것이다. 말로 다양한 사회를 만들고 만들어진 사회를 다른 모습으로 만들 수 있는 것도 말이 우리 인간의 이성적 활동을 가능하게 하는 것이기 때문이다. 예를 들어, 우리말과 같이 '형, 누나, 언니, 오빠'와 '아우, 누이, 동생'으로 분화된 말과 'brother'와 'sister'로 분화된 말이 다른 것은 언어권에 따라 달리 사고했기 때문이고, '장인, 장모'를 '아버님, 어머님'이라 부르는 것도 시대가 변하면서 달리 사고하기 때문이라 할 수 있다.

4　허발 옮김(1993) 23-39쪽 참조.
5　말로써 가능해진 '사고'는 우리말에서 동사로도 쓰이고 명사로도 쓰인다. 사고는 사유(思惟)라고도 하는데 동사로 쓰일 때는 대상을 두고 판단하거나 추리하는 이성적 활동을 가리키고, 명사로 쓰일 때는 대상을 두고 판단하거나 추리한 생각이나 견해를 가리킨다. '사고 능력', '사고방식'이라 할 때의 '사고'는 동사 의미로 쓰인 이성적 활동으로서의 '사고'이고, '합리적 사고이다' 또는 '사고가 빈약하다'라고 할 때의 '사고'는 명사 의미로 쓰인 생각이나 견해를 뜻하는 '사고'이다. 일반적으로 '사고'는 전자의 의미로 쓰인다.

일관된 사고의 실현은 사상(思想)을 이룬다. 즉, 다양한 대상을 유사한(일관된) 방식으로 사고해서(판단하고 추리해서) 일정한 의식 내용을 이루면 사상이 된다. 그리고 사상을 이루기도 하는 사고는 이념을 형성하기도 한다. 이념(理念)은 이상적인 것으로 여기는 사고(이성적 사고) 즉, 인간이 추구할 만한 가치를 지니고 있어 규범으로 삼을 만하다고 여기는 사고(생각이나 견해)를 가리킨다.

이념(이상적인 생각이나 견해)은 인간의 감성이 아닌 이성(理性)으로 형성된다. 인간이 지닌 이성은 인간이 쓰는 말과 관련되어 있다. 이성에 대한 올바른 개념 규정은 철학적인 문제로 남겨 두고[6] 이성을 '인간이 만든 가치 기준에 따라 세상을 바라보는 사고 능력'이라고 한다면 이성은 곧 말에 의해 형성되는 것이라 할 수 있다. 인간이 만든 가치 기준에 따라 세상을 바라보는 양식의 대표적 산물이 인간이 쓰는 말이기 때문이다. 따라서 바람직하다고 생각하는 사고가 반영된 이념도 인간이 지닌 이성의 힘을 발휘해 주는 말로 세상을 바라보며 사고해(판단하고 추리해) 형성되는 것이라고 할 수 있다.

이상적인 사고가 반영된 말로 만들어 놓은 이념에는 일관된 사고로 형성된 사상이 담겨 있다. 이는 곧 가치 있다고 여기는 이념에서 사상을 끌어낼 수 있음을 뜻한다. 도교적 이념에서 '노장 사상'을, 유교적 이념에서 '공맹 사상'을, 기독교 이념에서 '박애주의 사상'을, 전체주의 이념에서 '형식 중시

---

6 이상적인 사고를 길러 내는 이성은 시대나 학자에 따라 다르다. 일찍이 플라톤(Platon, BC 427–BC 347)은 영원불변의 실재(実在)를 이데아(idea)로 보았고, 중세 신학에서는 신의 지성(知性)이라 생각하였으며, 근세 초 데카르트(R. Descartes, 1596–1650)는 심리적인 의식 내용을 가리키는 관념(観念)으로 보았다. 그런가 하면 칸트(I. Kant, 1724–1804)는 순수이성(純粋理性, 선천적 이성)의 개념을 이념이라 하였으며, 헤겔(G. W. F. Hegel, 1770–1831)은 세계의 과정 속에서 자기 자신을 변증법적으로 전개되는 실재(実在)를 이념이라 하였다.

사상(형식이 내용을 지배한다는 사상)'을, 개인주의 이념에서 '개인의 인권 존중 사상'을 끌어낼 수 있는 것도 이념에서 사상을 끌어낼 수 있기 때문이다.

이념은 시대나 사회에 따라 바뀌기도 한다. 이성적 사고에 따른 말의 가치가 시대에 따라 변하기 때문이다. 예를 들어 '현모양처'를 여성의 덕목으로 여기던 시대에는 '현모양처'식 사고로 이상적인 가정을 가꾸는 생활 규범을 중시하는 가부장제(家父長制)의 유교 이념이 형성되어 있고, '직장 여성'을 능력 있는 여성으로 여기는 오늘날에는 여성도 남성과 같이 사회활동을 하는 남녀평등 이념이 형성되어 있다. 그리고 모든 인간을 '동무'라고 부르는 사회에는 공산(共産)주의 이념이 형성되어 있다.[7]

위 내용은 이성이 사고나 사상을 낳고 이성으로 형성된 이상적인 사고가 이념을 이룸을 가리킨다. 따라서 인간이 만들어 온 문화에 사상과 이념이 담긴 것은 사상이나 이념을 담은 말로 문화를 만들어 왔기 때문이라 하겠다. 이는 곧 말로 형성된 사상이나 이념이 인간의 삶의 양식을 결정하고 사상이나 이념에 따라 형성된 삶의 양식이 문화가 되는 것임을 나타낸다.

---

[7]　말에 담긴 이러한 이념은 이념을 지배하는 말의 코드, 특히 말의 사회·문화적 코드에 의해 결정된다. 말의 사회·문화적 코드에 대해서는 뒤에서 자세히 알아보기로 한다.

제2장

말의 특성과 문화

문화가 사상이나 이념을 담은 말로 형상화될 수 있게 된 것은 말이 사고를 가능하게 해 주기 때문이기도 하지만 문화가 말의 본질적 특성이나 기능적 특성과도 관련되어 있기 때문이다. 그렇다면 말은 본질적으로 어떤 특성을 지닌 것이기에 문화와 관련되어 있고, 말은 어떤 역할을 하는 것이기에 말에 따라 문화에 차이가 나는 것인가?[1]

1. 말의 본질과 문화

인간에게 말은 무엇인가? 인간이 쓰는 말은 여러 가지이다. 한국어도 있

---

[1]   말의 본질과 기능에 관한, 유사한 내용은 황병순(2002) 참조.

고 영어도 있고 중국어도 있다. 인간은 자신들이 쓰는 말로 대상을 다르게 이름을 붙여(형상화해) 살고 있다. 어떤 대상을 한국어에서는 하나로 이름 지어(형상화해) 사용하는 것을 다른 말에서는 둘 또는 셋으로 나누어 이름 지어 사용하기도 하고 그 반대로 이름 지어 사용하기도 한다. 이는 인간이 말을 세상을 바라보는 방법으로 사용하되 필요에 따라 다르게 이름 지어(형상화해) 사용함을 가리킨다.

말의 의미는 그 말이 가리키는 대상이 아니다. 말은 인간이 가리키고자 하는 것을 인간이 필요로 하는 의미로 이름 지어 놓은 것이다. 따라서 말은 그 말이 가리키는 대상 그 자체의 의미(진리)를 담아낸 것이 아니다. '잡초'나 '잡목'이라는 말을 생각해 보자. 우리는 우리에게 무용한 풀을 '잡초'라고 하고 무용한 나무를 '잡목'이라 한다. 풀을 화초, 약초, 잡초 등으로 구분하는 것은 인간이 인간 중심으로 이름 매긴 것이지, 풀 자체가 원래 그렇게 구분되는 것이 아니다. 나무도 마찬가지이다. 나무도 우리 인간을 중심으로 보아 유용한 가치가 없는 것만 '잡목'이라는 이름을 붙인 것이지 나무 자체가 원래 '잡목'은 아니다. '잡초'도 식용이나 약용으로 유용한 것으로 확인되면 '잡초'는 '잡초'가 아닌 다른 이름을 얻게 되고, '잡목'도 유용한 쓰임이 있으면 '잡목'이 아닌 다른 이름을 얻게 된다.[2] 그러니 말의 의미는 대상 그 자체를 가리키는 것이 아니라 인간이 자신들에게 필요한 의미로 만들어 놓은 것이다.

---

2   우리가 말로 만든 말 세계는 고정된 것이 아니다. 이는 훔볼트(K. W. Humboldt)가 말을 산물(産物, Ergon)이 아니고 활동(活動, Energeia)이라고 한 것과 통한다. 말로 존재하는 것은 영구히 변하지 않는 것이 아니라 살아 움직인다는 것이다. 달리 말해 인간은 필요에 따라 말의 의미를 바꿔 사용하기도 하고 새로운 의미를 지닌 말을 만들어 사용하기도 한다는 것이다. 말에 창조 기능이 있다고 한 것도 말의 이러한 특성과 관련된 것이다.

일찍이 어떤 언어학자들은 말의 의미를 그 말이 가리키는 '지시물'이라고 하기도 하고, 그 말 표현(자극)에 따르는 반응이라고 하기도 했다. 그러나 말의 의미는 그 말이 가리키는 대상도 아니고, 그 말에 대한 반응도 아니다. 말의 의미는 그 말이 가리키는 개념이거나 이미지라고 한다. 말의 의미라고 하는 개념은 대상 자체가 아니고 그 말을 쓰는 사람들이 만들어 공유하는 의미이다. 말의 의미라고 하는 이미지도 인간이 만든 말의 개념에서 남게 되는 잔영이다. 오그든·리차즈(C. K. Ogden & I. A. Richards, 1923)는 말(언어 기호)과 그 말의 의미인 개념의 관계를 〈그림 1〉과 같은 의미 삼각형으로 기술하였다. 〈그림 1〉에서 말(언어 기호)과 대상이 점선으로 표시된 것은 말이 곧 대상이 아님을 드러낸 것이다.[3]

〈그림 1〉 오그든과 리차즈(Ogden & Richards, 1923)의 의미 삼각형

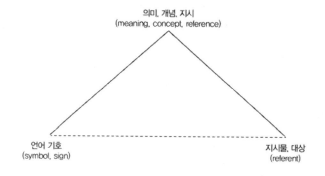

의미, 개념, 지시
(meaning, concept, reference)

언어 기호
(symbol, sign)

지시물, 대상
(referent)

---

3 유사한 견해는 '퍼스(Peirce, 1977)'에서도 확인할 수 있다. 퍼스(C. S. Peirce, 1977)도 오그든·리차즈(C. K. Ogden & I. A. Richards, 1923)와 유사하게 기호(말)와 물체(대상)가 일치하지 않는다고 하였다.

말의 의미가 그 말이 가리키는 대상 자체가 아니듯이 말 세계도 실제 세계가 아니다. 말 세계는 실제 세계를 인간이 필요로 하는 의미로 만들어 놓은 세계이다. 훔볼트(Humboldt)가 말 세계를 실제 세계가 아니라 인간이 만든 중간 세계라고 한 것도 말의 의미가 인간이 인간의 필요에 맞춰 만들어 놓은 것이기 때문이다.

하이데거(M. Heidegger, 1889-1976)는 "말은 존재의 집이다. 인간은 말로 만든 집에서 산다."라고 하였다. 이 말은 인간이 쓰는 말과 인간의 관계를 적절히 표현한 것이라 할 수 있다. 이는 달리 말해, 존재하는 것이 형체가 있든 없든, 우리에게 존재하는 것은 말로 형상화되는 것뿐임을 가리킨다. 즉, 존재하는 것이 형체가 없는 소리이든 형체가 있는 사물이든 그것은 말로 표현되는(형상화되는) 의미로 존재할 뿐이다. 우리 인간에게 말로 표현되지(형상화되지) 않는 존재는 없다. 설령 있다 해도 말로 이름이 붙여질 때까지 우리는 그 의미를 드러낼 수 없다. 그래서 하이데거가 "말은 존재의 집이다. 인간은 말로 만든 집에서 산다."라고 했다. 우리는 우리가 쓰는 말로 우리 세계를 만들고 그 속에서 살고 있다. 말은 본질적으로 인간에게 필요한 것(의미)을 만들어 주는 도구이다. 우리는 이 도구(말)로 만들어 놓은 세상에서 삶을 꾸려 가고 있다. 우리가 누리며 사는 문화라는 것도 이 말로 새롭고 다양하게 만들어 온 것이다.

2. 말의 기능과 문화

우리 인간은 말로 문화(세계)를 만들고 그 속에서 살고 있다. 그런데 인간이 만든 문화(세계)는 매우 다양하다. 인간이 사용하는 말이 다르기 때문이다. 그렇다면 인간이 만들어 누리는 문화가 말에 따라 달라지는 것은 말이 어떤 기능을 하기 때문인가?

야곱슨(R. Jakobson, 1968)은 의사소통에 쓰이는 말을 둘러싼 여섯 요소로 말이 여섯 가지 기능을 갖게 된다고 하였다.

〈그림 2〉 말과 관련된 여섯 요소

문맥, 전언(message)
지시 대상(context)
송신자(addresser), 말할이 　-　접촉 관계(contact)　-　수신자(addressee), 들을이
신호 체계(code)

말이 여섯 기능을 지니게 된 것은 말을 주고받는 데 여섯 요소가 관련되어 있기 때문이다. 우선 말로 표현될 지시 대상(context)이 있다는 것은 말할이가 말 상대인 들을이에게 전달할 정보가 있음을 가리키는데 이는 곧 말이 이러한 정보를 전달하는 '정보 전달 기능'을 지니고 있음을 가리킨다. 그리고 어떤 지시 대상(정보)이든 말할이가 상대에게 지시 대상을 전할 때에는 지시 대상에 대한 말할이의 감정이나 태도가 드러나게 되는데 이는 말에 말할이의 감정을 표현하는 '감정 표현 기능'이 있음을 가리킨다. 그리고 지시 대상인 정보를 들을이에게 전달할 때는 말할이가 들을이에게 의도하는 의향이 드러나게 되는데 이는 말에 말할이의 의향이 드러나는 '의향적 기능'이 있음을 가리킨다.[4] 말을 할 때는 기본적으로 이 세 기능이 따르게 되므로

4　말할 때 드러나는 의향적 기능을 명령적 기능이라고도 한다. 말할이의 의향 가운데 말할이의 의지가 가장 강한 의향이 명령이기 때문이다.

이 세 기능을 말의 일차적 기능이라 한다.

말을 주고받는 데는 말할이와 들을이, 지시 대상만이 관련되는 것이 아니다. 말을 주고받는 데는 문맥이나 접촉 관계, 말의 코드(신호 체계)도 관련되어 있는데 말은 이들 요소에 따라 다른 기능을 지니게 된다.

동일한 지시 대상은 다양한 다른 문맥에 놓인다. 그래서 동일한 지시 대상이 그 문맥에 어울리는 적절한 말로 표현되면 더 미적으로 드러나게 된다. 말의 이러한 기능을 '미적 기능'이라 한다.[5]

그런가 하면 말은 말할이와 들을이의 접촉 관계를 원만하게 만들어 주는 기능을 수행하기도 한다. 인사말이 대표적이다. 인사말은 정보를 주고받는 것도 아니고 단지 상대와의 친교 관계를 두텁게 해 준다. 말의 이러한 기능을 '친교적 기능'이라 한다.

우리가 주고받는 말에는 각기 그 말이 지닌 신호 체계(code)가 반영되어 있다. 말이 지닌 신호 체계는 그 말의 의미 체계 속에서 형성된 의미 특성이라 할 수 있다. '형'과 'brother'를 예로 들어 알아보자. 두 말은 동일한 대상을 가리키는 말이지만 '형'은 '형, 누나, 오빠, 언니, 아우, 누이, 동생'이란 어휘 체계에서 [+남성, +위]와 같은 의미 특성을 지니지만 'brother'는

---

5   주고받는 말에 미적 기능이 있다는 것은 문맥을 어떻게 표현하느냐에 따라 아름다움(美)이 생기기도 하고 진부하게 느껴지기도 함을 뜻한다. 문맥 표현의 아름다움은 주로 적절한 낱말을 선택하거나 운율을 만드는 데서 생기는데, 시에서는 낱말을 선택하고 운율을 만들어 내는 일이 아주 소중하다. 문학적 표현이란 말이 시적(詩的) 표현이란 뜻으로 쓰이는 것도 시에 이러한 특성이 있기 때문이다. 우리는 중·고등학교 과정을 거치면서 많은 시를 공부했다. 그때마다 수사 표현에 대해 공부했고, 운율에 대해 공부했다. 은유법이니 환유법이니 하는 것이 그것이고, 내재율이니 외형률이니 하는 것이 그것이다. 은유나 환유는 낱말 선택과 관련된 것이고, 내재율과 외형률은 운율과 관련된 것이다. 이 모두가 시를 아름답게 표현하기 위한 것이다.

'brother, sister'란 어휘 체계에서 [+남성]이란 의미 특성만 지닌다. 두 말은 같은 대상을 가리키는 말이지만 의미 체계 차이로 의미 특성에 차이가 난다. 말 간에는 이와 같이 코드(의미 특성)에 차이가 있기 때문에 코드(의미 특성)가 다른 말을 이해하려면 풀이해 줄 말의 의미 특성으로 설명해 주어야 한다. 말은 이와 같이 코드(의미 특성)가 다른 말을 풀이해 주는 역할을 하는데 말의 이러한 기능을 설명적 기능이라 한다.

위에 기술한 말의 여섯 기능 가운데 문화와 직결된 말의 기능은 '설명적 기능'이다.[6] 말의 설명적 기능은 왜 문화와 관련되는가?

주고받는 말의 설명적 기능은 기호학인 논리학에서 나왔다. 논리학에서는 논리적으로 설명하기 위해 말을 두 층위로 구별해 기술한다. 하나는 지시 대상(사건의 상황)을 표현하는 '대상 언어(object language)'이고 다른 하나는 대상 언어를 풀이하는 '고차 언어(metalanguage)'이다. 고차 언어는 대상 언어를 설명해 주는 역할을 하기 때문에 설명 언어라고도 한다. 두 층위의 언어는 일상 언어를 설명하는 데도 적용된다. 우리가 늘 쓰는 말에도 대상으로 내세워진 말이 있는가 하면, 대상으로 내세워진 말을 설명하는 말이 있다. 이 경우 전자는 대상 언어이고, 후자는 고차 언어(설명 언어)인 것이다.

우리가 쓰는 말은 대상 언어로도 쓰이기도 하고 설명 언어로 쓰이기도 한다. 대상 언어와 설명 언어 간에는 각기 다른 신호 체계(코드) 즉, 의미 체계

---

6 친교적 기능을 수행하는 친교적 표현도 문화와 관련된다. 그러나 친교 표현이 문화와 관련되는 것은 친교 표현으로 쓰인 말의 설명적 기능 때문이다. 예를 들어 친교 표현인 인사말에서 이를 확인할 수 있다. 우리말에서는 "학교 가니?"나 "출근하십니까?"로 인사하고 영어에서 "Good morning."이라고 인사하는 것은 우리말에서는 '상대에게 관심을 보임'이라는 코드를 사용함에 비해 영어에서는 '좋은 자연 상태를 보임'이라는 코드를 사용하기 때문이다.

속에서의 의미 특성이 있기 때문이다. 말의 코드 차이는 '형, 오빠, 누나, 언니, 동생, 아우, 누이'와 'brother, sister' 간의 차이에서도 알 수 있었지만 음식을 먹는 도구에서도 알 수 있다. 음식을 먹는 도구는 우리말에서와 같이 숟가락과 젓가락이란 어휘 체계를 가진 말과 영어에서와 같이 칼과 포크란 어휘 체계를 가진 말이 있다. 우리는 특정 어휘 체계에서 다른 의미 특성을 지닌 말을 관련지어(하나를 대상 언어로 삼고 다른 하나를 설명 언어로 삼아) 서로를 풀이해 주는 데에 사용하기도 하는데 말의 이러한 역할을 설명적 기능이라 한다.[7]

인간이 만들어 쓰는 말에는 필요에 따라 만든 코드 즉, 어휘 체계를 이룬 의미 특성이 담겨 있는데 이러한 어휘 체계의 의미 특성은 오랜 관습에 의해 형성된 것으로 그 말을 쓰는 사람 모두가 공유하는 것이다. 말의 코드가 지닌 이러한 특성으로 말의 코드가 문화 특성으로 드러나게 된다.

말의 코드가 다르면 문화도 다르다. 이는 역으로 문화가 다르면 문화를 만드는 말의 코드가 다르다고 할 수 있다. 가령, '개'를 식용(의미 특성)으로 보기도 하는 한국 문화와 애완용(의미 특성)으로만 보는 서구 문화 사이에는 말의 코드에 차이가 있다. 한국어와 서구어의 코드 차이는 사람을 구분하는 데서도 확인할 수 있다. 한국어의 코드에는 사람을 '나이, 항렬, 직위 등'에 따라 위·아래를 구분하는 특성이 있지만 서구어에서는 사람을 위·아래로 구분하는 특성이 없다. 한국 문화에 윗사람을 공경하는 문화가 있는 것은 한국어의 코드에 사람을 위·아래로 구분하는 코드가 있기 때문이다.

---

7   야콥슨(Jakobson)은 말의 이러한 기능을 고차 언어적(metalinguistique) 기능이라고 했다.

말의 코드에 대해 더 구체적으로 알아보자. 말의 코드에는 크게 세 가지가 있다. 자연의 이치를 담은 코드와 인간이 인간의 안녕과 질서를 유지하며 살기 위해 마련한 코드, 인간의 체험에 따라 달라지는 느낌의 코드가 그것이다. 이를 자연적 코드, (사회)문화적 코드, 감각적 코드라 할 수 있다.[8]

자연적 코드는 자연 과학이 마련해 주는 코드이다. 이 코드는 우리 인간이 멋대로 바꿀 수 없고 누구나 당연한 것으로 받아들이는 코드이다. 마치 식물을 잎과 줄기와 뿌리로 구별하는 코드나 구름이 비가 되는 자연 현상에서 비와 구름 간의 관계를 가리키는 코드와 같은 것이다. 교통 신호를 지배하는 코드나 점성술의 코드도 인간이 멋대로 바꿀 수 없다는 점에서 자연적 코드와 같다. 인간의 의지로 바꿀 수 없는 자연적 코드는 자연의 섭리나 신에 의해 마련된 코드이기 때문에 우리 인간은 이 코드에 순응하며 산다.

자연적 코드와 달리 (사회)문화적 코드는 인간이 필요성에 따라 만들어 낸 코드이다. 문화적 코드는 인간이 보다 나은 인간 사회를 만들기 위해 만들어 낸 것이기 때문에 인간이 중심이 되어 마련된다. 우리가 말을 인간 중심으로 만들어 내듯이 말에 담긴 문화적 코드도 인간 중심으로 만들어 낸다. 동물도 인간에게 유용한 가축과 유용하지 않은 야생 동물로 구분하는 코드를 만들고, 식물도 인간에게 유용한 곡식, 약초, 화초와 유용하지 않은 독초, 잡초로 구분하는 코드를 만든다. 이처럼 인간이 만든 (사회)문화적 코드는 인간이 중심이 되어 만든 코드라서 인간에게 유용한 것에 값을 높이 매긴다.

문화적 코드는 제도화되거나 관습화된 것이다. 이 점에서 문화적 코드는 사회 규범과 같은 것이다. 그래서 문화적 코드에는 이념이 실리기도 한다.

---

8   김경용(1994:105)에서는 이를 논리적 코드, 사회적 코드, 심리적 코드라고 하였다.

어른(부모)을 공경하는 코드를 가진 한국어에는 유교 사상이 담겨 있고, 개인이 존중되는 서구어에는 개인주의가 바탕에 깔려 있다. 그런가 하면, 사람을 사농공상(士農工商)으로 구분하는 코드를 가진 말에는 선비를 중시하는 이념이 깔려 있고, 모든 사람을 '동무'라고 부르는 코드를 가진 말에는 공산주의 이념이 깔려 있는 것이다.

문화적 코드는 말에 따라 코드 수에 차이가 있다. 문화적 코드가 단순한 말도 있고, 상대적으로 다양한 말도 있다. 우리말과 영어를 비교해 보자. 우리말은 자식 간의 관계말이 '형, 누나, 오빠, 언니, 동생, 아우, 누이'로 되어 있음에 비해, 영어는 'brother, sister'로만 되어 있다. 즉, 우리말은 대상을 남녀로 구별하는 코드와 위·아래로 구분하는 코드가 있을 뿐만 아니라 말할이가 남자인가 여자인가에 따라 다시 대상을 구분하는 코드가 있는 말임에 비해, 영어는 단지 남녀를 구별하는 코드만 지닌 말이라는 점에서 코드 수에 차이가 있다. 어떤 대상을 구별하는 코드가 많다는 것은 그만큼 인간이 그 대상에 대해 면밀히 구분해 인식했다는 것이다. 이는 문화의 발달이다. 홀(Hall, 1976)은 이와 관련해 서양 문화는 저상황 문화이고, 동양 문화는 고상황 문화라고 했다.[9] 이는 동양 문화가 서양 문화에 비해 코드 수가 많음을 가리킨 것이다.

그러나 코드 수로 문화의 우열을 평가하기는 어렵다. 코드 수가 많은 우리 문화에도 바람직하지 않거나 시대에 어울리지 않는 것이 있을 수 있다. 한 집안의 며느리 제약과 관련된 문화적 코드가 한 예다. 우리 속담에 며느리 구박과 관련된 내용이 많다. 이는 우리말에 며느리를 친족이 아닌(피가

---

9   김경용(1994) 122쪽 참조.

다른) 사람으로 보아 며느리와 친족을 구별하는 코드와 여필종부(女必從夫)라는 말에서와 같이 무조건 남편의 집인 시가의 뜻을 따라야 하는 유교 문화 코드가 있기 때문이다. 이로 보면 말에 코드 수가 많은 우리말이 코드 수가 적은 말(문화)보다 문화적으로 우수하다고 할 수는 없다.

우리가 쓰는 말의 코드에는 자연적 코드나 문화적 코드 외에 감각적 코드가 있다. 감각적 코드는 느낌을 지배하는 코드이다. 우리의 느낌은 주로 우리가 쓰는 말이 가리키는 대상에 대해 체험하면서 갖게 되는 연상 의미에서 오는 것이다. 체험에서 오는 연상 의미는 개인에 따라 다르다. 개미의 삶을 보고 불쌍하다고 느낄 수도 있고 협동심이 강하다고 느낄 수도 있다. 그런데 이러한 느낌을 갖게 하는 감각적 코드도 대상이나 상황을 표현하는 말의 영향을 받게 된다. 대상이나 상황에 대한 느낌도 대상이나 상황을 표현하는 말에 따라 달라지기도 하기 때문이다. 감각적 코드는 주로 예술에 반영되어 나타난다.[10] 예술가는 자신의 체험에서 연상되는 느낌을 감각적 코드에 실어 작품을 만든다.

그렇다면 문화의 차이는 말의 코드 가운데 어떤 코드와 더 깊이 관련되어 있는가? 위 내용으로 보면 문화의 차이는 말에 내재된 코드 가운데 대개 (사회)문화적 코드와 감각적 코드와 더 밀접하게 관련되어 있다고 할 수 있다.[11] 문화의 차이는 대개 말에 내재된 (사회)문화적 코드의 종류나 수에 차이

---

10 종교도 발생 동기로 보면, 감각적 코드를 수용한 것이다. 종교가 생기게 된 것은 인간이 미약한 존재라는 느낌에서 비롯되었기 때문이다. 그런데 종교적 삶을 꾸려 가는 종교인에게는 종교의 코드가 감각적 코드가 아니라 문화적 코드이다. 종교인에게는 종교적 코드가 종교인들의 삶을 위한 생활양식을 결정해 주는 코드이기 때문이다.

11 자연적 코드 차이로 생기는 문화 차이도 있을 수 있다. 그러나 이러한 차이는 학문 교류 등으로 동질화되기 쉽다.

가 나서 생기거나 문화적 코드를 지닌 말로 그 말이 가리키는 대상이나 상황을 체험하면서 갖게 되는 감성적 코드가 달라지면서 생기기 때문이다.

말의 코드는 우리의 일상생활에 중요한 역할을 한다. 우리는 말을 주고받는 과정에서 상대가 모르는 말을 다른 쉬운 말로 설명해 대화를 이어 나가는 경우도 있고, 때로는 설명하는 말이 적절하지 못해 한참 동안 헤매는 경우도 있다. 우리가 외국어를 배울 때 이러한 체험을 많이 하게 되는데 이러한 체험에서 겪게 되는 문제는 모두 주고받는 말의 코드 즉, 문화가 다르기 때문에 생기는 문제다.

문화의 차이를 드러내는 말의 코드는 의사 교환 과정에서 중요한 역할을 한다. 서로 사용하는 말의 코드가 다르면 상대방을 설득하기 어렵게 되고 결국 목적한 바를 이루지 못하게 된다. 대학 강의에서 교수가 학생들이 이해하기 어려운 말을 쓰는 것은 교수가 학생의 코드에 맞추어 강의하지 않기 때문이다. 말을 잘하는 것은 어려운 말을 많이 쓰는 것이 아니라 상대에 따라 상대의 말 코드에 맞는 적절한 말을 쓰는 것이다. 일상 언어생활에서 상대의 말 코드에 맞추어 말하는 것은 인간관계에서도 중요하다. 우리는 가끔 어떤 사람과는 대화가 안 된다고 하고, 또 어떤 사람과는 얘기가 잘 통한다고도 한다. 이는 따지고 보면 말 코드의 일치 여하와 관련된 것이다. 대화가 단절되고 마는 것도 서로의 말 코드가 달라 상대의 말 코드를 수용할 수 없기 때문이고 친한 관계에 있는 사람과 얘기가 잘 통한다고 느끼는 것은 친한 만큼 서로 간의 말 코드가 비슷하기 때문이다. '유유상종(類類相從)'이란 말도 '말 코드가 같은 사람은 같은 사람끼리'라고 이해할 수 있다.

지금까지 말의 코드에 관해 자세하게 알아보았다. 이는 우리가 일상 쓰는 말이 단순히 의사소통수단으로만 쓰이는 것이 아니라 문화를 결정하는 것이기도 함을 일깨우기 위한 것이다. 말은 곧 사람이라고도 하고 말은 곧 문화라고도 한다. 말을 어떻게 받아들이는가는 곧 말을 하는 사람들의 수준과도 관련되어 있다.

　우리 한국인은 일상 언어생활에서 어떤 문화적 코드를 가진 말을 사용하고 있는가? 기성세대와 신세대가 사용하는 말 간에는 어떤 차이가 있는가? 우리 한국인이 누리는 문화는 우리가 사용하는 말에 어떤 코드가 담겨 있는지를 밝히면 알 수 있을 것이다.

문화의 종류와 문화 창조 방법

1. 문화의 종류

　문화는 인간이 필요에 의해 만들어 낸 것이다. 인간이 만든 문화에는 의식주를 비롯하여 언어, 풍습, 종교, 학문, 예술, 제도 등이 있는데, 인간이 이들 문화를 만들어 내는 방식은 여러 가지 상징 형식들이다. 즉, 인간은 선이나 색을 통해 형체를 가진 유형 문화를 만들어 내기도 하고 형체가 없는 소리나 말을 통해 무형 문화를 만들어 내기도 한다. 인간이 다양한 형식들로 문화를 만들어 내지만 문화를 만드는 다양한 상징 형식들 가운데 가장 고차원적이고 대표적인 상징 형식은 말이다. 이는 문화를 만드는 가장 대표적이고 고차원적인(설명적 기능을 지닌) 것이 말이고 보면 인간이 쓰는 말로 유형 문화나 무형 문화를 알아볼 수 있다.

그러나 문화가 말로 형상화될 수 있다는 공통성이 있지만 문화 간에는 질적으로 많은 차이가 있다. 따라서 문화를 쉽게 이해하기 위해 문화를 어떤 방식으로 분류하는 것이 필요하다. 학자들은 그간 문화를 아래와 같이 다양하게 구분해 설명하려고 하였다.

가. K. Chastain(1976)
① 소문화: 일상 생활양식(몸짓, 인사, 먹는 행위, 결혼 등)
② 대문화: 삶(개인이나 사회)에 기여한 결과물(경제, 사회, 역사, 정치, 문학, 예술 등)

나. B. Tomalin & S. Stempleski(1993)
① 산물: 문학, 민속, 미술, 음악, 가공품
② 관념: 신념, 가치관, 제도
③ 행위: 관습, 습관, 옷, 음식, 여가

다. 한상미(2007), **박경자 · 장복명**(2011)
① 행동 문화: 언어예절, 의사소통방식, 의식주, 일상생활, 풍습, 의례
② 성취 문화: 종교, 음악, 미술, 영화, 스포츠, 건축, 문학, 제도, 대중매체
③ 정보 문화: 사회, 정치, 경제, 역사, 교육, 지리, 민속, 과학, 가치관 · 태도

라. 임경순(2008)
① 언어 문화: 문학과 비문학의 언어
② 생활 문화: 의식주, 여가, 세시풍속, 의례, 지리 등
③ 관념 문화: 가치관, 정서, 종교, 사상, 제도 등
④ 성취 문화: 미술, 음악, 영화, 연극, 유물과 유적 등

마. 조항록(2004)

① 의식주 ② 역사(문화재, 역사기념물 등) ③ 민속(세시 풍속, 생활 양식 등)

④ 사상(종교, 사회 운동 등) ⑤ 관념과 가치관(의식, 효, 정, 한, 체면 등) ⑥ 일상생활

⑦ 제도(정치, 경제, 사회, 법률 등) ⑧ 예술(음악, 미술, 조각, 건축 등) ⑨ 문학 ⑩ 기타

바. 조항록(2005)

① 언어 문화(언어 특성, 문학 작품 등)

② 일상생활 문화(언어적·비언어적 행위, 신념, 가치관, 태도 등)

③ 성취 문화(문학, 예술, 무용, 전통 음악, 제도, 건축물 등)

사. 박영순(2006)

① 정신 문화: 가치관, 민족성, 세계관, 정서, 상징체계, 사상, 종교 및 종교관

② 언어 문화: 언어적 요소(형태, 통사, 의미, 경어법, 속담 등), 문학적 요소(시, 소설, 수필, 희곡, 시나리오 등)

③ 예술 문화: 대중 문화(대중 음악, 대중 무용, 대중 미술, 대중 영화, 연극), 고급 문화(고급 음악, 고급 무용, 고급 미술, 고급 영화·연극)

④ 생활 문화: 의생활, 식생활, 주생활, 여가생활

⑤ 제도 문화: 법, 정치, 사회, 교육, 언론

⑥ 학문: 인문과학, 사회과학, 자연과학, 응용과학

⑦ 산업기술: 농업·임업·수산업, 토목·건축 기술, 전자·전기 기술, 기계·조선·항공 기술, 섬유·제지·출판 기술, 정보·통신 기술, 화공·생명·환경 산업, 서비스업

⑧ 역사: 고조선, 삼국 시대, 통일 신라 시대, 고려 시대, 조선 시대, 일제 강점기 시대, 광복 후 시대, 1980년대 이후 시대

⑨ 문화재: 전통문화재(무형문화재, 유형문화재), 현대문화재(무형문화재, 유형문화재)

위에 언급된 문화 유형을 좀 더 쉽게 풀어 보면 소문화는 일상생활의 문화이고 대문화는 인간이 사회를 영위해 오면서 필요하다고 여겨 만든 문물(정치, 경제, 종교, 예술, 법률 등) 제도이다. 성취 문화는 사회 구성원이 성취해 놓은 유형·무형의 문화(미술, 음악, 영화, 연극, 유물과 유적 등)이고 정보 문화는 사회 구성원들이 사회, 지리, 역사 등에 관해 알고 있는 정보나 지식이다. 그리고 행동 문화는 소문화 또는 생활 문화로, 사회 구성원들이 일상의 삶에서 행동하는 양식이고, 관념 문화는[1] 유교 사상이나 도교 사상 또는 샤머니즘(shamanism) 등과 같은 사상이나 이념으로 실현되는 문화이다.[2]

짐작건대 문화를 위와 같이 분류한 것은 결과물로서의 문화를 그것이 지닌 특성에 따라 분류한 것으로 보인다. 그런데 문화를 위와 같이 다양하게 분류하기도 하지만, 문화를 왜 위와 같이 분류해야 하며 어떤 기준으로 위와 같이 분류해야 하는지 알기 어렵고 분류된 문화 유형 간의 경계도 막연해서 특정 유형의 문화를 다른 유형의 문화와 엄밀하게 경계를 지어 이해하기도 어렵다. 예를 들어 우리의 제례 문화는 생활 문화라고 할 수도 있지만 제례를 통해 '효' 사상을 실천함으로써 우리 사회를 더 원만하게 하는 제도로 만든 관념 문화라고 할 수도 있다. 그런가 하면 사찰이나 탑은 성취 문화라고 할 수도 있지만 불교 사상이 반영되었다는 점에서 관념 문화라고 할

---

1   B. Tomalin & S. Stempleski(1993)나 임경순(2008)에서 관념 문화로 처리한 '종교'를 한상미(2007), 박경자·장복명(2011)에서는 성취 문화로 처리하였다.
2   성취 문화(achievement culture)를 국립국어원(2005:275)에서는 '어떤 문화에서 가장 훌륭하고 대표적인 산물'이라 하고, 강현화(2006:105)에서는 '이미 이루어져 그 흔적이 남아 있는 전통문화적 업적'이라고 한다. (최상옥, 2016:2) 참조. 동적인 행위 문화가 아니라 완성된 채 변화가 없이 유지되고 있는 문화라고 이해할 수 있다. 그리고 관념 문화는 유교 사상이나 도교 사상 또는 샤머니즘(shamanism) 등과 같은 사상이나 이념으로 실현되는 문화를 뜻한다.

수 있고, 의례가 따르는 상례나 제례도 행동 문화(생활 문화)라고 할 수도 있지만 유교 사상이 반영된 관념 문화라고 할 수도 있다.

이뿐만 아니라 문화를 위와 같이 분류할 경우 특정 문화를 종합적으로 이해하기도 어렵다. 문화의 유형을 어떻게 분류해야 문화를 잘 이해할 수 있을까? 인간은 인간의 필요에 의해 말을 만들어 내듯이 문화도 인간의 필요에 따라 만들어 낸다. 이를 감안하면 문화를 위와 같이 만들어 낸 문화가 지닌 특성에 따라 분류하는 것보다 문화를 만들어 낸 목적이나 문화를 만들어 내야 할 필요성에 따라 분류하는 것이 문화를 더 잘 이해할 수 있게 해 줄 것이다.

인간이 문화를 만들어 낸 목적이나 문화를 만들어 내는 필요성은 어디에서 오는가? 인간은 보다 인간답게 살기 위해 문화를 만들고 가꾼다. 이로 보면 문화는 인간의 삶을 보다 윤택하고 즐겁게 하고자 하는 목적에서 만드는 것이라 할 수 있다. 그렇다면 인간의 삶을 보다 윤택하고 즐겁게 하고자 하는 (문화 창조) 목적에 따른 문화의 유형에는 어떤 것이 있을까?

인간의 삶을 보다 윤택하고 즐겁게 하고자 하는 문화 창조 목적은 크게 셋으로 구분할 수 있다. 첫째, 인간은 기초 생활 즉, 의식주(衣食住)를 잘 해결하고자 한다. 둘째, 인간은 더불어 살면서 제도나 윤리를 만들어 공동생활을 원만하게 꾸려 가고자 한다. 셋째, 인간의 삶을 보다 즐겁게 꾸려 가고자 한다. 이는 곧 인간이 만든 문화의 유형이 위와 같은 창조 목적을 실현하는 방안에 따라 기초 생활 문화, 사회 문화, 놀이 문화로 구분될 수 있음을 가리킨다.

이 글에서는 위와 같은 관점에서 인간이 만든 문화를 세 유형(기초 생활 문화, 사회 문화, 놀이 문화)으로 구분해 알아보기로 한다. 그럴 경우 기초 생활 문화는 사람의 삶에서 기본적인 문제인 의식주를 해결하기 위해 만든 문화라 할 수 있다. 그리고 사회 문화는 사람들이 더불어 살면서 윤리와 제도 등을 통해 개인이나 집단의 안녕과 행복을 추구하기 위해 만든 문화라고 할 수 있다. 이러한 사회 문화는 더 세분하면 의례 문화, 신앙 문화, 사회제도 문화로 구분해 볼 수 있다. 이에 비해 놀이 문화는 인간의 삶을 보다 즐겁고 행복하게 누리기 위해 만든 문화라 할 수 있다. 지난날에는 주로 명절과 같은 특정한 때에 놀이 문화를 즐겼다. 놀이 문화가 전문적으로 미를 추구하는 방향으로 지향하면 예술 문화가 된다고 할 수 있다. 한국 문화를 이러한 관점에서 세 유형으로 나눠 세부 문화 내용을 개략적으로 알아보면 〈표 1〉과 같이 정리해 볼 수 있다.

〈표 1〉 문화의 종류와 문화의 내용

기초 생활 문화	식생활 문화	식단	밥, 국, 반찬, 떡, 술	
		조리 방법	발효, 가열, 건조	
		식기구	요리기구, 식기, 식사기구	
		계절과 음식		
		식사 예절		
	의생활 문화	한복	종류 재료(베, 모시, 무명, 명주)	
			장식	
		양복	정장, 평상복, 작업복	
	주생활 문화	주택의 종류	한옥	초가집, 기와집
			양옥	단독, 연립주택, 다세대주택, 아파트, 빌딩
		구조	사랑방, 마당, 온돌	
사회 (윤리·	신앙과 윤리	정령신앙, 무속, 풍수지리 사상과 도교사상, 불교사상, 유교사상, 기독교사상		

제도) 문화	통과의례	100일, 돌, 관례, 혼례, 상례, 제례
	사회제도	신분(왕실, 선비), 서열, 혈연(친족), 가정, 남녀, 집단, 교육, 통신과 교통, 건강과 복지, 유통, 행정 구역
놀이 문화	전통 놀이	궁중놀이와 귀족 놀이, 민속놀이, 세시풍속, 전통예술
	현대 놀이	스포츠, 예술, 레저

2. 문화의 창조 방법

앞에서 인간이 다양한 형식들로 문화를 만들어 내지만 문화를 만드는 다양한 상징 형식들 가운데 가장 고차원적이고 대표적인 상징 형식은 말이라고 하였다. 문화를 만드는 가장 대표적이고 고차원적인(설명적 기능을 지닌) 것이 말이고 보면 인간이 만든 문화(유형 문화나 무형 문화)는 모두 말로 형상화해 낼 수 있음을 가리킨다.

어떤 문화이든 문화가 모두 말로 형상화될 수 있다는 것은 문화 창조 또한 말의 창조로 가능함을 뜻한다. 그렇다. 우리는 말로 사고하고 이념을 만들면서 우리에게 필요한 다양한 종류의 문화를 만들어 왔다. 우리도 우리말로 우리 문화를 창조해 왔다. 이는 곧 우리 문화가 우리말 창조로 형성되어 왔음을 가리킨다.

말의 창조는 단어의 창조와 문장의 창조로 이루어진다. 단어 창조는 조어법에 따른 창조와 비유 표현에 따른, 새로운 의미 창조로 이루어지고 문장 창조는 단어 운용과 복문 형성으로 이루어진다. 말의 창조 기능이 이와 같이 단어 창조와 문장 창조로 이루어짐은 문화 창조 방법이 곧 이와 같은 방법으로 이루어짐을 가리킨다.

새로운 형태의 단어 창조는 조어법에 따라 이루어진다. 한국어 조어법에는 합성법과 파생법이 있다. 합성법은 둘 이상의 어근을 결합시켜 단어를 만드는 것이고 파생법은 하나 이상의 어근에 접사(접두사나 접미사)를 결합시켜 단어를 만드는 것이다. 전자를 합성어라 하고 후자를 파생어라 한다. 새로운 말을 만들 때는 대개 단순어를 만드는 경우보다 합성법과 파생법으로 말을 만든다.

한국어의 기초 어휘는 대개 단음절어로 형성된 단순어이다. 이러한 단순 어는 아래 파생어나 합성어에서와 같이 합성과 파생에 의해 다음절(多音節)로 된 다양한 단어(파생어나 합성어)로 확대된다.

〈단순어〉
* 기본 어휘: 단음절어(주로 고유어)
    인칭: 나, 너, 누
    지시: 이, 그, 저
    시간: 밤, 낮, 늘
    공간: 안, 밖, 앞, 뒤
    생활: 옷, 밥, 집
    천체: 해, 달, 별
    질료: 물, 불, 흙, 돌, 땅, 발, 들, 논, 밭
    신체: 몸, 눈, 귀, 코, 입, 혀, 이, 팔, 손, 발, 골, 목, 턱, 젖, 배, 볼, 빰,
          피, 땀, 침, 살, 갗, 뼈, 애, 위, 장, 폐, 간, 양, (머리), (다리)
    짐승: 개, 소, 말, 양, 돝, 괴, 범, 쥐, 닭

〈접두파생어〉
한낮, 돌배, 개떡, 엿듣다, 짓밟다, 새빨갛다, 시퍼렇다, 얄밉다,……

〈접미파생어〉

잎사귀, 모가지, 눈치, 너희, 물음, 놀이, 덮개, 크기, 손님, 넘치다, 밝히다, 좁히다, 먹이다, 깨뜨리다, 높다랗다, 꽃답다, 복스럽다, 새롭다, 깊이, 많이,……

〈합성어〉

안팎, 앞뒤, 마소, 눈코, 손발, 논밭, 오가다, 검붉다, 높푸르다, 길바닥, 앞길, 눈물, 새해, 큰아버지, 산토끼, 쌀밥, 가로막다, 힘들다, 들어가다, 손쉽다, 남다르다, 늦더위,……

　한국어에서는 위와 달리 접사를 결합시키지 않고 품사가 다른 파생어를 만들어 내기도 하고 단어 안의 모음이나 자음을 바꾸어 파생어를 만들어 내기도 한다. 전자를 '영접사(零接辭) 파생'이라 하고 후자를 '내적 변화에 의한 파생'이라 한다.

〈영접사(零接辭) 파생〉

명사 〈一〉 부사: 정말, 진짜, 어제, 오늘

부사 〈一〉 명사: 다, 모두, 조금, 스스로, 서로

동사 〈一〉 명사: 신(다), 품(다), 띠(다), 가물(다)

동사 〈一〉 형용사: 크다, 밝다

〈내적 변화에 의한 파생〉

모음 교체: 구불구불/고불고불, 씁쓸/쌉쌀, 들척지근하다/달착지근하다, 엷다/얇다, 벌거벗다/발가벗다, 우그리다/오그리다

자음 교체: 벌겋다/뻘겋다, 구불구불/꾸불꾸불, 벙긋/뻥끗, 성긋/썽긋, 싱긋/씽긋

한국어에는 특히 모음이나 자음을 교체해 단어를 만드는 방법(내적 변화에 의한 파생)도 발달되어 있다. 한국어의 의성어나 의태어는 대개 이러한 방법에 의해 형성된 단어인데 한국어에 모음이나 자음 교체를 통한 의성어나 의태어가 발달된 것은 한국어의 특성이기도 하다. 이는 우리가 소리나 모양을 매우 세밀하고 다양하게 표현해 왔음을 가리킨다.

자음이나 모음이 교체되어 형성된 단어 간에는 의미가 어떻게 다를까? 이와 관련해 송철의(1992:306-307)에서는 모음이나 자음을 교체함으로써 만들어진 '붉다'류 색채어의 의미 차이를 아래와 같이 기술하였다.

⟨'붉다'류 색채어의 파생⟩

농(濃) ⟨ —————————————————— ⟩ 담(淡)

명(明): 새빨갛다 빨갛다 발갛다   (붉다)   발그스름하다
암(暗): 시뻘겋다 뻘겋다 벌겋다   벌그스름하다

위 예로 보면 모음 교체는 명도(明度)의 차이를 드러내고 자음 교체는 농도(濃度)의 차이를 드러냄을 알 수 있다.

교착어인 한국어에서는 위에서와 같이 어근이나 접사를 첨가하는 방식이 단어 창조의 주류를 이루지만 자음이나 모음을 교체하거나 접사를 첨가하지 않고서도 단어를 만들어 왔다. 단어는 위와 같이 조어법에 따라 새로운 형태로 창조되기도 하지만 동일한 형태의 단어를 새로운 비유적 의미로 사용해 창조하기도 한다. 이러한 단어 창조 방법에는 은유와 환유가 있다.

은유로 단어를 만드는 것은 연결된 두 단어 간의 의미 유사성에 뿌리를 두고 있다. 즉, 은유는 의미 유사성에 근거해서 기존의 단어에 이미 잘 알고

있는 다른 단어의 의미를 연결시켜 새로운 의미를 갖게 하는 것이다. 은유 표현인 "여자는 갈대다."라는 말을 보자. 이 말은 이미 잘 아는 '갈대'의 의미인 '약하고, (바람에) 쉽게 흔들리고, 밟혀 부서짐'이 '여자'의 의미와 유사하다고 보고, 이 의미를 '여자'에 연결시켜 새로운 의미를 지닌 '여자'라는 말을 만들어 낸 것이다. 이처럼 은유에 의한 말의 창조는 일상어에서 관련 없는 두 말('여자'와 '갈대')이 어떤 속성(의미)에서 비슷하다고 생각해 두 말을 관련지음으로써 이루어진다.

은유에 의해 만들어진 말의 의미는 조어법에 의해 만들어진 말의 의미와 다르다. 조어법에 의해 만들어진 말은 새로운 범주를 형성하지만, 은유에 의해 새로 만들어진 말은 새로운 범주의 말을 형성하지는 않는다. 은유에 의해 새로이 형성된 말은 내포적 의미(함축 의미)가 새롭게 형성된 말이다. "여자는 갈대다."라고 했을 때 '여자'에 새로이 형성된 의미(약함, 쉽게 흔들림, 부서짐)는 함축 의미이다. 그러므로 은유는 새로운 함축 의미를 지닌 말을 만들어 내는 방법이라고 할 수 있다.

은유에 의해 형성된 말의 의미에는 사회나 문화의 특성이 반영되어 있다. 그리고 문화가 바뀌면 새로운 은유 의미를 드러내는 말이 창조된다. 여자라는 말에 '현모양처'나 '가정주부'의 '현, 양, 가정'이라는 말과 같이 '집안일을 보면서, 아이 키우고, 남편을 섬김'이란 함축 의미가 있을 때의 사회·문화의 특성과 '직장 여성'이나 '훌륭한 여자 변호사'의 '직장, 훌륭한, 변호사'와 같이 '여자'에 '남자와 같이 일선 사회에서 훌륭하게 일을 함'이란 함축 의미가 있을 때의 사회·문화의 특성은 다르다. 성(性)의 구별이 있는 문화와 능력이 중시되는 문화의 차이이다. 문화가 바뀌면 은유 표현도 바뀌어 나타난다.

우리는 은유를 문학적 표현으로 생각한다. 문학에 쓰이는 은유 표현은 일상어에서 사용하는 은유보다 연결된 두 낱말 간의 유사성이 더 낯설게(새롭게)[3] 느껴진다. 언어 예술인 문학이 이러한 은유 표현으로 대상을 아름답게 창조하기 때문에 은유 표현을 문학적 표현으로 생각하게 된다.

우리는 은유 외에도 환유에 의해 새로운 의미를 지닌 단어를 만들어 내기도 한다. 은유가 연결되는 두 말의 유사성에 의해 새로운 의미를 지닌 말이 창조되는 것이라면 환유는 두 말의 인접성(인접 관계에 있는 말)에 의해 새로운 의미를 지닌 말이 창조되는 것이다. 환유는 어떤 부분으로 그것에 인접한(연결된) 다른 부분을 가리키거나 어떤 부분으로 그것을 포함한 전체를 가리키는 표현 방식이다. 예를 들어, '한잔했다'라는 말로 한잔한 결과인 '취했다'를 가리키고 쉬는 행위의 일부인 '좀 앉아 볼까'라는 말로 이를 포함한 전체인 '좀 쉬어 볼까'를 가리킨다.

어떤 말이 다의어로 쓰이는 것은 대개 환유와 관련되어 있다. 우리가 환유로 새로운 의미를 만들어 내는 것은 표현하고자 하는 것을 그것이 지닌 일부 특성으로 가리키는 것이 더 간편하거나 낫다고 여기기 때문일 것이다. 즉, 일을 하는 데는 '머리, 다리, 허리'도 사용하지만 '손'이 더 중요하다고 여겼기 때문에 신체 일부인 '손'으로 전체인 '일할 사람'을 가리키는 것이다.

환유는 오늘날 광고에서 많이 활용되고 있다. 우리는 상표를 보고 물건을 산다. 상표는 곧 제품을 가리킨다. 상표에는 제조한 곳이 제시되어 있다. 이로 보면, 상품의 품질은 상품 생산과 관련된 여러 요소 중 제조한 곳이

---

3   김경용(1994:69-73)에서는 일상 쓰이는 은유를 통상적 은유라 하고, 낯설게 느껴지는 새로운 은유를 비통상적 은유라 하였다.

어디냐가 제일 중요한 것으로 작용한다고 여겨 '상표(제조한 곳)'로 '상품'을 가리키는 방식을 활용하게 되는 것이다. 이 경우 상품의 특성이나 만든 사람[4]은 부차적인 것이 되고 만다. 환유는 이러한 특성을 지니기 때문에 자칫하면 다른 중요한 것을 놓치기 쉽다. 가령, 환유 표현으로 쓰이는 상표만 중시여긴 것이 제품 자체를 가벼이 여긴 결과를 초래하는 경우가 많다는 점을 깨닫는 경우가 한 예다.

우리가 어떤 대상을 표현하면서 무엇으로 환유 표현을 사용할 것인지는 중요한 문제다. 그것은 바로 우리가 무얼 소중히 여기는가와 관련된 것이기 때문이다. 사고방식이나 문화의 특성을 알려고 하면, 은유나 환유 표현을 알아보아야 하는 이유도 여기에 있다. 특정 시대의 문화 특성도 어떤 것으로 환유해 새로운 의미를 지닌 말로 사용했는가와 관련되어 있다. 시대에 따라 상품을 제조 회사로 환유할 수도 있고 상품 재료나 제조 기술로 환유할 수도 있기 때문이다.

문화의 창조는 위와 같이 조어나 비유로 새로운 의미를 지닌 단어를 만들어 냄으로써 이루어지기도 하지만 새로운 문장을 만들어 냄으로써도 이루어지기도 한다. 문장의 창조는 어떻게 이루어지는가? 우리는 문장을 만들어 사용하면서 수없이 많은 단어와 관련지어 새로운 문장(단문)을 만들 수도 있고 특정한 말의 복문 형성법(내포와 접속)을 통해 특정 상황을 다른 상황과 관련지어 새로운 문장(복문)을 만들 수도 있다.

기초 생활인 의식주와 관련된 문장 창조로 문화가 어떻게 창조되는지 알아보자. (1)~(3)은 단문으로 문화를 창조하는 예이다.

---

4   근간에 한국 사회에 농산물의 생산자가 상품(농산물)의 환유로도 쓰이고 있다.

(1) ㄱ. 그는 개량 한복을 평상복으로 입는다.

　　ㄴ. 요즘은 애들이 유명 브랜드 신발을 찾는다.

　　ㄷ. 어머니는 거실에서 다림질을 하고 있다.

　　ㄹ. 그는 예식장에 정장 차림으로 나타났다.

(2) ㄱ. 대청에서 가족들이 점심 식사를 하고 있다.

　　ㄴ. 아침은 빵 한 조각으로 때운다.

　　ㄷ. 할아버지께는 독상을 차려 드린다.

　　ㄹ. 그 애가 밥벌이는 하니?

(3) ㄱ. 어머니께서 아랫목에 이불을 깔아 놓으셨다.

　　ㄴ. 어머니는 늘 안방에 계셨다.

　　ㄷ. 침실에 침대가 없다.

　　ㄹ. 마당에 아이들이 놀고 있다.

　(1)은 의생활 문화를 표현한 단문인데 (1ㄱ)은 옷의 용도와 관련된 문화를, (1ㄴ)은 아이들의 신발 문화를, (1ㄷ)은 어머니의 생활 문화를, (1ㄹ)에서 정장의 용도와 관련된 문화를 만들어 낸다. (2)는 식생활 문화를 표현한 단문인데 (2ㄱ)은 식사에 드러나는 집단 문화를, (2ㄴ)은 현대 젊은이의 바쁜 생활 문화를, (2ㄷ)은 윗사람 존경 문화를, (2ㄹ)은 환유적 표현으로 '밥'을 중시하는 문화를 만들어 낸다. (3)은 주생활 문화를 표현한 단문인데 (3ㄱ)은 온돌 문화를, (3ㄴ)은 어머니의 주거 생활 문화를, (3ㄷ)은 좌식 문화를, (3ㄹ)은 마당이 있는 주택의 개방 문화를 만들어 낸다.

　문화는 다른 문장과 어울린 복문으로도 문화를 창조한다. (4)와 (5)는 복문으로 문화를 창조하는 예이다.

(4) ㄱ. 저고리 동정 다는 일도 예삿일이 아니었다.

　　ㄴ. 그는 학교 다닐 때 입던 옷을 아직도 입고 다닌다.

　　ㄷ. 어머니 제사에 올릴 전을 부치느라 바쁘시다.

　　ㄹ. 살짝 데친 봄나물이 향긋한 냄새를 풍긴다.

(5) ㄱ. 내가 어릴 적에 어머니는 늘 안방에 계시고 아버지는 사랑방에 계셨다.

　　ㄴ. 보일러가 고장 나서 냉방에서 잤다.

　　ㄷ. 말 안 들으면 국물도 없다.

　　ㄹ. 우리 집은 아버지가 오셔야 저녁을 차린다.

　(4)는 내포절을 가진 복문인데 (4ㄱ)은 여성의 고된 삶과 관련된 문화를, (4ㄴ)은 검소한 의생활 문화를, (4ㄷ)은 어머니의 삶과 관련된 문화를, (4ㄹ)은 봄의 식생활과 요리 방법에 관한 식생활 문화를 만들어 낸다. (5)는 접속절을 가진 복문인데 (5ㄱ)은 생활 공간과 관련된 문화를, (5ㄴ)은 온돌 문화를, (5ㄷ)은 뭔가를 먹는 데는 국을 먹어야 하는 식생활 문화를, (5ㄹ)은 식사 예절을 만들어 낸다.

　문화는 위와 같이 단어나 문장으로 표현되고 창조된다. 이는 곧 단어의 창조나 문장의 창조가 문화를 창조하는 방법임을 가리킨다. 그러므로 문화를 알기 위해서는 우리가 어떤 단어나 문장으로 문화를 만들며 살아왔는지 알아보아야 한다. 이 책에서는 문화가 단어나 문장으로 창조된다는 점을 중시해 한국 문화에 대해 구체적으로 기술하고 그 뒤에 기술된 문화를 담아낸 단어나 문장을 예로 제시하였다.

II

한국 문화

한국 문화는 한국어 문화라 할 수 있다. 문화라는 것이 말이란 상징 기호만으로 만들어지는 것이 아니라 선이나 색, 형체 등에 의해 만들어질 수도 있다. 그러나 선이나 색, 형체 등에 의해 만들어지는 문화도 말의 고차 언어적 기능(설명적 기능)에 의해 말로 다시 형상화될 수 있기 때문에 인간이 만든 모든 문화는 말로 형상화되는 것이라 할 수 있다.

한국 문화라고 하면 한국 전통문화를 떠올리거나 문화재 문화를 떠올린다. 전통문화나 문화재라는 말이 자주 입에 오르내리는 것은 아마 한국 현대 문화가 전통문화와 많이 달라졌기 때문일 것이다. 그러나 변하지 않은 전통문화나 문화재 문화를 오늘날의 한국 문화라고 말하기도 어렵다. 그렇다면 한국 문화는 무엇이며 어떻게 기술되어야 하는가?

오늘날 한국 문화는 많은 부문이 서구화되었다. 의식주 문화뿐만 아니라 사회 문화나 놀이 문화도 서구화되었다. 젊은 세대일수록 더 서구화된 문화를 누린다. 그렇다면 한국 문화라고 하여 달리 기술되어야 할 것에는 무엇이 있는가? 한국 문화를 논하면서 한국 전통문화를 빼놓을 수 없는 이유가 여기에 있다. 현대 한국 문화가 서구화된 것은 분명하지만 한국 문화의 바탕에는 전통문화가 잠재되어 있고, 기성세대는 아직 전통문화를 누리며 산다는 점이다.

　이 책에서 한국 문화를 기술하면서 한국의 전통문화를 중심으로 기술하고 서구화된 문화는 전통문화에 수용된 문화로 기술하였다. 이러한 기술 태도는 일상 언어생활에 담긴 전통문화를 외면하고 서구 문화만 따르는 현대 한국인 특히 젊은 세대에게 한국 전통문화가 현대 사회에서 버려야 할 문화로 전락될, 낙후된 문화가 아님을 일깨우기 위한 것이기도 하다.

　이 장에서는 위와 같은 관점에서 한국 문화를 세 유형(기초 생활 문화, 사회 문화, 놀이 문화)으로 나눠 구체적으로 알아보되, 이어 앞서 먼저 한국 문화의 흐름(역사)을 알아보기로 한다.

제1장
한국 문화사

한국 문화는 시대에 따라 어떻게 변해 왔는가? 한국 문화사를 알아보기에 앞서 한국 문화의 흐름에 대한 윤곽을 그리기 위해 한국어의 변화를 고려하면서 한국 문화사에 대해 생각해 보자.

시대가 변하면서 문화도 변한다. 문화가 변한다는 말은 말이 변함을 가리킨다. 일찍이 훔볼트(Humboldt)는 말을 단순한 산물(産物, Ergon)이 아니고 활동(Energeia)이라고 했다. 말로 만들어 놓은 것은 영구히 변하지 않는 것이 아니라 살아 움직인다는 것이다. 다시 말해 말로 만들어진 문화도 늘 고정된 모습으로 남아 있는 것이 아니고 사라지기도 하고 새로운 모습으로 다시 만들어지기도 한다. 이념이 담긴 문화도 변한다. 이성적 사고가 반영된 말은 언제나 절대적 가치를 지닌 것이 아니다. 새로운 사상에 실어 새로운 이념을 형성하기도 한다. 이는 인간이 말로 만들어 가는 문화가 변함을 뜻한다. 말이 생로병사(生老病死)를 겪는다고 하는 것도 이와 같은 맥락의 표현이다.

문화의 변화는 말의 변화라고 할 수 있다. 생활과 관련된 말이 변하는 것은 생활 문화가 변함을 가리키고, 사고나 이념의 변화에 따른 세계관이나 가치관을 담은 말이 변하는 것은 새로운 이념을 반영한 문화로 바뀌어 감을 가리킨다. 따라서 전승되어 온 한국 문화를 이해하기 위해서는 문화가 창조된 시대의 사고와 이념과 관련지어 이해해야 하고 특정 시대의 문화를 제대로 이해하려면 특정 시대의 말이 어떠했는지를 면밀히 관찰하여야 한다.

한국 문화는 어떻게 변해 왔는가? 그간에 한국인이 사용해 온 말에 담겨 있는 문화는 너무나 다양하고 많다. 한국어에 담겨 왔던 문화사를 모두 기술해 낸다는 것은 필자의 능력으로는 불가능하다. 아니, 특정 시대의 문화를 기술하는 일도 벅찬 마당에 한국 문화의 변화 내용까지 기술하는 것은 불가하기 때문이다.

문화사를 기술하는 방법은 여러 가지이다. 언어의 역사를 통해 문화사를 기술할 수도 있고, 특정 문화의 역사를 중심으로 문화사를 기술할 수도 있으며, 문화재로 문화사를 기술할 수도 있다. 그러나 어느 하나를 택하더라도 필자의 능력으로 한국 문화사를 기술하기 어렵다. 그래서 여기서는 한국 문화사를 문자 생활(국어 표기)의 변화, 즉 문자생활사(文字生活史)를 중심으로 개괄해 보기로 한다.[1]

---

1   문자생활사에 관한, 유사한 내용은 황병순(2002) 참조.

1. 한자(漢字)와 차자(借字) 표기

한국인의 문자 생활은 어떻게 변해 왔는가? 훈민정음이 창제되기까지 한국인은 고유의 문자를 갖지 못했다.[2] 그로 인해 조상들은 불행히도 오랫동안 입말과 글말이 다른 이중(二重) 언어생활을 할 수밖에 없었다. 말은 있으되 문자가 없었으니 어쩔 수 없는 일이었다.

한국인이 처음 사용한 문자는 한자(漢字)였다. 문자를 가진 중국에 인접해 살다 보니 어쩔 수 없었을 것이다. 한국인이 한자를 처음 대한 것은 한사군이 설치된 해인 기원전 108년 전후일 것이라고 추정하고 있다.[3] 그런데 이때만 해도 한자를 잘 아는 사람이 별로 없었을 것이다. 실제 한자나 한문에 능한 사람들이 나온 것은 3-4세기경일 것이라고 한다.[4] 〈표 2〉에서 알 수 있는 바와 같이 불교가 우리나라에 들어오거나 사서(史書)가 편찬된 것이 대개 이 시기이기 때문이다. 한국인이 말을 주고받으면서 한자어를 섞어서 쓰기 시작한 것도 아마 이때부터일 것이다.

〈표 2〉 사서 편찬과 불교 수입 시기

	고구려	백제	신라
사서 편찬	200(?)	375	545
불교 수입	372	384	417-527(527: 이차돈의 죽음)

2 　권덕규(權悳奎)의 '조선어문경위(朝鮮語文經緯)'에 따르면, 훈민정음 창제 이전에 우리의 고유문자로 '三皇內文, 神誌秘詞文, 王文文, 手宮文字, 南海島地面巖石刻文, 刻木字, 高句麗文字, 百濟文字, 渤海文字, 高麗文字'가 있었다고 하나 이들 문자의 실존 여부를 확인할 길이 없다. 심재기(1990) 참조.

3 　삼국사기(三國史記)에 '前此中國之人苦秦亂東來者衆'이라 하여, 이미 기원전 20년(新羅 朴赫居世居西干 38년)에 중국인이 우리나라에 많이 들어왔음을 서술하고 있다.

4 　심재기(1990:76) 참조.

그런데 한문은 어순(語順)이나 문법 표현이 한국어와 근본적으로 다르기 때문에 한국어를 적기에 불편한 것이 한두 가지가 아니었다. 이를 확인한 조상들은 한자를 이용해 한국어를 적는 방법을 마련하고자 했다. 이두나 향찰, 구결과 같은 차자(借字) 표기법[5]을 마련한 것은 바로 한문이 지닌 위와 같은 약점을 극복하기 위해 노력한 결실이다.

훈민정음이 창제되기까지 향찰이나 이두와 같은 차자 표기법은 한국어를 표기하는 절대적인 수단이었다. 그러나 향찰이나 이두는 우리말을 적는 데 미흡한 점이 많았다. 향찰이나 이두의 예를 검토해 보면 이를 쉽게 알 수 있다.

〈향찰 예〉

東京明期月良	동경불ᄀ든래
夜入伊遊行如可	밤새도록노니다가
入良沙寢矣見昆	드러내자리를보니
脚烏伊四是良羅	가ᄅ리네히로셔라
二肹隱吾下於叱古	둘흔내해어니와
二肹隱唯支下焉古	둘흔뉘해어니오
本矣吾下是如馬於焉	본이내해시다ᄆ어언
奪叱良乙何如爲理古	앗아늘어찌ᄒ리오

〈이두 예〉

凡男女定婚之初良中(에) 萬一殘疾老弱及妾妻子息收養子息等乙(을)……

仔細相知爲良只(ᄒ여) 各種所願以(으로) 婚書相送依例結族爲乎矣(ᄒ오되)……

---

5   차자 표기법에는 향찰과 이두 외에도 구결이 있다. 구결은 향찰이나 이두보다 더 약식 표기인데 한자의 부수나 획을 이용해 어절에 실현되는 문법 형태(조사나 어미)를 표기하는 데 사용하였다. 구결은 일본 문자에 영향을 미쳤다고 한다.

한국어 모두를 한자의 음과 훈을 빌려 표기한 향찰이나 주로 문법 형태를 한자의 음과 훈을 빌려 표기한 이두를 습득하는 일은 배우는 사람의 처지에서 보면 이중 부담이 아닐 수 없었다. 즉, 향찰이나 이두는 한자나 한문을 어느 정도 알아야 습득할 수 있는 것일 뿐만 아니라 이들 표기법을 습득해 표기한다고 해도 문법이 다른 한문 문자인 한자로 우리말을 표기한다는 것은 쉬운 일이 아니었다. 상대적으로 더 우리말에 가깝게 표기하고자 하여 마련한 향찰이 이두에 비해 오래 사용되지 못한 것은 바로 문법이 다른 한문을 우리말로 표기한다는 것이 얼마나 어려운 일인가를 짐작하게 해 준다.

한문이나 차자 표기를 사용함에 따라 우리 사회에도 큰 변화가 생기게 되었다. 한문이나 차자 표기를 사용한 것은 이중 언어생활을 하는 지식인과 글을 쓸 줄 모르는 비지식인으로 구성된 새로운 신분사회를 형성하게 했다. 이는 글에서만 그러했던 것이 아니다. 말을 하는 데서도 한자어를 사용하는 사람과 사용하지 못하는 사람이 구분될 수밖에 없었다. 그뿐만 아니라 한문이나 차자 표기를 사용함으로 인해 한자 문화가 우리 문화에 뿌리를 내리게 한 계기가 되기도 했다. 한자와 더불어 수입된 불교 문화가 훈민정음이 창제되기 전인 고려 시대까지 상층 문화로 자리 잡은 것도 지식층만이 문자 생활을 했기 때문이라 할 수 있다.

사람들은 누구나 신분이 높은 사람(지식인)을 본받거나 발달된 문화를 누리고 싶어 한다. 그래서 한자나 차자 표기를 모르는 사람도 한자나 차자 표기를 알고 싶어 하게 되었다. 문자가 없던 시절에 남의 문자인 한자를 선호하게 되면서 우리는 알게 모르게 우리 문화보다 남의 문화를 선호하는 의식을 갖게 되었다.

2. 훈민정음 창제와 한자(漢字)

우리 고유 문자가 없던 시절에 한자나 차자 표기로 문자 생활을 했지만 정작 한자나 차자 표기를 사용할 줄 아는 사람은 소수 지식인에 불과했다. 일반인은 이들 문자를 사용하고 싶어도 이를 습득하기가 쉽지 않았을 것이다. 세종대왕이 훈민정음을 창제한 이유를 '백성이 말하고자 하는 바가 있어도 그 뜻을 적어 전하지 못하는 사람이 많기 때문'이라고 한 것은 위와 같은 시대 상황을 말한 것이라 할 수 있다.

세종대왕이 한국어를 적는 문자인 훈민정음을 창제한 것은 문자 생활의 대혁신이자 문화 대혁명이다. 이는 훈민정음의 문자 체계가 얼마나 과학적인가라는 문제와는 다른 것이다. 설령 세종대왕이 훈민정음을 창제한 이유가 다른 어디에 있었다 해도 말과 글을 일치시킨다는 것은 한문이나 차자 표기를 사용할 줄 아는 사람과 사용할 줄 모르는 사람 사이에 형성된 계층이 무너져야 함을 선언하는 것이나 다름없기 때문이다.

그런데 훈민정음이 창제되었음에도 불구하고 훈민정음으로 문자 생활을 제대로 하지 못했다. 그런 사이에 한국어에는 한자어가 점점 많이 불어나기만 했다. 이는 무엇 때문인가? 이와 관련해 우리는 여러 가지 이유를 챙겨 볼 수 있다.

우리가 이미 알고 있는 바와 같이 당시 최만리 등 많은 유학자들은 훈민정음 창제에 반대하였다. 당시 학자들의 반대가 어느 정도였는가는 훈민정음이 사용된 정도를 보면 짐작할 수 있다. 세종대왕이 훈민정음을 창제했지만, 훈민정음을 사용한 지식인은 거의 없었다. 세종대왕이 훈민정음으로 용비어천가나 월인천강지곡을 간행하게도 했지만 훈민정음은 주로 한문을 번역하는 데 이용되었을 뿐이다. 오늘날 우리가 볼 수 있는 언해류(諺解類)가 훈민정음이 사용된 글이다.

그런데 훈민정음이 창제된 후 간행된 언해류 가운데 가장 많은 비율을 차지하는 것이 불경(佛經)을 언해한 것이다.[6] 이는 당시 시대 배경과 관련된 것이다. 조선은 유학을 중시했다. 억불숭유(抑佛崇儒) 정책으로 고려 때까지 흥하던 불교는 점점 그 기운이 약해지게 되었다. 유학자들은 세종의 훈민정음 창제에 대해 거세게 반대하였다. 이런 시대 상황에서 불가(佛家)에서는 불교의 기운을 다시 얻기 위한 수단으로 불경을 훈민정음으로 언해했던 것으로 보인다.

불경은 내용이 심오한 것이다. 그럼에도 불교가 오늘날까지 우리 사회에 자리 잡고 계속해서 우리 문화 형성에 큰 몫을 한 데는 불경 언해의 힘이 적잖이 작용했을 것이다. 불교 문화와 관련된 말이 한국어에 상당히 많이 쓰이게 된 것도 한문을 선호하는 유교 사회에서 훈민정음으로 언해된 불경을 읽을 수 있었기 때문이 아닐까 싶다.

그런데 위 내용으로 알 수 있듯이 훈민정음이 창제된 후에도 우리의 언어생활이 말과 글이 다른 이중 언어생활에서 어문일치로 이어지지는 못했다. 훈민정음이 창제된 후에도 훈민정음을 사용하지 않고 한자를 사용하다 보니 이중 언어생활이 계속되었다. 훈민정음이 사용된 것은 불경언해를 중심으로 한 각종 언해류와 문학(시조, 가사, 고소설 등)에서[7] 확인할 수 있을 뿐이다.

---

6   불경 언해가 얼마나 많았는가는 세조 때 불경을 간행하기 위해 간경도감을 설치했다는 데서도 알 수 있다.
7   시조와 가사는 주로 사대부 양반들이 즐기던 문학이다. 사대부에서 우리말로 문학을 했다는 것이 특이하다. 아마 사대부 지식인이 시조나 가사를 창작한 것은 이들 문학이

사회의 상층에 자리 잡은 유학자들은 한문을 사용했고, 왕조실록(實錄)을 비롯한 대부분의 기록은 한문으로 이루어졌다. 유학을 중시하는 유교 문화가 우리 전통문화에 깊이 뿌리를 내리게 된 것은 훈민정음 창제 이후에도 사대부들이 훈민정음을 사용하지 않고 한문으로 유학을 배우고 실천해 왔기 때문일 것이다.

그런데 이러한 상황 속에서도 우리말에 한자어가 차지하는 비율은 오늘날에 비해 그리 높지 않았던 듯하다. 심재기(1990:78)에 따르면, 오늘날 우리 일상생활에서 한자어가 차지하는 비율은 70%를 넘어서지만, 향가나 고려가요에는 고유어와 한자어의 비율이 80 : 20, 송강 정철의 가사에만 해도 고유어와 한자어의 비율이 70 : 30 정도밖에 안 되었다고 한다.

그렇다면 한국어에 한자어가 70%를 넘어서는 이유가 어디에 있을까? 조선 시대는 명·청(明·淸)과 여러 방면에 걸쳐 문물이 교류되었다. 그러다 보니, 중국의 문어인 한자어뿐 아니라 그들의 생활어인 백화(白話)[8]까지 들어와 쓰이게 되었다. 19세기 중엽 서구 문물을 접하면서 문물 수입은 더욱 불어나게 된다. 문물 수입이 불어나면 그만큼 새로운 어휘도 불어나게 된다. 당시 우리는 서구 문물을 중국을 통해서 들여왔다. 그 결과 한자어가 더 불어나게 된 것이다.

위 내용으로 볼 때 이 시대의 한국 문화도 신분 제도와 관련된 문화가 자

가락을 지닌 것이기 때문인 듯하다. 가락을 띤 노래는 한문이나 한자보다는 우리말로 해야 말맛이 우러나기 때문에, 사대부 지식인들이 우리말로 시조나 가사를 창작했을 것으로 보인다.

8 오늘날 우리가 고유어로 알고 쓰는 '비단(匹段), 모시(毛施), 다홍(大紅), 사탕(砂糖), 배추(白菜)' 등이 백화에서 온 말이다. 심재기(1990:80) 참조.

리를 잡아 사대부(상층)에서는 한자 문화를 누렸을 것이다. 다만, 앞 시대와 달리 이 시대에는 훈민정음 창제로 번역서가 간행됨으로써 문화 공유 의식 (불교 문화의 대중화나 유교 문화의 대중화)이 있었던 시기라 할 수 있을 듯하다.

3. 서구 문물의 수입과 어문일치의 필요성

서구 문물의 수입은 한편으로 우리 문자 생활의 혁명 즉, 어문일치로 이어지게 하는 계기를 만들기도 했다. 어문일치 언어생활이 갑오개혁을 전후한 시기에 시도되었다고 하는 것은 갑오개혁을 전후한 시기에 서구 문물이 대량으로 수입됨과 관련되어 있기 때문이다. 그러나 더 거슬러 올라가면 우리는 이미 실학이 형성될 때부터 어문일치의 필요성을 실감하고 있었다고 할 수 있다.

실학은 우리가 서구 문물을 접하면서 형성된 학문이다. 문물의 수입은 말의 수입과 함께 이루어진다. 외국 문물과 함께 외국어가 우리나라에 들어오게 되니 역학(譯學)이 필요하게 되었고 이와 관련해 역학(譯學) 관계의 유해서 (類解書)나 물명고(物名考)와 같은 사전류가 간행되기에 이른다.[9] 이러한 책들은 모두 우리 문자인 훈민정음으로 주석을 달았는데 이는 당시 역관(譯官)이나 실학자들이 이러한 일을 하면서 차츰 한자만으로 언어생활을 원만히 할 수 없음을 깨달았기 때문일 것이다. 17세기에 시작되어 18-19세기에 주로

---

9 역학 관계 유해서에는 사역원(司譯院)에서 간행한 '역어유해(譯語類解, 1690), 동문유해(同文類解, 1748), 몽어유해(蒙語類解, 1768), 왜어유해(倭語類解, 18세기)' 등이 있고, 물명에 관한 사전에는 이성지(李成之)의 '재물보(才物譜, 1798)', 유희(柳僖)의 '물명고(物名考, 1820)', 정약용(丁若鏞)의 '아언각비(雅言覺非, 1819)' 등이 있다.

이루어진 역학(譯學) 관계 자료나 물명(物名)에 관한 자료는 오늘날 소중한 한국어 자료이기도 하지만 어문일치의 필요성을 일깨워 준 것이기도 하다. 즉, 서구 문물을 알기 위해서는 우리말을 적기에 쉽고 편리한 훈민정음으로 글을 써야 함을 보여 준 것이다. 이러한 각성이 후에 어문일치 주장으로 이어진 것이다.

어문일치의 필요성에 따라 우리의 문자 생활은 1890년대에 국한 혼용 표기나 한글 표기로 바뀌기 시작한다. 이는 당시의 문자 생활에 큰 변화를 가져오게 한 문화 혁명이다. 어문일치로 한문을 아는 사람만 지배층을 형성하던 당시 사회 구조가 붕괴될 수 있고 어문일치로 쉽게 글을 배워 한문을 모르는 사람도 지식층이 될 수도 있기 때문이다.[10] 이때의 어문일치가 당시의 지식층을 무너뜨리기 위한 것은 아니었지만 어문일치를 계기로 장차 신분 사회가 평등 사회로 바뀌기 시작했다. 실학이 형성된 이래 계속해서 서구 문물이 들어옴에 따라 문자 생활의 상대를 일부 지식층(한문 사용자층)에만 국한시킬 수 없었다는 것도 어문이 일치된 문자 생활이 실현되게 한 요인으로 작용했을 것이다.

어문일치 정신이 반영된 국한 혼용 표기나 한글 표기를 사용하자는 주장

---

10 이와 관련해 서재필은 독립신문 2권 92호에서 아래와 같이 말하고 있다. 이기문 (1990) 37쪽 참조.

> …… 지금 소위 공부하였다는 사람은 국문을 숭상하기를 좋아 아니할 것이 한문을 공부하였은즉 그 배운 것을 가지고 남보다 유식한 체하려니까 만일 국문으로 책과 문적을 만들어 전국 인민이 다 학문 있게 되거드면 자기의 유식한 표가 드러나지 아니할까 두려워하고 또 한문을 공부하였고 국문은 공부를 아니한 고로 한문을 자기의 국문보다 더 아는지라. 그러하나 그런 사람이 국중에 몇이 있으리요. 수효는 적으나 한문 하는 사람들이 한문 아는 자세하고 권리를 모두 차지하여 그 나머지 전국 인민을 압제하려는 풍속이니 국문 숭상하기를 어찌 이런 사람이 좋아하리요. ……

은 당시 우리 정치 혁명과도 무관하지 않다. 최초로 국한 혼용체를 들고 나온 유길준(서유견문, 1895)이나[11] 최초로 한글체를 사용한 서재필(독립신문, 1896)이[12] 당시의 신진 세력이고, 이들이 정치 혁명을 시도한 사람들임에서 이를 짐작할 수 있다.

그런데 아이러니하게도 당시 신진 세력이 주로 일본을 통해 서구 문물을 들여옴으로써 우리 역사와 문화에 큰 변화가 일게 되었다. 이들 신진 세력이 일본과 손을 잡다 보니 이들로 인해 일본이 쉽게 우리나라에 들어올 수 있는 발판을 깔게 되었고, 그 결과 우리는 치욕스럽게도 나라 잃은 설움을 맛보아야 하게 되었다. 이러한 역사는 우리말에 엄청난 변화를 가져왔다.

중국과 일본은 서구인들로부터 직접 서구 문물을 받아들였다. 그러나 우리나라는 이들 두 나라를 통해 간접적으로 서구 문물을 받아들였다. 그러던 중 1890년대 이후에는 주로 일본을 통해 서구 문물을 받아들임에 따라 우리는 일본의 영향을 더 많이 받게 되었다. 우리말에 일본 한자어가 마구 들어오기 시작한 것은 이때부터다. 일본 한자어는 대개 일본인이 서구 문화를 담은 서구어를 번역하면서 만든 말이다. 이러한 일본 한자어의 수입은 당시 우리가 어문일치가 아닌 이중 언어생활을 누리며 한자어를 사용하고 있었기 때문에 더욱 대량으로 빠르게 진행되었을 것이다. 일본 한자어는 식민지 생활을 거치면서 엄청나게 많이 불어난다. 한국어에 일본 한자어가 급속도

---

11   국한혼용체는 유길준 이전에도 있었다. 그러나 국한문 혼용체 사용을 주장한 것은 유길준이 처음이다.

12   1894년 11월 21일에 "법률과 칙령은 모두 국문을 기본으로 삼되, 한문으로 번역을 붙이거나 국한문을 섞어 쓴다(法律勅令 總之國文爲本 漢文附譯 或混用國漢文)."라는 칙령(勅令)이 발표되었으나, 실제 이 뒤에 나온 대부분 공문에는 여전히 한문이 사용되었다.

로 많이 불어난 데는 일본어가 한국어와 같이 '주어–목적어–술어' 순(順)으로 되어 있다는 점도 작용했을 것이다.

심재기(1990:82–83)에 따르면, 이때 우리나라에 들어온 일본 한자어는 아래와 같이 세 유형이 있다고 한다.[13] 이는 일본이 처음에는 중국을 거쳐 서구 문물을 받아들이다가 점차 서구로부터 직접 받아들이게 되었기 때문일 것이다. 오늘날 우리가 사용하고 있는 학술 용어는 대개 이때 서구어를 일본인들이 번역해 만든 일본 한자어이다.

가. 중국 한자어를 일본이 그대로 사용하던 한자어

자주(自主) 수학(數學) 계급(階級) 내각(內閣) 성가(聖歌) 위임(委任) 비평(批評) 위원(委員) 국회(國會) 전염(傳染) 감독(監督) 이론(理論) 전기(電氣) 우상(偶像) 입법(立法) 국기(國旗) 입방근(立方根) 합중국(合衆國) 등

나. 일본이 독자적으로 만든 한자어

연역(演繹) 귀납(歸納) 절대(絕對) 선천(先天) 범주(範疇) 현상(現象) 주관(主觀) 객관(客觀) 관념(觀念) 논리학(論理學) 형이상학(形而上學) 철학(哲學) 마학(美學) 공학(工學) 미술(美術) 윤리학(倫理學) 기차(汽車) 토론(討論) 우편(郵便) 신경(神經) 일요일(日曜日) 병원(病院) 시력(視力) 복막(腹膜) 지방(脂肪) 증기(蒸氣) 분자(分子) 분모(分母) 원소(元素) 산소(酸素) 수소(水素) 세포(細胞) 우주(宇宙) 물질(物質) 인력(引力) 문학(文學) 문체(文體) 법칙(法則) 재판소(裁判所) 계약(契約) 자유(自由) 의논(議論) 등

---

13 이 글에서 일본에서 들어온 한자어에 대해 많은 예를 제시했는데 이는 우리말에 일본 문화가 얼마나 많이 수입되었는지를 보이기 위해서이다.

다. 일본 훈독어(訓讀語)가 우리 한자어가 된 말

편물(編物) 가출(家出) 시장(市場) 입구(入口) 출구(出口) 색지(色紙) 부교(浮橋)

내역(內譯) 석녀(石女) 대절(貸切) 조립(組立) 동사(凍死) 선불(先拂) 차압(差押)

삽목(揷木) 지불(支拂) 품절(品切) 입장(立場) 건평(建坪) 수속(手續) 취소(取消)

하물(荷物) 엽서(葉書) 장면(場面) 견습(見習) 역할(役割) 호명(呼名) 낙서(落書)

할인(割引) 등

위 한자말을 보면 우리가 사용하는 말 가운데 일본에서 수입된 말이 얼마나 많은지 알 수 있다. 위와 같은 일본 한자어가 들어옴에 따라, 우리 한자어는 아래와 같이 원래 지니고 있던 의미가 일본 한자어의 의미로 바뀌기도 하고, 우리 한자어의 어형(語形)이 일본 한자어의 어형으로 바뀌기도 하였다.[14]

가. 우리 한자어의 의미가 일본 한자어의 의미로 바뀐 것

도서(圖書): 장서인(藏書印) → 서적

발명(發明): 해명(解明) → 새로운 물건을 만들어 냄

발표(發表): 천연두 자국이 드러남 → 공표함

발행(發行): 출발 → 책을 펴냄

방송(放送): 석방 → 전파로 소리나 그림을 내보냄

산업(産業): 소유물, 재산 → 물자를 생산하는 일

사회(社會): 제례의식(祭禮儀式) 공동체 → 인간의 조직 집단

생산(生産): 출산(出産) → 물자를 만들어 냄

식품(食品): 식성(食性), 입맛 → 먹거리

신인(新人): 신랑, 신부 → 연예계의 새 얼굴

실내(室內): 남의 아내 → 방안

---

14   송민(1990) 44-45쪽 참조.

자연(自然): 저절로→ 천연 현상

중심(中心): 마음속→ 사물의 한가운데

창업(創業): 국가를 일으킴→ 사업을 일으킴

나. 우리 한자어의 어형이 일본 한자어의 어형으로 바뀐 것

〈인사(人事)〉

식구(食口)→ 가족(家族) 동기(同氣)→ 형제(兄弟) 내외(內外)→ 부부(夫婦)

문장(文章)→ 학자(學者) 일색(一色)→ 미인(美人) 출입(出入)→ 외출(外出)

전장(傳掌)→ 인계(引繼) 작반(作伴)→ 동반(同伴) 개차(改差)→ 결질(更迭)

변통(變通)→ 융통(融通) 등

〈성행(性行)〉

대기(大忌)→ 혐오(嫌惡) 기운(氣運)→ 기분(氣分) 토설(吐說)→ 자백(自白)

문견(聞見)→ 견문(見聞) 생의(生意)→ 기도(企圖) 등

〈신체(身體)〉

운기(運氣)→ 열병(熱病) 체증(滯症)→ 위병(胃病) 역질(疫疾)→ 천연두(天然痘)

판수(判數)→ 맹인(盲人) 오사(誤死)→ 변사(變死) 몰사(沒死)→ 전멸(全滅) 등

〈의식(衣食)〉

단장(丹粧)→ 화장(化粧) 곡식(穀食)→ 곡물(穀物) 공심(空心)→ 식전(食前)

구미(口味)→ 식욕(食慾) 등

〈건축(建築)〉

여염(閭閻)→ 민가(民家) 정자(亭子)→ 별장(別莊) 사랑(舍廊)→ 객실(客室)

도급(都給)→ 청부(請負) 칙간(厠間)→ 변소(便所) 등

〈기구(器具)〉

교의(交椅)→ 의자(椅子) 각침(刻針)→ 분침(分針)

천리경(千里鏡)→ 망원경(望遠鏡) 장막(帳幕)→ 천막(天幕)

육혈포(六穴砲)→ 권총(拳銃) 철환(鐵丸)→ 탄환(彈丸) 등

〈경조(慶弔)〉

　치하(致賀) → 경하(慶賀)　생산(生産) → 출산(出産)

　소상(小祥) → 일주기(一週忌)　대상(大祥) → 이주기(二週忌)

〈교제(交際)〉

　상종(相從) → 교제(交際)　심방(尋訪) → 방문(訪問)

　통기(通奇)·기별(奇別) → 통지(通知)　전송(餞送)·전별(餞別) → 송별(送別)

　언약(言約)·상약(相約) → 약속(約束)　퇴정(退定) → 연기(延期)　등

〈직업(職業)〉

　거간(居間) → 중매(仲買)　의원(醫員) → 의사(醫師)　농군(農軍) → 농부(農夫)

　역부(役夫) → 인부(人夫)　역사(役事) → 공사(工事)　석수장(石手匠) → 석공(石工)

　병정(兵丁) → 병사(兵士)　등

〈경제(經濟)〉

　장(場) → 시장(市場)　보부상(褓負商) → 행상(行商)　간색(看色) → 견본(見本)

　산매(散賣) → 소매(小賣)　지전(紙錢)·지화(紙貨) → 지폐(紙幣)

　직전(直錢) → 현금(現金)　변리(邊利) → 이식(利息)　이문(利文) → 이익(利益)

　본변(本邊) → 원리(元利)　중변(重邊) → 고리(高利)　경변(輕邊) → 저리(低利)

　노자(路資) → 여비(旅費)　소비(所費) → 비용(費用)　세납(稅納) → 조세(租稅)

　본전(本錢) → 원금(元金)　본금(本金) → 원가(原價)　출급(出給) → 지불(支拂)

　방매(放賣) → 판매(販賣)　등

〈천문·지리(天文·地理)〉

　지동(地動) → 지진(地震)　보(洑) → 저수지(貯水池)　방축(防築) → 제방(堤防)

　온정(溫井) → 온천(溫泉)　산서(山所) → 묘지(墓地)　동산(東山) → 정원(庭園)

　외방(外方) → 지방(地方)　하륙(下陸) → 상륙(上陸)　등

〈문서(文書)〉

　서책(書冊) → 서적(書籍)　책의(冊衣) → 표지(表紙)　주자(鑄字) → 활자(活字)　등

〈시(時)〉

　　상년(上年) → 작년(昨年)　공일(空日) → 일요일(日曜日)　오정(午正) → 정오(正午)

　　상오(上午) → 오전(午前)　하오(下午) → 오후(午後)　내두(來頭) → 장래(將來)

　　일간(日間) → 근간(近日) 등

〈기타〉

　　잡귀(雜鬼) → 악마(惡魔)　잡기(雜技) → 도박(賭博)　거반(居反) → 대개(大槪)

　　설혹(設或)·설사(設使) → 가령(假令)　내평(內坪) → 내용(內容)

　　상고(相考) → 조사(調査)　지경(地境) → 경우(境遇)　적실(的實) → 확실(確實)

　　훼방(毀妨) → 방해(妨害)　궁구(窮究) → 연구(硏究)　여수(與受) → 수수(授受) 등

위와 같이 우리 한자어의 어형이 일본 한자어의 어형으로 바뀌거나 우리 한자어의 의미가 일본 한자어의 의미로 바뀌기도 했지만 써 오던 한자어가 한국어에 녹아 고유어처럼 된 말도 있다.[15] 고유어처럼 된 말에는 아래와 같은 것이 있다.

　　석류황(石硫黃) → 성냥　숙냉(熟冷) → 숭늉　동령(動鈴) → 동냥

　　내흉(內凶)스럽다 → 내숭스럽다　설합(舌盒) → 서랍　숙육(熟肉) → 수육

　　종용(從容)하다 → 조용하다　배행(陪行) → 배웅　귀양(歸鄕) → 귀양

　　염치(廉恥) → 얌체　납의(衲衣) → 누비　엄전(儼全) → 얌전 등

일제 강점기를 거치면서 위와 같이 일본에서 수용한 서구 문화(서구어를 번역한 일본어)와 일본의 문화(고유 일본(한자)어)가 수입되는 가운데 일본이 한국어 억

15　한자어가 고유어처럼 된 말은 지식인이 아니라 일반 민중이 사용하는 말이다. 이로 보면, 민중은 한자어에 쓰인 한자의 훈(訓)에 간섭 받지 않고 한자어를 사용했음을 알 수 있다.

압정책을 시행함으로써 우리 문화(고유어)가 점차 소멸되어 가기에 이른다. 이러한 변화 모습을 지켜보면서, 선각자들은 우리말을 발전시키기 위해 꾸준히 노력해 왔다. 문세영은 개인의 힘으로 최초의 우리말 사전인 '조선어 사전(1938)'을 편찬해 우리 문화를 보고(寶庫)에 채워 놓았고, 많은 학자들은 우리말을 보존해 나라를 지키려고 '조선어 연구회'를 만들어[16] 우리말을 연구하고 보급하는 데 온 힘을 기울였다. 이러한 활동은 모두 외래문화가 들어오면서 사라져 가는 우리 문화를 되살리기 위한 노력이다. 광복을 맞이한 후 우리말 교육이 수월하게 이행될 수 있었던 것은 모두 선각자들의 덕택이다.

4. 어문일치의 대중화

평등 사회를 지향하는 어문일치의 문자 생활은 광복 이후 더 절실하게 되었다. 광복으로 일제 강점기에서 벗어난 한국 사회는 과거 어느 때보다도 민족의 독자성이 강하게 부각되었기 때문에 광복은 우리말을 부흥할 수 있는 새로운 계기를 마련해 주었다. 그런 반면, 문호 개방으로 발달된 서구 문물을 수입하지 않을 수도 없었다. 더구나 민족의 독자적 힘으로 이루어 낸 광복이 아니고 외국의 힘을 입어 이루어 낸 광복이니, 외국 문물의 물결

---

16 '조선어 연구회'는 1921년 12월 3일에 주시경의 문하생인 임경재를 비롯하여 최두선, 이규방, 권덕규, 장지영, 신명균 등 10여 명이 창립한 학회이다. '조선어 연구회'는 1931년에 회원이 늘어나면서 '조선어학회'로 바뀌었고, 해방 후인 1949년에 다시 '한글학회'로 바뀌어 오늘날까지 이어져 오고 있다. '조선어학회'는 일제가 우리말을 말살시키고 우리에게 일본어를 사용하게 하려고 조선어학회 회원을 민족주의자로 몰아 투옥한 '조선어학회 사건(1942.10.)'으로 잘 알려져 있다. 당시 이윤재와 한징은 이 사건으로 옥사(獄死)하기도 했다.

은 그만큼 더 힘이 강했다고 볼 수 있다. 이는 곧 우리가 외래문화를 수입해 문화 발전을 도모해야 하는 과제를 안음과 동시에 우리 문화의 정체성도 찾아야 하는 과제를 안게 되었음을 가리킨다.

말이란 하루아침에 받아들였다 다음날 내버릴 수 있는 것이 아니다. 오랜 기간을 거쳐 우리말로 뿌리내린 한자어(중국 한자어나 일본 한자어)는 엄청나게 많은 우리 고유어를 소멸시키는 결과를 빚어냈다. 그런데 미처 이 말을 되살리지도 못한 채 우리는 밀려드는 서구 문물에 휩싸여 우리 문화를 잃어버렸다.

당시 서구 문물을 이해하는 지도층은 대부분이 일본의 교육을 받은 사람이었다. 이들은 대부분 일본을 통해 서구 문물을 들여오게 되었다. 광복 후에도 우리말에 일본 한자어가 계속 불어난 것은 어쩔 수 없는 이러한 시대적 필요성 때문이었는지도 모른다. 그러나 일제의 지배를 받으면서 키워 온 우리 민족의 자존심에 비추어 볼 때 이는 도저히 허용될 수 없는 것이었다. 프랑스의 언어 정책에 견주어 볼 때 우리가 노력을 했으면 일본 한자어의 수입을 줄일 수도 있었을 것이다. 그렇다면 우리는 우리말을 살리려는 언어 정책을 포기했던가? 이 문제는 한국의 정치사와도 관련되어 있다.

알다시피, 광복 후 1948년에 정부가 수립되었다. 정부 수립 후 우리가 해야 할 첫 과제는 일본 문화를 점검하는 일이었다. 그런데 불행하게도 정부는 친일파와 손을 잡고 나라를 이끌어 갔다. 비록 국어 교육 관련자들이 교과서에 한자를 사용하지 않는 정책을 펴면서 우리말을 살리려고 노력했지만 결과로 나타난 것은 우리 문자로 글을 적는 정도에 지나지 않았다. 국어 정책의 일차 과제인 표기(한글 전용 표기, 국한 혼용 표기) 문제에 대한 시비는 아직도 계속되고 있다.

친일파가 지도층에 자리 잡은 사회이고 보니 다방면에 걸친 서구의 문물은 일본을 통해 수입되었다. 학문에서는 더욱 심했다. 오늘날 우리가 사용하는 학술 용어 가운데 한자어로 된 말은 대부분 일본 한자어이다. 광복 후 강단에 선 대부분 학자들은 일제 강점기를 거치면서 일본 한자어로 학문을 했기 때문이다.

위와 같은 시대 상황은 신분 문화가 평등 문화로 바뀌어야 함을 일깨워 주었지만 이 시대는 한국 문화의 정체성을 찾지 못한 채 서구 문화와 일본 문화를 수용하던 시대였다고 할 수 있다.

5. 현대의 문자 생활

광복 후 우리는 한국 문화에 뿌리를 내린 일본 문화를 제거하기 위해 국어 운동을 펼치기도 하였다. 그러나 시대 상황은 한국 문화에 뿌리 내린 일본 문화를 제대로 청산하지 못하였다. 그런데 광복 후 얼마 지나지 않아 한국 사회는 산업 사회로 바뀌었다. 1960년대를 지나면서 점차 서구 문물도 일본을 거치지 않고 서구로부터 직접 수입하는 단계에 이르게 되었다. 서구어의 직접 수입은 학문에서 시작되었다. 산업화 이후의 신세대는 전문적으로 한자 공부를 하지 않고 대부분 원어인 영어로 된 학술어를 공부하였다. 이러한 현상은 새로운 학문 분야일수록 더 심하였다.

신세대 학자들이 영어 학술어를 (일본) 한자어나 고유어로 옮기지 않고 원어 그대로 사용하는 데는 몇 가지 원인이 있는 듯하다. 우선 이들은 대개 지금까지 사용하던 한자어 학술어에 쓰인 한자의 원뜻과 한자어의 조어(造

語) 원리를 모르기 때문에 새로이 한자어 학술어를 만들어 낼 능력을 갖고 있지 못하다. 이는 광복 후에 이루어진 국어 정책과 무관하지 않다. 국어 정책 결과 한자어로 된 학술어가 많이 불어나지는 않은 편이다. 그렇다고 하여 한국어로 된 학술어가 만들어진 것도 아니다. 영어로 공부한 학자들은 그동안 한국어로 된 학술어를 많이 접하지 못하다 보니, 학술어를 한국어로 어떻게 조어해야 할지 망설이게 되었다. 그러다 보니 이들은 한국어로 조어한 것까지도 어색하게 느끼게 되었다. 이는 그간의 우리 국어 교육이 빚어 낸 결과다.

표기 문제와 관련된 정책은 지금까지도 하나로 통일되지 않은 채 실시되고 있는 셈이다. 정부 수립 직후 우리는 한글로 표기하는 국어 정책을 실시했다. 일본의 한국어 말살 정책을 체험한 뒤니, 이러한 정책을 실시하는 것은 당연한 것이었다. 그러나 1955년 공포된 1차 교육 과정에서 한자·한자어 학습이 국어과 교육 내용에 삽입되었고, 1973년에 공포된 3차 교육과정에선 다시 한자·한자어 학습이 국어과 교육 내용에서 제외되었으며, 1997년 공포된 7차 교육 과정 이후에는 한자 교육이 국어과 교육이 아닌 교양 과목군으로 다루어지고 있다. 그런데 지금도 초등학교 국어의 한자 학습과 관련해 찬반 의견이 난무하는 등 국어 교육의 내용이 혼선을 빚고 있다.

국어 정책이 위와 같이 바뀐 것은 궁극적으로 우리 문화를 계승·발전시킨다는 명분에서 비롯된 것이다. 그러나 그 결과로 이뤄진 국어 교육의 내용은 국어를 하나의 도구 교과로[17] 전락시키고 말았다. 그로 인해 국어 정책

---

17 '표현·이해'를 중심으로 하는 국어 교육은 국어를 도구 교과로 보는 것이다. 1992년에 고시된 6차 교육 과정의 고등학교 국어과 교육 내용도 '표현·이해'에 중점을 두고 있다. 국어과 교육 내용에 '표현·이해'에 관한 내용이 빠져서는 안 되겠지만, 고등학

에 따른 국어 교육은 문화 정책으로 승화되지 못했다. 문화를 창조하기 위한 국어 교육이 되자면, 한국어에 담긴 문화를 배우고 한국어를 창조하는 능력을 키울 수 있는 국어 교육이 되어야 한다. 교과서도 한국어 조어 원리에 따른, 다양한 한국어를 체험할 수 있게 꾸며야 한다. 그런데 우리의 국어 교육은 어려운 말과 글을 풀이하는 데 매달리다 말았다. 그 결과 학생들은 한자가 없는 것이 읽기(이해하기) 쉽다고 생각하거나 한자는 잘 모른다고 생각하는 수준에서 국어 교육을 마쳤다. 거기에다가 학교 교육이 시험을 위한 주입식 교육이 되다 보니 학생들은 문화는커녕 한국어가 어떻게 변해 가고 있는지조차 모른다. 말이나 글을 잘 알면 말이나 글로 자신의 생각을 잘 표현할 줄 알아야 하는데, 대학에 들어온 학생들은 표현 영역의 하나인 글짓기마저도 제대로 안된다고 한다. 결국 우리는 우리 문화를 잘 알지 못할 뿐만 아니라 문화를 담은 국어도 모르고 한자도 모르는 교육을 해 온 셈이다.

지금 한국어에는 외국어 투성이다. 우리 주변뿐만 아니라 매일 보는 TV나 신문에도 알 수 없는 외국어가 판을 친다. 2005년에 국어기본법이 제정되었지만 외국어 남용은 날로 심해지고 있다. 현대 국어로 보면 지난날의 한자어 문화가 서구어 문화로 바뀐 것으로 보인다. 국어의 이러한 현상은 어휘나 어휘 표기만의 문제가 아니다. 문장도 우리말 문장인가 의심스러운 게 많다. 현대의 많은 한국인들은 한국어에 담긴 문화도 모르고 한국어로 한국 문화를 만들어 가는 능력도 갖추지 못했다. 오늘날 학술 용어가 한국어로 조어되지 않은 것도 이와 관련된 것이다. 한국어와 한국 문화를 냉정

교 수준에서는 우리말에 담긴 우리 문화의 특성에 관한 내용이나 우리말 창조 능력 향상과 관련된 내용이 보다 중시되어야 할 것이다.

히 살펴야 한다. 우리 것을 남에게 내보인다는 것은 곧 한국어와 한국 문화를 남에게 내보이는 것이다.

우리의 문자 생활은 위와 같이 많은 변화를 겪었다. 그러나 문자 생활의 변화로 우리가 외래문화의 수용 관계를 짐작해 볼 수는 있으나 국어 문화의 정체성이 무엇인지 한국 문화가 구체적으로 어떻게 변했는지 알기 어렵다. 우리 주변에 사용되는 말을 보면 한국 문화의 정체성을 알아보기 어려울 정도로 외국어가 남용되고 있다. 전통문화가 담긴 한국 문화를 미처 챙겨 보기도 전에 빠른 속도로 농경 사회가 산업 사회로 바뀌면서 전통문화가 소멸되어 간 듯하다.

그렇다면 한국의 전통문화는 어떻게 기술해야 하나? 서구 문화가 범람하는 현대 한국 사회에서 한국 전통문화를 정리해 기술하기는 쉽지 않다. 그래서 필자는 필자가 알고 있는(겪은) 산업화 전후의 한국 문화를 바탕으로 정체성을 지닌 한국 문화에 대해 기술해 보고자 한다. 기술된 내용 가운데는 산업화 이후 거의 사라진 것이 적지 않다. 그럼에도 이 글에서는 이들을 애써 챙겨 한국 문화로 기술하였다. 이는 이들 문화가 한국 문화의 정체성을 드러내는 데 빠져서는 안 되는 것이라고 보았기 때문이다.

다음 장에서는 위와 같은 관점에서 먼저 한국 문화를 세 유형(기초 생활 문화, 사회 문화, 놀이 문화)으로 나누어 알아보고 이어서 문화재를 통해 세 유형의 문화를 알아봄으로써 한국 문화가 어떤 특성을 지니고 있는 지에 대해 밝혀보기로 한다.

제2장
기초 생활 문화

1. 식생활 문화

인간의 삶에서 가장 중요한 것은 먹는 것이라 할 수 있다. 우리가 '먹고 살기 위해서'라는 말이나 '잘 먹고 잘 살아라'라는 말은 써도 '입고 살기 위해서'나 '잘 입고 잘 살아라'라는 말이라든가 '(집을) 짓고 살기 위해서'라는 말이나 '(집을) 잘 짓고 잘 살아라'라는 말은 쓰지 않는다. 이는 인간의 기초 생활 가운데서 식생활이 차지하는 비중이 그만큼 큼을 가리킨다. 한국의 음식 문화는 다른 나라의 음식 문화와 다른 특성을 지니고 있다. 한국의 음식 문화[1]

---

1 조선 시대까지는 한국의 음식 문화에 신분 문화가 반영되어 왕실이나 귀족(양반)의 음식과 일반 민간의 음식 간에 반찬의 종류나 수에 차이가 있었다고 하나 이 글에서는 왕실이나 귀족(양반)의 음식에 대해서는 고려하지 않았다.

는 음식 재료에 따른 식단과 조리 방법, 계절에 따른 음식, 식사 기구 등에서 다른 나라와 다를 뿐만 아니라 식사 예절도 다른 나라와 차이가 있다.

1.1. 식단(食單)으로 본 음식

한국인의 일상 식단은 대개 밥과 국 그리고 반찬으로 구성된다. 밥과 국은 주로 숟가락으로 먹고 반찬은 대개 젓가락으로 먹는다. 그래서 한국인의 식단은 '밥 문화'와 '국 문화'라는 특성을 드러내고, 식사 기구는 '수저 문화'라는 특성을 드러낸다.

1.1.1. 밥

한국인의 식단에는 반드시 밥이 따른다. 식단의 음식에 밥이 없으면 음식을 덜 차린 것이다. 그래서 음식을 차린 상을 밥상이라고 한다. 한국인에게 밥은 서양 사람들의 빵에 상응하는 것이다.

밥의 재료가 되는 것은 여러 가지이다. 밥의 재료에는 쌀(백미, 현미), 보리쌀, 좁쌀, 밀, 귀리, 옥수수, 피[稷] 등이 있었는데, 이 가운데 쌀(백미, 현미), 보리쌀, 좁쌀이 한국인의 주식 재료이었다. 지난날에는 빈부의 차이나 지위의 차이에 따라 밥의 재료가 달랐는데 밥이 모자라면 밥 대신 밀가루로 국수를 해 먹거나 싸라기로 죽을 쑤어 먹기도 하며 때로는 감자나 고구마를 삶아 밥 대신 먹기도 했다.

밥의 재료 가운데 가장 고급 재료는 '쌀'이다. 그래서 한국인에게 쌀은 유

달리 소중하다. 보리와 조를 도정(搗精)한 것을 보리쌀, 좁쌀이라고 하는 것
도 보리나 조도 쌀 대용품으로 여겼기 때문일 것이다.

한국인에게 쌀은 매우 소중하다. 그래서 쌀과 관련된 어휘가 다양하게 분
화되어 있다. 쌀과 관련된 어휘가 분화되어 있다는 것은 그만큼 '쌀 문화'가
발달되어 있음을 뜻한다.

볍씨〉모〉벼$_1$ / 나락 → 벼$_2$^{2}, 짚
벼$_2$ → 쌀, 싸라기, 겨

쌀과 관련된 위와 같은 어휘 분화와 관련해 여러 유형·무형 문화가 형성
되었다. 귀중한 밥의 재료인 쌀과 관련해 그 종자를 가리키는 '볍씨'라는 말
을 사용했는가 하면, 이들이 싹이 터 이식(移植)할 정도가 자란 것을 지칭하
기 위해 '모'라는 말을 사용했다. '벼$_1$'을 재배하는 과정에 '모'를 심으면서
'모내기 노래'로 노동의 고충을 덜며 희망에 찬 미래를 노래 불렀고 추수한
후에는 '벼$_1$/나락'을 탈곡해 '벼$_2$'를 얻었으며 탈곡한 뒤에 남은 짚도 다양하
게 활용하였다. 그리고 탈곡해 얻은 '벼$_2$'는 도정(搗精)하여 쌀은 밥을 지어
먹고 싸라기는 죽을 끓여 먹었다. 그리고 부산물로 얻은 '겨(벼의 속겨)'나 '왕
겨(샛겨, 벼의 겉겨)'는 각기 다른 용도로 활용하였다.

'밥 문화'와 관련된 아래 표현[3]으로 '밥'이 우리의 식생활 문화에 어떤 의

---

2 '벼$_1$'은 탈곡하기 전의 농작물(식물)을 가리키고 '벼$_2$'는 '벼$_1$'을 탈곡해 얻은 열매를
   가리킨다.
3 이 글에 제시된 예문은 필자가 젊은 시절에 자주 들어온 말들인데, 이를 정리하는
   과정에서 ≪표준 국어 대사전≫(국립국어연구원, 1999)과 ≪한국의 속담 용례 사전≫
   (정종진, 1993)을 참고하였다.

미를 지니고 있었는지 짐작할 수 있다.

밥벌이하다, 밥값하다, 밥줄이 끊기다, 밥이나 제대로 먹고 다니니?, 밥숟가락
놓다, 외국에 나가 살다 보니 밥 구경한 지 오래다, 제사 올릴 쌀도 있다, 조상
덕에 쌀밥이라, 생쌀 먹으면 어미 죽는다, 피죽도 못 얻어먹은 사람처럼 여위었
다, 춘궁기에는 밥을 못 먹고 칡뿌리도 캐 먹었대, 없는 놈이 이밥(쌀밥) 조밥
가린다, 쌀은커녕 보리쌀도 없다, 북한 사람들은 귀리밥도 귀하대, 강원도 사람
들은 옥수수밥을 해 먹는대, 천수답은 비가 와야 모를 심는다, 그 집은 볏가리
가 엄청 크더라, 개떡(겨떡)이라도 먹고 허기나 때워라, 소죽에 겨를 좀 넣어라,
왕겨로 베갯속을 해, 짚이 많아야 가마니도 치고 새끼도 꼴 텐데, 볏짚과 왕겨
(쌧겨)로 군불을 지폈다, 여름에는 밥 대신 감자 삶아 먹었어, 저녁에는 고구마
쪄 먹기도 해, 현미밥이 건강에 좋대 등

1.1.2. 국

한국인의 일상 식단에는 밥과 함께 '국'이 따른다. 한국인이 즐겨 먹는
'국'은 우리 음식상에 거의 필수적으로 따랐다. 그래서 밥을 먹지 않으면 '국
이라도 좀 먹어 봐'고 하고 음식을 조금이라도 얻어먹지 못할 형편이면
'말 안 들으면 국물도 없다'고 한다.

식사 때는 밥도 좋아야 하지만 '국'이 좋아야 한다. 즉, 밥보다 국이 식단
의 품격을 좌우한다. 음식을 맛있게 먹고 난 뒤에 "밥·국 간에 잘 먹었다."
라고 말하지 않고 "국·밥 간에 잘 먹었다."라고 말하는 것도 같은 맥락에서
표현했기 때문이다. '국'은 잔칫상을 평가하는 기준이 되기도 한다. 잔칫상
음식에 어떤 국이 나왔느냐에 따라 잔치를 평가하기도 한다.

'국'의 재료로는 생나물이나 시래기를 이용하기도 하고 생선이나 육류를 이용하기도 한다. '국'과 유사한 음식에는 '탕'이 있다. '탕'에는 국물이 적게 졸인 것을 가리키는 '탕$_1$'과 오래 끓여 진하게 국물을 우려낸 것을 가리키는 '탕$_2$'가 있다. '탕$_1$'은 주로 제사에 올리는 음식이고, '탕$_2$'는 건강식으로 먹는 음식이다. 갈비탕, 삼계탕, 보신탕, 용압탕 등은 '탕$_2$'에 속한다.

'국'은 한국 음식의 특성을 드러낸다. '국'이 한국 음식의 특징임은 국이 음식의 중심이 되어 먹는 것을 가리키는 '말다'라는 말이 따로 있다는 데서 확인할 수 있다. '말다'라는 말이 '국에 밥을 말아 먹는다'라는 말로는 쓰이지만 '밥에 국을 말다'라는 말로는 쓰이지 않는데 이는 '말다'라는 말이 '국'을 중심으로 식사를 하는 한국 음식 문화의 특성을 드러내는 것이기도 하다.

한국의 '국 문화'는 한국인의 특성을 드러낸다고도 한다. 한국인은 외국인 특히 서양인들에 비해 식사 시간이 짧다고 한다. 한국인의 식사 시간이 상대적으로 짧은 데는 여러 요인이 있겠지만 국과 비빔밥을 즐겨 먹는 것이 주요 원인으로 작용했을 것이다. 국을 함께 먹으면 입안에서 음식을 오래 씹지 않고 넘기게 되고 비빔밥을 먹으면 반찬을 따로 먹는 시간이 불필요하게 되기 때문이다.[4]

'국 문화'와 관련된 아래 표현으로 우리의 식생활 문화에 '국 문화'가 어떤 의미를 지니고 있었는지 짐작할 수 있다.

---

[4] 한국인은 음식을 빨리 먹는 것을 느리게 먹는 것보다 좋아한다. 그래서 밥을 먹을 때 말을 많이 해 시간을 끄는 것을 꺼려했고, 밥을 빨리 먹는 것을 더 좋아했다. 그래서 "쓸데없는 소리 하지 말고 밥이나 먹어라."라고 했는가 하면 '뜨거운 것을 빨리 먹는 여자'를 두고 "장차 부잣집 맏며느리 되겠다."라고 하여 칭찬하기까지 하였다. 빨리 밥을 먹고 일하기를 바랐던 것이 아닐까 싶다.

밥은 별로 안 좋은데 국물이 시원해 좋더라, 국이 식기 전에 밥 먹어라, 국이 없으니 밥을 먹어도 먹은 것 같지 않다, 국을 쏟아서 옷을 버렸다, 밥을 국에 말아 먹어 봐라, 상갓집 쇠고깃국이 맛있더라, 육개장 국물은 얼큰해야 제맛이지, 저녁에는 시래깃국이라도 끓여라/할아버지 밥상에는 {시래깃국, 콩나물국}이라도 올려라, 봄에는 도다리쑥국이 최고야, 산모에게는 미역국을 준다, 따라다니면 국물이라도 좀 얻어먹니? 등

1.1.3. 반찬

한국인의 식단에는 밥과 국에 곁들여 반찬이 따른다. 성찬(盛饌) 여부는 밥이나 국도 중요하지만 대개 반찬의 종류나 수에 따라 평가되곤 한다. 한국의 반찬은 대개 장(고추장, 된장, 간장)이나 젓갈 등 발효 음식을 이용해 만든다.[5] 한국인이 즐겨 먹는 반찬 종류는 아래와 같다.

김치, 찌개, 절이, 무침, 전, 구이 등

'반찬' 문화와 관련된 아래 표현은 한국인의 식생활 문화에 '반찬'이 어떻게 사용되었는지 보여 준다.

반찬이 열 가지도 넘게 상을 차렸더라, 반찬이라곤 묵은지(묵은 김치)뿐이더라, 그 집은 된장을 잘 담가서 된장이 들어간 반찬은 모두 맛이 있어, 집에 반찬거리가 없어서 손님도 못 모신다, 이 김치는 젓갈이 안 들어갔네, 두부찌개나 김치찌개보다 된장찌개를 좋아한다, 바다가 먼 산골에서는 배추전을 자주 부쳐

---

5   "한국 사람은 음식을 짜게 먹는다."라고 하는데 이는 한국 음식(반찬)의 주재료인 '장'류나 '젓갈'류가 고염도 식재료이기 때문이다.

먹는다, 어머니는 제사에 올릴 전을 부치고 있다, 한여름에는 보리밥에 상추쌈이 제일이지, 상추 겉절이를 국수에 비벼 먹었다, 도시락 반찬은 무절이뿐이었다, 첫 봉급을 받은 날 아내와 쇠고기 소금구이를 먹었다 등

1.1.4. 떡

한국인에게 떡은 일상의 음식이 아니라 별식(別食)이다. 일상의 식단에는 떡이 따르지 않으나 명절의 차례상(또는 제사상)이나 의례의 잔칫상에는 반드시 떡이 따른다. 떡의 종류는 헤아릴 수 없을 만큼 다양하다. 절기나 명절에 따라 먹는 떡의 종류도 다르다.

떡은 주식으로 먹는 밥이 아니라 별식으로 대개 밥 먹은 뒤에 후식(後食)으로 먹는다. 따라서 살림이 넉넉한 집에서는 차례나 잔치가 없을 때도 떡을 자주 해 먹으나 대부분 가정에서는 차례나 잔치가 아닌 때에 떡을 해 먹지 않는다. 한국인이 지난날 즐겨 먹던 떡의 종류는 아래와 같다.

백설기, 절편(편떡), 시루떡, 송편, 인절미 등

'떡' 문화와 관련된 아래 표현으로 우리의 식생활 문화에 '떡'이 어떤 삶의 모습으로 사용되었는지 짐작할 수 있다.

기제사 때마다 떡을 올리나?, 백일상이나 돌상에는 백설기를 올린다, 어릴 적에 시제(時祭)를 지내고 나면 제꾼에게 절편을 나눠 주었다, 옆집은 이사 오자마자 팥고물을 얹은 시루떡을 돌렸다, 추석 차례에는 송편을 올린다, 큰일 치를 때는 대개 시루떡이나 절편을 준비한다, 노인에게 인절미를 해 드리면 장수한

단다. 떡 치는 소리가 나는 걸 보니 인절미 만드나 보네 등

오늘날 한국인은 떡 대신 빵을 더 즐겨 먹는다. 빵은 애초에 한국인에게
떡에 상응하는 음식이었다. 그래서 한국인은 빵을 빵떡이라 불렀다. 빵이
점차 대중 음식으로 자리 잡으면서 별식으로 먹기도 하지만 주식으로도 많
이 먹는다.

요즘에는 주식으로 쓰이는 빵을 식빵이라 부른다. 아마 주식으로 먹는 빵
을 식빵이라고 부르는 것은 빵이 주식인 밥을 대신하는 음식이라 생각하기
때문일 것이다. 오늘날은 한국의 음식 문화도 서구화되면서 빵이 젊은 세대
에게 밥을 대신하는 주식으로 자리를 잡았고 그 과정에서 빵의 종류도 매우
다양해졌다. 서양의 음식 문화에 영향을 받은 것이다.

1.1.5. 술[酒]

한국인은 잔치나 행사를 치를 때 항상 술을 마셨을 뿐만 아니라 평소에
음식을 먹으면서도 반주로 술을 한두 잔 곁들여 마셨다. 한국인에게 술은
가무음주(歌舞飮酒)라는 말에서 알 수 있듯이 노래나 춤이 따르는 놀이나 의식
(잔치나 제사 등)이 있을 때에 먹는 음식이다. 술은 주식이 아니고 흥을 돋우려
고 먹는 음식이어서 흉년이 들면 나라에서 금주령을 내려 술을 담가(제조해)
먹지 못하게 하였다.[6] 술을 제조하려면 식량이 많이 소모되기 때문이었다.

---

6   일제 강점기에 국가 재정을 확보하기 위해 양조 산업을 국가가 독점해 술에 높은
    세금을 매겨 판매하였다. 이때에 민가에서 몰래 술을 만들지 못하게 '밀주단속(密酒斷
    續)'을 하기도 했다. 해방 후에도 국가 재정 확보를 위해 국가가 독점해 술을 팔고
    민가에서는 술을 만들지 못하게 밀주단속을 하였다.

그러나 한국인은 놀이가 있을 때뿐만 아니라 스트레스를 덜고자 할 때도 술을 즐겨 마셨다. 오늘날 한국인들의 회식(會食) 자리에 술이 빠지지 않는 것도 술이 삶을 흥겹게 해 주거나 스트레스를 덜어 주는 역할을 한다고 여기기 때문일 것이다. 한국인이 즐겨 먹었던 술은 아래와 같다.

막걸리, 농주(農酒)[7], 동동주, 청주, 소주, 과일주, 약초주 등

'술' 문화와 관련된 아래 표현은 술과 관련된 우리의 식생활 문화를 보여준다.

잔치에 술이 빠질 수야 없지, 농부는 새참을 먹은 뒤 막걸리 한 사발을 들이켜 마시고는 나무 그늘에 누웠다, 역시 찹쌀 동동주가 최고야, 담가 놓은 술에서 청주(淸酒)를 뜨고 난 뒤에 막걸리를 걸러 내는데 그 막걸리를 탁주라고 해, 지난날 농가에서는 집집마다 농주를 담가 먹었다, 소주는 원래 곡주를 증류해서 만드는데, 요즘의 소주는 대개 알코올을 이용해 만든 화학주야, 우리 집에는 해마다 매실주를 많이 담근다 등

1.1.6. 기타

식사 후에 후식(입가심)으로 숭늉, 식혜, 수정과 등을 마시거나 과일이나 떡을 먹기도 한다.

---

7 농주(農酒)는 대부분 농가에서 농사일을 하면서 먹는 술을 가리키는데 대개 농가에서 만든 막걸리를 농주라 하였다.

밥을 먹은 뒤에는 가마솥 누룽지가 섞인 구수한 숭늉을 마셔야 밥을 제대로 먹은 것 같지, 식혜는 엿기름을 우린 물에 쌀밥을 말아 독에 넣어 더운 방에 두고 삭힌 고유 음료인데 요즘에는 전기밥솥을 이용해 삭혀 만든다, 옛날에는 정월 농한기에 손님이 오면 한과나 수정과를 내어놓았어, 입가심으로 잣과 곶감을 주더라 등

1.2. 조리(調理) 방법으로 본 음식

한국은 음식을 조리하는 방법이 매우 발달되어 있다. 조리 방법과 관련된 한국 음식 문화의 특성은 발효 음식이 발달되어 있다는 점[8]과 가열 요리 방법이 발달되어 있다는 점이다.

발효 음식의 발달은 정착 생활과 관련되어 있다.[9] 발효 음식을 만드는 데는 긴 시일을 요구하기 때문이다. 정착 생활이 아닌 유목 생활을 하는 사람은 조리하는 데 장기간을 요구하는 음식을 마련하기 어렵다.

발효 음식의 발달은 발효 방법을 가리키는 말이 분화되어 있다는 데서도 알 수 있다. 한국어에는 발효 과정을 표현하는 말에 '뜨다/띄우다'와 '삭다/삭히다'가 있다. '뜨다/띄우다'는 '장'류를 만들기 위해 콩으로 빚은 메주의 발효 과정을 표현하는 말이고, '삭다/삭히다'는 주로 젓갈을 만들기 위해 소금에 절인 생선의 발효 과정을 표현하는 말이다. 이로 볼 때 '뜨다/띄우다'

---

8   반찬은 발효 외에도 말리거나 소금에 절이는 방법을 많이 이용하는데 이러한 조리 방법을 이용하는 것은 한국인이 일찍부터 정착 생활을 해 왔기 때문이라 할 수 있다.

9   소[牛]를 중시하는 문화도 정착 생활 문화에서 온 것이라 할 수 있다. 말[馬]을 중시하는 유목 생활 문화와 달리 정착 생활 문화에서는 소가 소중하기 때문이다. 한국인이 소를 농우(農牛)라 했던 것도 정착해서 농사(논밭갈이나 곡식 운반) 일을 하는 데에 소가 차지하는 비중이 큼에서 비롯된 것이다.

는 수분이 없는 건조 상태에서 발효되는 것을 뜻하고, '삭다/삭히다'는 수분이 많은 상태에서 발효되거나 액체 속에서 발효된 것을 뜻한다.[10]

발효라는 조리 방법은 김치와 같은 반찬을 조리하는 데도 활용되지만 반찬을 요리하는 데 필수적인 재료(된장, 청국장, 간장, 고추장, 젓갈)를 만드는 데 더 많이 활용된다.[11] 메주를 띄워서 만든 된장, 청국장, 간장, 고추장이나 생선을 삭혀서 만든 젓갈은 모두 반찬을 요리할 때 필수적으로 사용되는 음식(반찬) 재료이다.

한국 음식(반찬) 가운데 가장 대표적인 발효 음식은 김치이다. 한국인은 김치 하나만 있어도 반찬으로 충분하다고 여길 정도로 김치를 즐겨 먹는다. 한국인이 먹는 김치는 매우 다양하다. 아래와 같이 김치는 재료에 따라 다르기도 하지만 계절에 따라 다르기도 하고 지역에 따라 다르기도 했다.

봄: 봄동(겨울초)김치, 통배추김치, 나박김치, 쪽파김치, 미나리김치
초여름: 오이소박이, 오이지, 열무김치
늦여름: 가지김치, 시금치김치
가을: 배추겉절이, 깍두기, 총각김치, 고들빼기김치
겨울: 통배추 김장김치, 섞박지, 보쌈김치, 굴김치, 장짠지

호남: 고들빼기김치, 개성: 보쌈김치, 공주: 깍두기

---

10 수분이 많은 상태에서 발효되거나 액체 속에서 발효된 것에 김치나 젓갈만 있는 것이 아니고 액체 상태에서 발효된 음료인 술이나 식혜도 있다.
11 '발효'는 다른 나라에서 주로 주류(酒類)를 만들 때 사용하는 방법으로 이용하는 것이 일반적인데, 한국에서는 음식 재료를 조리하는 방법으로 발효를 이용한다는 것이 특성이다.

한국 음식은 발효를 이용해 음식 재료를 마련하거나 조리하는 방법이 발달되었을 뿐만 아니라 열을 다양하게 이용하는 요리 방법도 매우 발달되어 있다. 가열 방법은 가열 정도[12], 가열 시간, 가열 방법(직접, 간접-물/기름), 가열 기구, 양념 첨가 여하, 형체 유지 여하, 통째 여부 등에 따라 다르다. 이와 관련해 천시권(1983)에서는 국어의 가열 요리 동사를 요리 방법에 따라 〈표 3〉과 같이 분류하였다.

〈표 3〉 국어의 가열 요리 동사

요리방법 \ 어휘	찌다	삶다	고다	볶다	튀기다	지지다	데치다	굽다
물	+	+	+	−	−	+	+	−
기름	−	−	−	+, −	+	−	−	−
밀가루	−	−	−	−	+	−	−	−
증기	+	−	−	−	−	−	−	−
형체	+	+	−	+	+	+	+	+
직접	−	−	−	−	−	−	−	+

음식 재료를 마련하거나 조리하는 방법에는 발효시키는 방식을 이용하기도 하지만 건조시키는 방식을 이용하기도 한다. 조리(調理) 방법과 관련된 한국의 이러한 음식 문화는 한국의 음식 문화가 매우 발달되어 있음을 보이는 데, 이는 한국인이 일찍부터 농경생활을 하면서 한곳에 오랫동안 정착해 살아왔기 때문에 가능했을 것이다. 아래 예는 조리 방법과 관련된 삶을 표현

---

12 삶거나 볶는 것은 고열을 이용하지만 데치는 것은 저열을 이용한다.

한 것들이다.

> 푹 고아야 곰탕이 제 맛이 나지, 새우튀김도 맛있고 생선찜도 맛있더라, 삼겹살
> 소금구이가 최고지, 봄나물은 살짝 데쳐야지 삶으면 안 돼, 제사에 올릴 생선은
> 양념을 하거나 간을 하지 않고 쪄요, 정월 대보름에는 부럼으로 콩이나 땅콩을
> 볶아 먹는다, 밤이 되면 군밤이나 군고구마가 먹고 싶다, 외국인들은 청국장
> 끓이는 냄새를 엄청 싫어해 등

한국의 음식 문화가 발달되었음은 발효, 가열, 건조 등의 조리 방법이 발달되어 있음에서도 알 수 있지만 맛에 관한 어휘가 발달되었음에서도 알 수 있다. 맛을 표현한 형용사에는 기본적 미각을 표현하는 '달다', '쓰다', '시다', '짜다' 외에 '맵다', '떫다', '아리다' 등이 있는가 하면[13] 기본적 미각을 표현하는 말도 정도에 따라 다르다. '달다'라는 말도 '닮'의 정도 심하면 '다디달다'고 하고 감칠맛이 나게 달면 '달콤하다'고 하며 달콤함이 느껴지는 정도이면 '달짝지근하다/달착지근하다'라고 한다. '쓰다'는 말도 매우 쓰면 '쓰디쓰다'고 하고 조금 쓰면 '씁쓸하다'고 하며 조금 씁쓸하면 '씁쓰래하다/씁쓰름하다'고 한다. 부사 수식 없이 맛의 정도를 표현하는 말이 있다는 것은 그만큼 미각 표현이 발달되어 있음을 뜻하고 이와 관련된 음식 조리도 발달되어 있음을 가리킨다고 할 수 있다.

한국인에게 음식의 맛은 대개 국의 맛이나 반찬의 맛이다. 그래서 국이나 반찬을 요리할 때는 적절한 맛이 나게 해야 하는데 맛을 내기 위해 하는 일

---

[13] 한국인은 맛을 표현하는 형용사로 '시원하다'라는 말도 많이 쓴다. '시원하다'라는
말은 대기의 온도가 상쾌하게 서늘함을 표현하는 말로도 쓰이지만 음식의 맛이 차고
산뜻하거나, 뜨거우면서 속이 후련하게 느껴지는 것을 표현하는 말로도 쓰인다.

가운데 중요한 것이 간을 맞추는 것이다. '간'이 음식물에 짠맛이 나게 하는 소금, 간장, 된장을 가리키는 말임을 고려하면 간을 맞추어 음식에 맛이 나게 한다는 것은 음식의 맛이 적절한 염도에 의해 결정되는 것임을 가리킴과 아울러 염도가 음식 맛의 기준이 되는 것임을 가리킨다. 아래 표현은 맛과 관련해 자주 사용하는 말들이다.

수박이 참 달다, 씀바귀나물은 쓴맛으로 먹는 거야, 고추나 겨자는 매워서 못 먹겠어, 묵은지에서 시큼한 냄새가 풍겼다, 한국 음식은 김치도 짜고 된장찌개도 짜서 못 먹겠어, 간을 잘 맞추어야 맛이 있어, 간이 됐는지 먹어 봐라 등

1.3. 계절로 본 음식

한국은 4계절이 뚜렷하다. 계절에 따라 날씨도 다르다. 비는 주로 여름에 많이 온다. 소나기나 장마도 여름에 날씨의 현상이다. 농경 사회였던 지난날에는 비가 내리면 댐이나 보를 만들어 빗물을 저장해 두었다가 농사에 활용하였다. 눈은 겨울에 내리는데 눈이 많이 내리는 겨울은 농한기이다. 농한기인 겨울에 눈이 오면 집 안에서 베를 짜거나 가마니를 짜며 다음 해 농사를 지을 준비를 하였다. 비닐하우스에서 계절과 무관하게 농사를 짓는 오늘날과는 달랐다.

계절의 변화는 자연 현상에만 차이가 있는 것이 아니라 음식에도 차이가 있다. 봄에는 새싹이 돋는 계절이라 냉이, 달래 등을 포함한 봄나물(취나물, 참나물 등) 반찬을 많이 먹는다. 여름에는 감자나 옥수수 등 여름 야채를 즐겨 먹고 더위로 손상된 체력을 보강하기 위해 삼계탕이나 보신탕을 먹기도 한

다. 가을은 대부분 농산물을 거두는 추수 계절이어서 먹거리가 풍부하다. 햇곡식으로 여러 가지 떡을 해 먹기도 한다. 가을이 가고 겨울이 오면 시래기를 포함한 건조 식재를 활용해 음식을 만들기도 하고 젓갈류나 장류의 발효 음식을 재료로 활용해 음식을 만들기도 한다. 대표적인 겨울 발효 음식(반찬)은 김치이다.

　오늘날의 한국 음식은 계절과 관계가 적다. 비닐하우스를 이용한 온상 재배로 겨울에도 각종 농산물이 생산되고 저장 기술이 발달되어 계절과 무관하게 음식을 먹을 수 있게 되었다. 이뿐만 아니라 외국에서 식재료가 수입되어 계절 음식이 따로 없을 만큼 식생활이 많이 변했다. 아래 표현은 이와 관련된 생활 문화를 보여 준다.

　　봄이 되면 농촌 아이들은 냉이 캐고 달래 캐러 다녔다, 여름이 되면 더위를 이길 체력을 길러야 한다면서 삼계탕이나 보신탕을 먹기도 했다, 봄에는 도다리가 최고고 가을에는 전어가 최고라고 하지, 보리 필 무렵에 섬진강 하구에 가면 재첩을 먹을 수 있어, 추어탕은 가을이 돼야 제맛이 난다, 겨울 반찬은 김치 하나면 돼, 우리는 12월이 돼야 김장을 담근다, 요즘 비닐하우스 재배로 겨울에도 딸기나 수박을 먹어 등

1.4. 식사 관련 기구로 본 음식

　한국인이 음식을 조리할 때 사용하는 기구나 음식을 담는 식기도 다양하지만 음식을 먹을 때 사용하는 식사 기구도 특이하다.

1.4.1. 식사 기구(器具)

한국의 식생활 문화를 대표하는 것 가운데 하나는 식사 기구로 수저(숟가락과 젓가락)를 사용하는 것이다. 그래서 수저를 사용하는 한국의 식생활 문화를 '수저 문화'라고 한다.

음식을 먹을 때 사용하는 수저(숟가락과 젓가락)는 만드는 재료도 청동, 놋쇠, 백동, 철, 은 등으로[14] 매우 다양하다. 서양 사람들이 칼이나 포크를 사용하는 것과 다르다. 한국인은 숟가락을 주로 밥과 국을 먹을 때 사용하고 젓가락은 주로 반찬을 먹을 때 사용한다.[15] 젓가락을 사용하는 나라는 중국이나 일본도 있다. 그러나 한국인의 젓가락은 숟가락과 같이 주로 금속류로 만든다는 점에서 차이가 있다.

1.4.2. 조리 기구

한국인이 전통적으로 사용해 온 조리 기구는 매우 다양하다. 이는 곧 음식 재료나 음식에 따라 각기 다른 기구를 사용했음을 가리킨다.

음식을 만드는 기본 기구에는 솥, 냄비, 석쇠, 팬 등이 있다. 솥은 주로 밥을 짓는 데 사용하는 기구인데 냄비가 나오기 전에는 국도 솥을 이용해 끓였다. 솥은 주로 무쇠로 만들었는데 무게를 줄이기 위해 양은이나 알루미

---

14 일회용으로 젓가락을 나무로 만들어 사용하기도 하나 일반 가정에서는 나무 젓가락을 사용하지 않는다.

15 한국 의사들이 수술 기술이 뛰어난 것이나 국제 기능 올림픽 대회에서 우수한 성적을 내는 것도 수저 문화 특히, 젓가락 문화를 겪으면서 익힌 손놀림 재주가 뛰어나기 때문이라고도 한다.

늄으로 만들기도 한다. 작은 솥은 (곱)돌이나 오지(도기)로 만들기도 한다. 솥은 크기에 따라 가마솥과 노구솥으로 구분하기도 한다. 현대에 들어서는 과학 기술의 발달로 전기밥솥이 개발되었다. 냄비는 국을 끓이는 데 사용하는 기구이다. 냄비도 양은, 알루미늄, 스테인레스 등으로 만들었으나 근간에는 과학 기술의 발달로 유리, 세라믹 등 첨단 무기 재료로 만든다. 석쇠는 직접 가열해 구이를 요리할 때 사용하는 기구이고 팬은 전을 부치거나 간접으로 가열해 구이를 요리할 때 사용하는 기구이다.

아래 예문은 음식 조리 기구와 관련해 일상생활에서 자주 사용했던 말들이다.

> 식구가 많으면 가마솥에 밥을 하지만 식구가 적으면 자그마한 노구솥에 밥을 해, 소고기는 팬에 구운 것보다 석쇠구이가 맛이 좋아, 양은이 생산되면서 가정에서는 놋그릇 대신 양은그릇을 사용하고 냄비도 빨리 끓일 수 있는 양은냄비를 많이 사용했어. 양은은 깨지지도 않고 녹이 잘 슬지 않으며 열전도도 빠르기 때문이지, 요즘은 전기밥솥이 더 잘 개발돼서 밥하기가 매우 편리해 등

1.4.3. 식기

음식을 담는 식기는 밥그릇, 국그릇, 반찬 그릇으로 구분된다. 이들은 각기 만드는 재료에 따라 흙을 구워 만든 질그릇(토기류)에서 주석을 이용한 놋그릇으로 개량되고 다시 알루미늄이나 철(스테인레스)을 재료로 만든 그릇으로 발전하였다. 현대에 들어와서는 과학의 발달과 더불어 유기·무기 재료를 이용한 다양한 신소재 그릇이 사용되고 있다.

그릇의 명칭은 용도에 따라 다양하게 구별된다. 밥그릇이나 국그릇은 재료에 따라 백토나 석영 등으로 만든 사발(沙鉢), 놋쇠로 만든 주발(周鉢)이 있고, 반찬 그릇은 크기나 담을 반찬에 따라 대접, 접시, 종지 등이 있다. 아래 예들은 음식과 관련된 기구에 관한 표현들이다.

세 돌도 안된 아이가 젓가락질을 잘도 하네, 가마솥 누룽지라야 구수한 맛이 나지, 알루미늄 냄비라서 국이 빨리 끓는다, 냉면집에 갔더니 놋쇠 주발에 냉면을 담아 주더라, 대접에 수제비를 가득 담아 놓고 여러 사람이 함께 먹더라, 상(床)에 간장 종지가 안 보이네, 중국 관광객은 한국 전기밥솥을 제일 많이 사 간대 등

1.4.4. 상(床)과 식탁

한국 식생활 문화와 관련된 도구에는 음식을 차리는 상이 따로 있다. 상은 한두 사람의 음식을 차리는 작은상[小盤]16과 식구 모두의 음식을 차리는 큰상[大盤]이 있다. 상의 모양은 둥글거나 네모(주로 직사각형) 모양이다. 그리고 많은 음식을 올릴 수 있는 직사각형의 큰 상을 교자상(交子床)이라고 한다.

상은 재료에 따라 은행나무로 만든 '행자반(杏子盤)', 느티나무로 만든 '괴목반(槐木盤)' 등이 있고, 조선 시대는 소반을 만든 산지에 따라 경상도는 통영에서 만든 것을 '통영반', 전라도는 나주에서 만든 것을 '나주반', 충청도는 충주에서 만든 것을 '충주반', 황해도는 해주에서 만든 것을 '해주반', 평안도는 안주에서 만든 것이면 '안주반'이 유명했다고 한다.17

---

16 한 사람의 음식을 차린 상(소반)을 독상(獨床)이라 하고, 두 사람의 음식을 차려 두 사람이 마주 앉아 먹게 차린 상을 겸상(兼床)이라 한다. 한 가정의 제일 웃어른인 할아버지나 귀한 손님에게는 독상을 차렸다.

일상 음식을 먹을 때 음식을 차려 놓는 상은 상다리가 짧아 방바닥에 앉아 먹는 좌식상(坐式床)이다. 오늘날에는 상이 상다리가 긴 식탁으로 바뀌면서 의자에 앉아 먹는 반입식상(半立式床)으로 바뀌었다. 도시 사람들은 대부분 이러한 식탁을 사용하고 있지만 시골에서는 아직도 방바닥에 앉아 먹는 좌식상을 사용하기도 한다. 아래 예문은 상과 식탁에 관한 일상 표현이다.

그 집은 부부가 겸상을 차려 먹더라, 옻칠을 한 상(床)이 가장 흔했다, 젊은 시절에는 두레상이라 하여 둥근 상에 식구들이 모두 둘러 앉아 밥을 먹었어, 식탁이 없을 때는 여자들이 상을 차리는 일도 쉽지 않았어 등

1.4.5. 기타

이 밖에 음식과 관련된 기구로 음식 재료를 보관하는 독이 있고 농산물을 식재로 만드는 방아나 맷돌, 절구가 있었다. 방아는 어떻게 작동시키느냐에 따라 디딜방아, 연자방아, 물레방아로 구분된다. 디딜방아는 사람의 힘으로, 연자방아는 동물의 힘으로, 물레방아는 물의 힘으로 움직이므로 방앗간의 구조도 다르다. 지난날 물레방아는 우리 삶에서 매우 의미 있는 생활 문화가 형성되던 곳이어서 물레방아를 중심으로 한 문학이나 노래가 만들어지기도 하였다.[18] 오늘날은 지난날 방앗간에서 하던 일이 분화되어 곡식을 빻거나 찧는 곳은 정미소라 하고 곡식을 찧거나 빻아 식품(떡, 참기름 등)을 만드는 곳을 방앗간이라 한다.

---

17 이 밖에도 상의 종류는 모양이나 칠 등에 따라 분류되기도 한다.
18 물레방아를 소재로 한 소설이나 가요가 많다.

1960년대에도 가정에서 볶은 깨를 직접 절구에 빻아 깨소금을 만들어 먹기도
하고 맷돌에 불린 콩을 갈아 두부를 만들어 먹었어, 1960년대만 해도 디딜방아
가 흔했어, 요새는 떡 방앗간에서 고추도 빻는다 등

1.5. 일상 용도에 따른 식품 단위

한국어는 의존 명사로 실현되는 단위 명사가 발달되어 있다. 특히 기초 생
활인 의식주 생활과 관련해 단위 명사가 매우 발달되어 있는데, 그 가운데
식생활의 식품(재료)과 관련된 단위 명사도 발달되어 있다. 한국어에서는 식
품(재료)의 종류에 따라 단위 명사가 다를 뿐만 아니라 단위 명사가 가리키는
수도 다르다. 〈표 4〉는 한국인이 일상 사용하는 식품의 단위 명사와 수이다.

〈표 4〉 식품의 단위 명사

식품	단위 명사	수	식품	단위 명사	수
굴비	갓	10(마리)	고사리, 시래기	두름	10(모숨)
생선	손	2(마리)	과일	접	100
작은 생선	뭇	10(마리)	무, 배추, 마늘		
굴비, 자반	오가재비	5(마리)	오이, 가지	거리	50(개)
미역	뭇	10(장)	달걀	꾸러미	10(개)
	단	20(올)		판	30(개)
김	톳	100(장)	마른 오징어	축	20(마리)
북어	쾌	20(마리)	북어, 명태	짝	600(마리)
탕약	제	20(첩)			

〈표 4〉의 단위 명사가 가리키는 식품의 수는 용도와 관련되어 있다. 식품에 따른 단위 명사가 가리키는 수의 기준인 용도는 다음과 같다.

첫째, 지난날에는 오늘날처럼 장기간 보관할 수 있는 냉장고가 없었다. 그래서 한 가정에서 두고 먹기에 적절한 양을 기준으로 단위 명사를 만들어 사용했다. (큰)생선(고등어, 조기 등)은 2마리를 한 '손', 작은 생선은 10마리를 한 '뭇', 마른 고기인 북어는 20마리를 한 '쾌', 마른 오징어는 20마리를 한 '축', 반 건조시킨 굴비는 10마리를 한 '갓', 김은 100장을 한 '톳'이라 했는데 이들 단위 명사의 수는 식품이 상하기 전에 한 가정에서 두고 먹기에 적절한 식품의 양이다. 즉, 큰 생선인 고등어나 조기는 한 손(2마리)이면 한 가정에 두고 먹기에 적절한 양이고 작은 생선은 한 뭇(10마리)이면 한 가정에서 두고 먹기에 적절한 양이기 때문에 단위 명사가 가리키는 수를 달리해 정한 것이다.

채소나 과일도 마찬가지이다. 고사리나 시래기는 10모숨(한 줌 안에 들어올 만한 분량)을 한 '두름'이라 하고 과일이나 채소(배추, 무, 마늘)는 100개(100포기, 100톨)를 한 '접'이라 하는데 이도 각기 한 가정에 두고 먹기에 적절한 양을 고려해 단위 명사가 가리키는 수를 정한 것이라 할 수 있다. 달걀 10개를 한 '꾸러미'라 하고 30개를 한 '판'이라고 하는 것도 같은 이치로 만든 말이라 할 수 있다. 달걀을 가리키는 단위 명사가 둘인 것은 오늘날은 지난날보다 달걀 소비가 늘어나 30개를 가리키는 단위 명사인 '판'이 생겼기 때문이다.

둘째, 큰일(잔치)에 필요한 식품의 양을 기준으로 단위 명사를 만들어 사용했다. 오이나 가지는 50개를 한 '거리'라 하였는데[19], 이는 큰 잔치가 있을 때[20] 많은

---

[19] '짝'이라는 단위 명사는 소나 돼지 따위의 한쪽 갈비(여러 대)를 묶어 세는 단위로 쓰이는데 이 경우는 '짝'이 규모가 큰 매매 단위를 가리키는 말로 쓰인 것이라 할 수 있다.

양(50개 정도)의 오이나 가지를 가리키는 단위 명사가 필요했기 때문일 것이다.

셋째, 생산자의 생산 규모를 드러내기 위해 단위 명사를 만들어 사용했다. 대표적인 단위 명사가 '짝'이다. '짝'이라는 단위 명사는 북어나 명태 600마리를 묶어 가리키는 단위 명사인데 이 말은 북어나 명태를 생산하는 사람들이 자신들의 생산 규모를 말할 때 사용한다.

식품의 단위 명사가 가리키는 수의 기준인 용도가 위와 같다는 것은 식품 거래나 생산에 쓰이는 식품의 단위 명사가 소비자의 일상 용도나 생산자의 용도에 맞추어 만들어졌음을 가리키고 한국의 식품 문화가 일상 용도에 따라 식품을 구별해 왔음을 가리킨다. 아래 예는 일상생활에서 식품의 양을 단위 명사로 표현한 것이다.

환갑잔치 치르고 나서 남으면 국도 끓여 먹고 술안주로도 쓸 거라고 북어를 한 짝이나 샀단다, 우리는 식구가 많아 고등어 두 손은 돼야 한 끼 먹을 수 있어, 김장 하려고 배추 한 접을 샀어, 작년에는 명태 10짝을 사서 황태를 만들었어, 시집에 가서 무청 시래기를 한 두름 얻어 왔어 등

1.6. 식사 예절

한국의 식사 예절에는 어른 중심 문화가 반영되어 있다. 한국의 가정에서는 별다른 어려움이 없으면 가정의 가장이 귀가한 후에 가족이 함께 식사를

---

20 오이나 가지를 50개를 한 '거리'라 하는 것은 잔치 때 필요한 양을 고려해 수를 정한 것이 아니고 오이지와 같은 특정 음식을 만드는 데 필요한 식품의 양을 고려해 수를 정했을 수도 있다. 어떤 경우이든 50개를 '거리'라고 하는 것은 일상 용도를 고려한 것이라 할 수 있다.

한다. 특별한 일 없이 가장이 귀가하지 않았을 경우 가장이 귀가할 때까지 기다리는 것이 한국 가정의 식사 예절이다.

상에 음식을 차릴 때에도 어른이 사용할 수저나 어른이 먹을 음식부터 차린다. 가족이 함께 식사할 때에도 윗사람이 자리를 잡고 앉아 먼저 수저를 든 후에 아랫사람이 수저를 들고 식사를 한다. 맛있는 좋은 음식도 어른의 상에 먼저 올린다. 이는 모두 한국 식사 문화가 어른 중심 문화임을 가리킨다. 아랫사람은 식사를 마쳐도 자리에서 먼저 일어나지 않는다. 아랫사람은 어른이 식사를 마친 뒤에 자리에서 일어난다. 어른이 식사하는 중에 먼저 식사를 끝내고 일어서는 것은 예의가 아니다. 이도 한국의 식사 예절에 어른 중심 문화가 반영되어 있음을 가리킨다. 그런데 오늘날은 이러한 예절 문화가 제대로 이행되지 않는다.

한국인은 가족이 함께 식사를 하지만 식사할 때 대화를 많이 하지 않는다. 식사 시간에는 아랫사람은 조용히 밥을 먹고 윗사람이 아랫사람에게 필요한 말을 한다. 윗사람이 하는 말은 대개 아랫사람에게 교육이 되는 훈화(訓話)이다. 아랫사람은 식사하면서 조용히 하는 것이나 아랫사람이 식사를 먼저 끝내고 윗사람보다 먼저 일어나지 않는 것도 윗사람이 아랫사람에게 할 얘기가 있을 수도 있기 때문이다. 식사할 때 윗사람이 아랫사람에게 하는 이러한 말 교육을 밥상머리 교육이라 한다. 식사를 하면서 예절에 관한 교육도 이루어지나 지나친 훈계로 식사하는 사람이 불편하게 해서는 안 된다. "밥 먹을 때는 개도 안 건드린다."라는 말이 생긴 것도 이러한 식사 예절과 관련되어 있다. 그런데 이 또한 오늘날 제대로 이행되지 않는다. 아래 예문은 식사 예절과 관련된 일상 표현이다.

아버지가 오셔야 상을 차리지, 할아버지 상 먼저 차려 드렸니?, 조용히 밥이나 먹어라, 먹다 말고 왔다 갔다 하는 게 아니야 등

1.7. 식생활의 변화

음식은 인간의 기초 생활에 가장 필수적인 것이다. 따라서 공업화되기 이전의 주요 산업은 음식 재료를 생산하는 농업이다. 우리도 산업화되기까지는 음식을 생산하는 농업이 주요 산업이었다. 그런데 농업도 기계화되면서 농사와 관련해 많은 변화가 있었다. 지난날 농가에서 농사를 짓기 위해서는 소가 필수적인 것이었다. 논밭을 갈거나 곡식을 운반하기 위해서는 소의 힘을 빌리지 않을 수 없었다. 그러나 산업의 발달과 더불어 농업도 발달하면서 경운기나 탈곡기뿐만 아니라 트렉터를 이용해 농사를 짓기에 이르렀다.

농업의 기계화와 더불어 사회 구조도 바뀌었다. 사회 구조 변화는 여성의 역할에 변화가 일어나게 하였고 그 결과 식생활 문화도 변하게 되었다. 지난날에는 성인이 된 여성(가정 주부)이 웬만한 음식을 가정에서 직접 조리하였으나 지금은 직장생활을 하는 여성이 많아지면서 조리된 음식 재료를 사서 간편하게 요리하거나 완성된 식품을 사서 먹는다. 이러한 사회 변화에 맞춰 도시에는 외식(外食)을 할 수 있는 다양한 식당이나 음식 재료를 파는 매점이 늘어났고 음식 재료(주식이나 특식, 부식의 재료)를 상품화하는 산업도 상당히 발달되어 있다.

식품 산업이 발전하면서 식품이 계절과 관계없이 생산되기도 하지만 식생활이 서구화되기도 하였다. 젊은 세대에서는 식단이 밥이나 국 대신에 인스턴트 음식이나 빵·면류로 대체되기도 했다. 그런가 하면 소득이 높아지

면서 음식을 배고픔을 해결해 주는, 삶(생사)에 기본적인 것으로 보기보다는 건강과 직결되는 것으로 본다. 현대인들이 채식을 중시하며 웰빙 음식을 찾는 것은 이를 말해 준다.

옛날 서민들이 먹던 음식이 섬유질이 많아 웰빙 음식으로 좋아, 인스턴트 음식이 건강을 해친다, 마트에 가면 해물탕이나 삼계탕도 끓이기만 하면 먹을 수 있게 만들어서 판다, 직장생활 하느라 바빠서 늘 외식을 하게 돼, 아침은 빵한 조각으로 때운다 등

2. 의생활 문화

한국의 전통 의복은 한복이다. 그러나 오늘날 일생생활에서 한복을 입는 사람은 매우 드물다. 명절과 같은 특별한 날에나 한복을 입는다. 소수의 사람들이 한복을 입기도 하나 이들이 입는 한복은 전통 한복이 아니라 생활하기 편하게 만든 개량 한복이다. 오늘날 한국인의 의복은 서구의 의복인 양복이다. 옷을 가리키는 말도 서구에서 들어온 의복 가운데 남자들이 입는 정장은 양복이라 하고 여자들이 입는 정장은 양장(洋裝)이라고 한다. 여자의 옷은 장식이 따라붙기 때문에 양장이라 불렀다. 그러나 한국의 의생활 문화의 특성을 이해하려면 먼저 1960년대까지 한국인의 의복이었던 한복에 대해 알아둘 필요가 있다.

한복이라고 하면 먼저 기본 의복인 바지와 저고리를 떠올린다. 그러나 한복에는 기본 의복인 바지와 저고리뿐만 아니라 이와 함께 갖추어야 하는 부수 의복(갓, 버선 등)도 있다. 아래에서 이들에 대해 먼저 알아보고 이어서 이

들에 덧붙는 장식품에 알아보기로 한다.

2.1. 한복의 종류와 재료

한복 정장(正裝)은 남녀에 따라 다르다. 남자의 정장 한복은 저고리, 바지, 조끼, 마고자, 두루마기, 버선, 갓으로 구성되고, 여자의 정장 한복은 저고리, 치마, 조끼, 마고자, 두루마기, 버선으로 구성된다. 전통 한복인 두루마기나 저고리에는 고름과 동정이 달린다.[21] 그리고 바지를 입을 때는 대님으로 바지를 발목에 묶어 입는다. 남자의 정장에서 제일 중시되는 것은 옷과 갓이다. 그래서 남자가 정장을 하는 것을 '의관(衣冠)을 정제한다'라고 한다.

한복을 입고 남의 집이나 공적 자리에 갈 때는 정장을 갖추는 것(두루마기나 갓을 벗지 않는 것)이 예의(禮義)이다. 오늘날 명절 때 방송을 보면 바지와 저고리만 입고 출연하는 사람들이 많으나 이는 전통 한복 예절에 어긋나는 것이다. 한복 정장은 양반가에서 주로 입는 옷인데 양반들이 정장을 입을 때 여러 가지를 갖추어 입는 것은 신분 문화를 반영한 것이기도 하고 격식을 중시하는 유교 문화가 반영된 것이기도 하다.

한복은 용도에 따라 평상시에 입는 평상복, 의례 때 입는 예복 등이 있는데 이들 한복 간에는 재료에 차이가 있다. 지체에 따라 달랐으나 평상복은 면직류, 저마직류(苧麻織類, 모시), 견직류, 모직류 등을 썼다. 여름에 여자들은 평상복으로 치마와 홑적삼을 입었다. 예복은 주로 관례나 혼례 때에 입었는데

---

21 전통 한복과 개량 한복의 큰 차이는 고름과 동정 유무(有無)이다. 오늘날 평상복으로
   입는 개량 한복은 고름과 동정이 없다. 고름 대신 단추나 버튼을 단다.

주로 사(紗)·나(羅)·능(綾)·단(緞) 등의 비단류를 사용하였다.[22] 어린이는 명절 때나 돌이나 생일 등의 의례가 있을 때에 색동옷을 예복으로 입었다. 그리고 상례나 제례 때 입는 옷은 마직류(삼베)와 면직류(광목·옥양목)를 사용하였다.

한복은 계절에 따라서도 차이가 있다. 한국은 4철(4계절) 구분이 비교적 뚜렷한 나라이다. 특히, 여름과 겨울 간에는 날씨 차이가 아주 심하다. 여름은 태평양으로부터 고온다습한 동남풍이 오는 매우 무더운 계절이고 겨울은 시베리아로부터 북서풍이 오는 추운 계절이어서 여름에 입는 한복과 겨울에 입는 한복은 차이가 있다. 여름에는 주로 삼베나 모시로 만든 홑옷(바지와 저고리)을 입었다.[23] 반면, 겨울에는 재력이나 신분에 따라 차이가 있지만 대개 무명이나 비단으로 만든 겹옷(솜을 넣은 무명옷, 누비옷, 비단옷[24] 등)을 만들어 입었다. 삼베나 모시는 안으로 바람이 잘 들어 시원하게 해 주고 무명이나 비단은 바람을 막아 따뜻하게 해 주기 때문이다.

한복은 여성들의 삶과 깊이 관련되어 있다. 한복을 주로 입던 지난날에는 한복 재료를 생산하는 과정과 한복을 손질하는 과정[25]이 여성들의 삶에 많은 고충을 안겼다. 지난날에는 한복을 자급자족하는 방식으로 마련하다 보니 한복을 마련하는 과정에 어려움이 많았을 뿐만 아니라 한복을 손질하는

---

22 예복을 입을 때 장옷을 입기도 하였다. 장옷은 예전에 여자들이 나들이할 때에 얼굴을 가리느라고 머리에서부터 길게 내려 쓰던 옷인데 일부 지방에서는 장옷을 새색시의 결혼식 예복으로 이용하기도 하였다.
23 여름에 잠을 잘 때는 시원한 느낌을 갖게 해 주는 죽부인을 만들어 안고 자기도 했다.
24 겹으로 된 비단옷을 양단옷이라 하기도 한다.
25 의복을 자급자족해 마련하던 시절에는 옷감을 마련하는 과정에서 노동요인 '베틀노래'도 불렸다. 베틀노래는 부녀자들이 길쌈(주로 가정에서 베·모시·명주·무명의 직물을 짜는 모든 과정)을 하면서 시집살이를 중심으로 한 자신의 삶을 노래한 것이다. 길쌈은 광복 이후(1960년대)까지 이어져 왔다.

일도 쉽지 않았다. 옷을 입을 수 있도록 다듬잇돌에 두들겨 다듬질을 하고 입에 물을 머금었다가 뿜으면서 인두나 다리미로 다시 가지런히 다려야 했다. 세탁기로 빨아 전기로 다림질하는 오늘날에 비하면 어려움이 많았다. 의복 마련 과정을 둘러싼 의복 문화로 볼 때 지난 시절의 한국 여성이 얼마나 어려운 삶을 겪어 왔는지 알 수 있다.

한복을 입을 때는 옷뿐만 아니라 갓과 신도 갖추어 입었다. 양반 가문의 성인 남자들은 정장을 할 때 반드시 '갓'을 갖추어 한복을 입었다. 정장을 갖출 때의 갓은 망건을 두른 후에 쓴다. 반면에 여자들은 결혼을 하면 머리를 올리고, 올린 머리를 고정하기 위해 머리를 땋아서 비녀를 꽂았다. 비녀는 신분에 따라 재료와 모양이 달랐다. 상류층에서는 금, 은, 진주, 비취, 산호 등으로 만들어 사용했고, 서민들은 나무, 뿔, 뼈, 놋쇠 등으로 만들어 사용했다. 여자들은 남자와 달리 관 대신 족두리를 썼다. 족두리는 혼례 때 예복(혼례복)을 입은 여자들이 머리 위에 얹는 꾸미개이다. 오늘날에는 혼례를 마친 후에 시부모에게 폐백을 드릴 때 신부가 족두리를 쓰기도 한다.

신은 고무신이나 운동화, 구두가 나오기 전에는 짚이나 '삼[大麻]/노끈'을 이용해 짚신이나 미투리를 만들어 신었고, 비 오는 날에는 나막신을 신기도 했다. 그러나 20세기에 들어 신은 고무신, 운동화, 구두로 대체되었다. 아래 예는 한복과 관련된 표현들이다.

> 옷이 날개라더니 비단옷을 입으니 양반집 자제 같구나, 검정 치마에 흰 저고리, 두루마기도 안 입고 외출하다니?, 저고리 고름도 맬 줄 모른다, 저고리 동정을 새로 달아라, 비단옷 입고 밤길 가기, 방에 들자마자 갓을 벗었다, 시어른이 어디를 가시려는지 의관을 준비하라고 하시더라, 요즘은 한복 입고 구두를 신기도 해 등

2.2. 한복의 장식

한복의 장식은 여성의 정장 차림에 따른다. 여성 정장에 따르는 주 장식품은 댕기와 노리개, 비녀와 은장도이다. 장식을 한 한복 정장은 주로 양반집 여자들이 입는데 장식품의 재료 여하에 따라 신분 여하가 드러나기도 했다. 이 점에서 한복 문화에도 신분 문화가 반영되어 있다고 할 수 있다.

2.2.1. 댕기와 노리개

댕기는 주로 혼인을 하지 않은 여자들이 땋은 머리의 끝에 다는 장식용 천이고 노리개는 여성 한복의 저고리 고름이나 치마의 허리 부분에 차는 장신구이다. 노리개에는 패물이나 주머니를 다는데 패물은 주로 금, 은, 옥, 비취, 산호, 진주 등에 문양(文樣)을 새겨 만든다.

2.2.2. 비녀와 은장도

여자가 결혼을 하면 비녀를 꽂는다. 비녀를 꽂으려면 뒷머리(카락)를 올려야 한다. 그래서 여자가 시집가는 것을 '머리 올린다'고 한다.

결혼한 여자는 비녀를 꽂을 뿐만 아니라 장도(粧刀)를 지니고 있다. 비녀는 결혼한 여자들이 올린 머리를 고정하는 도구이고, 장도도 결혼한 여자들이 노리개에 달린 주머니 속에 넣거나 저고리 고름에 차고 여러 용도[26]로 사용

---

26 은장도는 주로 장식용이나 호신용(護身用)으로 쓰였다. '은(銀)'이 귀금속이기 때문에 장식용이었고, '칼[刀]'이 위협으로부터 자신을 보호하는 역할을 하므로 호신용이었다.

하는 도구이다. 장도는 주로 은으로 만들기 때문에 은장도라 한다. 이들은 원래 장식용은 아니나 다양한 재료로 모양을 내 장식 기능으로 쓰이기도 했다. 아래 예문은 옷의 장식품과 관련된 표현이다.

대감댁 마님은 긴 옥비녀를 꽂았어, 젊은 과부는 낯선 사내가 겁탈하려 하자
은장도를 제 가슴에 대며 반항하였다, 단옷날이면 처녀들이 길게 땋은 머리에
단 댕기를 날리며 그네를 탄다 등

2.3. 한복의 문화적 특성

한국 전통 의복인 한복에도 한국인이 누리는 문화가 반영되어 있다.

첫째, 전통 의복 문화에는 신분 문화가 반영되어 있다. 한복은 사람의 신분에 따라 다르다. 한복의 재료가 무엇인가에 따라 사람의 신분이 드러난다. 남성의 갓은 신분이나 관직에 따라 재료가 달랐다. 여성들의 장신구(裝身具)도 마찬가지이다. 신분에 따라 장신구의 재료가 다르다.

둘째, 남녀를 구별하는 문화와 남성 중심 문화가 반영되어 있다. 남자는 갓을 쓰고 여자는 비녀를 꽂는다. 그리고 남자는 바지를 입고 여자는 치마를 입는다. 정장을 차려 입는 것을 의관을 정제한다고 하는 것이나 성인이 되어 갓을 쓰거나 비녀를 꽂는 예를 관례(冠禮)라고 하는 것도 갓을 쓰는 남자를 중심으로 말을 만든 것이다.

셋째, 한복의 정장 차림에는 형식을 중시하는 유교 문화가 반영되어 있다. 한복의 정장 차림에 갖추어 입어야 할 옷가지가 많은 것은 그만큼 형식을 통해 격을 높이고자 하는 사상이 반영되어 있다고 할 수 있다. 옷의 차림

새를 중시하는 것도 형식을 중시하는 문화가 반영된 것이다. '의관정제(衣冠整齊)'라는 말도 정장의 형식을 갖추는 것이 소중함을 반영한 말이다.

넷째, 한복의 예복인 관례복과 혼례복에는 성인됨을 중시하는 문화가 담겨 있다. 관례나 혼례 때에 임금이나 높은 벼슬아치의 옷과 같이 사모관대(紗帽冠帶)를 한 관복을 입는다는 것은 성인됨에 그만큼 무게를 둠을 뜻한다. 즉, 관례나 혼례를 치른 후 성인이 되면 어른다운 삶을 살아야 하는 짐을 지게 됨을 암시하고자 한 것이라 할 수 있다.

오늘날 한국인의 일상 의복은 한복이 아니다. 소수의 사람들이 한복을 개량한 '개량 한복'을 입기도 하지만 대부분 사람들이 입는 정장과 평상복은 서구화되었다. 전통 한복은 민속촌에 가야 볼 수 있을 정도로 의복 문화가 변했다. 아래 예는 의생활과 관련된 표현들이다.

> 개량 한복은 평상복인데 남녀에 따라 모양이 달라, 개량 한복을 입는 사람들이 늘어나서 개량 한복 쇼핑몰도 생겼어, 옛날에는 장가갈 때 사모관대를 한 관복을 입었대, 여자 관례는 계례라고 하는데 계례는 비녀를 꽂는 의례라는 말이야, 바깥어른이 의관을 정제하고 시내 나가셨어, 손님으로 가면 정장을 하고 가야 해, 어머니 결혼사진을 보니 결혼식 때 족두리를 쓰셨어 등

2.4. 현대 한국인의 의생활

앞에서 언급한 바와 같이 현대 사회에서 한국인이 입는 옷은 한복이 아니라 양복이다. 양복이 한복에 비해 활동하기 좋기 때문이다.

양복이 우리나라에 들어온 것은 1880년대이다. 1895년 단발령이 내린 후

양복이 외교관의 옷으로 공인되고 1900년대 들어 양복을 입는 사람들이 조금씩 늘어나기 시작하였다. 1900년대에 처음으로 양복을 만드는 양복점이 생겼고, 1950년대에 이르면 양복의 수요가 급격히 늘어나면서 곳곳에 양복점이 생겼다. 1960년대 이후에는 양복 수요가 급격히 늘어나 농촌에서도 양복을 입는 것이 보편화되었다. 여자의 양복인 양장도 1890년대에 등장하여 일부 상류층 사람들이 입기 시작하였다.[27]

1980년대 들어 양복 문화에 변화가 있었다. 1980년대에 들어 양복점에서 맞추어 입던 양복이 대기업에서 대량으로 생산하는 기성복으로 바뀌었다. 이후 맞춤 양복점이나 양장점은 점점 사라지고[28] 대기업에서 생산한 기성품 매점이 자리를 잡게 되었다. 그래서 오늘날은 양복이나 양장은 특정 기업의 제품이 브랜드로 되어 유통되고 있다.

양복도 정장과 평상복이 있다. 남자들의 양복 정장 차림은 겉옷으로 상의와 하의를 입고 속옷으로 와이셔츠에 넥타이를 매어야 하고 조끼까지 갖추어 입는 것이다. 여성의 양장 정장은 원피스로 입는 경우와 투피스로 입는 경우가 있다. 투피스로 정장을 할 경우 하의는 주로 치마인데, 현대 사회에서는 치마 대신 바지를 입기도 한다. 양장도 정장을 할 경우 상의의 속옷으로 블라우스를 입는다.

양복이 보편화되면서 예복에도 변화가 생겼다. 예복 가운데 혼례복과 상

---

27 양복은 보통 남자의 옷을 가리키고 여자의 양복은 양장이라 한다. 여자의 양복을 양장이라 하는 것은 여자의 옷에는 장식이 따르기 때문일 것이다.
28 양장도 양복과 같이 맞춤 양장점이 점차 사라지고 대기업에서 대량으로 기성복을 생산하였다. 다만, 양장은 대기업뿐만 아니라 이름난 디자이너가 만든 제품도 많다는 점에서 양복과 차이가 있다.

례복이 먼저 변했다. 그래서 1960년대의 결혼은 한복(관례복)을 입는 구식 결혼과 양복을 입는 신식 결혼이 있었고[29] 상례도 굴건(屈巾)한 상복(喪服)을 입느냐 검은 양복에 베로 만든 건과 완장을 하느냐에 따른 구식 상례와 신식 상례가 있었다.

일상 의복으로 양복이 보편화되면서 생긴 변화는 여러 가지인데 대표적인 변화는 다음과 같다. 첫째, 양복을 입으면서 머리 모양도 바뀌었다. 단발령이 내린 이후 남자들의 머리를 깎는 이발소가 생기고 여자들의 머리를 다듬는 미장원도 생겼다. 둘째, 한복의 부수품도 서양식으로 대체되었다. 버선 대신 양말이나 스타킹을 착용하게 되었고 신발도 운동화나 구두로 바뀌었다. 셋째, 여성 의복은 양장이 일상복이 되고 한복이 예복이 되었다. 요즘도 혼례에 참여한 친척 여자(어른)들이 한복을 입는 경우가 많다.

현대 한국인의 일상 의복이 된 양복은 성장기에 따라 구분되기도 한다. 어릴 적에는 유아복이나 어린이복을 입고[30] 고등학교 과정까지 재학 시절에는 교복을 따로 입기도 했다. 그러나 지금은 재학 시절에 입던 교복도 없고[31] 남녀 구분 없이 입는 옷도 생겼다. 자유와 평등을 중시하는 사회로 변한 결과 현상들이다.

지금 한국 사회에서는 시장 개방과 더불어 국내 유명 브랜드의 의복뿐만 아니라 해외 유명 브랜드의 의복이 통제 없이 유통되고 있다. 그런데 자본주의 사회인 한국 사회에서는 이러한 의복의 선택이 개인의 경제 능력에 따라 결정되고 있다. 그러다 보니 여성들은 고가의 유명 브랜드 의복이나 유

---

29 신식 결혼에서도 폐백은 전통의 방식에 따라 한식 혼례복을 입고 치른다.
30 갓난아이 때는 배냇저고리를 입는다.
31 1983년 교복 자율화에 따른 현상이다.

명 브랜드의 구두와 핸드백으로 자신의 경제 능력을 과시하기도 해서 사회
에 불평등을 초래하는 부작용도 생기고 있다.

맞춤 양복점이 없어진 건 오래됐어, 조카 결혼식에 가야 하니 한복을 좀 챙겨
놓아라, 행사가 있어 정장을 했다, 교복이 없으니 학생인지 일반인인지 구분이
안 되네, 재래시장에서 파는 옷은 브랜드가 없는 옷이다, 여자들은 유명 브랜드
가방이 필수품이라고 생각하는 것 같아, 애들도 유명 브랜드 옷만 입으려 해 등

3. 주생활 문화

3.1. 주택의 종류와 주택 구조

한국인의 주거 공간인 '집'은 가족이 주거하는 건물[house] 즉, 주택을 뜻하
기도 하고 가족이 삶을 꾸려가는 가정[home]을 뜻하기도 한다. '집이 좋다',
'집이 예쁘다', '집이 크다' 등의 '집'은 전자의 의미로 쓰인 것이고 '우리 집
은 남자가 없다', '너희 집은 좋겠다', '집이 평안해야지', '가난한 집에서 태
어났다' 등의 '집'은 후자의 의미로 쓰인 것이다. 그런데 더 엄밀히 보면 전
자의 '집'은 다시 두 가지 뜻으로 쓰인다. 가족이 주거하는 건물인 '집'도 마
당을 포함한 대지에 있는 여러 시설을 포함해 가리키기도 하고 먹고 자는
공간으로 쓰는 건물만을 가리키기도 한다. '그 집은 마당이 좁다', '그 집에
는 헛간이 따로 없어' 등의 '집'은 전자의 의미로 쓰인 것이고, '집을 짓다',
'우리 집은 방이 두 개다', '지진으로 집 벽에 금이 갔다' 등의 '집'은 후자의
의미로 쓰인 것이다.

‘집[house]’의 한자말인 ‘주택’도 마당을 포함한 대지에 있는 여러 시설을 포함해 가리키기도 하고 먹고 자는 공간으로 쓰는 건물만을 가리키기도 한다. ‘단독 주택은 마당이 있어서 좋아’, ‘도시 주택은 옥상이 마당 역할을 한다’ 등의 ‘주택’은 전자의 의미로 쓰인 것이고, ‘창문이 많은 주택’, ‘방이 여러 개인 주택’ 등의 ‘주택’은 후자의 의미로 쓰인 것이다. 여기서는 집[house]이나 주택의 의미를 이와 같이 세분하지 않고 주거 공간이란 뜻으로 사용하기로 한다.

오늘날 한국의 집[주택]에는 한옥과 양옥이 있는데, 한국의 전통 주택은 한옥이다. 한옥에는 지붕의 재료에 따라 초가집과 기와집이 있다.

한옥은 규모에 따라 차이가 있으나 대개 안방과 사랑방, 부엌과 대청을 갖추고 있다. 부엌은 안방 옆에 두고 사랑방은 가장(家長)이 거주하는 방으로 대청(마루)을 사이에 두고 안방의 맞은편에 둔다. 살림 규모가 큰 집에서는 안채와 사랑채를 따로 짓기도 한다. 이외에 농가에서는 농기구를 보관하는 헛간과 마소를 키우는 외양간을 따로 두기도 한다. 헛간이나 외양간은 대개 사람이 거주하는 공간에서 떨어진 곳에 짓는다. 화장실도 마찬가지이다. 냄새 때문이다. 오늘날 실내에 두는 수세식 화장실 위치와 대조적이다.

한옥의 공간은 용도가 다르다. 안방은 안주인이 주로 거주하는 방으로 가정의 살림살이에 관해 얘기를 나누는 공간이고 사랑방은 바깥주인이 주로 거주하는 방으로 어른들이 세상사를 얘기하면서 담소(談笑)하며 교유(交遊)하는 공간이다. 그리고 대청은 안방과 사랑방에 거주하는 사람 간에 소통하는 개방공간으로 여름에 가족이 함께 식사를 하는 공간이고 부엌은 음식을 마련하는 공간이지만 온돌을 데우는 공간이기도 하다.

한옥의 특성은 지붕과 마루, 문에도 있다. 한옥의 지붕에는 용마루(종마루)가 있고 처마에 섬돌이 있으며 방 앞에 툇마루가 있기도 하다. 한옥의 문은 대개 장방형(직사각형)으로 조립한 문설주에 창호지를 바르고 문 안팎으로 문고리를 단다. 문고리의 주 역할은 문을 여닫는 것이지만 문을 잠그는 역할도 한다.

오늘날에는 전통 가옥인 한옥이 점차 사라져 간다. 특히 전통 가옥인 초가집은 민속촌에 가야 볼 수 있을 만큼 많이 변했다. 초가집이 빠른 속도로 없어진 것은 1970년대에 시행된 새마을 운동의 일환으로 지붕을 개량 사업을 시행한 이후이다. 특히 요즘 도시 사람들은 주로 아파트에 산다. 아파트는 주방과 거실, 방(침실), 욕실로 구성되어 있다. 아파트는 대개 방에 옷장과 침대, 거실에 소파를 둔다.

오늘날의 한국의 주택은 대부분 서구의 주택 양식으로 바뀌었다. 주택 형태에 따라 단독 주택, 아파트, 공동주택(다가구주택, 다세대주택, 연립주택)으로 구분할 수 있다. 단독 주택을 제외한 주택은 모두 마당이 없다. 집의 내부 구조도 바뀌었다. 지난날의 마루는 거실, 부엌은 주방, 헛간은 다용도실 등으로 바뀌면서 명칭과 더불어 용도도 변했다. 가장 큰 변화는 부엌과 화장실이다. 전통 가옥에서는 부엌이 식탁과 떨어져 있어 음식을 마련해 차리는 일이 번거로웠으나 지금은 주방이 식탁 가까이에 있어 음식을 마련하는 사람들에게 많은 편의를 제공하고 있다. 그리고 전통 가옥에서는 화장실은 사람이 거주하는 방에서 떨어져 있었지만 지금은 수세식 화장실로 바뀌면서 주택 안에 화장실이 있어 여러 면에서 편리해졌다. 아래 예는 주택과 관련된 일상 표현이다.

사랑방 앞 섬돌에 구두가 한 켤레 놓았다, 어머니가 화가 나셨는지 방 안에서 문고리를 걸고 문을 안 열어 주신다, 대웅전 추녀 끝에 풍경(風磬)이 달렸어, 요즘 웬만한 아파트에는 화장실이 두 개야, 낙안읍성에 갔더니 초가집이 참 정겹게 보이더라, 그 동네에 가면 아흔아홉 칸 기와집이 있어, 옛날에는 변소와 처갓집이 멀면 멀수록 좋다고 했는데 요즘은 반대인 것 같아, 연립주택은 아파트보다 불편한 점이 많아 등

3.2. 주택의 문화적 특성

한국 전통 주택인 한옥의 문화적 특성은 온돌 문화, 사랑방 문화, 개방 문화를 들 수 있다. 이들 문화는 한옥의 온돌, 사랑방, 개방 구조에서 형성된다.

3.2.1. 온돌

한국 전통 가옥에는 부엌이 있는데 부엌은 두 역할을 한다. 하나는 불을 때어 방을 따뜻하게 하는 것이고 다른 하나는 부엌에 땐 불을 이용해 음식을 만드는 것이다. 그래서 부엌에는 땔감으로 불을 때기 위한 아궁이가 있다.

한옥에서 부엌 아궁이에 땔감을 때어 나오는 불은 구들을 데워 방을 따뜻하게 하고 연기는 굴뚝으로 빠져나간다. 온돌 문화는 바로 부엌에 땐 불이 방바닥 밑의 구들을 데워 방을 따뜻하게 해 줌으로써 형성되는 문화로 온돌방 문화라고도 한다.

온돌방은 방바닥이 따뜻하기 때문에 방에 들어가면 방바닥에 앉아서 생

활한다. 온돌방은 방바닥에 앉아 얘기를 나누고 방바닥에 상을 펴고 앉아서 밥을 먹으며 침대 없이 방바닥에 누워 이불을 덮고 잔다. 그래서 온돌(방) 문화는 침대나 의자가 없이 친근감을 느끼며 얘기 나누는 좌식(坐式) 문화가 형성되게 하였다.

　온돌방은 특히 겨울 생활과 관련이 깊다. 겨울에 따뜻한 온돌방을 찾기 때문이다. 온돌(구들)은 방바닥을 데워 방을 따뜻하게 해 주기 때문에 방에 다른 온열 기구를 설치하지 않아도 되는 장점이 있다. 그렇지만 온돌(구들)로 데운 온기가 일정 시간이 지나면 식어 버리기 때문에 오래도록 방을 따뜻하게 하려면 자주(조석으로) 부엌에 땔감을 때야 하는 번거로움도 따랐다. 온돌방을 둘러싼 이러한 장점과 단점은 온돌 문화와 관련된 삶을 만들어 냈다. 온돌방에서 좌식 생활을 하는 한국인은 입식 생활을 하는 사람들과 달리 방에 들어가서 신이나 양말을 벗고 지내는데 이러한 삶의 모습은 온돌 문화가 만들어 낸 것이다. 온돌방 문화와 관련된 삶의 모습은 이외에도 여러 가지가 있다. 온돌 문화에서는 땔감을 마련하는 것도 삶에서 매우 중요한 일이다. 나무를 땔감으로 하던 시절에 남자들은 지게를 지고 산에 가 땔감을 구하면서 여러 체험을 한다. 그런가 하면 추위에 떨다가 집에 들면 온돌방에서 제일 따뜻한 아랫목을 찾고 그곳에 발을 묻고 온갖 얘기를 쏟아 내기도 한다.

　한옥의 온돌 방식은 현대 들어 다양하게 발전하였다. 부엌에서 땔감(나무나 짚)을 때던 난방(暖房) 방식이 일차로 연탄을 피우는 난방 방식으로 바뀌었고, 이어서 땔감이나 연탄으로 구들을 데우는 난방 방식이 온수 보일러를 이용한 난방 방식으로 발전하였다. 온돌 문화의 이러한 난방 방식은 온돌방에 국한되지 않았다. 온수를 통한 난방 방식은 온수 장판이나 온수 매트,[32] 심지어는 온수 침대를 개발하는 데도 활용되었다. 아래 예는 온돌 문화와 관련된 표현들이다.

{땔감이 없어, 보일러가 고장 나서} 냉방에서 자더라, 할머니는 방에 들어오자마자 이불을 깔아 놓은 아랫목에 발을 넣었다, 혼자 자니 보일러도 틀지 않고 전기장판 하나 깔고 지내더라 등

3.2.2. 안방과 사랑방

한옥에는 안방과 사랑방이 있는데 안방에는 어머니(대가족에서는 할머니)[33], 사랑방에는 가장(家長)인 아버지(대가족에서는 할아버지)가 거주한다. 유교의 부부유별(夫婦有別)과 관련된 것이라 할 수 있다.

사랑방은 외부에서 오는 손님이 사랑방에 머무는 어른에게 찾아가 인사하고 얘기를 나누는 곳이기도 하고 가정 안에서는 집안의 중요한 일을 의논하거나 자녀들이 찾아가 훈육을 받는 곳이기도 하다. 사랑방을 통해 세상을 배우고 사랑방에서 세상사에 관한 얘기가 오가므로 이로 형성되는 문화를 사랑방 문화라고 한다.

사랑방이 가장이 머무는 곳임에 비해 안방은 부녀자들이 머무는 곳이다. 안방에 거주하는 사람을 찾아오는 사람은 안방에 든다. 안방에서 나누는 얘기는 주로 집안의 살림살이에 관한 얘기이다. 아래 예문은 사랑방 문화와 관련된 표현이다.

---

32   온수 장판이나 온수 매트 전에는 전기장판이나 전기 매트가 개발되기도 했다.
33   안방을 흔히 '안방마님'이 거주하는 곳이라고 하기도 한다.

할아버지 사랑(방)에 계시니?, 손님을 사랑(방)으로 모셔라, 여자들은 안방에서 지낸다, 외가 손님은 대개 어머니가 계신 안방에 든다, 여름에는 안방 앞 대청에서 가족이 함께 밥을 먹었다, 어릴 적에 사랑방에서 천자문을 배웠어, 그 집은 사랑채가 따로 있어 등

3.2.3. 한옥의 개방 구조

한옥 집에는 대지의 안쪽에 집을 짓고 집의 앞(들어가는 쪽)에 마당(앞뜰)을 둔다. 그리고 집의 뒤나 옆에는 좁은 공간의 뜰을 둔다. 여러 집이 마을을 이루고 살 경우 집 간에 경계를 표시하기 위해 담이나 울(타리)을 세운다.[34]

한옥 집의 이러한 구조는 독특한 문화적 특성을 드러낸다. 한옥 집의 마당이 넓은 것은 마당이 단순히 빈터가 아니라 방안에서 할 수 없는 일이나 놀이가 마당에서 이루어지기 때문이다.[35] 곡식이나 땔감을 쌓은 가리도 마당에 만들고 빨래도 마당에 설치된 빨랫줄에 넌다. 이뿐만 아니라 큰 잔치도 마당에서 열리고 아이들의 각종 놀이도 마당에서 펼쳐진다. 마당에 진열되는 이러한 전경은 한 가정의 삶의 모습을 드러내는 것인데 한옥 집은 집 앞을 지나가는 사람들이 이러한 모습을 볼 수 있는 구조를 지니고 있다. 한옥 집이 이와 같이 지나가는 사람들이 한 가정의 삶의 모습을 드러낸다는 점에서 개방 문화적 성격을 지니고 있다고 할 수 있다.

집 앞에 마당이 있는 한옥 집의 구조는 서양의 주택 구조와 대조된다. 서양의 주택은 마당이 한옥의 마당과 반대편에 있다. 그래서 지나는 사람들이

---

34 담은 흙이나 돌로 세우고 울(타리)은 주로 나무로 세운다.
35 상대적으로 좁은 공간인 뒤뜰은 주로 장독 등을 두는 공간으로 활용한다.

한 가정의 삶의 모습을 볼 수 없다. 이로 보면 서양의 주택 구조는 아이들이 노는 모습이나 생활하는 모습이 남에게 드러나지 않는다는 점에서 폐쇄된, 개인 중심 문화를 만드는 주택 구조라 할 수 있다.

한옥 집의 구조는 집단 문화를 누리기에 적절한 주택 구조이기도 하다. 한옥 집의 개방적 구조는 건물 앞에 자리한 마당에서 살아가는 모습을 지나는 사람들이 볼 수 있게 되어 있기 때문에 같은 마을에 사는 사람(집단 구성원) 간에는 서로를 알고 친밀한 관계를 유지할 수 있게 해 준다. 한국 문화가 집단 문화 성격을 띤다고 하는데 마당을 앞에 두는 한옥 집 구조로 한 마을에 함께 사는 사람 간에 쉽게 어울려 소통하게 되면서 한국 문화가 집단 문화적 특성을 드러내는 것이라고 할 수 있을 것이다.

한옥집의 개방적 구조는 집단인 마을 공동체가 서로 소통하며 살게 만든다. 삶의 모습이 개방되었는데 굳이 서로 감추고 살 필요가 없으니 서로 소통하며 살게 되는 것이다. 그래서 한국인은 이사를 하면 이웃에게 이사(移徙) 떡을 돌려 인사를 나누고 주변 사람이나 친지들을 초청해 집들이(이사한 후에 이웃과 친지를 불러 집을 구경시키고 음식을 대접하는 일)를 하는데 이도 함께 어울려 사는 한국인의 생활 모습을 보여 주는 것이다. 아래 예는 개방된 주생활에 관한 표현이다.

> 그 집 마당에는 큰 노적가리가 두 개나 있더라, 빨랫줄에 애들 옷은 안 보인다,
> 마당 평상에 둘러앉아 놀고 있더라, 동네 애들이 그 집 마당에 다 모여 놀더라,
> 시집간 큰 딸이 툇마루에 앉았더라 등

3.2.4. 주택의 위치와 방향

한국인은 주택의 위치와 방향도 중요하게 생각하고 주거지를 옮길 때에도 좋은 날은 받아 이사하였다. 주택의 위치와 방향은 배산임수(背山臨水)라고 하여 뒤로는 산을 등지고 앞으로는 물이 흐르는 곳에 동향이나 남향이어야 한다고 생각했고, 이사도 길일(吉日. 손[36] 없는 날)에 택해야 한다고 생각했다. 이는 도교에서 비롯된 풍수지리 사상이 반영된 것이다. 아래 예는 풍수지리와 관련된 표현이다.

이삿날 받았니?, 그 집은 집터가 좋더라, 동쪽으로 이사하면 초하루나 초이틀이 좋아. 초하루와 초이틀에는 동쪽에 손이 없어, 손 없는 날 이사해야 해, 무당 점괘에 집터가 나빠 단명한다고 나왔대 등

오늘날 한국인이 거주하는 주택은 주택 형태도 다르고 주택 문화도 다르다. 현대 한국의 주택 형태는 단독 주택이거나 아파트 또는 공동주택이다. 단독 주택도 대개 벽돌과 나무를 활용한 시멘트집이다. 한옥으로 단독 주택을 짓는 사람은 드물다. 전통 한옥은 문화재로 지정된 마을이나 시골에 가야 볼 수 있을 만큼 많이 변했다. 주택의 이러한 변화로 위에 언급한 문화적 특성도 많이 변하고 있다. 그 결과 사랑방이 따로 없으니 사랑방 문화가 오래전에 사라졌고 마당이 없는 아파트 생활은 이웃 간에 소통이 없는 폐쇄된 문화로 바뀌었고 집단 중심 문화도 개인 중심 문화로 바뀌어 가고 있다. 변

---

36 '손'은 날수에 따라 여기저기로 다니면서 사람을 방해한다는 귀신이다. 음력 하룻날과 이튿날은 동쪽에 있고, 사흗날과 나흗날은 남쪽에 있고, 닷샛날과 엿샛날은 서쪽에 있고, 이렛날과 여드렛날엔 북쪽에 있으며, 아흐렛날과 열흘, 열아흐렛날과 스무날, 스무아흐렛날과 그믐날은 하늘로 돌아가 버린다고 한다.

하지 않고 남아 있는 것은 풍수지리 문화와 온돌 문화이다. 현대 사회에서 많은 사람들이 아파트에 살게 되자 아파트의 가구 위치를 풍수지리와 관련 짓기도 한다.

시골에도 아파트를 짓는다, 아파트는 서로 왕래하기가 어려워, 원룸 아파트는 정말 이웃 간에 소통이 없어, 아파트는 문만 닫으면 그 집에 무엇이 있고 뭘 하고 지내는지 알 수 없어, 아파트라서 옆집에 누가 사는지도 몰라, 고층 아파트에 살면 누가 어디 사는지도 모르고 승강기에서 만나면 그저 서로 인사말이나 하는 정도야, 아파트로 이사를 가면 가구 배치를 풍수에 맞추어 해야 한대 등

사회 문화

기초 생활 문화가 사람의 삶에서 기본적인 문제인 의식주를 해결하는 과정에서 만든 문화라면 사회 문화는 사람들이 더불어 살면서 윤리와 제도 등을 통해 개인이나 집단의 안녕과 행복을 추구하기 위해 만든 문화라고 할 수 있다. 이러한 문화에는 신앙 문화, 의례 문화, 사회제도 문화가 있다. 신앙 문화는 삶에서 오는 여러 두려움을 피하고자 하는 심리에서 만든 문화이고, 의례 문화는 개인의 안녕과 행복을 기리고자 하는 마음으로 개인의 일생에서 의미 있는 것을 기념하려고 만든 문화이며 사회제도 문화는 사회가 보다 효율적이고 원활하게 운영되도록 하려고 만든 문화라고 할 수 있다. 이와 관련된 한국 문화를 차례로 알아보기로 한다.

1. 신앙과 윤리 관련 문화

윤리는 이성이 반영된 말로 만들어 낸다. 이성이 반영된 윤리에는 인간이 공동생활을 하면서 필요하다는 생각이 들게끔 하는 감성이 바탕에 깔려 있는데, 이 바탕에 깔린 감성을 이성화하는 과정에 신앙이 형성되고, 공동 사회에서 형성된 신앙이 그 사회에서 추구할 만한 이념을 담은 사회 윤리가 된다. 즉, 인간은 공동 사회를 꾸려 가는 과정에서 느끼는 두려움이나 사회적 문제를 해결하기 위해 신앙을 만들고 그 신앙에서 이념을 담은 사회 윤리를 만들어 왔다.

예로부터 우리 민족은 신앙심이 두텁다고 한다. 왜 이렇게 말할까? 선인들은 인간을 나약한 존재로 보고 귀와 신을 두려워했다. 그리고 인간의 영(靈)과 육(肉) 즉, 혼과 넋 가운데 혼은 죽고 난 뒤에도 영생하는 것이라 여겨 매우 중시해 왔다. 이는 '넋'이나 '혼'이라는 말이 어떻게 쓰였는지를 보면 알 수 있다.

'넋'은 '넋을 잃다/놓았다'라고 하고 '혼'은 '혼이 빠지다/나가다', '혼이 나다', '혼이 돌아오다'라는 한다. 이 말로 보면 '넋'은 몸 덩어리와 같은 육체적인 것을 뜻하고 '혼'은 생각이나 정신을 다스리는 정신적인 것을 뜻하는 것으로 보인다. 특히, '혼'과 어울려 쓰인 말을 보면 '혼'은 인간이면 누구나 갖고 있어야 하는 매우 소중한 것이다. 그래서 '혼'이 제 자리에서 제 기능을 하지 못하면 '혼을 내다'라는 말을 써 혼이 들게(정신을 차리게) 했던 것이다. 우리 민족이 신앙심이 두터운 것도 아마 이러한 영적(靈的)인 '혼'을 중시해 왔기 때문이 아닐까 싶다.[1]

예로부터 우리가 우리 사회에서 두려움이나 어려움이 없이 살아가기 위해 만들어 온 사회 윤리(신앙과 이념)는 여러 가지가 있다.

1.1. 정령신앙(精靈信仰, animism)

정령신앙은 우리 문화에 가장 오랫동안 뿌리내린 대표적인 민간신앙이다. 인간의 지혜가 발달하지 않은 원시 사회에서는 인간의 무지(無知)와 나약함으로 자연이나 자연 현상이 인간에게 두렵게 느껴졌다. 이러한 두려움은 인간에게 자연이나 자연 현상에 생명이 있다는 생각(정령신앙)을 갖게 했다. 그래서 두려운 자연이나 자연 현상을 신성시(神聖視)하여 받들고 두려운 자연이나 자연 현상에 거슬리는 행위를 하는 것을 금기시(禁忌視)하였다. 우리 속언에는 아래 예에서와 같이 자연이나 자연 현상에 거슬리는 행위를 하지 말라는 금기담(禁忌談)이 많은데 이러한 금기담은 모두 정령신앙에서 비롯된 것이다.

하늘에 대고 주먹질하면 벼락 맞는다, 하늘을 향해 빈 가위질하면 해롭다, 궂은 날에 호미 씻으면 해롭다, 무지개에 손가락질하면 생손 앓는다, 고양이가 관(棺)을 넘어가면 관이 일어난다, 송장 앞에서 냄새 난다 하면 냄새 더 난다, 송장을 보고 냄새가 난다고 하면 늘 코에서 그 냄새가 난다, 상여(喪輿)가 나가는데 우물을 열어 두면 우물물이 흐려진다, 시체를 보고 나서 장독을 열면 장맛이 변한다, 수박·참외밭에서 '송장 이야기'하면 수박·참외가 썩는다, 송장 앞에서 '깨

---

1   '혼'과 유사한 말로 '얼'이라는 말도 있다. 우리 민족은 '혼'을 중시할 뿐만 아니라 '얼'도 중시해 왔다. '혼'이 '생각이나 정신을 다스리는 것'이라 한다면 '얼'은 '반듯한 생각이나 정신'이라 할 수 있다. '얼간이, 얼뜨기, 얼빠진 놈, 얼빙이(얼 빈 놈)'이나 '민족의 얼', '조상의 얼' 등에서 이를 짐작할 수 있다.

깟하다'거나 '곱다'하면 그 시체가 금방 부풀어 오르고 진물이 난다, 바다에 가
는 사람에게 잘 다녀오라고 하면 해롭다, 불이 잘 타오를 때 '불 좋다'는 말을
하면 불귀신이 '네 애비를 구워 먹어라'한다, 밤에 우는 아이에게 등불을 보고
'불 봐라'하고 달래면 그 아이 가 단(丹毒)이란 병을 앓는다, 바다나 강에서 '물
좋다'는 말을 하면 물귀신이 '네 에미를 잡아 넣어라'고 한다, 개 보고 집 잘
지킨다고 하면 도둑을 맞는다, 가축을 잡아 약에 쓰려고 할 때 불쌍하다는 말을
하면 약효가 없어진다 등

1.2. 무속(巫俗)

정령신앙은 무속(巫俗)이라는 민간신앙으로 이어진다. 무속은 생명을 지닌
자연이나 자연 현상에서 오는 두려움뿐만 아니라 인간의 길흉화복을 신의
힘의 발현(發顯)인 언어 주술로 해결하고자 하는 과정에서[2] 형성된 원시 종교
로 샤머니즘의 하나이다.[3] 한국 무속의 내용은 다음과 같다.

1.2.1. 무속의 신

무속의 신은 크게 자연신(천신, 지신, 산신, 수신, 풍신 등), 인간신(영혼-조상신 등),
마을(수호)신으로 구분된다. 성황당(城隍堂, 서낭당)이나[4] 장승[5], 솟대[6] 등은 마을

---

2   자연의 두려움을 언어 주술로 해결하려는 것은 언어 신성관(言語 神聖觀)에서 비롯된
    것이다.
3   원시종교인 무속은 신의 힘을 빌려 해결하고자 한다는 점에서 종교와 유사하지만
    창교적(創敎的) 신(절대자)이나 교단의 조직이 없고 교리가 체계화되지 않았다는 점
    에서 종교와 차이가 있다.
4   마을의 수호신으로 서낭을 모셔 놓은 신당으로 '성황당(城隍堂)'이라고도 한다. 마을
    어귀나 고갯마루에 원추형으로 쌓아 놓은 돌무더기 형태로, 그 곁에는 보통 신목(神

(수호)신 역할을 한다.

1.2.2. 무당(巫堂)

우리의 무속에는 무속의 신을 받들며 그 신의 힘으로 사람의 운수나 길흉화복을 알아보는 사람도 있다. 그러한 역할을 하는 사람을 무당이라 한다. 무당은 생사, 길흉, 화복에 관여하는 무속의 신들에게 제사를 드리는 사제 역할을 하는 사람으로 점을 쳐서[7] 신과 소통해 인간의 길흉화복을 다스린다. 무당은 주로 여자이다. 남자 무당은 박수무당이라고 한다.

木)으로 신성시되는 나무 또는 장승이 세워져 있기도 하다. 마을 수호신에게 제사를 지내는데 이를 동(신)제, 당산제, 서낭제(성황당)라고 한다. 민간에서 널리 쓰이는 대표적인 명칭은 '동(신)제'이고, 지역에 따라 동신의 구체적인 명칭을 들어 '산신제', '서낭제', '용신제' 등으로 부르기도 한다. 또 호남지방에서는 '당산제(堂山祭)' 또는 '당제'라고도 하는가 하면, 중부지방에서는 '도당굿', 제주지방에서는 '당굿'이라고도 한다. 동제의 시기는 음력 정초에 택일하여 정월 초이틀이나 사흘에 하는 마을이 있고 대보름 첫 시간, 즉 자정에 하는 마을도 있다. 내륙에서는 주로 마을의 안녕과 풍농을 기원하는 풍농제를, 어촌에서는 마을의 안녕과 풍어를 기원하는 풍어제를 지낸다. 별신굿만 하더라도 풍어제로서의 별신굿과 풍농제로서의 별신굿이 각기 있다. 동제에 있던 별신굿이나 강릉단오제나 은산별신제와 같은 특정한 동제는 오늘날 축제 문화로 전승되어 민속 행사로 실현되고 있기도 하다. 성황당은 소설이나 영화, 가요에도 등장한다.

5 '장승/벅수'는 민간 신앙의 한 형태로 마을이나 사찰 입구에 세워져 경계를 표시함과 아울러 잡구의 출입을 막는 수호신을 하는 수문신상(守門神像)이다. 제주에서는 돌하르방이 장승 역할을 한다.

6 솟대는 나무나 돌로 만든 장대나 돌기둥으로 마을 수호신을 상징하는 것이라고도 하고, 풍년이 들기를 기원하거나 마을에 경사가 있을 때 축하하는 의미로 세운 것이라고도 한다.

7 점은 인간의 능력으로 알 수 없는 일들을 주술의 힘이나 신통력으로 앞날의 운수나 길흉화복을 판단해 내는 것으로 자연과 천체의 현상을 이용하기도 하고 역학을 이용하기도 한다.

무당은 점을 보는데 무당이 주로 보는 점을 신점이라 한다. 신점은 신내림을 받은 무당에게서 주로 사주팔자(四柱八字)[8]를 통해 과거와 미래의 일을 알아보는 것이다. 점의 결과로 액(厄)이 있어 화(禍)를 면하게 해야 할 경우 제사를 지내기도 하고 부적(符籍)을 붙이거나 지니기도 한다.

무당이 받드는 제사는 굿과 비손이 있다. 굿은 신에게 재물을 차려 놓고 무당과 재비(노래를 부르거나 춤을 추는 사람)가 함께 춤추고 노래하면서 병의 퇴치, 초복(招福), 초혼(招魂), 안택(安宅), 기우(祈雨), 진혼(鎭魂), 제재(除災), 신내림[薦神], 축귀(逐鬼) 등 인간의 길흉화복을 조절해 줄 것을 기원하는 의식이다. 무당이 주관하는 굿에는 재수(財數)굿, 병굿, 내림굿, 당굿(무당이 주제하는 동제) 등이 있다.

비손은 두 손을 비비면서 신에게 병이 낫거나 소원을 이루게 해 달라고 비는 일이다. 비손에는 푸닥거리, 액막이(액풀이), 집가심[9] 등이 있다. 아래 예는 무속과 관련된 삶의 모습을 표현한 것이다.

젊은 애가 신내림을 받아 무당이 됐대, 그 집에 굿을 하는데 죽은 딸의 혼을 달래려고 영혼 결혼을 시킨대,[10] 대나무에 깃발을 달아 세워 둔 집이 무당이 사는 집이다, 아들 둘 잃고 굿을 한단다, 으슥한 계곡의 바위 밑에는 무당이 푸닥거리를 했는지 반쯤 녹은 초가 남아 있다 등

---

8   사주팔자(四柱八字)는 태어난 해, 달, 날, 시(四柱)의 간지(干支) 8글자(八字)인데 사람의 사주팔자가 그 사람의 운명을 받치는 네 기둥이라고 본 데서 온 말이다.
9   '집가심'은 상여가 나간 뒤에 무당을 불러 집 안의 악한 기운을 깨끗이 가시도록 물리 치는 것을 가리킨다.
10   결혼을 하지 못하고 죽은 처녀와 총각의 영혼이 저승에 편히 가지 못하고 귀신(총각은 몽달귀신, 처녀는 손각시 또는 손말명)이 되어 이승에 떠돈다고 하여 이들의 혼을 달래기 위해 영혼 결혼을 시키는 굿을 하기도 했다.

1.3. 풍수지리 사상과 도교

선인들은 삶의 안녕과 행복을 위해 도교 사상과 풍수지리 사상을 받아들였다. 풍수지리 사상은 음양오행의 사상이나 참위설(讖緯說)[11]과 혼합되어 전한(前漢) 말부터 후한(後漢)에 걸쳐 인간의 운명이나 화복에 관한 각종 예언설을 만들어 냈고, 그것은 다시 초기 도교(道敎)가 성립되면서 더욱 체계화되었다고 한다.[12]

풍수지리 사상은 자연숭배 사상과 땅의 생산능력적인 가치가 결합되어 풍, 수, 땅의 이치를 인간의 생활에 부여하는 생명력의 판단 기준으로 삼는 사상이다. 풍수지리 사상은 우리 역사에 있어서 신라 말 승려 도선에 의하여 정립된 후 고려 시대에는 국가 기본 정책의 배경 사상으로 숭상되어 왔고[13] 그 후에 조선 시대 태조 이성계의 한양 천도와 한양도성 건설의 기준이 되었다.[14]

풍수지리 사상은 땅의 성격을 파악하여 좋은 터전을 찾는 사상으로, 산수의 형세와 방위 등의 환경적인 요인을 인간의 길흉화복과 관련지어 집과 도읍 및 묘지를 정하는 기준으로 삼는다. 택지(宅地, 양택-陽宅) 선정의 기준으로 삼는 배산임수(背山臨水)라는 말이나 묘지(墓地, 음택-陰宅) 선정의 기준으로 삼는 좌청룡 우백호(左靑龍·右白虎)라는 말이 풍수지리 사상에서 비롯된 말이다. 문화재로 지정된 사찰이나 고택은 대개 배산임수(背山臨水)를 고려한 곳에 자리를 잡고

---

11   참위설(讖緯說)은 음양오행설(陰陽五行說)에 바탕을 두고 일식·월식·지진 등의 천지이변(天地異變)이나 인간사회의 길흉화복을 점치는 예언설(豫言說)이다.
12   두산세계대백과사전(1997) 참조.
13   태조 왕건의 "훈요10조"에 잘 나타나 있다.
14   조선 초기에 도교(道敎)의 보존과 도교 의식(儀式)을 위하여 소격전(昭格殿)을 개칭해 소격서(昭格署)를 설치하기도 하였다. 소격서에서는 하늘과 별자리, 산천에 복을 빌고 병을 고치게 하며 비를 내리게 기원하는 국가의 제사를 맡았다.

있고 명당이라 불리는 묘소[15]도 좌청룡·우백호(左靑龍·右白虎)를 갖춘 혈[기(氣)가 풍성한 자리]에 자리 잡고 있는데 이 모두 풍수지리 사상에 따른 것이다.

풍수지리 사상은 민간의 삶에서도 쉽게 찾아볼 수 있다. 집을 지어 입주(入住)하거나 주거지를 옮겨 이사를 할 때 손[16] 없는 날을 잡는 것도 음양오행설이 반영된 풍수지리 사상에 따른 것이다. 이는 풍수지리 사상이 민간 신앙으로 뿌리를 내렸음을 가리킨다.

민간 신앙으로 뿌리를 내린 풍수지리 사상은 과학이 발달한 오늘날까지도 이어져 오고 있다. 그 결과 신분이나 학력 심지어는 종교와도 관계없이 많은 사람들이 풍수지리 사상을 따르고 있다. 이뿐만 아니라 재벌이 되거나 높은 관직에 오르면 조상의 묫자리가 어떤지를 살피려고 하는가 하면, 사회에서 성공을 거두었다고 하는 사람들도 조상의 묫자리를 보살피고 있다. 근간에는 풍수인테리어라 하여 집 내부의 조명 설치나 가구 배치에도 풍수지리에 맞춰 설치하고 배치하기도 한다.

풍수지리 사상과 유사한 이념을 가진 사상으로 도교 사상이 있다. 인간이 생각과 의지가 있다고 해서 무언가를 하려 들지 말고, 다 자연에 맡기라고 하는 '무위자연'의 도교[17]에서는 산이나 강을 숭배하는 산천숭배나 신선이 되겠다는 신선사상을 중시한다. 우리 유물에도 도교 사상이 반영된 것이 있

---

15 풍수지리 사상에 따라 묘소를 정하는 문화는 조상을 중시하는 유교 문화와 더불어 조선 시대 이후 민간에게까지 대중화되었다. 얼마 전(1970년대?)까지만 해도 지역마다 지관(地官)이 있어 묘터를 잡거나 집을 지을 때는 지관에게 알아보고 위치나 방향을 정하곤 했다.

16 Ⅱ부 제2장 각주 36 참조.

17 '어차피(於此彼)'나 '차라리(出하리)'라는 말은 현실에 순응하며 미래지향을 추구하는 도교 사상이 반영된 말이다.

는데 고구려의 사신도[18]나 백제의 산수무늬 벽돌과 금동대향로 등이 도교 사상이 반영된 것이다.

도교 사상은 세시풍속에도 나타난다. 한국인은 민간 신앙의 세시풍속으로 새해 정초(正初)에 토정비결(土亭秘訣)이란 책으로 그 해의 신수(身數)를 알아보기도 한다. 토정비결은 조선 중기의 학자 토정(土亭) 이지함(李之菡)이 지은 도참서(圖讖書)로 개인의 사주(四柱) 중 태어난 연·월·일 세 가지로 육십갑자(六十甲子)를 이용하여 일 년 동안의 신수를 달별로 알아보는 방식으로 되어 있다. 열두 달의 운세를 4언 3구로 풀이하고 있는데 흔히 볼 수 있는 내용은 '뜻밖에 귀인이 내방하여 길한 일이 있다', '구설수가 있으니 입을 조심하라', '봄바람에 얼음이 녹으니 봄을 만난 나무로다' 등과 같이 주로 부귀·화복·구설 등 개인의 길흉화복에 관해 풀이한 것이다. 이 밖에 운세, 궁합, 사주팔자[19], 팔자소관, 역마살[20], 원진살[21] 등의 말도 토정비결로 운수를 볼 때 나오는 말들이다. 아래 예는 도교 사상인 반영된 삶의 모습을 표현한 말들이다.

손 있는 날 일을 하거나 이사하면 해롭다, 손 있는 날 먼 길 가면 해롭다, 집터가 나쁘면 기운이 쇠한다, 산소를 잘못 쓰면 자손이 번창하지 못한다, 옛날에는 고을마다 풍수를 보는 지관(地官)이 있었다, 역마살이 끼었는지 늘 어딘가 돌아다닌다, 올해는 좋은 일이 있을지 토정비결이라도 봐야겠다, 요즘도 신문에 매일 간지(干支)에 따른 그날의 운세(運勢)를 예언하는 글이 실린다 등

---

18 사신도는 동서남북의 방위를 나타내고 우주의 질서를 진호(鎭護)하는 상징적인 동물을 그린 그림으로 좌청룡, 우백호, 남주작, 북현무를 그린 그림이다.
19 사주팔자는 사주를 간지(干支)로 나타낸 여덟 글자를 가리킨다.
20 역마살은 늘 분주하게 이리저리 떠돌아다니게 된 액운을 가리킨다.
21 원진살은 궁합에서 서로 꺼리는 살을 가리킨다. 쥐띠와 양띠, 소띠와 말띠, 범띠와 닭띠, 토끼띠와 원숭이띠, 용띠와 돼지띠, 뱀띠와 개띠는 서로 꺼린다고 한다.

1.4. 불교 사상

우리나라에 불교가 들어온 것은 삼국 시대이다. 불교도 다른 신앙과 같이 인간이 공동사회를 꾸려 가는 과정에서 파생되는 두려움이나 사회적 문제를 해결하는 수단으로 수용되었을 것이다. 고행을 통해 깨달음을 얻은(득도한) 석가의 길을 따르면 온갖 번뇌로부터 해방된다고 하여 개인의 삶을 불교를 통해 구원받고자 하였는가 하면 신라에 이어 고려에서는 불교를 국교로 추앙하여 신봉함으로써[22] 국가의 안위(安危)도 불법의 힘으로 해결하고자 하였다.[23] 이로 보면 수행을 통해 인간의 고뇌와 국난을 해결해 준다고 생각한 불교는 나약한 인간의 힘으로 해결하지 못하는 것을 정령신앙으로 해결하고자 했던 고대 신앙과 융화(融和)되어 일찍부터 민간이나 국가에 깊이 뿌리를 내렸을 것으로 보인다.

불교로 형성된 대표적인 문화는 사찰(寺刹), 탑(塔), 탱화(幀畵), 연등(燃燈) 등이다. 사찰(寺刹), 탑(塔), 탱화(幀畵), 연등(燃燈)은 한국인에게 매우 친숙한 것이다. 사찰은 한국인 누구나가 찾는 명소(名所)이기도 하지만 자신을 반성하며 불심(佛心)을 얻고자 찾는 곳이기도 하다. 사찰을 찾는 한국인은 부처님 앞을 지나면서 두 손 모아 기도하고 믿음이 강한 사람은 부처님 앞으로 나아가 부처님께 절을 하며 기도한다.

---

22 고려 시대에 불교를 중시했음은 국가에서 승과(僧科)를 실시하여 승려를 관리자로 선발했음에서도 알 수 있다.

23 고려 시대에 불교 사상을 절실하게 호국 이념으로 받아들인 예로는 팔만대장경을 들 수 있다. 팔만대장경은 부처의 힘으로 외적(몽고족)을 물리치기 위해 고려 고종 23년(1236)부터 38년(1251)까지 16년에 걸쳐 완성한 대장경이다. 국보 제32호로 지정된 팔만대장경은 경판(經板)의 수가 8만 1258판에 이르며, 현재 합천 해인사에서 보관하고 있다.

사찰은 승려들이 불도를 닦는 명소이기도 하지만 불교 문화가 반영된 국가문화재(건축 등)가 많이 있는 곳이기도 하다. 사찰의 탑도 불교 문화의 대표적 조형물이다. 탑은 석가의 유해를 화장한 후 유골인 사리를 봉안해 모시기 위해 흙이나 돌로 쌓은 조형물[24]로 대개 사찰의 가운데에 자리를 잡고 있다. 사찰의 탑은 마을 어귀에 있는 민간 신앙의 돌탑[25]과 연계되어 재앙을 막고 복을 불러들이는 신앙 대상물로 여겨져 왔다. 불교문화의 대표적 조형물인 탑은 국가문화재로 지정된 것이 많다.

불교문화가 반영된 것에는 탱화(幀畫)도 있다. 불교 미술인 탱화는 신앙 대상이 되는 여러 존상(尊像)[26]이나 경전의 내용을 그림으로 그린 것이다. 탱화는 사찰의 불상 뒤나 법당 좌우에 걸려 있는데, 불교 문화가 대중화되면서 불교를 믿는 신자들은 개인이 탱화를 소장하고 보면서 불심을 다듬기도 한다. 탱화 가운데 불교적 의의와 예술적 가치가 있는 것은 국가 무형문화재(보물)로 지정되어 있다. 이에 대해서는 문화재 문화에서 알아보기로 한다.

불교문화와 관련해 빼놓을 수 없는 것이 연등(燃燈)이다. 연등은 부처님께 공양하는 방법의 하나로 번뇌와 무지로 가득 찬 어두운(無明) 세계를 부처님

---

24 불교와 관련된 탑은 국가에 따라 탑을 만드는 재료에 차이가 있다. 한국에는 주로 석탑(石塔)이 많고 중국은 전탑(甎塔, 흙벽돌), 일본은 목탑(木塔)이 많다.
25 돌탑 가운데는 고갯마루나 지나가는 길에 쌓아 놓은 것도 있는데 이는 사찰의 탑과 달리 오가는 사람들이 소망을 빌며 돌을 얹어 쌓음으로써 개인이 자신의 소망을 비는 마음을 표현하는 것이다.
26 존상을 그린 탱화에는 불상 뒤에 걸어두는 후불탱화(後佛幀畫)와 법당 좌우에 걸어두는 신중탱화(神衆幀畫)가 있는데 후불탱화가 본존불의 신앙적 성격을 보다 구체적으로 묘사한 것이라고 한다면 신중탱화는 수호신적인 기능을 띤 것이다. 그리고 후불탱화의 경우 본존불이 무슨 불(佛)이냐에 따라 탱화의 구도가 달라지고 신중탱화의 경우에도 수호의 기능을 어디에 강조점을 두느냐에 따라 내용과 구도가 달라진다. 두산세계대백과사전(1997) 참조.

의 지혜로 밝게 비추는 것을 상징한다. 불교에서 '부처님 오신 날'을 맞아 등불을 켜는 것은 어둠과 번뇌를 물리치고 영원한 진리의 광명을 밝힌다는 뜻이다. 무명(無明)[27]으로 가득 찬 어두운 마음이 부처님의 지혜처럼 밝아지고 따뜻한 마음이 불빛처럼 퍼져 나가 온 세상이 부처님의 자비와 지혜로 충만토록 하자는 것이다. 연등 행사인 연등회는 신라 진흥왕대에 시작되어 고려에서는 국가적 행사로 실행되기도 했다. 현대에 들어 부처님 오신 날인 초파일은 물론 축제를 비롯한 큰 행사에 연등을 다는 것도 불교의 연등 문화가 수용된 것이라 할 수 있다.

불교문화와 관련된 것에는 차례(茶禮)가 있다. 차례는 원래 다례(茶禮)라고 하여 문자 그대로 다(茶)를 올릴 때의 모든 예의범절을 뜻하는 말이었다. 그러나 지금은 다례(茶禮)라 하면 옛날 궁중의 다례나 불교의 다례 등을 가리키고 차례(茶禮)나 차사(茶祀)는 명절(설날과 추석)에 지내는 제사를 가리킨다. 차를 올리는 다례가 명절에 조상에게 제사 지내는 차례로 바뀌었다.

차례의 기원인 다례는 불교와 관련이 깊다. 다례(茶禮)가 원래 불교 의식에서 온 것은 아니지만 오늘날 불교에서 부처님께 공양할 때 차를 올리는 것이나 참선을 할 때 주로 차를 마시는 것이 다례 문화가 불교와 깊이 관련되어 있음을 보여 준다.

불교가 한국인의 삶에 끼친 영향은 매우 크다. 우리말에 아래와 같이 불교 관련 어휘나 관용 표현이 상당히 많이 쓰이고 있음에서 이를 짐작할 수 있다.

---

27 '무명(無明)'은 미(迷)의 근본이 되는 무지(無知)로서 잘못된 의견이나 집착 때문에 진리를 깨닫지 못하는 마음의 상태를 가리킨다.

찰나(刹那), 겁(劫), 돌아가다(죽다), 열반, 입적(入寂), 해탈, 귀의(歸依), 나무아미타불, 중생(살아 있는 모든 것), 도(道), 무념(無念), 무상(無相), 승려, 스님, 보살, 부처, 비구(比丘), 비구니(比丘尼), 염주(念呪), 염주(念珠), 염불(念佛), 선(禪), 선방(禪房), 선실(禪室), 선가(禪家), 수양(修養), 공양(供養), 바리때(발우대), 고뇌(苦惱), 백팔번뇌(百八煩惱), 아수라장, 윤회(輪廻), 환생(還生), 절, 사찰, 속세, 출가, 사십구제(칠칠제(七七齋)), 도를 닦다(수도하다), 도를 깨치다, 도가 트다, 중이 제 머리 못 깎는다, 중이 미우면 가사도 밉다, 중 염불하듯한다, 중이 고기 맛을 알면 절에 빈대가 안 남는다, 동냥은 안 주고 쪽박만 깬다, 십 년 공부 도로아미타불, 마음에 없는 염불, 공든 탑이 무너지랴, 부처님 가운데 도막 같다 등

불교의 궁극적 목적은 득도하는 데 있다. 득도하기 위해 가는 길은 승려가 되는 길이다. 승려가 되려면 속세와 인연을 끊어야 한다. 그러기 위해서는 인간과 거리를 두어야 한다(출가해야 한다). 승려들이 거주하는 사찰이 민간에서 떨어진 산속에 자리한 것이나 그것으로도 부족해 인간의 발걸음이 잦은 사찰에서 더 벗어나 암자에서 지내는 것은 바로 탐욕에 찬 인간이 사는 속세에서 벗어나기 위한 수단이다. 현대 한국 사회에서 불교가 심신을 수양하고 도를 닦는 것이 아니라 부처님께 소원이 성취되길 비는 기복신앙(祈福信仰)으로 변질되기도 했지만 적잖은 사람들이 불교 사상으로 인생무상이나 삶의 허무를 깨달으며 자신의 삶을 반성하기도 한다.

1.5. 유교 사상

유교 문화는 유교 사상에서 비롯된다. 유교 사상은 일찍이 삼국 시대에 도입되었다. 그러나 유교 문화가 꽃을 피운 것은 숭유억불(崇儒抑佛) 정책을

실현한 조선 시대이다. 유교 사상에 따르면 인간은 이(理)를 지니고 있고, 이(理)에는 곧 인의예지(仁義禮智)가 있다고 한다.[28] 이러한 유교 사상에는 인간이 지켜야 하는 윤리·도덕이 담겨 있다. 이 점에서 유교 사상은 인간 사회에서 지켜야 윤리·도덕이자 실천 철학이다.

유교 사상의 창시자라 할 수 있는 공자는 사회 질서를 회복하려면 인(仁)을 길러야 하고 인을 길러 내려면 효제충신(孝悌忠信, 어버이에 대한 효도, 형제끼리의 우애, 임금에 대한 충성, 벗 사이의 믿음을 통틀어 이르는 말)을 실천해야 한다고 하면서 효제충신(孝悌忠信) 가운데 효(孝)가 인(仁)을 향한 첫걸음으로 가장 중요하다고 하였다.[29] 이러한 유교 사상은 절대자를 신봉하는 다른 종교와 달리 절대자 없이 인간 사회의 생활 철학이나 사회 윤리·도덕을 제시해 준다.

유교 사상이 바탕이 된 유교 문화에서 대표적인 것이 충효(忠孝) 문화이다. 충효 문화는 삼강오륜(三綱五倫)에서 나온다. 유교 문화를 유지해 온 한국인은 '효'나 '충'을 소중히 여겼다. 학교에서도 "부모님께 효도, 나라에 충성"이란 표어를 내걸고 이를 학생들이 생활 지표로 삼게 하였다. 충효 문화를 소중히 했음은 효자나 충신이란 말에서도 알 수 있지만 효자와 충신을 길이 칭송하기 위해 효자비(孝子碑), 열녀비(烈女碑), 열녀문(烈女門), 충렬사(忠烈祠)를 세운 것에서도 알 수 있다.

충효 문화는 윗사람 중심 문화로 이어진다. 효나 충은 윗사람을 향한 덕

---

28 맹자는 인의예지(仁義禮智)를 측은히 여기는 마음[惻隱之心(측은지심)], 부끄럽고 미워할 줄 아는 마음[羞惡之心(수오지심)], 양보하는 마음[辭讓之心(사양지심)], 옳고 그름을 가리는 마음[是非之心(시비지심)]이라 하였다.

29 효(孝)는 한국 불교에서도 중시하였다. 일찍이 신라 진평왕 때 승려 원광(圓光)이 화랑에게 일러 준 세속오계에 사친이효(事親以孝, 효도로써 어버이를 섬긴다)를 강조한 것은 불교에서도 효를 중시함을 보여 준다.

목인데 한국 사회에서는 윗사람을 향한 덕목인 충이나 효만 매우 강조해 왔다. 이러한 문화의 배경에는 인간도 동물과 같이 감성적으로 "내리사랑은 있어도 치사랑은 없다."는 생각이나 "고슴도치도 제 새끼는 귀여워한다."는 생각이 깔려 있기 때문일 것이다. 즉, 인간의 감성으로 볼 때 내리사랑만 있고 치사랑이 없는 인간 사회는 동물 사회와 다를 게 없다고 생각한 것이다. 그리하여 이를 극복하는 방안으로 감성적으로 보아 인간에게도 없는 치사랑을 대체한 마음가짐인 충과 효가 필요하다고 보고 이를 아랫사람이 윗사람을 향해 지녀야 할 덕목으로 여기면서 가꾸어 온 문화가 곧 충효 문화라 할 수 있다. 세습적인 왕정 시대에서는 충효 문화가 주요한 삶의 덕목이었지만 민주주의가 도입된 현대 사회에서는 충효 문화 가운데 '효'만 남고 '충'은 거의 사라졌다. 아래 예는 현대 사회에서도 많은 사람들이 주고받는 효와 관련된 표현들이다.

그 집 아들은 망나니인데 딸은 효녀라더라, 못난 놈 조상 탓 한다더니 불효막심한 놈, 잘난 놈은 부모 안 돌보고 속 썩이던 놈이 효자 노릇 한대, 살아 있을 때 효도해야지 죽고 나서 효도한들 무슨 소용이야, 굽은 소나무 선산 지킨다 등

유교 문화에서 비롯된 윗사람 중심 문화에는 경로(敬老) 문화도 있다. 그런데 윗사람 중심 문화인 경로 문화는 젊은 사람에게 요구되는 문화이기 때문에 현대에 들어 비판되기도 한다. 아마 상대적으로 나이 든 사람이 갖추어야할 덕목은 소홀히 한 채 젊은 사람에게만 일방적으로 경로(敬老)를 요구하기 때문일 것이다. 즉, 젊은 사람에게만 경로하기를 바라고 나이 든 사람이 어른답게 공경 받을 만한 처신을 하지 않고 권위만 부린다고 여겼기 때문이다.

유교 문화에서의 경로 문화 뒤에는 나이 든 사람이 어른답게 행동하는 유교의 많은 덕목이 따른다. 아래 예는 윗사람 중심 문화가 반영된 표현들이다.

그래도 그 놈은 어른을 알아보더라, 젊은 사람이 버릇없이 경로석에 앉아 있더라, 효성이 지극하면 조상이 돌본다, 어른 말 잘 들어 손해 보는 일 없다, 어른 잘 들으면 자다가 떡이 생긴다, 제사를 지내는 것도 효를 실천하는 것이다, 찬물도 순서가 있다, 동생이 형보다 먼저 장가들면 집안 망한다, 어른이 애같이 논다, 어른다운 데가 없다 등

유교 사상이 반영된 문화에서는 형식을 중시한다. 이는 유교의 덕목 가운데 예(禮)를 중시한 것과 관련이 있다. 유교를 발전시킨 순자(荀子)는 유교의 덕목인 인의예지신(仁義禮智信) 가운데 예(禮)을 중시했는데 이는 예[形式]를 중시해야 인간 사회의 질서[內容]를 바로 세울 수 있다고 여겼기 때문이다. 유교 문화의 영향을 많이 받은 관혼상제 문화에서 지나칠 만큼 형식이 복잡한 것으로 보이는 것도 복잡한 형식이 내용을 만들어 낸다고 여겼기 때문이다.

형식을 중시하는 유교 문화를 수용한 한국 사회에서는 체면을 중시한다. 그래서 '체면이 {서다, 깎이다, 손상되다}'나 '체면을 {차리다, 지키다, 세우다}'에서와 같이 체면은 유지하고 보호해야 하는 것으로 여겼다.

체면(體面)이라는 말은 '특정 신분으로 남을 대할 때의 행위나 도리'라는 내용을 뜻하는데 체면이 이러한 뜻을 지니게 된 것은 형식인 체면(體面) 즉, '몸[體]과 얼굴[面]'이 내용인 '특정 신분으로 남을 대할 때의 행위나 도리'를 뜻하는 환유 표현으로 쓰였기 때문이다. 이러한 환유 표현이 생긴 것은 형식을 중시하는 문화 즉, 형식이 내용을 지배한다는 생각하는 문화에서 형성된 말

이다. 따라서 형식을 중시하는 한국 문화에서는 형식인 체면이 나면 체면[형식]을 가진 사람의 행위나 도리[내용]도 살아난 것으로 보게 된다. 이는 역으로 형식인 체면을 잘 드러내지 못하면 내용도 못 미치게 되는 것이다. '체면이 없다'라는 말은 형식[체면]에 따른 내용을 갖추지 못했음을 뜻하게 된다.

한국 사회에서 체면이 있는 사람은 체면[형식]에 맞는 내용[행위나 도리]를 행하고 체면이 없는 사람은 체면[형식]에 맞지 않는 내용으로 처신한다. 한국인에게 체면은 체면에 적절한 내용이 따를 때 형성되는 덕목이다. 따라서 한국인이 체면을 중시함은 한국인이 형식를 중시하되 내용을 갖춘 형식을 중시함을 뜻한다.[30] 그래서인지 한국인 체면에는 내용이 따라야 하는 것이라고 생각하고 체면을 지나치게 중시하기도 한다. 체면을 중시하는 이러한 생활 태도는 '체면 문화'라 할 수 있다. 아래 예는 체면을 지나칠 정도로 중시하는 한국인의 삶의 모습을 표현한 말들이다.

양반은 죽어도 겻불은 안 쬔다, 양반은 죽어도(물에 빠져도) 개헤엄은 안 친다, 새도 가지를 가려 앉는다, 대문이 가문, 큰 무당 있으면 작은 무당이 춤을 안 춘다, 내 체면을 봐서라도 그 애 좀 도와주어라, 체면 차리다 점심도 못 먹었다 등

그러나 한국 사회가 형식을 중시하는 사회이지만 지나치게 형식을 중시하다가 내용이 없이 형식만 내세우면 비꼼의 대상이 된다. 비꼼의 대상은 속[내용]이 빈 사람만이 아니다. 이미 정해진 형식을 다른 형식으로 위장하거

---

30 한국어의 'ㅇㅇ답다'라는 말은 형식[이름]에 맞는 내용[품성이나 성질]을 갖춘 것을 긍정적으로 평가할 때 쓰는 말인데 'ㅇㅇ답다'라는 말의 'ㅇㅇ'이 '형식에 맞는 내용[품성이나 성질]이 갖추어진 사람이나 사물'인 것도 형식에 적절한 내용을 갖춘 것을 매우 중시하는 한국 문화와 관련된 것으로 보인다.

나 치장한 사람도 비꼼의 대상이었다. 선생이 아닌 사람이 선생 흉내를 내는 것이나 격식에 어울리지 않게 행동하는 것은 모두 비꼼의 대상이었다. 형식에는 적절한 내용이 따라야 하는데 내용이 없이 형식만 내세우는 것을 비꼰 것이다. 아래 속담은 이를 비유해 표현한 것들인데 이러한 속담을 통해 유교 문화를 수용한 우리 사회가 체면이나 형식을 얼마나 소중히 여겼는가를 알 수 있다.

상놈에 구레나룻, 비단옷 입고 밤길 걷기, 개발에 편자, 돼지발톱에 봉숭아물, 갓 쓰고 자전거 탄다, 도포 입고 논 썰기, 중 머리에 빗 등

그런데 형식을 중시하는 유교 문화는 근대화 과정을 거치면서 우리 사회에서 점차 소멸되어 가고 있다. 아마 현대 한국 사회에서 유교 문화가 비판을 받는 것도 지나치게 형식에 매달리다 보니 유교 문화의 형식이 현대 한국인에게 허례(내용이 없는 형식)로 비쳐진 것이 크게 작용했다고 할 수 있다.

1.6. 기독교 사상

기독교의 전래는 서양 문화의 수입과 직결되어 있다. 한국의 기독교는 구교(舊敎)와 신교(新敎)로 구분되는데 일반적으로 구교는 천주교 또는 가톨릭교라 하고, 신교는 기독교라 한다. 그리고 천주교 신자들이 집회를 갖는 곳을 성당(聖堂), 기독교 신자들이 집회를 갖는 곳을 교회(敎會)라 한다. 천주교는 1700년대(조선 정조 때) 실학과 더불어 수입되었고,[31] 기독교는 100년쯤 후인 1885년 선교사 언더우드와 아펜젤러에 의해 본격적인 선교(宣敎)가 이루어졌다.[32]

기독교 사상의 가장 두드러진 특성은 절대자인 하나님 아래 모든 사람은 평등하다는 것이다. 이러한 사상은 기존의 유교 사상과 배치되는 것이라서 천주교가 수입된 이후 대원군에 이르기까지 박해가 네 차례 있었다. 천주교가 조상 제사나 신분제를 타파하고 오직 천주인 하나님을 섬기기 때문이었다. 그러나 이러한 박해를 받으면서도 기독교는 우리 사회에 점차 확대되어 2017년 기독교 인구가 전체 인구의 27%를 넘어서 한국의 제1 종교로 자리를 잡았다는 보고가 있기도 하다.

한국 기독교가 위와 같이 짧은 기간에 정착해 번창하게 된 데는 기독교 사상이 불교 사상이나 유교 사상과 다르기 때문이기도 하지만 기독교 문화와 함께 수입된 서양의 선진 문화를 선호했기 때문이기도 하다. 현실적으로 불교 사상은 출가해(속세를 벗어나) 고행해야 득도(得道)의 경지에 이를 수 있는 것이라 쉽게 접근하기 어렵고, 유교 사상은 남녀 차별이나 권위주의에 대한 거부 반응을 일으키게 하는 문제가 있다. 이에 비해 기독교 사상은 하나님의 복음이 '사랑'을 내세운 것이라 어렵지 않게 접근할 수 있고 만인의 평등을 내세우니 남녀나 신분에 구애받지 않는다는 점이 기독교가 번창하게 되는 요인으로 작용했을 것이다. 그리고 기독교와 함께 들어온 실학이나 의학 등은 성리학과 같은 심오한 철학과 달리 일반인의 실제 삶에 유용한 것이어서 기독교를 선호하게 되었다고 할 수 있다.

기독교 문화는 성경의 말대로 살아가는 생활양식이다. 기독교인들이 성당이나 교회에서 성경의 말을 따르고자 설교를 들으며 예배를 보는 것은 성

---

31 한국의 천주교는 '천주실의(天主實義)'가 소개된 후인 1784년(정조 8년)에 이승훈 등이 교회를 설립한 데서 시작된다고 볼 수 있다. 한국민족대백과사전(2011) 참조.
32 한국민족대백과사전(2011) 참조.

경의 말을 좇아 살아가기 위한 것이다. 예배는 주일예배로 일요일에 있지만, 예배 올리는 시간에 따라 아침예배, 저녁예배도 있고, 예배를 올리는 장소에 따라 구역에서 올리는 구역예배, 특정인의 집에 가서 올리는 심방예배 등도 있다. 그러나 예배는 언제 어디서 있든 모두 하나님을 찬양하고 하나님께 감사드리는 의식이다.

기독교인들은 사회 봉사활동도 솔선수범해 하는데 이를 위해 기독교인들은 교회나 성당에 십일조를 낸다. 과거에는 십일조를 가축이나 농작물 같은 재물을 바쳤다고 하나 오늘날은 거의 돈으로 낸다. 십일조는 사회 봉사활동을 포함한 자선 사업뿐만 아니라 성직자나 교회 직원의 급료, 건물 보수 등에 사용되기도 한다.

기독교인들이 만들어 가는 문화의 바탕에는 기독교의 평등사상과 박애 정신이 깔려 있다. 기독교의 평등사상과 박애 정신은 민주주의 사회를 형성해 가는 데 큰 역할을 하기도 하였다.[33] 현대 한국의 종교는 어떤 종교이든 기복(祈福) 종교적 성격을 띠고 있다. 기독교도 예외는 아니다. 아래 예는 기독교와 관련된 한국인의 생활 모습을 담은 말이다.

일요일에는 교회 가야 해, 수요일마다 우리 교회에서 목회가 있어서 나는 수요일 모임에 못 나와, 100일간 교회에 새벽 기도 간다, 기독교에서 세례를 받는다고 하는데 가톨릭에서는 영세를 받는다고 해, 기독교 집회 장소는 교회라 하고 가톨릭 집회 장소는 성당(聖堂)이라고 한다, 교인들이 이번 주에 교회 마당에서 바자회를 연대, 소득이 없는 노인은 십일조를 어떻게 내지? 등

---

33 기독교 사상은 평등사상이나 박애 정신 외에도 '정의 실현 정신'을 중시한다. 기독교의 '정의 실현 정신'은 한국 사회의 부정에 대해 비판적 역할을 하였다.

2. 통과의례(通過儀禮) 문화

의례에는 일정한 행위 양식을 갖춘 의식이 따른다. 이러한 의식은 신앙이나 사상과 밀접하게 관련되어 있다. 의례 가운데는 통과의례가 있다. 통과의례는 누구나 일생을 살아가면서 어떤 상태(사회적 위치 등)가 다른 상태로 바뀔 때 반드시 거쳐야 한다고 여기는 의례이다.

한국인은 대개 태어나면서부터 여러 통과의례를 거치는데 이들 통과의례에는 민간 신앙과 유교 정신이 많이 반영되어 있다. 아래에서 한국인의 통과의례를 민간 신앙에 바탕을 둔 통과의례와 유교 사상에 바탕을 둔 통과의례로 나눠 알아보기로 한다.

2.1. 민간 신앙 관련 통과의례

한국인의 통과의례인 출생, 백일, 돌, 생일에는 민간 신앙이 반영되어 있다.

2.1.1. 출생, 삼칠

아이가 태어나면 집 입구에 금줄을 친다. 금줄을 치면 가족 외에는 아무도 집 안으로 들어갈 수 없다. 외부인이 집안으로 들면 부정(不淨)을 타거나 아이에게 좋지 않다고 여기기 때문인데 요즘 관점에서 보면 산모와 아이의 건강을 보호하기 위한 조치이다. 금줄은 아이가 태어난 지 삼칠일(3주)이 되면 거둔다. 삼칠일(3주)이 되면 산모와 아이가 큰 위험에서 벗어난다고 생각하고 가까운 친척이나 이웃 사람들이 찾아가 축하한다.

금줄은 왼쪽으로 꼰 새끼에 생솔 가지와 숯을 끼운다. 남자 아이가 태어
나면 금줄에 고추를 덧보태어 끼운다. 숯을 끼우는 것은 숯이 부정(不淨)을
없애거나 해독을 하는 역할을 한다고 여겼기 때문이다. 고추는 남성을 상징
하는 것이다. 아래 예는 출생 관련 표현이다. 요즘은 금줄을 치지 않으니
삼칠일은 통과의례로 여기지 않는다. 많은 경우 이 기간에 산모는 산후 조
리원에서 지낸다.

> 앞 집 대문에 금줄을 단 걸 보면 그 집 큰 며느리가 둘째를 해산했나 봐, 금줄에
> 고추가 없는 걸 보니 딸 낳았나 봐, 산후 조리원 동기도 있대 등

2.1.2. 백일(百日)

아이가 태어난 지 100일이 되면[34] 백일 상을 차린다. 삼칠일이 지나 백일
이 되면 비로소 아이가 탈이 없이 건강하게 성장할 수 있는 단계에 이르렀
다고 생각하고 축하하며 무병장수를 기원한다. 백일에는 아침에 삼신[35]에게

---

[34] 한국인에게 100이라는 숫자는 정성을 다해야 이룰 수 있는 가장 큰 수이다. 그래서
'백일 상'이나 '백일기도'도 이와 관련되어 나온 말이다. 100의 고유어는 '온'인데 '온'
은 '온 종일', '온 동네', '온 나라'에서와 같이 '온'이 '전부'를 가리키기도 한다.

[35] 삼신은 출산 전 기자(祈子)의 대상이 되며, 출산을 하고 난 뒤부터 아이가 성장하기까
지 아이와 산모의 건강을 관장하는 신이다. 현재는 가족의 건강과 가정의 평안을
보살펴 주는 신으로 자리매김하고 있다. 이처럼 삼신은 생명의 탄생과 아이의 수명,
가족의 건강까지 보살펴 주는 신으로서 한 가정 내에서 다양한 성격을 지닌다. 한국민
속신앙사전(2011) 참조.
　삼신의 유래를 말해 주는 서사무가로 '제석본풀이(또는 당금애기무가)'와 '삼승할망
본풀이'가 있다. '제석본풀이'는 제석굿에서 구송되는 것으로 흔히 당금애기가 삼신이
되기도 하고 삼불제석이 삼신이 되기도 한다. '삼승할망본풀이'에서는 삼신할망이
어떻게 산육을 관장하게 되었는지 자세하게 밝히고 있다. 서사무가로 보면 삼신을
받드는 의례에는 민간 신앙에 불교 신앙이 곁들어 있다. 문화콘텐츠닷컴 참조.

삼신상을 차리고 산모는 삼신상의 쌀밥과 미역국을 먹는다. 백일에는 '백일상(床)'을 차린다.

백일 상에는 백설기와 수수팥떡을 올리는데 백설기는 장수(長壽)와 정결을 상징하고, 수수팥떡은 수수팥떡의 붉은색으로 축귀(逐鬼, 부정이나 재앙을 막음)를 상징한다.

100일에는 친척이나 친지와 함께 백일 음식을 나눠 먹는데, 이때 찾아오는 친척이나 친지는 선물을 주면서 축하해 준다. 백일 선물로는 아이에게 필요한 용품을 준다.

백일잔치에 초대 받았어, 백일 선물로 무엇이 좋을까?, 백일 상에 과일을 여러 가지 올리기도 한다 등

2.1.3. 돌

아이가 태어난 지 1주년이 되는 해를 돌이라 한다. 돌에는 1주년 기념으로 친인척을 포함한 많은 사람들을 초청해 돌잔치를 한다.

돌날 아침에는 백일 때와 같이 삼신할머니에게 삼신상을 차려 아이의 복을 기원한다. 돌잔치를 할 때는 아이에게 돌옷을 입히고 돌상을 차린다. 돌옷으로는 전통 한복을 입히고 돌상의 음식으로 떡과 과일뿐만 아니라 전이나 고기, 약과를 올리기도 한다. 돌상의 한쪽에는 아이의 장래를 알아보는 여러 물건을 진열해 두고 돌잡이를 시킨다.

돌상에 오르는 떡은 백설기, 찹쌀떡, 수수경단, 송편 등인데 백설기는 장수와 정결을 상징하고 찹쌀떡은 끈기와 힘을 상징하며, 붉은색의 수수경단

은 축귀를 상징하며, 송편은 내실(內實)을 갖춤을 상징한다. 돌잡이용으로 오르는 물건은 돈(엽전)이나 쌀, 실타래, 활, 붓(펜)이나 책 등인데, 아이가 돈이나 쌀을 집으면 부자가 될 거라고 생각하고 실타래를 집으면 장수를 누릴 것으로 생각하며 붓이나 책을 집으면 학자가, 활을 집으면 장수가 될 것이라고 생각했다.

> 아이한테 돌잡이를 시켰는데 아이가 엽전 뭉치를 잡더래, 돌상을 차리기 전에 삼신상부터 차린다, 돌잔치에 초대 받고 못 간다고 말하기 어렵더라, 이 떡은 옆집에서 돌린 돌떡이야, 돌상에 차린 떡이 높이가 엄청 높더라, 아이 돌에 할머니가 돌반지를 해 주셨다 등

2.1.4. 생일

돌이 지나고 생후 2주년 되는 해부터는 태어난 날을 생일이라 한다. 기성 세대에서는 생일을 음력에 따라 정하고 신세대에서는 양력에 따라 정한다. 어른의 생일은 생신(生辰)이라 한다.

생일에 생일상을 차리고[36] 생일 음식을 가까운 친척이나 이웃 사람과 나눠 먹는다. 생일상에는 반드시 찰밥과 미역국을 마련하고 이 밖에도 생일을 맞는 사람이 좋아하는 좋은 음식을 마련했다. 생일을 맞는 사람은 반드시 미역국을 먹어야 한다고 생각했는데, 미역국이 건강하게 해 준다고 여겼기 때문이다.[37]

---

36 한국인은 생일날을 '귀 빠진 날'이라고 하기도 한다. 사람이 태어날 때 머리부터 나오는데 귀가 나오면 머리가 다 나온 것으로 여기는 데서 비롯된 표현이다.
37 미역국은 생일을 맞이하는 사람뿐만 아니라 아이를 낳은 산모가 산후 조리를 할 때

애들 생일에는 미역국이나 올리면 되지, 처음 맞는 시아버지 생신에 뭘 가져가
야 할지 고민이다 등

위 의례는 민간 신앙에 뿌리를 둔 것인데, 이러한 의례들에는 출생을 신
성시하며 경건하게 대하는 민간 신앙이 담겨 있기도 하고, 친인척 간에 함
께 어울려 출생을 함께 축하하며 더불어 사는 집단의식(사회의식)을 중시하는
문화가 담겨 있기도 하다.

2.2. 유교 사상 관련 통과의례

한국인의 통과의례에는 유교 사상으로 더 형식화된 의례가 있다. 관혼상
제 의례가 이에 속한다. 유교 사상에서는 형식을 중시해 형식을 갖춘 의례
를 치르면 그에 담긴 내용이 잘 실현된다고 보아 관혼상제 의례가 더 형식
화된 것이라 할 수 있다. 아래에서 전통문화로 자리 잡은 관혼상제 의례에
대해 자세히 알아보기로 한다.

2.2.1. 관례(冠禮)

관례는 오늘날 성인식에 상응한다. 오늘날은 20살이 되면 성인으로 취급
하지만[38] 과거에는 15-20살에 성인으로 대우할 수 있을 정도가 되면 관례

먹는 음식이기도 한다. 현대 과학으로 보면 미역국이 철분이나 칼슘이 많아 뼈를
튼튼하게 하는 음식임과 관련된 것이라 할 수 있다.
38 민법에서는 만 19세가 되어야 성인으로 취급한다. 만 19세가 지난 성인이 되면 선거권
을 갖는다.

를 치러 성인으로 대우했다. 남자는 상투를 틀어 갓(冠巾)을 씌우는 의식을 중심으로 여러 가지 절차를 거치기 때문에 관례(冠禮)라고 하고, 여자는 쪽을 찌고 비녀를 꽂아 주는 의식으로 치르기 때문에 계례(笄禮)라고 한다. 이와 같은 관례 의식은 조선 시대에 『가례(家禮)』의 유입과 더불어 우리나라에 정착한 것으로 보인다.[39]

관례 의식에서는 술을 맛보는 의식과 덕망이 있는 빈자(賓者, 관례 때 남자에게는 머리에 관을 씌워 주고, 여자에게는 비녀를 꽂아 주는 의식을 맡은 사람)로부터 자(字)를 받는 의식이 있다. 의식을 거침으로써 흐트러짐이 없이 술을 마시는 예를 갖추게 하고, 이름을 소중히 하라는 뜻으로 자(字)를 지어 이름 대신 부르게 한다. 관례는 단발령으로[40] 상투가 없어진 이후 없어졌다. 근간에 성인의 날(5월 셋째 월요일)을 맞아 의고(擬古) 형식으로 관례가 치러지기도 한다.

관례는 성인을 미성인과 구별하는 의식인데 한국 문화에서는 관례와 관련해 성인을 대우해 주는 특성이 있다. 성인을 대우하는 한국 문화의 특성은 국어 문법에서도 확인할 수 있다. 첫째, 아랫사람이 성인이 되면 '하게' 체 문말어미를 사용한다.[41] 둘째, 성인이 된 아랫사람은 이인칭 대명사로

---

39 ≪고려사≫에는 광종·예종·의종 때에 왕태자의 관례를 행한 기록이 있어 고려 시대에도 유교에 따른 관례가 있었던 것으로 보이나 대개 『가례』는 조선조 세종 때에 정립된 것으로 본다.

40 김홍집 내각은 을미사변(乙未事變) 이후 1895년(고종 32) 1월 1일을 기하여 양력을 채용하는 동시에 단발령(머리를 깎게 하는 명령)을 내렸다. 한국에는 머리를 소중히 여기는 전통이 있었는데, 단발령은 신체발부(身體髮膚)는 부모에게서 받은 것이니 감히 훼상(毁傷)해서는 안 된다는 유학의 '효' 사상에 어긋나는 것이므로 당시 많은 선비들은 "손발은 자를지언정 두발(頭髮)을 자를 수는 없다."라고 분개하여 단발령에 완강하게 반대하였다.

41 '하게'체 문말어미는 평서형에서는 '-네', 의문문에서는 '-는가', 명령형에서는 '-게', 청유형에서는 '-세'가 실현되는데 현대어에서는 이러한 문말어미가 사라져 가고 있

'너' 대신 '자네'로 가리킨다. 이는 상대가 아랫사람이라도 성인이 되면 '자네'로 대우해 표현함을 가리킨다. 셋째, 성인에게도 부름말도 달리한다. 자식도 미성인일 때는 이름으로 부르지만 결혼을 해 성인이 되면 '○○아비/○○어미'로 부르고 결혼해 성인이 된 여자들을 '○○댁'이라 부르는 것도 성인된 사람을 대우해 부르는 것이다. 황병순(2017)에서는 이와 관련된 국어 부름말 유형의 체계를 아래 〈표 5〉에서와 같이 8유형으로 기술하였다.[42]

〈표 5〉 국어 부름말 유형의 체계

'지칭어'형	'지인 지칭어'형 [+지인]	'특정인 지칭어'형 [−윗사람]	[−변이형]	'고유명사'형
			(성인됨에 따른) [+변이형]	'준(準)고유명사'형 [−친족]
				'간접 지칭어'형 [+친족]
		'관계어'형 [+윗사람]	'친족어'형 [친족]	
			'직함어'형 [직장]	
	'일반인 지칭어'형 ('보통명사'형) [−지인]			
'비지칭어'형 ('지칭어 생략'형)	'요청'형 [+강한 의지]			
	'주의 끌기'형 [−강한 의지]			

다. 이는 성인 대우 문화가 사라져 감과 관련된 것이다.

42 〈표 5〉에 기술된 국어 부름말 유형의 체계는 국어 부름말이 다양한 이유를 설명하기 위한 것이다. 실제 오늘날에는 부름말이 위와 같은 용법으로 분화되어 사용되지 않는다. 오늘날에는 성인을 구분하는 부름말도 쓰이지 않을 뿐만 아니라 친척을 부를 때 사용하는 친척관계말이 남(일반인)을 부를 때도 사용되고 있다. 상대를 친척관계말이나 직함어(職銜語)로 자신과 관계 지어 상대와 친하게 지내거나 도움을 주고받으며 지내고 싶은 심리가 반영되었기 때문일 것이다.

① '고유명사'형: [+지칭어, +지인, −윗사람, −변이]

　예) 영수야, 김 군, 김 선생, 김 과장 등

② '준(準)고유명사'형: [+지칭어, +지인, −윗사람, +변이[43], −친족]

　예) 호, 자, 택호 등

③ '간접 지칭어'형: [+지칭어, +지인, −윗사람, +변이, +친족]

　예) ○○애비야, ○○에미야 등

④ '친족어'형: [+지칭어, +지인, +윗사람, +친족]

　예) 아버지, 어머니, 형, 오빠 등

⑤ '직함어'형: [+지칭어, +지인, +윗사람, +직장]

　예) 선생님, 사장님, 과장님 등

⑥ '보통명사'형: [+지칭어, −지인]

　예) 학생, 총각, 어르신 등

⑦ '요청'형: [−지칭어[44], +강한 의지]

　예) 이봐, 여보게, 여보세요 등

⑧ '주의 끌기'형: [−지칭어, −강한 의지]

　예) 어이, 여기요, 저기요 등

위 부름말 유형 가운데 성인됨과 관련된 부름말은 '준고유명사'형과 '간접 지칭어'형 부름말인데 이들 부름말은 상대가 비록 윗사람이 아니라도 성인이 되고 나면 미성인일 때와 다르게 성인으로 대우하는 말이다.

그런데 오늘날에는 성인을 대우하는 이러한 부름말('준고유명사'형 부름말이나 '간접 지칭어'형 부름말)이 거의 사용되지 않는다. 이는 곧 우리 사회에 성인과 미

43　[+변이]는 성인이 된 아랫사람에게 '고유명사'형의 성이나 이름 대신으로 변이된 호나 간접 지칭어를 부름말로 쓰는 것을 가리킨다. 이에 대한 상론은 황병순(2017) 참조.

44　[−지칭어]는 ⑦이나 ⑧의 부름말과 같이 지칭어가 아닌 말이 부름말로 쓰인 경우를 가리키기 위한 것인데, 이러한 부름말은 지칭어가 생략된 부름말이다. 황병순(2017) 참조.

성인을 구별하는 문화가 소멸되어 감을 가리킨다. 지금도 매년 5월 셋째 월요일을 성년의 날로 지정해[45] 기념하고 있으나 의고적 성격이 강하다. 그런가 하면 '친족어'형이나 '직함어'형도 '보통명사'형으로 불러야 할 사람(아는 사이가 아닌 사람)을 부를 때 사용하고 있다. 모르는 남이지만 친족처럼 친하게 대하고 싶은 심리나 직장의 윗사람처럼 대우하고자 하는 심리가 반영되었기 때문일 것이다. 아래 예는 현대 사회에서 사용되는 부름말의 실상이다.

> 성년의 날에 성균관에서는 전통 격식에 따라 성년례를 치른다, 대학생이 되니 교수님이 나를 '자네'라고 부르더라, 요즘은 망측하게 시부모가 며느리를 부를 때 며느리 이름을 부르는 사람도 있어, 성인을 대우하는 말이 따로 없으니 성인이 돼도 철이 없어, 조그만 애가 나를 할머니라 부르잖아, 적절한 부름말이 없어서인지 '저기요'라고 부르더라, 백화점에 가니 나를 사장님이라 부르더라 등

2.2.2. 혼례(婚禮)

혼례는 살아 있는 동안에 갖는 의례 가운데 가장 의미가 큰 의례라 할 수 있다. 혼례를 거친 후 삶의 방식이 가장 많이 바뀌기 때문이다. 전통 혼례는 유교의 이념이 반영되어 있는데 실용적인 것을 중시하는 오늘날의 관점에서 보면 매우 형식을 중시하는 이념이 반영되어 있다. 그래서 전통 혼례를 허례라고 하기도 했다.

오늘날에는 전통 혼례의 절차대로 혼례를 치르는 경우는 거의 찾아보기

---

45 1973년과 1974년에는 4월 20일에 성년의 날 기념행사를 하였으나, 1975년부터는 '청소년의 달'인 5월에 맞추어 날짜를 5월 6일에 성년의 날 기념행사를 하였다. 그러다가 1984년에 날짜를 바꿔 현재와 같이 5월 셋째 월요일에 성년의 날을 기념하고 있다.

어렵다. 그러나 전통 혼례는 반세기 전까지 우리 사회에서 시행된 의례이고 지금의 혼례에도 전통 혼례 절차의 일부가 남아 있다.

전통 혼례는 형식적 절차가 복잡하다고 하지만 그 속에는 혼례가 지닌 의의가 담겨 있다. 아래에서 전통 혼례의 절차를 살펴봄으로써 혼례 절차가 지닌 의미와 혼례가 지닌 문화적 특성에 대해 알아보기로 한다.

(가) 전통 혼례의 절차

전통 혼례의 절차는 청혼에서 허혼까지 아래와 같은 육례(六禮)를 거친다.

① 납채(納采): 신랑 집에서 신부 집에 혼인을 구함
② 문명(問名): 혼인을 정한 여자의 장래 운수를 점칠 때에 그 어머니의 성씨를 물음 등의 절차
③ 납폐(納幣): 사주단자[46]의 교환이 끝난 후 정혼이 이루어진 증거로 신랑 집에서 신부 집으로 예물을 보냄
④ 청기(請期): 신랑 집에서 신부 집으로 예물을 보낸 뒤에 신랑 집에서 혼인날을 택하여 그 가부를 묻는 편지를 신부 집에 보냄
⑤ 납길(納吉): 신랑 집에서 혼인날을 정해서 신부 집에 알림
⑥ 친영(親迎): 신랑이 신부의 집에 가서 신부를 직접 맞이함

육례를 거친 후에는 정한 날에 혼례상을 차리고 혼례를 치른다. 혼례상에는 사철 푸른 나무를 꽂은 화병과 밤, 대추, 닭(암수), 맑은 술(청주)을 올린다.

---

46 납폐 때 신랑 집에서 신부 집으로 보내는 예물 등을 담은 것을 '함'이라고 하는데, 함에는 사성(四星)과 채반(신부 옷감)과 혼서(婚書)가 담겨 있다. 사성은 신랑이 출생한 연(年), 월(月), 일(日), 시(時)의 사주를 적은 간지(簡紙)인데 사주단자(四柱單子)라고도 한다.

혼례상이 차려진 후에 신랑 신부가 마주 서고 혼례식이 거행된다.

혼례날 신랑은 신부 집 가까이에 도착하면 대반(對盤, 전통 혼례에서 신랑이나 신부 또는 후행(後行) 온 사람을 옆에서 접대하는 일. 또는 그 일을 맡은 사람)의 안내에 따라 정반(대기실)에서 머물다가 가져간 의관(衣冠, 紗帽冠帶)을 갖추고 상객(上客)과 함께 혼례식장에 간다. 신부는 머리를 올려[47] 비녀를 꽂은 후 혼례복(활옷과 족두리)을 입고 혼례식을 갖는다. 신부가 절을 할 때는 항상 옆에 대반이 따른다.

혼례식은 홀기(笏記, 식순)에 따라 혼례식을 진행한다. 혼례식에서는 신랑이 혼례상에 전안례(奠雁禮, 신랑이 나무로 만든 기러기를 가지고 혼례상 위에 놓고 절을 함)를 올린다. 그리고 신랑이 북향재배(결혼 신고)를 하고 이어 신랑과 신부가 맞절(交拜)을 한 후 교배주를 나눈다. 이때 술잔을 신랑은 상 위로, 신부는 상 아래로 대반이 전달한다. 이 세 절차를 전안례(奠雁禮), 교배례(交拜禮), 합근례(合졸禮)라 한다.

결혼 후 신부는 시가(媤家)에 가서[48] 폐백을 하고[49] 며칠 묵은 후 근행(覲行)을 와서[50] 다시 본가에 부모님을 뵈며 일정 기간 지내다가 다시 시가로 간다. 아래 예는 지난날 전통 혼례와 관련해 써 오던 혼례 관련 표현들이다.

그 집 혼인날 [받았대, 잡았대], 큰애 언제 반정 오니?, 상객으로 온 분은 신랑 숙부란다, 신랑 상객이 엄청 젊더라, 혼례상 화병(花瓶)에는 사시(四時) 푸른 대나무

---

47 신부가 혼인을 할 때 머리를 올리고 비녀를 꽂기 때문에 여자가 혼을 하는 것을 '머리 올린다'고 한다.

48 혼인한 후 처음 시가에 가는 것을 '신행(新行)간다'고 한다.

49 시가에 신행 가면 폐백(엿, 대추, 곶감, 밤 등)을 가지면서 시가 어른에게 인사를 올린다.

50 신부가 친정 부모님을 뵈러 오는 것을 근행(覲行)온다고 한다. 신부의 근행 기간은 형편에 따라 길게는 1년간 친정에서 보낸다. '근행(覲行)온다'는 말을 '반정(反庭)온다'고 하기도 한다.

나 측백나무 가지를 꽂아, 혼례식에서 신랑이 웃으면 첫딸 낳는다고 놀려 등

(나) 혼례의 특성

전통 혼례에 담긴 문화 특성은 여러 가지이다. 첫째, 집단 문화적 특성을 드러낸다. 혼인이 있으면 친인척은 상부상조한다는 뜻에서 부조를 했는데 오늘날과 달리 혼례 때 사용할 현물(現物)을 보냈다. 둘째, 형식을 중시하였다. 혼례에 이르기까지 여러 절차(형식)을 두어 혼인이 지닌 의미를 중요하게 하였다. 즉, 여러 절차를 거침으로써 어른이 되는 사람은 무거운 책임을 지는 존재임을 일깨우고자 하였다. 셋째, 전통 혼례에도 어른 중심 문화가 반영되어 있다. 결혼은 단순히 젊은 남녀가 만나 가정을 꾸리는 것이 아니라 가문과 가문의 만남이었다. 그래서 전통 혼례에는 결혼할 사람이 상대를 만나 선정하는 것이 아니라 부모들이 가문의 가풍을 보고 결혼할 자식의 배필(配匹)을 정해 주었다. 넷째, 전통 혼례에는 친척 중심 문화가 반영되어 있다. 전통 혼례의 혼례식은 친척들이 모두 모여 신부집에서 치렀다. 전통 혼례는 친척들이 모이는 큰 잔치이어서[51] 혼례가 있기 전이나 끝난 뒤에도 친척들이 신부집에 며칠 머물기도 했다.

위와 같은 전통 혼례는 해방 이후에도 시행해 왔으나 오늘날에는 이러한 전통 혼례가 없어졌다. 오늘날 혼례는 전통 혼례와 여러 면에서 차이가 있다. 첫째, 오늘날 혼례는 지난날과 같이 육례를 거치지는 않는다. 둘째, 오늘날 혼례는 전문 예식장에서[52] 치르고 그곳에서 모든 것을 끝낸다. 친척들

---

51 그래서 지난날에는 결혼을 '큰일'이라 부르고 결혼식을 치르는 것을 '큰일 치른다'고 하였다.

도 예식장에서 혼례가 끝난 후에 헤어진다. 셋째, 전통 혼례에는 친척들이 참여했으나 오늘날 결혼은[53] 친척보다 친지들이 더 많이 참여한다. 넷째, 혼례식은 성인이 됨에 무게를 두기보다 성인이 됨을 축하하는 데 무게를 두는 경향이 있다. 혼례 전에 참여자들은 신랑이나 신부에게 축하 인사를 하고 신랑과 신부는 의식을 마치면 곧장 즐거운 마음으로 신혼여행을 간다.

전통 혼례와 오늘날의 혼례가 위와 같은 차이는 있지만 오늘날 혼례에도 전통 혼례의 절차가 수용되어 있다. 오늘날에도 결혼하기[54] 전에 신부 집에 사주단자와 함께 함을 보내고 이어서 신부 집에서 결혼 날을 받아(택일해)[55] 신랑 집에 혼수를 보낸다.[56] 그리고 결혼식을 마친 후에 폐백을 한다. 오늘날 결혼의 이러한 절차는 전통 혼례 절차를 수용한 것이라 할 수 있다.

오늘날 결혼식을 포함한 결혼 절차는 전통 혼례의 절차에 비하면 많이 단

52　전문 예식장에서 결혼하는 것은 농촌보다 도시에서 먼저 시작되었는데 이는 전문 예식장이 주로 도시에 소재하고 도시의 주택에 결혼식을 치를 만한 공간이 없기 때문일 것이다.

53　전통 혼례가 이루어지던 때 '결혼'을 '혼인'이라고 했다. 이 글에서는 이를 반영해 전통 혼례에 관해 말할 때에는 '혼례', '혼인(날)'이라 하고 오늘날의 혼례에 관해 말할 때에는 '결혼(식/날)'이라고 했다.

54　지난날에는 남녀가 부부 관계를 맺는 것을 '혼인'이라고 했으나 오늘날에는 '결혼'이라고 한다.

55　과거 전통 혼례에서는 신랑 집에서 혼인날을 잡아 신부 집에 보내면 신부 집에서 최종으로 확정해 주었다.

56　혼수는 일찍이 데릴사위일 때는 신랑이 신부 측에 가져가는 물건이었는데 신부가 신랑에게 '시집 간다'고 한 후로 신부가 신랑 측에 가져가는 물건이다. 전통 혼례를 따를 때는 신부가 옷감을 중심으로 생활에 필요한 물건을 혼수로 마련해 갔는데 요즘은 가전 제품뿐만 아니라 침대를 포함한 가구를 혼수로 마련하고 심지어는 시부모를 위한 값비싼 물건을 혼수로 마련하기도 한다. 전통 혼례에서 신부가 직접 수(繡)를 놓아 마련한 물건(베개나 방석의 덮개, 밥상보 등)을 혼수로 가져가던 시절에 비하면 오늘날 혼례에서의 혼수는 신부 측에 부담이 될 정도로 지나치다고 할 수 있다.

순해졌다.[57] 대개 결혼 날짜가 정해지면 결혼식장(전문 결혼 예식장, 야외, 호텔, 교회 등)을 정하고 청첩장을 만들어 친지들에게 보내 결혼식이 있음을 알린 후에 정해진 날에 친척과 친지들의 축하 속에 결혼식장에서 결혼식을 갖는다. 결혼식장에서의 절차(식순)는 '개식 선언 → 주례자 소개 → 촛불 점화(양가 어머니) → 신랑 입장(손님을 향해 오른쪽에 서서 신부 맞을 준비) → 신부 입장(신부가 아버지와 함께 오면 신랑이 내려가 신부 아버지에게 인사하고 신부와 함께 주례자 앞에 섬) → 신랑·신부 맞절 → 혼인 서약 → 성혼 선언 → 주례사 → 양가 부모에게 인사 → (축)하객에게 인사 → 신랑·신부 행진 → 폐회 선언 → 기념사진 촬영' 순서로 진행된다. 그리고 예식이 끝난 뒤에는 하객에게 음식을 대접한다. 이때 신랑과 신부는 폐백실에서 신랑 부모와 가까운 친척에게 폐백을 한다.

　오늘날 한국의 결혼식은 비교적 짧은 시간 안에 이뤄진다. 그러나 오늘날 결혼식도 집단 문화의 성격을 드러낼 뿐만 아니라 다소 퇴색되어 가고 있지만 결혼이 매우 무거운 책임을 지는 의식임을 드러내는 의례라는 점은 전통 혼례와 차이가 없다. 결혼식에 많은 친척과 친지들을 초청하고, 이들 모두가 결혼식장에 와서 결혼을 축하하는 것은 결혼이 둘만의 만남이 아니라 여러 친지들 앞에서 부부로 살겠음을 선언하는 것으로 매우 엄중히 받아들여야 하는 의식임을 드러낸 것이라 할 수 있다. 아래 말들은 우리의 혼례 문화와 관련해 흔히 듣는 표현들이다.

　○○댁에 섣달 초이렛날에 큰일(결혼식) 치른대, 우리는 부조로 묵을 쒀 보냈다, 전통 혼례에는 주례사가 없어, 폐백은 신랑 측 어른에게만 있니?, 신부가 혼수

57　결혼식을 갖기 전에 약혼식을 갖기도 한다.

로 시숙부에게 드릴 예물도 마련해야 해?, 지난날에는 신부가 직접 수를 놓은 식탁보를 혼수로 가져가기도 했다, 요새는 예단 대신 돈만 보내기도 한대, 폐백이 끝나면 바로 하와이로 신혼여행 간대, 결혼식 때 신랑은 연미복을 입고 신부는 웨딩드레스를 입어 등

2.2.3. 상례(喪禮)

생로병사라는 말처럼 늙고 병들면 언젠가 죽기 마련이다. 인간이 죽음에 대처하는 의례는 그 시대의 사회가 수용하고 있는 사상에 따라 다르다. 우리 문화에서는 상례(喪禮)에 여러 사상(민간 신앙, 유교 사상, 불교 사상, 도교 사상)이 담겨 있다. 이 가운데 우리의 전통 상례 문화에는 유교 사상이 가장 많이 반영되어 있다.

유교 사상에서 상례는 많은 절차를 거치는데 그 배경에는 부모의 죽음이 자식의 불효 때문이라는 생각이 깔려 있다. 그래서 상례를 치르는 동안 돌아가신 분에게 여러 절차로 정성을 들여 살아 있을 때 다하지 못한 효를 실천해야 한다고 여겼다.

현대 사회는 핵가족 사회이고 산업 사회이며 도시 중심 사회이다. 이러한 현대 사회에서 전통 상례에 따라 상례(喪禮)를 치르기에는 상례 기간(3년상)이 지나치게 길고 상례를 실천하기가 현실적으로 거의 불가능하다. 현대 사회의 상례는 지난날 전통 상례에 비해 매우 간소화되었다.

오늘날 한국 사회에서는 장례가 장례식장에서 비교적 간단하고 편리한 절차에 따라 치러지고 있다. 그러나 장례식장에서 치르는 장례도 절차는 간편해졌지만 장례에 담긴 의미는 전통 장례에서 벗어나지 않았다. 그래서 한

국의 전통문화로서의 상례를[58] 알아보기 위해서는 전통 상례의 절차와 문화 특성을 알아볼 필요가 있다. 아래에서 전통 상례의 절차와 문화 특성에 대해 차례로 알아보기로 한다.

(가) 전통 상례의 절차

장례를 포함한 전통 상례의 절차는 다음과 같다.

① 고복(皐復)

혼을 부르며 죽음을 알림. 고복을 하면서 사잣밥(使者-)[59]을 올리기도 한다.

② 부고(訃告)

호상인(護喪人)[60]이 부고(죽음을 알리는 글)로 친지에게 죽음을 알림. 부고의 내용은 죽은 사람, 죽은 날, 호상인, 호상소, 발인, 장지 등이다.

③ 수시(收屍)

시신을 수의(壽衣, 주로 명주옷)[61]로 갈아입히고 베나 이불 따위로 싸 거둠. 이를 염습(殮襲) 또는 염(殮)이라고도 한다.[62]

---

58 장례(葬禮)는 장사(葬事) 지내는 일에 따르는 예(禮)이고 상례(喪禮)는 장사 기간을 포함해 상중(喪中)에 치르는 예(禮)이다. 장례가 3~7일장 안의 예(禮)라면 상례는 3년상 안의 예(禮)이다.

59 사잣밥(使者-)은 초상난 집에서 죽은 사람의 넋을 부를 때 저승사자에게 대접하는 밥을 일컫는다.

60 호상인(護喪人)은 상(喪)을 보호하는 사람이란 뜻인데 대개 자식이 아닌 친족이 호상인이 된다. 죽음을 알리는 부고는 호상인의 이름으로 보낸다. 자식은 자신의 부모가 죽었음을 알리는 것이 죄스러운 짓이라고 여겨 호상인(친족)이 대신 알린다.

61 환갑잔치를 하던 시절(오래 살지 못하던 시절)에는 수의(囚衣)를 환갑 때 미리 준비하기도 한다.

62 염(殮)할 때 반함(飯含)을 한다고 말을 쓰는데 반함은 염습할 때에 죽은 사람의 입에 구슬이나 쌀을 물리는 행위나 절차를 가리킨다. 그리고 수시할 때 보통 때와는 반대로 남자는 왼손을 위로, 여자는 오른손을 위로 향하게 한다.

④ 입관(入棺)

시신을 관 속에 넣음. 입관을 할 때 관 속에 망자의 옷을 함께 넣는다. 과거에는 자식이 모두 온 후 염을 해 입관했으나 오늘날에는 사망 확인 증명 후에 입관을 한다. 입관하기 전에는 상복을 갖추어 입지 못하고 입관한 후에 상복[63]을 입고 조문(弔問)을 받는다.

⑤ 조문(弔問)

입관하고 상복을 한 뒤에는 친척과 친지의 조문을 받는다. 조문객이 만장(輓章)[64]을 가져오기도 한다. 상가에서는 조문객에게 간단한 음식을 대접한다.

⑥ 발인(發靷)

조문이 끝난 다음날 천구(遷柩, 시체를 담은 관을 밖으로 내가려고 옮김)하여 상여가 장지(葬地)로 가기 위하여 집에서 떠남 또는 그런 절차. 이때 발인제를 지낸다. 상여꾼들이 상여를 메고 가면서 상여가를 부르고 장지로 가는 중에 노제(路祭)를 지내기도 한다. 여자들은 발인제만 참석하고 장지에 가지 않고 삼우제 때 장지에 간다.

⑦ 개토제(開土祭)

상여가 장지에 이르러 흙을 파기 전에 지내는 일종의 산신제. 개토제를 지낸 후 봉분(封墳)한다(무덤을 쌓는다).[65]

⑧ 하관(下棺)

봉분 과정에 관을 무덤 속으로 내려(하관하여) 명정(銘旌, 죽은 사람의 관직과 성씨 따위를 적은 기)을 관 위에 올리고 무덤을 만든다. 이때 죽은 사람의 애용품과

---

63 상복을 입는 사람을 유복자(有服者)라고 한다. 상복은 유복자(有服者)들의 친소원근(親疏遠近)과 존비(尊卑)의 신분에 따라서 다섯 가지의 상복(참최(斬衰)·자최(齊衰)·대공(大功)·소공(小功)·시마(緦麻))으로 구분되었다고 하나 점차 변하여 상주만 굴건제복을 하다가 근간에는 굴건 없는 상복에 완장을 두르는 식으로 바뀌었다.
64 만장(輓章)은 죽은 이를 슬퍼하여 지은 글이나 그 글을 비단이나 종이에 적어 기(旗)처럼 만든 것을 가리키는데 만장기는 상여 뒤에 들고 따라간다.
65 봉분하면서 상여꾼들이 '달구야'라는 노래를 부르기도 하는데 이 노래의 '달구'는 땅을 다지는 기구이다.

노자(路資, 먼 길을 떠나 오가는 데 드는 비용)를 함께 넣기도 한다. 하관을 할 때는 상주가 먼저 관 위에 흙을 넣는다.

⑨ 평토제(平土祭), 성분제(成墳祭)

봉분 과정에 평토제(平土祭)와 성분제(成墳祭)를 지내는데 평토제는 무덤이 주변과 같은 높이로 될 때 지내고, 성분제는 무덤이 완성된 뒤에 지낸다.

⑩ 반혼제(返魂祭)

묘소 반혼제(죽은 사람의 혼을 부르는 제사)를 지내고 집에 돌아와 혼을 모신 빈소를 차린다. 반혼제를 지내면 장례가 끝난다. 장례 기간은 길게는 7일, 짧게는 3일이다.

⑪ 삼우제(三虞祭)

집에 돌아와 빈소를 차린 후 우제(虞祭)를 지낸다.[66] 우제는 위령제(慰靈祭)인데 세 번(초우, 재우, 삼우) 지낸다. 초우는 반혼제를 지내고 돌아와 해가 지기 전에 지내고, 재우와 삼우는 묘소에 가서 지낸다. 여자들은 재우나 삼우 때 묘소에 간다.

⑫ 삭망제(朔望祭)

빈소를 차린 후 탈상을 할 때까지 죽은 사람을 산 사람과 같이 정성을 다해 모시기 위해 매달 초하룻날과 보름날에 간략하게 음식을 올리고 제사를 지낸다.

⑬ 탈상(脫喪)

상례를 마치는 것을 탈상이라 하는데 전통적으로 삼년상(초상, 소상, 대상)을 치른 후 상례를 끝낸다. 장례를 치르는 것이 초상이다. 소상은 죽은 지 만 1년 되어 지내는 제사이고, 대상은 죽은 지 만 2년 되어 지내는 제사이다.

산업화 이후 장례 문화도 많이 변했다. 전통 장례에 비해 절차도 단순해지고 의식의 내용도 많이 변했다. 사람이 죽으면 부고를 내기도 하나 대개

---

66 지난날에는 우제(虞祭)를 유일(柔日, (천간(天干)이 음에 해당하는 날―을, 정, 기, 신, 계)에 지냈다고 한다.

전화로 알리고 장례도 장례식장에서 마련해 주는 방식에 따라 치른다. 근간에 와서는 상복도 거의 검은 양복으로 대체되고 상여도 없이 바로 장례식장에서 발인해 장지에 가 무덤을 쓴다. 시신도 전통 장례에서와 같이 무덤을 만들기도 하지만 근간에는 무덤을 만들지 않고 화장을 하는 경우가 점차 늘어나고 있다.

탈상까지의 기간도 짧아졌다. 과거에는 삼년상을 치르고 탈상을 했으나 산업화 이후 소상 때 탈상을 하다가 지금은 약식으로 100일 되는 날이나 사십구제에 탈상하거나 삼우제를 끝으로 탈상하는 경우도 적지 않다.

사십구제[또는 칠칠제(七七齋)]는 죽은 다음 7일마다 불경을 외면서 일곱 번 제(齋)를 올려 죽은 이가 그동안에 불법을 깨닫고 다음 세상에서 좋은 곳에 사람으로 태어나기를 비는 불교 문화에서 유래된 제례 의식이다. 불교에서는 사람이 나서 죽고 다시 태어나는 기간을 사유(四有)[67]로 나누는데 그 가운데 중유(中有)의 기간이 49일이라는 데서 유래하였다. 아래 예는 장례 때 일상 듣는 삶의 모습이다.

> 갑자기 돌아가셔서 부고가 빠진 데도 있고 장례도 두서없이 치렀어, 하관시가 오시(午時)라서 일찍 발인한다더라, 시묘 살이 3년으로 가산이 탕진했대, 1970년대에도 삼년상을 치르는 집이 있었어, 딸이 많은 집 장례에는 상가(喪家)에 울음소리도 높아, 요즘은 빈소가 없으니 반혼제 지내고 탈상하기도 해, 뒷집에 삭망제 곡소리 나는 거 보니 오늘이 초하룬가 보네, 선산이 없으니 공동묘지에 모셔야지, 부모님은 수목장(樹木葬)을 원하셨어 등

---

67 사유(四有)는 ① 생유(生有, 모태 기간) ② 본유(本有, 생존 기간) ③ 사유(死有, 생명이 끊어지는 찰나) ④ 중유(中有, 죽은 뒤 다음 생을 받을 때까지의 기간)이다.

(나) 전통 상례의 문화적 특성

첫째, 집단 문화적 특성을 드러낸다. 장례에 대비해 공동체를 이루고 사는 사람들은 상포계(喪布契)를 만들어 서로 도우는 마음으로 초상 때 드는 비용(음식 등)이나 일(상여꾼 등)을 공동으로 대비하였다.

둘째, '효'를 중시한다. 많은 절차를 거쳐 장례를 치르는 것이나 탈상(삼년상)까지의 긴 기간 동안 빈소를 차려 두고 조석으로 음식을 올리는 것은 죽은 후에도 자식이 부모에게 정성으로 모시는 '효'를 실천하는 것이다. 이는 유교 문화의 영향이라 할 수 있다.

셋째, 장자(長子) 중심 문화이다. 장자가 상주(喪主)가 되어 상(喪)을 치른다. 장례도 장자의 집에서 치르고 빈소(殯所)도 장자의 집에 차린다.

넷째, 남녀를 구별하는 문화이다. 여자는 발인하는 날 장지(葬地)에 가지 않고 재우(再虞)나 삼우(三虞) 때 장지에 간다. 이는 남녀를 구별하는 유교 문화 때문인 듯하다.

다섯째, 전통 상례에는 민간 신앙도 담겨 있다. 정령신앙을 믿어 자연에도 영혼이 있다고 보고 '산신제'나 '평토제', '노제'를 지낸다.

여섯째, 불교 사상이 반영되어 있다. 위령제인 삼우제를 지내는 것은 죽은 사람이 좋은 곳으로 가길 기원하는 것인데 이는 내세(來世)를 기원하는 불교 사상이 반영된 것이다. 우리말에서 늙어 죽는 것을 '돌아가다'라고 하는데 이 말도 사람이 죽으면 다시 내세로 돌아가 환생하게 된다는 불교 사상에서 온 말이다. 불교 사상이 반영된 장례 문화는 사십구제에서도 찾아볼 수 있다. 사십구제(칠칠제)는 죽은 후 다시 태어나기 전까지의 기간인 중유(中有) 기간(49일) 동안 자식이 정성을 다하면 죽은 사람이 좋은 곳에서 다시 태어난다고 보는 불교 사상이 반영된 것이다.

2.2.4. 제례(祭禮)

전통 제례 문화에는 주로 유교 사상이 많이 반영되어 있다. 제례 의식은 주자(朱子)의 가례(家禮)를 바탕으로 하고 있다. '효'를 근본으로 삼는 유학에서는 '효'가 살아 있을 때뿐만 아니라 죽은 후에도 실천되어야 하는 것으로 여겼다. 우리 문화가 '효'를 중시하는 문화임은 우리가 사용하는 일상의 말에서도 알 수 있다. "먹을 것이 없어도 조상에게 제사 지낼 쌀은 남겨 둔다."라고 할 만큼 조상을 중시했고 "못난 놈 조상 탓한다."라고 하여 '효'를 행하지 않는 사람을 흉보았다. 심지어 조상 제사가 있을 때는 목욕재계(沐浴齋戒)하고 적어도 3일간은 근신하며 궂은 일(喪事)에도 가지 않을 만큼 정성을 다했다.

민가에서[68] 조상을 받드는 제사는 그 종류도 여러 가지이지만 '가가예문(家家禮門)'이라 하여 제례 절차나 제수진설이 가문(家門)마다 조금씩 다르기도 하다.

(가) 제사의 종류

조상을 받드는 제사에는 기제사(忌祭祀), 명절 제사, 시사(時祀)가 있다.

① 기제사(忌祭祀)

기제사는 돌아가신 분의 기일(忌日) 자시(子時) 이후, 주로 축시(丑時)에 지낸다. 기제사에 참여하는 제관은 친족 즉, 9촌 이내의 집안사람[一家]이다. 법

---

68 민가(民家)가 아닌 궁궐에서는 종묘(宗廟)에서 왕과 왕비의 위패를 모셔 놓고 제사를 지낸다.

률(민법)상으로 친족의 범위는 8촌 이내의 혈족과 4촌 이내의 인척 그리고 배우자로 되어 있다.

기제사는 대개 4대조(고조)까지의 신주(神主)를 모시고 지낸다. 이를 4대 봉사(奉祀)라 한다. 4대가 지나면 조묘제(祧墓祭)를 지내고 더 이상 기제사를 지내지 않는다. 조묘제를 지내지 않고 계속 지내는 기제사를 불천위(不遷位)[69] 제사라 한다.

불천위는 말 그대로 옮기지 않는 신위이다. 원래 불천위는 나라에 큰 공이 있거나 학덕이 높은 분을 기리기 위해 영원토록 모시는 신위이나 대개 가계(家系)의 시조나 중시조의 신위를 불천위라 한다. 그래서 불천위 제사는 종가(宗家)에서 주관해 지낸다. 불천위는 대개 제사당(祠堂)이나 가묘(家廟)[70]에 모신다. 기제사로 지내는 불천위 제사는 가문의 많은 후손들이 참여해 일반 기제사보다 성대하게 치르므로 제객(祭客) 수로 가문의 위상을 가늠하기도 했다.

② 명절 제사

명절을 맞아 명절의 즐거움을 누리는 것도 조상의 덕이라는 생각으로 조상에게 음식을 차려 제사를 지낸다. 지난날에는 명절에 차례만 지냈는데 지금은 명절에 차례를 지내고 묘에 가서 다시 제사를 지내기도 한다.

③ 시사(時祀)

시사(時祀)는 '시제(時祭)', '시향(時享)', '묘사(墓祀)', '묘제(墓祭)'라고도 하는데[71]

---

69 불천위는 부조위(不祧位)라고도 한다. 부조위는 폐할 수 없는 신위라는 뜻이다.
70 사대부의 사당을 가묘라고 하고 왕실의 사당을 종묘라고 한다. 사당이나 가묘는 신주를 모셔 놓은 집을 가리킨다. 대개 종갓집에 둔다. 문중이 번창하면 따로 제실(祭室)을 지어 종친들이 제실에서 시사를 지낸다.
71 '묘사(墓祀)'나 '묘제(墓祭)'는 '시사(時祀)'나 '시제(時祭)'와 구분해 추수가 끝난 뒤 묘소(기제사가 없는 선대 조상의 묘소 포함)에 가서 제사를 지내는 것을 가리키기도

원래 시사(時祀)는 철(음력 2월, 5월, 8월, 11월)따라 사당(祠堂)이나 가묘(家廟)에 모신 조상[불천위(不遷位)를 포함한 문중의 훌륭한 조상]에게 지내는 제사를 가리키나 지금은 추수가 끝난 철에 한 번 지낸다.

시사(時祀)는 본관(本貫)[72]이 같은 종친(宗親)들이 모두 모여 지내는 제사인데 자손이 많아지면 중시조를 중심으로 분리된 종친끼리 모여 시사를 지낸다. 아래 예는 제사 관련 삶의 모습을 표현한 말이다.

> 종손이 되다 보니 기제사도 많아, 그 문중(門中)에서는 매년 11월 첫째 토요일에 시사를 지낸다, 종가에는 기제사만 10번이나 된대, 불천위 제사에는 문중 어른들이 모두 참여한다, 너도 올 가을에는 문중 시사에 가야 한다 등

한국인은 혈연을 매우 중시한다. "피가 물보다 진하다."라는 말이나 "팔이 안으로 굽는다."라는 말은 모두 혈연을 중시하는 데서 나온 말이다. 혈연 관계를 중시했음은 같은 시조의 자손들은 종친(宗親)이라 하면서 다른 성(姓)의 사람들과 구분해 그들끼리의 계보 관계를 밝혀 적은 족보(族譜)를 만든 데서도 알 수 있다.

(나) 제사의 절차

가정에서 지내는 제사에는 기제사와 명절 제사가 있다. 기제사는 9촌 이내 친족이 참여하는데 가문에 따라 여자가 제사에 참여하는 경우도 있고 참여하지 않는 경우도 있다. 혈족의 시조나 중시조를 모시는 불천위 기제사는

하고 기제사가 없는 선대 조상의 묘소에만 가서 지내는 제사를 가리키기도 한다.
72 관향(貫鄕)이라고도 한다.

불천위의 후손이 모두 참여할 수 있는 제사이다.

어떤 제사이든 제사의 취지는 돌아간 조상에게 정성을 다하는 '효'를 실천해야 한다는 데 있다. 돌아간 조상을 지칭하는 말이 따로 있는 것도 돌아간 조상에게 살아 있을 때 다하지 못한 효를 행해야 한다는 유교 정신을 새기기 위한 것이다. 제사의 절차도 효를 실천하는 취지를 살리는 방식으로 마련되어 있다. 일반적으로 시행되는 기제사의 절차는 아래와 같다.

① 위패(位牌)나 지방(紙榜) 설치[73]

신주를 모시는데 고위(考位)는 왼쪽, 비위(妣位)는 오른쪽에 모신다.[74]

② 제수진설(祭需陳設)

제수(祭需, 제사 음식)를 차리는데 주로 남자들이 제수를 나르고 차린다.

③ 강신(降神)

제주(祭主)가 향을 피우고 재배한 후에 조상을 맞을 준비를 한다.

④ 참신(參神)

제주가 천지(天地)에 계실 조상을 맞이하기 위한 절차인데 제주는 시자(侍者)가 따른 술잔(1/3 정도 채움)을 향 위(하늘을 상징)로 세 번 돌린 후 모사(茅沙, 땅을 상징)에 세 번 나눠 붓는다.

⑤ 헌작(獻酌)

제주(祭主)가 시자가 따른 술을 올리고 먼저 재배한 후 이어 제관 모두가 재배

---

73 위패가 없을 때는 위패 대신 지방문을 사용하다. 지방문은 돌아가신 아버지 제사에는 '현고학생부군신위(顯考學生府君神位)'라고 쓰고 돌아가신 어머니 제사에는 '현비유인○○성씨신위(顯妣孺人○○姓氏神位)'라고 쓴다. '현고(顯考)'는 돌아가신 아버지, '현비(顯妣)'는 돌아가신 어머니를 뜻하며, '부군(府君)'은 돌아가신 남자 조상을 높여 이르는 말이고, 유인은 유가(儒家)의 여인임을 뜻한다. '학생(學生)'은 생전에 벼슬하지 않은 사람을 가리키는데 특별한 직위가 있는 사람은 직위 이름을 쓴다.

74 고위(考位)는 돌아가신 남자 조상(아버지)의 신위이고 비위(妣位)는 돌아가신 여자 조상(어머니)의 신위이다.

한다. 삼헌을 할 경우의 초헌(初獻)에 해당한다.[75]

⑥ 독축(讀祝)

축문(祝文)이 있으면 초헌 뒤에 축문을 읽는다.

⑦ 아헌(亞獻), 종헌(終獻)

아헌, 종헌이 있을 경우 아헌관이나 종헌관이 시자가 따른 술을 제상(祭床)의
조상에게 올리고 재배한다.

⑧ 유식(侑食)

조상이 차린 음식을 먹게 한다. 이를 위해 시자가 삽시정저(揷匙整箸, 숟가락을
메에 꽂고 젓가락은 가지런히 놓음)한다.

⑨ 합문(闔門)

유식을 위해 촛불을 끈 후 제관이 모두 밖으로 나오고 문을 닫는다. 문이
없는 곳이면 불을 조금 낮추어 어둡게 하고 제관은 조상이 유식하는 동안
부복(俯伏, 엎드려 고개를 숙임)하기도 한다.

⑩ 개문(開門)

유식이 끝날 때쯤 문을 열고 다시 안으로 들어 예를 갖추고 조상을 대한다.
이때 기침(어험) 또는 개문(開門)을 세 번 한 후 안으로 든다.

⑪ 헌다(獻茶)

숭늉을 들여와 갱(羹,국)과 바꾸고 메(밥)를 세 번 떠서 숭늉에 넣는다. 오늘날
후식을 올리는 것과 유사한 의미를 지닌다.

⑫ 작별 재배(再拜)

작별 인사로 삽시정저(揷匙整箸)한 후(수저를 제자리에 내려놓고) 모두 재배한다.

⑬ 사신(辭神)

지방과 축을 불살라 조상을 보낸다.

---

[75] 큰 제사에서는 세 헌관(초헌관, 아헌관, 종헌관)이 술을 올리고 재배한다. 초헌관은
제주이다. 큰 제사가 어닌 경우 대개 초헌만으로 헌작을 대체한다.

⑭ 철상(撤床)

제사상을 거둔다.

⑮ 음복(飮福)

조상 덕으로 조상이 주신 복주와 음식을 마시고 먹는다.[76]

아래 예는 제사 지낼 때 오가는 말들이다.

제사 올릴 밤을 쳤니?, 지방 쓸 한지를 책상 위에 준비해 두었다, 이번 제사에
는 귀한 분이 참여하므로 축문도 있을 것이다, 제사에 참여한 성인은 모두 복주
를 나눠 마신다 등

(다) 제수(祭需)와 제수진설(祭需陳設)

제사 음식에 필요한 물건을 제물(祭物) 또는 제수(祭需)라고 한다. 제수와 제
수를 차리는 방법(제수진설, 祭需陳設)에 대해 알아보기로 한다. 제수를 차릴 때
는 조상이 앉은 자리(제관인 자손의 맞은편)에서 조상이 편히 음식을 드실 수 있게
배열해 차린다. 일반적으로 알려진 제수진설 방법은 신위가 있는 곳을 기준
으로 하면 다음과 같다. 첫째 줄에는 국(갱)과 밥(메)을 놓되[77] 반서갱동(飯西羹
東)에 따라 밥(메) 왼쪽에 국(갱)은 오른쪽에 놓는다. 떡은 밥(메)의 왼쪽에 놓는
다. 둘째 줄에는 술잔을 가운데 놓고 술잔 좌우나 그 다음 줄에 고기를 배열
한다. 고기 배열은 어동육서(魚東肉西), 두동미서(頭東尾西)로 배열한다고 한다.
이때 생선은 비늘이 없는 좋은 것을 쓴다. 셋째 줄에는 탕류를 가운데 놓고

---

76   '조상 덕에 쌀밥'이란 말이 제사 후 음복을 하는 데서 왔다.

77   떡국을 차려 제사를 지낼 경우 국이 없이 밥 대신 떡국을 차린다.

이를 중심으로 건좌습우(乾左濕右)에 따라 좌포우혜(左脯右醯)로 포(마른 고기)는 왼쪽, 식혜는 오른쪽에 배열한다. 넷째 줄에는 적(炙)류(굽거나 지진 음식)나 나물류를 배열한다. 다섯째 줄에는 식사 후에 먹을 과일을 배열하는데 오른쪽부터 조율이시(棗栗梨柿), 홍동백서(紅東白西)로 배열한다. 그런데 이러한 제수진설은 신위의 자리에서 돌아가신 분이 잡수기 편하게 차리는 것이지, 규범으로 정해진 것은 아니다. 제수진설은 정성을 다하여 돌아가신 분이 살아계실 때 좋아하던 음식을 잡수기 편하게 차리는 자세가 더 소중하다.

제사에 사용하는 제수에는 금기물이 있다. 복숭아나 팥은 붉은색이 축귀(逐鬼)한다고 하여[78] 사용하지 않고 생선도 '-치'자 있는 것은 하등 생선이라 하여 사용하지 않는다. 그 외 양념(고춧가루나 마늘)을 사용하지 않고 음식을 장만한다. 제수에 사용하는 술은 대개 청주를 사용한다.

산업화 이후 제례도 많이 변했다. 농경 사회에서는 일가 친족이 가까이 살아 제사 때는 모두 모여 제사를 지냈으나 산업화 이후 대도시로 흩어져 살면서 제삿날 모이기 어려운 상황으로 바뀌었기 때문이다. 그런 탓인지 제삿날도 바뀌어 지난날에는 입젯날(入祭-, 돌아가시기 하루 전날) 준비해 자시(밤 12시)가 지나 축시에 제사를 지냈으나 지금은 파젯날(罷祭-, 돌아가신 날) 저녁에 제사를 지내기도 한다. 아래 예는 제수(祭需) 장만이나 제사에 대하는 정성과 관련된 표현들이다.

지난 시절에는 남자들이 장을 봐서 제수를 장만했다, 제수 과일은 상품을 쓴다, 여자는 음식을 준비하되 부엌 밖으로 안 나오고 남자들이 제수를 차리고 남자

---

78 귀신을 쫓는(逐鬼) 방법으로는 형용(形容), 색채, 문자를 이용한다. 심재기(1982:273) 참조.

들만 제사에 참여하는 집안도 있어, 제삿날 목욕재계하면 고인이 기뻐한다, 제
삿날 바느질하면 조상의 영혼이 오지 않는다, 제삿날 빨랫줄 매면 귀신이 오다
돌아간다 등

(라) 전통 제례의 문화적 특성

첫째, 제례 문화는 '효'를 중시하는 문화이다. 조상에 대한 '효'는 살아 있
을 때뿐만 아니라 돌아가신 후에도 실천해야 하는 것으로 여겼다. 제사 절
차도 '효'를 표현하는 것이고 부모에게 못 다한 효를 실천하기 위해 묘 옆에
움막을 짓고 3년간 시묘살이를 하거나 사당(祠堂)이나 가묘(家廟)를 별도로 짓
는 것도 효를 드러내는 것이다. 조상에 대한 효는 개인만이 아니라 친족 모
두가 실천해야 하는 것으로 여겼다. 그래서 문중(門中)의 조상의 묘를 관리하
고 이들 제사에 올릴 음식을 마련하기 위해 재실(齋室)을 짓고[79] 위토(位土)를
마련해[80] 산지기(山直이)를 두기도 했다.

이외에도 조상에 대한 공경은 조상을 가리키기 위한 말(선인, 선친, 선고 등)을
따로 두었다는 데서도 알 수 있고 조상에게 올리는 밥도 '메'라고 하여 쌀로
만 지어 자손으로서 정성을 다했다는 데서도 알 수 있다.

둘째, 혈연 중시 문화이면서 신분 문화이다. 기제사(忌祭祀)나 명절 제사,
시사(時祀)는 모두 혈연관계에 있는 사람끼리 지내는 제사이다. 혈연관계인
자손들이 제사에 함께 참여해 동류의식을 키워 왔다는 것은 우리 문화가 혈
연을 중시하는 문화임을 가리킨다고 할 수 있다. 그런가 하면 제례 문화가

---

[79] 재실(齋室)은 문중의 묘를 관리하고 시사(時祀)를 지내기 위해 지은 집이다. 재실은
    사당과 달리 신위를 모시지 않는다.
[80] 위토(位土)는 위답(位畓), 종답(宗畓), 문답(門畓)이라 칭하기도 한다.

신분 문화적 특성을 드러내기도 한다. 특히, 특정 혈족이 사당에서 불천위 제사를 지내거나 재실(齋室)에서 시사(時祀)를 지낸다는 것은 곧 특정 혈족이 사대부(양반)임을 과시하는 것이기도 하였다. 혈족의 신분 과시를 드러내는 신분 문화는 사대부임을 드러내는 족보(族譜) 문화에서도 알 수 있다.

셋째, 종가(宗家) 중심 문화이다. 한 가정의 문화가 장자 중심 문화라면 한 혈족의 문화는 종가 중심 문화이다. 그래서 불천위인 시조나 중시조를 모시는 종가에는 여러 특권이 부여된다. 혈족인 족인들은 종가를 중심으로 뭉쳤다. 종가에 문제가 생기면 혈족인 족인들이 가서 도우고 해결했다. 종가(宗家)의 사람은 지칭어도 따로 마련되어 있다. 종가의 어른을 종군(宗君)이라 하고 종가의 맏며느리를 종부(宗婦)라 부르며 종가의 자손을 종손(宗孫)이라 부른다. 그뿐만 아니라 종친들이 종가를 위해 마련한 임야를 종산(宗山), 종답(宗畓)이라 불렀다.

넷째, 민간 신앙인 정령신앙도 반영되어 있다. 제례는 제천의식(祭天儀式)에 유교 사상이 접목된 의례이다. 그래서 제례에는 원시 민간 신앙인 정령신앙도 반영되어 있는데, 붉은색이 축귀한다고 하여 제수로 복숭아나 팥을 사용하지 않는 것이나 제주(祭主)가 금기로 삼는 행위를 하지 않는 것은 그 예이다.

넷째, 집단 문화적 성격도 지니고 있다. 제사에는 혈연관계에 있는 사람에게 지내는 제사도 있지만 이와 달리 마을 안녕을 위해 지내는 제사도 있다. 같은 마을에 사는 사람들이 모두 하나가 되어 동(신)제, 당산제, 서낭제(성황당)를 지냈다. 이러한 제사는 우리의 제례 문화에 집단 문화적 성격도 띠고 있음을 보여 준다. 아래 예는 제례 문화와 관련된 생활 모습을 담고 있다.

시묘 살이 3년으로 가산(家産)이 기울어…, 종군이 위토(位土)도 팔아먹었어, 족보도 없는 집안이야, 해방 후에 양반 되려고 돈을 주고 족보에 올리기도 했어, 후덕(厚德)하기가 종부(宗婦)감이다, 제실 산지기가 벌써 벌초를 해 놓았단다 등

2.2.5. 환갑(還甲)

유교 사상이 많이 반영된 의례에는 관혼상제 외에도 환갑이 있다. 환갑은 출생한 지 만 60년이 되는 해[간지(干支)가 같은 해]의 생일날[81]로 우리나라 사람들이 치는 나이로 예순 한 살에 맞는 생일이다. 환갑은 흔히 회갑(回甲), 갑년(甲年), 화갑(華甲) 등으로 칭하기도 한다. 환갑은 환갑을 맞는 사람의 만수무강을 축원(祝願)하고 환갑을 맞는 사람의 자식이나 제자들이 환갑을 맞는 사람에 대한 효행과 보은(報恩)을 표현하는 의례이다. 그래서 환갑의 의례는 환갑상(還甲床)[82]을 차린 후 헌수례(獻壽禮)를 하고[83] 마련한 음식으로 손님들에게 잔치를 베푸는 방식으로 실현된다.

환갑잔치[84]는 자식이나 제자들이 잔치 비용을 준비해 환갑을 맞는 부모나

---

81 간지(干支)가 같은 해는 60년마다 돌아오는데 60년을 기념하는 의례는 회혼례(回婚禮)도 있다 회혼례는 결혼한 지 만 60년 만이 되는 해의 결혼 기념 의례이다. 회혼에도 환갑만큼 큰 잔치에는 베푼다.

82 환갑상은 성대하게 차리고, 환갑을 맞는 사람의 의복은 최고의 의복으로 준비한다. 환갑상의 앞쪽에는 좋은 음식과 아울러 깎은 밤·대추·깐 잣·깐 호두·곶감·강정·다식·약과 등을 쌓아올린 원통형 모양의 음식도 차린다. 그리고 그 앞에 술과 술잔이 놓인 헌주상(獻酒床)이 따로 놓인다.

83 헌수례(獻壽禮)는 자식이나 제자들이 환갑상 가까이 나아가 환갑을 맞는 부모나 스승에게 큰절을 하고 술잔을 올리고 다시 큰절을 하는 의례이다. 문벌이 높은 집에서는 환갑을 맞는 사람도 조상에게 '효'를 행해야 하기 때문에 환갑날 아침 일찍 헌수례를 하기 전에 사당에 모신 조상의 신위(神位)에 환갑을 맞이한 것을 알리며 절을 한다.

84 환갑날을 바꾸어 환갑잔치를 할 때에는 환갑날보다 앞의 길일을 택해야 한다. 환갑날이 지난 뒤에 잔치를 베풀면 불행하다고 한다.

스승의 친인척과 지인을 초대해 대접하는 잔치이다. 이는 환갑잔치가 길러 주고 가르쳐 준 부모나 스승에 대한 자식이나 제자의 고마움을 손님들에게 표현하는 잔치임을 뜻한다.

환갑잔치는 환갑을 맞는 사람의 뜻에 따라 열리는 것이 아니고 자식이나 제자들의 제안이 있어야 열리는 것이라고 한다. 달리 말하면 환갑잔치는 환갑을 맞는 사람이 자식이나 제자를 잘 기르고 키웠다는 생각이 들지 않으면 사양하는 의례임을 가리킨다.

지난날 환갑잔치는 부모와 스승의 은덕에 대한 고마움을 표현하는 잔치이기 때문에 큰 잔치로 베푼다. 그래서 환갑잔치를 하는 집에서는 하객들에게 떡과 술, 과일과 특별음식으로 차린 상을 차려 대접한다. 하객이 많아 방에 자리가 없을 때에는 차일을 쳐 놓은 마당에 상을 차려 대접한다. 환갑잔칫날에는 모르는 사람이나 지나가는 과객(過客)까지도 맞아들여 대접한다. 경삿날에 많은 손님을 맞이한다는 것은 그 집의 후덕(厚德)과 사회적 명성이 높다는 것을 드러내는 것이기 때문이다.

환갑을 지낸 다음 해의 생일을 진갑(進甲)이라고 하여 이날에도 잔치를 베푼다. 진갑잔치는 환갑잔치만큼 성대한 잔치는 아니나, 생일잔치보다는 성대하게 잔치를 베풀고 하객의 하례를 받는다. 진갑을 지낸 뒤의 생일잔치로는 고희(古稀)잔치(70세), 희수(喜壽)잔치(77세), 미수(米壽)잔치(88세)도 있다.[85]

지난날 환갑을 비롯한 생일 기념 의례는 우리가 사람들과 더불어 살면서

---

[85] '고희(古稀)'라는 말은 두보(杜甫)의 『곡강시(曲江詩)』에 있는 시구 "인생칠십고래희 (人生七十古來稀)"에서 온 것이고, '희수(喜壽)'는 희(喜) 자를 반초서(半草書)로 쓰면 마치 七十七같아 보인다는 데서 온 것이며, 미수(米壽)라 함은 八十八을 합하면 미 (米) 자와 같이 된다는 데서 온 것이다.

개인의 안녕과 행복을 기리고자 하는 마음으로 개인의 일생에서 의미 있는 것을 기념하려는 것인데 이러한 의례에도 유교 사상이나 도교 사상이 반영되어 있다.

첫째, 효를 중시한다. 환갑잔치를 자식이나 제자들이 준비하고 환갑 의례에 헌수례(獻壽禮) 절차를 거치는 것은 보은(報恩)의 의미를 담은 것이다.

둘째, 흥을 즐기는 문화이다. 자식이 형편이 넉넉하면 기생을 불러 헌주가(獻酒歌)나 권주가(勸酒歌)를 부르게 하기도 하고 환갑을 맞는 사람도 가무(歌舞)로 흥을 돋우었다. 심지어 환갑을 맞는 부모의 흥을 돋우기 위해 자식들이 색동옷을 입고 어린애처럼 재롱을 부리기도 하였다.

셋째, 집단 문화적 특성을 드러낸다. 환갑잔치에 환갑을 맞는 사람의 친인척이나 지인을 초대해 대접하는 것은 공동체를 이루고 사는 사람 간의 유대를 돈독히 하는 것이다. 아래 예는 환갑잔치를 둘러싸고 오가는 말들이다.

오늘날에는 환갑이나 환갑 이후의 생일을 기념하는 의례가 거의 없어졌다. 아마 61세라는 나이가 기념할 만한 의미를 지니지 않는다고 여기기 때문일 것이다.

> 그 어른은 자신이 환갑잔치를 할 만한 인물이 못된다고 한대, 환갑잔치는 원래 먹으러 가는 잔치야, 요즘은 환갑을 맞아도 잔치는 하지 않고 대신으로 여행을 간대, 자식이 있어야 환갑잔치를 하지 등

의례에는 위와 같이 한국인이라면 누구나 일생을 살아가면서 치르는 통과의례 외에도 특정 사회 집단에서 집단 구성원으로 살아가면서 거치는 의례도 있다. 입학식, 졸업식, 임관식, 퇴임식 등이 이러한 의례이다. 그러나

이러한 의례는 누구나 일생을 살아가면서 거치는 통과의례는 아니다.

3. 사회제도 관련 문화

　사회의 관습이나 사회제도는 문화를 만든다. 즉, 인간은 어느 사회에서나 사회가 더 효율적이고 원활하게 운영되도록 하려고 관습이나 사회제도를 만들고 그 틀에 맞추어 문화를 꾸려 왔다. 한국도 인간 사회를 효율적으로 꾸려 가기 위해 오래전부터 생활화해 온 관습에 따라 문화를 만들기도 했지만 특정 시대에 시대적 필요에 따라 만들어 낸 다양한 새로운 제도에 따라 문화를 만들며 살아왔다. 사회의 다양한 제도는 사회에서 추구하는 이념에 따른 정의나 가치 실현 방법과 관련되어 있다. 전제주의 사회에서는 권위주의가 필요하게 되므로 신분 사회나 서열 사회를 형성하게 되고 민주주의 사회에서는 평등 사회나 경쟁 사회를 형성하게 된다.

　한국 사회의 문화 특성도 한국 사회가 추구하는 관습이나 사회제도에 따라 형성된 것이다. 사회제도에 따른 한국 사회의 문화에는 일찍부터 농경 사회에서 씨족 집단 중심으로 살게 되면서 형성된 문화나 유교 사상에 따른 권위주의로 형성된 문화도 있고 민주주의가 수용되고 산업화가 이루어지면서 형성된 문화도 있다. 농경 사회에서 씨족 집단 중심으로 살면서 형성된 문화에는 친척 중심 문화, 남을 소중히 하는 문화, 집단 중심 문화, 아는 사람을 중시하는 문화 등이 있다. 그리고 유교 사상에 따른 권위주의 사회에서 형성된 문화에는 신분 문화, 지식인 중시 문화, 서열 문화 등이 있으며, 민주주의가 수용되고 산업화가 이루어지면서 형성된 문화에는 평등 문화와 자유 경쟁 문화, 발달된 교통·통신·유통 문화 등이 있다. 아래에서 사회제도와 관련되어 형성된 한국의 문화에 대해 자세히 알아보기로 한다.

3.1. 신분(身分) 문화

신분 사회는 전제주의 시대나 왕정 시대에 형성된 사회이다. 민주주의가 정착되기 전의 한국 봉건 사회도 신분 사회였다. 일찍이 신라 시대에는 골품 제가 있었고, 고려 시대에는 향, 소, 부곡이라 하여 천민이 사는 마을이 따로 있기도 했다. 한국 전통문화로서의 신분 차별 문화는 현대에 가까운 조선 시대의 신분 차별과 관련되어 있다. 조선 시대의 신분 관련 문화는 우선 왕실 문화[86]와 민간 문화로 구별할 수 있다. 현대 한국 사회에 남아 있는 조선 시대 왕실 문화(궁중 문화)에는 왕이 살던 공간인 궁궐[87]과 왕실의 자손을 봉안한 태실(胎室), 선조 왕을 모신 종묘,[88] 그리고 왕의 무덤인 왕릉 등이 있다. 이에 대해서는 뒤에 문화재 문화를 알아보면서 자세히 알아보기로 한다.

조선 시대에는 왕실 사람을 제외한 일반 민간인도 신분에 따라 차등이 있었다. 지배층에는 양반과 중인, 피지배층에는 양민(良民)과 노비(奴婢)를 두었을 뿐만 아니라 적서(嫡庶)와 서얼(庶孽)을 차별하기도 하였다. 양반, 중인, 양인, 노비, 적자, 서자, 얼자 등으로 이름을 붙여 사람을 신분에 따라 달리

---

86 왕족이 민간과 구분되었음은 수라(水剌), 짐, 뫼 등의 말이 지닌 용법에서 확인할 수 있다.

87 조선의 대표적인 궁궐건축은 경복궁·창덕궁·창경궁·덕수궁(일명 경운궁)이다.

88 종묘에서는 종묘제례가 거행된다. 종묘제례는 조선 시대 역대의 왕과 왕비 및 추존된 왕과 왕비의 신위를 모시는 제사인데, 종묘제례 때는 종묘제례악으로 음악과 무용이 곁들여진다. 종묘제례는 2001년 유네스코 지정 한국무형문화재로 지정되어 있다.

지칭했다. 이러한 신분 사회에서 양반과 중인은 유학(儒學)을 배워 관료가 될 수 있었으나 양민과 노비는 생산업에만 종사해야 했다. 이러한 신분 제도가 조선 후기에 많이 약화되었지만 양반은 상인(常人)이나 노비와 달리 지주층이거나 관료층이었다.

조선 사회에서는 직업도 신분에 따라 달랐다. '사농공상(士農工商)'이라는 말에서도 알 수 있듯이 양반은 지주(地主)나 관료로 국가의 법적 제도에 의하여 신분적 특권(군역 면죄, 서원이나 향교 입학, 과거 응시 등)을 보장받은 선비[士]로 살았고 양인이나 노비는 농공상(農工商)의 생산업에 종사하였다.

선비 문화는 조선 시대의 위와 같은 신분 제도에서 양반 신분을 가진 사람들이 만들어 낸 문화이다. 양반인 선비[士]의 삶이 반영된 선비 문화 가운데 대표적인 문화가 서원(書院) 문화이다. 조선 시대의 서원이나 향교는 선비들이 사림(士林)을 형성해 정치 세력으로 활동하는 부작용을 낳은 곳이기도 하지만, 선비를 길러 내는 교육 기관 역할을 하는 곳이었다. 그래서 양반들은 서원[89]이나 향교에서 한문으로 유학(儒學)을 공부하여 선비가 되었고 선비가 되면 조선 시대 사회에서 상류층 생활을 누릴 수 있게 되었다. 오늘날 서구식 교육이 도입된 이후 대학을 마친 지식인들이 사회에서 상류층을 차지하게 되는 것도 아마 조선 사회에서 상류층(양반)을 길러 낸 서원 문화에서 비롯된 것이 아닐까 싶다.

선비 문화인 서원 문화는 유림(儒林) 문화와 가문을 중시하는 문화로 이어

---

[89] 서원(書院)은 중종 38년(1543) 풍기군수 주세붕이 경북 순흥에 백운동서원을 세운 것이 효시인데, 조선 중기 이후 학문연구와 선현제향(先賢祭享)을 위하여 사림(士林)에 의해 설립된 사설 교육 기관인 동시에 향촌 자치운영기구이다. 오늘날 관점에서 보면 서원은 사립학교이고 향교는 국립학교라 할 수 있다.

진다. 오늘날까지 남아 있는 유림 문화는 유학을 하는 선비들이 서원에 모여 유학을 실천하며 생활하는 유학 문화이다. 아직도 지방에서는 유학을 중시 하던 사람들이 서원이나 향교에 모여 유교적 삶을 실천하고 있다.[90] 그런가 하면 서원에 출입하는 선비인 양반들은 혈족(씨족)끼리 가문을 형성해 훌륭한 선비였던 조상을 받들거나 조상을 빛내는 사업을 행하는 것은 물론이고, 혈 족의 계보인 족보(族譜)를 만들어 종친들끼리 화목과 공동복리를 추구하고 후 손의 번영을 기원하며 친목을 도모하기도 한다. 오늘날에도 볼 수 있는 종친 회(宗親會)나 화수회(花樹會)[91]는 모두 선비 문화에서 비롯된 것들이다. 아래 예 는 현대 사회에서 볼 수 있는 선비 문화의 잔존 양상을 보여 준다.

> 그 어른은 아직도 향교에 출입해, 아직도 유림들이 서원이나 향교에 모여 제사
> 를 지내는 곳이 있어, 양반집 자손이라 품위가 다르다, 그 가문에서는 문집을
> 대학 도서관에 기증했대, 종친회에서 이번에 족보를 새로 만든대, 작년에 유림
> (儒林)에서 돈을 모아 서원을 보수했어 등

양반들만 공유하는 선비 문화와 달리, 양반뿐만 아니라 중인이나 양민, 노비 모두가 공유하는 문화가 있다. 이러한 문화는 민속 문화이다. 민속 문 화는 민간 사회의 기층문화(基層文化)로 양반과 같은 지배층보다 양인이나 노 비와 같은 하층민이 중심이 되어 만들어 낸 문화이다. 이 점에서 민속 문화

---

90 유학을 중시하는 사람들은 유학에서 내세우는 인성과 예절 교육이 필요하다고 생각한
　　다. 이러한 인식으로 곳곳에 선비 문화를 이해하고 체험할 수 있는 시설을 마련하였
　　다. 대표적인 것으로 2008년에 경북 영주에 설립된 '한국선비 문화수련원'이다.
91 종친회(宗親會)는 성(姓)과 본(本)이 같은 친족의 모임이고 화수회(花樹會)는 성이
　　같은 친족의 모임이다. 그런데 요즘은 종친회와 화수회가 구분되지 않은 채 사용되고
　　있다.

는 하층 문화라고 할 수도 있다.

신분이 하층인 천민이나 노비도 그들의 삶과 관련된 민속 문화를 만들어 냈다. 천민은 주로 노비(奴婢)[92]였고 노비는 대개 귀족인 양반들의 농경(農耕)을 담당하였다. 조선 시대에도 고종 23년(1886)에 노비세습제가 폐지되기까지 노비는 대대로 세습되었다.

하층민에는 개인의 농경을 담당하는 머슴도 있다. 머슴은 신분이 노비는 아니지만 하층민이었다. 하층 계급에 속하는 노비나 머슴은 농경에서 오는 고충이 형언할 수 없을 만큼 심했는데, 하층민은 이러한 삶에서 벗어나고 싶은 심정을 토로하는 과정에서 탈춤과 같은 민속 문화를 만들어 냈다.

조선 시대의 가면무용(假面舞踊)인 탈춤은 하층에서 만들어 낸 대표적인 민속 문화이다.[93] 탈춤의 탈은 탈로 얼굴을 가리고 상류층인 승려나 양반을 풍자해 비아냥거리기 위한 수단으로 사용되었다. 봉산탈춤이나 하회탈춤이 대개 이러한 가면극이다. 오늘날의 마당놀이는 지난날의 가면무용에 예술적 가치를 곁들인 연극이라 할 수 있다.

평민이나 양민도 민속 문화를 만들어 왔다. 평민이나 양민의 삶이 담긴 민속 문화는 농경 사회의 삶에서 만들어진 문화이다. 모내기 문화, 길쌈 문화 등이 모두 평민이나 양민의 삶이 담긴 민속 문화인데 이러한 민속 문화는 세시풍속으로 이어져 와 일부(놀이 등)는 오늘날 명절과 같은 특정일에 실현되고 있다. 아래 예는 신분 문화가 반영된 삶을 표현한 것이다.

---

92 '노비(奴婢)'의 '노(奴)'는 남자종을 가리키고 '비(婢)'는 여자종을 가리킨다.
93 신라 시대나 고려 시대에는 가면무용이 민속무용이 아닌 궁중무용으로 실연(實演)되기도 했다.

먹고 살기 힘들어 아들 둘을 남의 집 머슴으로 보냈대, 큰 머슴은 새경을 많이 줘야 해, 머슴들이 탈을 쓰고 마당놀이 할 때 양반들은 자식들을 집 밖으로 못 나게 했어, 탈놀이는 탈을 쓰고 양반을 놀리는 놀이야 등

현대 사회 이전의 신분 사회에서는 문학도 귀족문학과 서민문학으로 구분되었다. 서민의 문학은 고려속요와 같이 노래로 전해져 오다가 문자[훈민정음]가 발명된 후 기록되기도 하고 민요나 설화와 같이 문자화되지 않은 채 구비문학으로 전해져 오기도 했다. 반면, 귀족문학은 한시(漢詩)를 비롯한 신라의 향가나 고려의 경기체가, 조선의 가사, 시조 등과 같이 문자로 기록되어 주로 귀족층에 향유되며 전해져 왔다.

신분 제도는 우리말의 위상화(位相化)를 초래하기도 하였다. 귀족들이 주로 사용하는 한자말은 품위나 격식이 높은 말로 쓰이고 상대적으로 서민이 사용하는 고유어는 품위나 격식이 낮은 말로 쓰였다. 말의 이러한 위상화 현상은 오늘날에도 이어지고 있다. 오늘날은 지식층에 있는 사람들이 서구어를 주로 사용하게 되자 서구어가 고유어나 한자어보다 위상이 높은 말로 쓰이게 되었다. 이 모두가 언어 사용층의 신분과 관련된 현상이다. ①은 한자어가 고유어보다 위상이 높은 말로 쓰인 예이고 ②는 서구어가 고유어나 한자어보다 위상이 높은 말로 쓰인 예이다.

① 이-치아(齒牙), 술-약주(藥酒), 나이-연세(年歲), 아버지-부친(父親), 죽다-사망(死亡)하다, 집-댁(宅), 버릇-습관(習慣) 등
② 우유-밀크, 잔치-파티, 종이-페이퍼, 방-룸 등

한자말이나 서구어가 더 품위 있고 위상이 높은 말로 쓰이면서 외래어 선호 사상이 생기게 되었다. 이러한 외래어 선호 사상은 젊은 세대에 반작용을 일으키기도 하였다. 그래서 대학생들을 중심으로 고유어 살려 쓰기 운동이 전개되기도 했다. '동아리', '모꼬지' 등이 '써클'이나 '파티' 대신 대학가에서 사용하는 말이다.

현대 사회에 들어 산업화와 더불어 지난날의 신분 제도가 거의 소멸되었다. 과거에는 신분에 따라 직업도 사농공상(士農工商)으로 귀천을 구분했으나 현대사회에서는 신분과 관계없이 개인의 능력에 따라 무엇이든 할 수 있다. 오히려 산업화와 더불어 자본주의가 수용되면서 삶의 질은 신분이 아니라 경제력에 따라 구별되는 사회가 되어 가고 있다.

3.2. 지식인 중시 문화

사농공상(士農工商)의 신분 사회에서 선비를 중시하는 사회는 지식인을 중시하는 사회로 이어졌다. 선비나 지식인이 되려면 일정 수준의 학문을 수학(修學)해야 하기 때문이다. 선비나 지식인이 중시되는 것은 교육과 관련되어 있다.

인간은 문명 발달에 맞추어 교육 제도를 만들고 교육을 통해 사회생활(직장생활)을 효율적이고 원활하게 대처해 왔다. 우리도 일찍이 인재를 길러 내기 위해 시대 문명에 맞추어 교육을 실시해 왔다. 고구려의 태학, 신라 시대의 국학(國學), 고려와 조선의 성균관[고려에서는 국자감(國子監)으로 불리기도 함]과 향교가 그 시대의 교육 기관이었다. 일찍부터 이러한 교육 기관에서 인재(지식인)를 양성해 국가를 운영해 왔기 때문에 교육 기관을 거친(교육을 받은) 지식인들은 일반인보다 높이 대우받았다. 이른바 관료가 된 지식인에게 권위가 주어지는 관료주의 사회나 권위주의 사회에서 선비나 지식인은 사회의 지도층이었다.

피교육자 여하로 볼 때 한국의 교육은 서구식 교육이 도입되기 전까지의 교육과 오늘날의 교육으로 나눠 볼 수 있다. 서구식 교육이 도입되기 전인 조선 시대만 해도 왕정 시대이고 신분 사회이었기 때문에 성균관이나 향교의 교육은 일반인 누구나 혜택을 받을 수 있는 것이 아니라 특정 계층의 사람인 양반(귀족)만이 교육의 혜택을 누릴 수 있었다. 그리고 이들 교육 기관에서의 교육은 일반인을 가르치는 것이 아니라 일반인을 교화시키고 거느리기 위한 인재(지식인)를 가르치는 것이기 때문에 이때의 교육 제도나 교육 기관의 역할은 오늘날과 달랐다.

국가에서 운영하는 교육 기관인 성균관[94]은 장차 관리직을 수행해야 할 인재를 교육하는 곳이기 때문에 높은 입학 자격이 요구되었다.[95] 성균관에 재학하는 유생(儒生)들은 국가에서 엄선한 인재들이었기 때문에 많은 특혜도 부여되었다. 이들은 관비생(官費生)이었다. 이들은 성균관의 동재와 서재에서 기숙사 생활을 하면서 교육비뿐만 아니라 생활에 필요한 모든 비용을 국가로부터 제공받았다. 성균관에 재학하는 유생들은 유학(儒學)을 공부하고 그 과정에서 과거 시험[96]에 합격하면 졸업하고 관직에 나아가게 된다.

---

94 '성균(成均)'이라는 말이 처음 사용된 것은 1298년(충렬왕 24)에 국학(국자감을 개칭한 것)을 성균감(成均監)이라 개칭한 데서 비롯된다. 그 뒤 1308년에 충렬왕이 죽고 충선왕이 즉위하면서 성균감을 성균관이라 개칭하였다. 두산세계대백과사전(1997) 참조.

95 ≪경국대전≫에 따르면 ① 생원과 진사, ② 사학생도 중 15세 이상으로 ≪소학≫ 및 사서(四書)와 오경 중 1경에 통한 자, ③ 공신과 3품 이상 관리의 적자(嫡子)로서 ≪소학≫에 통한 자, ④ 문과 및 생원·진사시의 초시인 한성시(漢城試)와 향시(鄕試)에 합격한 자, ⑤ 관리 중 입학을 원하는 자에게만 입학자격이 주어졌다.

조선 시대에는 성균관과 함께 향교(鄕校)라는 교육 기관이 있었다. 성균관이 중앙관청에서 운영하는 교육 기관이라면 향교는 성균관의 하급 관학 기관으로 지방관청에서 운영하는 지방의 교육 기관이었다. 향교에서 교육받는 사람도 성균관에서 교육받는 사람과 마찬가지로 사대부의 자제(子弟)인 유생(儒生)이어야 했다.

교육 기관에 입학하는 자격이 바뀐 것은 신학문을 교육하는 서구식 교육이 도입된 후이다. 우리나라에 신학문 교육 기관이 설립된 해는 배재학당이 세워진 1885년이다.[97] 1885년에 배재학당에 이어 1886년에 이화학당과 경신학교가 설립되었는데, 이들 학교는 모두 외국인 선교사에 의해 설립되었다. 이들 교육 기관이 들어서면서 성균관과 향교는 교육 기관 역할을 잃게 되었다. 신교육인 서양 교육을 도입하면서 1895년 고종이 교육조서(敎育詔書)[98]를 발표하였고, 국권을 잃은 일제 강점기에는 1911년 조선교육령을 제정하면서 식민지 교육체제를 추진하였다.

서구식 교육이 도입되면서 학제(學制)도 바뀌었다. 조선교육령(1911년)에 따르면 초등교육 기관으로 4년제, 5년제, 6년제 보통학교가 있었는데 후에 심상소학교, 다시 국민학교로 바뀌었고, 중등교육 기관으로 2-3년제 보통학교 고등과, 고등 소학교, 고등 보통학교 등이 있었는데 후에 중학교로 통일

96　과거 시험으로 관리를 선발하는 과거 제도는 고려 때에 실시되었다. 고려 때에는 주로 문과 중심이었는데 광종 때에는 승과(僧科)를 시행하기도 하였다. 조선 시대에는 과거 시험이 문과 무과로 나누어져 있었다. 어떤 경우이든 과거 제도는 상층인 양반에게 시험에 응시할 수 있는 자격이 부여된 제도이다.

97　배재학당보다 2년 먼저 세워진 원산학사가 최초의 사립학교라고 하기도 한다.

98　교육조서는 교육입국조서라고도 한다. 교육에 의한 입국(立國)의 의지를 천명한 것으로, 근대식 학제를 성립시킬 수 있는 기점을 마련하였다. 1894년 6월에 학무아문을 두고 제도상으로 새로운 학제를 실시하였다. 한국민족문화대백과사전(2011) 참조.

되었다. 고등교육 기관으로 3-4년제 전문학교와 대학예과를 거쳐 대학으로 이어졌다. 일제 강점기에는 식민지 교육을 위한 교원 양성기관으로 6년제 사범학교와 2-3년제 단기 과정의 사범학교 특과도 있었다. 오늘날 학제의 기본 틀은 광복 후 1949년 교육법이 제정되면서 마련되었다. 이때 미국의 단선형 학제 중에서 가장 널리 활용되던 6·3·3·4제 학제를 도입하였는데, 이것이 오늘날의 교육제도로 이어져 오고 있다.

현행 교육제도는 초등학교 6년, 중학교 3년, 고등학교 3년, 대학교 4년을 기간으로 하여,[99] 중학교 과정까지 의무교육을 실시하고 있다.[100] 또 1981년부터는 유치원교육을 학제 안에 포함시키기 위해 초등학교에 유치원을 설치하였다.

그간 우리나라 교육은 교육 운영기관에도 변화가 있었다. 1949년 12월에 제정·공포된 교육법에서는 교육자치제를 확립하였고 실제로 군을 단위로 한 교육위원회 또는 특별시를 단위로 한 교육위원회가 발족한 것은 한국전쟁 이후 지방의회가 구성된 후인 1952년 6월부터이다. 그러나 그 당시의 교육자치제는 제대로 운영되지 못한 면이 있어 1961년 5월 16일 이후 모든 지방자치제가 폐지됨으로써 교육제도도 교육감제도를 통한 부분적 교육자치제가 실시되었다. 그래서 초등교육과 중등교육은 1964년 1월 1일부터 교육행정 운영을 도 단위로 하고 일반 행정에서 분리·독립시켜 교육자치제가 실시되었다. 현행 교육자치제도는 교육의 전문성과 지방교육의 특수성을

---

99 고등교육 기관인 대학(4년 과정)을 마친 후에는 대학원 과정을 두고 있다. 현재 대학원 과정에는 일반대학원, 특수대학원, 로스쿨, 의학전문대학원 등이 있다.
100 먼저 초등학교 6년을 의무교육으로 한 뒤 2002년부터는 중학교 신입생부터 무상 의무교육을 실시하고 있다.

살리기 위하여 광역 자치단체에 교육위원회를 두어 교육을 일반 행정에서 독립시키고 있다. 나아가 2010년부터 교육감을 광역 자치 단체별로 지역 주민이 직선으로 뽑아 교육자치제로 운영하고 있다. 이러한 학제나 교육운영 체제의 변화는 궁극적으로 효율적인 교육성과를 거두기 위한 것이었다.

서구식 교육이 도입된 후 위와 같이 학제나 교육행정 체제가 조금씩 변해 왔지만 서구식 교육으로 한국 문화에 적잖은 변화가 있었다. 우선 누구나 교육을 받을 기회를 갖게 되었다는 점이다. 즉, 현실적으로 일본의 식민정책과 경제 능력 여하로 많은 제약이 따랐지만 서구식 교육을 도입함으로써 유생만 교육 기관에서 수학하던 문화가 없어지고 신분 사회가 무너지는 변화가 일어났다고 할 수 있다.

한국의 교육 기관이 서구식 교육을 도입하면서 드러난 또 다른 변화는 대학이 최고 교육 기관으로 자리를 잡았다는 점이다. 지난날 성균관의 역할을 대학이 하게 되었기 때문이다. 그래서 이때부터 한국인은 누구나 최고 교육 기관인 대학에서 수학(修學)해 사회 지도층이 되는 지식인이 되고자 하였다. 교육 기관에 대한 이러한 인식으로 한국인은 고등학교까지의 과정을 대학을 가기 위한 준비 과정으로 여기게 되었고, 지난날 사농공상(士農工商)의 신분에서 선비[士]가 아니었던 사람들도 자식이 장차 선비에 상응하는 전문 직업을 가진 사람이 되게 하려면 대학에 보내야 한다고 여기게 되었다.

요즘은 대학이 누구나 진학할 수 있을 정도로 많지만 1980년대까지만 해도 지식인(전문 직업인)이 되기 위해 대학에 진학하고자 해도 대학에 진학하는 관문이 좁아서 치열한 경쟁에서 합격해야만 가능한 것이었다. 그래서 어려운 가정 형편에도 자식을 교육의 질이 높은 도시에 있는 학교로 보냈다.[101]

광복 후에 도시 인구가 급격히 늘어난 것도 대학 진학하고자 하는 한국인의 교육열과 깊이 관련되어 있다. '입시 지옥'이니 '고3 학부모의 고충'이니 하는 말이 이러한 사회 현상에서 생겨난 말이다.

지식인을 중시하는 사회에서는 지식인들의 사회적 역할도 그만큼 컸다. 과거 성균관 유생들은 잘못된 정치에 대해 임금에게 상소를 올리고 그들의 요구가 받아들여지지 않으면 권당(捲堂, 수업거부)하거나 공관(空館)을 하며 시위(示威)하기도 하였다. 오늘날 민주주의가 뿌리를 내리기까지 1960-1980년대의 지식인인 대학생들이 반정부 시위를 하는 문화가 여기에서 비롯된 듯하다.

그런데 지금은 대학이 많고 대학의 모집 인원도 늘어나 누구나 대학에 진학할 수 있다. 그러다 보니 대학을 졸업해도 전문 직업인이 되기 어렵다. 그래서 요즘은 대학을 졸업했다고 하여 지식인으로 대접하지 않는다. 대학은 누구나 수학을 마치면 전문 지식인으로 보장받는 교육 기관이라기보다 직업을 구하기 위해 준비하는 교육 기관으로 전락하였다. 이는 곧 더 이상 대학이 지식인을 양성하는 곳이 아님을 뜻함과 동시에 대학을 졸업한 지식인을 중시하는 문화가 사라져 감을 뜻한다.

지식인에 대한 인식이 위와 같이 바뀌는 데는 우리 사회가 민주주의 제도를 수용한 자본주의 사회라는 것과 직결되어 있다. 관료가 된 지식인에게 권위가 주어지는 관료주의 사회나 권위주의 사회와 달리, 자본주의 사회에서는 신분 여하보다 부(富)의 정도(경제 능력 여하)를 중시한다. 신분이 어떠하든

---

101 시골에 사는 학생들 가운데 도시 가까이에 있는 학생들은 대중 교통수단인 버스나 열차로 통학하였지만 도시에서 멀리 떨어져 사는 학생들은 도시로 이주해 자취를 하거나 하숙을 하며 학교를 다녔다. 심지어는 부모가 자식 교육을 위해 도시로 이주해 도시에서 일하며 살기도 했다.

재산만 많으면 된다고 생각하게 되었다. 그 결과 대학에서 선호하는 학문도 바뀌었다. 권위를 중시하는 권위주의 사회에서는 기초학문을 선호하였으나 부(富)의 정도를 중시하는 자본주의 사회에서는 응용학문을 중시하게 되었다. 의과대학 진학을 선호하는 것이 의사의 사명이라 할 수 있는 히포크라테스(Hippocrates)의 정신을 구현하기 위한 것이 아니라 부를 빨리 축적하기 위한 것이 되어 가고 있다. 자본주의가 낳은 병폐라 할 수 있다.

3.3. 서열(序列) 문화

서열 문화는 관료에게 권위가 주어지는 신분 사회에서 쉽게 형성되는 문화라 할 수 있다. 우리 사회가 서열 문화가 반영된 사회임은 우리말의 대우법에서 찾아볼 수 있다. 우리말에 대우법이 발달한 것도 서열 문화가 반영된 것이라 할 수 있기 때문이다.

한국 사회에서 일반적인 서열의 기준은 나이와 항렬이다. 아무 관련이 없는 남남 간에는 나이를 따져 서열을 정하고 친척 간에는 항렬, 같은 직장인 간에는 직함을 따져 서열을 정한다. 남남 간에 나이로 서열을 정하는 것은 유교 사상의 윤리인 장유유서(長幼有序)에서 온 것이다.[102] 유교의 장유유서 문화에는 경험을 중시하는 사상이 반영되어 있다. 우리가 일상 쓰는 "죽어 봐야 저승을 안다."라는 속담이나 "늙은 개가 공연히 짖지 않는다."라는 속담은 경험을 중시하는 사상이 반영된 '경험 중시 문화'에서 나온 말이다.

장유유서의 서열 문화는 직장 사회에서 연공(年功)을 중시하는 연공제(年功

---

102 나이에 따라 서열이 결정되는 문화는 어른을 공경하는 경로사상으로 이어진다.

制)에서도 확인할 수 있다. 연공제는 봉급이 개인의 능력에 따라 결정되는 것이 아니고 근무 연수에 따라 결정되는 제도인데 이러한 제도는 일을 해 내는 능력보다 일에 대한 경험을 더 소중히 여기는 제도라는 점에서 경험을 중시하는 문화가 반영된 것이라 할 수 있다.

장유유서의 서열 문화는 어른(윗사람) 중심 문화이다. 어른 중심의 문화는 말에서도 드러난다. 어른 중심 문화에서는 어른이 어른 아닌 사람에게 쓰는 말은 짧고 어른 아닌 사람이 어른에게 쓰는 말은 형태가 길다. 어른이 아닌 사람은 말을 길게 하면서 더 많은 것을 고려하며 말해야 한다고 보기 때문이다. 이는 우리말의 종결어미를 보아도 알 수 있다. 어른이 아닌 사람은 어른에게 대우 표현이 덧붙은 긴 말을 써야 한다.

서열 문화에서의 서열 기준은 장유유서만이 아니다. 집단에 따라 다른 기준에 따라 결정되기도 한다. 친척 사회에서는 항렬이, 군대 사회에서는 계급이, 학교 사회에서는 입학년도가 서열의 기준이다. 아래 말들은 윗사람이나 조상을 공경하는 한국인의 삶을 표현한 말들이다.

(친족 간에 처음 만나) 돌림자가 무엇이지요?, (동문 간에 처음 만나) 몇 학번이지요?, (남남 간에 처음 만나) 나이가 어떻게 되지요?, 조상 능묘(陵墓)에서는 자손 되는 이가 봉분(封墳)에 오르거나 그 머리맡에 서지 못한다, 임금이나 조상과 이름이 같으면 그 이름을 바꿔야 한다, 제삿날 바느질하면 조상의 영혼이 오지 않는다, 제사 때 집안이 시끄러우면 불길하다, 집안 어른의 이름을 직접 부르면 가난해진다(해롭다), 찬물도 순서가 있다 등

서열 문화는 국어 대우법에 반영되어 나타난다. 국어 대우법은 말 상대를

대우하는 상대 대우법만 있는 것이 아니라 말 속에 주체가 되는 사람을 대우하는 주체 대우법도 있다. 말 상대(들을이)에 대한 대우는 말할이와 들을이(말 상대)의 위상 관계만 고려되지만 말 속 사람(주체)에 대한 대우는 말 속 사람과 말할이와의 서열(위상) 관계뿐만 아니라 말 속 사람과 들을이와의 서열(위상) 관계도 고려되어야 한다. 말할이, 들을이, 말 속 사람(주체)이 있는 상황에서 대우는 서열이 제일 높은 사람을 기준으로 결정된다. 즉, 말 속 사람이 말할이보다 윗사람이어도 들을이보다 아랫사람이면 말할이는 말 속 사람을 대우하지 않는다. 이를 압존법(壓尊法)이라 한다. 말 속 사람이 말할이보다 윗사람이어도 들을이보다 아랫사람이기 때문에 존대(대우)가 눌리는 것이다. 〈표 6〉의 주체 대우법 1에서 이를 확인할 수 있다.

〈표 6〉 주체 대우법 1

말할이	들을이	말 속 사람(주체)	형태('-시-')
손자	아버지	할아버지	○
손자	할아버지	아버지	×
아버지	손자	할아버지	○
아버지	할아버지	손자	×
할아버지	손자	아버지	×
할아버지	아버지	손자	×

오늘날은 핵가족으로 할아버지가 대부분 따로 살지만, 지난날 우리의 가정은 3세대가 함께 어울려 대가족으로 살았다. 대가족에서는 3세대 가운데 할아버지가 가장 윗사람이다. 그래서 '-시-'의 용법도 〈표 6〉에서와 같이 할아버지가 주체일 경우에만 '-시-'를 사용한다. 아버지가 손자인 나보다

윗사람이지만 할아버지보다 아랫사람이기 때문에 할아버지가 말할이나 들을이일 경우에는 아버지를 '-시-'로 대우하지 않는다.

〈표 6〉은 압존법(壓尊法)이 지켜진 말법이다. 즉, 말 속 사람(아버지)이 말할이나 들을이(손자)보다 손위라도 할아버지(가장 윗사람)가 말하거나 듣는 사람일 경우에는 말 속 사람(아버지)을 윗사람으로 대우하지 않는 말법이다. 〈표 6〉의 말법은 가장 윗사람(어른) 중심 말법이다. 즉, 세 사람(말하는 사람, 듣는 사람, 말 속 사람) 가운데 가장 윗사람이 말 속 사람(주체)일 경우에만 주체를 대우하는 말법이다. 이는 대가족 제도를 취한 가정의 말법이다. 가정의 모든 결정권이 할아버지에게 있었던 것도 이와 관련 있다.

〈표 7〉 주체 대우법 2

말할이	들을이	말 속 사람(주체)	형태('-시-')
손자	아버지	할아버지	○
손자	할아버지	아버지	○
아버지	손자	할아버지	○
아버지	할아버지	손자	×
할아버지	손자	아버지	○
할아버지	아버지	손자	×

그런데 산업화 이후 대가족이 핵가족으로 바뀐 이후에는 '-시-'의 용법이 〈표 7〉과 같이 변했다. 학생들을 대상으로 조사해 보니, 〈표 6〉에 따라 할아버지에게 "할아버지, 아버지 왔어요."라고 말하는 학생은 소수였고, 〈표 7〉에 따라 "할아버지, 아버지 오셨어요."라고 말하는 학생이 대부분이었다. 이어서 학생들에게 어떤 말이 옳은 말이겠느냐고 물었더니, 거꾸로

전자가 옳은 말이라고 하는 사람이 대부분이었다. 이는 바른 말과 현실의 말에 차이가 있음을 드러낸 것이다.

〈표 7〉은 〈표 6〉의 압존법이 무너진 말법으로 주체(말 속 사람)가 말할이나 들을이보다 윗사람이면 주체를 윗사람으로 대우하는 말법이다. 윗사람이 되는 기준은 말할이거나 들을이다. 오늘날 젊은 세대에서는 〈표 7〉의 말법을 더 많이 사용한다.

〈표 7〉의 말법은 〈표 6〉의 말법이 바뀐 가장 큰 원인은 가족 제도가 변한 데 있다. 대가족이 핵가족으로 바뀜에 따라 아버지의 위상이 변했다. 대가족 아래서 항상 할아버지의 아랫사람이던 아버지는 이제 윗사람으로 자리하게 되었다. 아이도 평소에 할아버지의 손자가 아니라 아버지의 아들로 살게 되었다. 아이 쪽으로 보면 이러한 삶은 아버지를 항상 윗사람으로 모시는 삶이다. 그러니 어쩌다 할아버지와 한자리에 있게 되어도 평소에 아버지에게 하던 말투를 그대로 사용하게 되는 것이다. 할아버지 중심 문화에서 아버지 중심 문화로 옮겨진 것이다.

그런데 현대에 들어 위와 같은 한국 사회의 서열 문화는 많이 퇴색되어 가고 있다. 경험을 중시하는 장유유서나 연공제(年功制) 대신 능력제가 도입되는가 하면 말 속 사람을 대우하는 양상도 압존법이 파괴되어 가는 말법으로 바뀌고 있다.

3.4. 성(性) 차별 문화

일찍이 인류는 모계사회에서 출발되었다고 하지만 힘이 중요했던 농경 사회는 대개 부계사회 즉, 남성 중심 사회였다. 우리 사회도 마찬가지였다. 우리 사회는 농경 사회에 유교 사상이 들어오면서 남성 중심 사회로 더 굳어진 듯하다. 유교 사상을 수용한 우리 사회는 장유유서(長幼有序)라는 말로 서열을 매길 뿐만 아니라 남녀유별(男女有別)이라 하여 남녀도 구별하고자 하였다.

유교사상의 윤리인 남녀유별은 말 그대로 남녀가 다름을 가리키기도 하지만 남녀에 차등을 두는 남녀차별(男女差別)이라는 뜻으로 쓰이기도 한다. 아마 남녀 간에 구별이 있음(남자와 여자를 구별하는 것, 쉽게 말해 남녀가 하는 일이 다른 것)을 남녀를 차별하는 것으로 이해했기 때문일 것이다.

남녀를 차별하는 문화를 대표하는 것이 가부장제(家父長制)라 할 수 있다. 가부장제(家父長制)는 일찍부터 있어 왔지만 가부장제가 더 확고해진 것은 유교 사상이 사회 전반에 자리 잡은 조선 후기부터이다. '효(孝)'를 절대적 가치로 내세우며 여성에게 '삼종지도(三從之道)'나 '칠거지악(七去之惡)'[103]을 따를 것을 강요한 것이나 재산 상속을 남성에게만 하고 아들이 없으면 양자를 들이는 것이 모두 조선 후기에 생긴 것이다.[104]

한국의 가부장제는 남성 중심 문화이면서 장자 중심 문화로 드러난다. 이는 관혼상제 문화에서 확인할 수 있다. 관례는 남성 중심 의례이다. 남자의 성인식을 관례라 하고 여자의 성인식을 계례라 하나 관례와 계례를 포괄해 가리킬 때는 남자의 성인식을 가리키는 관례라는 말로 가리키는데 이는 곧

---

103 삼종지도는 근대 이전 유교 문화권에서 통용되던 여성의 지위와 역할을 명시한 도덕 규범으로 삼종(三從)은 "결혼하기 전에는 아버지를, 결혼해서는 남편을, 남편이 죽으면 자식을 따라야 한다."라는 것이고 칠거지악은 아내를 내쫓는 이유가 되던 일곱 가지 사항(① 시부모를 잘 섬기지 못하는 것 ② 아들을 낳지 못하는 것 ③ 부정한 행위 ④ 질투 ⑤ 나병·간질 등의 유전병 ⑥ 말이 많은 것 ⑦ 훔치는 것)이다.
104 한국민족문화대백과사전(2011) 참조.

남자의 성인식이 우선임을 가리킨다.

혼례도 남성을 위한 남성 중심 의례이다. 결혼을 하면서 치르는 폐백식에서 신랑의 부모를 포함한 시댁 어른에게만 인사를 올리고 신부의 부모를 포함한 처가 어른에게는 인사를 올리지 않는데 이는 곧 남녀를 차별하는 것이다. 여자는 결혼을 하면 출가외인(出嫁外人)이라 하여 친가에서도 권리를 잃었다.

우리 문화가 남성 중심 문화임은 상례(喪禮)나 제례(祭禮)에서도 드러난다. 상례를 치르면서 여자는 장례 때 장지(葬地)에 가지 못하고 재우제(再虞祭)나 삼우제(三虞祭) 때에 장지(葬地)에 가게 하는 것이나 제례에 여자들이 참여하지 않는 것 등은 모두 남성 중심 문화가 반영된 것이다.

한국 사회가 남성 중심 사회임은 성(姓)에서도 알 수 있다. 한국인은 결혼한 후 자식을 낳으면 자식은 남성(아버지)의 성을 따른다. 여자가 시집을 가면 친족이 아닌 남의 집 사람 즉, 출가외인(出嫁外人)이 된다고 보았다. 그래서 여자는 시집가고 나면 친족의 족보에 등재되지 못하고 대신 남편이 친족의 족보에 사위로 등재되었다. '사위는 백 년 손님'이라는 말이나 '사위 사랑은 장모, 며느리 사랑은 시아버지'라는 말도 남성 중심인 한국 사회에서 생긴 것이다.

한국 사회가 남성 중심 사회이었음은 어휘에서도 알 수 있다. 아래 예는 국어 대등합성어의 예이다.

① 남녀, 신사숙녀, 부모(父母), 부부(夫婦), 남매(男妹), 신랑신부 등
② 연놈, 비복(婢僕), 암수, 자웅(雌雄) 등

합성어 형성 원리에 따르면 대등합성어는 두 어근 가운데 중요한 것을 앞에 둔다. 한국어에서는 ①에서 알 수 있듯이 대등복합어를 만들면서 남성을

가리키는 말을 앞에 둔다. 단, ②에서와 같이 여성을 가리키는 말을 앞에 두는 것은 사람답지 않은 사람을 가리키거나 짐승을 가리키는 경우이다. 이는 우리 사회가 남성을 중시함을 반영한 것이다.

한국 문화가 남성 중심 문화임은 친척관계에 있는 사람을 부르는 말(부름말)에서도 확인할 수 있다. 남녀가 결혼을 한 후 남자가 처(가)족 사람을 부르는 말과 여자가 시가족 사람을 부름말에도 〈표 8〉과 같이 차이가 있다. 남자는 처족(妻族) 사람을 부를 경우 처의 부모인 장인과 장모를 부를 때는 지칭어(장인 또는 장모)에 공경하는 의미를 담은 '어른'이나 '님'을 붙여 부르지만 처의 형제자매를 부를 때는 공경하는 의미를 담지 않고 지칭어로 부른다. '처남'이나 '처제'란 말이 대표적이다. 이에 비해 여자는 시가족(媤家族) 사람을 부를 때 시가족 사람 누구나 공경하는 의미를 담은 말('○○님'이나 '○○씨')로 부른다. '도련님'이나 '아가씨'란 말이 대표적이다.

〈표 8〉 사위(남성)의 부름말과 며느리(여성)의 부름말

사위의 처족 부름말	며느리의 시가족 부름말
장인어른, 장모님, 처남, 처형, 처제, 처숙부님, 처숙모님 등	아버님, 어머님, 아주버님, 도련님, 형님, 아가씨, 작은아버님, 작은어머님 등

남성 중심 사회에서는 남성을 우선시하기도 하고 여성을 폄하하기도 한다. 아래 표현은 주변에서 흔히 들을 수 있는 말들인데 이 말들은 지난 시대에 우리 사회가 남성을 우대하거나 여성을 폄하해 왔음을 보여 준다.

남자가 여자에게 눌리면 집안 망한다, 남자의 다리나 허리를 여자가 타 넘으면 재수가 없다, 남자가 길을 떠날 때 여자가 가로질러 가면 재수가 없다, 해가

바뀌어 남자가 먼저 집에 들어야 재수가 좋다, 남자가 바가지에 밥을 담아 먹으면 가난해진다, 여자의 말은 들어도 패가하고 안 들어도 망신한다, 입 싼 건 여자, 여편네 셋이 모이면 접시 구멍 뚫는다, 여자 열이 모이면 쇠도 녹인다, 여인은 돌면 버리고 가구는 돌리면 깨진다, 되는 집에는 암소가 셋이고 안 되는 집에는 계집이 셋이다, 검다 희다 말 없다(입 무거운 여자) 등

그러나 산업화 이후 남성 중심 문화는 서서히 남녀평등 문화로 바뀌어 왔다. 오늘날 한국 사회에서는 "딸 아들 구분 말고 둘만 낳아 잘 기르자."라는 구호가 옛말이 되었고 "아들 둔 부모는 버스를 타고 딸 둔 부모는 비행기 탄다."라는 말이 유행어가 될 만큼 남녀에 차별이 없어졌다. 현대 한국 사회에 회자(膾炙)되는 '성폭력'이라는 말이나 '성추행'이라는 말도 여성의 권리가 중시되는 문화에서 생겨난 것들이다.

3.5. 혈연 중시 문화

한국 사회는 씨족 중심 사회이었다. 씨족은 같은 조상[始祖]의 친족집단인데 한국 사회에서는 부계혈통의 집단이다.[105] 씨족은 혈통을 가리키는 성(姓)을 갖고 있고 시조가 처음 살던 곳을 지칭하는 본관(또는 관향)을 가진다.

씨족이 많아지면서 씨족의 하위 단계 집단인 친족이 형성되었다. 친족은 대개 9촌 안의 씨족 즉, 고조부 아래의 혈족을 가리킨다. 법률(민법)상으로 친족의 범위는 8촌 이내의 혈족과 4촌 이내의 인척 그리고 배우자로 되어

---

105 한국 사회에서 씨족이 부계혈통집단이 된 것은 1600년대 이후이고 그 이전에는 부계와 모계의 구분이 없었다고 한다. 한국민족문화대백과사전(2011) 참조.

있다. 20세기 초기까지만 해도 친족은 자신들만으로 마을을 형성해 살기도 하였다. 이러한 마을을 씨족 마을이라 한다. 혈통이 같은 사람들이 어울려 살다 보니 주택 구조도 밖에서 집을 들여다볼 수 있는 개방식 구조(집에 들어서면 마당에서 활동하는 모습을 볼 수 있는 구조)이어서 씨족인 마을 사람들이 허물없이 서로 오가며 지냈다. 지금도 시골에 가면 특정 성(姓)을 가진 사람들이 모여 사는 씨족 마을이 적지 않다. 이러한 삶의 양상은 혈연관계로 얽힌 집단인 친족을 중시하는 문화가 형성되었다. 친족 간에는 서로 한 집안[一家]이라고 하면서 설이나 추석의 차례나 기제사에 함께 참여하는 등 각별히 허물없이 지냈다.

친족 중심 사회에서는 혈연관계를 중시한다. 한 가정에 살지만 며느리는 〈표 9〉와 같이 부름말이 다른데, 이는 혈통이 같은 친족과 혈통이 다른 며느리를 구분하는 말법이 반영된 것이다.

〈표 9〉 친족과 며느리의 친척관계 부름말

친족의 부름말	며느리의 부름말
할아버지, 할머니, 아버지, 어머니, 형/오빠, 언니, 동생 등	할아버님, 할머님, 아버님, 어머님, 아주버님, 형님, 도련님 등

〈표 9〉에서와 같이 며느리는 혈통이 같은 친족과 달리 시가(媤家) 사람을 부를 때 높임말을 사용하고 며느리를 제외한 친족은 혈통이 같은 친족을 부를 때 '-님'이 결합된 높임말을 사용하지 않는다. 이는 남녀의 문제가 아니다. 남성이라고 하여 친족을 공경하지 않아도 되는 것이 아니기 때문이다. 며느리가 시가 사람에게 '-님'이 결합된 높임말을 쓰는 것은 며느리가 시가 사람들과 혈연관계에 얽히지 않은 남이기 때문이다. 우리말에서는 혈연관

계가 아닌 남을 높여 부른다. 친족 중심 사회에서 혈연관계를 중시함은 '피는 물보다 진하다', '똥도 촌수가 있다',[106] '처삼촌 묘에 벌초하듯 한다('피가 다른 남(처삼촌)의 일을 대충한다'는 뜻)'라는 말(관용 표현)에서도 알 수 있다.

혈연을 중시하는 사회에서는 같은 혈연을 가진 사람이 사회적 지위를 가지면 그 씨족이나 친족을 'ㅇㅇ가문(家門)'이라 부르며 칭송(稱頌)하였다. 그리고 특정 씨족이 가문을 이루면 가문의 뿌리인 조상(始祖)으로부터의 계보를 밝혀 적은 족보(族譜)를 간행하기도 하였다.[107]

혈연을 중시하는 한국 씨족 문화는 몇 가지 특성이 있다. 우선, 한국 씨족 사회에서는 씨족을 혈연관계의 거리에 따라 구별한다.[108] 씨족 간의 거리는 시조로부터 몇 대 손(孫)인가에 따라 서열로도 구분하는데 이 서열을 항렬이라 한다. 같은 씨족 간에는 항렬로 위아래를 따지고 씨족은 이름을 지을 때도 항렬에 따라 돌림자를 정해서 지었다.

한국의 혈연 중시 문화에서는 씨족 간의 거리뿐만 아니라 친족 간의 거리도 구분한다. 친족 간의 거리는 친족을 가리키는 말에서 확인할 수 있다. '숙부, 종숙부(당숙부), 재종숙부, 삼종숙부'라는 말의 '종, 재종, 삼종'이나 '3촌, 5촌, 7촌'의 '3, 5, 7'은 친족 간의 거리를 가리키는 것이다. 이 말들은 친족 간에도 거리에 따라 친소 관계에 차이가 있음을 뜻한다. 이와 관련해

106　혈연관계가 가까운 사람의 자식의 똥은 구수하고 혈연관계가 먼 사람의 자식의 똥은 구린내가 난다고 함을 표현한 말이다.

107　족보에는 혈연 중심 문화와 남성 중심 문화가 반영되어 있다. 친족의 계보임을 족보에 등록되는 사람을 보면 알 수 있다. 족보에는 시조를 중심으로 후손을 세대별로 구분해 등록하는데, 혈족이 아닌 어머니는 '김해김씨 ㅇㅇㅇ의 녀'라고 기술되고 딸이 시집가면 사위가 기술되는 데서 족보가 남성 중심으로 기술됨을 알 수 있다.

108　혈연관계의 거리는 '종형(從兄)', '재종형(再從兄)'과 같이 걸림 관계로 구분하기도 하고 '4촌', '6촌'과 같이 촌수로 구분하기도 한다.

지난날에는 상례 때 입는 상복도 죽은 사람과의 혈연관계의 거리에 따라 상복의 종류와 상복을 입는 기간에 차이가 있었다.[109] 오늘날 장례식장에서 흔히 보는 상복에 차이가 있는 것도[110] 혈연관계의 거리와 장자 중심 문화가 반영된 것이라 할 수 있다.

친족 중심 사회는 친척 중심 사회로 이어진다. 친족은 결혼을 하면서 척족을 이루고 친족과 척족을 합해 친척이라 한다. 척족은 결혼으로 인해 혈통이 확장되어 형성된 무리이기 때문에 친족만큼은 아니나 척족도 남과 다르게 친근하게 대한다. 친족이나 척족은 지칭어나 호칭어도 남과 다르다. 친척이 남과 다른 것은 혼례나 상례에서도 알 수 있다. 혼례나 상례가 있을 때 친척은 함께 참여하여 기쁨이나 슬픔을 나눈다.

한국 문화는 친척 문화가 발달되었다고 하는데 이는 친족을 척족과 구분할 뿐만 아니라 척족도 외척과 내척으로 구분한다는 데서 알 수 있다. 척족은 친족의 결혼으로 형성된 집단인데 누구의 결혼으로부터 형성된 집단이냐에 따라 구분한다. 남자(아버지)가 장가들어 이룬 척족은 외척이라 하고 여자(고모)가 시집가서 이룬 척족은 내척이라 한다.[111] 따라서 척족에는 아버지(남자)와 결혼한 어머니의 친족인 외척과 아버지의 자매인 고모(여자)가 결혼한 고모부

---

109 죽은 사람과의 관계에 따라 참최복(斬衰服), 자최복(齋衰服), 대공복(大功服), 소공복(小功服), 시마복(緦麻服)으로 다르게 입고 이들 상복은 각기 입는 기간이 다르다.
110 오늘날 장례식장에서 흔히 볼 수 있는 상복은 한복과 양복이 있다. 한복으로 된 상복은 두건 착용 여부에 따라 차이가 있고, 검은 양복으로 된 상복도 팔에 두르는 완장에 쳐진 검은 테의 수에 차이가 있다.
111 이러한 관계로 아버지의 결혼으로 생긴 외사촌은 외종(外從)이라 하고 고모의 결혼으로 생긴 고종사촌을 내종(內從)이라 한다. 그래서 고종은 나에게 외종이고 나는 고종에게 내종이 된다. 그래서 '내외종간(內外從間)'이라는 말은 나와 고종 간의 관계를 가리키게 된다.

의 친족인 내척이 있게 된다. 그래서 친척 관계가 친족 관계나 척족 관계에 따라 관계되는 사람을 가리키는 말도 구분되어 있다. 친척 관계의 어휘의 이러한 분화는 그만큼 친척 관계가 발달되어 있음을 가리킨다. 영어와 비교할 때 영어는 단순히 성(性)에 따라 'brother'와 'sister'로 구분하거나 'uncle'과 'aunt'로 구분하지만, 한국어는 '형', '오빠', '누나', '언니' '동생', '누이', '고종', '이종'으로 구분할 뿐 아니라 '백부(큰아버지), 숙부(작은아버지), 외숙부, 고모부, 이모부'와 '큰어머니, 작은어머니, 외숙모, 고모, 이모'로 구분한다.

말이 다른 만큼 이들 말에 따라 상대를 달리 대해 다른 모습의 삶이나 문화를 만들어 낸다. 아버지 혈통인 숙부나 고모부는 아버지를 중심으로 삶을 만들어 내고 어머니 혈통인 외숙부나 이모부는 어머니 중심으로 삶을 만들어 낸다. 그래서 숙부나 고모부는 집에 찾아오면 아버지를 먼저 찾게 되고 외숙부나 이모부는 어머니를 먼저 찾게 된다.

친족 중심 사회나 친척 중심 사회는 농경 사회의 사회 구조이다. 따라서 이들 사회 구조로 형성된 문화도 농경 사회의 문화이다. 그러나 이러한 문화는 산업화되면서 많은 변화를 겪었다. 그 결과 친척관계말이 남에게 확대되어 쓰이면서 친척 문화는 점차 사라져 가고 산업화와 관련해 형성된 새로운 문화는 남을 친족이나 친척과 구분하지 않는 문화로 바뀌어 가고 있다. 산업화와 아울러 출생률 감소나 농촌 인구의 감소도 친족이나 척족이 줄어드는 것도 혈연 중심 문화가 점차 사라져 가는 요인으로 작용했을 것이다. 아래 말은 친족 중심 문화가 반영된 삶의 모습이 반영된 말들이다.

외손자를 귀해 하느니 방귀를 귀해 하지, 첩의 자식도 핏줄이라고 데려와서

키웠다, 처삼촌 묘 벌초하듯 한다, 곡식은 남의 곡식이 좋아 보이고 자식은 내 자식이 좋아 보인다, 피는 물보다 진하다, 처갓집 세배는 살구꽃 피어서 간다 등

친족이나 가문(家門)의 대표적인 소집단은 가정이다. 그래서 친족 중심 사회에서는 가정을 매우 소중히 여긴다. 가정이 잘되어야 가문도 빛난다. 가화만사성(家和萬事成)이란 말이 생긴 것도 가정을 소중히 해야 함을 가리키기 위한 것이라 할 수 있다.

한국의 가정은 공통된 사고방식과 가치관이 담긴 생활 방식을 추구하는 소집단이다. 가정은 며느리를 제외하고 모두 같은 피(혈연관계)로 얽힌 사람들로 구성되어 있다. 따라서 며느리만 한 가정의 문화에 동화되면 가정에 평안이 깃든다고 보았다. 가정이 원만하게 꾸려지려면 가정의 새 구성원인 며느리도 가정의 문화에 빨리 적응하는 게 중요하다. 그러자면 한 집안에 새로 들어온(피가 다른) 며느리가 그 집안의 가풍(家風)을 따르게 해야 한다. 며느리가 가풍을 따르게 하려면 며느리가 시가 친족을 공경하고 시가족 사람과 같은 사고방식과 가치관을 갖게 하여야 한다고 생각했다. 며느리 제약은 이를 실천하게 하는 데서 생긴 것이다.

제약이 심한 며느리의 시집살이도 근원으로 보면 가정의 화목을 중시하는 가정 중심 문화에서 생겨난 것이라 할 수 있다. 가정의 화목이 며느리가 시가족과 같은 사고방식을 가진 사람이어야 한다고 여기다 보니 가정의 새 구성원인 며느리는 시가의 사람들보다 훌륭해도 안 되고 게을러도 안 되었다. 그저 시집 사람들을 공경하며 순종하는 삶을 살아야 한다고 여겼다.

며느리의 시집살이는 유독 시어머니나 시누이와의 갈등으로 고충이 많았

다. 이는 아마 시어머니가 며느리를 자신이 시집왔을 때와 비교하여 상대하고, 시누이가 며느리의 시집살이를 장차 자신의 시집살이와 비교해 상대했기 때문일 것이다. 이성으로 덕을 갖춘 시어머니나 시누이는 며느리의 고충을 이해해 관대하게 대했지만 그렇지 않은 시어머니와 시누이는 집안의 잘못된 일에 대한 책임을 모두 며느리에게 덮어씌웠다. 그러니 여자에게는 어떤 집안으로 시집가느냐가 중요한 문제였다. "여자 팔자 뒤웅박 팔자."라는 속담도 이를 비유해 표현한 말이다.

우리 속담에는 며느리의 고된 시집살이에 관한 내용이 아주 많다. 아래 속담은 모두 위와 같은 며느리의 고달픈 시집살이를 비유적으로 표현한 것이다.

> 때리는 시어미보다 말리는 시누이가 더 밉다, 벙어리 3년 귀머거리 3년 봉사 3년, 시집살이 못하면 동네 개도 업신여긴다, 못난 며느리 제삿날 병난다, 동서 시집살이는 오뉴월에 서릿발 친다, 고양이 덕은 알고 며느리 덕은 모른다, 시집 밥은 살이 지고 친정 밥은 뼈살이 진다, 시집가 석 달 장가가 석 달 같으면 살림 못할 사람 없다, 사람은 늙어지고 시집은 젊어진다, 죽 먹은 설거지는 딸 시키고 비빔 먹은 설거지는 며느리 시킨다, 며느리가 미우면 발뒤꿈치가 달걀 같다고 나무란다, 오래 살면 시어머니 죽는 날 있다, 저녁 굶은 시어미상, 며느리가 미우면 손자까지 밉다, 열 사위 밉지 않고 한 며느리 밉다, 친손자는 걸리고 외손자는 업고 간다, 여자는 높이 놀고 낮이 논다(시집가기에 따라) 등

장자 중심 문화도 가부장제(家父長制) 사회의 가정 중심 문화가 반영된 것이라 할 수 있다. 지난날 가부장제 사회에서는 후대에까지 가정이나 가문의 명성을 이어 가는 역할을 아들 특히 맏아들(長子)에게 부여하였다. 맏아들에게는 앞으로 가정을 통솔할 수 있는 특권이 주어졌다. 부모가 돌아가신 후

에는 재산 상속권이나 가정사의 결정권이 맏아들에게 주어졌고 제사를 받
드는[奉祭祀] 책임과 권리도 맏아들에게 부여되었다.

유교 문화가 반영된 이러한 삶의 양식은 가정의 중심이 될 아들의 존재가
무엇보다 중요하게 되었다. 남아선호사상(男兒選好思想)도 이러한 문화 속에서
형성된 것이다. 지난날에는 아들을 중시하는 남아선호사상 때문에 아들을
낳지 못한 며느리는 구박을 받게 되고 심지어는 쫓겨나거나 씨받이를 맞아
야 하는 설움을 겪기까지 하였던 것이다.[112]

한국 문화의 중요한 특성은 가족이나 친족을 중시하면서 남[他人]을 공경
한다는 데 있다. 친족만 소중히 여기고 남을 업신여긴다면 좋은 사회가 원
만하게 운영되지 않을 것이다.

한국어의 남은 자신이 아닌 다른 사람을 가리키기도 하지만 친족 중심 사
회에서는 혈통이 다른 사람 즉, 친족이 아닌 사람을 가리키기도 한다. 남이
이러한 뜻으로 쓰이면서 친족과 남을 구별하는 문화가 형성되었다.

한국 문화는 친족 간에 친밀하게 지내는 문화와 남을 중시하는 문화가 조
화를 이룬 문화라 할 수 있다. 한국 문화에 뿌리를 내린 '남을 대우하는 문
화'도 유교 사상과 관련되어 형성되었다고 할 수 있다. 유교 사상에서 일찍
이 공자(孔子)가 인(仁)을 최고 덕목으로 삼은 것이나 묵자(墨子)가 '남과 나를
구별하지 말라(爲彼猶爲己)'고 한 것, 또는 맹자가 사단설(四端說)에서 사람이 지
녀야 할 마음으로 측은지심(惻隱之心), 수오지심(羞惡之心), 사양지심(辭讓之心),
시비지심(是非之心)을 내세운 것 등은 모두 더불어 사는 인간 사회에서 원만한

---

112 지난날에는 '칠거지악(七去之惡)'이라 하여 아내를 내쫓는 이유가 되던 일곱 가지 사
     항이 있었는데 그 가운데 하나가 아들을 낳지 못하는 것이었다. '칠거지악'은 Ⅱ부
     제3장 각주 103) 참조.

대인 관계를 유지하려면 남을 존중해야 함을 표현한 것이라 할 수 있다. 이로 보면 한국 문화에서의 친족 중심 문화는 친족을 남과 구별하는 문화이면서 남을 존중하는 문화라 할 수 있다. 한국 문화의 이러한 특성은 어휘나 어법에서도 확인할 수 있다.

남을 친족과 구별하는 문화는 부름말에서 확인할 수 있다. 국어 부름말은 상대가 윗사람이 아닐 경우 '고유명사'형 부름말을 쓰고 상대가 윗사람일 경우 고유명사인 성명이나 이름 대신 '관계말'형 부름말을 쓴다. 그런데 국어 부름말은 이와 같이 상대가 윗사람인가 아닌가에 따라서 구별되기도 하지만 상대가 친척인가 남인가에 따라 구별되기도 한다.

상대가 윗사람일 경우 상대가 친족이면 친족관계말(아버지, 형, 누나 등)로 부르지만, 남이면 친족관계말 대신 직장에서의 관계어인 직함어형(사장님, 과장님, 선생님 등)이나 일반명사(어른, 어르신 등)로 불렀다.[113] 어느 경우에나 아랫사람이 아닌 남을 부를 경우에는 고유명사를 사용하지 않는데 이는 남을 함부로 대하지 않는 문화가 반영된 것이다.

상대가 윗사람이 아닌 경우에도 상대가 친족인가 남인가에 따라 부름말이 다르다. 아랫사람에게 사용되는 '고유명사'형 부름말도 ①~③과 같은 세 유형이 있는데, 이 가운데 성(姓)이 실현된 ①과 ②는 친족이 아닌 남을 부를 때 사용하는 부름말이고, 성(姓)이 실현되지 않은 ③은 친족 또는 친족처럼 친하게 대할 수 있는 사람(친구나 친구 동생)을 부를 때 사용하는 부름말이다. 이처럼 상대가 아랫사람이라도 남이면 이름만으로 부르지 않는데 이 또한 남을 대우하는 문화가 반영된 것이고, 윗사람이 아닌 남을 부를 때 ①과 ②

---

113 현대 사회에서는 이러한 구별 의식이 약해져 남에게도 친척관계말을 많이 사용한다.

에서와 같이 성이나 성명 뒤에 '군', '양', '씨', '여사', '박사', '부장' 등과 같은 의존명사나 보통명사를 결합해 부르는 것은 윗사람이 아니라도 남을 대우해 부르는 것이다.

① '성명+{의존명사/보통명사}'형: 김영철+{군, 씨, 선생, 과장 등}
② '성+{의존명사/보통명사}'형: 김+{군, 씨, 선생, 과장 등}
③ '이름+호격조사(아/야)'형: 영수야, 영철아 등

친족과 남을 구별하는 말은 부모 지칭어에서도 확인할 수 있다. 〈표 10〉은 친족인 자기 부모를 부르는 말과 남의 부모를 부르는 말이 구별됨을 보여 준다.

〈표 10〉 부모 지칭어

	아버지		어머니	
	친족	남	친족	남
생(生)	가친(家親) 엄친(嚴親) 등	춘부장(春府丈) 춘당(春堂) 대인(大人) 춘장(春丈) 등	가모(家母) 자친(慈親) 자모(慈母) 엄모(嚴母) 등	자당(慈堂) 훤당(萱堂) 모부인(母夫人) 대부인(大夫人) 등
사(死)	선친(先親) 선고(先考) 선부(先父) 고(考) 현고(顯考) 등	선대인(先大人) 선장(先丈) 등	선비(先妣) 비(妣) 현비(顯妣) 망모(亡母) 등	선대부인 (先大夫人)
통칭(通稱)	아버지, 아빠, 부친(父親) 등		어머니, 엄마, 모친(母親) 등	

〈표 10〉에서 알 수 있듯이 친족인 자기 부모를 가리킬 경우에는 '가친(家

親)', '엄친(嚴親)', '가모(家母)', '엄모(嚴母)' 등에서와 같이 존대 의미가 없는 '친(親)'이나 '가(家)', '엄(嚴)'이란 말을 붙여 가리키지만 친족이 아닌 남의 부모를 가리킬 경우에는 '춘부장(春府丈)', '춘당(春堂)', '대인(大人)', '춘장(春丈)', '자당(慈堂)', '훤당(萱堂)', '대부인(大夫人)' 등에서와 같이 '대(大), 춘(春, 椿), 당(堂)' 등 존대 의미를 담은 말을 붙여 가리켰다.

남을 대우하는 문화는 부부를 가리키는 말에서도 확인할 수 있다. 우리말은 남편이나 아내가 자신의 배우자인가 남의 배우자인가에 따라 배우자를 구별해 가리키는데 자기 남편을 가리킬 경우 '그이', '이녁', '바깥주인', '바깥양반'이라 하고, 자기 아내를 가리킬 경우엔 '처(妻)', '이녁', '아내', '집사람', '안사람', '내자(內子)', '과처(寡妻)', '우처(愚妻)'라 한다. 반면, 남의 남편을 가리킬 경우엔 '부군(夫君)'이라 하고, 남의 아내를 가리킬 경우엔 '부인(夫人, 婦人)', '현부인(賢夫人)', '귀부인(貴婦人)'이라 한다.[114] 이 말에서도 남의 남편이나 남의 아내를 대우해 가리킴을 알 수 있다.

'-님'은 남을 대우하는 말이다. 우리말의 '-님'은 존중하는 뜻만 있는 것이 아니라 남에게 사용되는 것이란 뜻이 있다.[115] 먼저 친족어의 경우를 보자. 친족어 가운데 '-님'이 결합된 말에는 '아드님, 따님, 도련님, 아버님, 어머님, 할아버님, 할머님 등'이 있다. '-님'이 결합된 말들은 원래 친가 사람 간에 사용하는 말이 아니다. 자기 자식을 아드님이니 따님이니 하지 않듯이 자

---

114 부부 관계를 가리키는 말도 '생(生)과 사(死)'에 따라 구분했다. 남에게 나의 죽은 아내를 가리킬 경우엔 '선처(先妻)', '망처(亡妻)', '망실(亡室)'이라 하지만, 남의 죽은 아내를 가리킬 경우엔 '곤위(坤位)', '호위(壺位)'라 한다.
115 국어사전에는 '-님'이 "사람의 호칭 밑에 붙여, '높임'을 나타내는 말"이라고 풀이되어 있다.

기 부모를 '아버님, 어머님'이라 하지 않는다. '아버님, 어머님'이라는 말을 사용하는 사람은 한 집안에 새로 들어온 며느리뿐이다. 이는 '-님'이 결합된 도련님이란 말을 누가 쓰고 있는가를 생각해 보면 알 수 있다. 친족이 자기 친족을 가리키면서 '-님'이 결합된 말을 쓰지 않는다. '도련님, 아버님, 어머님'의 '-님'에도 이러한 '-님'의 용법이 반영되어 있다. 한 집안에 새로 들어온 며느리로 보면, '도련님, 아버님, 어머님'은 피를 나누지 않은 사람(남)이다. 경북 안동 지역에선 자식이 부모를 가리킬 때는 '아베, 어메'라고 하지만, 며느리가 시부모를 가리킬 때는 반드시 '아벰, 어멤'이라고 한다. 이도 같은 원리에서 나온 말이다. 이로 미루어 보건대, 우리말의 '-님'은 원래 남을 가리킬 때 결합되는 말이었는데, 이 말이 오늘날 높이는 뜻을 지닌 말로 바뀌어 쓰이게 된 것이 아닌가 싶다. 오늘날 자기 부모를 '아버님', '어머님'이라 부르는 것도 '-님'이 높여 부르는 말이라고 여기기 때문일 것이다.

지난날에는 남을 대우하는 문화가 오늘날보다 더 중시되었다. 이는 지난날 어린 처제(妻弟)에게 높임말을 썼던 데서도 알 수 있다. 처제는 장차 친족이 아닌 남의 가정을 이룰 사람이기 때문에 처제에게 높임말을 사용했던 것이다.

오늘날 우리말을 보면 친족과 남을 구별하는 문화가 점차 사라져 가고 친족과 척족으로 구별하는 문화도 사라져 간다. 친척 중심 사회에서는 〈표 5〉에서와 같이 친척이 아닌 남(他人)은 친척관계말로 가리키거나 부르지 않고 준고유명사(호, 택호 등)나 직함어(과장님, 사장님 등), 보통명사(꼬마, 학생, 총각, 어른 등)로 가리키거나 불렀는데, 산업화로 친척 중심 사회가 해체되면서 친척관계말을 친척이 아닌 남을 가리키거나 부를 때 사용하게 되었다. 아저씨, 아주머니는 물론 할아버지, 할머니, 언니, 삼촌 등의 친척관계말이 남을 가리키거나 부르는 말로 쓰이고 있다.

오늘날 남을 가리키거나 부를 때 사용하지 않는 친척관계말은 '엄마'와 '아빠'뿐인 듯하다. 이는 어쩌면 앞으로 우리 사회가 엄마와 아빠를 제외한 모두를 남[他人]으로 보는 사회가 되어 감을 보여 주는 것이 아닌가 싶다. 친척보다 남과 더 자주 어울려 살다 보니 남과 친척처럼 친하게 지내고 싶은 심리가 반영된 것이라 할 수 있다. 아래 예문은 한국인이 남을 어떻게 대하며 살아왔는지 보여 준다.

> 나와 종씨(宗氏)네요, 몇 대손입니까?, 본관은 어디지요?, 항렬이 저보다 위입니다, 저는 김해 김가입니다, 그 사람은 남이 아니다, 남에게 함부로 하면 안 돼, 그래도 친척인데 남보다는 낫다, 아버지는 가족에게는 엄하면서 남에게는 후해, 남이라도 친척보다 나은 사람이 있어, 남의 눈에 눈물 내면 제 눈에 피눈물 날 때 있다, 남의 제사에 밤 놓아라 감 놓아라 한다, 남 말하기는 쉽다고 함부로 말하면 안 된다 등

3.6. 집단 문화

혈통이 같은 친족이 공동체를 이루고 사는 한국 사회는 개인보다 집단을 중시하는 사회이다. 개인적인 일보다 자신이 소속된 집단의 일을 더 중시하고 사적인 것보다 공적인 것을 더 중시한다.[116] 집단의 일이 개인의 일보다 우선이고 공적인 일에 개인의 일이 관여되어서는 안 된다고 여긴다. 이를

---

116 최인철 옮김(2004:65)에서는 개인주의 문화가 반영된 서구 사회와 집단주의 문화가 반영된 한국 사회의 차이를 아래와 같이 기술하였다.

잘 이행하지 못하는 사람을 두고 '공사 구분이 안 된다'고 한다. 한국 사회에서 개인은 집단의 구성원에 지나지 않기 때문이다. 이러한 집단 중심 사회는 집안을 빛내고 가문을 빛내는 일을 가치 있게 여긴 친족 중심 사회에서 비롯된 것으로 보인다.

한국인의 집단 문화는 '두레'나 '계(契)'에서 찾을 수 있다. '두레(공동노동조직)'나 '계(상호협동조직)'가 정확히 언제부터 생겼는지 알기 어렵지만 오래전부터 집단의 삶을 위해 만들어진 조직으로 집단에 소속된 사람 간에 서로 도우며 살아왔다.

집단을 중시하는 한국 사회에서 집단에 소속되지 않은 사람은 소외감을 느낀다. 특정 집단에 소속되지 않는 사람이 특정 집단 사람들로부터 따돌림을 받는 등 '개밥에 도토리' 신세가 되는 경우가 많다. 오늘날 젊은 세대에서 사용하는 '왕따'라는 말도 집단 사회에서 따돌림을 받는 것을 가리킨다. 집단 중심 사회에서는 같은 집단에 속하는 사람이면 소외감이 없이 함께 어울려 살아야 하는 것이다.

한국인은 개인보다 집단을 중시하는 집단 중심 사고를 지니고 있다. 한국인의 집단 중심 사고는 복수를 표현하는 인칭 대명사에서 찾아볼 수 있다. 복수의 사람을 가리키는 한국어의 인칭 대명사는 복수의 사람들을 가리키기도 하지만 복수의 사람들로 구성된 집단을 가리키기도 한다. 복수의 사람

독립적인 사회(서구 문화)	상호 의존적인 사회(동양 문화)
개인적 행위에 대한 자유 선호	집합적 행위에 대한 선호
개인적 독특성 추구	집단과의 조화로운 어울림 추구
평등과 성취 지위의 추구	위계 질서와 귀속 지위의 수용
보편적 행위 규범에 대한 선호	특수한 행위 규범에 대한 선호

을 가리키는 한국어 인칭 대명사 체계는 〈표 11〉과 같다.

〈표 11〉 인칭 대명사(복수)

일인칭 대명사		이인칭 대명사		삼인칭 대명사	
저희₁	우리	너희	너네, 당신네, 댁네	저희₂	저네

〈표 11〉의 인칭 대명사에 결합된 '-희'와 '-네'는 복수의 사람이나 복수의 사람으로 구성된 집단을 가리키는 접미사이다. 이들 접미사는 윗사람이 포함되었느냐 아니냐에 따라 구분된다. '-희'는 복수의 사람이 아랫사람인 경우에 쓰이고 '-네'는 복수의 사람이 아랫사람이 아니거나 복수의 사람 가운데 아랫사람이 아닌 사람이 포함된 경우에 쓰인다. 따라서 이인칭 대명사 '너네'나 삼인칭 대명사 '저네'는 복수의 사람에 아랫사람이 아닌 사람이 포함되었음을 뜻한다. '-네'가 아랫사람이 아닌 사람이 포함된 경우에 쓰임은 '여인네', '남정네', '철수네' 등에서도 알 수 있다. 이러한 형태 결합 원리에 벗어나는 말이 '우리'이다. 일인칭 대명사가 겸칭 여하에 따라 '저'와 '나'로 구분됨을 고려하면 '우리'도 '나네'가 되어야 할 듯한데 일인칭이라는 특수성 때문에 '나네' 대신 보충형으로 '우리'가 쓰이게 된 것이라 할 수 있다.

이러한 말법에 따르면 〈표 11〉의 '저희₁', '너희', '저희₂'는 복수의 아랫사람이나 이들로 구성된 집단을 가리키고, '우리', '당신네', '저네'는 아랫사람만이 아닌 복수의 사람이나 이들로 구성된 집단을 가리킨다.[117] '우리', '너네/당신네', '저네'는 복수의 사람 가운데 윗사람이나 (윗사람으로 대우해야 하는) 남

---

117   이에 관한 상론은 황병순(2002:173-190) 참조.

이 포함된 경우에 사용된다.

복수를 가리키는 〈표 11〉의 인칭 대명사가 복수의 사람을 가리키기도 하고 복수의 사람으로 구성된 집단을 가리키기도 함은 아래 예문에서 확인할 수 있다.

(1) ㄱ. 저희₁가 하겠습니다 / 우리도 갑시다.
   ㄴ. 저희₁ {아버지, 형} / 우리 {아버지, 선생님, 사장님}
(2) ㄱ. 너희도 오너라 / 당신네는 저쪽에 가세요.
   ㄴ. 너희 {아버지, 형} / {너네, 당신네} 사장님
(3) ㄱ. 애들이 저희₂가 한다고 그러더라 / 저네는 우리와 다르대
   ㄴ. 남을 해롭게 하면 저희₂ 부모가 좋아할까? / 저네 아들은 나쁜 짓 안한대.

(1)은 일인칭 대명사 '저희₁'과 '우리', (2)는 이인칭 대명사 '너희'와 '너네/당신네', (3)은 삼인칭 (재귀)대명사 '저희₂'와 '저네'가 실현된 문장인데, (1ㄱ), (2ㄱ), (3ㄱ)의 인칭 대명사는 복수의 사람을 가리키고 동일한 형태인 (1ㄴ), (2ㄴ), (3ㄴ)의 인칭 대명사는 복수의 사람으로 무리를 이룬 집단을 가리킨다. 즉, (1ㄴ)의 '저희₁'은 '저희 집'을, '우리'는 '우리 집'이나 '우리 반', '우리 회사'를 가리키고, (2ㄴ)의 '너희'는 '너희 집', '당신네'는 '당신네 회사'를 가리키며, (3ㄴ)의 '저희₂'는 '저희₂ 집', '저네'는 '저네 댁'을 가리킨다. 이는 곧 복수의 사람을 가리키는 인칭 대명사가 복수의 사람을 가리키기도 하지만 복수의 사람으로 무리를 이룬 집단을 가리키기도 함을 뜻한다.

한국 문화가 집단 문화임은 위 말에서와 같이 한국어의 복수 표현이 다른

말과 달리 단순히 단수와 구분하는 기능으로만 쓰이는 것이 아니라 복수로 무리를 이룬 집단을 표현하는 데 쓰인다는 점에서 확인할 수 있다.

한국어에는 복수와 관련된 표현으로 '-희'나 '-네'가 아닌 '-들'도 있다. 그러나 '-들'은 '-희'나 '-네'와 달리 구성요소가 복수임을 가리키는 것이 아니다. '-들'은 복수에 결합되어 복수의 대상을 분리하는 기능을 한다.

(4) ㄱ. 너희가 만들면 너희에게 수고비를 줄게.
　　ㄴ. 너희들이 만들면 너희들에게 수고비를 줄게.
(5) ㄱ. 그 가게에 가면 사과가 굉장히 많다.
　　ㄴ. 그 가게에 가면 사과들이 굉장히 많다.

(4ㄱ)의 '너희'나 (4ㄴ)의 '너희들'은 공히 너를 포함한 복수의 사람을 가리킨다. 다만, '-들'이 결합된 (4ㄴ)은 개별적으로 또는 몇 부류로 나눠 수고비를 준다는 뜻임에 비해, '-들'이 결합되지 않은 (4ㄱ)은 '너희'를 집단으로 보고 수고비를 준다는 뜻으로 해석된다. (5)의 경우도 (5ㄱ)의 '사과'나 (5ㄴ)의 '사과들'이 공히 복수의 사과를 가리키지만 '-들'이 결합된 (5ㄴ)은 사과가 이런 저런 사과 즉, 사과의 종류인 '부사'나 '홍옥', '국광'으로 구분되는 사과가 많다는 뜻으로 해석됨에 비해, '-들'이 결합되지 않은 (5ㄱ)은 사과가 구분됨이 없이 통틀어 많다는 뜻으로 해석된다는 점에서 차이가 있다. 이는 곧 복수를 가리킨다고 하는 '-들'이 복수를 가리키는 것이 아니라 복수를 개체로 분리하는 의미로 쓰이는 말임을 가리킨다. 이는 곧 '-들'이 없이도 복수 표현이 가능함을 가리킨다.

한국어에는 복수를 표현하는 특정 문법 형태가 없는 듯하다. 한국어의 복수는 아래 예에서와 같이 복수를 표현하는 말에 의해 표현된다.

(6) ㄱ. 작은 것도 모이면 커진다.
　　ㄴ. 연구실에 책이 굉장히 많더라.
　　ㄷ. 책이 쌓였다.
　　ㄹ. 많은 학생이 가정형편이 어렵다.

　한국어의 위와 같은 특성을 고려하면 〈표 11〉의 인칭 대명사도 단순히 복수임을 가리키는 것이라기보다 복수로 구성된 무리를 가리킨다고 보는 것이 옳을 듯하다. 그리고 복수를 가리키는 한국어 인칭 대명사의 위와 같은 용법은 곧 한국 문화가 복수를 집단으로 보는 문화 곧 집단 중심 문화임을 반영하고 있다고 할 수 있다.

　한국인은 어디를 가나 집단에 소속되어 산다. 이러한 집단은 서구 문화가 도입된 이후 더 다양해졌다. 농경 사회에서는 친족(씨족)을 중심으로 집단이 형성되었지만 서구 문화가 도입된 이후 학교나 직장 등으로 새로운 집단이 형성되었다. 새로이 형성된 집단도 친족 집단과 같은 집단 중심 문화를 형성하였다.

　집단 중심 문화에서는 집단 구성원(특히 집단의 윗사람)이 개인으로 존재하는 것이 아니고 집단 속에 위상을 가진 사람으로 존재한다. 그래서 집단의 구성원을 가리킬 때 아래 ①~④에서와 같이 '인칭 대명사(복수) 위상어' 구조 형태로 가리킨다. 따라서 ①~④의 '우리'나 '너희'는 "'나'나 '너'를 포함한 복수의 사람으로 구성된 집단"인 '우리 집, 너희 집', '우리 학교, 너희 학교', '우리 직장, 너희 직장', '우리 부대, 너희 부대'를 뜻한다.

① 우리 {아버지, 형} / 너희 {아버지, 형} (가정)

② 우리 {선생님, 교수님} / 너희 {선생님, 교수님} (학교)

③ 우리 {사장님, 과장님} / 너희 {사장님, 과장님} (직장)

④ 우리 {사령관님, 소대장님} / 너희 {사령관님, 소대장님} (군대)

한국어에서는 ①~④에서와 같이 특정인이 집단의 윗사람 위상을 가진 사람일 경우 '복수로 구성된 집단에서 특정 위상을 가진 사람'으로 가리킨다. 윗사람을 집단에서 위상에 걸맞은 큰 역할을 하는 사람으로 대우하기 때문이다.

⑤ *내 {아버지, 형} / *네 {아버지, 형} (가정)

⑥ *내 {선생님, 교수님} / *네 {선생님, 교수님} (학교)

⑦ *내 {사장님, 과장님} / *네 {사장님, 과장님} (직장)

⑧ *내 {사령관님, 소대장님} / *네 {사령관님, 소대장님} (군대)

한국어에서는 특정 집단의 윗사람을 ⑤~⑧에서와 같이 개인과의 관계 즉, '인칭 대명사(단수) 위상어' 형식으로 표현하지 않는다. 나의 윗사람은 나와 같은 아랫사람 모두를 보살피는 사람으로 집단에서 위상을 갖고 있기 때문에 아랫사람인 나와의 관계로 표현하지 않고 ①~④에서와 같이 '복수로 구성된 집단에서 특정 위상을 가진 사람'으로 가리킨다. 집단 중심 문화에 윗사람을 대우하는 문화가 통합된 것이라 할 수 있다.

다만, ⑤~⑧과 같은 '인칭 대명사(단수) 위상어' 형식의 표현은 아랫사람에게는 가능하다. 그래서 윗사람인 '아버지'나 '소대장'은 '내 아버지'나 '내 소대장'으로 표현하지 않지만 아랫사람인 '아들'이나 '동생'은 '내 아들'이나 '내 동생'으로 표현한다.[118]

집단을 중시하는 문화에서 사용되는 ①~④와 같은 표현은 다른 말과 구분되는 한국어의 특성이다. 한국인은 윗사람을 단순히 나와의 관계로 표현하지 않고 함께 소속된 집단의 위상을 가진 사람으로 표현한다. 그렇지만 대부분 다른 언어에서는 위아래 여하와 관계없이 누구든 ⑤~⑧과 같이 개인(말할이)과의 관계로 표현한다. 영어만 해도 우리말과 달리 'our father'라고 하지 않고 'my father'라는 데서 이를 알 수 있다. 아래 말에 사용된 '우리'나 '너희'는 집단 중심 문화가 반영된 한국 사회에서 주고받는 인칭 대명사이다.

우리끼리 하자, 우리가 남이가, 너희만 가고 우리는 못 가니?, 우리가 이겼다, 우리는 너희와 다르다, 우리 사장님은 너희 사장님과 다르다 등

3.7. 지인(知人) 중시 문화

집단 중심 사회에서는 같은 집단에 소속된 사람, 즉 아는 사람[知人]을 중시한다. 같은 집단에 소속된 사람은 '서로 특정 관계로 묶일 수 있는 사이'이고 '아는 사이'이다. 아는 사이로 묶이는 대표적인 관계가 혈연(血緣), 지연(地緣), 학연(學緣)이다. 이러한 관계는 젊은 시절부터 아는 사이로 묶일 수 있는 관계이어서 이러한 관계에 있는 사람 간에는 더 소중히 여긴다.[119]

---

118 한국어에서 자신의 아랫사람을 '내 아들'이나 '내 동생'으로 표현하는 것이 일반적이나 '우리 아들'이나 '우리 동생'으로 표현하기도 한다. 후자로 표현할 때는 아들이나 동생을 가정에서 윗사람처럼 자기 역할 즉, 아들 역할이나 동생 역할을 하는 사람으로 표현할 경우이다.

119 아는 사람을 중시하는 문화는 인연이 없는 남과 더불어 살아야 하는 현대 사회에 많은 부작용을 일으키고 있다. 아는 사람을 중시하다 보면 모르는 남에게 해를 끼치는 일이 생기기 때문이다. 이 점 때문에 지난날 우리의 삶은 혈연이나 이웃[地緣]을 중시

한국 사회에서는 아는 사이일 경우 '우리끼리'라는 말을 쓰면서 같은 집단에 소속된 사람 간에 서로 관용을 베풀고 서로를 배려하며 지낸다. 그래서 한국 사회에서는 '아는 사이'가 되는 것이 매우 중요하다. 실제 한국 사회에서는 특정한 곳에 용무가 있을 때 그곳에 아는 사람이 있으면 수월하게 용무를 처리할 수 있다. 아래 말들을 보면 우리 사회에서 아는 사이나 인사하는 사이가 얼마나 중요한지 알 수 있다.

> 대학병원에 아는 사람이 있니?, 경찰서에 아는 사람 있니?, 그 사람 아니? 인사
> 하는 사이니?, 아는 사람 있어야 남보다 서류를 빨리 뗄 수 있어 등

'아는 사이'가 중요함은 인사말에서도 확인할 수 있다. '아는 사이'에는 주고받는 인사말이 다르다. 상대가 사적(私的)으로 아는 사람일 경우에는 상대의 현 상태나 근황에 대한 물음(출근하십니까?, 학교 가니?, 아침 드셨습니까? 등)으로 상대에게 관심을 표현하는 인사말을 사용하지만 모르는 사람에게는 이러한 인사말을 쓸 수 없을 뿐만 아니라 아예 인사말을 주고받지 않는다.[120]

한국어 인사말에는 일상의 인사말과 특정 상황(문안, 문병, 문상, 축하, 새해 등)에서의 인사말이 있다. 대부분 말에서 일상의 인사말은 자연 상태를 표현한다. "Good morning."이나 "Good evening."과 같은 표현이 대표적인 인사말이다. 그런데 한국어 인사말은 이와 다르다. 한국어의 일상 인사말이

한 삶이되, 남을 중히 여기고 남에게 관대한 삶을 취했다. 아는 사람을 중시하는
문화는 남을 배려하고 존중하는 문화와 공존해야 하는데 현대 한국 사회는 남을 존중
하는 정신이 부족하다.
120 모르는 사람에게 "안녕하세요?"나 "안녕하십니까?"와 같은 인사말을 사용하기도 한
다. 그러나 이때의 '모르는 사람'은 낯선 남이 아니다. 자신이 속된 집단을 찾은 손님이
거나 상대가 간접적으로 나를 아는 사람일 경우이다.

지닌 가장 두드러진 특성은 상대에게 관심을 표현하는 방식으로 이루어진다는 점이다. 상대의 상황을 묻는 우리의 일상 인사말에 대해 많은 사람들은 우리 인사말이 지나치게 남(개인)의 일에 대해 관여한다고 말하기도 한다. 이러한 견해는 개인의 문제를 언급하지 않고 "Good morning."과 같이 자연 상태를 서술하는 인사말을 가진 문화 즉, 개인주의 문화를 가진 사회의 관점으로 본 것이다. 한국 문화는 집단 중심 문화이기 때문에 집단의 구성원인 아는 사람에게는 관심을 가져 주는 것을 선호한다. 집단 중심 문화인 한국 문화에서 아는 사이에 서로 관심을 갖지 않는 것은 예의에 어긋난다고 생각한다. 가령 부모상(父母喪)을 입은 친구(아는 사람)를 만나서 친구의 부모상(父母喪)에 대해 물어 주지 않으면 친구가 매우 서운하게 생각하는 것이 한국 문화이다. 기쁜 일이나 축하할 일이 있을 경우도 마찬가지이다. 한국어 인사말의 이러한 특성을 고려하지 않고 한국어 인사말이 지나치게 남의 상황을 캐묻는 표현(어디 가니?, 밥 먹었니? 등)이라고 부정적으로 보고 서구의 인사말에 따라 "좋은 아침" 등과 같은 인사말을 쓰기도 하나 이는 한국어 인사말에 담긴 문화 특성을 제대로 이해하지 못한 탓이다.

한국어 인사말의 용법과 유형에 대해 좀 더 구체적으로 알아보기로 한다. 편의상 한국인이 사용하는 일상의 인사말을 만날 때의 인사말과 헤어질 때의 인사말로 나눠 알아보기로 한다.

〈만날 때의 인사말〉

자주 만나는 아는 사람에게 늘 주고받는 인사말은 상대에게 관심을 표현하는 것이다. 이는 아는 사이에는 서로 상대에게 관심을 보이는 것이 한국인의 예의임을 뜻한다. 자주 만나는 상대에게 관심을 보이는 방법은 상대의 일이나 근황에 대해 묻거나 상대의 상황을 서술하는 것이다. 그래서 아는 사람을 만날 때 일상 사용하는 인사말에는 물음형 인사말과 서술형 인사말이 있다.

(가) 물음형

우리는 상대에게 관심을 보이기 위해 아래와 같이 만날 때 상대의 상황에 대해 물음으로써 인사를 한다.[121] 이때의 인사말은 정보 의미와 무관하다. 인사말은 친교 관계를 유지하기 위해 주고받는 말이다. 자주 만나는 사람에게는 하루 일과에 따라 아래 예와 같이 그때그때 눈앞에 벌어지는 일을 그냥 정보 의미와 무관하게 물어봄으로써(관심을 드러냄으로써) 상대에게 친밀함을 표현한다.

잘 주무셨습니까?, 아침 드셨습니까?, 아침 드십니까?, 출근하십니까?, 시장에 나오셨습니까?, 점심 드셨습니까?, 점심 드십니까?, 퇴근하십니까?, 저녁 드십니까? 등

(나) 서술형

잘 아는 사람에게는 상대에 대한 관심의 표현으로 상대가 하는 일을 호의적으로 평가한 말이나 상대가 하는 일을 상대의 처지에서 헤아려 주는 말을 인사말로 사용한다.

---

121 우리 인사말의 이러한 특성을 고려하지 않고 그간 학자들이 우리 인사말의 내용을 부정적으로 기술하기도 하고, 우리 인사말이 형식화되어 있지 않다고도 하였다. 황병순(1999:2) 참조.

좋은 일 하시네요, 재미있겠습니다, 재미 보구나 등
수고하십니다, 수고 많습니다, 고생하구나, 욕 보구나(경상도) 등

이러한 인사말은 위와 같이 서술형으로 실현되는데 이는 상대의 상황을 좋게 평가하거나 상대가 하는 일을 상대의 처지에서 상대가 어려운 일을 하고 있는 것으로 평가해 표현하기 때문이다. 이 점에서 서술형 인사말은 단순히 눈앞에 벌어진 일이나 있었던 일에 대해 의례적으로 묻는 물음형 인사말보다 상대에게 더 깊이 관여한 인사말이라 할 수 있다.

서술형 인사말은 물음형 인사말보다 상대에게 더 깊이 관심을 가진 표현이기 때문에 윗사람에게는 잘 사용되지 않는다. 대신에 윗사람에게 서술형 인사말을 사용할 경우 아래 예에서와 같이 자신의 상황을 서술하는 말을 인사말로 사용한다.[122] 상대의 상황을 평가해 표현한 위와 같은 서술형 인사말을 윗사람에게 사용하지 않는 것은 국어 인사말도 윗사람을 대우하는, 윗사람 중심 문화가 반영된 것이라 할 수 있다.

접니다, 엄마. 엄마 딸이다, (학교) 다녀왔습니다, 엄마. 저 왔어요, 용무 있어 왔습니다(군대 상관에게) 등

위 인사말은 자주 보거나 잘 아는 사람을 만날 때 사용하는 인사말이다. 오래 만나지 않은 사람에게는 위와 같은 인사말을 사용하지는 않는다. 오래 만나지 않은 사람에게는 일상의 일을 묻기 전에 만나지 못했던 동안의 일에

---

122 윗사람에게 하는 인사말에 요청형이나 물음형이 쓰이지 않음은 국어 인사말에도 윗사람 중심 문화가 반영되어 있음을 가리킨다.

대해 관심을 보여야 하기 때문이다. 이러한 경우의 인사말에는 대개 '그간'이라는 말이 쓰인다. 실제 이러한 경우의 인사말에 '그간'이란 말이 생략되기도 하지만, 오래 만나지 못한 사람에게 인사할 때는 아래 예에서와 같이 만나지 못한 동안의 일(그간의 일)을 묻거나 서술함으로써 상대에게 관심을 보인다. 이 경우에도 아래와 같이 물음형 인사말과 서술형 인사말이 쓰인다.

> (그간) 별고 없으십니까?, (그간) 잘 지냈습니까?, (그간) 잘 있었니?,
> (그간) 어떻게 지냈니? 등
> 오랜만에 뵙습니다, 오랜만에 보구나, 오랜만이구나, 반갑습니다[123] 등

〈헤어질 때 인사말〉

헤어질 때 사용하는 일상 인사말도 서로 상대에게 좋은 상황이 있길 당부하거나 함께 가진 상황에 대해 서로 감사하는 마음을 서술해 상대에게 친밀함을 드러낸다. 전자는 요청형(기원형)으로 표현되고 후자는 서술형으로 표현된다.

(가) 요청형

서로 상대에게 좋은 상황이 이어지길 당부하거나 좋지 않은 일이 없게 주의하길 당부하는 말로 상대에게 관심을 보인다. 이러한 요청형 인사말은 의

---

123 '반갑다'는 말은 원래 헤어져 있어 그리운 사람을 만날 때의 기쁨이나 즐거움을 표현하는 말이어서 늘 만나는 사람에게 표현하는 인사말로 부적절하다. 그런데 요즘은 늘 만나는 사람에게도 "반갑습니다."라는 인사말을 쓴다. 이는 늘 만나는 사람과 새로 만나는 기분으로 대하고 서로 그리워하는 사이가 되고자 하는 마음이 반영되었기 때문으로 보인다.

미로 보면 기원하는 의미를 지니므로 기원형 인사말이라 할 수 있다.

안녕히 계십시오, 편히 주무십시오, 잘 가라, 조심해 가십시오,
늘 건강하십시오, 재미있게 지내라 등

요청형 인사말에는 아래 예에서와 같이 기원하는 의미가 없이 상대의 처지에서 상대가 하는 일이 좋은 결실이 기대되는 일이라고 여겨 상대가 하고 있는 일로 즐거움이나 고충을 계속 이어 가길 당부하는 말도 있다.

(그럼) 일 하십시오(보십시오), 수고하십시오,
일 봐라, 수고해라, 욕 봐라(경상도)

이러한 인사말은 말할이가 의지를 보이며 상대에게 매우 깊이 관심을 드러내는 인사말이다. 그래서 이러한 인사말은 윗사람에게 잘 사용하지 않는다. 아랫사람이 윗사람에게 의지를 드러내 요청하거나 당부하는 것은 우리 문화에서 적절한 예의가 아니기 때문이다.

필자는 젊은 시절에 학교에서 '편지 쓰기'를 배울 때 부모에게 요청을 쓰는 게 아니라고 배운 기억이 있다. "아버지, 책을 사야 하니 오만 원만 보내 주십시오."라고 쓰는 게 아니라 "책을 사야 하는데 책값이 모두 오만 원이나 됩니다."라고 써야 옳다고 배웠는데 이 또한 윗사람에게는 요청하는 것이 아님을 뜻한다.

(나) 서술형

헤어질 때 사용하는 인사말 가운데는 서술형도 있다. 이러한 인사말은 상대와 함께 하고 난 뒤 그 상황을 평가해 자신이 즐겁거나 재미있었음을 표현한 것이다.

(오늘) 즐거웠습니다, (오늘) 재미있었습니다, 오늘 좋았습니다,
오늘 많이 배웠습니다, 오늘 고마웠다 등

그런데 위와 같은 서술형 인사말도 만날 때의 서술형 인사말과 같이 함께한 상황에 대해 평가해 상대에게 즐거웠거나 고마웠음을 더 적극적으로 표현한 인사말이어서 원래 엄중히 대하여야 할 윗사람에게 잘 사용하지 않는다. 그러나 이러한 인사말은 모두 상대에게 공(功)을 돌리는 표현으로 상대에게 감사하는 마음을 담고 있기 때문에 근간에는 윗사람에게 이러한 인사말을 즐겨 사용하고 있다.

한국인은 원래 엄중히 대해야 할 윗사람에게는 말할이의 의지를 드러내는 요청형 인사말이나 서로 간의 관계를 평가해 서술하는 서술형 인사말 대신에 아래와 같이 자기 상황을 서술하는, 서술형 인사말을 사용하였다.

다녀오겠습니다, 먼저 갑니다, 저 이제 갑니다, 엄마 나 갈게, 또 올게,
다음에 뵙겠습니다 등

3.8. 경쟁 문화

인간은 감성적으로 이기적 존재이기 때문에 남보다 나아야 한다고 생각하게 된다. 그래서 어느 사회에서나 인간은 남보다 돋보이려고 애를 쓰게 된다. 그 과정에서 어쩔 수 없이 경쟁을 하여 남보다 뛰어나야 한다.

농경 사회였던 지난날 우리 사회에서도 농토를 비롯한 자연 자원이 풍족하지 못해 일찍부터 부지런함을 미덕으로 여겨 왔고 일을 빨리 처리하는 능력을 갖춘 사람을 높게 평가해 왔다. 아래 말들은 우리 사회에서 일찍부터 부지런함을 미덕으로 삼아 왔음을 보여 준다.

> 새벽잠이 많으면 가난해진다. 일찍 자고 일찍 일어나야 한다.
> 새벽에 노래를 부르면 가난해진다. 거미도 줄을 쳐야 벌레를 잡는다.
> 여름에 하루 놀면 겨울에 열흘 굶는다 등

그런데 신분 사회에서도 경쟁은 있었으나 평등 사회에 비해 신분 제약으로 신분이 낮은 사람은 능력이 있어도 능력을 발휘할 기회를 갖지 못했다. 공정한 경쟁을 통해 개인의 능력을 발휘하는 자유 경쟁 문화는 우리 사회가 평등 사회가 되면서 형성되었다. 우리 사회가 평등 사회로 바뀌기 시작한 것은 서구 문물제도가 수입된 이후라 할 수 있다.

서구식 문물제도가 우리 사회에 정착된 것은 광복 이후라 할 수 있다. 광복을 맞아 정부가 수립된 1948년에 헌법을 제정하면서 신분 사회가 아닌 평등 사회임을 천명하기에 이르렀다. 1948년 제정한 헌법의 전문(前文)에 "모든 사회적 폐습을 타파하고 민주주의 제도를 수립하여 정치, 경제, 사회,

문화의 모든 영역에 있어서 각인(各人)의 기회를 균등히 하고…"라고 적시(摘示)하고 국민의 권리에 관한 헌법 조항에 "모든 국민은 법 앞에 평등하다. 누구든지 성별·종교 또는 사회적 신분에 의하여 정치적·경제적·사회적· 문화적 생활의 모든 영역에 있어서 차별을 받지 아니한다."라고 한 것은 우리 사회가 평등 사회임을 밝힌 것이다.

한국 사회는 자본주의 사회이다. 자본주의 사회에서는 누구나 자본이 많은 부유층이 되고자 한다. 신분 사회에서는 높은 신분을 추구하지만 자본주의에 바탕을 둔 평등 사회에서는 자본을 추구한다. 그래서 평등한 신분을 가진 사람들은 부유층이 되려고 서로 경쟁하게 된다. 평등 사회에서 가장 치열하게 경쟁이 이루지는 것은 교육이다. 교육을 많이 받은 사람이 사회지도층이 되고 부유층이 되기 때문이다.

서구식 교육 제도가 도입되면서 한국 사회에서는 누구나 평등하게 교육을 받을 기회를 갖게 되었다. 평등 사회에서는 누구든 교육을 통해 능력을 키우면 지도층이 되고 부유층이 될 수 있다. 그런데 능력을 갖추고자 하는 사람이 필요 이상으로 많으면 경쟁을 거쳐야 한다. 이는 곧 평등 사회가 자유·경쟁 사회가 됨을 가리킨다.

평등 사회인 한국 사회에서 경쟁이 이루어지는 대표적인 것이 교육이다. 한국 사회에서는 교육을 통해 남보다 더 우수한 능력을 갖추어야 경쟁에서 이겨 낼 수 있기 때문이다. 교육의 경쟁에서 이긴 결과는 대학 입학과 취업이다. 좋은 대학에 입학해 훌륭한 능력을 갖춘 사람으로 평가받아야 좋은 직장에 취업해 일할 수 있게 되기 때문이다.

한국인은 교육열이 높다고 한다. 이는 한국 사회에서 교육을 통해 얻는 능력(學力) 여하가 장차 사회생활의 성공 여부를 결정하게 되기 때문이다. 현대 한국 사회에서 학력은 이름 있는 대학을 졸업하거나 사회적 선호도가 높은 전공 과정을 마치는 것이다. 이러한 대학을 졸업하면 장차 좋은 직장에 취업해 사회지도층이나 부유층에 이를 수 있게 되기 때문이다. 그래서 모든 교육은 경쟁을 통해 이름 있는 대학이나 사회적 선호도가 높은 전공 과정에 입학하기 위한 준비 과정이다. 유치원시절부터 중·고등학교에 이르기까지 장차 이러한 대학에 입학하기 위해 경쟁해야 한다. 아래 말들은 한국인의 높은 교육열을 보여 주는 말들이다.

고 3 어머니, 대학 입학 설명회에 가면 어머니들로 가득해, 어머니가 아이 고액 과외 (교육)시키려고 파출부로 나간대, 대학 졸업장이 있어야 응시 자격을 주는 곳이 많아, 고 3 자식 둔 어머니는 자식에게 종노릇 해야 해 등

경쟁 문화는 교육이나 취업에만 있는 것이 아니다. 생산 산업을 포함한 모든 경제 활동에도 경쟁이 이루어지고 있다. 경쟁의 문화에서는 경쟁에서 이겨야만 성공으로 이어지기 때문에 지나치게 이기려는 욕심으로 인간애가 소멸되는 문제가 파생되기도 한다. 한국 사회가 무엇이든 '빨리빨리'를 요구하는 것도 경쟁 사회에서 이기는 길이 무엇이든 빨리 이루는 것이라고 여기기 때문일 것이다.

3.9. 건강과 복지 중시 문화

현대 한국 사회는 민주 사회이다. 민주 사회와 관련된 대표적인 사회제도

는 선거제도이다. 국가 기관의 권력은 국민의 뜻이 반영된 선거로 부여된다. 그리고 한국 사회는 민주 사회이면서 자본주의 사회이다. 누구나 소유한 자본으로 상품을 생산하여 이윤을 추구할 수 있다.

자본주의를 수용한 한국 사회가 산업 사회로 바뀌면서 의식주를 비롯한 경제적 면에서 많은 발전이 있었다. 한국은 OECD에 가입될 만큼 경제적으로 발달되었다. 그래서 기초 생활을 위한 의식주는 어느 정도 해결되었다고 할 수 있다. 민주주의를 추구하는 현대 한국 사회에서는 이에 맞추어 많은 사람들이 건강하고 즐거운 삶을 추구하고 있고 국가에서도 건강보험제도와 사회복지제도를 마련해 국민의 이러한 생활을 돕고 있다.

건강 증진과 관련된 것은 의식주, 운동, 의료이다. 현대 한국 사회에서는 의식주(식품, 의복, 주택)도 기초 생활을 위한 것이 아니라 건강한 사회생활과 관련된 것으로 본다. 한국 사회에 건강식품이 각광을 받고 생활 유형에 맞는 기능성 의복이 인기를 끄는 것도 의식주에 대한 인식이 바뀌었음을 가리킨다.

건강 증진에 관심을 가지면서 건강에 도움이 되는 운동 방법에도 많은 관심을 갖게 되었다. 헬스 스포츠(health sports)라는 말이나 사회 체육이라는 말이 유행하는 것도 건강이나 복지와 관련된 것이다. 정부나 지방자치단체에서도 많은 사람들이 건강을 증진할 수 있도록 건강 관련 교육을 실시하고 곳곳에 운동 시설을 설치해 두었다. 이뿐만 아니라 다양한 스포츠센터가 있고 많은 운동 시설을 갖춘 체육공원이 조성되어 있다.

한국은 건강과 관련해 의료 시설과 의료 기술이 발달되어 있다. 이뿐만 아니라 의료 기관으로부터 의료 혜택을 받을 수 있는 의료보험제도도 잘 마련되어 있다. 한국의 의료보험제도는 경제적 능력이 부족한 사람이나 노인들을 위해 특별히 정부에서 의료비를 지원해 주는 의료복지제도이기도 하다.

사회복지제도는 점점 확대되어 가고 있다. 근간에는 기초 생활을 위한 복지는 누구나 누려야 하는 것으로 여겨 마치 사회주의 사회에서와 같이 국가에서 무상 복지를 시행하기도 한다. 아래 말들은 건강과 복지를 중시하는 한국인의 삶의 모습을 보여 주는 것들이다.

> 요즘은 많은 사람들이 국민건강보험에도 가입하고 실비보험에도 가입해, 방송광고 가운데 건강 관련 광고가 제일 많은 것 같아, 건강관리로 조기축구회에 가입했어, 건강관리를 위해 요가를 배우고 있어, 건강을 잃으면 다 잃는 거야, 독거노인을 돌보는 복지사가 있다, 의료 시설이 부족한 농어촌에는 국가에서 설립한 보건소가 있어 등

3.10. 발달된 통신·교통 문화

평등 사회는 누구나 지식을 포함한 각종 정보를 공유할 수 있는 사회이다. 이러한 사회에서는 누구나 가고 싶은 곳을 가고 나누고 싶은 얘기를 할 수 있어야 한다. 한국의 교통과 통신 발달한 것은 신분 사회가 평등 사회로 바뀌면서 대중적 교통과 통신을 도모해 온 결과이다. 오늘날 한국은 소통 문화가 매우 발달되어 있다. 통신 기술이나 통신 제도뿐만 아니라 교통 체계나 교통수단도 매우 다양하고 편리하게 되어 있다.

역사적으로 보면 일찍이 역마(驛馬)나 인편(人便)으로 통신이 이루어졌으나 외적의 침입과 같은 급한 일이 있을 경우 통신의 속도가 요구되면서 봉수(烽燧) 제도를 마련해 일정한 간격으로 봉수대를 설치해 빠른 시간에 통신이 가

능하게 하였다. 통신이 더 빨라지기 시작한 것은 통신 수단으로 전화기와 자동차가 수입되고 생산된 이후이다. 전화기를 이용해 직접 상대와 얘기를 주고받고 자동차나 비행기로 우편물을 빨리 배달할 수 있게 되었다. 우편물을 배달하는 방법도 등기우편, 소포우편, 친전(親展), 빠른 배달, 택배(宅配) 등으로 매우 다양해졌다. 이에 맞추어 국가기관으로 전화국[124]과 우체국을 설치하고 민간에서 택배회사를 설립하기도 하였다. 교통과 통신의 수단이나 방법이 이와 같이 발달한 것은 교통이나 통신이 민주주의에 바탕을 둔 평등 사회에서 누구나 누려야 하는 것이기 때문이다.

오늘날 한국의 통신과 교통이 발달했다고 하는 것은 전화국이나 우체국을 통한 통신이나 자동차나 비행기를 이용하는 교통이 발달한 것을 가리키는 것이 아니다. 한국의 통신 문화가 발달한 것은 전자파를 이용한 전자기기(電子器機)로 한국 어디에서나 통신이 기능하게 되었을 뿐만 아니라 이러한 통신이 대중화되었음을 가리킨다. 그뿐만 아니라 모든 정보는 전자파를 이용한 인터넷을 통해 신속하게 제공하고 제공받을 수 있게 되었다. 정보화 시대를 맞이하면서 인터넷 문화가 형성된 것이다.[125]

인터넷 문화를 끌어가는 대표적 두 기기는 컴퓨터와 휴대 전화이다. 한국의 대부분 가정에는 컴퓨터를 갖고 있고 한국인은 누구나 휴대 전화를 갖고 있다. 컴퓨터와 휴대 전화만 갖고 있으면 모든 정보를 얻을 수 있고 어디에서나 통신이 기능하게 되어 있다. 심지어 새로운 정보를 제공해 주는 신문

---

124 2002년 전신전화국이 민간 기업으로 민영화되었다.
125 현대 문화는 인터넷 문화라고 한다. 인터넷으로 할 수 있는 것은 매우 다양하다. 전자우편(E-mail), SNS, 인스턴트메신저, 인터넷쇼핑, 인터넷뱅킹, 인터넷주식거래 등이 모두 인터넷으로 이루어진다.

이나 방송도 인터넷을 통해 쉽게 접근할 수 있다. 그 결과 신문이나 방송의 가치도 점점 줄어들고 있다. 이미 종이로 발행되는 신문은 사양길로 접어들었고 방송도 방송으로만 해낼 수 있는 새로운 프로그램을 개발하지 않으면 외면당할 수 있는 처지에 이르렀다.

한국의 교통 문화는 서구화나 산업화와 맞물려 있다. 극소수의 사람이 탈 수 있는 인력거가 수입된 해가 1894년(고종 31)[126]이고 많은 사람들이 탈 수 있는 대중 교통수단인 기차나 전차[127]가 개통된 해가 1899년이다. 이들 교통수단은 모두 서구 문화를 수입한 것들이다.

한국의 교통수단은 광복 이후 산업화와 더불어 더욱 발달하게 된다. 1968년 경인고속도로가 개통된 이후 곳곳에 고속도로가 개설되고 지금은 전국이 1일 생활권에 들어가게 될 만큼 교통수단이 편리해졌다. 그리고 대도시에서는 교통 혼잡을 피하기 위해 1974년부터 지하철을 개설해 도시인들의 교통수단도 상당히 편리해졌다.

한국은 교통 문화가 발달되어 있다고 한다. 이는 교통수단으로 이용하는 개인 승용차가 보편화되었음과 아울러 대중 교통수단도 편리하게 이용할 수 있게 되었음을 가리킨다. 시내에 이동할 때는 대중 교통수단으로 시내버스나 지하철(전동차)을 이용하고 시외로 이동할 때는 시외버스나 기차를 어렵지 않게 이용할 수 있다. 한국에서는 누구나 대중 교통수단인 기차, 버스(고속버스, 시외버스, 시내버스, 마을버스 등), 지하철 전동차, 배 등을 이용해 가고 싶은

---

[126] 인력거는 주로 관리·중산층·노약자·기생 등이 가마를 대신하는 교통수단으로 많이 이용하였다.
[127] 전차는 서울, 부산, 평양에 개설되었으나, 1969년 자동차에 밀려 모두 없어졌다. 한국민족대백과사전(2011) 참조.

곳이 어디든 쉽게 갈 수 있다. 그리고 이러한 교통수단을 편리하게 이용하도록 곳곳에 역과 터미널이 설치되어 있다.

통신과 교통 문화의 발달은 소통과 교류가 쉽게 이루어지게 하였고 그럼으로써 지역 간에 균형 있는 발전을 도모할 수 있게 되었다고 할 수 있다. 이 점에서 한국의 교통·통신 문화가 발달한 것이 평등 사회를 지향하는 과정에서 대중적 교통과 통신을 도모해 온 결과라고 할 수 있다.

아래 말들은 발달된 교통·통신 문화에 관한 일상 삶의 모습을 표현한 것이다.

> 요즘은 컴퓨터 없는 가정이 없어, 와이파이가 거의 대중화되어 있어서 휴대 전화만 있으면 어디서든 무료로 인터넷에 접속할 수 있어, 요즘 초등학생은 휴대 전화가 장난감이야, 농산물도 인터넷으로 생산자에게 직접 구입할 수 있어 등

3.11. 편리해진 유통 문화

의식주를 비롯해 모든 것을 자급자족하던 시대에는 시장이 불필요했다. 시장(市場)이 생긴 것은 잉여생산물을 해결하는 과정에서 물물교환이 이루어진 이후일 것이다. 지난날에는 물품 유통이 국가나 관아에서 지정한 장소인 시장에서 시전(市廛)이나 난전(亂廛)에 의해[128] 이루어졌다.

오늘날 시장의 점포인 시전(市廛)은 삼국 시대부터 있었다.[129] 시전은 도읍

---

128 시전이 관아의 허가를 받은 상설 가게라면 난전은 허가 없이 물품을 펼쳐 놓고 파는 떠돌이 가게라 할 수 있다.
129 이는 백제 때에 행상을 하는 남편을 기다리는 마음을 노래한 정읍사(井邑詞)를 보아도 짐작할 수 있다. 정읍사는 정읍(井邑)에 사는 행상의 아내가 높은 산에 올라 먼 곳을

이나 도시에 있는 상설 시장의 점포인데 국가나 지방 관아의 관리·감독 아래 운영되었다. 조선 시대의 시전 특히, 육의전(六矢廛)[130]은 주민들의 일상 생활용품 공급뿐만 아니라 관청에서 필요로 하는 수요품의 조달하는 일도 수행하였다. 그래서 시전 상인들은 관청의 수요품을 조달하는 대가로 상품 독점에 관한 전매권과 난전을 금할 수 있는 권리 등 특권을 누렸다. 갑오개혁(1984) 이후 이러한 특권이 없어지자 시전은 붕괴되기에 이른다.

물품의 유통은 시장의 시전이나 난전에 의해 이루어지기도 하고 객주(客主)나 보부상(褓負商)에 의해 이루어지기도 했다. 객주[131]는 경향(京鄕) 각지의 상품 집산지에서 상품을 위탁받아 사거나 파는 중간상인이고 보부상[132]은 행상(行商)을 하면서 물건을 파는 행상상인이다. 이들은 먼 타 지역의 물품을 유통시키는 일을 수행하였다. 시전이나 난전이 가까이 사는 사람들의 일상 생활 물품을 사고파는 역할을 하였다면 객주나 보부상은 타 지역의 물품을 공급해 주는 역할을 하였다고 할 수 있다.

전통 시장에는 도읍이나 도시에서 시전이나 난전에 의해 늘 열리는 시장

바라보며 늦도록 돌아오지 않는 남편이 혹시 밤길에 위험하지 않을까 두려워하는 마음을 나타낸 백제 노래이다.

130 육의전은 조선 시대에 독점적 상업권을 부여받고 국가 수요품을 조달한 여섯 종류의 큰 상점을 가리킨다.

131 객주는 위탁매매뿐만 아니라 그에 부수되는 창고업·화물수송업·금융업 등을 겸하기도 하였다. 객주도 시전과 같이 국가의 보호 아래 운영되면서 국가 재정을 지원하는 일도 수행하였다. 후에 일본이 객주의 재정 지원을 차단하기 위해 객주의 상권을 빼앗아 일본 상인에게 넘기고 말았다.

132 보부상은 보상(褓商)과 부상(負商)을 총칭하는 명칭이며, '부보상(負褓商)'이라고도 한다. 보상은 주로 기술적으로 발달된 정밀한 세공품이나 값이 비싼 사치품 등의 잡화를 취급한 데 반하여, 부상은 조잡한 일용품 등 가내수공업품을 위주로 하였다. 보부상들은 19세기 말에 조합을 형성해 지역의 상권(商權)을 갖기도 하였다.

과 농촌(주로 군의 읍·면 단위)에서 정기적으로 일정 기간마다 열리는 시장이 있다. 고려 시대의 향시(鄕市)나 조선 시대의 장시(場市)가 정기적으로 열리는 시장인데 이들 시장이 주로 5일마다 열리다 보니 '오일장'이 되었다고 할 수 있다. 오늘날 전통 재래시장에 도시의 상설 재래시장과 농촌의 오일장이 있는 것은 위와 같은 시장사(市場史)와 관련되어 있다.

그런데 현대 사회에서는 이러한 전통 재래시장이 점점 위축되어 가고 있다. 특히 농촌의 오일장은 인구 감소로 점점 규모가 축소되거나 시장 기능을 상실해 가고 있다. 농촌 사람들은 발달된 교통을 이용해 도시의 백화점이나 매장(賣場)에서 물품을 구입하고 있다.

현대 사회에서 유통되는 물품은 농촌에서 생산하는 농산품보다 공산품이 더 많다. 농경 사회가 산업 사회로 바뀌면서 의복이나 식품도 공산품이 되다 보니 일생생활과 관련된 물품(주로 공산품)을 기업체에서 대량으로 만들어 내어 직접 시장에 유통시키는 일을 수행하고 있다. 백화점이나 대형 매점의 물품이 대개 기업체에서 생산한 것들이다.

한편 현대 사회가 자본주의 도입으로 이윤을 추구하는 하는 과정에서 한국 시장도 많은 변화가 생겼다. 첫째, 한 곳에 가서 필요한 물품을 모두 구입할 수 있는 상설 종합 시장이 생겼다. 백화점이나 대형 매장('○○마트'류)이 이에 속한다. 둘째, 특정 물품만 취급하는 전문 시장(매장)이 생겨 기호에 맞는 물품을 선택할 수 있게 되었다. 셋째, 소비자가 언제나 이용할 수 있는 시장도 생겼다. 24시간 운영하는 편의점이 이에 속한다. 넷째, 경제 능력이 부족한 사람들이 이용할 수 있는 할인 매장이 있다. 다섯째, 정보화 시대가 되면서 소비자가 시장을 가지 않고 앉아서 구입할 수 있는 시장이 생겼다. 방송

매체를 통한 홈쇼핑이나 인터넷을 이용한 인터넷 시장이 이러한 시장이다.

요즘 의복이나 식품의 구매 방법이 세대 간에 차이가 있다. 기성세대 사람들은 재래시장을 이용하거나 현대식 상설시장인 백화점이나 할인매장을 이용하지만 신세대 젊은 사람들은 정보화 시대를 맞아 홈쇼핑이나 인터넷 시장을 더 많이 이용하고 있다. 아래 예문은 생활 용품 유통과 관련된 일상 표현이다.

> 요즘 시골 오일장은 오전에 잠깐 열리고 끝난다, 재래시장 이용자가 없어 정부에서 복지 수당을 재래시장 상품권으로 주기도 한다, 인터넷을 이용해 외국에서 직접 구매했다, 우리 동네는 주민이 10만 명도 안돼서 대형 마트도 없어, 백화점이 생기고 나서 시장에 있는 개인 점포는 영업이 안돼 등

삶에 필요한 물품은 유통 과정이 위와 같이 이루어지지만 주택은 다르다. 주택은 다른 물품과 달리 증여나 상속이 이루어지기도 하는 부동산(재산)이다. 그래서 주택은 의복이나 식품과 달리 거래 방법과 거래 절차가 별도의 법률로 정해져 있다.

한국의 주택 거래는 주택을 구입하는 경우와 일정 기간 주택을 빌려 사용하는 경우가 있다. 그리고 주택을 구입하는 경우도 기존의 주택을 구입하는 경우와 특정 회사나 기관에서 새로 지을 집을 구입하는 경우가 있는데, 후자를 주택이나 아파트를 분양받는다고 한다. 주택이나 아파트를 분양받는 경우도 주택을 구입해 소유권을 갖는 경우와 소유권 없이 거주권만 갖는 경우가 있는데, 후자로 구입한 경우 사업주가 주택 구입자에게 주택을 임대한다고 하고 임대한 주택을 임대 주택이라 한다.

임대 주택은 기존의 주택이든 새로 지은 주택이든 전세(傳貰)나 사글세(朔月貰), 월세(月貰) 등의 방식으로 임차료(賃借料)를 지불하고 사용한다. 전세는 임대자(주택 소유자)에게 계약 기간 동안 일정한 금액(전세금)을 맡기고 거주하다가 그 주택에서 나올 때 맡긴 전세금 전액을 되돌려 받는 것이다. 사글세는 임차 기간 동안의 집세를 목돈으로 내고 매월 일정액씩 공제하는 것이다. 월세는 임차 기간 동안 매월 사용료를 지불하는 것이다. 월세의 경우 매월 임차료를 지불하지 않을 경우에 대비해 임대인은 임차인에게 보증금을 따로 받기도 한다. 사글세나 월세는 대개 경제 능력이 모자라는 사람들이 많이 이용한다.

현대에 들어 새로 생긴 임대 주택 가운데 원룸 아파트(줄여서 원룸)가 있다. 원룸은 말 그대로 방 하나에 모든 시설(주방, 화장실 등)이 갖추어진 임대 주택이다. 앞에 제시한 임대 주택은 생활 기초 용품인 간단한 주방 기구나 냉장고, TV, 책상 등이 구비되어 있지 않으나 원룸은 이러한 시설이 모두 구비되어 있다. 그래서 원룸은 독신자나 대학생들이 많이 이용한다.

주택이나 토지와 같은 부동산 거래는 대개 공인중개사를 통해 계약한다.[133] 공인중개사는 주택이나 토지 거래의 중개인이다. 일찍이 조선 시대에 부동산 거래 중개인으로 가거간(家居間)[134]이 있었는데 가거간이 오늘날 공인중개사와 같은 일을 하였다. 조선 중엽 이후 가거간이 부동산을 거래하기

---

133 공인중개사가 되려면 국가에서 시행하는 부동산 거래 자격시험을 거쳐야 한다. 1983
     년 「부동산중개업법」이 제정·공포되어 1984년 4월부터는 공인중개사 중심의 허가제
     가 된 후부터는 부동산 거래는 공인중개사를 통해 이루어졌다.
134 중개인인 거간(居間)은 취급 물품에 따라 여러 유형이 있는데 가거간은 그 가운데
     주택이나 토지 거래를 중개하는 거간이다. '가거간'을 하는 사람을 '집마름'이라고도
     했다.

위해 부동산중개소인 복덕방을 차렸다.[135] 복덕방(福德房)은 공인중개사 제도가 도입되기 전까지 부동산 거래를 하던 곳이다. 복덕방에서 부동산 거래를 중개하던 거간은 그 지역에 오래 살면서 주변의 부동산 사정을 잘 아는 어른이었다. 그런데 공인중개사 제도가 생긴 이후 자격시험을 거친 젊은 공인중개사들이 부동산 거래를 중개하고 있다.

근간에 들어 주택을 구입하는 방법도 매우 편리해졌다. 지난날에는 주택을 구하고자 하는 사람이 거주하고 싶은 지역을 직접 찾아다녀야 했기 때문에 직장생활을 하는 사람은 휴일을 맞아 주택을 구하러 다녀야 했다. 그러나 요즘은 인터넷을 통해서 구매자가 거주하고 싶은 지역의 주택 규모와 주택 가격 등을 쉽게 확인해 계약을 할 수 있다. 주택 거래가 이와 같이 언제든 인터넷을 통해 가능해졌기 때문에 요즘은 주택 거래를 중개해 주는 부동산 중개소도 휴일에 영업을 하지 않는다.

한국 주택 거래 문화에는 몇 가지 특성이 있다. 첫째, 임차 방식이 다양하다는 점이다. 특히, 한국의 전세 제도는 다른 나라에서 보기 힘든 제도이다. 둘째, 정보화 시대를 맞아 주택 거래가 편리해졌다. 거래하고자 하는 주택 관련 내용을 인터넷을 통해 쉽게 확인하고 거래할 수 있다. 셋째, 자본주의 영향으로 주택 거래도 경제 능력에 따라 결정된다. 경제 능력이 좋은 사람은 살기 편한 지역의 좋은 주택을 구입해서 살 수 있지만 경제 능력이 모자라는 사람은 살기 불편한 지역에 살거나 임차해 살 수밖에 없다. 임차의 경우에도 경제 능력 정도에 따라 사는 지역과 임차 방식이 다르다. 주택이 기

---

135 부동산을 거래하는 곳을 복덕방이라고 하는 것은 부동산 거래로 생기복덕(生氣福德) 즉, 가정에 기(氣)가 충만하고 복과 덕이 온다는 뜻을 담은 것이다.

초 생활을 위한 거주 공간이 아니라 경제 능력 정도를 가늠하는 재산이 된 결과 현상이다. 아래 예문은 주택 거래와 관련해 일상 쓰는 말들이다.

거기에 임대 아파트 분양이 있어, 전세금이 너무 비싸서 은행에서 대출받아 샀어, 원룸 아파트에서 신혼생활을 시작할 생각이야, 대단지 아파트라서 생활과 관련된 각종 시설이 가까이 있다 등

3.12. 행정 구역과 지역 문화

오늘날 한국 문화는 대중 매체의 발달로 지역 간에 차이가 많지 않지만, 예부터 지역 간 교류 여부와 지역의 자연 특성으로 지역 간에 다소 차이가 있기도 하다. 지난날 지역 간 교류에 장애가 되는 것은 강이나 산이다. 한국의 행정 구역도 지역 간의 교류[136]에 장애가 되는 강이나 산을 경계로 이루어지고, 방언 또한 강이나 산을 경계로 차이가 있다.

한국어의 방언은 방언 구획에 따라 대방언권으로 동부방언과 서부방언으로 구분하고 중방언권으로 여섯 방언(중부방언, 동남방언-경상방언, 서남방안-전라방언, 동북방언-함경방언, 서북방언-평안방언, 제주방언)으로 구분한다. 방언 구획에 따라 방언 간에 차이가 나는 것은 방언 경계로 교류가 원활하게 이루어지지 않았기 때문일 것이다. 오늘날 한국의 행정 구역도 방언 구획과 유사하게 나누어져 있다.

행정 구역은 국가의 통치적 필요성에 따라 나누어진 것이지만 문화와도 관련되어 있다. 행정 구역의 차이로 시장권(市場圈), 교통권(交通圈), 통혼권(通婚

---

136 지역 간의 교류는 여러 가지이다. 지역 간의 교류는 일찍이 물물교환에서 발전된 시장권(市場圈), 통혼권(通婚圈), 교육권(敎育圈) 등을 중심으로 이루어진다.

圈), 교육권(敎育圈) 등이 달라진다. 오일장은 대개 지방의 기초자치단체 안에서 분배되어 형성되고, 교통권과 교육권은 광역자치단체의 중심 도시를 중심으로 형성되며, 통혼권도 지난날에는 대개 인접한 행정 구역 간에 형성되었다.

한국은 일찍부터 행정 구역이 나누어져 왔다. 고려 시대에는 주·부·군·현 단위로 나누었고, 조선 시대에는 상급 행정 구역인 도와 하급 행정 구역인 부(府)·대도호부(大都護府)·목(牧)·도호부(都護府)·군(郡)·현(縣) 등이 있었다.

행정 구역이 오늘날과 비슷하게 나누어진 것은 일제 강점기 이후이다. 일제 강점기에는 행정 구역을 3단계로 나누었다. 먼저 13도(경기도, 강원도, 충청남도, 충청북도, 전라남도, 전라북도, 경상남도, 경상북도, 함경북도, 함경남도, 평안북도, 평안남도, 황해도)로 나누어 도(道)의 하위 행정단위로 부·군·도(島)를 두었으며 그 아래 다시 하위 행정단위로 읍·면을 두었다. 광복 이후의 행정 구역은 일제 강점기의 행정 구역이 기반이 되었다. 1949년 8월 15일 시행된 〈지방자치법〉에 따라 상위 행정 구역으로 도·서울특별시를 두고 하위 행정 구역으로 시·읍·면을 두었다. 그리고 이러한 행정 구역을 기반으로 도의 관할구역 내에 군을, 서울특별시와 인구 50만 이상의 시에 구(區)를, 그리고 시·읍·면에 동(洞)이나 리(里)를 두었다. 지금은 1988년 5월 1일부터 시행된 현행의 〈지방자치법〉에 따라 행정 구역이 17개 광역자치단체(8개 시와 9개 도)로 나누어져 있고137 그 하위에 232개 기초자치단체(구·시·군)로 나누어져 있으며, 다시 구(區)나 시(市)의 하위에 동(洞), 군의 하위에 면(面)으로 나누어져 있다. 그리고 면에는 하위 단위로 리(里)가 있다.

---

137 8개 시는 서울특별시, 부산광역시, 대구광역시, 인천광역시, 대전광역시, 광주광역시, 울산광역시, 세종특별자치시이고 9개 도는 경기도, 강원도, 충청남도, 충청북도, 전라남도, 전라북도, 경상남도, 경상북도, 제주특별자치도이다.

행정 구역과 관련된 문화는 특산물을 비롯한 산업 문화와 지역 문화 축제를 들 수 있다. 한국에서는 이들 문화는 주로 현재의 기초자치단체를 중심으로 형성되어 있다. 먼저 특산물을 비롯한 산업문화에 대해 알아보기로 한다. 지역의 문화적 특성은 지역의 특산물과 특정 산업 시설과 관련되어 있다. 지역의 특산물이나 특정 산업을 둘러싸고 특정한 삶의 양식인 지역 문화가 형성되기 때문이다. 지역에 따른 특산물은 아래와 같은데, 이들 특산물은 대개 기초자치단체를 중심으로 생산된다. 생산되는 대개 특산물은 그 지역의 자연환경과 관련된 것이거나 기초자치단체에서 그 지역의 특산물로 장려하는 것들이다.

- 이천: 쌀   • 안성: 유기   • 춘천: 닭갈비 • 천안: 호두   • 금산: 인삼
- 한산: 모시   • 전주: 비빔밥 • 나주: 배   • 순창: 고추장 • 장수: 옥돌
- 담양: 죽세품 • 광주: 무등산 수박   • 완도: 김·전복   • 영광: 굴비
- 풍천: 장어   • 상주: 곶감   • 성주: 참외   • 의성: 마늘   • 영덕: 대게
- 영양: 고추   • 울진: 대게   • 울릉도: 오징어·호박엿   • 풍기: 인삼
- 진주: 냉면   • 함안: 수박   • 제주: 감귤·옥돔 등

지역 산업은 대개 기초자치단체의 문화와 관련이 깊다.[138] 산업화 이후 구축된 지역의 산업 시설은 시대에 따라 다소 차이가 있다. 산업화 초기에는 지역별로 특성화되어 있었다. 1962년 제1차 경제 개발 5개년 계획을 실시

---

138 기초자치단체가 아닌 광역자치단체에 따라서도 문화에 차이가 있다. 서울특별시는 한국문화의 총집결지이고 세종특별자치시는 행정수도 역할과 관련된 문화가 형성되어 있다. 그 외 광역자치단체에서는 각기 특성화된 산업 도시를 중심으로 지역문화가 형성되어 있다. 현대에 들어서는 문화 집결지인 서울에 인접해 있는 경기도에 가장 다양하고 많은 산업 시설이 형성되어 있다.

하면서 구로공단을 준공하고 수출산업인 합판, 가발, 신발 등 경공업 제품을 생산하였고,[139] 1970년대 이후에는 중화학공업으로 산업 구조가 바뀌면서 철강 산업을 중심으로 한 조선 산업과 기계 산업, 전자 산업 등이 발달하였다. 포항의 산업(철강) 단지와 울산 산업(조선, 자동차) 단지, 창원의 산업(기계) 단지, 여수 산업(석유화학) 단지, 구미 산업(섬유, 전자 등) 단지[140] 등이 이때 형성되었다. 이러한 산업의 발달로 도시 인구가 급속도로 늘어나는가 하면 농촌 인구가 급속도로 줄어들었는데 그 과정에서 산업 단지를 중심으로 새로운 도시 문화가 형성되기도 하였다.

한국의 경제 발전을 이끈 산업은 산업화 초기에 정부의 경제 발전 계획에 따라 이루어졌고 지역에 따라 특성화되어 있었다. 그런데 지금은 한국의 산업이 지역의 균형 발전과 관련되어 여러 지역에 고르게 육성되고 있다. 지방자치제도가 정착되면서[141] 지역마다 다양한 산업이 육성되고 있는가 하면 동일한 산업이 여러 지역에 조성되고 있다.

한국의 산업은 수출 중심 산업이다. 한국의 발전에 가장 큰 영향을 미치는 것은 수출 증가 여하이다. 2000년대 들어 반도체 산업과 자동차 산업, 조선 산업, 전기·전자 산업 등이 수출 산업의 중심이 되어 있다. 이러한 산업이 활성화된 지역은 인구가 급격히 늘어나고 이러한 산업이 위축된 지역은 인구가 줄어듦에 따라 지역 간에 문화의 모습도 달라지고 있다.

---

139 서울 인구가 급격히 늘어난 것은 구로공단이 설립되면서부터이다.
140 구미 산업 단지는 1969년부터 4차에 걸쳐 4단지(공단)가 조성되고 지금은 5단지가 조성되고 있다.
141 지방자치제도가 본격적으로 시행된 것은 1987년 지방자치법이 전면 개정되고 난 뒤이다.

행정 구역과 관련된 지역의 문화 가운데 가장 지역의 문화적 특색을 잘 드러내는 것은 지역의 (문화) 축제이다. 지역의 축제는 대개 기초자치단체에서 주관하는데[142] 지역 축제의 내용은 대개 특산물과 관련되거나 지역의 자연 특성과 관련된 것이다.

지방자치제도가 활성화되면서 지역 문화 축제는 해마다 늘어나는데 문화체육관광부에 소개된 내용으로 보면 2018년도에 개최하기로 예정된 지역 축제가 〈표 12〉에서와 같이 모두 886개나 된다.

〈표 12〉 2018년 지역 축제 개최 계획

서울	부산	대구	인천	광주	대전	울산	세종
126	37	24	26	9	10	24	3
경기	강원	충북	충남	전북	전남	경북	경남
94	75	46	93	51	105	77	58
합계: 886							

이들 축제를 문화체육관광부에서는 축제 내용에 따라 〈표 13〉과 같이 분류하였다.

〈표 13〉 축제 내용에 따른 지역 축제의 수와 비율

축제 내용	문화예술	지역 특산물	상태자연	전통역사	주민화합	기타
축제 수	290	203	147	140	82	24
축제 비율	33%	23%	16%	16%	9%	3%

---

142 광역자치단체에서 주관하는 지역축제는 수적으로 전체 축제의 8% 정도이다.

〈표 13〉은 지역 축제를 축제 내용에 따라 정확히 분류해 기술된 것이라고 보기는 어렵다. 분류된 내용을 보면 지역 특산물과 관련된 축제가 생태자연에 포함된 것도 있고 기타로 처리된 것이 지역 특산물과 관련된 것도 있다. 그렇지만 이 점을 논외로 하면 이들 지역 축제의 대부분은 지역 문화와 관련된 축제라고 할 수 있다. 지역의 문화적 특성을 드러낸다고 할 수 있는 지역 특산물(23%), 지역의 상태와 자연(16%), 지역의 전통과 역사(16%)와 관련된 축제가 반 이상(55%)을 차지하기 때문이다.

지역 문화와 관련된 축제 가운데 많이 알려진 축제를 월별로 정리하면 〈표 14〉와 같다.

〈표 14〉 월별 지역 문화 축제

월	축제 내용
1월	대관령 눈꽃 축제, 화천 산천어 축제, 인제 빙어 축제, 강화 빙어 축제, 태백산 눈 축제, 정동진 해돋이 축제 등
2월	대관령 눈꽃 축제, 삼척 대게 축제, 보성 차밭 빛 축제, 벽초지 수목원 빛 축제(파주), 청평 눈썰매·빙어 축제(가평) 등
3월	영덕 대게 축제, 울진 대게 축제, 구례 산수유꽃 축제, 광양 매화 축제, 영취산 진달래 축제, 양산 원동 매화 축제, 제주 들불 축제 등
4월	여의도 봄꽃 축제, 논산 딸기 축제, 석촌호수 벚꽃 축제, 기장 미역·다시마 축제, 이천/여주 도자기 축제, 진해 군항제, 황매산 철쭉제, 제주 유채꽃 큰잔치 등
5월	용대리 황태 축제, 한진 바지락 축제, 전주 한지문화 축제, 대구약령시 한방문화 축제, 담양 대나무 축제, 보성 다향 대축제, 강진 청자 축제, 진주 논개제, 밀양아리랑 축제 등
6월	섬진강 다슬기 축제, 보물섬 마늘 축제, 무주 반딧불 축제, 한산 모시 문화재, 강릉 단오제 등

월	축제 내용
7월	봉화 은어 축제, 울산 고래 축제, 보령 머드 축제, 김천 자두·포도 축제, 강진 청자 축제, 제주 한림공원 연꽃 축제, 금강 여울 축제 등
8월	춘천 닭갈비·막국수 축제, 괴산 고추 축제, 영양 고추 축제, 무안 연꽃 축제, 영월 동강 축제, 화천 토마토 축제, 홍천 찰옥수수축제 등
9월	함양 산삼 축제, 양양 송이 축제, 울진 금강송 송이 축제, 봉화 송이 축제, 언양 한우불고기 축제, 문경 오미자 축제, 금산 인삼 축제, 공주 알밤 축제, 청양 고추·구기자 축제, 순천 정원갈대 축제, 광양 전어 축제, 무주 반딧불 축제, 영암 무화과 축제 등
10월	{음성, 금산, 풍기} 인삼 축제, {보은, 경산} 대추 축제, 횡성 한우 축제, 언양 한우불고기 축제, 서산 어리굴젓 축제, 강화도 새우젓 축제, 주문진 오징어 축제, 천안 호두 축제, 벌교 꼬막 축제, 영주 사과 축제, 예천 용궁 순대 축제, 서울 약령시 한방 축제, 서울 세계불꽃 축제, 부산항 빛 축제, 수원 화성 문화재, 진주 남강 유등 축제, 정선 아리랑제, 경주 신라 문화재, 진주 개천예술제, 제주 탐라문화재 등
11월	장성 백양 단풍 축제, 군산 세계철새 축제, 충주 사과 축제, 진영 단감제, 순천만 갈대 축제 등
12월	이천 빙어 축제, 평창 송어 축제, 지리산 남원 바래봉 눈꽃 축제 등

〈표 14〉에서 알 수 있듯이 10월에 가장 많은 지역 축제가 열린다. 10월에 열리는 지역 축제 수(230)는 전체 지역 축제 수(886) 가운데 27% 이상을 차지한다. 이는 한국 사회가 농경 사회에 뿌리를 둔 사회이어서 지역 축제가 농경 사회에서 결실을 이루는 10월에 많이 열림을 뜻한다.

위와 같은 지역 축제는 주로 행정 구역의 단위인 기초자치단체 주관으로 열리는데 이러한 지역 축제는 지역 문화의 특성인 지역의 특산물이나 자연 환경을 이용한 지역인의 삶의 양상을 보여 주는 문화 행사로 꾸려지고 있다. 지역 축제에는 지역민들은 물론 외지인들이 휴가를 이용한 레저 문화(여행)로 이러한 지역 축제에 참여해 함께 지역 문화를 관람하고 체험한다.

지금까지 사회제도와 관련된 한국 문화의 특성을 12가지로 나눠 알아보았다. 이들 문화 특성은 사회제도와 관련된 문화인데 크게 보아 전통 사회의 봉건적 사회제도로 형성된 문화와 서구 문명이 수입된 이후 도입한 민주적 사회제도로 형성된 문화로 구분할 수 있다.

신분 문화와 선비나 지식인을 중시하는 문화는 지난날의 신분 제도와 관련된 문화이고 남녀 차별 문화와 서열 문화, 혈연을 중시하고 소속된 집단이나 아는 사람을 중시하는 문화는 지난날 농경 사회에서 유교 사상을 수용하면서 형성된 문화이다. 이들 문화는 모두 서구 문명이 수용되기 전의 한국 전통 사회에서 형성된 문화이다.

한국의 사회 문화에는 서구 문명이 수입되면서 도입한 민주주의와 자본주의로 다양한 산업이 발달하면서 형성된 문화도 있다. 평등 사회에서 경쟁하는 문화, 민주 사회에서 건강과 복지를 중시하는 문화는 자본주의와 민주주의로 형성된 문화이고, 발달된 소통(통신과 교통) 문화는 평등 사회에서 서구식 학교 교육의 결실로 산업이 발달된 결과로 형성된 문화이며, 편리한 유통(물품 유통과 주택 거래) 문화는 자본주의를 지향하는 산업 사회나 정보 사회에서 형성된 문화이다. 이외에 지역 문화와 지역 산업은 행정 구역에 따른 지역의 자연 특성과 특산물 생산과 관련되어 형성된 문화이거나 지역 특성에 맞는 산업화의 결과로 생긴 문화이다.

제4장
놀이 문화

인간은 의식주를 해결하는 과정에서 문화(기초 생활 문화)를 만들고 사람들과 더불어 살아가기 위한 방편으로 문화(사회 문화)를 만들기도 하지만, 삶을 더 즐기기 위해 놀이 문화를 만들기도 한다. 삶을 즐기기 위한 문화는 주로 이 해관계를 떠난 활동인 놀이로 실현되므로 놀이 문화라 할 수 있다. 놀이 문화는 자신의 안녕을 도모하거나 기쁨을 얻기 위한 것에서부터 장차 일을 준비하기 위해 쉬는 것에 이르기까지 다양한 모습으로 실현된다.

배달겨레[韓民族]는 일찍부터 놀이를 매우 즐겨 왔다. 삶을 꾸려 가려면 일을 해야 하지만 삶을 즐기기 위한 놀이도 살아가는 데에 빼놓을 수 없는 것으로 여겼다. 그래서 설날과 같은 명절에는 일하지 않고 놀이로 삶을 즐겼다. "게으른 놈 설날 나무하러 간다."라는 말이나 "명절날 일하면 자식 두고 먼저 죽는다."라는 말은 한국인이 얼마나 놀이를 즐겨 왔는지를 잘 보여 준다. 한국인이 놀이를 즐겨 왔음은 놀이를 대하는 태도에서도 드러난다. 한국인은 놀이를 할 때 흥이 나거나 신이 나야 한다. 흥이 나지 않으면 흥을 돋우어 흥이 나도록 했고 신이 날 때까지 마음껏 놀아야 제대로 논 것으로 여겼다.

역사적으로 보면 놀이는 원래 신에게 제사를 올리는 제천의식에 가무(歌舞)를 곁들인 원시종합예술로 실현되었다. 이러한 놀이는 점차 분화되어 악기를 연주하는 일, 노래 부르는 일, 춤추는 일, 일정한 형상을 그려 내거나 만들어 내는 일, 경기를 통하여 승부를 겨루는 일, 거닐면서 노니는 일, 특별한 재주와 기량을 발휘하는 일, 어떠한 사건을 꾸며 내어 극적으로 보여 주며 즐기는 일 등으로 분화되고 발전하였다. 오늘날 스트레스 해소를 위한 활동이나 힐링을 위한 활동도 넓은 의미의 놀이라 할 수 있고 현대인들이 예술이라 부르는 것도 놀이 문화가 발전한 것이라 할 수 있다.

이로 보면 놀이 문화는 시대에 따라 삶의 형태가 바뀜으로써 다른 모습으로 변해 왔다고 할 수 있다. 우리의 놀이 문화도 농경 사회에서 서구식 산업 사회로 바뀌면서 많이 달라졌다. 그래서 이 장에서는 산업화를 기점으로 산업화 전의 놀이 문화와 산업화 후의 놀이 문화로 구분해 알아보기로 한다. 그럴 경우 전자는 전통 놀이 문화라 할 수 있고 후자는 현대 놀이 문화라고 할 수 있을 것이다.

1. 전통 놀이 문화

조선 시대의 놀이를 중심으로 한국의 전통 놀이를 보면 직접 놀이에 참여함으로써 삶을 즐기는 것과 감상함으로써 삶에 즐거움을 얻는 것으로 나눠볼 수 있다. 궁중 놀이나 민속놀이는 대개 전자에 속하고 예술은 후자에 속한다.

1.1. 궁중·귀족의 놀이

고대에는 우리의 놀이 문화가 원시종합예술로 실현되었다. 3세기경 기록인 ≪삼국지≫의 위서 동이전(魏書 東夷傳)을 보면, 고구려의 동맹(東盟), 부여의 영고(迎鼓), 예의 무천(舞天)과 같이 매년 한두 차례 농공시필기(農功始畢期)에 제천의식을 치르면서 노래와 춤을 중심으로 한 각종 놀이를 즐겼음을 알 수 있다. 이러한 제천의식의 공통점은 백성들이 남녀노소의 구분 없이 술과 음식을 먹으며 노래와 춤을 즐겼다는 것이다. 이러한 놀이는 오늘날 동신제(洞神祭)의 하나로 전승되는 마을의 굿에서 그 흔적을 찾아볼 수 있다.

고려 시대에도 연등회나 팔관회와 같이 신분에 관계없이 모두가 참여하는 국중 대회로 실현된 놀이가 있었다. 그러나 조선 시대 중기 이후에는 놀이가 계층화되기도 하고 소규모로 전문화되기도 하였다.[1] 광해군 때에는 나례도감 또는 산대도감이라고 하는 관청을 두어 산대잡극과 나례(儺禮) 행사를 관장하기도 하였다.

조선 시대에 있었던 궁중이나 귀족의 놀이 문화는 민간의 놀이 문화와 달랐다. 조선 후기 들어 왕실을 비롯한 귀족층(지배층)에서는 계절과 관계없이 격구(擊毬), 투호(投壺), 쌍륙(雙六, 雙陸), 기국(棊局, 바둑·장기) 등의 놀이를 즐겼

---

[1] 그 결과 전문놀이꾼 놀이인 광대의 놀이가 성행하게 되었다. 조선 중기 이후에는 이러한 놀이가 전문 놀이꾼 광대들의 연기를 귀족들만 구경하는 놀이가 되기도 하였다. 한국민족문화대백과사전(2011) 참조.

다. 이 가운데 궁중이나 귀족 사회의 놀이였던 격구, 투호 등의 놀이는 오늘날 없어졌다.

귀족의 놀이 문화에는 기녀(妓女) 문화도 있다. 기녀는 양반이 풍류를 즐길 때 흥을 돋우는 역할을 하였는데, 귀족들은 공식적인 연회나 사사로운 모임에서 기녀와 더불어 풍류를 즐기고 놀았다. 조선 시대에는 국가의 의식이나 공식적인 연회에 참여하는 관기(官妓)뿐만 아니라 마치 노비(奴婢)와 같이 개인이 소유한 사기(私妓)도 있었다. 이들 기녀는 종모법(從母法)에 따라 기적(妓籍)에 오르고 어머니가 기녀이면 딸도 기녀가 되는 식으로 신분이 세습되었다.

1.2. 민속놀이

민간의 놀이인 민속놀이는 농경 사회에서 농사력(農事曆)과 관련되어 실행되어 왔다.[2] 즉, 계절의 변화에 따른 농사력에 따라 일정한 양식의 세시풍속이 형성되고 놀이도 이를 바탕으로 생성되어 행하여지게 되었다.[3] 놀이의

---

[2] 농사력과 관련된 대표적인 민속놀이는 농악이다. 농악은 농촌에서 집단노동이 있을 때나 명절 때 등에 흥을 돋우기 위해서 연주되는 음악으로 김매기·논매기·모심기 등의 힘든 일을 할 때 일의 능률을 올리고 피로를 덜며 나아가서는 협동심을 불러일으키려는 데서 비롯되었다. 농악은 농자(農者)를 천하지대본(天下之大本)을 삼는 데서 생긴 민중 놀이(민중 음악)라 할 수 있다. 민간에는 절기를 농경 생활과 관련지은 표현도 생겨났는데 "단옷날에 비가 오면 흉년이 든다."나 "하지가 지나면 오전에 심은 모와 오후에 심은 모가 다르다.", "처서(벼가 필 무렵)에 비가 오면 항아리 쌀이 준다." 등이 이러한 표현들이다.

[3] 세시풍속의 놀이들이 모두 농사력과만 관련되어 있는 것은 아니다. 세시풍속의 놀이 가운데는 농사력과 무관한 계절 놀이도 있다. 연날리기나 팽이치기 등의 놀이가 바람이 많고 얼음판도 이용할 수 있는 겨울철 놀이라면, 천렵이나 화전놀이는 개울물이 풀려 고기들이 놀고 진달래가 한창 필 무렵인 봄철의 놀이들이다.

전체적 성격은 앞 시대와 큰 차이는 없으나 앞 시대에는 모든 놀이가 주술적인 신앙 행위와 함께 필요에 따라 수시로 이루어진 데 비하여 정착생활을 하는 농경 사회에서는 놀이가 절기나 명절의 세시풍속과 밀접하게 관련되어 이루어지게 된 것이다.

절기(節氣)는 시후(時候)에 따라 한 해를 스물넷으로 나눈 것[4]이고 명절[5]은 시후의 특정한 날을 기념하는 날인데 놀이는 주로 명절을 중심으로 실현되었다. 명절에 놀이를 하며 즐기다 보니 한국인에게 명절은 일을 하지 않고 즐기고 노는 날이다. 한국인들이 명절이나 특별한 날에 쉬거나 노는 것을 얼마나 소중히 여겼는지는 다음 속담에서도 알 수 있다.

> 설날 일 하면 죽을 때까지 헛손질한다.
> 명절날 일하면 자식 두고 먼저 죽는다.
> 생일날 일하면 가난해진다.

---

4 한 해를 스물넷으로 나눈 절기는 봄의 절기인 '입춘, 우수, 경칩, 춘분, 청명, 곡우', 여름의 절기인 '입하, 소만, 망종, 하지, 소서, 대서', 가을의 절기인 '입추, 처서, 백로, 추분, 한로, 상강', 겨울의 절기인 '입동, 소설, 대설, 동지, 소한, 대한'이다. 아래 말들은 절기의 시후 특성과 농사력에 관한 일상의 관용 표현들이다.
   우수 경칩에 대동강 물이 풀린다, 소만 바람에 설늙은이 얼어 죽는다, 하지가 지나면 오전에 심은 모와 오후에 심은 모가 다르다, 처서(벼가 필 무렵)에 비가 오면 항아리 쌀이 준다, 춥지 않은 소한 없고 추운 대한 없다, 대한이 소한의 집에 가서 얼어 죽는다, 대한 끝에 양춘(陽春)이 있다.
5 농경 사회에서는 1년을 24절기로 나누되, 길일(吉日, 주로 음력으로 홀수의 날)을 택해 명절로 삼았다. 절기의 길일인 명절에는 정월의 설날과 대보름, 이월의 한식(寒食), 오월의 단오(端午), 유월의 유두(流頭), 칠월의 백중(百中), 팔월의 추석, 십일월의 동지(冬至)가 있다. 그중에서 오늘날 차례를 지내는 명절은 설과 추석이다.

아래에서 명절에 행해지는 우리의 전통 민속놀이에 대해 알아보기로 한다.

1.2.1. 설과 대보름

농경 사회에서 정월은 한 해 가운데 가장 한가한 농한기(農閑期)이다. 그래서 농한기인 겨울철의 놀이는 정월에 실현된다. 정월은 한 해의 시작이라는 점에서 특별한 의미를 두어 설과 대보름이라는 명절을 정해 여러 놀이를 갖는다.

설에는 친척 중심으로 조상에게 차례를 지내고 친족 간에 세배를 함으로써 친족 간의 유대를 두터이 하고 윷놀이를 하면서 새로운 한 해를 즐거이 맞이하였다.[6] 일상생활이 달과 관계가 깊었던 옛날에는 새해 정월 첫 만월(滿月)이 되는 날인 정월 대보름도 특별한 의미를 두었다. 정월 대보름 아침에 부럼 깨물기(한 해 동안의 각종 부스럼을 예방하고 이[齒]를 튼튼하게 하려는 뜻으로 땅콩, 밤, 호두, 은행, 잣 등 견과류를 깨무는 풍속)와 귀밝이술 마시기(아침 식사 전에 맑은술[淸酒]을 마셔 귀가 밝아지게 하는 풍속)를 하고 오곡밥에 나물을 무쳐 먹었다.

겨울철 놀이는 정월 대보름 전후로 매우 다양하게 펼쳐졌다. 지신밟기[7]를 비롯해 줄다리기, 동채싸움, 고싸움, 쥐불놀이, 놋다리밟기, 강강술래,[8] 가면

---

6   양반집 아이들은 관직명을 적은 승경도알로 승경도놀이(陞卿圖놀이, 일명 종경도놀이)를 즐기기도 하였다. 일제 강점기 이후에는 일본으로부터 수입된 화투놀이를 즐긴다. 화투놀이는 오늘날 한국인들이 명절에 친척이나 친지들이 모여 즐기는 가장 대중적인 놀이이다.

7   정월에 마을굿(당굿)을 한 뒤에 각 집을 돌면서 풍물을 치며 집터 곳곳의 지신(地神)을 밟아 달램으로써 한 해의 안녕과 복을 기원하는 마을 민속놀이로 마당밟이, 뜰밟이, 집돌이 등으로 부르기도 한다.

8   강강술래는 전라도 지역의 놀이인데 정월 보름뿐만 아니라 추석(팔월 보름)에도 즐기는 놀이이므로 농공시필기에 풍농을 기원하고 추수를 감사하면서 즐기는 놀이라 할 수 있다.

놀이[9] 등의 야외놀이가 정월 대보름 전후의 겨울철 놀이이다. 일제 강점기에는 이러한 집단놀이를 민족의 공동체 의식을 높이는 민중 집회라고 하여 금지시키기도 하였다. 세시풍속과 관련이 없으나 겨울철에는 연날리기와 팽이치기를 즐겨 하였다. 정월 대보름 이후의 봄철 명절로 한식이 있으나[10] 오늘날에는 거의 유명무실해졌다.

1.2.2. 단오(端午), 유두(流頭), 백중(伯仲)

여름철의 대표적 명절은 단오(端午)이다. 단오는 수릿날, 단양(端陽), 천중절(天中節)이라고도 한다. 단오 때(음력 5월 5일)가 되면 논매기를 마친다. 그래서 단오 때의 세시풍속으로 농작물이 잘 자라기를 비는 '호미씻이'라는 단오굿을 한다. 단오굿을 할 때 놀이가 함께 행해지는데 풍물(風物)놀이[11]와 더불어 남자들은 '씨름'을, 여자들은 '그네뛰기'를 하며 즐긴다. 그리고 이날은 양기(陽氣)가 가장 왕성하다는 날이라 하여[12] 여름의 질병과 더위에 대처하기 위하여 쑥과

---

9   정월 대보름에 행해진 대표적인 가면놀이는 함경남도 북청에서 행해지던 북청사자놀음이다.

10   설과 대보름 후의 봄철 명절로 한식이 있다. 한식은 동지에서 105일째 되는 날(4월 5일이나 6일쯤)로 고려 시대와 조선 시대에 중요한 명절로 여겨졌지만, 오늘날에는 그 의미가 많이 퇴색되어 불의 사용을 금지하거나 찬 음식을 먹는 풍속은 거의 지켜지지 않는다. 다만, 성묘를 하거나 산소에 사초(莎草, 잔디를 새로 입힘)를 하고, 비석 또는 상석(床石)을 세우고 이장(移葬)을 하는 조상 숭배와 관련된 풍속만 남아 있다.

11   주로 농부들 사이에서 흥을 돋우기 위해 북, 장구, 꽹과리, 징, 나발, 태평소 따위를 치거나 불면서 노는 민속놀이이다. 풍물놀이는 1970년대와 1980년대에 전통문화 보존 차원에서 대학의 풍물패에 전수되었는데 이때 풍물패에서는 농악과 탈춤을 배웠다. 그 후 대학의 운동권 학생들이 사회에 적극 참여하면서 풍물패를 시위의 선봉대로 활용하였다.

12   조상들은 양(陽)을 나타내는 홀수가 반복되는 3월 3일, 5월 5일, 7월 7일, 9월 9일을

익모초를 뜯어 두었다가 약으로 쓰기도 하고 창포로 머리를 감기도 했다.

단오에 이어 여름철 명절로 유두(流頭)가 있다. 유둣날은 음력 6월 15일로 더위가 극심한 복중(伏中)의 날이다. 이날은 일가나 친척, 친지들이 맑은 시내나 계곡, 약수터에 가서 머리를 감고 몸을 씻은 뒤, 가지고 간 음식을 먹으면서 서늘하게 하루를 즐기는 날이다. 오늘날의 여름 피서일이라 할 수 있다. 유둣날 동쪽으로 흐르는 물에 머리를 감으면 여름에 질병을 물리치고 더위를 먹지 않는다고 한다.

여름철 끝 무렵의 명절로 백중(百中, 음력 7월 15일)도 있다. 백중은 원래 승려들이 부처에게 공양하는 날인데 민간에서는 세벌 김매기가 끝난 때라 여름철 농한기에 휴식하는 날로 삼았다. 백중날에는 백중놀이라 하여 농부나 머슴들이 풍물을 곁들여 가무나 음주를 즐겼다.

1.2.3. 추석(秋夕), 중구(重九)

가을철 명절에는 추석과 중구가 있다. 추석은 가배일(嘉俳日) 또는 가윗날이라고도 한다. 추석은 곡식이 익어서 수확이 멀지 않기에 가장 풍요로운 시기의 명절이다. 그래서 집집마다 햇과일과 햇곡식으로 차례를 지내고 풍요로움을 함께 즐겼다. 추석의 대표적인 놀이는 씨름이다. 추석에는 지역에 따라서 여자들이 강강술래 놀이를 즐기고 남자들이 소놀이와 거북놀이[13]를

기운이 배가 된다고 하여 중요하게 생각했는데, 특히 단오는 양기가 가장 왕성한 날이라고 여겼다.

13 소놀이나 거북놀이는 일종의 탈춤놀이이다. 소놀이는 황해도의 연백·봉산, 강원도의 양양, 함경도의 명천, 전라도의 전주·남원·화순, 경상도의 울진·영일 일대에 남아 있다고 하고 거북이놀이는 근대에 조사한 자료에 의하면 강원도의 강릉, 경기의

즐기기도 하였다.

중구(重九)는 양일(홀숫날)인 9일이 겹치는 음력 9월 9일로 중양절(重陽節)이라고 하기도 한다. 중구가 되면 많은 종류의 햇곡식을 거두어들이는 때이다. 그래서 추석 때 햇곡식으로 제사를 올리지 못한 집안에서는 뒤늦게 중구에 조상에게 햇곡식을 올리고 성묘를 하기도 했다. 중구는 길일(吉日)이 겹친 명절이라 하여 중구 때 꽃이 피는 국화로 전(煎)이나 술을 만들어 먹으며 즐겼다고 한다.

1.2.4. 동지(冬至)

24절기 중 22번째 절기인 동지는 음력 11월에 들어 있어 음력 11월을 동짓달이라고도 한다. 동지는 절기로는 대설(大雪)과 소한(小寒) 사이에 드나 양력으로 치면 12월 22일이나 23일경으로 한 해의 마지막 명절이다. 북반구에서는 일 년 중 낮이 가장 짧고 밤이 가장 긴 날이다.

동지는 음기가 극성한 가운데 양기가 새로 생겨나는 때이므로 일 년의 시작으로 치기도 하여 동지를 '작은 설'이라고도 한다. 해마다 이날이 되면 집집마다 팥죽을 쑤어서 가묘(家廟)에도 올리고 이날의 음식으로도 먹으면서 한 해를 마무리하고 새해에 대한 기원을 하며 즐겼다. 팥죽을 먹는 것은 팥의 붉은색이 재앙을 없애는 축귀 역할을 한다고 여겼기 때문이다. 동짓날 팥죽에는 팥죽 속에 반드시 새알심이라 하여 찹쌀가루로 새알 같은 단자를 만들어 넣어 먹었다. 동짓날 동지팥죽을 먹어야 진짜 나이를 한 살 더 먹는다는 속설도 있다.

광주·양평·수원, 충청도의 홍성·예산·아산 일대에서 놀았던 것이다. 조선향토백과 (2008) 참조.

우리의 전통 민속놀이는 계절과 관련된 것이 대부분이지만 계절과 무관하게 아이들이 즐기던 전통 놀이도 있다. 아이들이 즐기는 놀이는 남녀에 따라 달랐다.[14] 남자 아이들은 딱지치기, 자치기, 구슬치기, 팽이치기, 제기차기, 돌치기 등의 놀이를 즐겼다. 오늘날 아이들이 장난감을 비싼 가격으로 사서 놀이를 하지만 1960년대까지만 해도 남자 아이들은 이들 놀이를 즐기기 위해 손수 놀잇감인 팽이, 제기, 딱지 등을 만들어 즐겼다. 여자 아이들은 공기놀이, 고무줄놀이, 줄넘기, 콩주머니놀이, 널뛰기, 그네뛰기 등을 즐겼다.[15] 여자 아이들이 즐기는 공기놀이는 적당한 크기의 돌(자갈)만 있으면 어느 곳에서나 할 수 있다. 여자 아이들 놀이인 콩주머니놀이도 여자 아이들이 손수 놀잇감인 콩주머니를 만들어 즐겼다. 남자 아이들이 팽이를 만들면서 도구 다루는 솜씨를 기르고 여자 아이들이 콩주머니를 만들면서 바느질 솜씨를 길렀다. 이와 관련해 천소영(2007:210)에서는 놀이의 노는 방식을 보면 사내아이들은 그 명칭에서 보듯이 '치기'와 '차기'의 방식이 대부분을 차지하고 계집아이들의 놀이는 '놀이'와 '뛰기'가 주를 이룬다고 하였다.

전통 놀이 문화는 서구 문화가 도입되면서 점차 서구의 놀이로 바뀌었다. 일제 강점기를 거치면서 단체 놀이가 사라졌는가 하면[16] 아이들의 전통 놀이도 서구식 놀이로 바뀌게 되었다. 특히, 광복 이후 미군정 시대에 서구식

---

14 성인들의 놀이도 남녀가 구분되어 있다고 할 수 있다. 남자들은 고싸움, 동채싸움, 나무쇠싸움, 농기싸움, 횃불싸움 등과 같이 힘을 겨루는 놀이가 주종을 이루고 있고 여자들은 강강술래, 탑돌이, 그네뛰기, 널뛰기 등과 같이 힘과 무관한 놀이가 주종을 이루고 있다.
15 아이들의 놀이에는 남녀가 달리 즐기는 놀이도 있지만 '땅따먹기'나 '숨바꼭질'과 같이 남녀가 구분 없이 즐기는 놀이도 있었다.
16 일제 강점기에 민속놀이를 금지했는데 이는 민속놀이를 통해 단체집회가 이루어지는 것을 막기 위해서였다.

교육이 도입되면서 학교 놀이터의 놀이 시설도 서구식으로 바뀌었고,[17] 세시풍속과 관련된 명절보다 크리스마스를 더 큰 명절로 여기기에 이르렀다. 정월 대보름이나 단오와 같은 전통적인 명절의 세시풍속과 관련된 민속놀이가 퇴색한 것도 이때부터였다. 아울러 아이들의 놀이도 아이들이 놀잇감을 직접 만들어 즐기는 것이 아니라 공장에서 만들어 놓은 것을 사서 즐기게 되었다. 놀이 기구도 산업화되었다. 아래의 말은 산업화 직전의 전통 놀이와 요즘 아이들의 놀이에 관한 말들이다.

> 1960년대는 아이들이 땅이나 종이에 선을 그어 고누두기 놀이를 했어, 정월 대보름에는 깡통에 구멍을 뚫어 그 속에 나무를 잘라 넣고 쥐불놀이를 했어, 여자애들이 고무줄놀이를 하면 남자애들이 훼방을 놓곤 했지, 정월에는 사내애들이 연을 만드느라 야단이었어, 주로 가오리연이나 방패연을 만들었어, 요새 애들은 휴대폰이 놀이기구라서 밖에 안 나가고 집 안에서 혼자 놀아, 요즘 아파트나 동네 놀이터는 학교 입학하지 않은 또래의 아이들이 노는 곳이다 등

1.3. 예술

놀이가 아름다움[美]을 만들어 내면 놀이가 예술이 된다.[18] 예술이 놀이인 것은 예술로 아름다움[美]을 창조함으로써 삶을 즐기기도 하고 예술로 창조된 아름다움[美]를 감상함으로써 삶을 즐기기도 하기 때문이다. 예술은 무

---

17   학교 놀이터에는 널뛰기의 '널' 대신 시소놀이를 위한 '시소'나 미끄럼틀놀이를 위한 '미끄럼틀'이 설치되었다.
18   사전에서는 예술을 "특별한 재료, 기교, 양식 따위로 감상의 대상이 되는 아름다움을 표현하려는 인간의 활동 및 그 작품"이라고 한다.

용, 음악, 미술, 문학 등으로 실현된다.

한국의 전통 예술은 어떠한가? 한국인은 아름다움[美]을 어떻게 만들어 왔는가? 한국 예술의 아름다움[美]은 아름다움[美]과 관련된 한국어의 특성에서 찾아볼 수 있다. 예술에서 만들어 낸 아름다움[美]은 표현하고자 하는 대상이 지닌 특성을 잘 드러내는 데 있는데 그 특성은 대상을 체험하면서 얻은 느낌(감각이나 감정)에서 시작된다. 한국어에는 느낌(감각이나 감정)을 표현하는 말이 상당히 발달되어 있다고 할 수 있다. 느낌(감각이나 감정)을 표현하는 말에는 아래와 같이 감각(시각, 청각, 후각 등)에 따른 사물의 속성 표현, 사물에 대한 체험자의 감정 표현, 감정이나 감각을 행위로 드러내는 표현이 있다.

① 감각(시각, 청각, 후각 등)에 따른 사물이나 사람의 속성 표현
    사물의 속성: 크다, 많다, 푸르다, 파릇파릇, 졸졸 등(시각), 시끄럽다, 조용
        하다, 졸졸, 땡땡 등(청각), 고소하다 등(후각), 달다, 쓰다 등(미각), 단단하
        다, 부드럽다, 차다, 뜨겁다 등(촉각)
    사람의 속성: 착하다, 독하다, 어질다 등
② 사물에 대한 체험자의 감각·감정 표현
    감각: 시리다, 따갑다(촉각)
    감정: 좋다, 싫다, 아프다 등
③ 감정·감각을 행위로 드러내는 표현
    시려하다, 따가워하다, 좋아하다, 싫어하다, 아파하다 등

느낌(감각이나 감정)을 표현하는 말이 위와 같이 다양함은 한국어에 느낌을 표현하는 코드가 발달되어 있음을 가리킨다. 한국어에 느낌을 표현하는 말이 발달되어 있음은 이들 말이 접미사들에 의해 섬세하게 달리 표현될 수

있음에서도 찾아볼 수 있고 느낌을 표현하는 말이 감각 기관 간에 통용될 수 있음에서도 찾아볼 수 있다. 예를 들어 시각에 따른 사물의 성질(속성)을 표현하는 '푸르다'라는 말이 '파랗다/퍼렇다', '시퍼렇다', '새파랗다', '푸르스름하다', '푸르스레하다' 등과 같이 미세하게나마 다르게 표현할 수 있는가 하면, 시각에 따른 사물의 성질(속성)을 표현하는 '크다'가 '(소리가) 크다'에서와 같이 청각에 따른 사물의 성질을 드러내는 표현으로도 쓰일 수 있다. 이른바 감각 기관을 통한 지각 표현이 공감각적으로 쓰일 수 있다. 한국어에 느낌을 표현하는 말이 이와 같이 발달되어 있음은 감각적 코드에 의해 만들어지는 예술 문화가 발달될 수 있는 틀이 마련되어 있음을 가리킨다.

한국의 전통 예술이라 할 수 있는 지난 시절의 예술 문화는 어떠한가? 무용, 음악, 미술, 문학을 중심으로 알아보기로 한다.

1.3.1. 무용

오늘날의 무용은 전통 무용과 현대 무용으로 구분하는데 전통 무용에는 종교의식이나 대동놀이에 곁들여 실연(實演)되는 춤도 있지만 전문 예능인에 의해 실연되는 춤도 있다. 전문인에 의한 전통춤[19]에는 검무, 승무, 살풀이 춤, 태평무 등이 있다. 이 가운데 승전무(勝戰舞, 국가 무형문화재 제21호),[20] 처용

---

19 전통춤은 연원으로 보면 오래된 춤이나 원형의 모습을 잃고 명맥을 유지해 오다가 대개 1900년대에 재구성된 춤이다.

20 승전무는 통영(충무)에서 전승되어 온 궁중무고형(宮中舞鼓型)의 북춤으로 창사(唱 詞) 내용의 일부에 이순신(李舜臣)의 충의와 덕망을 추앙한 부분이 있어 승전무라고 한다. 궁중에서는 '무고(舞鼓)'라는 이름으로 기녀와 무동들에 의하여 전승되었고, 현재도 전해지고 있는 춤이다.

무(국가 무형문화재 제39호, 세계문화유산),[21] 학연화대합설무(鶴蓮花臺合設舞, 국가 무형문화재 제40호)[22] 등은 궁중에서만 실연된 궁중 무용이었다. 오늘날 이들 궁중 무용은 전문화되어 특정인에 의해 보존되고 있다.

전통 무용인 춤은 승전무(勝戰舞), 승무(僧舞), 살풀이춤, 부채춤, 태평무 등과 같이 탈을 쓰지 않고 추는 춤도 있으나 대부분 춤은 탈(가면)을 쓰고 춤을 추는 탈춤(가면극)이다. 탈춤은 대개 마당놀이로 행해졌다. 탈춤은 검무(劍舞)나 처용무와 같은 궁중무용에서 산대놀이탈춤, 봉산탈춤, 하회탈춤, 오광대 탈춤,[23] 오방신장무,[24] 사자탈춤(북청사자놀음) 등과 같은 민속무용으로 발전하였다. 오늘날 이러한 전통 무용은 무도(舞蹈) 전문가에 의해 전승되고 있다. 아래 예문은 주로 마당극으로 펼쳐지는 전통 무용에 관한 표현이다.

이번 탈춤 대회 첫날에 사물놀이도 있다. 탈춤은 모두 민속놀이이다. 탈춤은 신분사회의 연극이다. 탈춤의 대사는 재미있는 언어유희이지만 말 속에 뼈가 있어, 대학 시절에 탈춤 동아리에서 탈춤을 조금 배웠어 등

---

21 처용무는 오늘날 무대에서 공연하지만, 본디 궁중 무용의 하나로서 궁중 연례(宴禮)에서 악귀를 몰아내고 평온을 기원하거나 음력 섣달 그믐날 악귀를 쫓는 의식인 나례(儺禮)에서 실현되었다.
22 이 춤은 궁중 무용으로 나라의 어진 정치를 칭송하는 내용을 담고 있다.
23 오광대는 경남 지역에 전승되는 가면극으로 통영오광대(중요무형문화재 제6호), 고성오광대(중요무형문화재 제7호), 가산오광대(중요무형문화재 제73호), 진주오광대(경상남도 무형문화재 제27호), 김해오광대(경상남도 무형문화재 제37호) 등이 있다.
24 오방신장(五方神將)이 다섯 방위를 지키며 악귀를 쫓고 복을 기원하면서 추는 춤으로 가산오광대나 진주오광대의 첫 마당에 실연된다.

1.3.2. 음악

전통 음악은 상층 음악과 민속악으로 구분할 수 있다. 상층인 양반 사회에서 향유한 상층 음악은 산조(散調)이다. 산조는 가야금산조, 거문고산조, 대금산조, 해금산조, 피리산조, 아쟁산조 등과 같은 기악독주곡이다. 이에 비해 하층인 민간에서 향유했던 민속악에는 농악이나 민요, 판소리 등이 있다. 농악(農樂)이나 민요(民謠)[25]는 누구나 부르며 즐겼으나 판소리는 전문 소리꾼을 통해 간접적으로 감상하며 즐겼다. 판소리는 한 명의 소리꾼과 한 명의 고수(북치는 사람)가 이야기를 곁들여 부르는 음악인데 전라도 동북지역의 판소리는 '동편제(東便制)'라고 부르고 전라도 서남지역의 판소리는 '서편제(西便制)'라고 부르며 경기도와 충청도의 판소리는 '중고제(中古制)'라고 부른다. 오늘날 전통 음악 또한 전문가에 의해 전승되고 있다. 아래 예문은 전통 음악에 관해 주변에서 주고받는 말들이다.

영화 '서편제'는 판소리를 널리 알리기도 했지만 한국 영화가 관중에게 관심을을 끄는 도화선이 되기도 했어, 이제 농악은 민속 대회에서나 볼 수 있어, 영화 아리랑이 촬영된 정릉고개를 아리랑고개라고 불러 등

1.3.3. 미술

대표적 전통 미술에는 민화(民話)와 풍속화, 인물화가 있다. 민속을 잘 드

---

25 대표적인 민요는 아리랑이다. 아리랑이라는 제목으로 전승된 민요가 수십 종에 이른다고 한다. 널리 알려진 아리랑은 강원도의 '정선아리랑', 호남 지역의 '진도아리랑' 경상남도 일원의 '밀양아리랑'이다.

러낸 민화는 그 시대의 문화를 알게 해 준다. 민화는 우리의 신앙(도교·유교·불교)과 관련된 것이 많아 민화를 통해 우리의 민속 문화가 지닌 특성을 알 수 있다. 도교적 사상에서 비롯된 송학도(장승업, 순천대 소장), 군학도, 십이지신상,[26] 계견사호(鷄犬獅虎), 산신도, 용왕도 등은 장수(長壽)를 기원하거나 안녕을 기원하는 의미를 지닌다.

불교적 사상에서 온 탱화(幀畵) 또한 도교적 사상을 담은 그림과 유사한 의미를 지닌다. 탱화는 대개 신앙 대상이 되는 여러 존상(尊像)만을 그리는 존상화(尊像畵)이거나 경전 내용을 그림으로 그린 변상도(變相圖, 불교에 관한 여러 가지 내용을 시각적으로 형상화한 그림), 심우도(尋牛圖, 불교의 선종(禪宗)에서 본성을 찾는 것을 소를 찾는 것에 비유하여 그린 선화(禪畵))이다.

민화 가운데는 유교적 사상이 반영된 것도 있다. 유교적 민화에는 행실도(삼강행실도, 이륜행실도, 오륜행실도), 효자도, 문방사우도(文房四友圖) 등이 있는데 이들은 가정의 화목과 유교 덕목을 교훈으로 삼기 위한 것이었다.

전통 미술에는 민화 외에도 풍속화나 인물화가 있다. 풍속화나 인물화는 상류층 사람들의 향유물이라는 점에서 민화와 다소 차이가 있다.[27] 풍속화는 병풍 모양으로 제작되기도 하였다. 널리 알려진 풍속화에는 풍속화의 대가로 알려진 조선 정조 때의 화가인 김홍도(1745~1806?)의 풍속화와 신윤복

---

26 조각품인 십이지신상(十二支神像)은 십이지신(쥐·소·호랑이·토끼·용·뱀·말·양·원숭이·닭·개·돼지)이 열두 동물의 얼굴에 사람의 몸을 가진 형상인데, 십이지신상은 십이지신이 각기 다른 무기를 들고 열두 방위를 지킴을 뜻한다. 십이지신의 이러한 의미는 도교의 방위신앙에서 온 것이다.

27 풍속화에는 벽화도 있다. 가장 오래된 것으로 알려진 풍속화(벽화)에는 청동기 시대의 것으로 추정되는 울주 대곡리 암각화(국보 제285호)가 있다. 이 벽화는 고래·거북 등 물고기와 호랑이·사슴·멧돼지 등의 짐승을 주로 다루었다.

(1758~?)의 풍속화가 있다.

인물화는 풍속화보다 역사적으로 더 오래된 그림으로 알려져 있다.[28] 흔히 볼 수 있는 인물화에는 초상화(肖像畵)나 고사 인물화(故事人物畵) 등이 있는데 이 가운데 쉽게 볼 수 있는 것이 초상화이다. 초상화는 후손에게 교훈의 의미를 주는 목적으로 제작되어 주로 서원이나 전각(殿閣), 사당(祠堂) 등 특정 장소에 봉안되어 있다. 초상화의 인물은 임금이나 사대부, 왕비나 사대부 여인, 고승(高僧) 등이다. 이제현 초상(李齊賢 肖像, 국보 제110호)과 안향 초상(安珦 肖像, 국보 제111호), 송시열 초상(宋時烈肖像, 국보 제239호) 등은 문화재로 지정된 대표적인 초상화이다. 아래 예문은 전통 미술에 관해 주변에서 주고받는 말들이다.

> 대웅전 외벽 4면에 심우도가 그려져 있어, 민화에는 소나무나 학을 그린 것이 많아, 그 집 마루에는 달마 스님을 그린 탱화가 걸려 있더라 등

1.3.4. 문학

전통 예술 문화의 하나라 할 수 있는 문학도 그 시대의 문화 특성을 반영하고 있다. 앞 시대의 문학도 신분 여하와 관련해 귀족문학과 서민문학으로 구분할 수 있다. 기록으로 남아 전하는 문학은 대개 귀족문학이고 서민문학은 구전되어 전하다가 후에 기록된 문학이다.

일찍이 한시(漢詩)로 된 고시가로 공무도하가나 황조가, 구지가가 있으나 이들 시가는 그 시대의 삶의 특성을 대변하는 것이라고 보기 어렵다. 시대

---

28 서구의 그림도 인물화에서 비롯되어 발전했다고 할 수 있을 정도로 인물화가 중심이 되어 있다고 한다.

의 삶을 드러낸 문학은 신라의 향가(鄕歌)에서 찾아볼 수 있다.

신라 시대에는 향가라는 문학을 통해 삶을 형상화하였다.[29] 신라 시대의 지식층에서 생산한 향가에는 언어 주술성을 띤 것(혜성가, 처용가, 헌화가 등)과 불교적 색채를 띤 것(도솔가, 원왕생가, 우적가, 도천수관음가 등), 화랑을 찬양한 것(찬기파랑가, 모죽지랑가), 제망매가와 같이 인간 삶의 무상함을 그린 것 등이 있다.[30] 이로 보면 이들 향가에는 정령신앙과 불교 사상이 반영되어 있다.[31]

고려 시대의 문학은 귀족문학과 서민문학으로 구분된다. 귀족문학이라 할 수 있는 경기체가는 사대부계층의 풍요로운 삶을 노래하거나 유교적이고 도덕적인 뜻을 내세우며 자연의 아름다움을 노래한 것이다.[32] 반면, 서민문학이라 할 수 있는 속요(가시리, 동동, 서경별곡 등)는 서민 삶의 애정과 애환을 노래한 것이다.[33]

조선의 문학도 귀족문학과 서민문학으로 구분할 수 있다. 조선 시대의 대표적인 문학 형식에는 시조, 가사, 고소설이 있다. 시조는 발생 연대로 보면 고려 시대의 문학이라 할 수 있으나 조선 시대에 시조집(청구영언, 해동가요, 가곡원류)이 간행될 정도로 전성기를 맞은 문학이라는 점에서 조선 시대의 대표적인 문학이다. 시조는 정형 시조와 사설시조가 있는데 정형 시조는 형식이나 율격에 맞추어 주로 충효나 자연을 노래한 귀족문학이라면 사설시조는

---

29 향가인 '보현십원가'는 고려 광종 때 균여가 지은 시가이다.
30 삼국 시대의 문학으로는 향가 외에도 백제의 시가인 정읍사가 있다. 정읍사는 구전되다가 악학궤범에 고려가요와 함께 기록된 것으로 백제의 서민문학이라 할 수 있다.
31 향가에는 이외에도 유교 사상이 반영된 것이라 할 수 있는 '안민가'가 있다.
32 경기체가는 고려 고종 때부터 조선 선조 때까지 향유되었다고 한다.
33 유교 이념을 중시한 조선 시대에는 속요의 내용이 남녀상열지사(男女相悅之詞)라 하여 속요를 폄하(貶下)하였다.

형식에 구애받지 않고 서민의 삶을 그린 서민문학이다.

조선 시대의 가사 문학은 작가로 보면 귀족문학이라 할 수 있다. 가사는 사대부 가사와 규방 가사(내방 가사)가 있는데 사대부 가사는 사대부들이 자신들의 삶을 그린 것이고 규방 가사는 사대부 가정의 부녀자들이 자신들의 삶을 그린 것이다. 사대부 가사는 내용에 따라 강호생활 가사(정극인의 상춘곡, 송순의 면앙정가, 정철의 성산별곡, 박인로의 사제곡·노계가 등), 연군·유배 가사(정철의 사미인곡·속미인곡, 조위의 만분가, 김진형의 북천가 등), 유교적 교훈 가사(허전의 고공가, 이원익의 고공답주인가, 유영무의 오륜가 등), 기행 가사(정철의 관동별곡, 백광홍의 관서별곡, 김인겸의 일동장유가, 홍순학의 연행가, 유인목의 북행가 등), 전란의 애환 가사(박인로의 태평사·선상탄·누항사, 양사준의 남정가 등)가 있고, 규방 가사에는 교훈 가사('계녀가'류, 도덕가, 오륜가 등)와 생활체험 가사(사향가(思鄕歌), 한별곡(恨別曲) 등)가 있다.

고소설은 신소설 이전의 조선 시대 소설을 가리킨다. 고소설은 한문 소설(금오신화, 허생전, 양반전, 호질 등)과 국문 소설(홍길동전, 구운몽, 사씨남정기, 옥루몽 등), 판소리계 소설(옹고집전, 배비장전 등)로 분류할 수 있다.[34] 고소설은 신소설과 달리 한문본과 국문본이 공존하고, 대다수가 필사본으로 유통되었으며, 중국을 무대로 한 것이 많다. 현실적 경험을 다루되 비현실적 세계를 동원하는 경우가 많다.

신소설은 19세기 말에 서구 문명과 더불어 새로운 이념과 사상이 도입되면서 생긴 소설이다.[35] 대표적인 신소설에는 이인직의 '혈의 누, 은세계, 치

---

34 판소리계 소설에는 배비장전이나 옹고집전과 같이 판소리가 없어지고 소설만 전하는 것도 있고 춘향전, 심청전, 흥부전, 토끼전과 같이 판소리와 소설이 공존하는 것이 있다.
35 개화기 문학에는 신소설 외에도 운문 형식인 창가나 신체시가 있다. 창가나 신체시는

악산, 귀의 성', 이해조의 '빈상설, 자유종, 구마검, 화(花)의 혈(血)', 최찬식의 '추월색, 안(雁)의 성(聲), 금강문(金剛門)', 김교제(金敎濟)의 '목단화(牧丹花), 경중화(鏡中花)', 안국선의 '금수회의록, 공진회(共進會)' 등이 있다. 이들 신소설은 고소설과 달리 봉건주의 윤리를 타파하고 자유·평등의 가치와 신학문을 통한 계몽 의식을 고취하는 내용을 다루었다.

3·1운동 이후 1920년대에 들어서는 문화운동의 일환으로 각종 동인지나 순수문예지가 발간되면서 전문 작가들이 어문이 일치된 개성적인 문체로 문학 활동을 하게 된다. 이러한 소설을 신소설과 구별해 근대소설이라 명명하고 있다. 그런데 이 시대는 일제 강점기이다 보니 친일 문학이나 참여문학(프로문학)이 생겨나기에 이른다.

1930년대에는 프로문학에 대한 반발로 문학적 경향이 다양화되었다. 도시의 세태를 다룬 도시소설이나 농촌의 궁핍한 삶을 다룬 농촌소설, 역사를 다룬 역사소설 등이 이 시기에 출현하였다. 이러한 문학은 일제 강점기의 사회 현실을 풍자적·해학적으로 그려 냄으로써 독자들이 문학을 통해 위로(慰勞)를 받게 하였다는 점에서 의의가 크다.

광복 이후 산업화를 겪으면서 전통 놀이 문화와 예술 문화(무용, 음악, 미술, 문학 등)가 대부분 서구적으로 바뀌었다. 이는 한국인이 사용하는 말에서도 드러난다. 오늘날 한국 사회에서 '음악, 미술, 무용'이라고 하면 '서양 음악, 서양 미술, 서양 무용'을 가리키고 한국의 전통적인 음악이나 미술, 무용은 '한국 음악, 한국 미술, 한국 무용'이라 말한다. 한국의 전통 예술이 서양

고시가가 현대시로 넘어가는 과도기의 시가(詩歌)라 할 수 있다. 창가나 신체시를 개화기 시가라고도 한다.

예술에 자리를 빼앗겼다고 할 수 있다. 이를 인식한 전통문화 애호가들과 대학의 전통문화 동아리 회원들이 전통문화를 살리려고 노력해 왔으나 기능 전수자나 동호인들에 의한 문화 보존과 문화 전수 차원에 머물 뿐,[36] 전통 놀이가 일상 삶의 문화로 뿌리를 내리지는 못하고 한국의 놀이 문화나 예술 문화는 더 서구화되어 가고 있다.

2. 현대 놀이 문화

놀이 문화는 놀이로 삶을 더 즐기기 위한 것이다. 즉, 살아가면서 안녕을 도모하거나 기쁨을 얻기 위한 것에서부터 휴식으로 위로 받기 위해 만든 것에 이르기까지 모두 놀이 문화이다. 놀이 문화의 이러한 기능을 고려하면 오늘날의 놀이 문화는 매우 광범위하다.

놀이 문화는 서구화되면서 다양한 영역으로 분화되고 전문화되었다. 승부를 겨루는 체육, 본질적 미를 추구하는 예술(음악, 미술, 문학 등),[37] 여행을 포함한 레저 활동이 모두 놀이 문화가 분화된 것이다. 이러한 놀이 문화가 현대 사회에서 각기 전문화되면서 놀이 능력을 키우는 전문 과정이 생김과 동시에 놀이 능력을 갖춘 전문 직업인이 생기도 하였다. 그 결과 전문 직업인들은 놀이 문화를 만들어 내고 일반인들은 만들어 놓은 놀이를 향유하면서

---

36 대학 축제나 지역 축제에서 행사의 하나로 탈춤패, 노래패, 굿패, 풍물패 등이 전통적인 민속놀이를 공연하고 있다. 그리고 기능보유자를 통한 전수활동이 끊임없이 계속되는 한편, 사설단체나 전문교습소에서 탈춤을 비롯해 민요, 판소리, 풍물 등을 가르치기도 한다.

37 음악이 소리로 미를 추구한다면, 미술은 색이나 선으로, 문학은 말로써 미를 추구하는 것이라 할 수 있다.

살아간다.

분화된 현대 놀이 문화는 현대인의 문화생활과 직결되어 있다. 놀이라는 것이 인간의 삶을 더 윤택하게 만들고 삶을 더 즐길 수 있게 하는 수단이 되기 때문일 것이다. 아래에서 우리의 현대 놀이 문화를 편의상 스포츠 문화, 예술 문화, 레저 문화로 나눠 알아보기로 한다.

2.1. 스포츠 문화

스포츠는 오늘날 많은 사람들이 즐기는 대표적인 놀이 문화이다. 많은 사람들이 스포츠를 즐기다 보니 전문 스포츠맨이 생기게 되고 전문화된 특정 스포츠는 프로 스포츠가 되기도 하였다. 한국에서도 프로 스포츠가 많이 생겨났다. 한국의 프로 스포츠에는 전통 놀이인 씨름, 서구에서 온 놀이인 축구, 야구, 배구, 농구, 골프, 권투, 종합격투기 등이 있다. 이들 프로 스포츠는 한국에서 일반인들에게 인기를 끄는 놀이이다.

스포츠에는 프로 스포츠 외에 일반인들이 즐기는 스포츠도 있다. 일반인이 즐기는 스포츠는 주로 동호인들이 함께 어울려 즐기는 놀이다. 이러한 스포츠에는 탁구, 배드민턴, 축구, 배구, 농구, 족구, 야구, 태권도, 복싱 등이 있는데, 탁구와 배드민턴은 노년층에서 즐기고 축구, 배구, 농구, 족구, 야구, 태권도, 복싱 등은 청년층에서 즐긴다. 이 가운데 태권도는 한국 전통 스포츠인데 1988년 서울 올림픽에서부터 올림픽 종목으로 채택된 이후 세계 여러 나라에 인기를 끌고 있다. 일반인이 즐겨 하는 이들 스포츠는 놀이 공간을 주변에서 쉽게 구할 수 있어야 하기 때문에 대부분 좁은 공간에서 이루어지는 놀이이다.

근간에 와서 한국인들은 건강과 관련된 스포츠를 즐긴다. 이러한 스포츠가 불어나는 것은 스포츠가 가져다주는 즐거움도 있지만 경제적으로 넉넉해지면서 더 건강하게 삶을 즐기며 살고 싶어 하기 때문이다. 이러한 스포츠를 헬스 스포츠라 한다. 에어로빅 댄스나 요가 등이 이러한 스포츠에 속한다. 아래 예는 스포츠 문화에 관한 표현이다.

스포츠 전문 방송 채널이 많아, 인기 스포츠는 세대마다 달라, 건강을 위한 스포츠센터가 인기 있어, 요즘은 프로야구가 제일 인기 있을 거야, 중·고등학교 체육 시간이 너무 적어 등

2.2. 예술 문화

예술은 인간이나 삶과 관련된 것에 담긴 본질적인 미(美)를 예술의 틀에 담아내는 것이다. 인간은 예술로 표현된 미를 감상함으로써 마음의 안녕을 찾고 삶의 위안을 삼으면서 삶을 보람 있게 꾸리기도 한다. 이러한 예술에는 표현 도구에 따라 음악, 미술, 문학, 연극, 영화 등이 있다.

그런데 광복 이후에 한국은 불행하게도 분단 시대를 맞게 된다. 그러다 보니 예술도 분단과 관련된 것을 형상화한 것이 많다. 특히, 사회 현실을 형상화한 문학이나 영화, 연극 등에서는 분단과 관련된 내용을 많이 다루게 되었다.

한국의 현대 예술은 서양의 예술이 주류를 이룬다. 앞에서 말한 바와 같이 이러한 특성은 말에서도 드러난다. 음악이라고 하면 서양 음악을 가리키고

우리의 전통음악은 음악의 하위 분야인 것으로 여겨 국악이라고 부른다. 그런가 하면 현대 예술은 하위 분야도 서구식으로 분화되어 있다. 문학도 서구의 문학 형식에 따라 시, 소설, 희곡, 시나리오, 수필, 평론으로 하위분류한다.

현대 예술에도 스포츠와 같이 전문 예술인이 있다. 예술 전문가를 분야에 따라 음악가(작곡가, 작사가, 연주가), 미술가, 배우, 문학가라고 부른다. 오늘날에는 예술 전문가가 되고자 하는 사람을 위한 교육 기관이 따로 설립되어 있기도 하다. 예술 중학교나 예술 고등학교가 있는가 하면 대학에는 예술 대학이 설립되어 있다.

서구 문물의 수입과 더불어 물질문명뿐만 아니라 예술도 서구화되면서 예술에 대한 평가도 달라졌다. 지난날 한국 사회에서는 예술가나 예능인을 폄하하는 경향이 있었다. 조선 말기에는 배우를 광대라고 부르며 하층민으로 취급했고, 1960년대까지만 해도 예술가나 연예인(배우나 가수)이 되고자 하는 사람을 천시하여 예술 대학에 진학하는 사람을 일반 대학에 진학할 만한 능력이 모자라는 사람으로 여기기도 했다.

현대 한국 사회에서는 예술가나 연예인의 위상이 매우 높다. 서구 문화가 도입되면서 예술가나 연예인을 높이 평가하는 서양인들의 예술관이 수용되고 자본주의 사회에서 예술가나 예능인의 자본적 가치가 높아졌기 때문일 것이다.

텔레비전, 특히 컬러 텔레비전이 등장한 이후 텔레비전에 등장하는 전문 예능인은 과거에 비해 그 위상이 엄청나게 높아졌다. 예술적 재능에 대한 이러한 인식의 변화는 서구식 예술 분야뿐만 아니라 한국의 전통 예술 문화에 대한 관심을 높이기도 하였다. 그 결과로 사라져 가던 전통 예술이 재구되기도 하였다. 전통 음악(기악)인 거문고산조(국가 무형문화재 제16호), 대금정악

(국가 무형문화재 제20호), 가야금산조 및 병창(국가 무형문화재 제23호)이나 전통 무용인 승무(국가 무형문화재 제27호), 처용무(국가 무형문화재 제39호), 학연화대합설무(국가 무형문화재 제40호) 등이 재구된 것도 모두 예술에 대한 인식이 높아지면서 얻은 소득이라 할 수 있다.

오늘날 한국 예술 문화 가운데는 세계적으로 인기를 모으고 있는 것이 있다. 이를 한류 문화라 한다. 한류 문화의 대표적인 것은 드라마와 아이돌 노래인 케이-팝(K-Pop, Korean Popular Music)이다. 한국 드라마는 일반인들의 보편적인 삶을 실감나게 연속극으로 이어지게 만듦으로써 세계인들의 관심을 불러일으켰고, 아이돌 노래인 케이-팝(한국의 새로운 대중음악)은 비디오 시대를 맞이하여 소리(멜로디)로만 형상화되던 음악이 젊은 아이돌의 미적 율동(무용)과 더불어 형상화됨으로써 전 세계 시청자들의 인기를 모으고 있다. 케이-팝은 국내보다 해외에서 더 대중적으로 인기를 얻고 있는 한국의 대표적인 현대 음악이 되어 있다.

한국의 현대 예술 문화의 특성은 전문 예술가나 예능인이 따로 있다는 것이다. 전문 예술가나 예능인은 특정의 과정을 거치거나 특정의 수준에 도달한 사람으로 한정한다. 그리고 이들 전문가들은 대개 분야별로 전문 예술(인)협회를 만들어 예술 활동을 하고 있다. 아래 예는 이 시대의 예술 문화에 관한 표현이다.

케이-팝은 음악인지 무용인지 모르겠어, 배우가 되는 게 꿈인 젊은이가 많다, 백일장에서 장원을 했어, 그 사람도 젊은 시절에 ○○신문사 신춘문예 소설 분야에 응모했대, 대학에 가서 국악을 공부하고 싶어, 대상을 받은 사람은 연극 영화과 출신이다 등

2.3. 레저 문화

현대 사회에 들어 생긴 놀이 문화에는 레저 문화가 있다. 레저 문화도 여가 시간을 활용하여 즐기는 놀이 문화와 같이 삶을 즐기려고 만들어 온 문화이다.

엄격히 말하면 레저 문화는 현대 사회에서 형성된 문화이다. 전통 농경 사회에서 레저 문화를 찾는다면 절기나 명절에 실현되는 전통 민속놀이가 레저 문화 역할을 했다고 할 수 있다.

민속놀이와 레저 활동은 차이가 있다. 놀이를 하는 시기나 놀이의 내용이 다르다. 민속놀이는 농경(農耕)과 관련된 절기나 명절에 집단적으로 실현되나 레저 활동은 개인에게 주어진 휴일이나 여가에 개인이나 소집단으로 실현된다.

오늘날 한국의 휴일에는 전통 농경 사회의 절기와 무관한 휴일이 있다. 대표적인 것이 크리스마스와 초파일인데 이날은 외래문화를 수용하면서 생긴 날이다. 크리스마스는 12월 25일인데 기독교 문화에서 그리스도의 탄생을 기념하는 날이다. 선교자들을 통해 서구 문물이 수입되면서 기독교가 우리 사회에 뿌리를 내리자 미군정(美軍政) 시대인 1949년에 그리스도의 탄생을 기념하는 크리스마스를 법정공휴일로 지정하였다. 크리스마스 때는 다채로운 빛의 네온사인을 설치하고 산타 할아버지가 아이들에게 선물을 주거나 연인끼리 선물을 주고받으며 밤새워 돌아다니는 등의 놀이 문화가 흥행한다.[38] 이러한 문화는 선물을 주고받는다는 점에서 전통 놀이 문화와 다르다.

초파일은 불교 문화에서 석가탄생일인 음력 4월 8일을 기념하는 날이다.

---

38 근간에는 크리스마스 외에도 서구의 밸런타인데이와 화이트데이를 기념해 젊은 남녀 간에 초콜릿이나 사탕을 주고받기도 한다.

불교 신앙이 우리 문화에 일찍부터 뿌리를 내린 이후 초파일에 불교사상에 따른 연등(燃燈)놀이나 방생(放生)놀이를 하면서 심신을 달랬다. 1974년 석가 탄생일인 초파일도 그리스도 탄생일인 크리스마스와 같이 법정 공휴일로 지정되었다. 그러나 크리스마스나 초파일은 절기와 무관한 명절이어서 농경 사회와 관련된 세시풍속이나 이와 관련된 민속놀이가 행하여지지 않는다.

현대인이 레저 문화를 누리는 휴일이나 여가는 일로부터 해방되는 시기이기도 하고 새로운 일을 준비하는 충전 시기이기도 하다. 그래서 현대인이 즐겨 누리는 놀이 문화인 레저 문화는 쌓인 피로를 덜어 주는 역할을 하는가 하면 삶에 필요한 새로운 활력을 얻게 해 주는 역할도 한다.

오늘날 한국인이 휴일이나 여가를 활용해 즐기는 레저 활동의 내용은 전통 민속놀이가 아니라 취미 활동으로 즐기는 서구화된 놀이(스포츠나 예술 활동)나 여행이다. 스포츠로는 축구, 배구, 농구, 탁구, 테니스, 배드민턴, 골프 등을 즐기고, 예술로는 미술, 음악, 영화, 연극 등을 즐기며 그 외 등산, 낚시 등을 즐긴다. 즉, 스포츠나 예술을 관람하거나 동호인끼리 모여 특정 스포츠나 예술 활동을 하면서 여가를 즐기기도 하고 여행을 통해 휴식을 취하면서 자연이나 문화를 감상하며 즐긴다. 이러한 레저 문화의 내용은 개인의 취향이나 여가의 기간에 따라 다르다.

현대 사회에 들어 한국인들이 즐겨 누리는 레저 문화 가운데 여행이 차지하는 비중이 매우 크다. 많은 한국인들은 경제적 여유가 생기면 여행을 하고 싶어 한다. 여행은 특정한 일을 수행하기 위한 경우도 있지만 대개 관광(유람)을 위한 것이다. 여행은 여행 지역에 따라 국내 여행과 해외여행이 있는데 근간에 한국 사회에서는 해외여행이 급격히 늘어나고 있다.

국내 여행은 주로 개인이나 친지끼리 명승지나 유적지를 찾아가거나 지역 문화 축제가 열리는 곳을 찾아간다. 명승지는 대개 한국의 자연인 산이나 강, 바다에 인접해 있다. 문화재로 등록된 자연 명승지는 56곳인데 명주 청학동 소금강(명승 제1호), 거제 해금강(명승 제2호), 완도 정도리 구계등(명승 제3호), 울진불영사 계곡 일원(명승 제4호) 등이 대표적인 명승지이다. 명승지에는 자연 그대로의 모습이 명승지인 자연 명승지도 있지만 선조들이 자연을 활용해 만든 명승지로 지난날 생활 양상(문화)을 보여 주는 역사 문화 명승지도 있다. 역사 문화 명승지 68곳을 문화재로 지정하였는데, 남해 가천마을 다랑이 논(명승 제15호), 예천선몽대 일원(명승 제19호), 제천 의림지와 제림(명승 제20호), 공주 고마나루(명승 제21호) 등이 대표적 역사 문화 명승지이다.

현대 한국인은 해외여행을 즐긴다. 해외여행은 패키지여행이나 자유 여행으로 구분되는데 패키지여행은 여행자들이 주로 외국 곳곳의 명승지나 유적지를 찾는다. 자유 여행은 패키지여행과 달리 개인이 여행 일정이나 여행지·숙박지 등을 정해 찾아가야 하는 어려움이 따르므로 젊은 세대에서 많이 활용하고 있다.

여행자를 위한 숙박 시설은 여러 가지이다. 지난날에는 주막이 숙박지로 활용되었으나 현대 사회에서는 전문 숙박 시설이 있다. 숙박 시설은 숙박 목적이나 숙박 시설의 품격과 규모에 따라 리조트, 콘도, 펜션, 호텔, 모텔, 여관, 여인숙, 민박집 등으로 구분된다.

한국인이 즐기는 레저 문화에는 이외에도 피서 문화와 찜질방 문화가 있다. 피서 문화는 여름철의 더위를 피하면서 즐기는 문화인데 대개 가족이나 친지와 함께 누리는 문화이다.[39] 한국인들이 즐겨 찾는 피서지는 대개 맑은

물이 흐르는 계곡이나 해수욕장이 있는 해변이다.

찜질방 문화는 짧은 시간을 활용해 찜질방에서 찜질을 함으로써 피로를 풀거나 휴식을 취하는 문화이다. 찜질방은 한증막에서 유래했다고 한다. 한증막은 조선 시대에 숯이나 도자기를 굽고 난 뒤에 가마 속에 남은 열로 찜질을 하는 것인데 찜질방은 이 한증막이 발전된 형태라 할 수 있다.[40] 찜질방은 높은 열로 데워진 밀폐 공간에서 땀을 뺌으로써 몸을 개운하게 해 피로를 푸는 곳인데, 많은 한국인은 피로할 때 찜질방에서 찜질을 함으로써 피로를 푼다. 찜질방 찜질은 한증막과 서양의 사우나가 통합된 방식이라 할 수 있다. 근간에는 찜질방이 찜질을 통해 피로를 풀며 숙박하는 시설로 활용되기도 한다.

레저 문화는 레저 산업의 발달과 맞물려 있기도 하다. 레저 산업은 여가 활동을 위한 시설 산업과 여가 활동을 할 수 있는 능력을 지도하는 산업이다. 각종 스포츠 기구나 음악·미술 기구 제조 등이 전자와 관련된 산업이라면[41] 후자는 스포츠나 예술 능력을 지도하는 교육 사업이다.

현대 사회 놀이 문화의 특성은 상업화된 놀이가 많다는 점과 전자 산업의 발달로 놀이 형태가 많이 바뀌었다는 점이다. 서울랜드와 같은 놀이 공원이나 노래방 등의 상업화된 놀이 공간에서 상품화된 놀이를 구매하여 즐기고

---

39 한국인은 레저 문화로 피서 대신 등산도 즐긴다. 등산은 피서와 달리 복잡한 도시 사회에서 벗어나 있는 자연(산)과 호흡함으로써 도시 생활로 멍든 심신의 스트레스를 풀기 위해 즐기는 레저 문화이다.

40 요즘도 산속에 있는 숯막은 때마다 숯을 굽고 열기가 남은 가마를 산 아래 주민들에게 돈을 받고 찜질방으로 제공하는 곳이 있다.

41 대표적인 것이 노래방 기기이다. 노래방 문화는 기기 개발로 현대 한국인이 즐기는 대표적인 레저 문화이다.

정보화 사회로 바뀌면서 IT 산업이 발달함에 따라 청소년들의 놀이는 컴퓨터나 휴대 전화를 이용한 놀이로 바뀌고 있다.

현대 사회에서 레저 문화와 관련된 산업은 나날이 발전하고 있다. 레저 문화와 관련된 기구 개발은 물론, 의복이나 신발이 용도와 관련해 다양하게 개발되고 있고 동호인끼리 즐기는 놀이 유형도 매우 다양해지고 있다.

놀이 문화인 레저 문화도 삶을 더 즐기기 위한 것이고 살아가면서 안녕을 도모하거나 기쁨을 얻기 위한 것이다. 그런데 현대 놀이 문화는 앞 시대의 놀이 문화와 두 측면에서 차이가 있다. 하나는 지난 시절에는 놀이를 하는 사람이 놀이 기구를 직접 만들어 놀았으나 현대 놀이는 놀이하는 사람이 놀이 기구를 만들지 않는다는 점이고, 다른 하나는 현대 놀이는 현대 사회가 자본주의 사회로 바뀌면서 레저 문화를 포함한 놀이 문화가 고급화되고 상업화되다 보니 개인의 경제 능력에 따라 즐기는 놀이가 달라진다는 점이다. 그 결과 어린 시절의 놀이는 부모의 경제적 능력에 따라 배우거나 즐기는 놀이가 다르고, 성장한 후에도 개인의 경제적 능력에 따라 즐기는 놀이가 다르다.

어릴 때는 부모의 경제 능력에 따라 놀이 기구가 다를 뿐만 아니라 놀이 능력을 키워 주는 스포츠 학원이나 예능 학원의 수나 등급에도 차이가 있다. 나아가 성인이 된 뒤에도 개인의 경제 능력에 따라 경제력이 풍부한 사람은 고가의 비용을 요구하는 골프, 스키, 볼링, 행글라이더, 윈드서핑, 스킨다이빙, 승마 등의 놀이를 즐긴다. 그 결과 놀이 문화에서도 경제력에 따른 차등 문화가 형성되고 있다. 아래 말들은 요즘 한국인들의 레저 문화 실상을 보여 준다.

이번 연휴에는 가족 여행으로 일본 온천지를 다녀오기로 했어, 명절 연휴에도 가족끼리 해외여행을 가는 사람이 많아졌어, 연휴에 해외여행을 하려면 일찍이 비행기 표를 예약해야 해, 방학 때 친구끼리 자유여행으로 유럽에 가기로 했어, 동남아에 골프여행을 가는 사람이 많아, 해외여행 여러 번 갔다고 자랑이 늘어졌어 등

Ⅲ

문화재로 본 한국 문화

문화재란 인간의 삶의 여러 분야(역사·문학·예술·과학·종교·민속·생활양식 등)에서 만들어 낸 문화 산물 가운데 문화적 가치가 있다고 인정되는 것이다. 한국의 문화재보호법(1995)에 따르면 문화재는 〈표 15〉에서와 같이 유형문화재, 무형문화재, 기념물, 민속자료로 분류된다.

〈표 15〉 문화재의 종류

종류	정의
유형 문화재	• 건조물, 전적(典籍), 서적(書跡), 고문서, 회화, 조각, 공예품 등 유형의 문화적 소산으로서 역사적·예술적 또는 학술적 가치가 큰 것과 이에 준하는 고고자료(考古資料) (예: 남대문, 수원화성, 훈민정음, 무구정광대다라니경 등)
무형 문화재	• 연극, 음악, 무용, 공예기술 등 무형의 문화적 소산으로서 역사적·예술적 또는 학술적 가치가 큰 것 (예: 종묘제례악, 판소리, 농악, 양주별산대놀이, 처용무 등)
기념물	• 고분, 패총, 절터, 성터, 궁터, 가마터, 유물포함층 등의 사적지(史蹟地)와 특별히 기념이 될 만한 시설물로서 역사적·학술적 가치가 큰 것 • 예술적 가치가 크고 경관이 뛰어난 것 • 동물(그 서식지, 번식지, 도래지를 포함한다), 식물(그 자생지를 포함한다), 광물, 동굴, 지질, 생물학적 생성물 및 특별한 자연현상으로서 역사적·경관적 또는 학술적 가치가 큰 것

종류	정의
민속 자료	• 의식주, 생업, 신앙, 연중행사 등에 관한 풍속이나 관습과 이에 사용 되는 의복, 기구, 가옥 등으로서 국민생활의 변화를 이해하는 데 반 드시 필요한 것 (예: 중요민속자료 덕온공주당의, 나주불회사석장승, 고창 방상씨탈 등)

　유형문화재는 건조물, 전적(典籍), 서적(書蹟), 고문서, 회화, 조각, 공예품
등과 같은 유형(有形)의 문화적 산물 가운데 역사적·예술적 가치가 큰 것을
말하고, 무형문화재는 연극, 음악, 무용, 공예기술 등 무형의 문화적 산물
가운데 역사적·예술적 가치가 큰 것을 말한다. 그리고 기념물은 역사적·학
술적 가치가 큰 사적지(고분·성지·궁지·요지(窯址)·유물 포함층 등), 예술적 가치가
큰 명승지, 학술적 가치가 큰 '동물, 식물, 광물, 동굴'을 말하고, 민속자료
는 민족의 생활상을 이해하는 데 의의를 지닌 의식주, 생업, 신앙, 연중행사
등에 관한 풍속과 이에 사용되는 자료 등을 말한다.

　위와 같은 종류로 지정된 문화재는 〈표 16〉에서와 같이 국가 지정 문화재
와 시·도 지정 문화재가 있고 이외에도 문화재 자료[1]가 있다.

1　문화재 자료는 시·도지사가 국가 지정 문화재 또는 시·도 지정 문화재로 지정되지
　아니한 문화재 중 향토문화로 보존할 필요가 있다고 인정되는 것을 시·도의 조례에
　의하여 지정한 문화재이다.

<表 16> 지정 문화재의 유형

국가 지정 문화재	문화재청장이 제5조부터 제8조까지의 규정에 따라 지정한 문화재 (국보, 보물, 사적, 명승, 천연기념물, 국가 무형문화재, 중요민속문화재)
시·도 지정 문화재	특별시장, 광역시장, 도지사 또는 특별자치도지사(이하 '시·도지사' 라 한다)가 제71조 제1항에 따라 지정한 문화재
문화재 자료	제1호나 제2호에 따라 지정되지 아니한 문화재 중 시·도지사가 제71조 제2항에 따라 지정한 문화재

　국가 지정 문화재는 문화재청장이 문화재보호법에 의하여 문화재위원회의 심의를 거쳐 지정한 중요 문화재로서 종류와 가치에 따라 국보, 보물, 사적, 명승, 천연기념물, 국가 무형문화재, 국가 민속문화재 등 7개 유형으로 구분되어 있는데, 이 가운데 선인들이 만들어 온 문화와 직결된 문화재는 국보, 보물, 사적, 국가 무형문화재, 국가 민속문화재이다. 이러한 문화재는 국가에서 문화재로 지정해 보호·관리하고 있다.[2] 그런가 하면 문화유산인 문화재 가운데 전 세계 인류가 공동으로 보존해야 할 중요한 역사적·학문적 가치를 지니고 있는 세계적 유산을 보존하기 위해 1972년 유네스코에서 '세계문화 및 자연유산보호협약'에 따라 세계문화유산으로 지정하였다.

　유네스코 등재 유산에는 세 유형(세계 유산, 인류 무형문화 유산, 세계 기록 유산)이 있는데 2018년 7월 기준으로 유네스코 등재 유산으로 등록된 한국 문화재는 <표 17>과 같다.

2　　지방자치단체(시, 도) 지정해 관리하는 문화재로 시도 유형문화재, 시도 무형문화재, 시도 기념물, 시도 민속문화재가 있다. 서정호(2008) 참조.

<표 17> 유네스코 등재 유산

세계 유산	석굴암·불국사(1995), 종묘(1995), 해인사 장경판전(1995), 창덕궁(1997), 화성(1997), 경주 역사유적지구(2000), 고창·화순·강화 고인돌 유적(2000), 제주 화산섬과 용암동굴(2007), 조선 왕릉(2009), 한국의 역사 마을: 하회와 양동(2010), 남한산성(2014), 백제 역사지구(2015), 산사, 한국의 산지 승원(2018)[3]
인류 무형 문화 유산	종묘제례 및 종묘제례악(2001), 판소리(2003), 강릉단오제(2005), 강강술래(2009), 남사당놀이(2009), 영산제(2009), 제주 칠머리당 영등굿(2009), 처용무(2009), 가곡(2010), 대목장(2010), 매사냥(2010), 줄타기(2011), 택견(2011), 한산 모시짜기(2011), 아리랑(2012), 김장 문화(2013), 농악(2014), 줄다리기(2015), 제주 해녀문화(2016)
세계 기록 유산	훈민정음(1997), 조선왕조실록(1997), 직지심체요절(2001), 승정원일기(2001), 조선왕조의궤(2007), 해인사 대장경판 및 제경판(2007), 동의보감(2009), 일성록(2011), 5,18 민주화운동 기념물(2011), 난중일기(2013), 새마을운동 기록물(2013), 한국의 유교책판(2015), KBS특별생방송 '이산가족을 찾습니다' 기록물(2015), 조선왕실 어보와 어책(2017), 국채보상운동 기록물(2017), 조선통신사 기록물(2017)

그러나 위와 같은 유형으로 나열된 문화재 유형으로 우리 문화를 전반적으로 이해하기는 어렵다. 문화재로 우리 문화를 이해하기 위해서는 이들 문화재에 어떤 문화 특성이 담겨 있는지 따로 검토하여야 한다. 따라서 문화재로 우리 문화를 이해하기 위해서는 이들 문화재도 다시 문화재의 특성에 따라 구분할 필요가 있다. 이 점을 고려하여 이 책에서는 문화재도 앞에서 알아본 문화의 종류(기초 생활 문화, 사회 문화, 놀이 문화)[4]에 맞추어 기술함으로써 문화재를 통해 한국인이 누려온 문화 특성에 대해 알아보기로 한다.

---

3   산사, 한국의 산지승원을 구성하는 7개 사찰은 통도사, 부석사, 봉정사, 법주사, 마곡사, 선암사, 대흥사이다. 이들 사찰은 종합적인 불교 승원으로서의 특징을 잘 보존하고 있는 한국의 대표적인 사찰이다.

4   앞에서 알아본 문화의 종류(기초 생활 문화, 사회 문화, 놀이 문화)는 문화 창조의 필요성과 문화 창조 목적에 따라 구분한 것이다.

제1장

기초 생활 관련 문화재

기초 생활인 의식주에 관련해 선인들의 삶을 보여 주는 문화유산이다.

1. 의생활 문화재

의생활 관련 문화재는 옷의 재료(목화)를 재배하는 곳과 옷을 만드는 것과 관련된 것이다.

재료 생산지와 관련된 문화재에는 목화시배유지(木花始培遺地, 사적 제108호)가 있다. 그리고 의류 제조와 관련된 문화재에는 한산 모시짜기(인류 무형문화 유산, 국가 무형문화재 제14호), 나주 샛골나이(국가 무형문화재 제28호), 성주 명주짜기(국가 무형문화재 제87호), 곡성 돌실나이(국가 무형문화재 제32호)가 있고 의류 제조 기술과 관련된 문화재에는 의류 제조 기구 제작 기술과 관련된 것이 있다. 베틀 기구인 바디를 만드는 기술자와 관련된 바디장(바디匠, 국가 무형문화재 제88호), 왕실이나 사대부 등 특수층의 옷을 만들던 장인과 관련된 침선장(針線匠, 국가 무형문화재 제89호)이 있다. 그리고 이외에도 특수 의복 제조 기술자¹로 망건장(網巾匠, 국가 무형문화재 제66호), 탕건장(宕巾匠, 국가 무형문화재 제67호), 화혜장(靴鞋匠, 국가 무형문화재 제116호) 등이 국가 무형문화재로 등록되어 있다.

이들 문화재를 통해 선인들이 베(곡성 돌실나이)나 모시(한산 모시짜기), 무명(나주 샛골나이), 명주(성주 명주짜기)로 옷을 만들어 입고 살았음을 알 수 있다.

2. 식생활 문화재

식생활 관련 문화재는 식 기구(식기)나 음식(식품)과 관련된 것이다. 식기는 주로 자기와 관련된 것이고, 식품은 식품 재배, 가공, 보관 등과 관련된 것이다.

2.1. 식기(食器) 관련 문화재

식기 관련 문화재는 국보나 보물로 지정된 식기와 사적으로 지정된 식기 제조지이다. 문화재로 지정된 식기는 청자(靑瓷)와 백자(白瓷)가 있는데² 이들 문화재 가운데 국보는 대개 국립중앙박물관에 보관되어 있다. 고려청자로는

---

1   의류 장식인 자수(刺繡) 기술자인 자수장(刺繡匠, 국가 무형문화재 제80호)이 문화재로 지정되어 있기도 하다.
2   문화재로 지정된 자기(백자나 청자)는 식기 외에도 제기(祭器)나 장식품이 있다.

청자어룡형주전자(靑磁 魚龍形 酒煎子, 국보 제61호)가 있고[3], 조선 초기의 분청사기로는 분청사기상감운룡문항아리(국보 제239호), 조선 중·후기 백자로는 백자철화포도원숭이문항아리(국보 제93호)와 백자철화포도문항아리(국보 제107호), 백자달항아리(白磁壺, 국보 제262호) 등이 있다. 그리고 이들 자기의 제조지도 문화재로 등록되어 있는데 강진의 고려청자 요지(사적 제68호)와 광주의 조선백자 요지(사적 제314호) 등 사적(史蹟)으로 지정된 자기 제조지만 해도 25곳에 이른다.

식기인 청자나 백자가 유형문화재로 등록되어 있는가 하면 식기나 식탁 제조 기술자인 유기장(鍮器匠, 국가 무형문화재 제77호), 옹기장(甕器匠, 국가 무형문화재 제101호), 사기장(沙器匠, 국가 무형문화재 제105호), 소반장(小盤匠, 국가 무형문화재 제99호)[4] 등도 무형문화재로 등록되어 있다.

2.2. 식품 관련 문화재

식품 관련 문화재는 음식이나 음식 가공 또는 음식 보관 등과 관련된 것이다. 문화재로 지정된 음식에는 왕실 음식으로 조선왕조궁중음식(국가 무형문화재 제38호)이 있고 한국인 누구나 즐겨 먹는 김치와 관련된 문화재로 김장 문화(인류 무형문화 유산, 국가 무형문화재 제133호)가 있으며 음식 재료 채취와 관련된 문화재로 제주 해녀문화(세계문화유산)가 있다.[5] 그리고 주류(酒類)로는 문배주(국

---

3   식기는 아니지만 제기로 쓰이는 청자사자형뚜껑향로(국보 제60호), 청자칠보투각향로(국보 제95호) 등도 대표적인 고려청자이다.

4   식탁인 소반(小盤)을 제조하는 기술자뿐만 아니라 소반을 유용하게 오래 동안 사용할 수 있게 칠을 하는 기술자인 칠장(漆匠, 국가 무형문화재 제113호)도 문화재로 등록되어 있다.

5   〈표 17〉참조.

가 무형문화재 제86-1호), 당진의 면천두견주(沔川杜鵑酒, 국가 무형문화재 제86-2호), 경주 교동법주(국가 무형문화재 제86-3호)가 국가 무형문화재로 지정되어 있고 소금 제조 기술인 제염(국가 무형문화재 제134호)도 국가 무형문화재로 지정되어 있다.

음식과 관련해 문화재로 지정된 유산 가운데는 음식 보관소도 있는데 대표적인 문화재가 경주 석빙고(보물 제66호)[6]이다. 석빙고는 현대의 냉장고 역할을 하는 것으로 냉장고가 없던 신라 시대에 왕실 음식을 보관하던 곳이다.

3. 주생활 문화재

주생활 관련 문화재에는 주거지와 주택으로 구분할 수 있다.

3.1. 주거지 관련 문화재

주거지와 관련된 문화재는 선사 시대 주거지를 제외하면 대개 민속촌이거나 양반촌이다.

선사 시대 문화재로는 암사동 선사 주거지(사적 제267호), 영암 장천리 선사 주거지(전남기념물 제89호)가 있다. 그러나 이러한 문화재는 오랜 옛날인 선사 시대의 주거지로 터만 남아 있어 주택 형태나 주택 구조에 관해 제대로 알기 어렵다.

---

6   경주 석빙고 외에 조선 시대에 창녕, 청도, 안동 등에서도 석빙고를 만들어 음식을 보관하였다. 이들 석빙고도 모두 보물로 지정되어 있다.

문화재로 지정되어 주거 모습을 원 모습대로 유지하고 있는 주거지로는 서민들이 살던 민촌(民村)이나 사대부들이 살던 반촌(班村)이 있다. 민촌은 서민들이 민속을 간직하며 살던 마을인데 대개 초가집으로 구성되어 있다. 문화재로 지정된 대표적인 민촌으로는 낙안읍성 민속마을(사적 제302호, 초가집)과 제주 성읍마을(국가 민속문화재 제188호, 초가집)을 들 수 있다.

사대부들이 살던 마을은 대개 기와집이 많은 반촌인데 문화재로 지정된 반촌에는 안동 하회마을(세계문화유산, 국가 민속문화재 제122호), 경주 양동마을(세계문화유산, 국가 민속문화재 제189호), 아산 외암마을(세계 유산 잠정목록, 국가 민속문화재 제236호), 강원 고성 왕곡마을(국가 민속문화재 제235호), 산청 남사 예담촌, 전주 한옥마을(1930년대 형성)이 있다.

이들 민촌이나 반촌이 문화재로 지정된 것은 주택의 변화와 관련되어 있다. 서구화되기 전까지는 한국의 주택 형태가 대개 초가집이거나 기와집이었다. 산업화 과정을 거치면서 1970년대 새마을운동의 일환으로 시행된 지붕개량사업으로 농촌의 초가집 지붕을 슬레이트나 함석으로 개량하게 되었고 그 이후 한국의 주택은 서구식 주택이나 아파트형으로 바뀌어 옛 주택 형태만으로 된 마을을 찾아볼 수 없게 되었다. 그래서 옛 모습을 유지하고 있는 마을을 문화재로 지정해 선인들의 주생활을 알아보게 하고 있다. 문화재 지정과는 별도로 산업화되면서 조상들이 살아오던 민촌이 점차 소멸되자 1974년 경기도 용인에 한국의 전통이 담긴 민촌을 재구한 '한국 민속촌'을 만들어 조상들의 삶의 모습을 보거나 체험할 수 있게 하고 있다.

문화재로 지정된 민촌이나 반촌은 신분 사회의 주생활 문화를 보여 준다.

3.2. 주택 관련 문화재

주택 관련 문화재는 주택과 주택 재료 및 주택 부속 시설 건설과 관련된 것들이다.

문화재로 지정된 주택은 주로 성문(城門)과 탑, 민가(주로 양반집의 주택)인데 대개 조선 시대의 주택이다. 문화재로 지정된 성문은 숭례문(남대문, 국보 제1호), 흥인지문(동대문, 보물 제1호), 독립문(사적 제32호) 등이고 문화재로 지정된 탑은 주로 사찰의 탑이다.

문화재로 지정된 주거건축물(민가)은 주로 양반집의 종택(宗宅)이나 고택(古宅), 재실(齋室)이다. 보물로 지정된 곳은 강릉 오죽헌(보물 제165호), 안동 하회 양진당(보물 제306호), 안동 예안이씨 충효당(보물 제553호), 안동 의성김씨 종택(보물 제450호), 양동 무첨당(보물 제411호), 영천 숭렬당(보물 제521호), 대전 회덕 동춘당(보물 제209호)을 포함한 18곳이 있고, 사적으로 지정된 곳은 경주 성동동 전랑지(사적 제88호), 고양 벽제관지(사적 제144호), 해남윤씨 녹우당 일원(사적 제167호)를 포함한 6곳이 있으며, 국가 민속문화재로 지정된 곳은 강릉 선교장(제5호), 구례 운조루 고택(제8호), 창녕 진양하씨 고택(제10호), 경주 양동 송첨 종택(제23호), 경주 최부자댁(제27호), 고창 신재효 고택(제39호), 나주 남파 고택(제263호), 봉화서설당 고택(제293호) 등 166곳이 있다.[7] 이외에 근대 주거건축

---

7   주거 건축은 아니지만 명승지나 사적지의 건축도 문화재로 지정된 것이 많다. 보물로 지정된 문화재에는 밀양 영남루(密陽 嶺南樓, 제147호), 안동 임청각(제182호), 강릉 해운정(제183호), 삼척 죽서루(제213호), 남원 광한루(제281호), 정읍 피향정(제289호), 제주 관덕정(제322호), 경주 양동 관가정(제442호), 제천 청풍 한벽루(제528호)을 포함한 11곳이 있고, 사적 문화재에는 부여 궁남지(扶餘 宮南池, 제135호), 경주 서출지(慶州 書出池, 제138호), 서울 경모궁지(서울 景慕宮址, 제237호), 경주 용강동 원지 유적(慶州 龍江洞 苑址 遺蹟, 제419호) 4곳이 있다.

물이 시도 민속문화재나 문화재 자료로 지정된 것이 많다.

주택 건설 기술과 관련된 문화재는 건축 기술자인 장인(匠人)이다. 무형문화재로 지정된 장인에는 대목장(大木匠, 2010년 유네스코 인류 무형문화 유산), 기와 제조 기술자인 제와장(製瓦匠, 국가 무형문화재 제91호)과 담 제조 기술자인 석장(石匠, 국가 무형문화재 제120호), 발 제조 기술자인 염장(簾匠, 국가 무형문화재 제114호) 등이 있다.

제2장

사회 문화 관련 문화재

1. 의례 관련 문화재

　의례 가운데 일반인 누구나 치르는 의례인 통과의례와 관련된 문화재는 없다. 문화재로 지정된 의례는 오늘날 없어진 공동생활에서의 의례와 특수 사회인 왕실의 의례이다. 전자는 민속에서 행해졌던 의례이고 후자는 왕실의 의례이다.

1.1. 민속 의례

　고구려의 10월 동맹(東盟), 부여국의 12월 영고(迎鼓), 예(濊)의 10월 무천(舞天) 등의 제천의식(祭天儀式)은 의례를 갖춘 국가적 행사였고, 현대 사회로 넘어오기 직전까지 있었던 당산제(동신제나 서낭제)[1]도 마을의 평안을 기원하는 의례를 갖춘 민간 행사였다. 문화재로 지정된 당산제는 남원 서천리 당산(국가민속문화재 제20호), 부안 동문안 당산(중요민속문화재 제19호), 부안 서문안 당산(국가민속문화재 제18호) 등이 있는데 당산제를 거행할 때는 일정한 의례가 따랐다.

1.2. 왕실 의례

문화재로 남아 있는 왕실의 의례는 조선 시대의 의례이다. 조선 시대의 왕실 의례나 국가의 주요 행사 내용을 정리한 기록인 조선왕실의궤에는 왕실의 의례(혼례, 상례, 제례 등)에 관해 자세하게 기록되어 있다. 현재 전해지는 의궤(儀軌)로는 1601년(선조 34)에 만들어진 의인왕후(懿仁王后)의 장례 의궤인 의인왕후빈전혼전도감의궤(懿仁王后殯殿魂殿都監儀軌)가 가장 오래된 것이며, 19세기까지 시기가 내려올수록 종류도 많아지고 질적인 수준도 높아졌다. 가장 나중에 나온 의궤는 1942년에 작성된 종묘영녕전의궤(宗廟永寧殿儀軌)이지만 이는 장부책에 불과하고, 1928년에 작성된 순종효황제순명효황후부묘주감의궤(純宗孝皇帝純明孝皇后祔廟主監儀軌)가 형태를 제대로 갖추면서 가장 나중에 나온 의궤이다.[2]

현재 주요 소장처에 소장된 의궤(儀軌)는 총 2186건 3931책이며, 지방이나 해외[3]에서도 계속 의궤가 발견되고 있다. 의궤는 2016년 5월에 국가문화재

---

1 마을의 수호신에게 지내는 제사이다. 강원도나 경상도에서는 당산제를 서낭제라고 한다.
2 한국민족문화대백과사전(2011) 참조.
3 프랑스와 일본에서 다수 소장하고 있다. 일본 왕실에 소장되어 있는 의궤는 명성황후

(보물)로 지정되었다. 문화재로 지정된 의궤는 1757건 2751책이고, 이를 소장한 기관은 12곳이다.

의궤에 실린 왕실의 의례 가운데는 왕의 즉위 의식이나 왕비나 세자빈을 책봉하는 의례도 있다. 세자빈 책봉과 관련된 글이 담긴 '효명세자빈 책봉(1819년) 죽책'은 프랑스에 반출되었다가 프랑스의 개인 소장자가 2017년 경매에 내어놓은 것을 2017년 구입해 국립고궁박물관에 보관하고 있다.

문화재로 등록된 왕실 의례 가운데 빼놓을 수 없는 것이 왕실의 제례(祭禮)이다. 왕실 제례와 관련된 문화재에는 종묘제례(宗廟祭禮, 세계문화유산, 국가 무형문화재 제56호) 및 종묘제례악(세계문화유산, 국가 무형문화재 제1호)이 있다.

조선 왕실 의례와 관련된 위와 같은 문화재는 모두 형식을 중시하는 유교 문화가 반영된 의례이다.

1.3. 불교 관련 의례

불교 행사 의례 가운데 문화재로 지정된 것은 연등회와 영산제가 있다. 연등회(국가 무형문화재 제122호)와 팔관회는 신라 진흥왕 때부터 시작되어 고려 시

국장도감의궤를 비롯해 오대산 사고(史庫)에 보관되어 오던 72종이며, 1922년에 조선총독부가 일본 왕실에 기증하는 형식으로 일본에 유출된 것이었다. 이후 2006년 9월 14일 조선왕실 의궤환수위원회가 발족되면서 해외 약탈도서 반환운동이 본격적으로 추진된 후, 2011년 10월 19일 일본에 약탈됐던 조선왕실의궤의 일부가 국내로 반환됐다. 또한 프랑스는 1866년 병인양요 때 강화도의 외규장각 도서에 있는 의궤 등 다수의 고문서들을 약탈하고 계속 돌려주지 않고 있다가 해외 약탈도서 반환운동의 결실로 최근 반환하기 시작했다. 2011년 4~5월에 걸쳐 프랑스 국립도서관에 있던 조선왕실의궤를 포함한 외규장각 약탈도서 297권 모두가 5년 단위 임대 형식으로 국내로 돌아왔다. 한국민족문화대백과사전(2011) 참조.

대에 와서는 국가적으로 치른 불교적 행사로 호국적 의미를 지니고 있다. 오늘날 불교 의례로 남아 전하는 문화재는 영산제(국가 무형문화재 제50호)가 있다. 영산제는 영축산에서 석가모니께서 십대제자들에게 법화경을 설법하실 때의 모습을 재현한 의식인데 지금은 매년 봉원사[4]에서 덕 높은 스님들이 하늘과 땅, 바다를 떠도는 모든 영혼을 극락왕생으로 이끄는 의식으로 치른다.

2. 신앙과 윤리 관련 문화재

2.1. 민간 신앙 관련 문화재

한국인은 자연에도 생명이 있다고 본다. 한국어는 자연의 상태를 나타내는 형용사가 생명의 움직임을 나타내는 동사와 같이 어미 활용을 한다는 데서 이러한 특성을 찾아볼 수 있을 듯하다. 한국어에서 동사와 형용사의 거리는 매우 가깝다. 형용사는 동사의 행위가 완료된 상태를 표현한 말이라고 할 수 있다. '잘생기다'가 동사로 쓰고 '잘생겼다'는 형용사라는 쓴다는 점에서도 이를 알 수 있고, '밝다'라는 형용사가 '날이 밝는다'에서는 동사로 쓰인다는 데서도 알 수 있다. 한국의 전통문화라 할 수 있는 민속에 정령신앙을 믿는 민간 신앙이 많이 깔린 것도 위와 같은 한국어의 특성과 무관하지 않은 듯하다.[5]

---

4 봉원사는 1908년 최초의 학술단체인 한글학회(국어연구학회)의 창립총회가 열린 곳이라는 역사적 의의를 지닌 곳이기도 하다.

5 더 검증되어야 하겠지만 한국인이 다른 나라 사람들에 비해 상대적으로 쉽게 민간신앙을 믿거나 종교인이 되는 것도 자연이나 무생물의 상태를 표현하는 형용사를 생명의 움직임을 표현하는 동사로도 쓰는 것과 무관하지 않은 듯하다.

민간 신앙과 관련된 문화재는 주로 제의(祭儀)와 관련된 유형·무형의 산물이다. 대표적인 무형문화재는 굿이나 당산제이고 유형문화재는 수호신(장승/벅수, 돌하르방)이다. 굿은 주로 어촌에서 많이 이루어지고 당산제는 주로 농촌에서 이루어진다.

2.1.1. 무형문화재

(가) 굿(별신굿)

굿에는 재수(財數)굿, 병굿, 내림굿, 당굿(무당이 주제하는 동제) 등이 있는데 문화재로 지정된 굿은 주로 당굿이다. 문화재로 지정된 당굿에는 제주 칠머리당 영등굿(인류 무형문화 유산), 동해안 별신굿(중요무형문화재 제82-가호), 서해안 배연신굿 및 대동굿(중요무형문화재 제82-나호), 위도 띠뱃놀이(중요무형문화재 제82-다호), 남해안 별신굿(중요무형문화재 제82-라호)이 있고 당굿이 아닌 굿으로는 진도씻김굿(국가 무형문화재 제72호)이 문화재로 지정되어 있다.

제주 칠머리당 영등굿은 바다의 평온과 풍작 및 풍어를 기원하기 위해 음력 2월에 제주에서 시행하는 세시풍속으로 무당들이 바람의 여신(영등 할망), 용왕, 산신 등에게 제사를 지낸다.

동해안 별신굿은 동해안에서 마을의 풍요와 다산(多産), 안녕과 번창을 기원하기 위하여 1년 혹은 2, 3년마다 한 차례씩 이 골매기신(마을 수호신)[6]에 대한 제전을 거행한다. 별신굿은 대개 내륙지방의 동제(洞祭)와는 달리 이 지역

---

6 '골매기'라는 말은 '골(마을)의 액운을 막는다'는 뜻을 지닌 '골막이'에서 온 말이라고 추측한다.

의 세습무(世襲巫)[7]들이 의식을 진행하는 것이 특징이다.

서해안 배연신굿과 대동굿은 서해안 황해도의 해주, 옹진, 연평도 등의 지역에서 한때 크게 유행했던 풍어제로 치러진 굿이다. 이 굿도 서해안지역에서 해상 안전과 풍어를 기원하는 무당굿 및 마을의 안과태평(安過太平)과 생업의 번창을 비는 마을굿이다.

위도 띠뱃놀이는 전북 부안군 위도에 전승되고 있는 굿으로 매년 정월 초사흗날 어민들의 풍어와 마을의 평안 등을 기원하는 당굿이다. 그리고 남해안 별신굿은 대개 정월 초하루에서 보름 사이에 어민들의 풍어(豐漁)와 마을의 평안을 기원하는 마을굿으로 3년에 한 번 정도 열린다.

당굿이 아닌 진도씻김굿은 죽은 사람의 영혼이 극락에 가도록 인도하는 무제(巫祭)이다.

(나) 당산제(堂山祭)

당산제는 당산(마을신앙의 구심점이 되는 특정한 장소나 신령)에 제사를 지내 마을의 평안을 기원하는 제의(祭儀)이다. 문화재로 지정된 당산제는 민속 관련 의례 문화재에서 알아본 바와 같이 부안 서문안 당산(국가 민속문화재 제18호), 부안 동문안 당산(국가 민속문화재 제19호), 남원 서천리 당산(국가 민속문화재 제20호) 등이 있다.

---

7   조상 대대로 무당의 신분을 이어받아 된 무당. 시어머니에게서 며느리로 물려 간다.

2.1.2. 유형문화재-장승/벅수, 돌하르방

민간 신앙과 관련된 유형문화재에는 '장승/벅수'와 '돌하르방'이 있다. '장승/벅수'는 민간 신앙의 한 형태로 마을이나 사찰 입구에 세워져 경계를 표시함과 아울러 잡귀의 출입을 막는 수호신을 하는 수문신상(守門神像)이다. 제주에서는 돌하르방이 장승 역할을 한다.

문화재로 지정된 '장승/벅수'에는 충무시 문화동 벅수(국가 민속문화재 제7호), 나주 불회사 석장승(국가 민속문화재 제11호), 나주 운흥사 석장승(국가 민속문화재 제12호), 남원 실상사 석장승(국가 민속문화재 제15호), 여수 연등동 벅수(국가 민속문화재 제22호), 장흥 방촌리 석장승(국가 민속문화재 제27호) 등이 있다. 장승에 상응하는 제주 돌하르방은 제주특별자치도의 민속자료(제2호)로 지정되어 있다.

2.2. 불교 사상 관련 문화재

불교 사상과 관련된 문화재는 불도를 닦는 곳인 사찰(寺刹)과 관련되어 있다. 사찰 자체가 문화재로 지정되어 있기도 하지만 사찰의 부처나 미륵불이 보물로 지정되어 있기도 하다. 그뿐만 아니라 사찰에 보관된 불화 등도 문화재로 지정되어 있다. 이들 문화재는 모두 유형문화재이다. 불교와 관련된 무형문화재는 앞에서 알아본 불교 의례인 연등회나 영산제가 있다.

2.2.1. 사찰(寺刹, 절)과 사지(寺址, 사찰의 터)

한국인 많이 찾는 유명 사찰은 문화재로 지정되어 있다. 경주 불국사(사적 제502호), 보은 법주사(사적 제503호), 합천 해인사(사적 제504호), 구례 화엄사(사적 제505호), 순천 송광사(사적 제506호), 순천 선암사(사적 제507호), 해남 대흥사(사적 제508호) 등이 대표적이다.

사찰의 터가 문화재로 지정된 것에는 백제의 불교 문화와 관련된 익산 미륵사지(사적 제150호, 유네스코 세계문화유산), 신라의 불교 문화와 관련된 경주 황룡사지(사적 제6호), 경주 망덕사지(사적 제7호, 신화지), 경주 감은사지(사적 제31호), 고려의 불교 문화와 관련된 양주 회암사지(사적 제128호) 등이 있다.

2.2.2. 사찰의 부속물

사찰 관련 문화재에는 사찰에 봉안된 불상(부처나 미륵불[8])이나 사찰에 세워진 탑(비) 그리고 사찰에 보관된 귀중한 물건인 범종이나 불화를 문화재로 지정하였다. 이외에도 사찰에 세워진 당간지주 등이 문화재로 지정되어 있다.

(가) 불상(佛像)

문화재로 지정된 부처나 미륵불 가운데 국보로 지정된 문화재에는 경주 석굴암(국보 제24호, 세계문화유산, 1995), 영주 부석사 무량수전(국보 제18호), 영주 부석사 소조여래좌상(국보 제45호), 보은 법주사 팔상전(국보 제55호), 구례 화엄사 각황전(국보 제67호), 금동미륵보살반가사유상(국보 제78호), 경주 감산사 석조아미타여래입상(국보 제82호), 서산 용현리 마애여래삼존상(국보 제84호), 강릉 한송사

---

8 미륵불은 대승불교의 대표적 보살 가운데 하나로, 석가모니불에 이어 중생을 구제할 미래의 부처이다.

지 석조보살좌상(국보 제124호), 경주 단석산 신선사 마애불상군(국보 제199호) 등이 있다.

보물로 지정된 미륵불에는 강릉 신복사지 석불좌상(보물 제84호), 파주 용미리 마애이불입상(보물 제93호), 충주 미륵리 석조여래입상(보물 제96호), 보은 법주사 마애여래의좌상(보물 제216호), 부여 대조사 석조미륵보살입상(보물 제217호), 논산 관촉사 석조미륵보살입상(보물 제218호) 등이 있다.

(나) 탑(비)

사찰에 세워진 탑이나 탑비가 문화재(국보나 보물)로 지정되어 있다. 국보로 는 서울 원각사지 십층석탑(국보 제2호), 여주 고달사지 승탑(국보 제4호), 충주 탑평리 칠층석탑(국보 제6호), 경주 불국사 다보탑(국보 제20호)과 석가탑(국보 제21호), 천안 봉선홍경사 갈기비(국보 제7호), 보령 성주사지 낭혜화상탑비(국보 제8호), 하동 쌍계사 진감선사대공탑비(국보 제47호) 등 수많은 탑이나 탑비가 국보로 지정되어 있고, 보물로 지정된 문화재에는 서울 원각사지 대원각사비(보물 제3호), 여주 고달사지 원종대사탑비(보물 제6호), 여주 고달사지 석조대좌(보물 제8호), 용인 서봉사지 현오국사탑비(보물 제9호), 강화 장정리 오층석탑(보물 제10호) 등이 있다. 이들은 고려 시대나 조선 시대에 세워진 것들이다.

(다) 범종과 등, 탱화(幀畵)

사찰에 있는 유형문화재에는 범종(梵鐘)[9]과 불화(佛畵)도 있다. 유명한 사찰

---

9 범종은 법구사물(法具四物, 범종·목어·법고·운판)의 하나로 절에서 시간을 알리거
   나 사람들을 모을 때 또는 의식을 행하고자 할 때 쓰이는 종을 말한다.

의 범종은 국가 문화재(보물)로 지정되어 있거나 지방의 문화재로 지정되어 있다. 국가 문화재(보물)로 지정된 대표적 범종에는 옛 보신각 동종(보물 제2호), 성덕대왕신종(국보 제29호), 상원사 동종(국보 제36호), 용주사 동종(국보 제120호), 내소사 범종(보물 제277호), 화순 운주사 범종(보물 제312호), 강화 전등사 범종(보물 제393호), 공주 갑사 범종(보물 제478호), 하동 쌍계사 범종(보물 제1701호) 등이 있다. 범종뿐만 아니라 등(燈)이나 당(幢)[10]도 문화재로 지정되어 있다. 문화재로 지정된 등이나 당에는 보은 법주사 쌍사자 석등(국보 제5호), 구례 화엄사 각황전 앞 석등(국보 제12호), 안양 중초사지 당간지주(보물 제4호)가 있다.

불교 미술인 탱화(幀畵)[11]도 문화재로 지정되어 있다. 문화재로 지정된 탱화는 대개 조선 시대의 것이다.[12] 보물로 지정된 대표적 불화로는 안성 칠장사오불회괘불탱(국보 제296호), 공주 갑사삼신불괘불탱(국보 제298호), 진주 청곡사영산회괘불탱(국보 제302호), 통도사영산전팔상도(보물 제1041호), 통도사대광명전삼신불도(보물 제1042호), 흥국사대웅전후불탱(보물 제578호), 함창상원사사불회탱(보물 제1326호), 파계사영산회상도(보물 제1214호), 해인사 영산회상도(보물 제1273호), 율곡사괘불탱(보물 제1316호), 청룡사감로탱(보물 제1302호), 진천 영수사영산회괘불탱(보물 제1551호), 해남 대흥사 영산회괘불탱(보물 제1552호), 합천 해인사 감로왕도(보물 제1697호), 포항보경사괘불탱(보물 제1609호), 광덕사노사나불괘불탱(보물 제1261호) 등이 있다.[13]

---

10 당(幢)은 절에 행사가 있을 때 절 입구에 달아 두는 깃발이다.
11 탱화는 신앙대상이 되는 여러 존상(尊像)만을 그리는 존상화와 경전 내용을 그림으로 그린 변상도(變相圖), 심우도(尋牛圖)가 주를 이룬다. 존상화에 대하여는 Ⅱ부 제3장 각주 26) 참조.
12 고려 시대의 탱화는 일본을 비롯한 외국에 많이 반출되었다고 한다.
13 이외에도 유명 사찰에 보관된 많은 탱화가 시도 유형문화재로 지정되어 있다.

불화와 관련해 불화 제작을 담당하는 장인을 불화장(佛畵匠)이라 부르고, 불화장(佛畵匠)을 국가 무형문화재 제118호로 지정하였다.

2.2.3. 불교 기록 유산

불교와 관련된 기록이 문화재로 등록된 것도 적지 않다. 문화재로 지정된 불경 기록물은 판각류, 목판본, 활자본 및 문서류로 남아 있다. 목판각류에는 합천 해인사 대장경판(국보 제32호)과 월인석보목판(보물 제582호)이 있고, 목판본에는 대방광불화엄경 진본 권37(국보 제202호)과 초조본 대반야바라밀다경 권249(국보 제241호)가 있으며, 활자본에는 월인천강지곡 권상(국보 제320호)과 석보상절 권6, 9, 13, 19(보물 제523호)가 있다. 그리고 문서류에는 순천 송광사 고려고문서(보물 제572호)와 문경 대승사 목각아미타여래설법상 관계문서(보물 제575호) 등이 있다. 불교 기록물인 '고려대장경 및 제경판'은 2007년 유네스코 세계 기록 유산으로 등록되어 있다.[14]

문화재로 등록된 불교 기록물이 불교 문화와 관련된 것이지만 이 가운데 팔만대장경은 고려 사회의 불교가 지닌 위상을 알 수 있게 하고 월인석보나 석보상절과 같은 한글 기록물은 불교 기록물이 불교의 대중화와도 관련되어 있음을 알게 해 준다.

2.2.4. 불교 의식

불교 의식도 무형문화재로 등록되어 있다. 등록된 문화재에는 연등회(국가

---

14 유네스코 '세계 기록 유산'에 대해서는 〈표 17〉 참조.

무형문화재 제122호)와 영산제(국가 무형문화재 제50호)가 있다.

2.3. 유교 사상 관련 문화재

한국 유형문화재의 대부분은 불교 관련 문화재이다. 유교 사상과 관련된 문화재에는 유교의 덕목인 '예(禮)'를 포함한 '유교 사상'을 받드는 것과 관련된 것이다. 유교의 특별한 형식적 절차[禮]를 기록한 왕실 의궤나 유교 사상을 보급하거나 실현한 것과 관련된 것들이다.

유교에서는 관혼상제의 의례를 비롯하여 의례를 매우 중시한다. 유교에서는 예(禮)를 중시하기 때문일 것이다. 의례 가운데 문화재로 남아 있는 것은 오늘날 없어진 특수층인 왕실에서 행하던 의례이다. 조선 시대의 왕실 의례(세자와 왕비 책봉, 혼례, 상례, 제례 등)나 국가의 주요 행사의 의례를 자세히 기록한 조선왕조 의궤(세계 기록 유산)와 왕실의 제례와 관련된 종묘제례(국가 무형문화재 제56호) 및 종묘제례악(국가 무형문화재 제1호)은 모두 세계문화유산으로 등록되어 있다.[15]

유교 사상에서는 삼강오륜을 비롯한 충효 정신을 매우 소중히 여긴다. 유교 사상을 교육하는 유학자나 충효 정신을 실천한 효자와 열녀를 추앙하였다. 그래서 조선 시대에는 훌륭한 유학자를 모시고 유교 사상을 받들기 위해 사당을 만들고 충효 정신을 실천한 효자나 열녀를 기념하는 전각이나 비를 세웠다. 이들 가운데 후대에 문화적 가치가 있다고 평가된 것은 문화재로 지정하였다.

---

15 〈표 17〉 참조.

뛰어난 유학자를 받드는 곳이 문화재로 지정된 것은 서원이다. 문화재로 지정된 곳 가운데 대표적인 곳으로는 주세붕을 모신 백운동서원(사적 제55호), 퇴계 이황을 모신 도산서원(사적 제170호)과 남명 조식을 모신 산청조식유적(사적 제305호), 회재 이언적을 모신 옥산서원(사적 제154호) 등이 있다.

유교 사상과 관련해 충신을 모신 사당도 문화재로 지정되어 있다. 대표적인 것이 충렬사(忠烈祠)이다. 충렬사는 전국 곳곳에 있다. 이 가운데 사적으로 지정된 것은 통영 충렬사(사적 제236호), 남원 충렬사(사적 제102호)이고 그 외 부산, 인천, 철원, 정읍, 공주, 충주, 김천 등에 있는 충렬사는 대개 시도문화재로 지정되어 있다.[16]

충신의 위패를 모신 사당뿐만 아니라 충신을 기념하는 충렬비도 문화재로 지정되어 있다. 경남 양산의 박제상유적효충사(경남기념물 제90호), 대구의 신숭겸장군유적(시도 기념물 제1호), 대전의 박팽년선생유허(시도 기념물 제1호), 문경의 신길원 현감 충렬비(경북유형문화재 제145호), 봉화의 충정공 홍익한 충렬비, 원주의 문숙 김제갑 목사 충렬비 등이 '충신'을 기념하는 문화재이다.

유교 사상과 관련해 '효'를 실천한 사람을 기념해 세운 효자비나 열녀비도 문화재로 지정되어 있다. 효자비(孝子碑)에는 안동 효자비(안동, 경북유형문화재 제38호), 서천 효자비(서천, 충남유형문화재 제239호) 등이 있고, 열녀비(烈女碑)에는 향지리 열녀비(공주, 공주향토문화유적 제32호) 등이 있다.

---

16 충신을 모신 사당이 충렬사로 명명(命名)된 것은 아니다. 삼은(三隱)을 모신 공주 삼은각(三隱閣, 충남 문화재자료 제59호)이나 삼은(三隱)의 한 사람인 야은 길재(冶隱 吉再)의 충절과 학문을 추모하기 위한 경북 구미 채미정(採薇亭, 경상북도 기념물 제55호)도 충신을 모신 사당이라 할 수 있다.

3. 사회제도 관련 문화재

3.1. 신분 사회 관련 문화재

신분 사회와 관련된 문화재는 왕실 문화와 양반(선비) 문화, 서민 문화로 구별할 수 있다.

3.1.1. 왕실 문화 관련 문화재

왕실 문화 관련 문화재에는 궁궐, 왕실 의례, 왕실의 장식품, 왕릉이 있다.

(가) 궁궐

문화재로 남아 있는 궁궐 문화재는 주로 조선 시대의 궁궐이나 궁궐의 부속건물 또는 궁궐의 성문(城門)이다.

문화재로 지정된 조선 왕조의 궁궐이나 궁궐 부속 건물은 경복궁 경회루(국보, 제224호), 창덕궁 인정전(국보 제225호), 창경궁 명정전(昌慶宮 明政殿, 국보 제226호), 종묘 정전(宗廟 正殿, 국보 제227호), 덕수궁(경운궁, 사적 제124호) 등이 있다. 그리고 문화재로 지정된 조선 왕궁의 성문은 숭례문(남대문, 국보 제1호), 서울 흥인지문(동대문, 보물 제1호), 북대문(숙정문, 사적 제10호), 독립문(사적 제32호) 등이 있다.[17]

---

17 사대문(四大門)의 하나인 서대문(또는 돈의문)은 1915년 일제에 의해 철거되었다.

(나) 왕실 의례

왕실은 의례도 일반인과 달랐다. 문화재로 지정된 왕실 의례에 대해서는 '의례 관련 문화재'에서 알아보았다.

(다) 왕실의 장식품

문화재로 지정된 왕실의 장식품은 주로 왕실 무덤에서 출토된 것이다. 대표적인 문화재로는 천마총 금관(天馬塚 金冠, 국보 제188호), 무령왕 금제관식(武寧王 金製冠飾, 국보 제154호), 무령왕비 금제관식(武寧王妃 金製冠飾, 국보 제155호), 무령왕 금귀걸이(국보 제156호), 무령왕비 금귀걸이(국보 제157호), 무령왕비 금목걸이(국보 제158호), 무령왕 금제 뒤꽂이(국보 제159호), 무령왕비 은팔찌(국보 제160호) 등이 있다.

(라) 태실과 왕릉

조선 시대에는 태실도감(胎室都監)을 설치해 왕실에서 자손을 출산하면 태실(胎室)을 지어 그 태를 봉안하였다. 태실[18]은 보통 항아리에 태를 보관하였으나 왕세자나 왕세손 등 다음 보위를 이어받을 사람의 태는 석실을 만들어 보관하였다. 알려진 조선 왕의 태실과 태실의 위치는 아래와 같다.

태조(충남 금산), 정종(경기 가평), 태종(경북 성주), 세종(경남 사천), 문종(경북 예천), 단종(경북 성주)경남 사천), 세조(경북 성주), 예종(전북 완주), 성종(경기 광주)창경궁), 중종(경기 가평), 인종(경북 영천), 명종(충남 서산), 선조(충남 부여), 광해군(대구 연경

---

18   태봉(胎峰)·태산(胎山)·태봉지(胎封址) 등의 이름으로 남아 전한다.

동), 현종(충남 예산), 숙종(충남 공주), 경종(충북 충주), 영조(충남 청원), 정조(강원 영월), 순조(충남 보은), 헌종(충남 예산), 순종(충남 홍성)

태실 가운데 문화재로 지정된 것에는 성주 세종대왕자 태실(사적 제444호), 서산 명종대왕 태실 및 비(보물 제1976호), 충주 경종 태실(시도 유형문화재 제6호), 보은 순조 태실(시도 유형문화재 제11호), 영천치일리인종태실(시도 유형문화재 제350호), 월산대군 이정 태실(시도 기념물 제30호) 등이 있다.

왕실의 왕이나 왕비의 무덤도 규모나 형식이 민간의 무덤과 다르다. 왕릉은 시대에 따라 신라, 백제, 고구려, 가야의 왕릉과 고려, 조선의 왕릉으로 구별할 수 있다. 왕릉으로 밝혀진 무덤은 대개 역사 문화재인 사적으로 지정되어 있다.

신라 왕릉은 경순왕릉(경기 연천 소재)을 제외하고 대부분 경주에 있다. 신라 왕릉은 모두 사적으로 지정되어 있고 왕릉에 있는 태종무열왕릉비(국보 제25호)는 국보로 지정되어 있기도 하다. 문화재(사적)로 지정된 신라 왕릉은 아래와 같다.

오릉(五陵: 혁거세왕, 알영부인, 남해왕, 유리왕, 파사왕, 사적 제172호), 제4대 탈해왕릉(脫解王陵), 제6대 지마왕릉(祇摩王陵), 제7대 일성왕릉(逸聖王陵), 제8대 아달라왕릉(阿達羅王陵), 제13대 미추왕릉(味鄒王陵), 제17대 내물왕릉(奈勿王陵), 제23대 법흥왕릉(法興王陵), 제24대 진흥왕릉(眞興王陵), 제25대 진지왕릉(眞智王陵), 제26대 진평왕릉(眞平王陵), 제27대 선덕왕릉(善德王陵), 제28대 진덕왕릉(眞德王陵), 제29대 무열왕릉, 제31대 신문왕릉(神文王陵), 제32대 효소왕릉(孝昭王陵), 제33대 성덕왕릉(聖德王陵), 제35대 경덕왕릉(景德王陵), 괘릉(掛陵:제38대 元聖王陵으로 추정), 제41대 헌덕왕릉(憲德王陵), 제42대 흥덕왕릉(興德王陵), 제43대 희강왕릉(僖康王陵), 제44대 민애왕릉(閔哀王陵), 제45대 신무왕릉(神武王陵), 제46대문성왕릉(文聖王陵), 제47대 헌안왕릉(憲安王陵), 제49대 헌강왕릉(憲康王陵), 제50대 정강왕릉(定康王陵), 제52대 효공왕릉(孝恭王陵), 제53대 신덕왕릉(神德王陵), 제54대 경명왕릉(景明王陵), 제55대 경애왕릉(景哀王陵)

백제 왕릉은 신라 왕릉에 비해 밝혀진 것이 드물다. 남겨진 기록이 없기 때문이다. 삼국사기도 신라 중심 기록이어서 백제에 관해서는 자세히 기록되지 않았다. 백제의 도읍지는 세 곳이다. 이로 보면 왕릉도 세 곳에 소재할 것으로 짐작된다. 그런데 현재까지 밝혀진 백제 왕릉은 많지 않다.

위례성에 도읍을 둔 초기 백제의 왕릉은 확인된 것이 없다. 석촌동고분군(사적 제243호)이 위례성에 위치한 초기 백제의 돌무지무덤으로 밝혀졌지만 왕릉인지 알기 어렵다.[19] 웅진성(공주)에 도읍을 둔 백제 중기의 왕릉은 공주송산리고분군(사적 제13호)이 있다. 송산리고분군에는 무령왕릉을 비롯한 왕릉이 있으나 확인된 것은 무령왕릉이다.[20] 그리고 백제 후기라 할 수 있는 사비성(부여) 시대의 왕릉으로는 백제왕릉원으로 불리는 부여능산리고분군(사적 제14호, 세계문화유산)이 있다.[21] 이 왕릉 가운데 하나는 백제 성왕의 능으로 추정하고 있다.

고구려 왕릉으로는 장수왕릉인 장군총과 동명왕릉이 있는데 모두 북한에 소재하고 있다.

이 밖에 가야 왕릉이 있는데 문화재로 지정된 가야 왕릉으로는 가락국(駕洛

---

19 유홍준(1997)에서는 출토된 유물로 보아 근초고왕의 무덤으로 추정하고 있다.
20 무령왕릉의 무령왕릉석수(武寧王陵石獸, 국보 제162호), 무령왕릉지석(국보 제163호)이 문화재로 지정되어 있을 뿐만 아니라 무령왕릉에서 출토된 장식품도 문화재로 지정되어 있다.
21 백재왕릉군에서 백제의 금속공예기술을 보여 주는 백제금동대향로(국보 제287호)와 백제창왕명석조사리감(국보 제288호)이 출토되었다.

國) 제10대 구형왕의 돌무덤[石塚]인 구형왕릉(경남 산청, 사적 제214호)과 고령가야 태조의 왕릉으로 전하는 고령가야 왕릉(경북 상주 함창, 경북기념물 제26호)이 있다.

고려 왕릉(高麗王陵)은 고려의 역대 국왕과 왕후의 무덤으로 개성, 개풍군, 장풍군에 위치한 것이 있고[22] 한국에는 강화와 고양에 위치한 것이 있다.

현릉(태조, 유네스코세계 유산 북한 국보 제179호), 현정릉(공민왕, 유네스코 세계유산, 북한 국보 제123호), 명릉(충목왕, 유네스코 세계유산), 창릉(세조, 북한 유적), 순릉(혜종과 의화왕후의 무덤, 북한 유적), 안릉(정종과 문공왕후의 무덤, 북한 유적), 영릉,[23] 선릉(고려 현종의 무덤, 북한 유적) 등은 북한에 있는 고려 왕릉이고 석릉(희종, 인천 강화, 사적 제369호), 고릉(공양왕, 경기 고양, 사적 제191호)은 한국에 있는 고려 왕릉이다.

조선 시대의 왕릉[24]은 구리 동구릉(東九陵, 태조 등 7왕릉, 사적 제193호, 세계문화유산), 고양 서오릉(西五陵:경릉, 명릉, 홍릉, 창릉, 익릉, 세계문화유산), 정릉(태조계비 선덕왕후, 사적 제208호), 헌릉(태종과 원경왕후, 사적 제194호), 인릉(순조와 순원왕후, 사적 제194호), 정릉(중종), 선릉(성종과 정현왕후, 사적 제199호), 홍릉(고종과 명성황후, 사적 제207호), 유릉(순종과 순종효황후, 사적 제207호), 영릉(英陵, 세종과 소헌왕후-여주, 세계문화유산), 장릉(단종-영월, 사적 제203호), 건릉(정조와 효의왕후) 등이 있는데 조선 왕릉은 2009년 세계문화유산으로 등재되었다.

---

22 고려의 왕릉은 개성 부근 산악지대에 분포하고 있으며, 능의 소재가 분명한 것은 태조의 능인 현릉(顯陵)을 비롯한 19릉이라고 한다. 위키백과 참조.
23 영릉은 고려의 영릉과 조선의 영릉이 있다. 고려의 영릉도 네 곳으로 고려 경종의 영릉(榮陵), 숙종의 영릉(英陵), 충숙왕의 4비 공원왕후의 영릉(슈陵), 충혜왕의 영릉(永陵)이 있다.
24 조선 왕릉(朝鮮王陵)은 모두 40기에 이르는데 서울 인근의 18곳에 산재해 있다. 왕릉의 위치가 풍수지리의 원리에 따라 정해졌다고 한다.

3.1.2. 선비(양반) 문화 관련 문화재

선비 문화는 양반 신분을 가진 사람들의 삶에서 형성된 문화이다. 선비 문화와 관련된 문화재는 선비 마을과 족보, 성균관, 향교, 서원 등에서 찾아볼 수 있다. 이들 문화재는 대개 조선 시대에 형성된 것이다.

선비 마을은 양반 마을이다. 선비들이 사는 선비 마을이 문화재로 지정된 곳은 안동 하회마을(세계문화유산, 국가 민속문화재 제122호), 경주 양동마을(세계문화유산, 국가 민속문화재 제189호), 아산 외암마을(세계 유산 잠정목록, 국가 민속문화재 제236호), 강원 고성 왕곡마을(국가 민속문화재 제235호), 산청 남사 예담촌,[25] 전주 한옥마을(1930년대 형성)[26] 등이다.

선비들이 살던 고택도 문화재로 지정된 곳이 많다. 대전 회덕 동춘당(보물 제209호), 안동 하회 양진당(보물 제306호), 경주 양동 무첨당(보물 제411호), 경주 독락당(보물 제413호) 등이 모두 그 시대에 추앙받던 선비들이 머물던 건축물이다.

족보(族譜)도 혈통을 중시하는 선비 가문의 계보로서 선비 가문의 가계(家系)나 혼인 관계 등을 보여 준다. 2000년 통계청 자료에 따르면 우리나라 성씨(姓氏)는 286성, 4179본관이 있다고 한다. 이 가운데 족보를 가진 성씨가 얼마인지는 정확히 밝혀져 있지 않다. 족보는 같은 성, 같은 본관을 가진 혈족의 계보를 기록한 책인데, 족보 유무로 선비(양반) 가문 여하를 따지기도 한다. 해방 후 많은 성씨들이 족보를 간행하기도 했는데, 이 또한 족보 유무

---

25 남사 예담촌 안에 있는 '산청 남사리 최씨고가(경남 문화재자료 제117호)', '산청 남사리 이씨고가(경남 문화재자료 제118호)', '면우곽종석유적(경남 문화재자료 제196호)', '산청 남사리 사양정사(경남 문화재자료 제453호)'가 문화재로 지정되어 있다.
26 전주 한옥마을 안에는 경기전(사적 제339호), 풍남문(보물 제308호) 같은 문화 유적이 있다.

를 가문의 문벌 정도를 판가름하는 기준으로 삼았기 때문이다.

현대에 들어 선비 가문에서 혈통을 중시해 가계를 기록으로 남겨 오던 족보를 보존하기 위해 족보박물관을 건립하기에 이르렀다. 한국 최초의 족보박물관은 2010년 대전에 세워진 한국족보박물관이다. 이 박물관에는 전국 250여 개 문중에서 기증한 족보 4000여 점이 전시되어 있다. 2018년에는 경북 의성군에 전국 최대의 족보박물관을 건립한다고 한다. 이 박물관에는 3500여 권의 족보를 소장할 예정이고, 문중 족보뿐만 아니라 조선 왕실 족보인 선원록(璿源錄) 등 다양한 족보도 함께 소장할 예정이라고 한다.

문화재로 등록된 족보는 대개 지역 문화재이다. 지역 문화재로 등록된 족보에는 안동김씨성보(대전 유형문화재 제45호), 충주박씨내외자손보(대전 유형문화재 제46호), 도산족계좌목(대전 유형문화재 제47호), 인천이씨족보(대전 문화재 자료), 함양여씨세보(대전시 문화재 자료), 여산송씨족보(경기 유형문화재 제139호), 이문건가 족보(충북 유형문화재 제391호) 등이 있다.

선비 문화와 관련된 문화재에는 양반의 교육장인 성균관과 향교, 유학자를 중심으로 선비들이 유학을 논하던 서원이 있다. 성균관이나 향교, 서원 가운데 국가문화재나 시도문화재로 지정된 것이 적지 않다. 이들 문화재에 대해서는 다음에 기술할 교육 제도 관련 문화재에서 자세히 알아보기로 한다.

이 외에도 선비 문화라고 할 수 있는 문화재에는 사대부들이 남긴 문서도 있다. 대표적인 문서로는 유성룡 종가 문적(보물 제160호), 해남 윤씨 가전 고화첩 일괄(보물 제481호), 권주 종가 고문서(보물 제549호) 등이 있다.[27] 이들 문서

---

27 문화재로 등록된 문서에는 이외에도 고려 말 화령부 호적 관련 · 고문서(국보 제131호)와 같은 호적기록이나 국가 통치 과정에서 작성된 공문서나 외교 관련 문서도 있다.

로 그 시대 사대부들의 행적을 알 수 있다.

3.1.3. 민속 문화 관련 문화재

민속 문화는 왕실 문화가 아닌 문화를 총칭할 수도 있고 왕실 문화나 선비 문화가 아닌 서민의 생활 습속에 관한 문화만을 민속 문화라 할 수도 있다. 여기서는 후자의 관점에서 민속 문화를 알아보기로 한다. 민속 문화와 관련된 문화재는 의식주를 비롯한 기초 생활 문화와 삶을 즐기는 방식을 보여 주는 놀이 문화가 주를 이룬다. 이 가운데 서민들의 기초 생활 문화인 의식주 문화와 사회 윤리인 민간신앙과 관련된 문화재에 대해서는 앞에서 알아보았다. 서민들의 의생활과 관련된 문화재는 지난날 의복의 재료인 베, 모시, 무명, 명주(비단)으로 옷을 만드는 것과 옷 제작 기술 등이었고, 서민의 식생활과 관련된 문화재는 지난 시절의 식기 제조지나 제조기,[28] 제조 기술에 관한 것이었으며, 서민의 주생활과 관련된 문화재는 초가집으로 구성된 민속마을이었다. 서민들의 식생활이나 주생활과 관련된 문화재로 김치 담그기(국가 무형문화재 제133호)나 해녀(국가 무형문화재 제132호), 제염(국가 무형문화재 제134호), 온돌 문화(국가 무형문화재 제135호)와 같이 오늘날 서민들의 삶에서도 볼 수 있는 것이 있지만 서민들의 기초 생활 관련된 문화재의 대부분은 오늘날 찾아보기 어려운 것들이다.

민속 문화와 관련된 문화재에는 민간신앙이 반영되어 있다. 앞에서 '민간신

---

28 식품제조기라 할 수 있는 제주 애월 말방아(국가 민속문화재 제32호), 삼척 대아리 통방아(국가 민속문화재 제222호), 정선 백정리 물레방아(시도 민속문화재 제6-1호) 등도 서민들의 식생활과 관련된 문화재라 할 수 있다.

앙 관련 문화재'를 검토하면서 알아보았듯이 서민들의 사회 윤리인 민간신앙과 관련된 문화재에는 제주 칠머리당 영등굿(인류 무형문화 유산) 등의 당굿이나 남원 서천리 당산(국가 민속문화재 제20호) 등의 당산제가 있다. 그리고 당산제와 관련된 유물로 장승이나 벅수, 돌하르방 등이 문화재로 지정되어 있다.

민속 문화와 관련된 문화재로 빼놓을 수 없는 것이 서민들의 놀이와 관련된 문화재이다. 서민들의 놀이와 관련된 문화재는 지역에 따라 다양한 놀이가 있었음을 보여 준다. 이는 지난날 한국인들이 놀이 매우 즐겨 왔음을 보여 준다. 서민들의 놀이와 관련된 문화재는 뒤에 '놀이 문화 관련 문화재'에서 자세히 알아보기로 한다.

3.2. 교육 관련 문화재

교육 관련 문화재는 조선 시대 교육 제도와 관련되어 있다. 조선 시대의 교육 제도에서는 교육을 관장하는 기관이 두 체제(국가에서 운영하는 국가 교육 기관과 민간에서 운영하는 민간 교육 기관)이다. 오늘날 '국립/공립 학교'와 '사립 학교'가 여기서부터 비롯된 것으로 보인다.

3.2.1. 국가 교육 기관

국가 교육 기관으로 남아 있는 문화재는 성균관(成均館, 고려 말과 조선 시대 최고의 교육 기관)과 향교(鄕校)이다. 성균관은 중앙 교육 기관인데 성균관 명륜당(보물 제141호)이 문화재로 지정되어 있다. 향교는 국가에서 운영하는 지방 교육

기관인데 많은 향교가 시도문화재로 지정되어 있고 강릉향교 대성전(보물 제
214호)과 장수향교 대성전(보물 제272호)과 나주향교 대성전(보물 제394호) 등은 보
물로 지정되어 있다.

3.2.2. 민간 교육 기관

국가에서 운영하는 성균관이나 향교와 달리 민간 교육 기관으로 서원(書
院)이 있다. 서원(書院)은 조선 시대에 선비들이 모여서 학문을 강론하고, 석
학이나 충신·열사(烈士)를 제사 지내던 곳인데 민간의 유생을 가르치는 곳으
로 활용되었다.[29] 서원은 조선 말 선비들의 횡포가 심해 1868년(고종 5년) 흥
선대원군의 서원철폐령에 따라 많이 없어졌다.[30] 오늘날까지 남아 있는 서
원은 대개 국가나 시도의 문화재로 지정되어 있다. 문화재로 지정된 대표적
서원에는 소수서원(백운동서원, 영주, 사적 제55호), 도산서원(안동, 사적 제170호), 병
산서원(안동, 사적 제260호), 옥산서원(경주, 사적 제154호),[31] 도동서원(달성, 사적 제488
호), 무성서원(정읍, 사적 제166호), 필암서원(장성, 사적 제242호), 돈암서원(논산, 사적
제383호), 노강서원(논산, 사적 제540호) 등이 있다.

고려 시대나 조선 시대의 교육 기관인 성균관, 향교, 서원은 선비를 양성
하는 역할을 하는 곳이기도 하지만 한문을 배우는 곳이기도 하였다. 우리글

---

29 서원과 유사한 민간 교육 기관으로 서당(書堂)이 있다. 서당은 서원보다 하위 등급의
    교육 기관으로 추존되는 인물이 없이 개인이 글을 가르치는 곳이다.
30 서원철폐령으로 없어진 대표적인 서원이 우암 송시열을 모신 충북 괴산의 화양서원
    (華陽書院)이다.
31 전라도 정읍에도 옥산서원이 있다. 정읍의 옥산서원은 전북문화재자료 제14호로 지
    정되어 있다.

이 없다 보니 우리말이 있으나 글은 한문으로 적었다. 신분이 높은 귀족(양반)들이 한문을 배우니 한문을 알아야만 귀족이 될 수 있다고 여기게 되었다. 이 점에서 이 시대의 선비들이 누린 문화는 한문 문화라고 할 수 있다.

우리글인 훈민정음이 창제된 후에도 한문을 중시하는 것은 여전하였다. 선비들은 한문은 진서(眞書)이고 훈민정음은 언문(諺文) 또는 이언(俚言)이라 하여 우리글인 훈민정음을 천시하였다. 조선 시대의 선비들의 이러한 생각은 내 것보다 남의 것을 선호하는 외국(에)선호 사상이나 큰 나라를 섬기는 사대(事大) 사상으로 이어졌다.

지난 시절에 한문을 중시해 온 것은 한문으로 전해 온 중국 문화가 우리 문화보다 우수하다고 보아 우리가 본을 받아야 할 문화로 여겼기 때문일 것이다. 한문 문화를 본받으려는 외래문화 선호 사상은 19세기 서구화 과정에서 서구 문화를 선호하는 사상으로 이어졌다. 그 과정에 자연스럽게 한문 대신 외국어를 선호하는 의식이 형성되었을 것이다. 서구 문화의 실용화를 내세우며 어문일치운동이 있었으나 그 와중에 일제 강점기를 겪게 되었다. 우리가 쓰는 말 가운데 많은 말은 일제 강점기를 거치면서 사용한 일본식 한자어이다.

광복 후 우리는 우리글인 한글 교육을 강화해 왔다. 그러나 한문을 주창하는 기성세대나 서구식 교육을 받은 신세대가 사회 지도층이 되면서 한글보다 한자어나 외국어를 선호하게 되었다. 오늘날 한국 사회에서 지식인의 능력은 외국어 능력으로 평가하는 경우가 많은 것도 이와 관련된 것이다.

외국어 중시 사상은 우리 사회 곳곳에서 확인할 수 있다. 우수 기업체에서 선발하는 인재는 외국어 능력 여하에 따라 결정되고 있고 기업체에서 생

산하는 상품명뿐만 아니라 지방자차단체에서 내세운 강령이나 영업 행위를
하는 가게의 상호명도 우리말보다 외국어가 더 많다. 모두가 지배층의 교육
이 낳은 현상들이다.

3.3. 교통·통신 관련 문화재

교통·통신은 사람 간의 원활한 소통을 돕기 위한 것이지만 지난 시절의
교통·통신은 군사적 필요성과 관련된 것이 주를 이룬다.

교통과 관련된 문화재는 장애물이 있는 지역과 지역을 이어 주는 다리나
특정 지역으로 들어가는 관문(關門)이다. 문화재로 지정된 다리에는 경주 불국
사 연화교 및 칠보교(국보 제22호)와 청운교 및 백운교(국보 제23호),[32] 창경궁 옥천
교(보물 제386호), 보성 벌교 홍교(보물 제304호), 창녕 영산 만년교(보물 제564호) 등이
있고, 문화재로 지정된 관문에는 문경 조령 관문(사적 제147호), 구례 석주관성(사
적 제385호) 등이 있다. 관문은 군사적 요충지로 활용되기도 하였다.

지난날 통신은 주로 역마(驛馬)나 인편(人便)으로 이루어졌다. 그런데 역마
나 인편으로는 외적의 침입을 빨리 알 수 없었다. 그래서 마련한 군사통신
제도가 봉수(烽燧) 제도이다.[33] 봉수(烽燧) 제도는 봉(烽, 횃불)과 수(燧, 연기)로써
급한 소식을 전하는 통신제도이다. 통신과 관련된 문화재는 대개 지난날 군
사통신제도인 봉수 제도와 관련된 봉수대(烽燧臺)나 연대(煙臺)이다. 봉수대와
연대는 일정한 간격(10km 정도)으로 설치하였는데 연대는 주로 구릉이나 해안

---

32 사찰의 다리는 극락세계로 이어 주는 다리이다.
33 봉수제도는 삼국 시대를 거쳐 고려 의종 때 확립되었다고 한다.

연안에 설치되었다. 봉수대는 산 정상에 설치하여 낮에는 연기로, 밤에는 횃불로 신호를 보냈다. 문화재로 지정된 봉수대나 연대는 모두 66개에 이르는데, 이들은 모두 시도 기념물로 지정되어 있다.

3.4. 국가 연구 사업 관련 문화재

사회제도와 직접적으로 관련된 것은 아니지만 왕정 시대에 연구 기관을 설치해 만들어 낸 발명품이 문화재로 지정되어 있다. 이들은 오늘날에 비추면 국가의 연구 기획으로 만들어진 문화재라 할 수 있다.

문자(한글) 창제와 관련된 훈민정음(국보 제70호)과 동국정운(국보 제142호), 실용적 과학 기술의 발전을 보여 주는 경주 첨성대(국보 제31호), 덕수궁 자격루(국보 제229호), 혼천의 및 혼천시계(국보 제230호) 그리고 동양 의학의 발전을 보여 주는 동의보감(국보 제319-1호, 제319-2호, 제319-3호) 등이 모두 국가의 지원으로 만들어 낸 연구 문화재들로 시대를 앞선 창조 정신이 반영된 문화재들이다.

제3장

놀이 문화 관련 문화재

놀이 문화와 관련된 문화재는 민속놀이, 무용, 음악(국악), 미술로 나눌 수 있다.

1. 민속놀이

민속놀이는 대개 농경 사회와 관련되어 있다. 문화재로 지정된 민속놀이에는 강강술래(세계문화유산), 강릉 단오제(국가 무형문화재 제13호, 세계문화유산), 남사당놀이(국가 무형문화재 제3호, 세계문화유산), 안동차전놀이(국가 무형문화재 제24호), 영산줄다리기(국가 무형문화재 제26호), 밀양백중놀이(국가 무형문화재 제68호), 송파산대놀이(국가 무형문화재 제49호) 등이 있다.[1]

2. 전통 무용

전통 무용인 춤은 승전무(勝戰舞, 국가 무형문화재 제21호), 승무(국가 무형문화재 제27호), 살풀이춤(국가 무형문화재 제97호), 부채춤(평안남도 무형문화재 제3호) 등과 같이 탈을 쓰지 않고 추는 춤도 있으나 대부분 춤은 탈(가면)을 쓰고 춤을 추는 탈춤(가면극)이다. 탈춤은 대개 마당놀이로 행해졌다.

문화재로 지정된 탈춤에는 처용무(세계문화유산, 국가 무형문화재 제39호), 진주검무(국가 무형문화재 제12호), 학연화대합설무(鶴蓮花臺合設舞, 국가 무형문화재 제40호), 북청사자놀음(국가 무형문화재 제15호), 봉산탈춤(국가 무형문화재 제17호), 강령탈춤(국가 무형문화재 제34호), 하회별신굿탈놀이(국가 무형문화재 제69호), 통영오광대(국가 무형문화재 제6호), 고성오광대(국가 무형문화재 제7호), 가산오광대(국가 무형문화재 제73호) 등이 있다.

탈춤의 도구인 안동 하회탈 및 병산탈(국보 제121호)은 국보로 지정되어 있기도 하다.

3. 국악

문화재로 지정된 음악은 국악이다. 전통음악인 국악은 상층 음악과 민속악으로 구분할 수 있다. 상층 음악은 궁중 음악과 풍류방에서 선비들이 연주하던 아악들을 가리키고, 민속악은 민간에서 향유했던 농악이나 민요, 산조, 시나위, 잡가, 판소리 등을 말한다.

---

1   민속놀이라고 할 수도 있고 전통 무용이라고도 할 수 있는 민간 문화에 택견(국가 무형문화재 제76호)도 있다. 택견은 전통 무술로 2011년 인류 무형문화 유산으로 등록되기도 하였다.

3.1. 상층 음악

상층 음악인 궁중음악 가운데 문화재로 지정된 것은 종묘제례악(세계문화유산, 국가 무형문화재 제1호)이다. 종묘제례악은 조선 역대 군왕(君王)의 신위(神位)를 모시는 종묘와 영녕전(永寧殿)의 제향(祭享)에 쓰이는 음악이다.

궁중 음악은 아니지만 상층 사회인 양반 사회에서 연주된 음악인 산조(散調)도 문화재로 지정되었다. 문화재로 지정된 산조에는 거문고산조(국가 무형문화재 제16호), 대금정악(국가 무형문화재 제20호), 가야금산조 및 병창(국가 무형문화재 제23호)이 있다.

3.2. 민속악

민속악에는 농악과 민요, 판소리가 있다.

3.2.1. 농악

문화재로 지정된 농악에는 진주삼천포농악(국가 무형문화재 제11-1호), 평택농악(국가 무형문화재 제11-2호), 이리농악(국가 무형문화재 제11-3호), 강릉농악(국가 무형문화재 제11-4호), 임실필봉농악(국가 무형문화재 제11-5호), 구례잔수농악(국가 무형문화재 제11-6호)이 있다. 문화재로 지정되어 있지는 않지만 농악 외에도 농악에 준하는 음악으로 사물놀이가 있다. 사물놀이는 꽹과리·징·장구·북 등 네 가지 농악기로 연주하도록 편성한 음악, 또는 이러한 편성에 의한 합주단이다.

3.2.2. 민요

한국의 대표적 민요는 아리랑이다. 아리랑은 지역에 따라 정선아리랑, 밀양아리랑, 진도아리랑 등이 있는데, 2012년 세계무형문화유산으로 등록되었다. 아리랑 외에 문화재로 지정된 민요에는 서도소리(국가 무형문화재 제29호-수심가, 엮음수심가, 긴아리, 자진아리(타령), 안주애원성, 산염불, 자진염불, 긴난봉가, 자진난봉가, 사리원난봉가, 병신난봉가, 숙천난봉가, 몽금포타령 등), 경기 민요(국가 무형문화재 제57호), 제주 민요(국가 무형문화재 제95호) 등이 있다.

3.2.3. 판소리

판소리는 국가 무형문화재(제5호)로 지정되어 있을 뿐만 아니라 2003년 인류 무형문화 유산으로도 등록되었다. 그리고 고대소설을 창본(唱本)으로 엮어 부른 판소리인 '판소리 심청가(국가 무형문화재 제36호)'와 '판소리 춘향가(중요무형문화재 제5호)', '판소리 수궁가(경상남도 시도무형문화재 제9호)' 등이 무형문화재로 지정되어 있고, 판소리고법(국가 무형문화재 제59호)도 문화재로 지정되어 있다.

4. 미술

미술 관련 문화재에는 각종 공예기술의 장인(匠人)이 국가 무형문화재로 등록된 것이 많고[2] 국립중앙박물관[3]이나 국립고궁박물관 등에 보관된 민화

---

2   미술 관련 문화재에 장인(匠人)이 많다는 것은 일찍부터 우리 민족의 손재주가 뛰어났음을 가리킨다.
3   국립박물관은 국립중앙박물관을 비롯해 국립경주박물관, 국립진주박물관, 국립대구

나 산수화, 인물화 등이 문화재자료나 등록문화재로 지정되어 있다.

문화재로 지정된 풍속화에는 고산구곡시화도 병풍(국보 제237호), 안평대군의 소원화개첩(小苑花開帖, 국보 제238호), 김홍도필 풍속도 화첩(보물 제527호), 신윤복필 풍속도 화첩(국보 제135호) 등이 있고, 문화재로 지정된 인물화인 초상화에는 이제현 초상(국보 제110호), 안향 초상(국보 제111호), 송시열 초상(국보 제239호) 등이 있으며 조선 후기 화가인 단원 김홍도(1745~?)가 그린 도석인물화(道釋人物畵)[4]인 김홍도필 군선도 병풍(국보 제139호) 등이 있다.

미술 관련 문화재에는 오랫동안 우리 민족과 함께해 온 신앙과 관련된 문화재도 있다. 불교 관련 문화재에는 불교 관련 그림인 탱화가 문화재로 지정된 것이 많다. 탱화는 불교의 신앙 대상이 되는 여러 존상(尊像)만을 그리는 존상화와 경전 내용을 그림으로 그린 변상도(變相圖), 심우도(尋牛圖)가 대부분이다. 그리고 유교 관련 문화재에는 효자도와 문방사우도가 있다. 삼강행실효자도(보물 제1717호)[5]가 대표적인 유교 관련 문화재이다.

박물관, 국립김해박물관, 국립부여박물관, 국립공주박물관, 국립청주박물관, 국립나주박물관, 국립전주박물관, 국립춘천박물관, 국립제주박물관 등 주요 도시에 있는데 이들 박물관에는 유물을 포함한 각종 예술품이 보관·전시되어 있다.

4   도석인물화란 불교나 도교에 관계된 초자연적인 인물상을 표현한 그림이다.

5   삼강행실효자도 외에도 시도 유형문화재나 문화재자료로 지정된 삼강행실도가 많이 있다.

제4장

역사 문화재

역사 문화재는 도읍지를 중심으로 한 앞 시대 국가의 건국이나 발전과 관련된 문화재와 각 국가의 국난(주로 전쟁) 극복과 관련된 문화재가 주를 이룬다.

1. 선사 시대 문화재

석기 시대인 선사 시대의 문화는 기록이 없는 시대의 문화이므로 유물이나 유적으로 남아 전한다. 이 시대의 유물은 대개 동굴이나 큰 바위 밑에서 발견되는데 이로 보아 구석기 시대에는 동굴이나 큰 바위 밑에서 살았음을 알 수 있다. 구석기 시대 유물은 주로 뗀석기들이다. 석기 시대 문화재로 지정된 유적으로는 경기 광주삼리구석기유적(시도 기념물 제188호)과 장흥신북

구석기유적(시도 기념물 제238호)이 있다.

청동기 시대 문화를 보여 주는 것에는 무덤에서 출토된 유물과 고인돌이 있다. 유물로는 대구 비산동 청동기 일괄-검 및 칼집 부속(국보 제137-1호)과 대구 비산동 청동기 일괄-투겁창 및 꺾창(국보 제137-2호), 화순 대곡리 청동기 일괄(국보 제143호), 경주 죽동리 청동기 일괄(보물 제1152호), 농경문 청동기(보물 제1823호)가 있고, 고인돌로는 강화 내가 오상리 고인돌(시도 기념물 제16호), 강화 부근리 고인돌군(시도 기념물 제44호), 대전 비래동 고인돌(시도 기념물 제33호), 충주 조동리 고인돌(시도 기념물 제119호), 경기 연천 학곡리 고인돌(시도 기념물 제158호), 보령 죽청리 고인돌(문화재자료 제372호) 등이 있다. 특히 전라도에는 집단 고인돌 유적지가 있어 2000년에 '고창·화순·강화 고인돌유적'이 세계문화유산으로 등록되기도 하였다.

선사 시대의 유물이나 유적은 우리 조상들이 일찍부터 한반도에 자리 잡고 살았음을 보여 주는 것이다.

2. 삼국 시대와 통일 신라 시대 문화재

신라, 백제, 고구려 및 가야의 문화재이다. 이 시대 문화를 알게 해 주는 것에는 기록물과 유물·유적이 있다.

2.1. 기록 문화재

삼국 시대의 기록물은 신라의 기록물인데 신라의 기록물로는 경덕왕 때인 8세기에 세계 최초의 목판인쇄본인 무구정광대다라니경(無垢淨光大陀羅尼經, 국보 제126-6호)과 백지묵서(白紙墨書)로 된 한역 화엄경인 대방광불화엄경 주본 권1~10(국보 제196호)이 있다. 기록 문화재로 볼 때 삼국 특히, 신라는 불교 문화가 발달했음을 알 수 있다.

2.2. 유적과 유물

역사와 직결된 삼국 시대의 유적으로는 경주 역사 유적지구(세계문화유산, 2000), 백제 역사 유적지구(세계문화유산, 2015), 김해 구지봉(사적 제429호, 가야의 창건 설화 장소), 충주(중원) 고구려비(국보 제205호), 창녕신라진흥왕척경비(국보 제33호)·북한산신라진흥왕순수비(국보 제3호), 단양 신라 적성비(국보 제198호) 등을 들 수 있다.[1]

이외 역사 문화재라 할 수 있는 것에는 신라의 유적으로 신라의 궁궐터인 경주 반월성(半月城, 사적 제16호)이나 경주를 둘러싼 산성을 들 수 있고, 백제의 유적으로는 도읍지나 국경을 방어하기 위해 세운 풍납토성(사적 제11호), 북한산성(사적 제162호),[2] 부여 청마산성(사적 제34호), 부여 나성(사적 제58호), 익산토성(사적 제92호) 등을 들 수 있으며, 가야(伽倻)의 유적으로는 가야의 도읍지나 국경에 세운 김해 분산성(사적 제66호), 창녕 화왕산성(사적 제64호)[3] 등을 들 수 있다.[4]

---

1 고구려의 유적은 나라 밖인 중국에 많이 있다. 중국에 있는 고구려 역사 문화재에는 국내성과 환도산성(지린성[吉林省] 지안현[集安縣] 소재), 오녀산성(요녕성의 오녀산에 있는 성, 졸본성), 광개토대왕릉비(지린성[吉林省] 지안현[集安縣] 소재), 장수태왕릉(장군총, 지린성[吉林省] 지안현[集安縣]에 있는 고구려의 석릉(石陵)), 무용총 (지린성 지안현), 천추총(지린성[吉林省] 지안현[集安縣]) 등이 있다.
2 풍납토성과 북한산성은 백제가 위례성을 도읍지로 삼을 때 쌓은 성이다.

역사 문화재라 할 수 있는 이 시대의 유물은 간략하게 정리하기 어려울
만큼 많고 다양하다. 이들 유물은 국립중앙박물관이나 국립고궁박물관에
보관되어 있거나 각 시대의 도읍지를 비롯한 유물 산출 지역에 설립된 국립
박물관(국립공주박물관, 국립광주박물관, 국립경주박물관, 국립김해박물관, 국립나주박물관, 국립
대구박물관, 국립부여박물관, 국립전주박물관, 국립제주박물관, 국립진주박물관, 국립청주박물관, 국
립춘천박물관)에 보관되어 있다.

3. 고려 시대 문화재

3.1. 기록 문화재

고려 시대의 기록 문화재는 불교와 관련된 것이 대부분이다. 국보로 지정
된 고려 시대 기록물 34개 가운데 불교 관련 문화재가 32개나 된다.[5] 국보
로 지정된 불교 관련 기록 문화재에는 순금금강경판(익산 왕궁리 오층석탑내 발견
물, 국보 제123-1호), 상지은니묘법연화경 권1(국보 제185호), 대방광불화엄경 진본
권37(국보 제202호) 등이 있고, 이외에 고려 희종(1205년) 때의 과거시험 급제
증서인 장량수급제패지(국보 제181호)와 고려 말의 호적제도를 보여 주는 화령
부 호적 관련 고문서(국보 제131호)가 있다. 국보는 아니지만 고려 시대에 간행

---

3   화왕산성은 고려 시대 이전부터 있었다고 하나 고려나 신라가 이곳에 축성하였다는
     기록이 없으므로 이 산성이 삼국 시대 빛벌가야[非火伽倻]의 고성이라고 하기도 한
     다. '빛벌가야'의 '빛벌'은 '빛이 좋은 들'이라는 뜻을 지닌 말이라는 뜻에서 온 말인
     듯한데 한자로 차자하면서 '비화(非火)'로 바뀐 듯하다.
4   한국의 성(城)은 국가에서 쌓은 것만 있는 것이 아니고 지역단위인 읍에서 쌓은 것도
     있다. 지역단위에서 세운 성(城)은 대개 시도문화재로 지정되어 있다.
5   보물로 지정된 문화재도 대부분 불교 관련 문화재이다.

된 삼국사기(보물 제722호)도 빼놓을 수 없는 국가문화재이다.[6]

3.2. 유적과 유물

유적·유물 가운데 고려 시대의 역사 문화재는 많지 않다. 현존하는 고려 시대의 유물 가운데 대표적인 역사 문화재는 국난을 불교의 힘으로 극복하려고 만든 팔만대장경이다. 팔만대장경(八萬大藏經, 국보 제32호)을 보관하고 있는 해인사 장경판전은 1995년 세계문화유산으로 등록되었다. 이외에 고려 역사와 관련된 많은 유적·유물은 대개 북한에 있다.

4. 조선 시대 문화재

4.1. 기록 문화재

조선 시대 기록 문화재는 국가문화재로 지정된 것만 해도 702개나 되고 이 가운데 국보로 지정된 것이 21개이고 세계 기록 유산으로 지정된 것이 7개이다.[7]

조선의 역사와 관련해 국보로 지정된 기록 문화재에는 우선 문자 창제와 관련된 훈민정음(국보 제70호)과 동국정운(東國正韻 卷一, 국보 제142호) 그리고 역사 기록인 조선왕조실록(朝鮮王朝實錄, 국보 제151-1호, 제151-2호, 제151-3호, 제151-4호)이

---

6   고려 시대에 간행된 삼국유사는 고려 시대에 간행된 것은 전하지 않고 조선 시대에
     간행된 것만 전한다.
7   세계 기록 유산은 대개 도감(都監)의 의궤(儀軌)이다.

있다. 이외에 조선의 개국공신임을 증명하는 녹권(錄券)이나 귀중한 국내외 사서(史書), 국난 극복 관련 기록이나 국가 기관의 일기(日記) 등도 국보로 지정된 조선의 기록 문화재이다. 국보로 지정된 녹권에는 심지백 개국원종공신녹권(沈之伯 開國原從功臣錄券, 국보 제69호), 이화 개국공신녹권(李和 開國功臣錄券, 국보 제232호) 등이 있고, 국보로 지정된 사서(史書)에는 중국 역사서인 통감속편(通鑑續編, 국보 제283호), 조선 시대에 간행된 삼국사기(三國史記, 국보 제322-1호, 제322-2호), 삼국유사(三國遺事, 국보 제306-2호, 제306-3호) 등이 있다. 그리고 국난 극복 기록 문화재에는 이순신 난중일기 및 서간첩 임진장초(李舜臣 亂中日記 및 書簡帖 壬辰狀草, 국보 제76호), 징비록(懲毖錄, 국보 제132호) 등이 있고, 국가기관 기록 문화재에는 승정원일기(承政院日記, 국보 제303호), 비변사등록(備邊司謄錄, 국보 제152호) 등이 있다.

조선 시대의 이러한 기록 문화재는 앞 시대의 역사를 알게 해 주는 기록물을 남겼다는 의의도 지니지만 문자를 창제해 백성을 돌보고자 하였고 녹권(錄券)을 통해 공신을 대우하거나 왕조에서 일어나는 중요한 일을 기록으로 남김으로써 그때 사람이나 후세 사람들에게 귀감이 되게 했다는 점에서 역사적 의의를 지닌다. 그뿐만 아니라 국난을 극복하기 위한 조상들의 노력을 후세에 남겨 두고자 했다는 점에서도 조선의 기록 문화재가 지닌 의의는 매우 높다고 할 수 있다.

4.2. 유적과 유물

역사 문화재라 할 수 있는 조선 시대의 유적·유물은 조선 왕조 건국과 관련된 것과 왕조 운명을 뒤흔든 전란과 관련된 것이 주를 이룬다고 할 수 있다. 왕조 건국과 관련된 역사 문화재인 유적은 도읍지인 한양(서울)에 남아 있다. 도읍지인 한양의 대표적 유적으로는 한양도성(사적 제10호)의 5대 궁궐인 경복궁(사적 제117호), 창경궁(사적 제123호), 창덕궁(사적 제122호), 덕수궁(경운궁, 사적 제124호), 경희궁(사적 제271호)과 한양 도성의 4방 출입문인 숭례문(崇禮門, 남대문, 국보 제1호), 흥인지문(興仁之門, 동대문, 보물 제1호), 북대문(또는 숙정문, 사적 제10호)을 들 수 있다.[8] 그리고 도읍지인 한양을 방위하기 위해 쌓은 남한산성(사적 제57호)도 빼놓을 수 없는 조선의 유적이다.[9] 이들 유적 가운데 창덕궁은 1997년에, 남한산성은 2014년에 세계문화유산으로 등록되었다. 도읍지와 관련된 유적으로는 수원 화성(水原 華城, 사적 제3호)도 있다. 수원화성은 정조(正祖)가 도읍지를 수원으로 옮기려고 쌓았던 성이다.

조선의 역사 문화재라 할 수 있는 유물·유적에는 500년 역사를 지닌 국가를 이어 오는 과정에서 겪은 전란 특히 임진왜란과 관련된 것이 많다. 대표적인 것이 충무공 이순신 유적과 유물이다. 아산의 이충무공 유허(사적 제155호), 통영의 한산도 제승당 이충무공 유적(사적 제113호), 완도 묘당도의 이충무공 유적(사적 제114호), 통영 세병관(국보 제305호), 통영 충렬사(사적 제236호) 등이 모두 충무공 이순신의 유적이고, 해남 명량대첩비(보물 제503호)는 충무공 이순신과 관련된 유물이다.

임진왜란과 관련된 유적에는 이순신 유적 외에도 진주성(사적 제118호), 금산 칠백의총(사적 제105호), 고양 행주산성(사적 제56호) 등이 있고 임진왜란이 끝나

---

8   사대문(四大門)의 하나인 서대문(또는 돈의문)은 1915년 일제에 의해 철거되었다.
9   남한산성은 삼국 시대에 쌓은 성으로 보기도 한다.

자 잇따라 정유재란(1597년)이 있었는데 정유재란과 관련된 문화재로는 여수 진남관(국보 제304호),[10] 부안 정유재란 호벌치 전적지(시도 기념물 제30호) 등을 들 수 있다.

조선의 역사와 관련해 조선 말기의 내란이나 외란과 관련된 문화재도 있다. 내란으로는 동학농민운동을 들 수 있다. 동학농민운동과 관련된 문화재에는 부안 백산성(사적 제409호, 동학군의 근거지), 공주 우금치 전적(사적 제387호), 정읍 전봉준 유적(사적 제293호), 정읍 황토현 전적(사적 제295호), 장흥 석대들 전적(사적 제498호), 울산 수운 최제우 유허지(시도 기념물 제12호) 등이 있다. 그리고 조선 말의 외란과 관련된 문화재에는 서구 열강의 문호 개방 요구에 대해 국가적으로 대항한 것과 관련된 문화재가 있다. 서구 열강의 문호 개방 요구와 관련된 문화재로는 연기 척회비(시도 기념물 제11호)가 있다.

조선 시대의 역사적 의미를 지닌 문화로 빼놓을 수 없는 것이 귀향 문화와 유배 문화이다. 유배 문화는 왕정 시대 관리들의 권력 다툼과 관련된 문화이다. 귀향 문화와 유배 문화는 만년(晩年)에 벼슬을 그만두고 귀향하거나 권력 다툼에서 밀려 유배된 인물과 관련된 문화이다. 귀향하거나 유배된 인물은 대개 그 시대에 존경받는 인물이다. 이들은 귀향하거나 유배되어 지역에서 유학을 실천하며 지역민 교육에 선구적 역할을 하였다. 이와 관련된 대표적인 문화재에는 해남 윤선도 유적(사적 제432호), 산청 조식 유적(사적 제305호), 강진 정약용 유적(사적 제107호), 서귀포 김정희 유배지(西歸浦 金正喜 流配址, 사적 제487호) 등이 있다.

---

10 정유재란이 끝난 뒤 1599년 전라좌수영에 속하였던 군사건물.

5. 대한 제국 시대와 일제 강점기 문화재

대한 제국 시대와 일제 강점기의 문화유산은 문화재로 지정된 것이 드물다. 대한 제국 시대의 기록 문화재에는 보부상 유품(褓負商 遺品)이 있고 일제(日帝) 강점기의 기록 문화재에는 보물로 지정된 독립 의사 안중근의 유품으로 남겨진 글(안중근의사유묵, 보물 제569 1~16호)이 있다. 대한 제국 시대의 기록 문화재인 보부상 유품은 대한 제국 시대의 유통 산업이 지닌 특색을 잘 보여 주는 것으로 국가 민속문화재(제30호)로 지정되어 있고 일제 강점기의 기록 문화재인 독립 의사의 유품은 후손들에게 역사적 교훈을 남겼다는 점에서 역사적 의의를 지닌다.

경술국치 이후의 일제 강점기의 유적 가운데는 의병들이 항일 독립운동을 전개한 것과 관련된 문화재가 있다. 화순 쌍산 항일의병 유적(사적 제485호), 화성 제암리 3·1운동 순국 유적(사적 제299호), 천안 유관순 열사 유적(사적 제230호), 예산 윤봉길 의사 유적(사적 제229호) 등이 일제 강점기의 항일운동(의병 활동)과 관련된 문화재이다.

제5장
자연 문화재

　자연도 문화재로 지정되어 있다. 자연을 문화라고 보는 것은 자연이 인간의 삶에 의미 있는 역할을 하기 때문이다. 즉, 인간은 자연을 통해 삶을 더 풍요롭고 평화롭게 유지해 왔기 때문이다. 우리의 자연 자원 가운데 많은 곳은 일찍이 귀족들이 풍류를 즐기는 곳이었을 뿐만 아니라 우리의 삶에 휴양지 역할도 하고 관광으로 즐거움을 안겨 주는 역할을 하는 곳이기도 하였다. 이러한 자연 유산 가운데 우리에게 많은 즐거움과 위안을 주는 것이나 다른 곳에서는 볼 수 없는 정경(情景)을 보여 주는 것을 국가에서 자연유산 문화재(명승이나 천연기념물)로 지정해 보호하고 관리하여 왔다.

　명승(名勝)으로 지정된 문화재에는 명주 청학동 소금강(명승 제1호), 거제 해금강(명승 제2호), 완도 정도리 구계등(명승 제3호), 울진 불영사 계곡 일원(명승 제6호), 여수 상백도·하백도 일원(명승 제7호), 옹진 백령도 두무진(명승 제8호), 진도의 바닷길(명승 제9호) 등인데 2018년 기준으로 명승으로 지정된 문화재는 105곳에 이른다.

그리고 천연기념물은 대구 도동 측백나무숲(천연기념물 제1호), 서울 제동 백송(천연기념물 제8호),[1] 서울 조계사 백송(천연기념물 제9호), 진천 노원리 왜가리 서식지(천연기념물 제13호), 제주 토끼섬 문주란 자생지(천연기념물 제19호), 보은 속리정이품송(천연기념물 제103호), 울진 성류굴(천연기념물 제155호), 단양 고수동굴(천연기념물 제256호), 창녕 우포늪(천연기념물 제524호) 등인데 2018년 기준으로 천연기념물로 지정된 문화재는 553곳에 이른다.

---

1   천연기념물 제2호~제7호는 가치가 없다고 보아 지정을 해제하였다.

IV

마무리

한국 문화의 어제, 오늘, 내일

한국은 OECD 가입 국가로 선진국의 반열에 올랐다고 한다. 한국의 문화는 어떤가? 한국은 선진 문화국가라고 할 수 있을까? 말로는 우리 한국인은 문화 민족이라고 한다. 이 말은 정당한가?

지난날 한국이 문화국가이었다고 하면 그 증거로 한국의 문화유산 가운데 유네스코(국제연합교육과학문화기구) 등재유산으로 지정된 것이 적지 않다는 데서 찾아볼 수도 있다.[1] 그런데 한국의 문화유산 가운데 적지 않은 것이

---

1   유네스코 등재유산에는 세 유형(세계 유산, 인류 무형문화 유산, 세계 기록 유산)이 있다. 2018년 기준으로 등재 현황을 보면 세계 유산이 총 165개국 1,052건, 인류 무형문화 유산이 총 128개국 378건, 세계 기록 유산이 총 110개국 349건에 이른다. 이 가운데 한국의 문화유산은 〈표 17〉에서와 같이 세계 유산이 13건, 인류 무형문화 유산이 19건, 세계 기록 유산이 16건에 이른다. 이에 대한 구체적인 내용은 문화재청 누리집 참조.

유네스코에 등재되어 있다고 하여 한국이 문화국가이고 한국인이 문화민족이라고 할 수 있을까? 지금까지 알아본 한국 문화를 떠올리며 이에 대한 답을 내려 보면 좋겠다.

앞에서 문화는 말로 형상화될 수 있는 인간의 삶의 양식이라고 하였다. 그리고 문화는 문화 간에 우열이 있는 것이 아니라 차이가 있는 것이라 하였다. 그렇다면 문화는 인간이 살아가면서 필요에 따라 달리 만들어 온 것이라 할 수 있다. 이런 관점에서 볼 때 한국 현대 문화는 어떻게 형성되고 있는가?

문화의 바탕에는 사상과 이념이 깔려 있다. 현대 사회에서 흥행되는 문화도 현대의 이념이나 사상이 담겨 있다. 현대 사회에서 세계인이 추구하는 사상은 자유주의와 평등사상이라고 할 수 있다. 오늘날 세계로 뻗어 나가는 한류 문화도 자유와 평등의 가치를 담은 문화라 할 수 있다. 이로 볼 때 현대에 형성해 가고 있는 문화는 자유와 평등의 가치가 잘 실현된 삶의 양식이라고 할 수 있을 것이다.

그런데 현대 사회에서 자유와 평등을 추구하는 삶의 양식이 제대로 실현되어 꽃을 피우고 있다고 보기는 어렵다. 이에는 여러 가지 이유가 있겠지만 천부적으로 인간의 능력에 차이가 있어 평등이라는 것이 균등하게 실천되기 어렵기 때문이기도 하고 사회나 개인에 따라 이상적으로 여기는 자유와 평등의 정도에 차이가 있기 때문이기도 하다. 어쨌든 현대 사회에서 만들어 가고자 하는 이상적인 문화는 자유와 평등이 실현되는 삶의 양식일 것이다.

현대 사회의 특성은 문명의 발달로 모든 정보가 빠른 속도로 전달되는 정보화 시대라는 데 있다. 정보화 시대를 맞아 지구상의 어느 한 곳에서 형성된 문화가 순식간에 온 세계로 퍼져 나간다. 현대 한국 문화가 세계 속으로 퍼져 나가는 한류 현상에서 이를 확인할 수 있다. 오늘날 한국은 세계의 주목을 받고 있다. 유사(有史) 이래 최고의 전성기를 맞고 있다고도 한다. 경제적으로 풍요를 누리고 문화적으로도 한류 문화가 세계인의 관심을 받고 있다고 한다.

현대 한국 문화인 한류 문화가 세계인의 주목을 받는 것은 현대 사회가 안고 있는 현실적 환경과 관련되어 있다. 자유주의와 평등사상을 지향하는 현대 사회는 분명 자유와 평등이 실현되는 삶을 소중히 여기지만 현실적으로 자유와 평등이 실천되는 과정에서 수많은 난관에 부딪히고 그로 인해 피로감을 느끼고 있다. 이러한 시대 상황에서 자유주의와 평등사상을 바탕에 깔고 있는 한류 문화가 자유와 평등을 추구하는 세계인의 갈증을 어느 정도 해소해 주었다고 할 수 있다. 가정을 중심으로 더불어 살면서 집단의 안녕을 도모해 가는 한국인의 삶을 형상화한 드라마는 많은 세계인들의 관심을 불러왔고 리듬에 맞춘 자유로운 율동으로 만들어 낸 케이-팝은 피로감을 느끼는 현대인 특히 젊은이들에게 여러 갈등으로 받은 피로감을 덜 수 있는 탈출구를 마련해 주었다.

반면에 현대 한국 문화는 한국인의 삶을 평안하고 윤택하게 만든 것이 아니라 많은 한국인을 불편하게 하고 한국인의 삶을 피곤하게 만든, 부정적인 것도 있다. 이렇게 된 데는 전통문화와 서구 문화가 조화를 이루지 못한 탓도 있고, 이념 대립으로 추구하는 문화가 서로 다른 탓도 있다.

앞으로 한국 문화는 어떤 모습으로 펼쳐질까? 예나 지금이나 인간은 편익을 도모한다. 문명의 발달은 인간에게 더욱 많은 편익을 제공해 줄 것이다.

그러한 미래에 인간이 만들어 가는 문화는 어떤 모습일까? 인공 지능 시대가 온다고 하니 어떤 이념과 사상으로 문화를 만들어 갈지 상상은 되나 형체가 잘 드러나지 않는다. 자유와 평등이 조화를 이룰 수 있는 삶에 인간에게 편의를 제공하는 삶이 조화롭게 복합된 문화가 형성되어 가길 기대해 본다.

참고문헌

강경호 외(2012), 언어와 문화(개정판), 박이정.

강현화(2006), "외국인 학습자의 문화 요구조사 -문화교재 개발을 위해-", 외국어
　　로서의 한국어교육 31, 연세대 한국어학당.

국립국어연구원(2002), 우리 문화 길라잡이-한국인이 꼭 알아야 할 전통문화 233
　　가지, 학고재.

권경근 외(2016), 언어와 사회 그리고 문화(개정판), 박이정.

김경용(1994), 기호학이란 무엇인가, 민음사.

김동언 편(1993), 국어를 위한 언어학, 태학사.

김민수 외(1994), 국어와 민족 문화, 집문당.

김성배(1975), 한국의 금기어·길조어, 정음사.

김수업(1992), 배달 문학의 갈래와 흐름, 현암사.

김영태(1992), 불교사상사론, 민족사.

김종택(1982), 국어화용론, 형설출판사.

김종택(1994), "속담의 기능과 의미 구조", 새국어생활 4-2, 국립국어연구원.

문명대(1977), 한국의 불화, 열화당.

박갑천(1976), 말-백만인의 언어학, 정음사.

박경자·장복명(2011), 언어교수학(개정판), 박영사.

박영순(2006), 한국어 교육을 위한 한국문화론, 한국문화사.

박용식 외(2012), "경상대학교 소장 고종·명성왕후 상식, 다례발기에 대하여",
　　배달말 51, 배달말학회.

서정호(2008), 문화재를 위한 보존 방법론, 경인문화사.

송민(1990), "어휘 변화의 양식과 그 배경", 국어생활 제22호, 국어연구소.

송철의(1992), 국어의 파생어 형성 연구, 태학사.

심재기(1970), "금기 및 금기담의 의미론적 고찰", 서울대 교양과정부논문집 2.

심재기(1976), "속담의 의미 기능에 대하여", 이숭녕 선생 고희 기념 국어국문학 논총.

심재기(1982), 국어 어휘론, 집문당.

왕한석 외(2005), 한국 사회와 호칭어, 역락.

유홍준(1993), 나의 문화유산 답사기 1, 창작과비평사.

유홍준(1994), 나의 문화유산 답사기 2, 창작과비평사.

유홍준(1997), 나의 문화유산 답사기 3, 창작과비평사.

이규호(1974), 말의 힘, 제일출판사.

이기문 외(1983), 한국 어문의 제 문제, 일지사.

이기문(1986), 속담사전, 일조각.

이기문 외(1990), 한국어의 발전 방향, 민음사.

이미혜 외(2010), 외국인을 위한 한국 문화, 박이정.

이익섭(1994), 사회언어학, 민음사.

이혜진·이춘호(2013), 한국 문화의 이해, 현학사.

이화형 외(2013), 한국 문화를 말하다, 태학사.

임경순(2008), 한국문화이해론 서설, 선청어문 36, 서울대 국어교육과.

임경순(2015), 외국어로서의 한국어 교육을 위한 한국문화교육론, 역락.

임재해(1989), 전통상례, 대원사.

임지룡(1992), 국어 의미론, 탑출판사.

임홍빈·서정목(1996), 화법, 동아출판사.

장재천(2009), "4대 명절의 교육적 의의", 인문사회논총(16), 용인대학교 인문사회
    과학연구소.

장복명·강혜순·김정희 역(2001), 언어와 문화, 박이정.

전미순(2008), 문화 속 한국어 1, 한글파크.

전미순(2009), 문화 속 한국어 2, 한글파크.

전영우(2004), 언어예절과 인간관계, 역락.

전정례((1999), 언어와 문화, 박이정.

정종진(1993), 한국의 속담 용례 사전, 태학사.

조항록(2004), "한국어 문화교육론의 내용 구성 시론", 한국언어문화학 1-1, 국제
    한국언어문화학회.

조항록(2005), "한국어 학습자를 대상으로 하는 문화교육의 새로운 방향", 한국어

교육 16-2, 국제한국어교육학회.

조항범(1989), "국어 어휘론 연구사", 국어학 19, 국어학회.

조후종(1996), "우리나라의 명절 음식 문화", 한국식생활문화학회지 11라, 한국식
생활문화학회.

조후종(1997), "국의 명절과 음식", 가정학연구(9), 명지대학교.

진철승(1993), "민속과 불교신앙-세시풍속을 중심으로", 승가(10), 중앙승가대학교.

천소영(2007), 우리말의 문화 찾기, 한국문화사

천시권(1983), "국어 가열요리 동사의 체계", 교육연구지 25, 경북대 사범대.

최상진·유성엽(1994), "속담 분석을 통해 본 한국인의 심리 표상", 새국어생활,
4-2, 국립국어연구원.

최영봉(1997), 한국 문화의 성격, 사계절.

최인철 옮김(2004), 생각의 지도-동양과 서양, 세상을 바라보는 서로 다른 시선,
김영사.

최상옥(2016), 한국어 교재의 성취 문화 연구, 경상대학교 석사 논문.

최준식(1998), 한국의 종교, 문화로 읽는다 1-2, 사계절.

최창렬(1999), 우리 속담 연구, 일지사.

한복례(1997), "조선 왕조의 궁중 음식", 민족과 문화 6, 한양대 민족학연구소.

한상미(2005), "문화교육방법론", 국제한국어교육학회 편, 한국어교육학2, 한국문화사.

한상미(2007), "한국 문화 교육론", 한국어교수법의 실제, 연세대학교 대학출판문화원.

황병순(1995), "청자 대우 표현의 사회 규범과 문법", 배달말 20, 배달말학회.

황병순(1996), "일인칭 대명사 '우리(들)'의 의미와 용법", 배달말 21, 배달말학회.

황병순(1999), "국어 인사말 연구", 배달말 25, 배달말학회.

황병순(2002), 말로 본 우리 문화론, 도서출판 한빛.

황병순(2016), "국어 부름말의 특성과 문법범주", 어문학 133, 한국어문학회.

황병순(2017), "국어 부름말의 유형 연구", 어문학 137, 한국어문학회.

황병순 외(2010), 진주 지역의 의생활 문화, 경상대학교 국어문화원.

황병순 외(2012), 진주 지역의 제례 문화, 경상대학교 국어문화원.

황병순 외(2013), 진주 지역의 혼례 문화, 경상대학교 국어문화원.

황병순 외(2016), 경남 지역의 상례 문화, 경상대학교 국어문화원.
두산세계대백과사전(1997), 두산동아.
표준국어대사전(1999), 국립국어연구원.
한국민속신앙사전(2011), 국립민속박물관.
한국민족문화대백과사전(2011), 한국학중앙연구원.
L. 바이스게르버, 허발 옮김(1993), 모국어와 정신 형성, 문예출판사.
W. 바이멜(1980), 하이덱거의 철학이론, 박영문고 217, 박영사.

B. Tomalin & S. Stempleski(1993), Cultural Awareness, Oxford University Press.

C. K. Ogden & I. A. Richards(1923), The Meaning of Meaning, New York: Harcourt Brace Jovanovich.

C. S. Peirce(1977), Semiotic and Significs: The Correspondence between Charles S. Peirce and Victoria Lady Welby, C. S. Hardwick(ed.), Bloomington: Indiana University Press.

E. T. Hall(1976), Beyond Culture, Garden City: Doubleday.

F. De. Saussure(1959), Course in General Linguistics, New York: McGraw Hill.

G. N. Leech(1974), Semantics, Harmondsworth: Penguin Books.

J. R. Searle(1969), Speech Acts: An Essay in the Philosophy of Language, Cambridge University Press.

K. Chastain(1976), Developing second language skills: Theory to practice, Chicago: Rand McNally Publishing.

M. A. K. Halliday(1978), Language as social structure, London: Edward Arnold.

O. Jesperson(1924), Philosophy of Grammar, London, Longman.

R. Jakobson(1968), Linguistics and Poetics,In T.A. Seboek(eds).

찾아보기